普通高等教育土建学科专业"十二五"规划教材

高等学校给排水科学与工程学科专业指导委员会规划推荐教材

水 分 析 化 学

（第四版）

黄君礼　吴明松　编著

汤鸿霄　主审

中国建筑工业出版社

图书在版编目(CIP)数据

水分析化学/黄君礼等编著. —4 版. —北京:中国建筑工业出版社,2013.5(2024.11重印)

普通高等教育土建学科专业"十二五"规划教材. 高等学校给排水科学与工程学科专业指导委员会规划推荐教材

ISBN 978-7-112-15479-1

Ⅰ. ①水… Ⅱ. ①黄… Ⅲ. ①水质分析—分析化学—高等学校—教材 Ⅳ. ①O661.1

中国版本图书馆 CIP 数据核字(2013)第 110905 号

普通高等教育土建学科专业"十二五"规划教材

高等学校给排水科学与工程学科专业指导委员会规划推荐教材

水 分 析 化 学

(第 四 版)

黄君礼　吴明松　编著

汤鸿霄　主审

*

中国建筑工业出版社出版、发行(北京海淀三里河路 9 号)

各地新华书店、建筑书店经销

北京红光制版公司制版

北京圣夫亚美印刷有限公司印刷

*

开本:787×960 毫米　1/16　印张:35　字数:710 千字

2013 年 8 月第四版　2024 年 11 月第五十二次印刷

定价:**68.00**元(赠教师课件)

ISBN 978-7-112-15479-1

(39200)

本书根据全国高等学校给排水科学与工程学科专业指导委员会制订的《高等学校给排水科学与工程本科指导性专业规范》对本课程要求编写。在第三版的基础上，增加了近年来发展起来的新技术、新方法。

本书全面介绍了水质分析的各类基本知识和基本方法，并且对常用的水质分析方法的原理和应用作了详尽的叙述与介绍，注重基本理论、基本概念和基本技能培养和训练。本书共分11章，重点对滴定法（酸碱滴定法、络合滴定法、沉淀滴定法和氧化还原滴定法）、电化学分析法、吸收光谱法、色谱法、原子光谱法的原理及其应用作了详尽的叙述与介绍，理论密切联系水质分析的实际情况，并且在第11章安排了相应的实验部分，以便于实际的学习和操作。

本书除可作为高等学校给排水科学与工程专业（给水排水工程专业）、环境科学专业和环境工程专业的本科生教材外，还可作为研究生和相关专业工程技术人员的参考书和工具书。

为便于教学，作者特制作了与教材配套的电子课件，如有需求，可发邮件（标注书名、作者名）至 jckj@cabp.com.cn 索取，或到 http://edu.cabplink.com//index 下载，电话：010-58337285。

＊　　＊　　＊

责任编辑：王美玲　俞辉群
责任设计：张　虹
责任校对：张　颖　关　健

第四版前言

《水分析化学》自 1997 年第二版问世和 2008 年 2 月第三版修订之后，已再版 31 次，受到广大师生和同行的好评，收到良好的教学效果和巨大的社会效益，已成为给水排水科学与工程（给水排水工程）专业的经典教材。

第四版教材修订说明：

（1）教材修订是在融入和采纳征求意见的基础上，以"新、全、精、用"为指导思想，反映水分析化学学科的特点和最新发展，进一步强化理论与水处理实践相结合，重点突出如何保证水分析质量这一目的，注重教师讲授与学生自学相结合，着重培养学生创造性思维和能力的提高。

（2）补充一些新的分析技术。例如：酶联免疫吸附法（ELISA）测定水中低浓度（$\mu g/L$ 级）的有机污染物（如微囊藻毒素 MCs）等，丽丝胺绿 B（LGB）/辣根过氧化酶（HRP）光度法同时测定饮用水出厂水中二氧化氯（ClO_2）和亚氯酸盐（ClO_2^-）等。

（3）简要补充（介绍）一些现代分离技术，以适应近代仪器分析的发展需要。例如，色谱法和相关章节中固相萃取和衍生化以及微波萃取分离和超临界流体萃取技术。

（4）删除不常用或不适用的内容。例如，污水的相对稳定度、分光光度计的校正和国内外水质指标体系等。

（5）由于学时有限，又增加了可供选择或学生自学的内容。例如，缓冲溶液和缓冲作用原理、离子活度的测定、电导分析法原理、极谱分析法、解联立方程法、多波长分光光度计、水中颗粒物粒径和聚集状态的测定等，改为小号字。

（6）鉴于水分析化学中数据处理的实际需要，将部分内容改为正常字号。例如，有效数字及其计算等。

（7）修改和更新了一些课堂实验内容，如实验 1 中仪器改为电子天平、实验 10 中的酸度计和自动电位滴定仪改为更新的型号；原实验 7 水中余氯的测定改为水中二氧化氯和氯的连续碘量法测定；原实验 21 饮用水中氯仿的测定改为水中氯苯的测定；同时增加了废水中总铬和总汞的测定等。

（8）更新水质标准（例如，美国饮用水水质标准，改为 2009 年版）和元素相对原子量表（改为 2012 年版，其中 112、114 和 116 元素分别命名为锝（Co-pernicium，Cn）、铁（Flerovium，Fl）、铊（Livermorium，Lv））。

（9）补充了水分析化学在环境样品分析中的拓展，关联并扩大了在环境科学和环境工程等专业领域中的应用及范围。

本书由黄君礼编写、整理定稿。吴明松参加了全书的资料收集、整理和编写，李娜和鲁秀国等参与了部分内容的编写。

本书承蒙中国科学院生态环境研究中心汤鸿霄院士主审，提出了许多宝贵意见和建议，并高度评价了《水分析化学》（第四版）修订工作，对此作者表示衷心感谢。

本书在修订过程中得到了高等学校给排水科学与工程学科专业指导委员会、中国建筑工业出版社的关怀与指导以及哈尔滨工业大学市政环境工程学院领导和许多院校的大力支持、关心和帮助。在编写过程中，还得到了崔崇威、张玉玲、关小红、欧阳红、冯琦、徐勋等的帮助。在此一并致谢。

由于作者水平有限，对书中的缺点和错误，敬请读者不吝赐教。

黄君礼

2013 年 4 月

第三版前言

《水分析化学》（第二版）教材自 1997 年问世以来，已再版印刷 21 次，受到广大师生及同行的好评，收到良好的教学效果，取得巨大的社会效益。《水分析化学》（第二版）先后获得建设部和黑龙江省精品课程称号，本次出版的第三版教材被列为高等学校给水排水工程专业指导委员会规划推荐教材。

2006 年，国家卫生部修订发布的新的饮用水水质标准 GB 5749—2006 由过去的 35 项增加至 106 项，为了配合新技术体系的顺利实施，我们根据自己多年的教学体会，并广泛征求意见，对第二版教材进行了修订。

第三版教材在修订过程中，保持了第二版教材的长处和风格，目的是维护教材使用的一贯性。在相应章节中作了如下修订：

1. 为了适应新的水质指标及其国家相应规范要求，突出如何保证水分析质量这一目的，将第二版第 1 章内容分成两章。第 1 章绪论，增加了国内外水质指标体系和新旧指标对比分析；第 2 章水分析测量的质量保证，将第二版中相关内容单独列入本章，并补充了质量评价方法内容。

2. 将第二版第 8 章分成两章。新版第 9 章色谱法，充实了色谱-质谱联用技术及其测定水中有机物和相对分子质量内容，第 10 章原子光谱法，保留原子吸收光谱法，增加了原子发射光谱法。同时将流动注射分析内容并入新版第 8 章。

3. 删除了陈旧、不适用内容（如拉平效应和区分效应、无机络合剂和烛光浊度计法等），补充了缓冲溶液、固相萃取法、分子中电子能级的跃迁等内容。

4. 更新了所有水质指标，为读者参考提供了方便。

5. 全书共分十一章，第 1 章绪论、第 2 章水分析测量的质量保证、第 3 章酸碱滴定法、第 4 章络合滴定法、第 5 章沉淀滴定法、第 6 章氧化还原滴定法、第 7 章电化学分析法、第 8 章吸收光谱法、第 9 章色谱法、第 10 章原子光谱法和第 11 章课堂实验。

本书由黄君礼编著（第 1 章至第 11 章及其新增内容），崔崇威参加了第 1 章～第 3 章、第 10 章中部分新增内容的编写。全书由黄君礼整理定稿。

本书承蒙中国科学院生态环境研究中心汤鸿霄院士主审，提出了许多宝贵意见和建议，并高度评价了本次修订工作，对此作者表示衷心感谢。

　　本书在修订过程中得到了全国给水排水专业指导委员会、中国建筑工业出版社的关怀指导以及哈尔滨工业大学市政环境工程学院领导的大力支持和许多院校的关心和帮助，在资料的收集、整理过程中，还得到了方琳、李娜、季颖、付娇、王威、吴明松、赵建伟等同志的帮助，在此一并致谢。

　　由于作者的水平有限，对本书存在的缺点和错误，恳请读者批评指正。

黄君礼

2007 年 11 月

第二版前言

本教材是根据 1995 年 7 月全国高等学校给水排水工程学科专业指导委员会制订的《水分析化学》课程教学基本要求编写的。全书共分 9 章：第 1 章概论；第 2～5 章酸碱滴定法、络合滴定法、沉淀滴定法和氧化还原滴定法；第 6～8 章吸收光谱法、电化学分析法和气相色谱法与原子吸收光谱法；第 9 章课堂实验。

编写中注意了以下几个问题：

1. 编写的指导思想是立足于水分析化学的基本原理、基本理论、基本知识、基本概念和基本技能的培养和训练；力求理论联系实际；注意培养独立分析和解决水质分析中的问题的实际能力；强化并树立准确"量"的概念。全书适度地增加或反映了近年来水质分析中的新技术、新方法和新内容。

2. 全书采用了我国以 SI 制为基础的法定计量单位和概念。统一采用物质的量(单位为 mol)、物质的量浓度(单位 mol/L 或 mmol/L)以及摩尔质量、化学计量数(过去称摩尔比)、化学计量点(过去称等当点)……等。过去使用的当量、当量浓度、克分子浓度、克分子量、克原子量、克当量、克式量、摩尔比、等当点……等均不再采用。

3. 对水质分析中的一些水质指标名称均与国内外已统一采用的名称接轨，例如：

本书采用高锰酸盐指数(过去称耗氧量、COD_{Mn}…)、化学需氧量 —COD(过去称 COD_{Cr})、总残渣(过去称总固体)、总可滤残渣(过去称溶解性固体)和总不可滤残渣(过去称悬浮物)……等。

同时还适当增加了一些水质指标，例如臭阈值、CCE、UVA ……等。

4. 由于学时限制，本书中部分可供选择或学生自学的内容，用小 1 号字。

5. 全书的思考题和习题在数量上略有增加，在编写时注意到启发思考和扩大知识面。并统一在书后附有答案。

6. 课堂实验指示书收载了比较成熟的、基本技能训练效果比较好的、又切合课程基本要求的实验 22 个。编写时注重了培养基本操作技术和进行科学实验能力的训练。

7. 水质标准和水分析化学中的最基本常数，是学习过程和今后实践中需要掌握和经常应用的最重要数据；虽占篇幅较多，编写时也集中附在书后，以方便查找和使用。

　　在《水分析化学》编写过程中得到本学科教学指导委员会的热情关怀指导，并由清华大学博士生导师蒋展鹏教授和西安建筑科技大学金同轨教授初审以及中国工程院院士、中国科学院生态环境研究中心汤鸿霄研究员主审，对书稿的修改和完善提出许多宝贵意见。借此机会表示最诚挚的谢意。

　　同时还得到哈尔滨建筑大学各级领导和老师的支持和鼎力相助，以及哈尔滨师范大学吕玉芬教授等许多先生的指导和帮助；在书稿整理过程中还得到李海波、王丽、毕新慧、崔崇威等同志的全力帮助；在此一并致谢。

　　由于编者水平有限，对本书中存在的缺点和错误，恳请批评指正。

黄君礼

1997 年 12 月

目　　录

第1章 概　　论

　　水是人类生存和万物生长必不可少的物质。天然水是水的重要来源。天然水即使清澈透明，一般也都有某些物质溶于水中，因此，有的地方水质优良，如深山里的泉水，清澈可口，独具风味；而另一些地方，由于水中混入的物质或杂质含量过多，浊度升高，颜色加深，含有异味，使水的利用价值受到一定限制。如果水中还有对人体及周围环境有害的物质，饮用此水，则有害健康。当水中的杂质数量达到一定程度后，就会对人类环境或水的利用产生不良影响，水质的这种恶化称为水的污染。随着我国加入 WTO 和人们生活水平的不断提高，人们对水质的要求也在不断地提高，城市供水水质关系着千家万户百姓的安全与健康，同时也是全面建设和谐社会的客观要求。

　　自有生命特别是有人类以来，水立下了汗马功劳。水本来是纯洁无瑕的！随着科学技术发展，水受到了污染，水污染给人类带来不少忧虑和麻烦。

　　原来依赖于山川河流、海域获得持续发展和安全的人类文明，如今却在逐渐扼杀着这些水域。警钟在响：

　　1. 水资源严重短缺

　　水是人类赖以生存的基本条件，地球虽然有 70.8% 的面积为水所覆盖，但是淡水资源却极其有限。全部水资源中，97.5% 是无法饮用的咸水。在余下的 2.5% 的淡水中，有 87% 是人类难以利用的两极冰盖、高山冰川和永冻地带的冰雪；人类真正能够利用的是江河湖泊以及地下水中的一部分，仅占地球总水量的 0.26%，而且很难再分配，因为巴西、俄罗斯、加拿大、中国、美国、印度尼西亚、印度、哥伦比亚和刚果 9 个国家已经占去了这些淡水资源的 60%。约占世界人口总数 40% 的 80 个国家和地区约 15 亿人口淡水不足，其中 26 个国家约 3 亿人极度缺水。更可怕的是，预计到 2025 年，世界上将会有 30 亿人面临缺水，40 个国家和地区淡水严重不足。总体来说，中国是一个贫水国家，水资源总量位居世界第 6 位，人均水资源仅为世界平均水平的 1/4，排名在 110 位之后。1998 年，联合国就已将中国列为全球 13 个最缺水的国家之一。2011 年全国水资源总量为 23256.7 亿 m^3，比常年值偏少 16.1%，为 1956 年以来最少的一年。缺水状况在全国范围内普遍存在，且存在不断加剧的趋势，水资源的季节分配和地区分布很不均匀。夏季，降水集中，汛期河水暴涨；冬、春季则降水少，河流进入枯水期，北方一些河流甚至干涸。南方水资源占全国的 80% 以上，北方仅占不到

20%。全国约 670 个城市中，一半以上存在着不同程度的缺水现象，其中严重缺水的有 110 多个。2011 年全国总供水量 6107.2 亿 m³，占当年水资源总量的 26.3%，按照国际经验，一个国家用水超过其水资源可利用量的 20%，就可能发生水危机。

2005 年 3 月 30 日正式公布的"新千年生态系统评估报告"（由 95 个国家 1360 名科学家历时 4 年完成）中指出，1960 年至 2000 年的 40 年中，河水和湖水水量减少量增加了一倍，世界主要江河的水量出现大幅度减少的趋势，中国的黄河，非洲的尼罗河和北美的科罗拉多河都曾经出现过枯竭现象，而全球饮用水供应却翻了一倍。联合国预言，到 2050 年，世界将有 2/3 的人长期受缺水之苦。

大自然是人类的母亲，水是生命之源，当你每天喝水的时候，不能忘记为了让你能够喝上甘甜的净水奉献了无数艰辛岁月的科学技术工作者；同时，更应该树立强烈的环保意识，保护圣洁的水资源。

2. 水资源普遍受污染

我国不仅水资源短缺，而且还伴随着日益严重的饮用水资源环境污染问题，2011 年全国污废水排放总量 807 亿 t。2011 年中国水资源公报显示，采用《中国地表水环境质量标准》GB3838—2002，对全国 18.9 万 km 的河流水质状况进行了评价，全年 I～III 类水的河长比例仅为 64.2%，比 2010 年提高了 2.8%；属于 IV、V 及劣 V 类的为 35.8%。主要污染项目是高锰酸盐指数、化学需氧量、氨氮、五日生化需氧量。全国主要水资源区域 I～III 类水的河长比例中，长江区 70.4%、黄河区 49.4%、松花江区 57.5%、辽河区 48.8%、淮河区 38.0%、海河区仅为 36.2%。2011 年，对全国 103 个主要湖泊的 2.7 万 km² 水面进行的水质评价结果表明：全年水质为 I 类的水面占 0.5%、II 类 32.9%、III 类 25.4%、IV 类 12.0%、V 类 4.5%、劣 V 类多达 24.7%，且上述湖泊中富营养化湖泊有 71 个，其余均为中营养化湖泊。在进行营养状况评价的 455 座水库中，中营养水库 324 座，富营养水库 131 座。对全国 4128 个水功能区评价结果显示：全年水质达标率仅为 46.4%，其中一级水功能区（保护、缓冲、开发利用和保留区 4 类）水质达标率 55.7%，二级水功能区（饮用水源、工、农、渔业用水、景观娱乐用水、过渡和排污控制区 7 类）2632 个，水质达标率 41.2%。在二级水功能区中，评价饮用水源区和水库型水功能区的达标率均仅为一半，工业、农业和渔业用水区达标率分别是 50.6%、30.2%、47.4%。全国 634 个地表水集中式饮用水水源地中，全年水质合格率在 80% 及以上的占 71.3%，其中合格率达 100% 的水源地仅占 55.5%。地下水的污染情况更不容乐观，2011 年 9 个省（自治区、直辖市）857 口监测井的水质监测结果表明：I～II 类监测井仅为 2.0%，适合集中式生活饮用水水源及工农业用水的 III 类监测井只有 21.2%。9 个省中，黑龙江、江苏的监测井水质以 IV 类为主；吉林、辽宁、广东、宁夏的监测井水质以 V

类为主。

松花江是黑龙江和吉林两省经济发展和人民生活共同依赖的地表水，也是接受流域工业生产与生活过程中排放废物的主要纳污水体。我们知道，长白山雪水融入松花江，它曾经是散发着松脂清香的水，但是人们往往轻视它，甚至谁都可以污染它。近年来，利用气相色谱/质谱（GC/MS）联用技术定性分析结果表明，松花江流域 6 个断面共检出有机污染物 12 类，185 种。其中具有明显"三致"作用的有机毒物 45 种，占松花江检出有机物总数的 24.3%，属美国 EPA 优先控制污染物的 18 种，属中国优先控制污染物的 23 种，属《地表水环境质量标准》GB 3838—2002 特定项目 14 种，这说明松花江有机毒物的污染是十分严重的。

尼罗河——世界上第二大河，几千年默默用它甘甜的乳汁养育着两岸的人口，古希腊著名历史学家希罗多德说："埃及是尼罗河赐给人类的礼物"。然而，多年以来，人们无穷无尽地向"母亲河"索取的同时，一股脑地把废物、污水倾倒于河内，昔日各种鱼类、水鸟栖息的尼罗河，今日已是片片油污顺水漂流，人们扔下的纸屑、罐头盒、塑料袋等废物随河漂泊，河水污浊，鱼虾绝迹，飞鸟全无，严重威胁人们的健康和阻碍经济发展。在这种情况下，埃及政府于 1994 年再次颁布法律，严禁向尼罗河排放各种有害物质，出台了一系列措施，1995 年设立 2350 万美元基金，决心治理尼罗河的污染。

江河的厄运已用不着描述，它所面临的灾难一方面水土流失，河床升高，泥沙淤积；另一方面各种污染，使水质变坏，甚至有毒，清流变浊流变祸水。

海洋是人类的资源宝库，孕育生命的摇篮，它孕育出了千姿百态的海洋生物，孕育出了才华横溢的人类。但人类一直随心所欲地利用海洋，同时又将废水废物直接或间接地排入大海，使之成为了人类最大的垃圾场。例如，每年开采的 2000 万 t 磷中，有近一半流入了海洋，造成了海洋中出现缺氧的死亡区。1960 年，世界有 10 个海洋死亡区，2008 年增加到 405 个。位于美国加州和夏威夷之间的"大太平洋垃圾带"，目前面积已有两个美国德州这么大，里面的垃圾从洗发精瓶子、塑料玩具、轮胎到塑料游泳池、拖鞋，无奇不有。深邃、湛蓝的海洋正漂浮着石油液滴，仅 1989 年世界上就发生 12 起严重的油泄漏事故。2002 年"威望号"油轮在西班牙海域断裂，燃油泄露，生灵涂炭，海鸥不能再飞翔，生态学家担心，将对当地生态环境造成毁灭性打击，珍贵物种可能会从此不复存在。1994 年 9 月有报道说，石油污染可能使马六甲海峡变成死海。1989 年 3 月 23 日夜，搁浅的艾克森瓦迪兹号油轮泄漏了 1100 万加仑的原油，20 年后灾难发生地美国阿拉斯加州海岸，受污海域有 25000 多只海鸟死亡，50%～90% 的鲱鱼卵不能孵化，幼鱼也濒于绝迹。1996 年 2 月利比里亚油轮"海上女王"号在英国西部威尔士圣安角附近触礁，14.7 万 t 原油泄漏，致死超过 2.5 万只水鸟；2010 年 4 月 20 日英国石油公司一个外海钻井平台发生爆炸，每天平均有 12000

到 100000 桶原油泄漏到墨西哥湾，导致至少 2500km² 的海水被石油覆盖着。中国的海洋环境同样令人堪忧，2012 年结束的一项历时 8 年的海洋调查结果表明：近 90％的沿海城市周期性缺水；与 20 世纪 50 年代相比，红树林面积减少 73％，珊瑚礁减少 80％，沿海湿地面积减少 57％；过去 10 年中，流入中国海洋的污染排放持续增加，48 个入海口遭到重金属、DDT 和石油烃的污染；过去 20 年中，中国沿海海域平均每年遭遇 83 次"赤潮"，多发于东海，黄海则多发"绿潮"，仅 2008 年所造成的直接经济损失达 13 亿元；中国东海的磷虾已濒临灭绝，小黄鱼资源也受到了毁灭性打击。北海也已污染严重，1995 年被宣布为环保"特别地区"；黄海、渤海在遭受重金属污染；波罗的海在遭受有机氯污染，海水污染已使人心惊肉跳。

日本福岛第一核电站 2011 年 3 月 11 日发生核泄漏事故后，1 万多吨低放射性水平的核废水被排入太平洋，共向太平洋排放了 27.1 千兆贝克勒尔（Bq）铯-137（Cs^{137}），将导致海洋食物链遭受长期性、富集性破坏。事故 1 年后大约 40％仍不适合人类食用，东京电力公司在 2013 年 2 月 28 日发布消息说：该电站港湾内大泷六线鱼体内检出铯浓度达 51 万贝克勒尔/千克（Bq/kg），是日本一般食品标准的 5100 倍。

里海水域在长期遭受汞、镉污染，仅 2000 年 4 月中旬以来，里海沿哈萨克斯坦水域 8000 多头海豹尸横遍野，惨不忍睹。1995 年有报道说：昔日丰富又多样化的黑海生态系统已被疯狂生长的海藻取代，黑海 90％的水体已经变成了动植物无法生存的死水。

2000 年，罗马尼亚边境城镇奥拉迪亚一座金矿泄漏出的氰化物废水流到了南联盟境内。毒水流经之处，所有生物全都在极短时间内暴死。流经罗马尼亚、匈牙利和南联盟的欧洲大河——蒂萨河及其支流内 80％的鱼类完全灭绝，这是自前苏联切尔诺贝利核电站事故以来欧洲最大环境灾难。2005 年 6 月，匈牙利东北部一座城镇发生水污染事件，造成饮用水污染。从 6 月 8 日起，米什科尔茨市居民开始出现大规模细菌感染的初期症状，不洁水源导致 1200 人中毒。

2005 年 11 月先是发生了震惊全国的中国石油吉林石化公司双苯厂"爆炸"突发事件，使得松花江沿岸城市的水受到硝基苯污染，随后湖南省冷水市也因一公司所排污水污染物超标，遭遇了类"哈尔滨式"的全城大停水；粤北北江流域又因工业污染造成部分自来水供应停业。

2006 年 1 月初，由于水利施工不当导致株洲冶炼厂含镉废水排入湘江，湘江株洲霞湾港至长沙江段出现不同程度的镉超标，湘潭、长沙两市水厂取水水源水质受到不同程度的污染。2006 年 9 月 8 日湖南省岳阳县 8 万多居民的饮用水源新墙河水中砷超标 10 倍。事故发生后，已立即启动环境应急预案和防控措施。

2010 年 7 月 3 日，紫金矿业紫金山铜矿湿法厂发生铜酸水渗漏事故，9100m³

的污水顺着排洪涵洞流入汀江，事故造成汀江部分水域严重污染，超过千吨的鱼死亡。2013 年 1 月 10 日上海金山区一物流公司将盛有油性废弃物倒入泖港镇部分水域，使水中苯乙烯等污染物严重超标，造成部分水厂停止供水，影响松江区 8000 户人家 3 万居民的生活。

人类在江河母体中吸取营养并又把一切包袱扔给江河，黑沫子、白沫子、红沫子，"五颜六色"的污染向江河涌来。傍依江河两岸的造纸厂、化工业、电镀业等的废水已形成一股难以遏止的污染大潮，使江河藏匿着深深的"隐患"，生态学家对以上深为忧虑。人类是该猛醒了！1995 年起，淮河两岸关停了 1000 多家小造纸厂，经过三个阶段处理后，淮河水初步变清；2006 年至今，经过多年的治理，松花江水质明显好转，对环境极为敏感的东方白鹳种群也开始稳定栖息，鲟鱼也开始在江中重现……。

3．人们渴望喝上安全饮用水

目前，水源普遍存在溶解性有机物增多、NH_3-N 浓度高、水体有异味、色度增高、藻类大量繁殖等问题。这些受到污染，但通过特殊工艺处理后尚可使用的原水称为微污染原水。目前我国约有 50% 的重点城镇水源水质不符合饮用水水源标准，这给饮用水安全带来了极大挑战。据联合国有关数字统计，目前全球有 17 亿人喝不到干净的饮用水，每天约有 2.5 万人因水质低劣而死亡。世界卫生组织调查显示：目前全世界 80% 的疾病和 50% 的死亡都是由于饮用受污染的水所致，全世界每 8 秒钟就有一个儿童因喝了污染的水而死亡。所以说饮用水污染已经严重地威胁着人类的健康！

饮用水氯消毒已有近百年历史，它在杀灭伤寒、肠道传染病等方面发挥了重要作用，但自 20 世纪 70 年代中期以来，人们发现由于氯消毒产生了对人类有潜在危害的氯仿等有机卤代物。欧美一些国家已鉴定出饮用水中有机物质 700 多种，并对 460 多种进行了监测，还对 350 种有机污染物的毒性进行了鉴定，其中致癌物有 18 种，可疑致癌物 50 种，致突变物 45 种，其中大部分为有机氯代物。

另外，饮用水消毒副产物是饮用水水质安全保障的一项技术难题。氯化消毒副产物对人体的危害已经得到公认。臭氧是一种强氧化剂，能与多种有机物反应，生成一系列有机和无机中间产物。有报道称甲醛是致癌物质，最受关注的无机副产物是溴酸根，国际癌症研究部门（IARC）将溴酸根分类为致癌性有机副产物 2B，即可能致癌物。因臭氧几乎没有残余消毒能力，一般不单独使用，但臭氧氧化后的副产物再经氯化会产生三卤甲烷等有害物质。

二氧化氯也是一种强氧化剂，作为饮用水消毒剂不但具有很好的灭菌效果，而且不与水中存在的黄腐酸、腐殖酸等前驱物反应生成三卤甲烷。

迄今为止，已知饮用水消毒副产物有 500 多种。尽管大多数种类的消毒副产物浓度只有 $\mu g/L$ 级，但对饮用者的健康与安全构成了潜在威胁。城市供水管网系统较大，水在管网中的停留时间较长，为了保证在管网末梢的余氯量要求，加氯量较大，并且水中的有机物，即前驱物浓度较高，所以氯化消毒副产物的危害是十分严重的。

随着我国经济的迅速发展，对城市饮用水水质的要求也不断提高。《生活饮用水卫生标准》GB 5749—2006 将水质指标从原来的 35 项提高到 106 项，并且对原标准中的一些指标也做了更严格的限定。自 2012 年 7 月 1 日起，106 项均已成为常规检测项目。

饮用水水质指标的发展经历了一个由人的感官和生活经验的感性认识，到科学方法严格测定、并定量化的历程，随着科学技术的发展，人民生活质量的要求越来越高，水源水质的不断恶化，迫使人们不断地修订规范和水质标准，并将所关注的重点水质指标转移。从美国的饮用水水质标准来看，每一次水质标准的变化，都将要求水处理控制技术和水质分析技术全面革新。

4. 保护水源，防治水污染，必须加强水分析工作

人类活动不仅从数量上消耗了占地表面的 0.7% 的淡水资源，而且对水的质量也带来了不良影响，这两种不适当行为同样都会对生态环境产生影响。因此，如果我们对水的重要性十分敏感，就会以行之有效的方式使用我们所拥有的水资源，并保护水质。但是，世界各地的地表水正在被来自人类、工业及农业废水所污染，而且今天被污染的地表水通常就是明天的受污染的地下水。例如，1990年，由于工业废水的渗入，安大略省的几个农村城镇作为供水水源的井水被关闭掉。2000 年有报道称，在印度东部地区的西孟加拉邦和比哈尔邦喷洒的 DDT 半个世纪后，仍发现每升水中的 DDT 比安全含量高出几千倍。

为了保护水源，防治水污染，必须加强水环境污染的分析工作，弄清污染物的种类、来源、分布迁移、转化及消长规律，为保护水环境提供监测手段和科学依据。因此，也就导致了水分析化学的产生。

我们知道，分析化学吸取了当代科学技术的最新成就（包括化学、物理学、电子学、数学、计算机技术和生物学等），利用物质一切可利用的性质，建立表征测量的新方法、新技术，开拓了新领域。分析化学正发展成为最有活力的学科之一。

水分析化学是环境分析化学的基础及重要组成部分，环境中大气、土壤等样品通常均需要在溶液中分析。在大气和土壤污染物的分析中，只要掌握了采样和样品预处理方法之后，污染物的分析即可转化为水分析化学问题，通过水分析化学的方法进行定量。

1.1　水分析化学性质和任务

水分析化学是研究水及其杂质、污染物的组成、性质、含量和它们的分析方

法的一门学科。水分析化学是研究水中杂质及其变化的重要方法，在国民经济各个领域肩负着重要使命。水分析化学在种类繁多，且日趋严重的水环境污染治理与监测中起着"眼睛"和"哨兵"作用，要树立准确"量"的概念。给水排水设计、水处理工艺、水环境评价、废水综合利用效果等都必须以分析结果为依据，并作出正确判断和评价。

水分析化学是给排水工程、环境科学和环境工程专业学生的专业技术课之一。通过水分析化学学习，掌握水分析化学的四大滴定方法（酸碱滴定法、络合滴定法、沉淀滴定法和氧化还原滴定法）和主要仪器分析法（如吸收光谱法、色谱法和原子光谱法等）的基本原理、基本理论、基本知识、基本概念和基本技能，掌握水质分析的基本操作，注重培养学生严谨的科学态度，培养独立分析问题和解决实际问题的能力。

1.2　水分析化学的分类

研究水中杂质、污染物质的组分、含量等的方法是多种多样的。除了定性分析和定量分析外，按分析时所依据水中的物质的性质和水样用量等分为化学分析法、仪器分析法和常量分析、半微量分析、微量分析和超微量分析等。

1.2.1　化学分析和仪器分析

（1）化学分析方法（Chemical Analysis）

将水中被分析物质与另一种已知成分、性质和含量的物质发生化学反应，而产生具有特殊性质的新物质，由此，确定水中被分析物质的存在以及它的组成、性质和含量，这种方法称为化学分析法。我们称水中被分析物质为试样或水样，加入的这种已知成分、性质和含量的物质为试剂。简言之，以化学反应为基础的分析方法为化学分析方法。该方法历史悠久，是分析化学的基础，又称经典化学分析方法。这一方法主要有重量分析法和滴定分析法。

1）重量分析方法（Gravimetric Analysis）

将水中被分析组分与其中的其他组分分离后，转化为一定的可称量形式，然后用称重方法计算该组分在水样中的含量。重量分析法按分离方法的不同又分为气化法、沉淀法、电解法和萃取法等。

气化法又称挥发法（Vaporization Method or Volatilization Method）：靠被分析组分本身的挥发性进行测定的方法。例如挥发性固体的测定。

沉淀法（Precipitation Method）：靠被分析组分以微溶化合物的形式沉淀出来，再将沉淀过滤、洗涤、烘干或灼烧，最后称重，计算其含量。例如水中 Ba^{2+} 的测定。

电解法（Electrolytic Analysis）：利用电解原理，使金属离子在电极上析出，然后称重，求得其含量。例如水中 Cu^{2+} 的测定。

萃取法（Extraction Method）：利用一种溶剂将水中被分析组分萃取出来，然后将有机溶剂蒸发干净后称重，求其含量。例如活性炭氯仿提取物（CCE）的测定。

重量分析法主要用于水中悬浮物（SS）、总固体、挥发性固体、CCE、Ca^{2+}、Mg^{2+}、Ba^{2+}、可溶性 SiO_2、硫酸盐等的测定。

重量分析法适用于常量分析，比较准确，相对误差 $0.1\%\sim0.2\%$；但操作麻烦、费时较多，不适于水中微量组分测定。

2）滴定分析法（Titration Analysis）

滴定分析法又叫容量分析法，将一已知准确浓度的试剂溶液和被分析物质的组分定量反应完全，根据反应完成时所消耗的试剂溶液的浓度和用量（体积），计算出被分析物质的含量的方法。

已知准确浓度的试剂溶液称为标准溶液或滴定剂；将标准溶液从滴定管计量并滴加到被分析溶液中的过程称为滴定；标准溶液与被测定物质定量反应完全时的那一点称为化学计量点（Stoichiometric Point），简称计量点，以 SP 表示。在滴定过程中，指示剂正好发生颜色变化的那点称为滴定终点（End Point），以 EP 表示。一般滴定终点与化学计量点应该一致，但由于操作误差，往往使滴定终点与化学计量点不一致，此时所产生的误差为滴定误差或终点误差。

滴定分析法根据反应不同分为四大类：

a. 酸碱滴定法（Acid-Base Titration）

利用质子传递反应进行滴定的方法。

$$H_3O^+ + OH^- \rightleftharpoons H_2O + H_2O$$

$$\underset{\text{酸}}{H_3O^+} + \underset{\text{碱}}{A^-} \rightleftharpoons \underset{\text{酸}}{HA} + \underset{\text{碱}}{H_2O}$$

b. 沉淀滴定法（Precipitation Titration）

利用生成沉淀反应进行滴定的方法。例如银量法：

$$Ag^+ + Cl^- \rightleftharpoons AgCl\downarrow$$

c. 络合滴定法（Complexometric Titration or Chelatometry）

利用络合反应对金属离子进行滴定的方法。

$$Ca^{2+} + H_2Y^{2-} \rightleftharpoons CaY^{2-} + 2H^+$$

d. 氧化还原滴定法（Redox Titration，Oxidaton-Reduction Titration）

利用氧化还原反应进行滴定的方法。

$$Cl_2 + 2I^- \rightleftharpoons I_2 + 2Cl^-$$

$$I_2 + 2S_2O_3^{2-} \rightleftharpoons 2I^- + S_4O_6^{2-}$$

滴定分析法要求化学反应必须满足：

a. 反应必须定量地完成，在化学计量点反应的完全程度一般应在 99.9% 以上。

b. 反应必须具有确定的化学计量关系，即反应按一定的反应方程式进行，

这是定量计算的基础。

　　c. 反应能迅速地完成，否则，可加适当催化剂或加热来加快反应的进行。

　　d. 必须有较方便、可靠的方法确定滴定终点。

　　凡满足上述要求的化学反应，都可用直接滴定法，即用适当的标准溶液直接滴定被分析组分。直接滴定法是滴定分析中最常用和最基本的滴定方式。满足不了上述要求的化学反应，可采用返滴定法、置换滴定法和间接滴定法。

　　滴定分析法用于水样中碱度、酸度、硬度、Ca^{2+}、Mg^{2+}、Al^{3+}、Cl^-、硫化物、溶解氧（DO）、生物化学需氧量（BOD）、高锰酸盐指数、化学需氧量（COD）等许多无机物和有机物的测定。该分析方法的优点是简便、快速，有足够的准确度，相对误差在 0.2% 左右，主要用于常量组分测定。缺点是对水样中微量组分测定受到限制。

　　(2) 仪器分析方法（Instrumental Analysis）

　　以成套的物理仪器为手段，对水样中的化学成分和含量进行测定的方法。实际上，是以水样中被分析成分的物理性质（如光、电、磁、热或声的性质）和物理化学性质，来测定水样中组成和含量的方法。如光学分析法、电化学分析法、色谱分析法、光谱分析法、质谱分析法和放射化学分析法等。

　　1) 光学分析法（Optical Analysis）

　　利用被分析物质的光学性质来测定其组分含量的方法。是根据被分析物质对电磁波的辐射、吸收、散射等性质而建立的分析方法。是目前常用的微量和痕量分析方法。主要有比色法、吸收光谱法（又分光光度法）、发射光谱分析法、原子吸收光谱法、火焰光度法、荧光分析法、比浊分析法、流动注射分析（FIA）和酶联免疫吸附法（ELISA）等。主要用于水中色度、浊度、NH_3-N、NO_2^--N、NO_3^--N、余氯、ClO_2、ClO_2^-、ClO_3^-、酚、CN^-、硫化物、Cd^{2+}、Hg^{2+}、Cr^{6+}、Cr^{3+}、Pb^{2+}、Zn^{2+}、Cu^{2+}、Fe^{2+}、Fe^{3+}、Mn^{2+}、砷化物以及微囊藻毒素（MC）、黄腐酸、木质素等许多微量成分的分析测定。原子吸收光谱法（AAS）和原子发射光谱法（AES）主要用于水中铅、锌、镉、锰、钴、镁、铜、镍等几十种金属元素的测定。冷式原子吸收光谱分析法适于测定水中汞。

　　2) 电化学分析法（Electrochemical Analysis）

　　利用被分析物质的电学性质进行定量的方法。主要分为电位分析法、电导分析法、库仑分析法和极谱分析法。本书主要介绍电位分析法，包括直接电位法、电位滴定法、电导分析法和极谱分析法。主要用于水中 pH、酸度和碱度的测定，可用于酸碱滴定、络合滴定、沉淀滴定和氧化还原滴定等。

　　此外还有电子探针 x 射线显微分析法和离子探针微区分析法等。

　　3) 色谱法（Chromatography）

　　以吸附或分配为基础的分析方法。包括气相色谱法、液相色谱法和离子色谱法等。本书主要介绍气相色谱法，该方法不仅可测定空气中的各种有害物质的浓度，而且用于水中许多成分的分离和超微量的测定。对水中 $CHCl_3$、$CHCl_2Br$、$CHClBr_2$ 和 $HCBr_3$ 等有机卤代物以及有机磷农药、苯系化合物、丙烯酰胺等有机化合物都能测定。

另外气相色谱—质谱（GC/MS）、液相色谱—质谱（LC/MS）、气相色谱—核磁共振（GC/NMR）及其计算机等的联用分析技术也得到了迅速发展。

1.2.2 常量分析、半微量分析和微量分析

根据试样的用量及操作规程不同，可分为常量、半微量、微量和超微量分析。

（1）按分析时所需试样的量分

按所需试样量分类　　　　　　　　　　表 1.1

分类名称	所需试样质量（mg）	所需试液体积（mL）
常量分析（Macro Analysis）	100~1000	10~100
半微量分析（Semi-Micro Analysis）	10~100	1~10
微量分析（Micro Analysis）	0.1~10	0.01~1

（2）按分析时组分在试样中的相对含量分

按组分的相对含量分类　　　　　　　　　表 1.2

分 类 名 称	相对含量（%）
常量组分分析（Macro Component Analysis）	>1
微量组分分析（Micro Component Analgsis）	0.01~1
痕量组分分析（Trace Component Analysis）	<0.01

还有在生产运行中，例如水处理厂的日常分析工作，统称为例行分析或常规分析；还有裁决是非所进行的分析工作，称为仲裁分析或裁判分析；还有水处理厂生产线上所进行的自动连续取样分析，称为在线分析等。

1.3　水质指标和水质标准

水质是指水及其中杂质共同表现的综合特性。水质好坏得有个衡量标准和尺度，又提出了水质指标，水质指标表示水中杂质的种类和数量，它是判断水污染程度的具体衡量尺度。同时针对水中存在的具体杂质或污染物，提出了相应的最高数量或浓度的限制和要求，即水质的质量标准。这些水质指标和水质标准着重于保障人体健康和人的用水、保护鱼类和其他水生生物资源及其针对工农业用水

要求而提出的。

1.3.1 水质指标（Water Quality Index）

（1）物理指标（Physical Index）

1）水温（Temperature）

水的物理化学性质与水温有密切关系。水中溶解性气体（如 O_2、CO_2 等）的溶解度、水中生物和微生物活动、盐度、pH 以及碳酸钙饱和度等都受水温变化的影响。水温是现场观测的水质指标之一。

2）臭味和嗅阈值（Odor and Taste，Odor Threshold Value）

纯净的水无味无臭，含有杂质的水通常有味。无臭无味的水虽不能保证是安全的，但可有利于饮水者对水质的起码信任。饮用水要求不得有异臭异味。臭是检验原水和处理水质必测项目之一。其中，生活饮用水及其水源水的臭和味可用嗅气法和尝味法测定。检验水中臭味可用文字描述法和嗅阈值法检验，文字描述法采用臭强度报告，臭强度可用无、微弱、弱、明显、强和很强 6 个等级描述。而嗅阈值是水样用无臭水稀释到闻出最低可辨别的臭气浓度的稀释倍数。规定饮用水的嗅阈值≤2。嗅阈值是评价处理效果和追查污染源的一种手段。

$$嗅阈值 = \frac{A+B}{A} \tag{1.1}$$

式中 　A——水样体积（mL）；

　　　B——无臭水体积（mL）。

例如：取水样 50mL 稀释到 200mL 时，刚好闻出臭气，其嗅阈值为 4。

如果出现水样浓度低时闻出臭气（用"＋"表示），而浓度高时未闻出臭气（用"－"表示），此时以开始连续出现"＋"的那个水样的稀释倍数作为嗅阈值。该水样的嗅阈值用几何均值表示，几何均值等于 N 个检验人员测得的嗅阈值数字积的 N 次方根。例如：7 位检验人员检测水样的嗅阈值分别为 2、4、8、6、2、8、2，则：

$$嗅阈值 = \sqrt[7]{2 \times 4 \times 8 \times 6 \times 2 \times 8 \times 2} = \sqrt[7]{12288} = 3.8 \approx 4.0 \tag{1.2}$$

应该指出，由于检测人员嗅觉敏感性有差异，测得某水样的嗅阈值只是相对数值。

3）颜色和色度（Color and Chromaticity）

纯净的水无色透明，混有杂质的水一般有色不透明。例如，天然水中含有黄腐酸（又称富里酸，Fulvic Acid）而呈黄褐色，含有藻类的水呈绿色或褐色；工业废水由于受到不同物质的污染，颜色各异。水中呈色的杂质可处于悬浮态、胶体或溶解状态，有颜色的水可用表色和真色来描述。

表色：包括悬浮杂质在内的 3 种状态所构成的水色为"表色"。测定的是未经静置沉淀或离心的原始水样的颜色，只用定性文字描述。如废水和污水的颜色呈淡黄色、黄色、棕色、绿色、紫色等。当然，对含有泥土或其他分散很细的悬浮物水样，虽经适当预处理仍不透明时，也只测表色。

真色：除去悬浮杂质后的水，由胶体及溶解杂质所造成的颜色称为真色。水质分析中一般对天然水和饮用水的真色进行定量测定。并以色度作为一项水质指标，是水样的光学性质的反映。饮用水在颜色上加以限制，规定色度<15度。

对工业用水的颜色更为严格，如纺织用水色度<10~12度，造纸用水色度<15~30度，染色用水色度<5度。因此，对特殊工业水使用之前需要脱色处理。一些有色工业废水在排放之前也需要去色处理。

颜色的测定：测定较清洁水样，如天然水和饮用水的色度，可用铂钴标准比色法和铬钴比色法。如水样较浑浊，可事先静置澄清或离心分离除去浑浊物质后，进行测定，但不得用滤纸过滤。水的颜色往往随 pH 的改变而不同，因此测定时必须注明 pH。

铂钴标准比色法：以氯铂酸钾（K_2PtCl_6）和氯化钴（$CoCl_2 \cdot 6H_2O$）配成标准比色系列，然后将水样与此标准色列进行目视比色。记录与水样色度相同的铂钴标准色列的色度。规定铂的浓度为 1mg/L 和钴的浓度为 0.5mg/L 时产生的颜色为 1 度。铂钴标准比色法色度稳定，易长期使用，但氯铂酸钾价格较贵。我国生活饮用水规范中推荐铂-钴标准比色法。

铬钴比色法：是以重铬酸钾（$K_2Cr_2O_7$）和硫酸钴（$CoSO_4 \cdot 7H_2O$）配制标准比色系列，采用目视比色法测定水样的色度。该法所用重铬酸钾便宜易得，但标准色列不易长久保存。

测定受工业废水污染的地表水和工业废水的颜色，除用文字描述法外，还可采用稀释倍数法和分光光度法测定，这些方法的详细步骤可参看《水和废水监测分析方法》和《水和废水标准检验法》等书。

4）浊度（Turbidity）

表示水中含有悬浮及胶体状态的杂质，引起水的浑浊程度，并以浊度作单位，是天然水和饮用水的一项重要水质指标。这种浑浊对水的透明有影响，当浑浊度较高时，将引起水中生物生态发生变化。如浑浊来自生活污水和工业废水的排放则往往是有害的。地表水常含有泥砂、黏土、有机质、微生物、浮游生物以及无机物等悬浮物质而呈浑浊状态；如黄河、长江、海河等主要大河水都比较浑浊，其中黄河是典型的高浊度水河流。地下水比较清澈透明，浊度很小，往往水中 Fe^{2+} 被氧化后生成 Fe^{3+}，使水呈黄色浑浊状态；生活污水和工业废水中含有各种有机物、无机物杂质，尤其悬浮状态污染物含量较大，因而大多数是相当浑浊，一般只作悬浮固体测定而不作浊度测定。

水中悬浮固体对光线透过时所发生的阻碍程度，也是水样的光学性质的反映；与该物质在水中的含量以及颗粒大小、形状和表面反射性能有关，因此浊度与以 mg/L 表示的悬浮固体的含量难于有相关关系。水中浊度是水可能受到污染的重要标志之一。浊度也是自来水厂处理设备选型和设计的重要参数，是水厂运行和投药量的重要控制标准，尤其用化学法处理饮用水或废水时，有时用浊度来控制化学药剂的投加量。我国饮用水标准规定浊度不超过 1NTU，特殊情况下不得超过 3NTU。为保证不结垢和堵塞以及产品的质量，某些工业用水对浊度有一定要求，如冷却用水不得超过 50～100NTU，造纸用水不得超过 2～5NTU，纺织、漂染用水小于 5NTU，半导体集成电路用水应为零。水样浊度的测定采用目视比浊法和分光光度法。

标准浊度单位，采用福尔马肼（硫酸肼 $NH_2NH_2 \cdot H_2SO_4$ 与六次甲基四胺 $(CH_2)_6N_4$ 形成的白色高分子聚合物）标准混悬液，并规定 1.25mg 硫酸肼/L 和 12.5mg 六次甲基四胺/L 水中形成的福尔马肼混悬液所产生的浊度为 1NTU，称为散射浊度单位（Nephelometric Turbidity Units，NTU）或福尔马肼浊度单位（Formazin Turbidity Units，FTU）。

水中浊度的测定，以福尔马肼为标准用散射比浊法（散射或浑浊度仪）或目视比浊法测定。

5）固体物质（Solid Matters）

固体物质又称残渣（Residue），分为总固体（总残渣）、溶解性总固体（总可滤残渣）和悬浮固体（总不可滤残渣）3 种。固体物质在许多方面对水质有不利影响。工业生产中水质固体物质含量高可产生黏泥堵塞和腐蚀管道，固体物质含量高的水一般不适于饮用，并可能偶尔引起饮用者不适的生理反应。固体物质采用重量法测定。适用于饮用水、地表水、盐水、生活污水和工业废水的测定。

a. 总固体（Total Solids，TS）

总固体又称总残渣（Total Residue）。将水样混合均匀后，在已称至恒重的蒸发皿中于水浴或蒸汽浴上蒸干，然后在 103～105℃烘箱中烘至恒重，增加的重量为总固体。

$$总固体(mg/L) = \frac{(A - B) \times 1000 \times 1000}{V} \qquad (1.3)$$

式中　A ——水样总固体及蒸发皿重（g）；

　　　B ——蒸发皿净重（g）；

　　　V ——水样体积（mL）。

通过总固体测定，可初步推测给水水源是否适于城镇或工业方面的应用。

b. 溶解性总固体（Total Dissolved Solids，TDS）

溶解性总固体又称总可滤残渣（Total Filterable Residue）或可溶性蒸发残渣（Soluble Evaporated Residue）。包括不易挥发的可溶性盐类、有机物及能通过过滤器的不溶性颗粒。将混合均匀的水样，通过 $0.45\mu m$ 标准玻璃纤维滤膜过滤，将滤液在 $103\sim105℃$ 或 $180℃$ 下烘干至恒重的物质。我国饮用水标准中规定溶解性总固体不得大于 $1000mg/L$。

$$溶解性总固体(mg/L) = \frac{(A-B)\times1000\times1000}{V} \tag{1.4}$$

式中　A——烘干残渣加蒸发皿重（g）；

　　　B——蒸发皿重（g）；

　　　V——水样体积（mL）。

c. 悬浮物（Suspended Solid，SS）

悬浮物又称为总不可滤残渣（Total Unfilterable Residue）、悬浮固体。一般指直径在 $0.1\mu m$ 以上的肉眼可见的微粒，主要是由泥砂、黏土、原生动物、藻类、细菌、病毒以及高分子有机物组成，是造成浊度、色度、气味的主要来源。测量时将充分混合均匀的水样过滤后，截留在 $0.45\mu m$ 标准玻璃纤维滤膜上的物质在 $103\sim105℃$ 烘干至恒重。如果悬浮物堵塞滤膜并难于过滤，悬浮物可由总固体与溶解性总固体之差计算。

$$悬浮物(mg/L) = \frac{(A-B)\times1000\times1000}{V} \tag{1.5}$$

式中　A——滤膜加残渣重（g）；

　　　B——滤膜重（g）；

　　　V——水样体积（mL）。

或　　　　　　　　　悬浮物＝总固体－溶解性总固体

水中固体物质还可根据挥发性能分为挥发性固体和固定性固体。

挥发性固体（Volatile Solis）又称挥发性残渣（Volatile Residue）、灼烧减重。该指标可粗略地代表水中有机物含量和铵盐及碳酸盐等部分含量。测定方法：水样测定总固体后，于 $600℃$ 下灼烧 $30min$，冷却后用 $2mL$ 蒸馏水湿润残渣，在 $103\sim105℃$ 烘干至恒重，所减少的重量即为挥发性固体。

$$挥发性固体(mg/L) = \frac{(W_1-W_2)\times1000\times1000}{V} \tag{1.6}$$

式中　W_1——总固体重（g）；

　　　W_2——总固体灼烧后重（g）；

　　　V——水样体积（mL）。

固定性固体（Fixed Solids）又称固定性残渣（Fixed Residue），可由总固体与挥发性固体之差求得。可略粗代表水中无机盐类的含量。

d. 可沉降物（Settleable Matter）

可沉降物又称可沉降固体（Settleable Solid），用体积法或重量法测定。用于地表水、咸水以及生活污水和工业废水中的可沉降物的测定。可沉降物浓度为沉降处理法和沉淀设备等提供设计依据。

体积法：水样在特制锥形筒（英霍夫锥形管（Imhoff cone））内（图 1.1）静置 1h 后所沉下的总污物数量，以 mL/L 表示。

重量法：由悬浮物与上层液中不可沉降物浓度之差求得，以 mg/L 表示。其中上层液中不可沉降物浓度测定：将已充分混匀水样倒入玻璃容器中，静置 1h 后，虹吸沉降面与液面一半处上层液，按 103～105℃烘干的悬浮物程序求得。

$$可沉降物(mg/L) = C_1 - C_2 \qquad (1.7)$$

式中　C_1——悬浮物（mg/L）；

　　　C_2——不可沉降物浓度（mg/L）。

6）电导率（Conductivity）

电导率又称比电导（Specific Conductance）。电导率表示水溶液传导电流的能力。它可间接表示水中溶解性固体的相对含量。通常用于检验蒸馏水、去离子水或高纯水的纯度、监测水质受污染情况以及用于锅炉水和纯水制备中的自动控制等。电导率的标准单位是西门子/米（S/m），多数水样的电导率很低，所以，一般实际使用单位为毫西门子/米(mS/m)，1mS/m 相当于 $10\mu\Omega/cm$（微欧姆/厘米），单位间的互换关系是：$1mS/m = 0.01mS/cm = 10\mu\Omega/cm = 10\mu S/cm$。

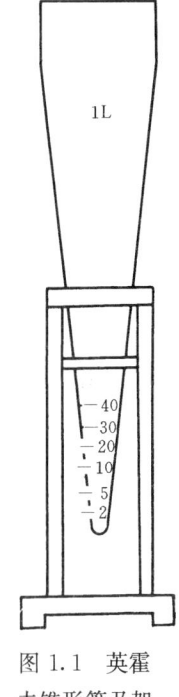

图 1.1　英霍夫锥形管及架

电导率用电导率仪测定。

7）紫外吸光度（Ultraviolet Absorbance，UVA）

由于生活污水、工业废水，尤其石油废水的排放，天然水中含有许多有机污染物，这些污染物，尤其含有芳香烃和双键或羰基的共轭体系，在紫外光区都有强烈吸收。对特定水系来说，其所含物质组成一般变化不大，所以，利用紫外吸光度作为新的评价水质有机物污染综合指标，将有普遍意义。有关这方面的详细方法见《紫外吸收光谱法及其应用》一书。

8）氧化还原电位（Oxidation-Reduction Potential，ORP）

氧化还原电位（ORP）是水体中多种氧化性物质与还原性物质进行氧化还原反应的综合指标之一，其单位用毫伏（mV）表示。在水处理尤其废水生物处理中越来越受到重视。已经证明 ORP 是厌氧消化过程中一个较为理想的过程控制参数。20 世纪 80 年代之后，人们发现 ORP 在脱氮（N）除磷（P）过程中起到重要的指示作用。近年来，在好氧活性污泥法降解含碳有机物过程中，已有用 ORP 的数值或变化率作为反应时间的计算机控制参数的研究，例如，在间歇式活性污泥法（SBR）处理石油化工废水过程中，以 ORP 的数值或变化率作为反应时间控制参数的应用研究已取得一定进展。

氧化还原电位（ORP）用毫伏计或 pH 计测量。指示电极用铂电极，参比电极用饱和甘汞电极或银—氯化银电极。具体测定方法见《水和废水监测分析方法》及本书有关章节。ORP 的测定方法简单，响应速度较快，电极维护较为方便。但 ORP 由于受到影响因素较多，如作为一个控制参数尚需做许多工作。

（2）微生物指标（Microoganism Index）

水中微生物指标主要有细菌总数、总大肠菌群、游离性余氯和二氧化氯 ClO_2。

1）细菌总数（Bacterial Total Count）

指 1mL 水样在营养琼脂培养基中，于 37℃培养 24h 后，所生长细菌菌落的总数。水中细菌总数用来判断饮用水、水源水、地表水等污染程度的标志。我国饮用水中规定细菌总数≤100CFU/mL。

2）总大肠菌群（Total Coliform Group）

大肠菌群可采用多管发酵法、滤膜法和延迟培养法测定。我国饮用水中规定总大肠菌群不得检出。

3）游离性余氯（Free Residual Chlorine）

水液氯消毒中，氯水解成游离性有效氯：

$$Cl_2 + H_2O \rightleftharpoons HOCl + H^+ + Cl^-$$

$$HOCl \rightleftharpoons H^+ + OCl^-$$

HOCl 和 OCl^- 比例与水 pH 有关。饮用水氯消毒之后剩余的游离性有效氯为游离性余氯。可采用碘量法、N，N—二乙基对苯二胺—硫酸亚铁铵滴定法和 N，N—二乙基对苯二胺（DPD）光度法测定。国家饮用水规定：出厂水中限值为 4mg/L，集中式给水出厂水游离性余氯不低于 0.3mg/L，管网末梢水不应低于 0.05mg/L。

4）二氧化氯（Chlorine Dioxide）

水中二氧化氯 ClO_2 可采用连续碘量法和吸收光谱法测定，ClO_2 出厂水中限值为 0.8mg/L，集中式给水出厂水余量不低于 0.1mg/L，管网末梢水不应低于 0.02mg/L。

水质非常规指标中增加了贾第鞭毛虫限值＜1 个/10L 和隐孢子虫限值＜1 个/10L。

（3）化学指标（Chemical Index）

天然水和一般清洁水中最主要的离子成分有阳离子：Ca^{2+}、Mg^{2+}、Na^+、K^+ 和阴离子：HCO_3^-、SO_4^{2-}、Cl^- 和 SiO_3^{2-} 8 种基本离子，再加上量虽少、但起

重要作用的 H^+、OH^-、CO_3^{2-}、NO_3^- 等，可以反映出水中离子组成的基本概况。而污染较严重的天然水、生活污水、工业废水可看作是在此基础上又增加了其他杂质成分。表示水中杂质及污染物的化学成分和特性的综合性指标为化学指标，主要有 pH、酸度、碱度、硬度、总含盐量、高锰酸盐指数、TOC、COD、BOD_5、DO 等。

1）pH

水的 pH 是溶液中氢离子浓度或活度的负对数，pH $= -\lg [H^+]$。表示水中酸、碱的强度，是常用的水质指标之一。pH $= 7$ 水呈中性；pH < 7 水呈酸性；pH > 7 水呈碱性。pH 在水的化学混凝、消毒、软化、除盐、水质稳定、腐蚀控制及生物化学处理、污泥脱水等过程中是一重要因素和指标，对水中有毒物质的毒性和一些重金属络合物结构等都有重要影响。

pH 用比色法或电位法测定。一般天然水 pH 在 $7.0 \sim 8.5$，各种用水和排放水对 pH 都要有一定的要求，如饮用水规定 pH 在 $6.5 \sim 8.5$ 之间；锅炉用水为防止金属被腐蚀，pH 须保持在 $7.0 \sim 8.5$ 之间；工业排放水 pH 须在 $6 \sim 9$ 之间等。

2）酸度和碱度（Acidity and Alkalinity）

水的酸度是水中给出质子物质的总量。水的碱度是水中接受质子物质的总量，酸度和碱度都是水的一种综合特性的度量，只有当水样中的化学成分已知时，它才被解释为具体的物质。酸度和碱度均采用酸碱指示剂滴定法或电位滴定法测定。

酸度包括强无机酸（如 HNO_3、HCl、H_2SO_4 等）、弱酸（如碳酸、醋酸、单宁酸等）和水解盐（如硫酸亚铁和硫酸铝等）。酸不仅有腐蚀性，而且对化学反应速率、化学物品的形态和生物过程等有影响。含有强酸的工业废水排放之前，必须进行中和处理。酸度的测定可反映水源水质的变化情况。测定的酸度数值大小与所用指示剂和滴定终点的 pH 有关。酸度用 mg/L（以 $CaCO_3$ 计）表示。

碱度包括水中重碳酸盐碱度（HCO_3^-）、碳酸盐碱度（CO_3^{2-}）和氢氧化物碱度（OH^-），水中的 HCO_3^-、CO_3^{2-} 和 OH^- 3 种离子的总量称为总碱度。一般天然水中只含有 HCO_3^- 碱度，碱性较强的水含有 CO_3^{2-} 和 OH^- 两种碱度。上述分类法是认为水中不存在弱无机酸或有机酸（如硅酸、磷酸和硼酸等）、并假定 HCO_3^- 与 OH^- 两种碱度不能共存。组成碱度的这些离子，一般不会造成危害，但它们同水中许多化学反应过程有密切关系，所以列为水质指标之一。水中碱度用 mg/L（以 $CaCO_3$ 计）表示。

3）硬度（Hardness）

水的硬度原指沉淀肥皂的程度。一般定义为 Ca^{2+}、Mg^{2+} 离子的总量。包括总硬度，碳酸盐硬度和非碳酸盐硬度。含有硬度的水不仅可与肥皂作用生成沉淀，造成肥皂浪费，而且会使锅炉用水产生水垢危害，影响热量传导，耗费大量燃料，甚至引起锅炉爆炸。因此，对其用水硬度做了规定，如饮用水硬度规定≤450mg/L（以 $CaCO_3$ 计）；锅炉用水硬度更有严格要求，如当锅炉蒸气压力为 1.0～2.5MPa 时，无论软化水还是除盐水，作为锅炉用水硬度规定小于等于 0.030mmol/L。由于天然水中铁、锰、锶、铝等离子的含量很少，用 EDTA 络合滴定法测定时，硬度只以钙、镁含量计算。当然，如水样中其他阳离子含量较高时，也应考虑它们的影响。

由 $Ca(HCO_3)_2$ 和 $Mg(HCO_3)_2$ 及 $MgCO_3$ 形成的硬度为碳酸盐硬度，又称暂时硬度，因这些盐类煮沸后就分解形成沉淀。由 $CaSO_4$、$MgSO_4$、$CaCl_2$、$MgCl_2$、$CaSiO_3$、$Ca(NO_3)_2$ 和 $Mg(NO_3)_2$ 等形成的硬度为非碳酸盐硬度，又称永久硬度，在常压下沸腾，体积不变时，它们不生成沉淀。

硬度单位包括有：

① mmol/L：这是现在硬度的通用单位。

② mg/L（以 $CaCO_3$ 计），因为 1mol $CaCO_3$ 的质量为 100.1g，所以 1mmol/L＝100.1mg/L（以 $CaCO_3$ 计）。例如，我国饮用水中规定总硬度不超过 450mg/L（以 $CaCO_3$ 计）。

③ 德国度（简称度）：国内外应用较多的硬度单位。

1 德国度相当于水中 10mgCaO/L 所引起的硬度，即 1 度。

1 度＝10mg/L（以 CaO 计）

1mmol/L（CaO）＝56.1÷10＝5.61 度

1 度＝100.1÷5.61＝17.8mg/L（以 $CaCO_3$ 计）

为便于读者查阅，本书将德国度仍予保留。

4）总含盐量（Total Salinty）

总含盐量又称全盐量，也称矿化度（Mineralization Rate）。表示水中各种盐类的总和，也就是水中全部阳离子和阴离子的总量。总含盐量与溶解性总固体在数值上的关系是：

$$总含盐量 = 溶解性总固体 + \frac{1}{2}HCO_3^- \tag{1.8}$$

这是因为溶解性总固体测定时将水样在 103～105℃ 下蒸发烘干，此时水中的 HCO_3^- 将变成 CO_3^{2-}，伴有 CO_2 和 H_2O 的逸失。这部分逸失的量约等于原水中 HCO_3^- 含量的一半。

$$2HCO_3^- \xrightarrow[103～105℃]{\triangle} CO_3^{2-} + CO_2 + H_2O$$

总含盐量对农业用水尤其灌溉用水影响较大，总含盐量过高会导致土壤的盐碱化。

5）有机污染物综合指标（Comprehensive Index of Organic Contaminant）

有机污染物综合指标主要有溶解氧（DO）、高锰酸盐指数、化学需氧量（COD）、生物化学需氧量（BOD_5）、总有机碳（TOC）、总需氧量（TOD）和活性炭氯仿萃取物（CCE）等。这些综合指标可作为水中有机物总量的水质指标，它们在水处理、水质分析中有着重要意义，并得到广泛应用。这些水中有机污染物综合指标将在有关章节中详细介绍。

6）放射性指标（Radiactivity Index）

水中放射性物质主要来源于天然和人工核素两方面。这些物质不时地产生了α、β及γ放射性。随着放射性物质在核科学及其动力发展中、在工业、农业、医学等方面的广泛使用，给环境也带了一些放射性污染。必须注意防护，并引起高度警戒。放射性物质除引起外照射（如γ射线）外，还会通过饮水、呼吸和皮肤接触进入体内，引起内照射（如α、β射线），导致放射性损伤、病变甚至死亡。因此，我国饮用水规定α放射性强度不得大于0.5贝克勒尔/L（0.5Bq/L），β放射性强度不得大于1Bq/L。

测定水中α和β放射性强度用低本底α、β测量仪测定。

放射性物质是该种元素的原子核能自发地有规律地改变其结构转变为另一种原子核，这种现象称为核衰变，原子核在衰变过程中，总是放射出α射线、β射线、γ射线和中子等。其中放射性物发射的α粒子（α射线）带有等于两个电子单位的正电荷，实际上是氦原子核，它的相对质量较大（质量数均在200以上），α粒子在固体或液体中的射程非常短，如一个具有5百万电子伏特的α粒子，会被厚约0.002cm的铝箔片挡住，但α粒子通过一种介质时，会使介质电离，且电离本领非常强；放射性物质发射出的β粒子实际上为快速的电子，其电量恰等于电子的电量，它的质量比α粒子小得多，通过一种介质时电离本领比α粒子差，但它的贯穿力比α粒子强。放射性物质发出的γ射线是与可见光线、无线电波性质相同的电磁辐射，只是波长较短，它以光速前进，不受电场或磁场的偏折，在穿过物质时，与α、β粒子比较，γ射线的电离本领较小，但穿透力极强。因此，具有α、β粒子的放射性物质，如通过食物、饮水进入体内引起内照射，危害较大；而γ射线的放射性物质，外照射危害大。这些危害主要表现在引起贫血、白血病，甚至会死亡。

1.3.2 水质标准（Water Quality Standard）

水质标准是表示生活饮用水、工农业用水及各种受污染水中污染物质的最高容许浓度或限量阈值的具体限制和要求。因此，水质标准实际是水的物理、化学和生物学的质量标准。这些水质标准都是为保障人群健康的最基本的卫生条件和按各种用水及其水源的要求而提出的。

水质标准分为国家正式颁布的统一规定和企业标准。前者是要求各个部门、企业单位都必须遵守的具有指令性和法律性的规定；后者虽不具法律性，但对水质提出的限制和要求，在控制水质、保证产品质量方面有积极的参考价值。有关这些水质标准请详见附表。

(1) 生活饮用水卫生标准 (Sanitary Standard for Drinking Water)

生活饮用水水质标准是制约水厂向居民供应符合卫生要求的生活饮用水，保障人群身体健康的基本限制和要求。生活饮用水水质不应超过附表所列限量。只有如此，才能充分保证生活饮用水质量。

1) 不仅感官性状无不良刺激或不愉快的感觉，如饮用水中色度、浊度、嗅和味等符合标准外，对水中由于氯消毒形成氯代酚而引起强烈臭味的挥发酚类化合物规定 $<0.002mg/L$；使水产生金属涩味浑浊、并使衣服、瓷器产生铜绿的锌与铜规定均不超过 $1.0mg/L$，等等。

2) 所含有害或有毒物质的浓度对人体健康不产生毒害和不良影响，这就是：

第一，使毒理学上安全。对饮用水中有剧毒或毒性很大的氰化物、砷化物（如砒霜）和重金属（如镉 Cd^{2+}、汞 Hg^{2+}、铬 $Cr(VI)$ 和铅 Pb^{2+} 等）的浓度都做了规定。例如，氰化物（CN^-）和铬（VI）的浓度均要求 $<0.05mg/L$；砷（III）和铅的浓度均要求 $<0.01mg/L$；汞的浓度 $<0.001mg/L$；镉的浓度 $<0.005mg/L$，等等。同时对易引起头发脱落、血液成分变化和对肾、肠或肝有影响的铊也做了规定 $<0.0001mg/L$。

第二，生理上有益无害。饮用水中氟化物含量过高引起斑釉齿病、氟骨症，但适量的氟又能提高牙齿的抗酸力，防止龋齿病；碘含量过低引起甲状腺肿大，但适量的碘不仅防治一些疾病，还可有利于人的智力开发等，故饮用水中规定 F^- 的浓度为 $1.0mg/L$。

第三，使用有利无弊。生活饮用水中如硬度的变化易引起胃肠功能暂时性紊乱，浓度过高还会在洗衣时浪费过量肥皂，更会使配水系统形成水垢；含铁过高不仅使水有异味，还会使衣服、器皿生成黄褐色锈斑等。因此对饮用水中的硬度、铁含量都做了规定。

3) 同时重要的是生活饮用水中不应含有各种病源细菌、病毒和寄生虫卵，使流行病学上安全可靠。我国饮用水中规定细菌总数不超过 $100CFU/mL$，总大肠菌群不得检出，游离性余氯出厂水中限值为 $4mg/L$，ClO_2 出厂水中限值为 $0.8mg/L$ 等。

我国 2006 年 10 月 1 日起实施的《生活饮用水卫生标准》GB 5749—2006（见附表1）在检测项目种类上由 35 项增加到 106 项，以适应欧盟饮用水水质指令和世界卫生组织饮用水水质准则以及美国饮用水水质标准（见附表2～附表4）的要求。

(2) 水体污染控制标准 (Control Standard for Water Body Pollution)

水体污染控制标准是为保护天然水体免受污染，为饮用水、工农业用水、渔业用水等提供优质合格水资源的重要限制举措。我国的《地表水环境质量标准》、《地下水质量标准》和《污水排放标准》就是为了保护水域水质、控制污染物排放、保证受纳水体水质符合用水要求而制定的具体措施和法规。主要工业部门废水中有毒物质的主要发生源见附表 5。

有关地表水环境质量标准、地下水质量标准和污水排放标准等见附表 6～附表 10。城市污水再生利用及其标准见附表 11、附表 12。

思　考　题

1. 简述水分析化学课程的作用与地位。
2. 什么是水质指标，什么是水质标准？
3. 查阅相关网站，了解当地水源地及饮用水的水质情况。
4. 通过查阅相关资料谈饮用水中增加了铊检测的意义。

第 2 章　水分析测量的质量保证

当今，水分析化学已进入分析科学阶段。水分析测量结果直接参与科技与生产问题的决定。水处理过程的监控、水质质量的评价、水环境污染的监测与管理以及有关涉水案件的调查都需要有准确、可靠的依据。

任何一个实验室，分析测试人员总是希望获得准确的测量结果，但误差是客观存在的，任何分析测试，即使有相当好的管理水平、实验条件和熟练的分析人员，都不可能没有误差，重要的是分析工作者能够做到研究如何减免所有可能的误差源及其大小，所得结果能达到预期的目的。换言之，水分析测量质量保证就是采取一切正确分析的手段和有效措施来减少误差，保证分析结果的可靠性和可比性，这是本章的宗旨。

水分析测量质量控制和质量评价是质量保证工作不可分割的两个方面。质量控制的任务就是把所有误差，其中包括系统误差、随机误差，甚至过失误差（又疏忽误差），减少到预期的水平。因此，一方面需要一系列减小误差的措施，对整个分析过程（从水样采样到分析结果的计算）进行质量控制，包括从水样采集、保存和预处理、分析测试过程各环节的正确控制，选择适宜的分析方法、分析操作技术和分离操作技术，纯水、试剂、器皿、仪器以及标准物质的正确使用，影响分析结果准确性的各种因素及控制方法、数据的正确处理等。

另一方面需要行之有效的方法，对分析结果进行质量评价（包括"实验室内"质量评价和"实验室间"质量评价），质量评价的任务是对分析结果是否可取做出判断，及时发现分析过程中的问题，确保分析结果的可靠性。

2.1　水样的采集与预处理

在水质分析中，对水样取样的基本要求是对所取得的样品应具有代表性和有效性。由于环境体系的构成和组成都十分复杂，所以，为满足这两方面要求所必须采取的取样环节质量保证措施，除了具有一定的原则性外，还需要有很大的灵活性。

2.1.1　布 点 方 法

监测点按《全国环境卫生工作规范》的要求，结合用水目的的变化、发展的实际情况设置。

（1）采样断面布设

分断面布设和多断面布设法。对于江河水系，应在污染源的上、中、下游布设 3 个采样断面，其中上游断面为对照、清洁断面，中游断面为检测断面（或称污染断面），下游断面为结果断面。对湖泊、水库，应在入口和出口处布设 2 个检测断面。对城市或大工业区的取水口上游处可布设 1 个检测断面。

（2）采样点布设

对河流，在每个采样断面上，可根据分析测定目的、水面宽度和水流情况，沿河宽和河深方向布设 1 个或若干个采样点。一般采样点设在水面下 0.2～0.5m 处。还可根据需要，在平面采样点的垂线上分别采集表层水样（水面下约0.5～1m）、深层水样（距底质以上 0.5～1m）和中层水样（表层和深层采样点之间的中心位置处）3 个点。

对地下水：布点通常与抽水点相一致。如作污染调查时，应尽量利用现有的钻孔进行布点，特殊需要时另行布点。

工业废水采样应在总排放口、车间或工段的排放口布点。生活污水采样布点应在排出口，如考虑废水或污水处理设备的处理效果，应在进水和出水口处布点。

对湖泊、水库：可划分若干方块，在每个方块内布设采样点。

给水管网的采样布点应在出厂水口、用户龙头或污染物有可能进入管网地方布点。

2.1.2 水样的采集

供分析用的水样，应该能够充分地代表该水的全面性，并必须不受任何意外的污染。首先必须做好现场调查和资料收集，包括气象条件、水文地质、水位水深、河道流量、用水量、污水废水排放量、废水类型、排污去向等。水样的采集方法、次数、深度位置、时间等都是由采样分析目的来决定的。水样采集时，应注意下列几点：

（1）采样器

采样器可用无色具塞硬质玻璃瓶或具塞聚乙烯瓶或水桶。采集深水水样时，需用专门采样器（图 2.1 和图 2.2）。还有深层采水器（如 HQM－1 型颠倒采水器和 HQM－2 型有机玻璃采水器）和自动采水器（如国产 772 型自动采水器和 783 型自动采水器）等，这些采水器的操作和使用方法见各该产品的说明书。对水中特殊成分的分析，要求使用专用容器，例如，溶解氧（DO）、正己烷萃取物、亚硫酸盐、联胺（$H_2N \cdot NH_2$）、细菌、生物等不宜用自动采样器，必须用专门特殊采水器。如测 DO 时，用溶解氧瓶采集水样（直立式采水器）。

（2）水样的量

供一般物理性质、化学成分分析用的水样有 2L 即可。如需对水质进行全分析或某些特殊测定则要采集 5～10L 或更多水样。

（3）一般采样方法

1）采水样之前，用水样冲洗采样瓶 2～3 次，采水样时，水面距瓶塞大于 2cm。

2）采自来水或只有抽水机设备的井水时，应先放水数分钟，使保留在水管

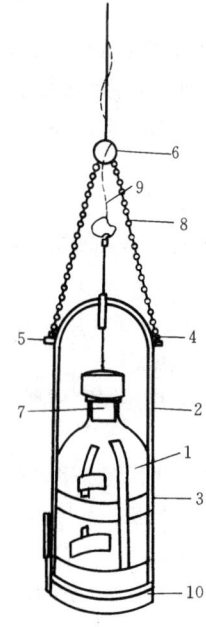

图 2.1   单层采水瓶

1—采水瓶；2、3—采水瓶架；4、5—控制采水瓶
平衡的挂钩；6—固定采水瓶绳的挂钩；7—瓶塞；
8—采水瓶绳；9—开瓶塞的软绳；10—铅锤

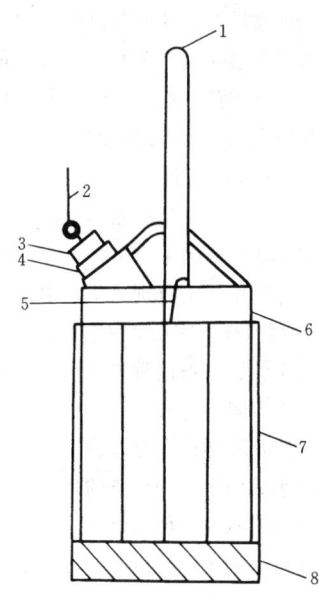

图 2.2   简易采水器

1—采水器软绳；2—壶塞软绳；3—软塞；
4—进水口；5—固定挂钩；6—塑料水壶；
7—钢丝架；8—重锤

中的杂质洗出去，然后再采集。

3）无抽水机设备的井水，可用采水瓶直接采样，或将水桶冲洗干净后采水样，再将水桶中水样装入瓶中。

4）采集江河湖泊或海洋表面水样时，将采水瓶浸入水面下 20～50cm 并距岸边的距离为 1～2m 处，采集水样。

5）污染源调查水样：河流应考虑整个流域布点采样，重点考虑生活污水和工业废水的入河总排放口。如果对特定工厂或城镇生活区的工业废水或生活污水应重点采集车间排放口和入河排放口处的水样。

（4）水样的形式

瞬时水样或"攫取式"或"抓取式"水样：在特定时间和地点采集的水样。用于给水水源和地表水水源的调查。

混合水样：同一采样地点，不同时间采集水样的混合水样。实际上是时间混合水样，主要观察水样平均浓度。常用于工业排放水或废水的调查。尤其用于计算或评价一个废水处理厂的负载或效果时，测定水样平均浓度更有用。应该指出，在分析测试水样的成分或性质，且在水样贮存中易发生变化时，不能应用混合水样，要采个别水样。

综合水样：同一时间在不同采样点采集水样的混合体，为综合水样。代表整个横断面上各地点和它们的相对流量成比例的混合水样。天然水和人工湖泊由于深度和水平方向上有组成成分上的变化，所以采用综合水样。一方面用于评价江河水系平均的组成成分或总的负荷，另一方面，对由几条分别的废水河道而建的综合废水处理厂，有时也采用综合水样，以便评价它们相互间的反应可能对处理性能和效果的影响。

当然，多数情况下，评价天然和人工湖泊的水中总体或平均成分变化并不特别显著，而局部变化更为重要。此时，分别检验水样比水样综合更好。

2.1.3　水样的保存

水样采集后若放置过久，会发生物理、化学和生物化学的变化，改变水样的组成，影响检测分析结果。因此，从水样采集到分析测定的时间越短越好。表2.1 是不同污染状况时水样的最长存放时间。

水样采集后，应快速进行分析测定。有些水样要求现场或最好现场立即测定。例如，水温、溶解氧、CO_2、色度、亚硝酸盐氮、嗅阈值、pH、悬浮物、酸度、碱度、浊度、电导率、余氯等。有些水样需带回实验室进行分析测定，水样取出后到实验室测定的这段时间，不可避免地发生化学、物理或生物变化。例如：有的被分析测定组分形成沉淀或分解、吸附于容器表面、化合价的改变、溶解或挥发等。实际上，不论是天然水、饮用水还是工业废水、生活污水取出后，其中的组分完全不损失不变化是不可能的，所以水样是很难保存的，最理想的是取样后立即分析。如不能立即分析，我们人为地采取一些措施，来减慢水样从水源取出后的不可避免的化学、物理或生物变化，这就是所谓水样的保存技术。

水样保存希望做到：减慢化学反应速度，防止组分的分解和沉淀产生；减慢化合物或络合物的水解和氧化还原作用；减少组分的挥发溶解和物理吸附；减慢生物化学作用。

水样的保存方法主要有加入保存试剂，抑制氧化还原反应和生化作用；控制pH 和冷藏冷冻等方法，降低化学反应速度和细菌活性。除此之外，还应选择适当材料容器保存水样。有关水样的具体保存方法见表2.1。

水样的保存技术

表 2.1

测定项目	采水容器①	保存方法	最长保存时间	水样量（mL）	备　注
温度	G、P			1000	现场测定
pH	G、P	2~5℃冷藏	6h	50	最好现场测定
悬浮物	G、P	2~5℃冷藏		100	尽快测定
色度	G、P	2~5℃冷藏	24h	50	现场测定

测定项目	采水容器[①]	保存方法	最长保存时间	水样量（mL）	备注
浊度	G、P			100	最好现场测定
臭	G		6h	200	最好现场测定
电导率、酸度、碱度	G、P	2～5℃冷藏	24h	100	最好现场测定
DO	G	加 $MnSO_4$ 和 KI 试剂	4～8h	300	现场固定
BOD_5	G、P	冷冻或 2～5℃	1个月或 6h	1000	
COD	G、P	H_2SO_4 酸化至 pH<2	7d	50	最好尽早测定
		2～5℃冷藏	24h		
TOC	G	H_2SO_4 酸化至 pH<2 冷冻	7d	25	
硬度	G、P	2～5℃冷藏	7d	100	
氨氮、凯氏氮、硝酸盐氮	G、P	H_2SO_4 酸化至 pH<2，2～5℃冷藏	24h	400，500 100	
亚硝酸盐氮	G、P	2～5℃冷藏		50	立即分析
总氮	G、P	H_2SO_4 酸化至 pH<2	24h		
O_3					现场测定
CO_2	G、P				现场测定
余氯	G、P		6h		最好现场测定
挥发酚	G、P	$1gCuSO_4/L$ 水，H_3PO_4 酸化至 pH<2	24h	500	
Hg 总量 溶解	G、P	HNO_3 酸化至 pH<2，过滤，HNO_3 酸化至 pH<2	13d 38d	100 100	
	G				
Cr 总量 六价	G	HNO_3 酸化至 pH<2			当天测定
	G	NaOH 至 pH8～9			当天测定
氯化物、氟化物、硫酸盐	G、P	2～5℃冷藏	7d	50，300 50	
氰化物	G、P	NaOH 至 pH13，2～5℃冷藏	24h	500	现场固定
硫化物	G、P	2mL 1mol/L Pb（Ac）$_2$ 和 1mL 1mol/L NaOH	24h	250	现场固定
总金属	P	HNO_3 至 pH<2	6个月		
$CHCl_3$ 等有机氯代物	G、P	抗坏血酸 5g/L，生料带密封			尽快测定
有机氯农药	G	2～5℃冷藏			现场萃取

测定项目	采水容器①	保存方法	最长保存时间	水样量(mL)	备　注
可溶性磷酸盐	G	现场过滤 2~5℃冷藏	24h	50	
总磷	P、G	H_2SO_4 酸化至 pH<2，2~5℃冷藏	24h	50	
砷	G、P	H_2SO_4 酸化至 pH<2	6 个月	100	
硒	G、P	HNO_3 酸化至 pH<2	6 个月	50	
硅	P	2~5℃冷藏	7d	50	
油、脂	G	H_2SO_4 酸化至 pH<2，2~5℃冷藏	24h	1000	
离子表面活性剂	G	加 $CHCl_3$，2~5℃冷藏	7d		
非离子表面活性剂	G	使水样含 1%(V/V) 甲醛，水充满瓶，2~5℃冷藏	1 个月		
细菌总数、大肠菌群	G（灭菌）	冷藏	6h		

① G—玻璃容器，P—塑料容器。

2.1.4　水样的预处理

从环境中获得的水样中，型体多样，几乎都不能未经处理直接进行分析测定。水样中常含有固态、气态等物质；组分也十分复杂，常常包含浓度相差很大的几十甚至几百种化学物质，即使是同一种元素，又存在无机、有机等多种型体，如铬有三价铬、六价铬，苯胺有硝基苯胺、对硝基苯胺、间硝基苯等。而这些物质各自所表现的环境效应与毒性又有所不同，会给测定带来影响。此外，水样中的有机物在自然条件下，受光、热、电磁辐射和微生物等外界条件的作用而发生变化。因此，环境中的水样，特别是待测对象含量较低时，常常需要对水样进行制备与预处理后才能进行分析测定。水样预处理的主要目的：

（1）去除水样中的基体和其他干扰物。含有大量复杂基质的水样，在进行色谱分析之前必须将基质除去。例如在进行液相色谱及离子色谱分析时，水样必须经过过滤，除去固体颗粒才能进样。此外水样中难与待测组分完全区分的干扰性杂质会影响结果的准确性，也必须通过预处理去除。例如测水中氨氮时，若水样色度较高，应先用蒸馏法将 NH_3 蒸出，再用纳氏试剂光度法测定。

（2）浓缩待测组分。水样中许多待测组分浓度低，因此采集样品的量相对较大，保存运输均不方便。经预处理之后，保存和运输将更为容易，水样中待测的低浓度或痕量组分，可以通过提取、净化等预处理方式浓缩，从而提高了方法的灵敏度。例如，测定水中微囊藻毒素时，可先用固相萃取柱将水样中的微囊藻毒素富集，再用高效液相色谱（HPLC）进行测定。

（3）将被测物转化为灵敏度更高、更易于与干扰组分分离的物质。例如，通过衍生化等方法，可以使一些在通常检测器上没有响应值或响应值较低的化合物转化为具有很高响应值的化合物，还可用于改变待测物质的性质，提高待测物质与基体或其他干扰物质的分离度和方法的灵敏度。从而达到改善方法灵敏度与选择性的目的。例如，对水中卤乙酸的检测前，可用硫酸与甲醇作为衍生剂，将一氯乙酸、二氯乙酸和三氯乙酸酯化为相应的甲酯，再进入气相色谱（GC）进行分析。

（4）提高水样的稳定性，便于保存和运输。一些对环境敏感且无法当场测定的项目，需要在采样后进行预处理，使水样稳定后再进行测定。例如，测定水中溶解氧时，取样后，需立即加入 $MgSO_4$ 和 NaOH，将溶解氧固定。

（5）延长仪器使用寿命。通过水样预处理可以去除对仪器或分析系统有害的物质，如强酸或强碱性物质、生物大分子等，从而延长仪器的使用寿命。使分析测定能长期保持在稳定、可靠的状态下进行。

水样预处理经常占用整个分析测试过程的大部分时间，甚至可达到分析时间的三分之二。通常应用色谱、光谱等分析方法时，需时只要几分钟至几十分钟，但分析前的水样处理却要几个小时甚至几十个小时。因此有人说：选择了合适的预处理方法，等于完成了分析工作的一半。对于具体的水样，选择恰当的预处理方法可以在得到高质量的结果的同时，大大减少分析时间。但迄今为止，没有一种预处理方法能适合各种水样。即使对于同一种待测物质，由于所处的环境与条件不同，还可能要选择不同的预处理方案。因此要进行具体分析，选择最佳预处理方法的原则是：

（1）能最大限度去除影响测定的干扰物。这是衡量预处理方法是否有效的首要指标，否则即使方法简单、快速也无济于事。

（2）被测组分的回收率高。通过预处理，要有较高的回收率，否则水样无法测定。

（3）操作简便、省时。预处理方法步骤越多，最终的误差也就越大。应尽可能选用自动化的处理方法。

（4）成本低廉，尽量避免使用昂贵的仪器与试剂。如果实验室条件较好，经费充足，也可以引进自动化程度高的水样预处理技术和设备。在获得高质量分析结果的前提下，这种投资还是值得的。

（5）环境友好。所用试剂应尽量不对环境产生污染或危害人体健康。如必须使用此类试剂，应尽量回收循环使用，将危害性降至最低。

传统样品预处理方法有液液萃取、索氏提取、蒸馏、吸附、离心、过滤、色谱分离等，对水样进行分析时，常根据分析目的、水质状况和有无干扰等不同情况进行预处理。

（1）过滤：如水样浊度较高或带有明显的颜色，就会影响分析结果，可采用澄清、离心、过滤等措施来分离悬浮物，尤其用适当孔径的过滤器可有效地除去细菌和藻类。一般采用 $0.45\mu m$ 滤膜过滤，通过 $0.45\mu m$ 滤膜部分为可过滤态水样，通不过的称为不可过滤态水样。用滤膜、离心、滤纸或砂芯漏斗等方式处理样品，它们阻留悬浮物的能力大小顺序是：滤膜＞离心＞滤纸＞砂芯漏斗。

（2）浓缩：如水样中被分析组分含量较低，可通过蒸发、溶剂萃取或离子交换等措施浓缩后再进行分析。例如：饮用水中氯仿的测定，采用正己烷/乙醚溶剂萃取浓缩后用气相色谱法测定。

（3）蒸馏排除干扰杂质

例如：测定水中酚类化合物、氟化物、氰化物时，在适当条件下可通过蒸馏将酚类化合物、氟化物、氰化物蒸出后测定，共存干扰物质残留在蒸馏液中，而消除干扰。

（4）消解：分酸性消解、碱性消解、干式消解和改变价态消解。

酸性消解：如水样中同时存在无机结合态和有机结合态金属，可加酸（如 $H_2SO_4-HNO_3$ 或 HCl，HNO_3-HClO_4 等），经过强烈的化学消解作用，破坏有机物，使金属离子释放出来，再进行测定。

碱性消解：如测定水样中总氮时，用过硫酸钾（$K_2S_2O_8$）在碱性介质中，可将水中氨、亚硝酸盐和大部分有机氮化合物氧化成硝酸盐后，进行测定。

改变价态消解：如测定水样总汞时，加强酸（$H_2SO_4-HNO_3$）和加热条件下，用 $KMnO_4$ 和过硫酸钾（$K_2S_2O_8$）将水样消解，使所含汞全部转化为二价汞后，进行测定。又如测定水中总铬时，水样中的三价铬在酸性条件下被 $KMnO_4$ 氧化成六价铬后，进行测定。

干式消解：通过高温灼烧去除有机物后，将灼烧后残渣（灰分）用适量 2% HNO_3（或 HCl）溶解，并过滤于容量瓶中，进行金属离子或无机物的测定。在高温下易挥发损失的 As、Hg、Cd、Se、Sn 等元素，不易用此法消解。

水样采集之后，进行定量分析的有关方法将在各章中讲授。

总之，水样采集后，最好立即分析，不能立即分析的项目将采取一些保存措施和预处理措施，以确保分析结果的可靠性。但是分析结果的可靠性在很大程度上取决于分析工作者或水处理工程技术人员的丰富实践经验和良好的判断力。

2.1.5 水分析化学在环境样品分析中的拓展

应用水分析化学的原理和方法可对水样中的待测物质直接测定。在气体和固体样品的分析中，只要掌握了采样和预处理方法，将待测物质转移到水溶液中，则环境污染物的分析就可转化为水分析化学问题。

（1）空气样品。

空气样品可用直接法和富集法采样。

直接法：分析方法的检出限能满足直接测量空气污染物（或组分）含量时，可用直接法采样。一般用玻璃注射器或塑料袋采样后直接测量。

【例 2.1】　空气中甲硫醇、甲硫醚等气态有机物，可直接进入带火焰光度检测器（FPD）的气相色谱分析 GB/T 14678—1993，这与水中这些污染物的分析方法完全相同。

富集法：凡不能直接测量时，需将空气样品富集后分析。富集法主要有固体吸附法、溶液吸收法和低温冷凝法。在环境质量评价和常规环境监测中，通常采用溶液吸收法，一般采用大气采样器（如气泡吸收管或多孔玻板吸收管）采样后分析。大气中的有机物测定时，有时也采用固体吸附法。

【例 2.2】　测定大气中氮氧化物 GB/T 15436—1995 时，通过 H_2O_2 吸收后，就可用 N-（1-萘基）乙二胺盐酸盐光度法进行测定，这与水中亚硝酸盐的测定原理和方法是一致的 GB/T 5750.05—2006。

【例 2.3】　空气中甲硫醇可用乙酸汞—冰乙酸水溶液吸收，在强酸性溶液中和三氧化铁存在下，甲硫醇与对氨基二甲基苯胺反应生成红色络合物，采用分光光度法定量 GB 18056—2000，这也是水分析化学中的方法。

【例 2.4】　测定空气中苯胺 GB/T 15520—1995 时，通过硫酸吸收后，采用盐酸萘乙二胺光度法进行测定，分析原理和步骤与水中苯胺 GB/T 5750.07—2006 的测定是一致的。

【例 2.5】　测定大气中芳香烃和氯乙烯时，用活性炭吸附柱采样，将 CS_2 冲洗后的流出液进入带有氢火焰离子化检测器（FID）的气相色谱测定。

（2）固废、土壤和生物组织等固体样品。

采样后，一般还要进行破碎、消化、索氏提取、蒸馏、吸附、离心、过滤等预处理方法，使待测物质从基质中析出并转移到溶液中进行测定。近年来又发展出超声波辅助萃取（Ultrasonic Assisted Extraction，UAE）、微波消解（Microwave Digestion）、微波辅助萃取（Microwave Assisted Extraction，MAE）和超临界流体萃取（Supercritical Fluid Extraction，SFE）等预处理新技术，可将待测物质更高效地转移到溶液中，大大缩短预处理时间，减少了药剂使用量，也更加经济环保。

超声波辅助萃取利用超声波辐射压强产生的强烈空化效应、机械振动、扰动效应、高的加速度、乳化、扩散、击碎和搅拌作用等多级效应，增大物质分子的运动频率和速度，增加溶剂穿透力，从而加速目标成分进入溶剂，促进提取的进行。具有在常温常压下进行、适合热不稳定性化合物的萃取、效率高、适用性广、安全性好等优点。适用于大多数固体样品的萃取，如测定土壤中农药残留时，可以使用超声波辅助萃取，将待测物质转移到溶液中再进行分析。

微波加热的里外一致性，消除了传统加热的温度梯度，使升温速度大幅提高，另外由于微波的非热效应，加速了物质分子间的运动和碰撞。大功率的微波有助于分子快速分解（微波消解），而小功率连续微波能解除分子间的作用力，使分析目标物从固体基质中解析并快速进入溶剂（微波萃取）。同传统样品预处理方法相比，微波制样具有速度快、效率高、省试剂和环保清洁等显著优点，正越来越成为替代传统方法的新技术。微波消解适用于土壤、沉积物等样品中重金属等无机污染物的预处理。微波萃取的应用主要集中在土壤、生物和沉积物样品中的有机污染物的萃取分离上。例如，有机氯农药、多环芳烃（PANs）、多氯联苯（PCBs）、邻苯二甲酸酯、二苯并呋喃（PCDFs）、二噁英（PCDDs）、有机锡化合物、除草剂、杀虫剂、三嗪、甲基汞、总石油烃、磷酸三烷基酯等，通过微波萃取，即可被转移到液体中，采用水分析化学方法进行分析。

超临界流体萃取以超临界流体为萃取剂，从固体或液体中萃取某种高沸点或热敏性成分，以达到分离和提纯的目的，具有溶剂用量少、选择性高、萃取温度低、浓缩倍数大、无需过滤、萃取与分离同时完成、可与色谱实现在线联用等特点。超临界 CO_2 流体对低分子、低极性、亲脂性、低沸点的成分，如挥发油、烃、酯、内酯、醚等，可以直接分离，但对具有极性集团（—OH，—COOH等）的化合物，如多元醇，多元酸及多羟基的芳香物质及其分子量高的化合物，可以通过加入夹带剂以改变溶质的溶解度或增大压力来获得满意的萃取效率。目前已应用在气体、水样、沉积物、土壤、植物组织等环境样品中的杀虫剂、多氯联苯、多环芳烃、重金属等的萃取分离。

【例 2.6】　测定藻细胞体内微囊藻毒素含量时，先通过超声波或微波破碎，使藻毒素释放出来，再通过高效液相色谱法或酶联免疫吸附法进行测定。

【例 2.7】　测定土壤和食品中残留的六六六和滴滴涕 GB/T 14550—2003 和 GB/T 5009—2008 时，首先将样品破碎，并经过索氏、超声或微波提取后，再进入带电子捕获检测器（ECD）的气相色谱分析，这与水中六六六和滴滴涕的测定方法一致 GB/T 5750.09—2008。

【例 2.8】　测定土壤中六六六、五氯硝基苯、七氯、异狄氏剂、滴滴涕等有机氯农药残留时，可通过超临界萃取富集，再进入气相色谱进行测定。

【例 2.9】　测定水产品中的甲基汞时 GB/T 5009.17—2003，将试样用氯化钠研磨，用含有 Cu^{2+} 的 1+11 盐酸萃取后，将离心过滤得到的上清液 pH 调到 3.0~3.5，再用巯基棉吸附和 1+5 盐酸洗脱，最后以苯萃取甲基汞，用带有 ECD 的气相色谱仪分析。

【例 2.10】　水果和蔬菜中有机磷农药的测定，将试样切碎混合后，用乙腈和藻土搅拌，过滤，滤液用二氯甲烷（CH_2Cl_2）萃取后，用带 FPD 检测器的气相色谱测定。

【例 2.11】 测定土壤中的铅和镉 GB/T 23739—2009、铬 HJ 491—2009、铜和锌 GB/T 17138—1997 等重金属时，样品经消解、过滤后，采用与测量水中重金属 GB/T 5750.06—2006 相同的火焰原子吸收光度法进行测定。

总之，上述讨论和分析表明，水分析化学的原理和方法，完全适用于环境样品的分析。只要掌握了环境样品的采集和预处理技术和方法，将环境样品转化为溶液后，就属于水分析化学的问题了。

2.2 水分析结果的误差及其表示方法

水质分析的目的是准确测定水样中有关组分的含量。这就要求分析结果具有一定的准确度，因为不准确的分析结果会使水污染治理走弯路，工程设计不合理，甚至在科学上得出错误的结论，踏上歧途，害己害人。但是不论从实际情况出发，还是从马克思主义认识论的观点来看问题，世界上是没有绝对准确的分析结果。人们发现，在分析过程中即使技术很熟练的人，采用最先进的分析方法和最精密的仪器，对同一水样进行多次分析，也不可能得到完全相同的结果。也就是说，分析过程中的误差是客观存在的。我们的任务就是查出产生误差的原因及研究减免误差的具体办法。还要学会运用科学的方法来表述和评价分析结果的可靠程度。

2.2.1 误差的来源

根据误差的来源和性质分为系统误差和随机误差。

（1）系统误差（Systematic Error）

系统误差又叫可测误差。由某些经常的原因引起的误差，使测定结果系统偏高或偏低。其大小、正负也有一定规律；具有重复性和可测性。系统误差包括：

1）方法误差：由于某一分析方法本身不够完善或有缺陷而造成的。例如滴定分析中反应进行不完全，干扰离子的影响，化学计量点和滴定终点不一致，副反应的产生；重量分析中沉淀的溶解，共沉淀现象、灼烧时沉淀分解或挥发以及分析步骤过繁，试剂不足或过量等造成的系统偏高或偏低。

2）仪器和试剂误差

由于仪器本身不够精确和试剂或蒸馏水不纯造成的。如，砝码重量、容量器皿（如滴定管）刻度、仪表刻度不准确以及试剂和蒸馏水中含有被测物质或干扰物质等，使分析结果偏高或偏低。

3）操作误差

由于操作人员一些生理上或习惯上的原因而造成的。例如，分析人员所掌握的分析操作与正确实验条件不符或分析人员由于视觉原因，在辨别滴定终点的颜色时，有的人偏浅，有的人偏深，在读取刻度时有的人偏高，有的人偏低。

（2）随机误差（Random Error）

随机误差又叫偶然误差。由某些偶然原因引起的误差，如，水温、气压的微小波动、仪器的微小变化，分析人员对水样预处理、保存或操作技术上的微小差别以及天平（万分之一分析天平最小读数 0.0001g）、滴定管（常量滴定管最小读数 0.01mL）最后一位读数的不确定性等一些不可避免的偶然因素使分析结果产生波动造成的误差。随机误差的大小、正负无法测量，也不能加以校正，所以随机误差又叫不可测误差。

（3）过失误差（Mistake Error）

应该指出，由于分析人员主观上责任心不强、粗心大意或违反操作规程等原因造成的"过失误差"，例如水样的丢失或沾污、读数记录或计算错误等，不属于上述两类误差范畴。分析人员只要有严谨的科学作风、细致的工作态度和强烈的责任感，这些过失误差是可以避免的。

2.2.2　分析方法的误差与准确度

误差（Error）分绝对误差和相对误差。

绝对误差：测量值（X）与真实值（X_T）之差称为绝对误差（E）或误差

$$绝对误差 = 测量值 - 真值$$
$$E = X - X_T \tag{2.1}$$

应该指出，真值是客观存在的真实数值，真值是未知的。但真值可由理论真值（如水样中某个组分的理论组成）、计量学约定真值（如原子质量、分子质量、物理化学常数、物质的量单位等）和相对真值（如国家标准局提供的标准样品含量）来表示。

相对误差：绝对误差在真值中所占的百分率。则相对误差 RE（%）：

$$RE = \frac{E}{X_T} \times 100\% = \frac{X - X_T}{X_T} \times 100\% \tag{2.2}$$

绝对误差和相对误差都有正负之分，正值表示测定值比真值偏高，负值表示测定值比真值偏低。

准确度（Accuracy）

指测定结果与真实值接近的程度。分析方法的准确度由系统误差和随机误差决定的。可用绝对误差或相对误差表示。误差越小，准确度越高。但在实际水处理和分析实践中，通常以"回收率"表示方法的准确度。

$$回收率 = \frac{加标水样测定值 - 水样测定值}{加标量} \times 100\% \tag{2.3}$$

式中　加标水样测定值——水样中加入已知量的标准物后按分析流程测定值
　　　　　　　　　　　　（mg 或 mg/L）；

　　　　水样测定值——水样直接按分析流程测定值（mg 或 mg/L）；

　　　　加标量——加入标准物质的量（mg 或 mg/L）。

回收率用百分数表示，回收率越接近 100%，方法的准确度越高。

2.2.3　偏差与精密度

偏差（Deviation）

一般情况下，真实值是不知道的。在消除系统误差的情况下，多次测定结果的平均值，就认为它接近真值。因此，通常把测定值（X_i）与平均值（$\overline{X}$）之差称做绝对偏差（用 d 表示），或用平均偏差（$\overline{d}$）即偏差绝对值的平均值表示。

绝对偏差：
$$d = X - \overline{X}$$

或平均偏差：
$$\overline{d} = \frac{\sum\limits_{i=1}^{n} |d_i|}{n} \tag{2.4}$$

相对偏差：绝对偏差（d）在平均值（$\overline{X}$）中所占的百分数。则相对偏差 $d(\%)$：
$$d(\%) = \frac{d}{X} \times 100 \tag{2.5}$$

相对平均偏差：平均偏差（$\overline{d}$）在平均值（$\overline{X}$）中所占的百分数。
$$\overline{d}(\%) = \frac{\overline{d}}{X} \times 100 \tag{2.6}$$

精密度（Precision）

指各次测定结果互相接近的程度。分析方法的精密度是由随机误差决定的。由于平均偏差或相对平均偏差取了绝对值（$|d_i|$），因而都是正值，所以偏差越小，精密度越高，否则相反。

在分析化学中，有时用平行性、重复性和再现性表示不同情况下分析结果的精密度。

平行性（Replicability）：指两个或多个平行样测定结果的符合程度。

重复性（Repeatability）：表示同一分析人员在同一分析条件下所得分析结果的精密度。

再现性（Reproducibility）：表示不同分析人员或不同实验室之间在各自条件下所得分析结果的精密度。

标准偏差（Standard deviation）又称均方根偏差，当测定次数趋于无限多时，称为总体标准偏差，用 σ 表示：

$$\sigma = \sqrt{\frac{\sum\limits_{i=1}^{n}(x_i - \mu)^2}{n}} \qquad (2.7)$$

式中 μ 为总体平均值，在校正了系统误差情况下，从而代表真值，n 为测定次数。

在一般的分析工作中，测定次数是有限的，这时的标准偏差称为样本标准偏差，用 Sr 表示：

$$Sr = \sqrt{\frac{\sum\limits_{i=1}^{n}(X_i - \overline{X})^2}{n-1}} = \sqrt{\frac{\sum\limits_{i=1}^{n}d_i^2}{n-1}} \qquad (2.8)$$

式中　Sr——有限测定次数时标准偏差；

　　　X_i——为水样测定值，（$i = 1, 2, \cdots n$）；

　　　$\overline{X}$——为水样测定结果的平均值；

　　　n——为水样测定次数；

（$n-1$）——称为自由度，（$n-1$）指独立偏差的个数；

　　　d_i——为测定值与平均值之差。

相对标准偏差：标准偏差（Sr）在平均值（$\overline{X}$）中所占的百分数。又称变异系数（Coefficient of Variation），用 $CV(\%)$ 表示。

$$CV(\%) = \frac{Sr}{\overline{X}} \times 100 \qquad (2.9)$$

在实际水处理和分析报告中，通常以 $CV（\%）$ 表示方法的精密度。$CV（\%）$ 值越小，方法的精密度越高。

【例 2.12】　一个水样中 Cl^- 离子用银量法 10 次测定结果为 10.1，10.0，9.5，9.7，10.2，9.9，10.5，9.8，9.9 和 10.4mg/L，求该方法的精密度。

【解】　$\overline{X} = 10.0$　　由(2.8) 式得：Sr = 0.31

则由(2.9) 式得：$CV = 3.1\%$

极差（Range）：一组数据中最大值（X_{max}）与最小值（X_{min}）之差。也是表示精密度的一种方法。

$$极差 R = X_{max} - X_{min} \qquad (2.10)$$

2.2.4　准确度与精密度的关系

如前所述，准确度是由系统误差和随机误差决定的，所以要获得很高的准确度，则必须有很高的精密度。而精密度是由随机误差决定的，与系统误差无关，因此，分析结果的精密度很高，并不等于准确度也很高。因为即使有系统误差存在，并不妨碍结果的精密度。两者的关系可由打靶图例说明之（图2.3）。

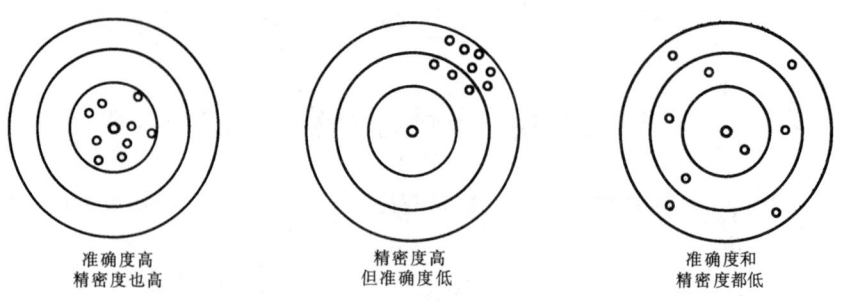

准确度高　　　　　　　精密度高　　　　　　　准确度和
精密度也高　　　　　　但准确度低　　　　　　精密度都低

图2.3　以打靶为例说明准确度与精密度关系

2.2.5　提高准确度与精密度的方法

为了提高分析方法的准确度和精密度，必须减少或消除系统误差和随机误差。在水样分析测定时主要应做到：

（1）减少系统误差

1）校准仪器：对滴定管、容量瓶、移液管、砝码以及精密分析仪表定期进行校正。

2）做空白试验：在进行水质分析时，需要以蒸馏水代替水样，按与分析水样相同的操作步骤和条件进行测定，求得空白值；然后从水样测定值中扣除空白值。

3）做对照试验：水样与标准物质按同一分析方法对照进行分析，或同一水样，进行不同人员、不同单位之间分析对照。

4）对分析结果校正：如测定水样中的 Cu，先用电重量方法测定电极上析出的 Cu（令为 A），然后用比色法测定残留在水溶液中未被电解的 Cu（令为 B），则 A＋B 之和就是水样中的铜。

（2）增加测定次数。同一水样，多做几次取平均值，可减少随机误差。测定次数越多，平均值越接近真值。一般要求平行测定 2～4 次。

（3）减少测量误差。在重量分析和滴定分析中，分析天平的称量误差为 0.0002g，滴定管读数误差为 0.01mL，相对误差均要求小于 0.1％。

（4）选择合适的分析方法。对常量组分易采用重量分析法和滴定分析法。灵敏度虽不高，但准确度较高。微量组分易采用仪器分析方法，允许有较大的相对误差，但灵敏度较高。

2.3　纯水和特殊要求的水

2.3.1　纯水

纯水是分析工作中用量最大的试剂，水的纯度直接影响分析结果的可靠性。

根据《分析实验室用水规格和试验方法》GB/T 6682—2008 规定，分析实验室用水分为三个等级：一级水、二级水和三级水。

一级水用于有严格要求的试验，包括对颗粒有要求的试验。如高效液相色谱分析用水。一级水可用二级水经石英设备蒸馏或离子交换混合床处理后，再经 $0.2\mu m$ 微孔滤膜过滤来制取。

二级水用于无机痕量分析等试验，如原子吸收光谱分析。二级水可用多次蒸馏或离子交换等方法制取。

三级水用于一般化学分析试验，可用蒸馏或离子交换等方法制取。

各级用水在贮存期间，其沾污的主要来源是容器可溶成分的溶解，空气中二氧化碳和其他杂质。因此，一级水不可贮存，临使用前制备。二级水、三级水可适量制备，分别贮存于预先经同级水清洗过的相应容器中。

分析实验室用水应符合表 2.2 所列规定。

分析实验室用水的技术要求　　　　　　　　表 2.2

名　　称		一级	二级	三级
pH 范围（25℃）		①	①	5.0～7.5
电导率（25℃）（mS/m）	≤	0.01	0.10	0.50
可氧化物质［以（O）计］（mg/L）	<	②	0.08	0.4
吸光度（254nm，1cm 光程）	≤	0.001	0.01	—
蒸发残渣（105℃±2℃）（mg/L）	≤	②	1.0	2.0
可溶性硅［以（SiO₂）计］（mg/L）	<	0.01	0.02	

① 由于在一级水、二级水的纯度下，难于测定其真实的 pH，因此对一级水、二级水的 pH 范围不做规定；

② 由于在一级水的纯度下，难于测定可氧化物质和蒸发残渣，对其限量不做规定。可用其他条件和制备方法来保证一级水的质量。

2.3.2　特殊要求的水的制备

（1）无氯水

加入亚硫酸钠等还原剂，将自来水中的余氯还原为氯离子，以 N-二乙基对苯二胺（DPD）检查不显色。继续用附有缓冲球的全玻璃蒸馏器进行蒸馏制取无氯水。

（2）无氨水

向水中加入硫酸至其 pH 小于 2，使水中各种型体的氨或胺最终都变成不挥发的盐类，用全玻蒸馏器进行蒸馏，即可制取无氨纯水（注意避免实验室空气中含氨的重新污染，应在无氨气的实验室中进行蒸馏）。

（3）无二氧化碳水

煮沸法：将蒸馏水或去离子水煮沸至少 10min（水多时），或使水量蒸发10％以上（水少时），加盖放冷却即可制得无二氧化碳纯水。

曝气法：将惰性气体或纯氮通入蒸馏水或去离子水至饱和，即得无二氧化碳纯水。制得的无二氧化碳水应贮存于一个附有碱石灰的橡皮塞盖严的瓶中。

（4）无酚水

向水中加入氢氧化钠至 pH 大于 11，使水中酚生成不挥发的酚钠后，用全玻蒸馏器蒸馏制得（蒸馏之前，可同时加入少量高锰酸钾溶液使水呈紫红色，再进行蒸馏）。

（5）不含有机物的蒸馏水

加入适量高锰酸钾的碱性溶液于水中，使其呈紫红色，再以全玻璃蒸馏器进行蒸馏即得。在整个蒸馏过程中，应始终保持水呈紫红色，否则应随时补加高锰酸钾。

（6）无铅（无重金属）水

用氢型强酸性阳离子交换树脂柱处理原水，即可制得无铅（无重金属）的纯水。贮水器应预先进行无铅处理，用 6mol/L 硝酸溶液浸泡过夜后以无铅水洗净。

（7）无砷水

一般蒸馏水或去离子水多能达到无砷的要求。应注意避免使用软质玻璃（钠钙玻璃）制成的蒸馏器、树脂管和贮水瓶。进行痕量砷的分析时，须使用石英蒸馏器和聚乙烯的离子交换树脂柱管和贮水器。

（8）无浊度水

将蒸馏水以适宜流速通过孔径为 $0.2\mu m$ 的滤膜过滤，即可制得无浊度水。

（9）无臭水

将蒸馏水通过盛有 12～40 目颗粒活性炭的玻璃管（内径 76mm，高 460mm，活性炭顶部、底部加一层玻璃棉，防止炭粒冲出或洗出），流速为 100mL/min。制得无臭水贮于玻璃容器中。

2.4　分析测量的质量评价方法

如前述，质量评价的任务是对分析结果是否可取做出判断。通常分为"实验室内"的质量评价和"实验室间"的质量评价。其中"实验室内"的质量评价包括：通过多次重复测定，确定随机误差；用标准物质或者其他可靠的分析方法核验是否存在系统误差；用互换仪器的方法发现仪器误差。用操作者交替的方法发现操作误差；绘制质量控制图，及时发现测量过程中的问题。"实验室间"的质量评价，由一个中心实验室将标准物质或者均匀性良好的已知样品分发给各参加评价的实验室，考核各参加实验室的工作质量，并评价他们之间是否存在明显的系统误差。

质量评价方法有标准物质平行测定法、双样品法和双样品图法和质量控制图法。前 3 种方法见全国化工标准物质委员会编的《分析测试质量保证》（辽宁大学出版社，2004，p92～93），下面仅介绍质量控制图法。

2.4.1　质量控制图

质量控制图法是常用的质量评价的有效方法，质量控制图是最简单、最有效的统计技术之一。质量控制图表示了测量过程的一个特定的统计量（如平均值、标准偏差、极差等）随抽样顺序（或组序）的变化，控制图通常由中心线和对应于 99.7％置信水平的 3δ 的上、下控制线构成。

最常用的控制图有 3 种类型：平均值 $\overline{X}$ 控制图、极差 R 控制图和标准偏差控制图（还有累积和控制图，也有多种功能性，但计算复杂使用不便）。

从精密度和准确度的角度出发还可以把控制图分为精密度控制图和准确度控制图。两者的根本区别在于：前者用各组观测值的平均值或极差的平均值作中心线；而后者用标准物质的已知准确值或用观测值与已知值之差的平均值作中心线。

在误差的评价阶段中获得实验室内具有代表性的精密度和准确度水平后，希望在常规工作中保持这个良好的水平，即常规质量控制。这是实验室内部分析质量控制的主要目的。

记录和控制所获得的精密度和准确度数据最好的方法是绘制控制图。控制图是用来评价和控制重复分析结果的统计学工具。它的基本形式如图 2.4 所示。

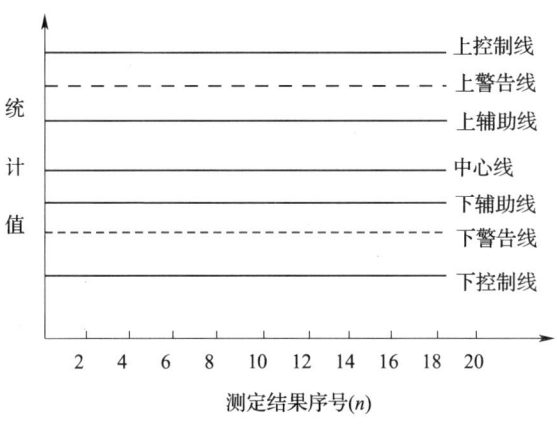

图 2.4　质量控制图的基本组成

图 2.4 质量控制图的基本组成，将分析结果连续点在图上，如果结果落在上下控制线或警告线内，说明分析结果控制在一定置信水平以内；否则就说明分析结果已失去控制。

2.4.2 质量控制图的参数计算

各种类型的质量控制的基本参数计算公式列于表 2.3 中。表 2.3 给出的是 3δ 控制限的计算公式，在分析化学中有时用 2δ 控制限，因此使用时应注意两者的换算。计算 3δ 控制限的系数列于表 2.4 中。

质量控制图的参数计算　　　　　　　　　　　　　　　　表 2.3

控制图类型	中心线	3δ 控制限
平均值	$\overline{X}$	$\overline{X} \pm A_1\overline{\sigma}$ 或 $\overline{X} \pm A_2\overline{R}$
标准偏差	$\overline{\sigma}$	$B_3\overline{\sigma}$（下）和 $B_4\overline{\sigma}$（上）
极差	$\overline{R}$	$D_3\overline{R}$（下）和 $D_4\overline{R}$（上）

2.4.3 常用的几种控制图

（1）均数—极差（$\overline{X}-R$）控制图

绘制均数—极差 $\overline{X}-R$ 图要对控制样品做 20 批测定，每批至少 2 个平行样。计算每批样品的平均值 $\overline{X}$ 和极差值 R，然后计算总平均值 $\overline{\overline{X}} = \dfrac{\sum \overline{X}_i}{n}$ 和平均极差值 $\overline{R} = \dfrac{\sum R_i}{n}$。用表 2.4 所列系数 A_1、A_2、B_3、B_4、D_3、D_4 分别计算平均值、标准偏差和极差值的上、下警告限和控制限。

计算 3δ 控制限的系数　　　　　　　　　　　　　　　表 2.4

每组观测值个数（n）	平均值图		标准偏差图		极差图		变换因子[①]
	A_1	A_2	B_3	B_4	D_3	D_4	$\sqrt{\dfrac{n-1}{n}}$
2	3.760	1.880	0	3.267	0	3.267	0.7071
3	2.394	1.023	0	2.568	0	2.575	0.8165
4	1.880	0.729	0	2.266	0	2.282	0.8660
5	1.596	0.577	0	2.089	0	2.115	0.8944
6	1.410	0.483	0.030	1.970	0	2.004	0.9129
7	1.277	0.419	0.118	1.882	0.076	1.924	0.9258

续表

每组观测值个数（n）	平均值图		标准偏差图		极差图		变换因子[①]
	A_1	A_2	B_3	B_4	D_3	D_4	$\sqrt{\dfrac{n-1}{n}}$
8	1.175	0.373	0.185	1.815	0.136	1.864	0.9354
9	1.094	0.337	0.239	1.761	0.184	1.816	0.9428
10	1.028	0.308	0.284	1.716	0.223	1.777	0.9487
11	0.973	0.285	0.321	1.679	0.256	1.744	0.9535
12	0.925	0.266	0.354	1.646	0.284	1.716	0.9574
13	0.884	0.249	0.382	1.618	0.308	1.692	0.9608
14	0.848	0.235	0.406	1.594	0.328	1.671	0.9636
15	0.816	0.223	0.428	1.572	0.348	1.652	0.9661

① 当用 $S=\sqrt{\dfrac{\sum (X_i-\overline{X})^2}{n-1}}$ 代替 $\sigma=\sqrt{\dfrac{\sum (X_i-\overline{X})^2}{n-1}}$ 时，则用 $A_1\sqrt{\dfrac{n-1}{n}}$ 代替 A_1，$\overline{S}$ 代替 σ。

均数 $\overline{X}$ 控制图限线：

中心线 $CL=\overline{\overline{X}}$

上控制限 $UCL=\overline{\overline{X}}+A_2\overline{R}$

下控制限 $LCL=\overline{\overline{X}}-A_2\overline{R}$

上警告限 $UWL=\overline{\overline{X}}+2/3A_2\overline{R}$

下警告限 $LCL=\overline{\overline{X}}-2/3A_2\overline{R}$

上辅助限 $UAL=\overline{X}+\dfrac{1}{3}A_2\overline{R}$

下辅助限 $LCL=\overline{X}-\dfrac{1}{3}A_2\overline{R}$

极差 R 控制图限线：

中心线 $CL=\overline{R}$

上控制限 $UCL=D_4\overline{R}$

下控制限 $LCL=D_3\overline{R}$

上警告限 $UWL=\dfrac{1}{3}(2D_4+1)\overline{R}$

上辅助限 $UAL=\dfrac{2}{3}\left(\dfrac{1}{2}D_4+1\right)\overline{R}$

极差越小越好，故极差控制图部分没有下警告限，但仍有下控制限。使用 $\overline{X}-R$ 控制图时，只要二者之一有超出控制限者（不包括 R 图部分的下控制限），即认为是"失控"。故其灵敏度较单纯的 $\overline{X}$ 图或 R 图者为高。

当 $\overline{X}-R$ 绘制之后，在日常分析样品的同时分析样品的平均值和重复测定的两次结果的极差点于 $\overline{X}-R$ 图上，如果两者之一超出控制线，则应分析原因并采取校正措施。

（2）回收率控制图

收集 20 批标准控制样品或加标样品的测定数据，计算回收率见式（2.3）。

用平均回收率 $\overline{P}$ 和回收率的标准偏差（S_p）计算上、下控制线。

上控制限＝$\overline{P}+3S_P$；下控制限＝$\overline{P}-3S_P$；上警告限 $\overline{P}+2S_P$；下警告限 $\overline{P}-2S_P$；上辅助限 $\overline{P}+S_P$；下辅助限 $\overline{P}-S_P$。

分析过程如有 5% 的结果超出警告限，或者分析结果的分布连续偏向中心线的一侧时，应认为分析系统失去控制，并查明和解决存在的问题。

2.5　数　据　处　理

上面已经讲了误差来源、表示方法及其减少和消除误差办法。下面介绍水样经过分析测定后所得结果的数据处理方法。

2.5.1　有限次测量数据的统计处理

如前述，分析结果的系统误差易于测量和校正，但随机误差不能测定也无法消除，因此讨论它的分布规律更有意义。随机误差服从正态分布（又高斯分布），正态分布规律只有无限多次测量数据时，测量的平均值才完全等于真值。而实际分析测量次数都是有限的，这样正态分布规律不适用了，而采用 t 分布规律，即有限次测量数据的分布规律（有关这方面内容见有关参考书）。在有限次测量中，合理的得到真值的方法应该是估计出有限次测量中平均测量值与真值的接近程度，即在测量值附近估算出真值可能存在的范围。这又引出置信度和置信度区间问题。

置信度就是人们对分析结果判断的有把握程度。它的实质仍然归结为某事件出现的概率（或可能性或机会），置信度与概率两概念并无本质区别，只是观察问题的角度不同。如讲"概率"，指考察测量值（X）在真值（μ）附近某一范围内出现的可能性有多大，用 $X=\mu\pm t_{表}S_X$ 表示。如讲"置信度"，指考察在测量值（X）附近某一范围内出现真值（μ）的把握性有多大，用 $\mu=X\pm t_{表}S_X$ 表示。显然，后者对水分析工作更有意义。实际水分析工作中，用式（2.11）表示分析测量结果。

$$\mu=\overline{X}\pm t_{表}S_{\overline{X}}$$
$$=\overline{X}\pm t_{表}\frac{Sr}{\sqrt{n}} \tag{2.11}$$

式中　X 和 $\overline{X}$——测量值和多次测量结果的平均值；

　　　μ——真值；

　　　$t_{表}$——自由度（$f=n-1$）与概率 P（置信度）相对应的 t 值（由表 2.5 查出）；

　　　Sr——标准偏差，见式（2.8）；

$S_{\bar{X}}$ ——平均值的标准偏差，即标准偏差与测量次数的平方根的比值，用来表示测量结果的分散程度；

$$S_{\bar{X}} = \frac{Sr}{\sqrt{n}} = \sqrt{\frac{\sum\limits_{i=1}^{n}(X_i - \overline{X})^2}{n(n-1)}}$$

(2.12)

n —— 测量次数。

$t_{表}$ 值表（双边）

表 2.5

自由度 f	置信度 P 显著性水平 α	$P = 0.50$ $\alpha = 0.50$	0.90 0.10	0.95 0.05	0.99 0.01
1		1.00	6.31	12.71	63.66
2		0.82	2.92	4.30	9.93
3		0.76	2.35	3.18	5.84
4		0.74	2.13	2.78	4.60
5		0.73	2.02	2.57	4.03
6		0.72	1.94	2.45	3.71
7		0.71	1.90	2.37	3.50
8		0.71	1.86	2.31	3.36
9		0.70	1.83	2.26	3.25
10		0.70	1.81	2.23	3.17
20		0.69	1.72	2.09	2.85
∞		0.67	1.64	1.96	2.58

2.5.2 有效数字及其计算规则

（1）有效数字

为了得到准确的分析结果，不仅要按分析程序正确操作测量外，还要如实地记录和正确地表示测量结果。分析测量结果必须用有效数字来表示。用有效数字表示的测量结果，除最后一位数字是不甚确定（或可疑）的以外，其余各位数字必须是确定无疑的。

有效数字是可靠数字和可疑数字（或欠准数字）的总称。可靠数字指一个量几次测定结果，总是固定不变的数字。例如：用分析天平多次称量邻苯二甲酸氢钾结果是：1.5002，1.5003，1.5001，其中 1.500 为可靠数字，最后一位为可疑数字，因此，有 5 位有效数字。又如：用常量滴定管几次滴定某水样时所消耗的体积为 25.25mL，25.24mL，25.26mL，25.20mL，有 4 位有效数字，其中前 3 位数字为可靠数字，第 4 位数字是估算出来的，为可疑数字。对有效数字的最后一位可疑数字，通常理解为可能有 ±1 个单位的误差。

下面几组数据的有效数字的位数：

0.05	2×10^3	1 位
0.0053	4.2×10^4	2 位
0.0530	4.20×10^{-4}	3 位
0.5300	42.00%	4 位
1.0530	10531	5 位

有效数字中"0"有双重意义，例如 0.0530 前面两个"0"只起定位作用，只与采用单位有关，与测量的精度无关，不是有效数字，而最后位"0"则表示测量精度所能达到的位数，是有效数字。

还应注意：像 4200mg 有效数字位数较含糊，可写成 4.2×10^3 mg（2 位），4.20×10^3 mg（3 位），4.200×10^3 mg（4 位）有效数字位数就明确了。还有像 pH、pM、lg$K$ 等对数值，其有效数字位数仅取决于小数部分（尾数）数字的位数，其中整数部分实际上只起定位作用。如 pH=7.00，只有 2 位有效数字，因为 $[H^+]=1.0\times10^{-7}$ mol/L；pH=7.0，只有 1 位有效数字，因为 $[H^+]=1\times10^{-7}$ mol/L，等等。

（2）有效数字的计算规则

分析数据计算处理本身是无法提高结果的精确程度的，只能如实地反映测量可能达到的精度。因此，在有效数字的计算中必须遵守如下规则：

1）在加减法中，它们的和或差的有效数字位数，应与参加运算的数字中小数点后位数最少的那个数字相同。例如：210.2+2.46+3.758=216.4。

其中 210.2 的小数点后位数最少，故取 216.4。

2）在乘除法中，它们的积或商的有效数字位数，应与参加运算的数字中有效数字位数最少的那个数字相同，例如：$5.21\times0.021\times1.0432=0.16$

其中 0.021 有效数字位数最少（二位），故取 0.16。

（3）数字的修约规则

测量值的有效数字位数确定后，就要将它们后面多余的数字舍弃。舍弃多余数字的过程称为"数字修约"。数字修约规则是"四舍六入五成双"。

例如：4 舍 6 入：$\begin{cases}2.243\longrightarrow2.24\\2.246\longrightarrow2.25\end{cases}$

　　　　5 成双：$\begin{cases}2.245\longrightarrow2.24\\2.235\longrightarrow2.24\end{cases}$

（4）极端值取舍

偏离其他几个测量值较远的数值，为极端值或逸出值或离群值。

例如：22.34，20.25，20.30，20.33，显然 22.34 偏离其他测量值较远。极端值或逸出值的取舍应持慎重态度，从理论上讲一个数值也不应舍弃。如果一个试验中明显知道有过失错误，测量结果就应舍掉。但是如找不到原因，一般参照 $4\bar{d}$ 检验法、Q 检验法、格鲁布斯（F. F. Grubbs）检验法以及 Cochran 最大方差检验法等。

总之，分析结果，即测量值的取舍绝不能随心所欲，更不能"有用者取，无用者弃"，不然就不是一个实事求是的科学工作者，每一个分析工作者，必须养成良好的工作态度和科学作风。

（5）显著性检验

如果测定结果的平均值 $\overline{X}$ 与真值 μ 不一致，是由随机误差引起的，这样差异必然很小，则可认为测定结果与分析方法是可靠的。相反，如这种不一致，由系统误差引起，则这种差异必然很显著，则说明测定结果和分析方法不可靠。显著性差异的检验方法可采用如下方法：

1）t 检验法

t 检验法是检验测定结果的平均值 $\overline{X}$ 与标准值 μ 之间是否存在显著差异。t 检验法的理论基础仍然是 t 分布，按式（2.11）平均值的置信区间表达式 $\mu = \overline{X} \pm t_{表} S_X$，定义参数 $t_{计}$ 为

$$t_{计} = \frac{\overline{X} - \mu}{Sr} \cdot \sqrt{n} \tag{2.13}$$

因此，根据测定平均值 $\overline{X}$、标准值 μ、标准偏差 Sr 和测定次数 n，即可求得 $t_{计}$。同时根据自由度（$f = n-1$）和所要求的置信度 P 由 t 值表查出相应的 $t_{表}$，如：

$$|t_{计}| \leqslant t_{表}，则 \overline{X} 与 \mu 无显著差异，否则$$

$$|t_{计}| > t_{表}，则 \overline{X} 与 \mu 有显著差异。$$

具有显著性差异的测量值在随机误差分布中出现的概率称为显著性水平或显著性水准，用 α 表示。如果概率 P（置信度）$= 0.95$，则显著性水平 $\alpha = 0.05$。P 与 α 实质上是一样的，只是看问题角度不同。两者关系是 $\alpha = 1 - P$。

一旦发现有显著性差异，就要设法找到产生误差的原因。

【例 2.12】 用一新方法测定水样中丙烯酰胺含量为 2.12、2.15、2.13、2.16 和 2.14mg/L。已知标准值 $\mu = 2.17$，问这种新方法是否可靠（$P = 0.95$）。

【解】 $\overline{X} = 2.14$，$S = 0.016$，$n = 5$，故 $t_{计} = -4.19$，查 t 值表，$P = 0.95$，$f = n - 1 = 4$，$t_{表} = 2.78$。

则 $|t_{计}| > t_{表}$，说明 $\overline{X}$ 与 μ 之间有显著性差异，新方法可能存在系统误差，

故新方法不可靠。

如果无合适的标准样品，可采用公认的已成熟的或标准的老方法与新方法进行比较，如两方法测定的 $\overline{X}_1$ 与 $\overline{X}_2$ 不存在显著差异，则新方法可靠；否则有显著差异，是由系统误差造成的，说明方法不可靠。此时可用 F 检验法和 t 检验法联合检验。

2）F 检验法和 t 检验法联合检验

a. F 检验法：主要通过比较两组数据的方差 S^2，确定它们的精密度是否有显著性差异。

令两种测定结果分别为 $\overline{X}_1$、S_1 和 n_1 以及 $\overline{X}_2$、S_2 和 n_2。先按式（2.14）计算 $F_计$ 值。

$$F_计 = \frac{S_大^2}{S_小^2} \quad (此值总是大于 1) \tag{2.14}$$

式中 S^2 称做方差，即标准偏差的平方。由（2.8）式得 $S^2 = \dfrac{\sum\limits_{i=1}^{n}(X_i - \overline{X})^2}{n-1}$。

然后由两组测定的自由度 $f_{S大}$ 和 $f_{S小}$ 查出相应的 $F_表$ 值（表 2.6）。

$$F_计 > F_表，有显著差异$$

否则 $F_计 < F_表$，则说明 S_1 和 S_2 没有显著差异，需进一步做 t 检验，以便确定是否有系统误差存在，即 $\overline{X}_1$ 与 $\overline{X}_2$ 之间是否有显著差异。

应注意：表 2.6 中的 F 值为单边值（$P = 95\%$，$\alpha = 5\%$），即指一组数据的方差只能大于、等于但不可能小于另一组的方差。例如判断一台性能良好的新仪器的精密度是否显著优于旧仪器时，只能新仪器比旧仪器好或相当，而不会差，故属单边检验。而双边检验是指一组数据的方差可能大于、等于或小于另一组数据的方差，表 2.6 中 F 值做双边检验时，其显著性水平 α 刚好是单边检验时的 2 倍，则此时 $\alpha = 10\%(P = 90\%)$。例如，判断两种方法的精密度时，不论哪种方法好或劣，它们之间都会有显著性差异，故属双边检验问题。

b. t 检验法

$$t_计 = \frac{|\overline{X}_1 - \overline{X}_2|}{S_合} \cdot \sqrt{\frac{n_1 n_2}{n_1 + n_2}} \tag{2.15}$$

$$S_合 = \sqrt{\frac{(n_1-1)S_1^2 + (n_2-1)S_2^2}{n_1 + n_2 - 2}} \quad (合并标准偏差) \tag{2.16}$$

再由自由度 $f_总 = n_1 + n_2 - 2$ 和所定的置信度 P 在 t 表值中查出相应的 $t_表$ 值。如果 $t_计 > t_表$，则 $\overline{X}_1$ 与 $\overline{X}_2$ 之间有显著差异，说明方法不可靠。

置信度 95%时 F 值（单边）　　　　　　表 2.6

$f_小$ ＼ $f_大$	2	3	4	5	6	7	8	9	10	∞
2	19.00	19.16	19.25	19.30	19.33	19.36	19.37	19.38	19.39	19.50
3	9.55	9.25	9.12	9.01	8.94	8.88	8.84	8.81	8.78	8.53
4	6.94	6.59	6.39	6.26	6.16	6.09	6.04	6.00	5.96	5.63
5	5.79	5.41	5.19	5.05	4.95	4.88	4.82	4.78	4.74	4.36
6	5.14	4.76	4.53	4.39	4.28	4.21	4.15	4.10	4.06	3.67
7	4.74	4.35	4.12	3.97	3.87	3.79	3.73	3.68	3.63	3.23
8	4.46	4.07	3.84	3.69	3.58	3.50	3.44	3.39	3.34	2.93
9	4.26	3.86	3.63	3.48	3.37	3.29	3.23	3.18	3.13	2.71
10	4.10	3.71	3.48	3.33	3.22	3.14	3.07	3.02	2.97	2.54
∞	3.00	2.60	2.37	2.21	2.10	2.01	1.94	1.88	1.83	1.00

注：$f_大$：大方差数据的自由度；$f_小$：小方差数据的自由度。

【例 2.13】　为检验一种方法测定水中 ClO_2 含量的可靠性，与用原来的碘量法测定水样中 ClO_2 含量进行比较，结果如下：

新方法：5.26、5.25、5.22mg/L

原方法：5.35、5.31、5.33、5.34mg/L

问新方法是否可靠（$P = 0.90$）。

【解】　本例题属双边检验问题。首先用 F 检验法检验两个方法的精密度有无显著性差异。已知

$$n_1 = 3 \quad \overline{X}_1 = 5.24 \quad S_1 = \sqrt{\frac{\sum(X_i - \overline{X})^2}{n-1}} = 0.021$$

$$n_2 = 4 \quad \overline{X}_2 = 5.33 \quad S_2 = 0.017$$

由式（2.14）计算 $F_计$：

$$F_计 = \frac{(0.021)^2}{(0.017)^2} = 1.53$$

查 F 值表（表 2.6），$f_大 = 2$，$f_小 = 3$，$F_表 = 9.55$

$$F_计 < F_表$$

说明两组数据的标准偏差没有显著性差异（表 2.6 F 值做双边检验时，α 是单边检验时的 2 倍，故做出此种判断的置信度为 90%），再按式（2.16）和（2.15）分别求合并标准偏差 $S_合$ 和 $t_计$：

$$S_合 = 0.019$$

$$t_计 = 6.21$$

查 t 值表，当 $P = 0.90$ $f = n_1 + n_2 - 2 = 5$ 时，$t_{0.10,5} = 2.02$

则 $t_计 > t_表$，故两种分析方法之间存在显著性差异，必须找出原因，加以解决。

2.5.3 回归分析法（或最小二乘法）

水质分析中，水中某种污染物的浓度与其响应信号（如吸收光谱法中的吸光度值）之间、水中两种有机物污染综合指标（如 UVA 与 COD、TOC，COD 与 BOD_5）之间等，均存在一定量关系。回归分析就是研究变量间相互关系的统计方法。

把两个变量之间的线性关系配成直线的方法，为回归分析法又称最小二乘法。其一元线性回归直线方程：

$$Y = aX + b \tag{2.17a}$$

式中 Y——水样中某物质的浓度或含量；

X——该物质对应的响应值；

a——回归直线的斜率，称回归系数；

b——回归直线的截距。

假设 X 是能够准确测量的，当 X 取值 X_i，并通过计算求得 Y 的估算值 $Y_{i估算}$，则

$$Y_{i估算} = aX_i + b$$

令 Y 的实测值为 $Y_{i实测}$，则 Y 的实测值 $Y_{i实测}$ 与估算值 $Y_{i估算}$ 的绝对误差为 $Y_{i实测} - Y_{i估算}$。最小二乘法就是要求 n 个 $(Y_{i实测} - Y_{i估算})$ 的平方和 S 达到最小，即选择适当的 a 和 b，使

$$S = \sum_{i=1}^{n} (Y_{i实测} - Y_{i估算})^2 = \sum_{i=1}^{n} (Y_{i实测} - aX_i - b)^2 = 最小值$$

a 和 b 由求极值方法求得：

$$a = \frac{S_{(xy)}}{S_{(xx)}}; \quad b = \overline{Y} - a\overline{X} \tag{2.17b}$$

式中

$$\overline{X} = \frac{1}{n} \sum_{i=1}^{n} X_i; \quad \overline{Y} = \frac{1}{n} \sum_{i=1}^{n} Y_i \tag{2.17c}$$

$$S_{(xx)} = \sum_{i=1}^{n} (X_i - \overline{X})^2; \quad S_{(xy)} = \sum_{i=1}^{n} (X_i - \overline{X})(Y_i - \overline{Y}) \tag{2.17d}$$

应该指出，回归分析不能代替准确测量，只是对准确测量的一个补充。因此，只有两个变量之间存在某种线性关系时，回归直线才有意义。判断回归直线是否有意义，用相关系数。相关系数表示两个变量之间的接近程度，用 r 表示。r 越接近 1，线性关系就越好。

$$r = \frac{S_{(xy)}}{\sqrt{S_{(xx)} S_{(yy)}}} = \frac{\sum\limits_{i=1}^{n} (X_i - \overline{X})(Y_i - \overline{Y})}{\sqrt{\sum\limits_{i=1}^{n} (X_i - \overline{X})^2 \cdot \sum\limits_{i=1}^{n} (Y_i - \overline{Y})^2}} \quad (2.18a)$$

$$(0 \leqslant | r | \leqslant 1)$$

式中 $$S_{(yy)} = \sum_{i=1}^{n} (Y_i - \overline{Y})^2 \quad (2.18b)$$

在应用相关系数判断两个变量是否相关时，应考虑测量的次数和置信水平（表 2.7）。如果计算的相关系数大于表上相应的 r 值，可认为这种线性关系是有意义的。

相关系数的临界值 r_a　　　　　　　　　　　　　　　表 2.7

P (a) f*	0.90 (0.10)	0.95 (0.05)	0.98 (0.02)	0.99 (0.01)	0.999 (0.001)	(a)P f
1	0.98769	0.99692	0.999507	0.999877	0.9999938	1
2	0.90000	0.95000	0.98000	0.99000	0.99900	2
3	0.8054	0.8783	0.93433	0.95873	0.99116	3
4	0.7293	0.8114	0.8822	0.91720	0.97406	4
5	0.6694	0.7545	0.8329	0.8745	0.95074	5
6	0.6215	0.7067	0.7887	0.8343	0.92493	6
7	0.5822	0.6664	0.7498	0.7977	0.8982	7
8	0.5494	0.6319	0.7155	0.7646	0.8721	8
9	0.5214	0.6021	0.6851	0.7343	0.8471	9
10	0.4973	0.5760	0.6581	0.7079	0.8233	10
11	0.4762	0.5529	0.6339	0.6835	0.8010	11
12	0.4575	0.5324	0.6120	0.6614	0.7800	12
13	0.4409	0.5139	0.5923	0.6411	0.7603	13
14	0.4259	0.4973	0.5742	0.6226	0.7420	14
15	0.4124	0.4821	0.5577	0.6055	0.7246	15
16	0.4000	0.4683	0.5425	0.5897	0.7084	16
17	0.3887	0.4555	0.5285	0.5751	0.6932	17
18	0.3783	0.4438	0.5155	0.5614	0.6787	18
19	0.3687	0.4329	0.5034	0.5487	0.6652	19
20	0.3598	0.4227	0.4921	0.5363	0.6524	20
25	0.3233	0.3809	0.4451	0.4869	0.5974	25

P (a) f^*	0.90 (0.10)	0.95 (0.05)	0.98 (0.02)	0.99 (0.01)	0.999 (0.001)	$(a)P$ f
30	0.2960	0.3494	0.4093	0.4487	0.5541	30
35	0.2746	0.3246	0.3810	0.4182	0.5189	35
40	0.2573	0.3044	0.3578	0.3932	0.4896	40
45	0.2428	0.2875	0.3384	0.3721	0.4648	45
50	0.2306	0.2732	0.3218	0.3541	0.4433	50
60	0.2108	0.2500	0.2948	0.3248	0.4078	60
70	0.1954	0.2319	0.2737	0.3017	0.3799	70
80	0.1829	0.2172	0.2565	0.2830	0.3568	80
90	0.1726	0.2050	0.2422	0.2673	0.3375	90
100	0.1638	0.1946	0.2301	0.2540	0.3211	100

注：$f^* = n - 2$

回归方程的精密度用剩余标准差 S_Y 表示：

$$S_Y = \sqrt{\frac{S_{(yy)} - aS_{(xy)}}{n-2}} = \sqrt{\frac{(1-r)^2 S_{(yy)}}{n-2}} \tag{2.19}$$

在测量范围内的每个 X 值，有 95.4% 的 Y 值落在两条平行直线 $Y' = aX + b - 2S$ 与 $Y'' = aX + b + 2S$ 之间；有 99.7% 的 Y 值落在两条平行直线 $Y' = aX + b - 3S$ 与 $Y'' = aX + b + 3S$ 之间。

【例 2.14】　松花江水紫外吸光度 UVA 与化学需氧量 COD 的数据见表 2.8，求 UVA_{253} － COD 的回归方程并作相关分析。

松花江 UVA 与 COD 数据　　　　表 2.8

样品点	1	2	3	4	5	6	7	8	9	10	11	12	13	14	15
COD (mgO_2/L)	30.64	43.93	40.28	24.99	28.32	20.34	20.50	13.19	22.83	20.50	13.69	36.63	23.80	45.26	16.99
UVA_{253}	0.372	0.452	0.430	0.338	0.358	0.310	0.311	0.267	0.325	0.311	0.270	0.408	0.326	0.60	0.305

【解】　令 Y_{COD} 为测定的 COD 值，X_{UVA}（以下用 X 表示）代表测定的紫外吸光度值

$$Y_{COD} = aX + b$$

$$a = \frac{S_{(xy)}}{S_{(xx)}} = \frac{\sum\limits_{i=1}^{n} (X_i - \overline{X})(Y_i - \overline{Y})}{\sum\limits_{i=1}^{n} (X_i - \overline{X})^2} = 104.60$$

$$b = \overline{Y} - a\overline{X} = \frac{1}{n}\sum_{i=1}^{n} Y_i - 104.60 \times \frac{1}{n}\sum_{i=1}^{n} X_i = -10.75$$

故 UVA_{253} $-COD$ 的回归直线方程为：

$$Y_{COD} = 104.60X - 10.75 \pm 2S_y$$

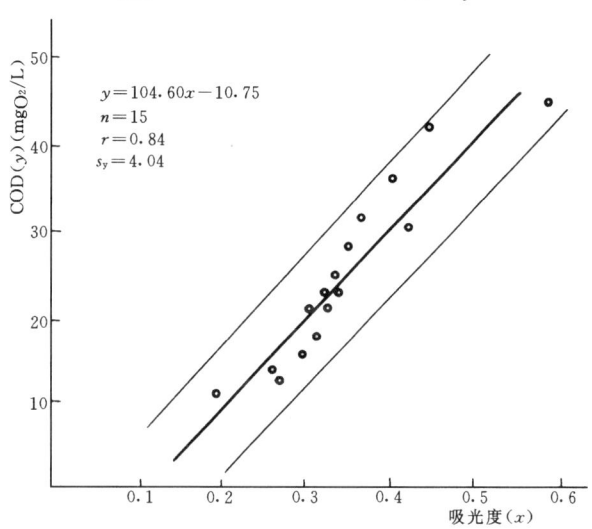

图 2.5　松花江水 UVA 与 COD 的相关图

$$r = 0.86,\ S_y = 4.04$$

在同样条件下，只要测得水样的吸光度值，便可由上式求出水中 COD 的含量。

已知 $P = 0.95$，$n = 15$，$f = n - 2 = 13$，查相关系数的临界值表（表 2.7），得 $r_{0.05} = 0.514$，则

$$r_{计}(0.86) > r_{0.05}(0.514)$$

故松花江水中的 COD 浓度与它的 UVA 值间线性关系非常显著。且有 95.4% 的 COD 值落在两平行直线 $Y' = aX + b + 2S$ 与 $Y'' = aX + b - 2S$ 之间。实际上，从图 2.5 可见，全部点都落在此区间。

2.6　标准溶液和物质的量浓度

2.6.1　标准溶液和基准物质

已知准确浓度的溶液为标准溶液。能用于直接配制或标定标准溶液的物质称

为基准物质或标准物质。基准物质必须满足下列条件：

（1）纯度高。其中杂质含量<0.01%～0.02%。

（2）稳定。不吸水、不分解、不挥发、不吸收 CO_2、不易被空气氧化。

（3）易溶解。

（4）有较大的摩尔质量。称量时用量大，可减少称量误差。

（5）定量参加反应，无副反应。

（6）试剂的组成与它的化学式完全相符。

滴定分析中常用的基准物质见表 2.9。如用于酸碱滴定的有 Na_2CO_3、邻苯二甲酸氢钾 $KHC_8H_4O_4$、硼砂 $Na_2B_4O_7 \cdot 10H_2O$；用于沉淀滴定的有 NaCl、KCl；用于络合滴定的有 Zn、Cu、$CaCO_3$、ZnO 等；用于氧化还原滴定的有重铬酸钾 $K_2Cr_2O_7$、溴酸钾 $KBrO_3$，草酸钠 $Na_2C_2O_4$，草酸 $H_2C_2O_4 \cdot 2H_2O$ 等。

滴定分析常用的基准物质　　　　　　　　　表 2.9

应用范围	基准物质		干燥条件
	名称	化学式	
酸碱滴定	无水碳酸钠	Na_2CO_3	180℃　干燥器中冷却
	硼砂	$Na_2B_4O_7 \cdot 10H_2O$	在盛有 NaCl 和蔗糖饱和溶液的密闭容器中干燥
	邻苯二甲酸氢钾	$KHC_8H_4O_4$	105～110℃烘 3～4h，干燥器中冷却
	氨基磺酸	$HOSO_2NH_2$	真空干燥器中放 48h
络合滴定	锌	Zn	用 0.1mol/LHCl 洗表面后，依次用 H_2O_2、C_2H_5OH、$(CH_3)_2CO$ 冲洗。室温干燥器中 24h
	氧化锌	ZnO	900～1000℃灼烧至恒重　干燥器中冷却
	碳酸钙	$CaCO_3$	105～110℃烘 2h，干燥器中冷却
沉淀滴定	氯化钠	NaCl	500～600℃烘 40～50min，干燥器中冷却
	氯化钾	KCl	500～600℃
	氟化钠	NaF	500～550℃烘 40～50min，干燥器中冷却
氧化还原滴定	重铬酸钾	$K_2Cr_2O_7$	120℃烘干 2～4h，干燥器中冷却
	草酸钠	$Na_2C_2O_4$	105～110℃烘干 2h，干燥器中冷却
	溴酸钾	$KBrO_3$	130℃烘干 1.5～2h，干燥器中冷却
	碘酸钾	KIO_3	130℃烘干 1.5～2h，干燥器中冷却
	铜	Cu	室温干燥器中保存
	三氧化二砷	As_2O_3	150℃下 3～4h，干燥器中冷却 24h
	草酸	$H_2C_2O_4 \cdot 2H_2O$	室温空气干燥

2.6.2 标准溶液的配制和标定

标准溶液的配制有直接法和标定法

（1）直接法

准确称取一定量基准物质，用少量水（或其他溶剂）溶解后，稀释成一定体积的溶液。根据所用物质质量和溶液体积来计算其准确浓度。例如：欲配制重铬酸钾标准溶液（$1/6\ K_2Cr_2O_7$，$0.1000mol/L$），准确称取预先在 $120℃$ 烘干 2h 的重铬酸钾 $4.903g$，用水溶解后，稀释至 1L。

（2）标定法

标定法又叫间接配制法。不能做基准物质的 $NaOH$、HCl、H_2SO_4、硫酸亚铁铵$(NH_4)_2Fe(SO_4)_2 \cdot 6H_2O$、硫代硫酸钠 $Na_2S_2O_3$ 等，不能直接配制标准溶液，首先按需要配成近似浓度的操作溶液，再用基准物质或其他标准溶液测定其准确浓度。这种用基准物质或标准溶液测定操作溶液准确浓度的过程称为标定。

例如：欲配制 $0.1mol/L$ HCl 标准溶液。先用浓 HCl 稀释配成浓度约为 $0.1mol/L$ 的稀溶液，然后用一定量的硼砂或已知准确浓度的 $NaOH$ 标准溶液进行标定。

2.6.3 标准溶液浓度的表示方法

（1）物质的量浓度

物质的量指溶液中所含溶质的量，其单位为 mol 或 mmol。物质的量浓度是指单位体积溶液中所含溶质的物质的量，其单位为 mol/L 与 mmol/L[❶] 用符号 C 表示。

例如：体积为 V_A（L）的溶液中所含 A 物质的量为 n_A（mol），则该溶液物质的量浓度为

$$C_A = \frac{n_A}{V_A}(mol/L)$$

或 $\qquad\qquad\qquad\qquad n_A = C_A \cdot V_A(mol)$

若 A 物质的摩尔质量为 M_A（g/mol），则每升溶液中含 A 物质的质量 m_A 为：

$$m_A = n_A \cdot M_A(g) = C_A \cdot V_A \cdot M_A(g)$$

例如：$C_{Na_2CO_3} = 0.1mol/L$，表示每升溶液中含 Na_2CO_3 0.1mol，其中 Na_2CO_3 的质量

$$m_{Na_2CO_3} = n_{Na_2CO_3} \cdot M_{Na_2CO_3} = 0.1 \times 106 = 10.6g$$

应该特别指出，在滴定分析中，标准溶液配制、标定、滴定剂与待测物质之间的

---

❶ 这是我国以 SI 制为基础的表示溶液浓度的法定计量单位。

计量关系以及分析结果的计算等，都要涉及物质的量，且物质的量的数值与基本单元的选择有关。因此在表示物质的量浓度时，必须指明基本单元，一般采用分子、原子、离子、电子及其他粒子或这些粒子的特定组合作为基本单元。而基本单元的选择，一般以化学反应的计量关系为依据。

例如，在酸性溶液中，用草酸（$H_2C_2O_4 \cdot 2H_2O$）作基准物质标定 $KMnO_4$ 溶液浓度时，其滴定化学反应是

$$2MnO_4^- + 5C_2O_4^{2-} + 16H^+ \Longrightarrow 2Mn^{2+} + 10\ CO_2 + 8H_2O$$

由化学反应的化学计量数可得出：

$$\frac{n_{KMnO_4}}{n_{H_2C_2O_4}} = \frac{2}{5}$$

因此，确定 $KMnO_4$ 基本单元为 $1/5\ KMnO_4$，而 $H_2C_2O_4$ 为 $1/2\ H_2C_2O_4$。在化学计量点时，则有：

$$n\left(\frac{1}{5}KMnO_4\right) = n\left(\frac{1}{2}H_2C_2O_4\right)$$

凡是涉及物质的量和物质的量浓度时均可按此法处理和表示。例如下列溶液中：

氢氧化钠的量浓度 $C(NaOH) = 1mol/L$，其基本单元是 $NaOH$；

硫酸的量浓度 $C(1/2\ H_2SO_4) = 1mol/L$，其基本单元是 $1/2\ H_2SO_4$；

硫酸的量浓度 $C(H_2SO_4) = 1mol/L$，其基本单元是 H_2SO_4；

重铬酸钾的量浓度 $C(1/6\ K_2Cr_2O_7) = 0.2500mol/L$，其基本单元是 $1/6\ K_2Cr_2O_7$；

碳酸钠的量浓度 $C(1/2\ Na_2CO_3) = 0.1mol/L$，其基本单元是 $1/2Na_2CO_3$；

等等。

（2）滴定度

有时在水厂对某些物质的组分进行例行分析时，为简化计算常采用滴定度来表示标准溶液的浓度。滴定度是指 1mL 标准溶液相当于被测组分的质量，用 $T_{X/S}$ 表示。

【例 2.15】 已知 $AgNO_3$ 标准溶液对 Cl^- 的滴定度为 $T_{Cl^-/AgNO_3} = 0.003545g/mL$，用该 $AgNO_3$ 标准溶液滴定 100mL 水样中 Cl^- 时，消耗 15.60mL，求水样中 Cl^- 的含量（mg/L 表示）。

【解】 根据滴定度定义可知，每毫升 $AgNO_3$ 标准溶液相当于 0.003545g 的 Cl^-，因此水样中 Cl^- 的含量为：

$$C_{Cl^-} = \frac{T_{Cl^-/AgNO_3} \times 15.60 \times 1000 \times 1000}{100} = 553.2mg/L$$

2.6.4　水质分析结果的表示方法

水质分析中至少取两个或两个以上平行样进行分析，并用其平均值表示分析结果。

水样分析结果通常用毫克/升（mg/L）表示。当浓度小于0.1mg/L时，则用微克/升（μg/L）表示或更小的单位纳克/升（ng/L）表示。

$$1g = 10^3 mg = 10^6 \mu g = 10^9 ng$$

对浓度大于 1000mg/L 时，用百分数表示，当相对密度等于 1.00 时，1% 等于 10000 mg/L。当测量高相对密度的水样（废液）时，如以质量百分比表示时，应做如下修正：

$$\%（按质量） = \frac{mg/L}{10000 \times 相对密度} \tag{2.20}$$

在此情况下，如以 mg/L 表示时，则应注明相对密度。对于高相对密度的工业废水、废液、海水或水中的污泥等测定结果，必须按式（2.20）进行修正。

应该指出，水质分析结果一般不采用百分含量表示。但是，对于底质（如河水底泥、水处理污泥等）中高含量成分（如≥1mg/g）的分析结果常以百分含量表示；对于低含量成分则以 mg/kg 表示。

对于水质分析中的一些物理指标（如色度、浊度、电导率等）、微生物指标（如细菌总数、大肠菌群等）以及部分化学指标（如硬度、碱度、pH 等）的分析结果常还有它们各自的表示方法，这将在有关章节中介绍。

思　考　题

1. 水样为何要保存？其保存技术的要点是什么？
2. 简述分析方法的准确度、精密度及它们之间的关系，实际分析中分析方法的准确度和精密度如何表示？
3. 物质的量浓度的含义是什么？举例说明之。
4. 什么是标准溶液和基准物质？
5. 滴定分析中化学计量点与滴定终点有何区别？

习　　题

1. 常量滴定管的读数误差为 ±0.01mL，如果要求滴定的相对误差分别小于 0.5% 和 0.05%，问滴定时至少消耗标准溶液的量是多少毫升（mL）？这些结果说明了什么问题？

2. 万分之一分析天平，可准确称至 ±0.0001g，如果分别称取试剂 30.0mg 和 10.0mg，相对误差是多少？滴定时消耗标准溶液的量至少多少毫升（mL）？

3. 求重铬酸钾标准溶液（$1/6K_2Cr_2O_7 = 0.1000mol/L$）以 $K_2Cr_2O_7$ 及其 Fe^{2+}、FeO 和 Fe_2O_3 表示的滴定度（g/mL）。

4. 测定某废水中的 COD，十次测定结果分别为 50.0，49.2，51.2，48.9，50.5，49.7，51.2，48.8，49.7 和 49.5mgO$_2$/L，问测定结果的相对平均偏差和相对标准偏差（以 CV 表示）各多少？

5. 为标定硫酸亚铁铵 $(NH_4)_2Fe(SO_4)_2$ 溶液的准确浓度，准确取 5.0mL 重铬酸钾标准溶液（1/6 $K_2Cr_2O_7$＝0.2500mol/L），用 $(NH_4)_2Fe(SO_4)_2$ 溶液滴定消耗 12.50mL，问该溶液的量浓度（$(NH_4)_2Fe(SO_4)_2$，mol/L）是多少？

6. 水中 Ca^{2+} 为 20.04mg/L，令其相对密度＝1.0，求其量浓度是多少（Ca^{2+}，mol/L，mmol/L表示）？

第 3 章　酸碱滴定法

酸碱滴定法是以质子传递反应为基础的滴定方法。

我们知道酸、碱是许多化学反应最重要的参与者。水处理实践中酸度、碱度、pH 的测定又是水质的重要指标。一般能与酸、碱直接或间接发生质子传递反应的物质，都可用酸碱滴定方法进行测定。本书采用布朗斯特德—劳莱（Bronsted-Lowry）的酸碱质子理论处理有关平衡问题，这样便于将水溶液和非水溶液中的酸碱平衡统一起来。酸碱平衡是酸碱滴定的理论基础，而且学好酸碱滴定法又是掌握滴定分析方法有关原理的关键。因此，要求在学习中除了要学会应用水溶液中酸碱平衡的方法外，还要能正确选用酸碱溶液氢离子平衡浓度的计算公式，掌握酸碱滴定的基本原理，解决水分析中的一些实际问题。

3.1　水溶液中的酸碱平衡

3.1.1　酸 碱 定 义

布朗斯特德—劳莱的酸碱质子概念，凡给出质子❶的物质是酸，能接受质子的物质是碱。如以 HB 作为酸的化学式代表符号，则

$$HB \rightleftharpoons H^+ + B^- \tag{3.1}$$

酸（HB）给出一个质子（H^+）而形成碱（B^-），碱（B^-）接受一个质子（H^+）便成为酸（HB）；此时碱（B^-）称为酸（HB）的共轭碱，酸（HB）称为碱（B^-）的共轭酸。这一对酸和碱具有互相依存的关系，彼此不能分开，这种因质子得失而互相转变的一对酸碱称为共轭酸碱对，这样的反应称为酸碱半反应。例如：

共轭酸		质子		共轭碱	共轭酸碱对
HCl	$\rightleftharpoons$	H^+	$+$	Cl^-	HCl/Cl^-
H_2CO_3	$\rightleftharpoons$	H^+	$+$	HCO_3^-	H_2CO_3/HCO_3^-
HCO_3^-	$\rightleftharpoons$	H^+	$+$	CO_3^{2-}	HCO_3^-/CO_3^{2-}
NH_4^+	$\rightleftharpoons$	H^+	$+$	NH_3	NH_4^+/NH_3

---

❶ 此处所指的质子仅为氢原子失去电子的氢离子。

$$Al(H_2O)_6^{3+} \rightleftharpoons H^+ + Al(H_2O)_5(OH)^{2+} \qquad Al(H_2O)_6^{3+}/Al(H_2O)_5(OH)^{2+}$$

$$\overset{+}{N}H_3(CH_2)_2\overset{+}{N}H_3 \rightleftharpoons H^+ + \overset{+}{N}H_3(CH_2)_2NH_2 \qquad \overset{+}{N}H_3(CH_2)_2\overset{+}{N}H_3/\overset{+}{N}H_3(CH_2)_2NH_2$$

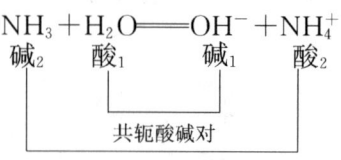

$$HAc \rightleftharpoons H^+ + Ac^- \qquad\qquad HAc/Ac^-$$

由此可见，酸、碱既可是中性分子也可是正离子或负离子，酸较它的共轭碱多一个正电荷。有些物质即可以给出质子，又可获得质子，称为酸碱两性物质，例如，HCO_3^- 在 H_2CO_3/HCO_3^- 共轭酸碱对中是碱，而在 HCO_3^-/CO_3^{2-} 共轭酸碱对中却是酸，还有像 $H_2PO_4^-$、HPO_4^{2-}、$Al(H_2O)_6^{3+}$、$Fe(H_2O)_6^{3+}$、H_2N-CH_2-COOH 等都属酸碱两性物质。

3.1.2　酸碱反应

酸碱反应的前提是给出质子的物质和接受质子的物质同时存在，实际是两个共轭酸碱对共同作用的结果，或者说由两个酸碱半反应相结合而完成的。

如：　　　　　$HAc \rightleftharpoons H^+ + Ac^- \cdots\cdots\cdots$酸碱半反应

　　　　　　　$H_2O + H^+ \rightleftharpoons H_3O^+ \cdots\cdots\cdots$酸碱半反应

　　　　　　　$\underset{\text{酸}_1}{HAc} + \underset{\text{碱}_2}{H_2O} \rightleftharpoons \underset{\text{酸}_2}{H_3O^+} + \underset{\text{碱}_1}{Ac^-}$

共轭酸碱对

在上述反应中，H_2O 起碱的作用。

　　　　　　　$NH_3 + H^+ \rightleftharpoons NH_4^+ \cdots\cdots\cdots$酸碱半反应

　　　　　　　$H_2O \rightleftharpoons H^+ + OH^- \cdots\cdots\cdots$酸碱半反应

　　　　　　　$\underset{\text{碱}_2}{NH_3} + \underset{\text{酸}_1}{H_2O} \rightleftharpoons \underset{\text{碱}_1}{OH^-} + \underset{\text{酸}_2}{NH_4^+}$

共轭酸碱对

在此反应中，H_2O 却起酸的作用。

由此我们得出结论，酸碱反应的实质就是质子的转移过程。酸或碱的解离，必须有 H_2O 参加，H_2O 即可起酸的作用，又可起碱的作用；还应指出，H_3O^+ 称为水合质子（或水合氢离子），可简写成 H^+。一般为简便起见，表示酸碱反

应的反应式，都可不写出与溶剂的作用过程。如

$$\mathrm{HAc \rightleftharpoons H^+ + Ac^-} \qquad (\mathrm{HAc\ 的解离})$$

$$\mathrm{NH_4^+ \rightleftharpoons H^+ + NH_3} \qquad (\mathrm{NH_4^+\ 的解离})$$

$$\mathrm{HAc + NH_3 \rightleftharpoons NH_4^+ + Ac^-} \qquad (\mathrm{HAc\ 与\ NH_3\ 的反应})$$

这些反应代表一完整反应，一方面不能看成酸碱半反应，另一方面不能忽视溶剂（H_2O）的作用。本书除为特意说明某些问题外，均采用简化写法。

3.1.3　溶剂的质子自递反应

上面讨论可知，H_2O 作为一种溶剂，既可作酸又可作碱，而且 H_2O 本身有质子传递作用。如

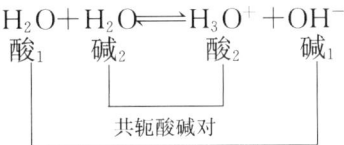

上述反应，有 1mol H_2O 分子给出了 1mol 质子形成 OH^-，另外 1mol H_2O 分子接受了 1mol 质子形成 H_3O^+，即 H_2O 分子之间发生了质子（H ）的传递作用，称 H_2O 的质子自递作用。其平衡常数 $K_w = a_{H_3O^+} \cdot a_{OH^-}$ 称为水的质子自递常数，用 K_s 表示。$K_s = 1.0 \times 10^{-14}$（25℃）。又如

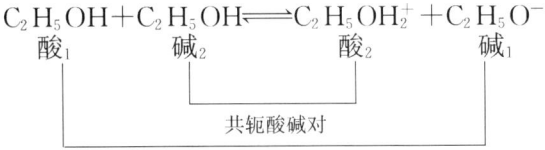

C_2H_5OH 分子之间发生了质子（H^+）的传递作用，称为 C_2H_5OH 的质子自递反应，其平衡常数 $K_s = a_{C_2H_5OH_2^+} \cdot a_{C_2H_5O^-} = 7.9 \times 10^{-20}$（25℃）称为 C_2H_5OH 的质子自递常数。

因此，得出结论：这种即可作为布朗斯特德酸，也可作为碱的一类溶剂称为质子溶剂。质子溶剂自身分子之间也能相互发生一定的质子转移，这类同种溶剂分子之间质子（H^+）的转移作用称为溶剂的质子自递反应，其平衡常数称为溶剂的质子自递常数。质子的自递常数是质子溶剂的重要特征，自递反应常数的大小，标志质子溶剂能产生区分效应范围的宽窄。

3.1.4　水溶液中酸碱反应的平衡常数—解离常数

水溶液中酸的强度取决于它将质子（H^+）给予 H_2O 分子的能力，碱的强度取决于它从 H_2O 分子中夺取 H^+ 的能力。如

$$\mathrm{HAc + H_2O \rightleftharpoons H_3O^+ + Ac^-}$$

$$HAc + NH_3 \rightleftharpoons NH_4^+ + Ac^-$$

同样是 HAc，在 H_2O 中微弱解离，HAc 表现为弱酸；而在 NH_3 中全部反应，HAc 呈现强酸性。这是因为两溶剂的碱性不同，NH_3 的碱性远远大于 H_2O 的碱性，所以 HAc 易将 H^+ 传递给 NH_3。可见酸碱强度除与本身性质有关外，还与溶剂的性质有关。因此得出结论：凡是把 H^+ 给予溶剂能力大的，其酸的强度就强；相反，从溶剂分子夺取 H^+ 能力大的，其碱的强度就大。

这种给出和获得质子能力的大小，通常用酸碱在水中的解离常数的大小来衡量。酸碱的解离常数越大酸碱性越强。它们的解离常数分别用 K_a 和 K_b 表示（弱酸和弱碱的解离常数见附表 13）。

如以 HB 和 B 作为酸和碱的化学式代表符号，则：

$$HB + H_2O \rightleftharpoons H_3O^+ + B^-$$

$$K_a = \frac{a_{H_3O^+} \cdot a_{B^-}}{a_{HB}} \tag{3.2}$$

$$B + H_2O \rightleftharpoons HB^+ + OH^-$$

$$K_b = \frac{a_{HB^+} \cdot a_{OH^-}}{a_B} \tag{3.3}$$

弱酸弱碱的强度，凡 K_a 或 K_b 大的则强。

$$HAc + H_2O \rightleftharpoons H_3O^+ + Ac^- \quad K_a = 1.8 \times 10^{-5}$$
$$NH_4^+ + H_2O \rightleftharpoons H_3O^+ + NH_3 \quad K_a = 5.6 \times 10^{-10}$$
$$HS^- + H_2O \rightleftharpoons H_3O^+ + S^{2-} \quad K_{a_2} = 7.1 \times 10^{-15}$$

$$\begin{matrix} K_a & 强度 \\ 大 & 强 \\ \downarrow & \downarrow \\ 小 & 弱 \end{matrix}$$

相反，上述 3 种酸的共轭碱的强度如何呢？实质是盐的水解。

$$Ac^- + H_2O \rightleftharpoons HAc + OH^- \quad K_b = 5.6 \times 10^{-10}$$
$$NH_3 + H_2O \rightleftharpoons NH_4^+ + OH^- \quad K_b = 1.8 \times 10^{-5}$$
$$S^{2-} + H_2O \rightleftharpoons HS^- + OH^- \quad K_{b_1} = 1.41$$

$$\begin{matrix} K_b & 强度 \\ 小 & 弱 \\ \downarrow & \downarrow \\ 大 & 强 \end{matrix}$$

在水溶液中，H_3O^+ 是实际上能够存在的最强的酸形式。如果任何一种酸的强度大于 H_3O^+，且浓度又不是很大的话，必将定量地与 H_2O 起反应，完全转为 H_3O^+，如

$$HCl + H_2O \rightleftharpoons H_3O^+ + Cl^- \qquad K_a \gg 1$$

共轭酸碱对

其中 Cl^- 是 HCl 的共轭碱，因为上述反应进行得如此完全，以至于 Cl^- 几乎没有从 H_3O^+ 中夺取质子转化为 HCl 的能力；也就是说，Cl^- 是一种非常弱的碱，它的 K_b 小到几乎测不出来。

同样，在水溶液中，OH^- 是实际上能够存在的最强的碱的形式。若任何一种碱的强度$> OH^-$，且浓度又不是很大的话，必将定量地与 H_2O 起反应，完全转化为 OH^-。

3.1.5　共轭酸碱对 K_a 与 K_b 的关系

以 HAc 为例，讨论 HAc 与 Ac^- 共轭酸碱对的 K_a 与 K_b 关系。

$$HAc + H_2O \rightleftharpoons H_3O^+ + Ac^- \quad K_a = \frac{[H^+][Ac^-]}{[HAc]}$$

$$Ac^- + H_2O \rightleftharpoons HAc + OH^- \quad K_b = \frac{[HAc][OH^-]}{[Ac^-]}$$

则　　　　　$K_a \cdot K_b = [H^+][OH^-] = K_w = 1.0 \times 10^{-14} (25℃)$

可见，共轭酸碱对之间的 K_a 与 K_b 之间有确定的关系。

同样，对多元酸碱也有类似情况。如

$$酸 \begin{cases} H_2CO_3 + H_2O \rightleftharpoons H_3O^+ + HCO_3^- \\ HCO_3^- + H_2O \rightleftharpoons H_3O^+ + CO_3^{2-} \end{cases}$$

$$K_{a_1} = \frac{[H_3O^+][HCO_3^-]}{[H_2CO_3]}$$

$$K_{a_2} = \frac{[H_3O^+][CO_3^{2-}]}{[HCO_3^-]}$$

——共轭酸碱对——

$$碱 \begin{cases} CO_3^{2-} + H_2O \rightleftharpoons OH^- + HCO_3^- & K_{b_1} = \frac{[OH^-][HCO_3^-]}{[CO_3^{2-}]} \\ HCO_3^- + H_2O \rightleftharpoons OH^- + H_2CO_3 & K_{b_2} = \frac{[OH^-][H_2CO_3]}{[HCO_3^-]} \end{cases}$$

可见共轭酸碱对 H_2CO_3/HCO_3^- 和 HCO_3^-/CO_3^{2-} 的 K_a 与 K_b 关系分别是

$$K_{a_1} K_{b_2} = [H_3O^+][OH^-] = K_w \tag{3.4}$$

$$K_{a_2} K_{b_1} = K_w$$

对于 H_2O 以外的其他溶剂时，$K_a K_b = K_s$（溶剂的质子自递常数）。由此得出结论：共轭酸碱对的 K_a 和 K_b 之乘积是一常数，等于 K_w 或 K_s。

3.2　水溶液中弱酸（碱）的各种型体分布计算

在水分析化学中，水溶液中某种溶质的浓度称为分析浓度，它是溶液中溶质各种型体的浓度的总和，因此又称总浓度，用符号 C 表示。

当反应达到平衡时，水溶液中溶质某种型体的实际浓度称为平衡浓度，通常以〔　〕符号表示。

在酸碱平衡体系中，酸和碱以各种不同的型体存在，并随 pH 的改变而有规律的变化。了解和掌握这种变化规律，对控制反应向需要方向进行和溶液中溶质各种型体浓度的计算等都是有帮助的。

3.2.1   溶液中酸碱组分的分布—分布分数 δ 的计算

溶液中某酸碱组分平衡浓度占其总浓度分数称为分布分数或摩尔分数，以 δ_i 表示，i 表示该型体含可解离的质子数。分布分数取决于该酸碱物质的性质和溶液中 H^+ 的浓度，而与总浓度无关。δ_i 的大小能定量说明溶液中的各种酸碱组分分布情况，知道了 δ_i 便可求得溶液中酸碱组分的平衡浓度，这在分析化学中是十分重要的。

（1）一元酸溶液

以 HAc 为例，在溶液中以 HAc 和 Ac^- 两种型体存在。令 HAc 的总浓度为 C_{HAc}，HAc 与 Ac^- 的平衡浓度为 ［HAc］ 和 ［Ac^-］，

则
$$\delta_{HAc} = \frac{[HAc]}{C_{HAc}} = \frac{[HAc]}{[HAc] + [Ac^-]} = \frac{[H^+]}{K_a + [H^+]} \tag{3.5a}$$

$$\delta_{Ac^-} = \frac{[Ac^-]}{C_{HAc}} = \frac{[Ac^-]}{[HAc] + [Ac^-]} = \frac{K_a}{K_a + [H^+]}$$

$$\delta_{HAc} + \delta_{Ac^-} = 1$$

在不同 pH 时，可得一系列 δ_i，绘制 δ_i —pH 曲线称为分布分数曲线（简称分布曲线），如图 3.1 所示。分布曲线上 $\delta_{HAc} = \delta_{Ac^-} = 0.5$ 处，pH＝pK_a＝4.74，即溶液中 ［HAc］ 和 ［Ac^-］ 各占一半。pH＜pK_a，以 HAc 为主；pH＞pK_a，以 Ac^- 为主。δ_i —pH 曲线一般只选绘 pH＝pK_a ±2 范围。

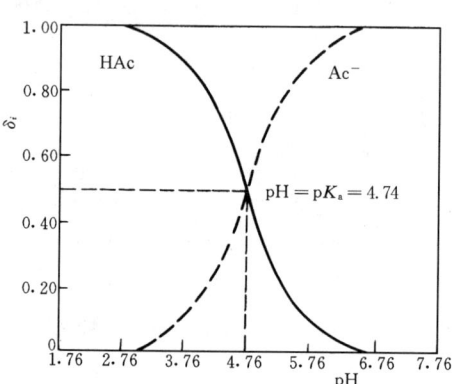

图 3.1   HAc 溶液的 δ_i —pH 曲线

(HAc 的型体分布)

应该指出，每一共轭酸碱分布曲线的交点，即 pH＝pK_a 之处。

【例 3.1】   计算 pH＝5.00 时，δ_{HAc} 和 δ_{Ac^-}。

【解】 $\delta_{HAc} = \dfrac{[H^+]}{K_a + [H^+]} = \dfrac{1.0 \times 10^{-5}}{1.8 \times 10^{-5} + 1.0 \times 10^{-5}} = 0.36$

$\delta_{Ac^-} = 1 - 0.36 = 0.64$

一元弱碱可看成共轭酸失去质子后的共轭碱，其分布分数和分布曲线的变化规律与一元弱酸相同。例如，浓度为 C mol/L 的氨水：

$$\delta_{NH_3} = \frac{[NH_3]}{C_{NH_3}} = \frac{[OH^-]}{K_b + [OH^-]} = \frac{K_a}{K_a + [H^+]} \tag{3.5b}$$

$$\delta_{NH_4^+} = \frac{[NH_4^+]}{C_{NH_3}} = \frac{K_b}{K_b + [OH^-]} = \frac{[H^+]}{K_a + [H^+]}$$

因此，我们得出结论：一元弱酸或一元弱碱中的共轭酸碱对的分布分数计算通式是：

$$\delta_{共轭酸} = \frac{[H^+]}{K_a + [H^+]} \tag{3.6}$$

$$\delta_{共轭碱} = \frac{K_a}{K_a + [H^+]}$$

（2）多元酸溶液

以碳酸为例讨论多元酸溶液组分平衡时的分布分数。碳酸为二元弱酸，在溶液中以 H_2CO_3、HCO_3^- 和 CO_3^{2-} 3 种型体存在，令 H_2CO_3 的物质的总量以 C mol/L表示，则

$$C = [H_2CO_3] + [HCO_3^-] + [CO_3^{2-}]$$

设 δ_2、δ_1、δ_0 分别表示 H_2CO_3、HCO_3^- 和 CO_3^{2-} 的分布分数，则 $[H_2CO_3] = \delta_2 \cdot C$，$[HCO_3^-] = \delta_1 \cdot C$，$[CO_3^{2-}] = \delta_0 \cdot C$

故：

$$\delta_2 = \frac{[H_2CO_3]}{C} = \frac{[H_2CO_3]}{[H_2CO_3] + [HCO_3^-] + [CO_3^{2-}]}$$

$$= \frac{1}{1 + \dfrac{[HCO_3^-]}{[H_2CO_3]} + \dfrac{[CO_3^{2-}]}{[H_2CO_3]}}$$

$$= \frac{1}{1 + \dfrac{K_{a_1}}{[H^+]} + \dfrac{K_{a_1} K_{a_2}}{[H^+]^2}}$$

$$= \frac{[H^+]^2}{[H^+]^2 + K_{a_1}[H^+] + K_{a_1} K_{a_2}} \tag{3.7a}$$

同样可以求得

$$\delta_1 = \frac{[HCO_3^-]}{C} = \frac{K_{a_1}[H^+]}{[H^+]^2 + K_{a_1}[H^+] + K_{a_1} K_{a_2}} \tag{3.7b}$$

$$\delta_0 = \frac{[CO_3^{2-}]}{C} = \frac{K_{a_1} K_{a_2}}{[H^+]^2 + K_{a_1}[H^+] + K_{a_1} K_{a_2}} \tag{3.7c}$$

$$\delta_0 + \delta_1 + \delta_2 = 1$$

按式 (3.7a)、式 (3.7b) 和式 (3.7c) 分别计算出不同 pH 时的 δ_0、δ_1 和 δ_2 值，列于表 3.1，并绘制 δ_i —pH 的分布曲线，如图 3.2 所示。由表 3.1 和图 3.2

可见，$H_2CO_3 - HCO_3^-$ 和 $HCO_3^- - CO_3^{2-}$ 共轭酸碱对的交点处正是 $pH = pK_{a_1} = 6.38$ 和 $pH = pK_{a_2} = 10.25$ 之处，这两个交点是 $\delta_2 = \delta_1 = 0.50$ 和 $\delta_1 = \delta_0 = 0.50$ 之处。如 $pH < pK_{a_1}$，以 H_2CO_3 为主；$pK_{a_2} < pH > pK_{a_1}$，以 HCO_3^- 为主；$pH < pK_{a_2}$，以 CO_3^{2-} 为主。

不同 pH 对 H_2CO_3 溶液中各种型体的分布值   表 3.1

pH	$\delta_{H_2CO_3}$	$\delta_{HCO_3^-}$	$\delta_{CO_3^{2-}}$	pH	$\delta_{H_2CO_3}$	$\delta_{HCO_3^-}$	$\delta_{CO_3^{2-}}$
2.0	1.0			8.0	0.0246	0.9708	0.0046
2.5	0.9999	0.0001	0.0000	8.5	0.0072	0.9783	0.0145
3.0	0.9996	0.0004	0.0000	9.0	0.0017	0.9536	0.0447
3.5	0.9986	0.0014	0.0000	9.5	0.004	0.8703	0.1293
4.0	0.9906	0.0044	0.0000	10.0	0.0001	0.6802	0.3197
4.5	0.9862	0.0138	0.0000	10.25	0.0000	0.5000	0.5000
5.0	0.9575	0.0425	0.0000	10.5	0.0000	0.4022	0.5978
5.5	0.8770	0.1230	0.0000	11.0	0.0000	0.1754	0.8246
6.0	0.7020	0.3080	0.0000	11.5	0.0000	0.0630	0.9370
6.38	0.5000	0.5000	0.0000	12.0	0.0000	0.0208	0.9792
6.5	0.4162	0.5837	0.0001	12.5	0.0000	0.0067	0.9933
7.0	0.1864	0.8132	0.0004				
7.5	0.0674	0.9312	0.0014	13.0	0.0000	0.0021	0.99709

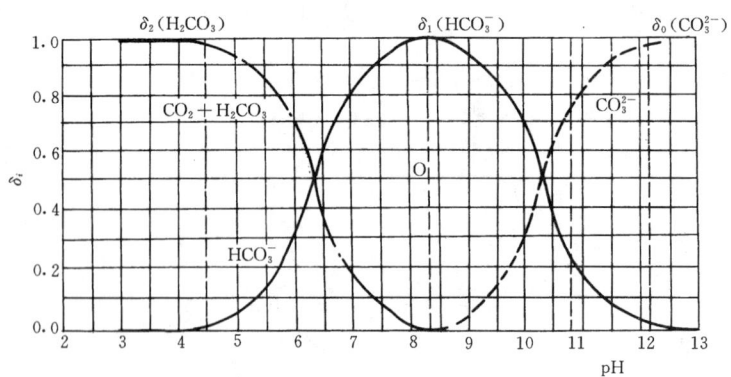

图 3.2 H_2CO_3 溶液中的 δ_i —pH 曲线图

【例 3.2】   计算 $pH = 5.0$ 和 $pH = 8.0$ 和 $pH = 11.0$ 时，0.1000 mol/L H_2CO_3 溶液中 H_2CO_3、HCO_3^- 和 CO_3^{2-} 的浓度各是多少？

【解】 $pH = 5.0$ 时，$\delta_{H_2CO_3} = 0.9575$，$\delta_{HCO_3^-} = 0.0425$，$\delta_{CO_3^{2-}} = 0.000$

故 $[H_2CO_3] = \delta_{H_2CO_3} \cdot C = 0.9575 \times 0.1000 = 0.0958$ mol/L

$[HCO_3^-] = 0.0425 \times 0.1000 = 0.0042$ mol/L

$$[CO_3^{2-}] = 0.000 \text{ mol/L}$$

pH=8.0 时，$\delta_{H_2CO_3} = 0.0246$，$\delta_{HCO_3^-} = 0.9708$，$\delta_{CO_3^{2-}} = 0.0046$

则　　$[H_2CO_3] = 0.0246 \times 0.1000 = 0.0025 \text{mol/L}$

$\quad\quad[HCO_3^-] = 0.9708 \times 0.1000 = 0.0971 \text{mol/L}$

$\quad\quad[CO_3^{2-}] = 0.0046 \times 0.1000 = 0.0005 \text{mol/L}$

pH=11.0 时，$\delta_{H_2CO_3} = 0.0000$，$\delta_{HCO_3^-} = 0.0021$，$\delta_{CO_3^{2-}} = 0.9979$

则　　$[H_2CO_3] = 0.0000 \text{ mol/L}$

$\quad\quad[HCO_5^-] = 0.0021 \times 0.1000 = 0.0002 \text{mol/L}$

$\quad\quad[CO_5^{2-}] = 0.9979 \times 0.1000 = 0.0998 \text{mol/L}$

同样，对 H_3PO_4，可得到：

$$\delta_{H_3PO_4} = \frac{[H_3PO_4]}{C} = \frac{[H^+]^3}{[H^+]^3 + K_{a_1}[H^+]^2 + K_{a_1}K_{a_2}[H^+] + K_{a_1}K_{a_2}K_{a_3}} \quad (3.8a)$$

$$\delta_{H_2PO_4^-} = \frac{[H_2PO_4^-]}{C} = \frac{K_{a_1}[H^+]^2}{[H^+]^3 + K_{a_1}[H^+]^2 + K_{a_1}K_{a_2}[H^+] + K_{a_1}K_{a_2}K_{a_3}} \quad (3.8b)$$

$$\delta_{HPO_4^{2-}} = \frac{[HPO_4^{2-}]}{C} = \frac{K_{a_1} \cdot K_{a_2}[H^+]}{[H^+]^3 + K_{a_1}[H^+]^2 + K_{a_1}K_{a_2}[H^+] + K_{a_1}K_{a_2}K_{a_3}} \quad (3.8c)$$

$$\delta_{PO_4^{3-}} = \frac{[PO_4^{3-}]}{C} = \frac{K_{a_1}K_{a_2}K_{a_3}}{[H^+]^3 + K_{a_1}[H^+]^2 + K_{a_1}K_{a_2}[H^+] + K_{a_1}K_{a_2}K_{a_3}} \quad (3.8d)$$

$$\delta_{H_3PO_4} + \delta_{H_2PO_4^-} + \delta_{HPO_4^{2-}} + \delta_{PO_4^{3-}} = 1$$

同样，　　　　　$\delta_{H_3PO_4} = \delta_{H_2PO_4^-} = 0.5$ 时，$pH_1 = pK_{a_1} = 2.12$

$\quad\quad\quad\quad\quad\delta_{H_2PO_4^-} = \delta_{HPO_4^{2-}} = 0.5$ 时，$pH_2 = pK_{a_2} = 7.20$

$\quad\quad\quad\quad\quad\delta_{HPO_4^{2-}} = \delta_{PO_4^{3-}} = 0.5$ 时，$pH_3 = pK_{a_3} = 12.36$

其他多元酸情况类推。

根据上述对多元酸的讨论可知，如令 $K_{a_0} = 1$，可归纳出 $\delta_i(i = 0,1,2,3,\cdots,n)$ 的通式。

$$\delta_i = \frac{K_{a_0}K_{a_1}K_{a_2}\cdots K_{a_{(n-1)}}[H^+]^i}{\sum\limits_{i=0}^{n} K_{a_0}K_{a_1}K_{a_2}\cdots K_{a_{(n-1)}}[H^+]^i} \quad (3.9)$$

$$\sum_{i=0}^{n}\delta_i = 1$$

式（3.9）是计算弱酸溶液中溶质各种型体分布分数的通式。分布分数 δ_i 是溶质的解离常数 K_{a_n} 和溶液中 $[H^+]$ 的函数。对于某一具体的酸，由于 K_{a_n} 为定值，故 δ_i 只是溶液中 $[H^+]$ 的函数，且溶液中某一溶质的各种型体的分布分数之和恒等于1。

3.2.2 酸碱溶液 pH 的计算

（1）质子条件式

为了计算酸碱平衡体系中各组分的浓度，应该了解和掌握化学反应中物质的量的等衡原则和质子转移关系，列出酸碱平衡式的方法。根据酸碱质子理论，在酸碱反应达到平衡时，酸给出的质子数必须等于碱得到的质子数，这种得失质子的物质的量（mol）相等关系称为质子平衡或质子条件，其数学表达式称为质子平衡方程或质子条件式，用 PBE 表示。按质子条件式可以得到溶液中 H^+ 浓度与有关组分浓度的关系式，它是处理酸碱平衡有关计算问题的基本关系式。

1）质子条件式可由溶液中得失质子的关系直接导出。一般将原始的酸碱组分，即与质子转移直接有关的溶质和溶剂（质子溶剂），作为质子参考水准又称零水准。然后与零水准相比较，少了质子的就是失质子产物，多了质子的就是得质子产物。例如：

浓度为 $C \, \text{mol/L}$ 的弱酸 HB 溶液中，有如下平衡：

$$HB + H_2O \Longrightarrow H_3O^+ + B^-$$

$$H_2O + H_2O \Longrightarrow H_3O^+ + OH^-$$

可见，上述平衡中，得质子的产物是 H_3O^+，失质子的产物是 B^- 和 OH^-；根据酸碱平衡中得失质子的量（mol）相等原则，得到质子条件式（PBE）为：

PBE： $[H_3O^+] = [B^-] + [OH^-]$ 或 $[H^+] = [B^-] + [OH^-]$ (3.10)

【例 3.3】 求浓度为 $C \, \text{mol/L}$ 的 H_3PO_4 的质子条件式。

【解】 零水准为 H_3PO_4 和 H_2O。

其平衡反应式为

$$H_3PO_4 \Longrightarrow H^+ + H_2PO_4^-$$

$$H_2PO_4^- \Longrightarrow H^+ + HPO_3^{2-}$$

$$HPO_4^{2-} \Longrightarrow H^+ + PO_4^{3-}$$

$$H_2O \Longrightarrow H^+ + OH^-$$

可见，从零水准转化为得质子后的产物为 H^+，失质子后的产物为 OH^-、$H_2PO_4^-$、HPO_4^{2-} 和 PO_4^{3-}。故

PBE： $[H^+] = [OH^-] + [H_2PO_4^-] + 2[HPO_4^{2-}] + 3[PO_4^{3-}]$

应该指出，质子转移的量若等于或大于 2mol 时，它们的浓度之前必须乘上这一相应的系数，才符合得失质子的量的等衡关系。如上例中 HPO_4^{2-} 和 PO_4^{3-} 应为零水准物质 H_3PO_4 失去质子数分别是 2 和 3，故在它们的浓度之前乘上该系数 2 和 3。

2）质子条件式还可由化学反应的物料平衡（MBE）和电荷平衡（CBE）导出。这种方法对一些较复杂的体系，更为可靠。但由溶液中得失质子的关

系直接导出质子条件式的方法直接简便，而且对一些简单的酸碱反应来说，电荷平衡方程就是它的质子条件式。本书对这种方法不再介绍，可参看有关书籍。

（2）酸碱溶液中［H^+］的计算

有关酸碱溶液中［H^+］的计算，已在无机化学和普通化学中讲过，这里为了加深和强化只做简单介绍。酸碱溶液中的［H^+］可通过质子条件式和有关的平衡关系式求得。［H^+］的求解可采用精确计算公式和近似计算式，前者对全面分析酸碱平衡关系和理解近似公式的应用范围是很有意义的，但实际工作中，最常用的还是近似计算式。

1）强酸（碱）溶液中［H^+］的计算

令 HX 为强酸化学式的通式，其浓度为 C_{HX} mol/L，有下列质子转移反应：

$$HX + H_2O \rightleftharpoons H_3O^+ + X^-$$

$$2H_2O \rightleftharpoons H_3O^+ + OH^-$$

其 PBE：

$$［H^+］=［OH^-］+［X^-］=［OH^-］+C_{HX} \qquad (3.11a)$$

在 PBE 中，强酸的原始浓度等于各失质子产物的浓度相加，表明原始强酸在水溶液中全部转化为 H_3O^+，当强酸溶液处于平衡状态时

$$C_{HX} = ［X^-］ \qquad (3.11b)$$

又

$$［OH^-］= \frac{K_w}{［H^+］} \qquad (3.11c)$$

将式（3.11b）、（3.11c）代入（3.11a），整理后得：

$$［H^+］^2 - C_{HX}［H^+］- K_w = 0 \qquad （精确式）\qquad (3.12a)$$

$$［H^+］= \frac{1}{2}(C_{HX} + \sqrt{(C_{HX})^2 + 4K_w})$$

该式为强酸溶液中［H^+］的精确计算式。它完整地表示了强酸溶液中［H^+］与溶质和溶剂之间的平衡关系式。

当强酸溶液浓度不太低时，可忽略水的解离，则得强酸溶液中［H^+］的计算最简式

$$［H^+］= C_{HX} \qquad （最简式）\qquad (3.12b)$$

按同样处理方法可导出强碱溶液中［H^+］的计算式。

$$［OH^-］^2 - C_{MOH}［H^+］- K_s = 0 \qquad （精确式）\qquad (3.13a)$$

$$［OH^-］= \frac{1}{2}(C_{MOH} + \sqrt{(C_{MOH})^2 + 4K_w})$$

$$［OH^-］= C_{MOH} \qquad （最简式）\qquad (3.13b)$$

【例 3.4】　计算 5×10^{-7} mol/L HCl 溶液的 pH。

【解】　HCl 的浓度较小，故采用精确式

$$[H^+] = \frac{1}{2}(5.0 \times 10^{-7} + \sqrt{(5.0 \times 10^{-7})^2 + 4 \times 1.0 \times 10^{-14}})$$

$$= 5.19 \times 10^{-7} \text{mol/L}$$

pH = 6.28

2）一元弱酸（碱）溶液中 $[H^+]$ 的计算

设一元弱酸 HB 溶液浓度为 C_{HB} mol/L，解离常数为 K_a。

这样 HB 和 H_2O 为零水准，则

PBE $\qquad [H^+] = [OH^-] + [B^-] = \dfrac{K_w}{[H^+]} + \dfrac{K_a[HB]}{[H^+]}$

$$[H^+] = \sqrt{K_w + K_a[HB]} \qquad\qquad (3.14a)$$

式中 $\qquad\qquad [HB] = \delta_{HB} \cdot C_{HB} = \dfrac{C_{HB} \cdot [H^+]}{[H^+] + K_a} \qquad (3.14b)$

δ_{HB} 为 HB 的分布分数。

将式（3.14b）代入式（3.14a），整理得精确式

$[H^+]^3 + K_a[H^+]^2 - (C_{HB}K_a + K_w)[H^+] - K_a K_w = 0$（精确式）　（3.15a）

解此一元三次方程麻烦。一般在弱酸的浓度不是非常稀，且酸的强度不是极弱时，可忽略水的解离，可用近似式计算，于是式（3.14a）简化为：

$$[H^+] = \sqrt{K_a[HB]} \qquad\qquad (3.15b)$$

根据解离平衡原理，对于浓度为 C mol/L 弱酸 HB 溶液，$[HB] = C - [H^+]$ 代入式（3.15b），则得

$$[H^+] = \sqrt{K_a(C - [H^+])}$$

$$[H^+]^2 + K_a[H^+] - K_a C = 0$$

则 $\qquad\qquad [H^+] = \frac{1}{2}(-K_a + \sqrt{K_a^2 + 4C_{HB}K_a})$　（近似式）　（3.15c）

式（3.15c）就是计算一元弱酸溶液中 $[H^+]$ 的近似公式。采用近似公式的条件是：

$$C K_a \geqslant 20 K_w \quad （可忽略 K_w）$$

和 $\qquad\qquad C/K_a < 500 \quad （不能忽略 HB 解离产生的 [H^+]）$

在忽略 H_2O 解离的同时，HB 因解离而减少的部分又可以忽略不计时，则认为 $[HB] = C_{HB}$，于是式（3.14a）又可简化为最简式。

$$[H^+] = \sqrt{K_a C_{HB}} \quad （最简式） \qquad (3.15d)$$

式（3.15d）是计算一元弱酸溶液中 $[H^+]$ 浓度的最简式。采用最简式的条件应是：

$$C K_a \geqslant 20 K_w \quad （可忽略 K_w）$$

和 $C/K_a > 500$❶　　（可忽略 HB 解离产生的 $[H^+]$）

应该指出：

a. 对于极弱和极稀酸溶液往往 $C_a K_a \leqslant 20 K_w$，此时不能忽略水的解离，即 K_w 不能忽略；同时又有 $C_a/K_a > 500$，即可视 $C_{HB} = [HB]$，于是式（3.14*a*）变为计算酸性极弱和浓度极低酸溶液 H^+ 浓度的公式。

$$[H^+] = \sqrt{K_w + K_a C_{HB}} \tag{3.15e}$$

采用计算酸性极弱和浓度极低酸溶液 $[H^+]$ 公式的条件是：

$$CK_a \leqslant 20 K_w$$

和

$$C/K_a > 500$$

b. 当弱酸、弱碱溶液中 $CK_a < 20 K_w$ 和 $C/K_a < 500$ 时，说明 K_w 不能忽略，且 HB 的解离度又大，此时不能采用近似公式，而采用精确式计算。但由于式（3.15*a*）计算太麻烦，可将式（3.14*b*）代入式（3.14*a*）得：

$$[H^+] = \sqrt{K_w + K_a \frac{C_{HB}[H^+]}{[H^+] + K_a}} \tag{3.15f}$$

再用逐步逼近法计算。首先假设一个 $[H^+]_1$，并代入上面方程式右侧求出 $[H^+]$ 的近似值 $[H^+]_2$，如果 $[H^+]_2$ 与 $[H^+]_1$ 不接近，再把 $[H^+]_2$ 代入，求得第三次近似值 $[H^+]_3$，以此类推，直到相邻两次计算结果一致时为止（要求相对误差 $< 5\%$），此时 $[H^+]$ 即为所求结果。

【例 3.5】　计算 1.0×10^{-4} mol/L HCN 溶液的 pH。

【解】　HCN 的 $K_a = 4.9 \times 10^{-10}$

　　　　由于　$C_{HCN} \cdot K_a = 1.0 \times 10^{-4} \times 4.9 \times 10^{-10} = 4.9 \times 10^{-14} < 20 K_w$

　　　　且　$C/K_a = 1.0 \times 10^{-4}/4.9 \times 10^{-10} > 500$

故可按极弱和极稀溶液 $[H^+]$ 的计算公式计算

$$
\begin{aligned}
[H^+] &= \sqrt{K_w + K_a C_{HCN}} \\
&= \sqrt{1.0 \times 10^{-14} + 4.9 \times 10^{-10} \times 1.0 \times 10^{-4}} \\
&= 2.43 \times 10^{-7} \text{ mol/L}
\end{aligned}
$$

$$\text{pH} = 6.61$$

3）多元弱酸碱溶液中 $[H^+]$ 的计算

设二元酸 H_2B 溶液浓度为 C_{H_2B} mol/L，逐级解离常数为 K_{a_1} 和 K_{a_2}。同时令

---

❶　当 $C/K_a = 500$ 时，按最简公式计算为：$[H^+] = \sqrt{K_a C} = \sqrt{500 K_a^2} = 22.4 K_a$

按近似公式计算为：$[H^+] = \dfrac{1}{2}(-K_a + \sqrt{K_a^2 + 4 \times 500 K_a^2}) = 21.9 K_a$

最简式计算结果的相对误差为：$\dfrac{22.4 K_a - 21.9 K_a}{21.9 K_a} \times 100\% = +2.2\%$

当允许误差为 5% 时，可求得 $C/K_a = 380$，今规定 $C/K_a = 500$，则保证计算误差 $< 5\%$。

H_2B 和 H_2O 为零水准，则质子条件式为

PBE：
$$[H^+] = [OH^-] + [HB^-] + 2[B^{2-}] \tag{3.16}$$

又
$$[OH^-] = \frac{K_w}{[H^+]}, [HB^-] = \frac{K_{a_1}[H_2B]}{[H^+]},$$

$$[B^-] = \frac{K_{a_1}K_{a_2}[H_2B]}{[H^+]^2}$$

代入式(3.16)，并整理得精确式

$$[H^+] = \frac{K_w}{[H^+]} + \frac{K_{a_1}[H_2B]}{[H^+]} + \frac{2K_{a_1}K_{a_2}[H_2B]}{[H^+]^2} \quad （精确式）$$

$$[H^+] = \sqrt{[H_2B] \cdot K_{a_1}\left(1 + \frac{2K_{a_2}}{[H^+]}\right) + K_w} \tag{3.17a}$$

将 $[H_2B] = \delta_{H_2B} \cdot C_{HB} = \dfrac{C_{HB}[H^+]}{[H^+]^2 + K_{a_1}[H^+] + K_{a_1}K_{a_2}}$ 代入式（3.17a）得：

$$[H^+]^4 + K_{a_1}[H^+]^3 - (CK_{a_1} - K_{a_1}K_{a_2} + K_w)[H^+]^2 -$$
$$(2CK_{a_1}K_{a_2} + K_{a_1}K_w)[H^+] - K_{a_1}K_{a_2}K_w = 0 \tag{3.17b}$$

其精确式(3.17a)为一元四次方程，求解$[H^+]$很复杂，因此常作近似处理或简化处理，则得到类似于一元弱酸溶液$[H^+]$的计算公式。

如果 $CK_{a_1} \geqslant 20K_w$　（可忽略 K_w）　$2K_{a_2}/[H^+] = 2K_{a_2}/\sqrt{CK_{a_1}} < 0.05$ ❶

（可忽略第二级解离，即忽略 K_{a_2}）可得二元弱酸溶液 $[H^+]$ 计算的近似公式：

$$[H^+] = \sqrt{K_{a_1}[H_2B]} \tag{3.17c}$$

此时二元弱酸可按一元弱酸处理，则在浓度为 $C \text{ mol/L}$ 二元弱酸 H_2B 溶液中，H_2B 的平衡浓度近似地等于：

$$[H_2B] = C - [H^+]$$

代入式（3.17c）得到

$$[H^+] = \sqrt{K_{a_1}(C_{H_2B} - [H^+])} \quad （近似式）$$

$$[H^+]^2 + K_{a_1}[H^+] - C_{H_2B}K_{a_1} = 0$$

$$[H^+] = \frac{1}{2}\left(-K_{a_1} + \sqrt{K_{a_1}^2 + 4C_{H_2B}K_{a_1}}\right) \tag{3.17d}$$

（3.17d）式即为计算二元弱酸溶液中 H^+ 浓度的近似公式。

然后再视 C/K_{a_1} 比值，若大于 500，即 H_2B 的一级解离度较小，可认为 $[H_2B] = C - [H^+] \approx C$，则得到计算二元弱酸溶液 $[H^+]$ 的最简式：

---

❶　式 (3.17a) 中，当 $\dfrac{2K_{a_2}}{\sqrt{CK_{a_1}}} < 0.05$ 时，则与1项比较，$\dfrac{2K_{a_2}}{\sqrt{CK_{a_1}}}$ 项可忽略，计算结果的相对误差约为

5%。

$$[H^+] = \sqrt{K_{a_1} C_{H_2 B}} \qquad （最简式） \tag{3.17e}$$

对于二元以上的多元酸的 $[H^+]$ 计算，一般均可忽略其第三级和三级以上解离对 $[H^+]$ 的贡献，而按二元酸处理。

【例 3.6】 计算 $0.1 mol/L H_2 C_2 O_4$ 溶液的 pH。

【解】 已知草酸的 $K_{a_1} = 5.9 \times 10^{-2}, K_{a_2} = 6.4 \times 10^{-5}$

$$CK_{a_1} = 0.10 \times 5.9 \times 10^{-2} = 5.9 \times 10^{-3} > 20 K_w$$

$$2 K_{a_2} / \sqrt{CK_{a_1}} = 1.7 \times 10^{-3} < 0.05$$

又 $C/K_{a_1} < 500$，故用式（3.17d）近似计算

$$[H^+] = \frac{1}{2}(-K_{a_1} + \sqrt{K_{a_1}^2 + 4 K_{a_1} C_{H_2 C_2 O_4}})$$

$$= \frac{1}{2}(-5.9 \times 10^{-2} + \sqrt{(5.9 \times 10^{-2})^2 + 4 \times 5.9 \times 10^{-2} \times 0.1})$$

$$= 5.3 \times 10^{-2} mol/L$$

$\therefore \qquad pH = 1.28$

多元碱溶液中 $[OH^-]$ 的计算，与多元酸类似。

4）两性物质溶液中 $[H^+]$ 的计算

在溶液中既可给出质子，又可接受质子的物质为两性物质，如 $NaHCO_3$、$NaHC_2O_4$、NaH_2PO_4、Na_2HPO_4 等酸式盐以及 NH_4Ac、$(NH_4)_2S$、H_2NCH_2COOH 等弱酸弱碱盐等。

以 $NaHA$ 为酸式盐的通式，设其浓度为 $C mol/L$，则质子条件为：

PBE: $\qquad [H^+] + [H_2 A] = [A^{2-}] + [OH^-]$

或 $\qquad [H^+] = [OH^-] + [A^{2-}] - [H_2 A] \tag{3.18}$

同样， $[OH^-] = \dfrac{K_w}{[H^+]}$，$[A^{2-}] = \dfrac{K_{a_2}[HA^-]}{[H^+]}$，$[H_2 A] = \dfrac{[H^+][HA^-]}{K_{a_1}}$

$$[HA^-] = \delta_{HA^-} \cdot C = \frac{C \cdot [H^+]^2}{[H^+]^2 + K_{a_1}[H^+] + K_{a_1} \cdot K_{a_2}}$$

代入式（3.18）得精确式如下：

$$[H^+] = \frac{K_w}{[H^+]} + \frac{K_{a_2}[HA^-]}{[H^+]} - \frac{[H^+][HA^-]}{K_{a_1}} \qquad （精确式）$$

$$[H^+]^4 + (C + K_{a_1})[H^+]^3 + (K_{a_1} K_{a_2} - K_w)[H^+]^2 -$$
$$(C K_{a_1} K_{a_2} + K_{a_1} K_w)[H^+] - K_{a_1} K_{a_2} K_w = 0$$

解得： $\qquad [H^+] = \sqrt{\dfrac{K_{a_1}(K_{a_2}[HA^-] + K_w)}{K_{a_1} + [HA^-]}} \tag{3.19a}$

如果两性物质自身的酸式和碱式解离产物 $[H_2 A]$ 和 $[A^{2-}]$ 可忽略，则认为 $[HA^-] \approx C$，于是得计算两性物质溶液 $[H^+]$ 的近似式。

$$[H^+] = \sqrt{\frac{K_{a_1}(CK_{a_2} + K_w)}{C + K_{a_1}}} \quad （近似式） \tag{3.19b}$$

如忽略 H_2O 的解离，即 $CK_{a_2} > 20K_w$ 时，（3.19b）式又可简化

$$[H^+] = \sqrt{\frac{K_{a_1}K_{a_2}C}{C + K_{a_1}}} \quad （近似式） \tag{3.19c}$$

式（3.19b）和式（3.19c）均为计算酸式盐溶液 $[H^+]$ 的近似公式。应注意：应用近似式的条件是 $C < 20K_{a_1}$。

当 $C > 20K_{a_1}$ 时，可认为 $C + K_{a_1} \approx C$，则得最简式

$$[H^+] = \sqrt{K_{a_1}K_{a_2}} \quad （最简式） \tag{3.19d}$$

式（3.19d）是计算酸式盐溶液中 H^+ 浓度的最简式。应该强调，应用最简式的条件是：

$$CK_{a_2} > 20K_w \quad （忽略 K_w）$$
$$C > 20K_{a_1} \quad （两性物质浓度不很稀）$$

有关弱酸弱碱盐（如 NH_4Ac）溶液中 $[H^+]$ 的计算可参照酸式盐类似方式得精确式、近似式和最简式。不同的是上述各公式中 K_{a_1} 和 K_{a_2} 应分别为弱酸（NH_4^+）的 K_a 和弱碱（Ac^-）的共轭酸（HAc）的 K_a 值，其中 K_a 值大的为 K_{a_1}，小的为 K_{a_2}，其他均同，不予赘述。

【例 3.7】 计算 0.10mol/L NH_4Ac 溶液的 pH。

【解】 NH_4Ac 为两性物质，已知 NH_4^+ 的 $K_{a_2} = 5.6 \times 10^{-10}$（小者），$HAc$ 的 $K_{a_1} = 1.7 \times 10^{-5}$（大者）

$$CK_{a_2} = 0.10 \times 5.6 \times 10^{-10} = 5.6 \times 10^{-11} > 20K_w$$
$$C = 0.10 > 20K_{a_1}$$

可用式（3.19d）最简式计算

$$[H^+] = \sqrt{K_{a_1}K_{a_2}} = \sqrt{1.7 \times 10^{-5} \times 5.6 \times 10^{-10}}$$
$$= 1.0 \times 10^{-7} \text{mol/L}$$
$$pH = 7.00$$

【例 3.8】 计算 0.10mol/L $NaHCO_3$ 溶液的 pH。

【解】 $NaHCO_3$ 为两性物质，已知 H_2CO_3 的 $K_{a_1} = 4.2 \times 10^{-7}$，$K_{a_2} = 5.6 \times 10^{-11}$

又 $$CK_{a_2} = 0.10 \times 5.6 \times 10^{-11} = 5.6 \times 10^{-12} > 20K_w$$
$$C = 0.10 > 20K_{a_1} \quad 故可用最简式计算$$
$$[H^+] = \sqrt{K_{a_1}K_{a_2}} = \sqrt{4.2 \times 10^{-7} \times 5.6 \times 10^{-11}}$$
$$= 4.9 \times 10^{-9} \text{mol/L}$$
$$pH = 8.31$$

【例 3.9】 0.10mol/L H_3PO_4 溶液与 0.10mol/L NaOH 溶液按等体积混合，求混合溶液的 pH。

【解】 等浓度等体积的 H_3PO_4 与 NaOH 混合后，则它们以等物质的量浓度相互作用，而发生如下反应：

$$H_3PO_4 + OH^- \Longrightarrow H_2PO_4^- + H_2O$$

此时，失质子产物 $H_2PO_4^-$ 为两性物质，其浓度为 0.050mol/L。已知：

$$K_{a_1} = 7.5 \times 10^{-3}, K_{a_2} = 6.3 \times 10^{-8}, K_{a_3} = 4.4 \times 10^{-13}$$

$$CK_{a_2} = 0.10 \times 6.3 \times 10^{-8} = 6.3 \times 10^{-9} > 20K_w \quad (可忽略\ K_w)$$

但 $\qquad\qquad C = 0.050 < 20K_{a_1} = 0.15$

根据上述判断，应采用式（3.19c）近似式求解

$$[H^+] = \sqrt{\frac{K_{a_1} K_{a_2} C}{K_{a_1} + C}} = \sqrt{\frac{7.5 \times 10^{-3} \times 6.3 \times 10^{-8} \times 0.050}{7.5 \times 10^{-3} + 0.050}}$$

$$= 2.04 \times 10^{-5} mol/L$$

$$pH = 4.69$$

3.3 缓 冲 溶 液

3.3.1 缓冲溶液与缓冲作用原理

（1）缓冲作用与缓冲溶液

纯水在 25℃时 pH 为 7.0，但只要与空气接触一段时间，因为吸收二氧化碳而使 pH 降到 5.5 左右。1 滴浓盐酸（约 12.4mol/L）加入 1L 纯水中，可使 $[H^+]$ 增加 5000 倍左右（由 1.0×10^{-7} mol/L 增至 5×10^{-4} mol/L），若将 1 滴氢氧化钠溶液（12.4mol/L）加到 1L 纯水中，pH 变化也有 3 个单位。可见纯水的 pH 因加入少量的强酸或强碱而发生很大变化。然而，1 滴浓盐酸加入到 1L HAc—NaAc 或 $NaH_2PO_4 - Na_2HPO_4$ 或 $NH_3 \cdot H_2O - NH_4^+Cl^-$ 混合溶液中，$[H^+]$ 的增加不到百分之一（从 1.00×10^{-7} mol/L 增至 1.01×10^{-7} mol/L），pH 没有明显变化。这种能对抗外来少量强酸/强碱或稍加稀释不引起溶液 pH 发生明显变化的作用叫做缓冲作用。具有缓冲作用的溶液，叫做缓冲溶液。

（2）缓冲溶液的组成

缓冲溶液由足够浓度的共轭酸碱对组成。其中，能对抗外来强碱的称为共轭酸，能对抗外来强酸的称为共轭碱，这一对共轭酸碱通常称为缓冲对、缓冲剂或缓冲系，常见的缓冲对主要有 3 种类型。

1）弱酸及其对应的盐，例如，HAc—NaAc；H_2CO_3—$NaHCO_3$；$H_2C_8H_4O_4$—$KHC_8H_4O_4$（邻苯二甲酸—邻苯二甲酸氢钾）；$Na_2B_4O_7$—H_3BO_3（四硼酸钠—硼酸）。

2）多元弱酸的酸式盐及其对应的次级盐，例如，$NaHCO_3 - Na_2CO_3$；$NaH_2PO_4 - Na_2HPO_4$；$NaH_2C_5HO_7 - Na_2HC_6H_5O_7$（柠檬酸二氢钠—柠檬酸氢二钠）；$KHC_8H_4O_4 - K_2C_8H_4O_4$（邻苯二甲酸氢钾—邻苯二甲酸钾）。

3) 弱碱及其对应的盐。例如 $NH_3 \cdot H_2O - NH_4^+ Cl^-$；$RNH_2 - RNH_3^+ A^-$（伯胺及其盐）。

（3）缓冲溶液的作用原理

现以 HAc—NaAc 缓冲溶液为例，说明缓冲溶液之所以能抵抗少量强酸或强碱使 pH 稳定的原理。醋酸是弱酸，在溶液中的解离度很小，溶液中主要以 HAc 分子型体存在，Ac^- 的浓度很低。醋酸钠是强电解质，在溶液中全部解离成 Na^+ 和 Ac^-，由于同离子效应，加入 NaAc 后使 HAc 解离平衡向左移动，使 HAc 的解离度减小，[HAc] 增大。所以，在 HAc—NaAc 混合溶液中，存在着大量的 HAc 和 Ac^-。其中 HAc 主要来自共轭酸 HAc，Ac^- 主要来自 NaAc。这个溶液有一定的 [H^+]，即有一定的 pH。

在缓冲溶液中加入少量强酸（如 HCl），则增加了溶液的 [H^+]。假设不发生其他反应，溶液的 pH 应该减小。但是由于 [H^+] 增加，抗酸成分即共轭碱 Ac^- 与增加的 H^+ 结合成 HAc，破坏了 HAc 原有的解离平衡，使平衡左移即向生成共轭碱 HAc 分子的方向移动，直至建立新的平衡。因为加入 H^+ 较少，溶液中 Ac^- 浓度较大，所以加入的 H^+ 绝大部分转变成弱酸 HAc，因此溶液的 pH 不发生明显的降低。

在缓冲溶液中加入少量强碱（如 NaOH），则增加了溶液中 OH^- 的浓度。假设不发生其他反应，溶液的 pH 应该增大。但由于溶液中的 H^+ 与加入的 OH^- 结合成更难解离的 H_2O，这就破坏了 HAc 原有的解离平衡，促使 HAc 的解离平衡向右移动，即不断向生成 H^+ 和 Ac^- 的方向移动，直至加入的 OH^- 绝大部分转变成 H_2O，建立新的平衡为止。因为加入的 OH^- 少，溶液中抗碱成分即共轭酸 HAc 的浓度较大，因此溶液的 pH 不发生明显升高。

在溶液稍加稀释时，其中 [H^+] 虽然降低了，但 [Ac^-] 同时降低了，同离子效应减弱，促使 HAc 的解离度增加，所产生的 H^+ 可维持溶液的 pH 不发生明显的变化。所以，溶液具有抗酸、抗碱和抗稀释作用。

多元酸的酸式盐及其对应的次级盐以及弱碱及其对应盐的缓冲作用原理与前面讨论的相似。

3.3.2　缓冲溶液 pH 的计算

在缓冲溶液如 HAc—NaAc 溶液中，有以下的解离平衡：

$$HAc \rightleftharpoons H^+ + Ac^- \qquad K_a = \frac{[H^+][Ac^-]}{[HAc]}$$

等式两边各取负对数，则

$$pK_a = pH - \lg \frac{[Ac^-]}{[HAc]}$$

即

$$pH = pK_a + \lg \frac{[Ac^-]}{[HAc]} \qquad (3.20a)$$

HAc 的解离度比较小，由于溶液中大量的 Ac^- 对 HAc 所产生的同离子效应，使 HAc 的解离度变得更小。因此式（3.20a）中的 [HAc] 可以看作等于 HAc 的总浓度 [共轭酸]（即缓冲溶液中共轭酸的浓度）。同时，在溶液中 NaAc 全部解离，可以认为溶液中 [Ac^-] 等于 NaAc 的总浓度 [共轭碱]（即配制的缓冲溶液中共轭碱的浓度）。将 [共轭酸] 和 [共轭碱] 代入式（3.20a），则得

$$pH = pK_a + \lg \frac{[\text{共轭碱}]}{[\text{共轭酸}]}$$ (3.20b)

上式称为亨德森－哈塞尔巴赫方程式，简称为亨德森（Henderson）方程式。它表明缓冲溶液 pH 决定于共轭酸的解离常数 K_a 和组成缓冲溶液的共轭碱与共轭酸浓度的比值。对于一定的共轭酸，pK_a 为定值，所以缓冲溶液的 pH 就决定于两者浓度的比值即缓冲比。当缓冲溶液加水稀释时，由于共轭碱和共轭酸的浓度受到同等程度的稀释，缓冲比是不变的；在一定的稀释度范围内，缓冲溶液的 pH 实际上也几乎不变。

式（3.20b）中的浓度项指的是混合溶液中共轭酸碱的浓度，而不是混合前的浓度。若混合前共轭酸的量浓度是 $C_{\text{共轭酸}}$，体积是 $V_{\text{共轭酸}}$，共轭碱的量浓度是 $C_{\text{共轭碱}}$，体积是 $V_{\text{共轭碱}}$，则式（3.20b）可改写成：

$$pH = pK_a + \lg \frac{C_{\text{共轭碱}} V_{\text{共轭碱}}}{C_{\text{共轭酸}} V_{\text{共轭酸}}}$$ (3.20c)

若两种溶液的量浓度相等，则

$$pH = pK_a + \lg \frac{V_{\text{共轭碱}}}{V_{\text{共轭酸}}}$$ (3.20d)

若是等体积的两溶液相混合，则

$$pH = pK_a + \lg \frac{C_{\text{共轭碱}}}{C_{\text{共轭酸}}}$$ (3.20e)

以上几种形式都称为亨德森方程式，可用以计算各种组成类型缓冲溶液的 pH 近似值。当用于弱酸及其对应的盐组成的缓冲溶液的 pH 时，pK_a 即弱酸的解离常数负对数（见书后附表 13），[共轭碱]即[弱酸盐]。当用于多元弱酸的酸式盐及其对应的次级盐组成缓冲溶液的 pH 时，共轭酸即酸式盐，pK_a 即该酸式盐负离子的解离常数的负对数，共轭碱即该酸式盐的次级盐。

3.3.3　缓冲容量与缓冲范围

缓冲能力的强弱，可用缓冲指数 β 和缓冲容量 α 表示。其中缓冲指数 β 定义是：

$$\beta = \frac{dC}{dpH}$$ (3.21)

缓冲指数实际上是一个微分比，可定义为：使 1L 缓冲溶液的 pH 增高很小一个数值 dpH 时，需加入的强碱物质的量为 dC（mol/L），则 dC 与 dpH 之比值叫缓冲指数。

在实际工作中，我们可以通过测量加入强碱的增量 ΔC（或加入强酸，相对于减少强碱量$-\Delta C$），同时测量相应的 pH 的增量 ΔpH（或加入强酸，pH 减小，$-\Delta pH$），从两者比值求得 β。因此缓冲指数在数值上等于使 1L 缓冲溶液的 pH

改变 1 个单位时所必须加入的强碱或强酸的物质的量（通常单位用 mol/L）。加入碱 ΔC 以后，溶液 pH 增大，加入酸以后（相当于减去 ΔC），溶液 pH 减小，所以 β 总是正值。

而缓冲容量 α 定义为：

$$\alpha = \Delta C = \beta \Delta \text{pH} \tag{3.22}$$

它的物理意义是，某缓冲溶液因外加强碱或强酸的量为 ΔC 而发生变化的幅度为 ΔpH，β 为区间缓冲溶液所具有的平均缓冲指数。表 3.2 给出的是几种常用缓冲溶液中共轭酸的 pK_a 及缓冲范围。

表 3.2

几种常用缓冲溶液

缓冲溶液	共轭酸	共轭碱	pK_a	可控制的 pH 范围
邻苯二甲酸氢钾-HCl	$C_6H_4 \begin{array}{l} \text{COOH} \\ \text{COOH} \end{array}$	$C_6H_4 \begin{array}{l} \text{COOH} \\ \text{COO}^- \end{array}$	2.95	1.9～3.9
HAc-NaAc	HAc	Ac	-4.74	3.7～5.7
KH_2PO_4-Na_2HPO_4	H_2PO_4-	HPO_4^{2-}	7.20 (pK_{a_2})	6.2～8.2
$Na_2B_4O_7$-HCl	$H_3BO_3^-$	$H_2BO_3^-$	9.24	8.2～10.2
$NH_3 \cdot H_2O$-NH_4Cl	NH_4^+	NH_3	9.26	8.3～10.3
$NaHCO_3$-Na_2CO_3	HCO_3^-	CO_3^{2-}	10.25 (pK_{a_2})	9.3～11.3

弱酸—共轭酸或弱酸—共轭碱组成的缓冲溶液能控制的 pH 范围为 $pK_a \pm 1$。

如在一缓冲溶液 HB—B 中，加入浓度为 a mol/L 的 NaOH，此时：

$$\text{HB} + \text{OH}^- = \text{B}^- + \text{H}_2\text{O}$$

则缓冲体系 HB—B 的缓冲容量是

$$\alpha = \Delta[\text{B}^-] = (\delta_2^{\text{B}^-} - \delta_1^{\text{B}^-}) \times C_{\text{HB}} \tag{3.23}$$

式中，$\delta_2^{\text{B}^-}$，$\delta_1^{\text{B}^-}$ 分别为 B^- 在终态 pH_2 和始态 pH_1 时的分布系数，C_{HB} 为缓冲组分的总浓度，$C_{\text{HB}} = [\text{HB}] + [\text{B}^-]$。

式 (3.23) 是用 pH 表达 $\Delta[\text{B}^-]$ 时，缓冲容量 a 在缓冲范围 $\text{pH} \pm 1$（即 $\text{pH}_1 \sim \text{pH}_2$）的表达式和计算式。

【例 3.10】　设缓冲体系 HAc—NaAc 的体积为 1L，总浓度为 0.1mol/L，$pK_a = 4.74$，问该缓冲体系由 $\text{pH}_1(3.74)$ 变至 $\text{pH}_2(5.74)$ 时的缓冲容量是多少？

【解】　由式（3.6）$\delta_{共轭碱} = \dfrac{K_a}{K_a + [H^+]}$ 分别求取 $\delta_2^{B^-}$ 和 $\delta_1^{B^-}$。　（已知 $C_{HB} = 0.1mol/L$, $K_a = 10^{-4.74}$）

pH＝5.74 时，$[H^+] = 10^{-5.74}$，则 $\delta_2^{B^-} = 0.91$

pH＝3.74 时，$[H^+] = 10^{-3.74}$，则 $\delta_1^{B^-} = 0.09$

将 $\delta_2^{B^-}$ 和 $\delta_1^{B^-}$ 代入式（3.23），得缓冲容量 α 为

$$\alpha = (0.91 - 0.09) \times 0.1$$
$$= 0.082mol/L$$

故缓冲体系的 HAc—Ac⁻ 溶液变至 pH＝5.74 时，需 1L 溶液中投加 NaOH 的量为 0.082mol 或加 3.28g 固体 NaOH。

此外，高浓度的强酸或强碱，由于 $[H^+]$ 和 $[OH^-]$ 浓度大，当加入少量酸或碱时，对溶液酸碱度不会产生太大的影响，实际工作中，常用强酸溶液控制溶液的 pH<2，用强碱溶液控制溶液的 pH>12，即强酸强碱溶液对酸碱也能起到缓冲作用，但它们不能称为缓冲溶液，因为该类溶液稀释时，溶液的 pH 将有显著的变化。

3.3.4　缓冲溶液的配制

在配制具有一定 pH 的缓冲溶液时，为了使所得溶液具有较好的缓冲能力，应注意以下原则：

（1）选择适当的缓冲溶液，使配制溶液的 pH 在所选择的缓冲范围内 $pK_a \pm 1$。

（2）要有一定的总浓度（通常在 0.05～0.20mol/L 之间）使所配成溶液具有足够的缓冲容量。

（3）缓冲溶液对测量过程应没有干扰，且廉价、易得、环境友好。

在具体配制时，为了简便起见，常用相同浓度的共轭酸碱溶液。此种情况可用式（3.20d）计算所需两种溶液的体积。然后根据体积比，把共轭酸碱两种溶液混合，即得所需的缓冲溶液。

$$pH = pK_a + \lg \frac{V_{总} - V_{共轭酸}}{V_{共轭酸}}$$

或

$$pH = pK_a + \lg \frac{V_{共轭碱}}{(V_{总} - V_{共轭碱})}$$

【例 3.11】　如何配制 1000mL pH 为 4.50 的缓冲溶液？

【解】　（1）选择缓冲溶液中弱酸的 pK_a 应在 4～6 之间，HAc 的 $pK_a = 4.74$，因此可选择 HAc—NaAc 缓冲溶液。

（2）为计算方便选择 0.10mol/L NaAc 溶液的体积为 V_{NaAc}，则 0.10mol/L

HAc 溶液的体积为（1000－V_{NaAc}）mL。

$$pH = pK_a + lg\frac{C_{Ac^-}}{C_{HAc}}$$

$$= pK_a + lg\frac{V_{NaAc}}{1000 - V_{NaAc}}$$

$$= 4.74 + lg\frac{V_{NaAc}}{1000 - V_{NaAc}}$$

$$V_{NaAc} = 360mL$$

所需要 HAc 的体积为：640mL。

将 640mL 0.10mol/L HAc 溶液与 360mL 0.10mol/L NaAc 溶液混合配成 1000mLpH 为 4.50 的缓冲溶液，然后用 pH 计校正。

配制缓冲溶液还可采用共轭酸中加氢氧化钠或共轭碱中加盐酸的办法。两种方法都可组成有足够浓度的共轭酸碱对的缓冲溶液。

3.4　酸碱指示剂

酸碱滴定反应的滴定终点可由酸碱指示剂的颜色变化来判断。酸碱指示剂一般指的是弱的有机酸或有机碱。

3.4.1　酸碱指示剂的作用原理

酸碱指示剂多数是有机弱酸，少数是有机弱碱或两性物质，它们的共轭酸碱对有不同的结构，因而呈现不同的颜色。如 pH 改变，则显示不同的颜色。酸碱指示剂之所以能够改变颜色，是由于它们在给出或得到质子的同时，其分子结构也发生了变化，而且这些结构变化和颜色反应都是可逆的。

$$酸式色 \underset{+H^+}{\overset{-H^-}{\rightleftharpoons}} 碱式色$$

（1）甲基橙：一种弱的有机碱，双色指示剂，用 NaR 表示。

$$(CH_3)_2N \text{—} \bigcirc \text{—} N=N \text{—} \bigcirc \text{—} SO_3^- \underset{OH^-}{\overset{H^+}{\rightleftharpoons}} (CH_3)_2N^+ = \bigcirc = N-N \text{—} \bigcirc \text{—} SO_3^-$$
$$\overset{|}{H}$$

偶氮式离子（碱式色）　　　　　　　　　　　　　醌式离子（酸式色）

可写成简式：
$$\underset{碱式色}{\underset{(橙黄色)}{R^-}} \underset{-H^+}{\overset{+H^+}{\rightleftharpoons}} \underset{酸式色}{\underset{(红色)}{HR}}$$
共轭酸碱对

当 pH 改变时，共轭酸碱对相互发生转变，引起颜色的变化。在酸性溶液中得到质子，平衡右移，溶液呈现红色；在碱性溶液中失去 H^+，平衡向左移，溶液呈现橙黄色。

（2）酚酞：非常弱的有机酸，单色指示剂。在浓度很低的水溶液中，几乎完全以分子状态存在。

内酯结构（酸式色）　　羧酸结构　　　　醌式盐结构（碱式色）　　　羧酸盐式离子

无色　　　　　　　　　　　　　　　　　　红色　　　　　　　　　　无色

（中性或酸性溶液中）　　　　　　　　　　（碱性溶液中）　　　　　（浓碱溶液中）

同样，pH 变化，酚酞共轭酸碱对相互发生转变，引起颜色变化，在中性或酸性溶液中得到 H^+，平衡左移，呈无色；在碱性溶液中，失去质子 H^+，平衡向右移，呈现红色。

应该指出，酚酞的碱式色不稳定，在浓碱溶液中，醌式盐结构变成羧酸盐式离子，由红色变无色。这是应用中应该注意的。

酚酞溶液一般配制成 0.1% 或 1% 的 90% 乙醇溶液。

3.4.2　指示剂的变色范围

上述两指示剂的颜色改变表明是由 pH 决定的，而且指示剂的共轭酸碱对互变异构体彼此处于平衡状态，当 pH 改变时，平衡发生移动，颜色发生了变化。同时 pH 的变化还有一个范围，以弱酸型指示剂 HIn 来讨论。

$$HIn \rightleftharpoons H^+ + In^-$$
$$\text{酸式色}\qquad\qquad \text{碱式色}$$

其解离常数为 $K_{HIn} = \dfrac{[H^+][In^-]}{[HIn]}$，则

$$[H^+] = \frac{K_{HIn}[HIn]}{[In^-]}$$

$$pH = pK_{HIn} - \lg \frac{[HIn]}{[In^-]}$$

可见，$\dfrac{[HIn]}{[In^-]}$ 比值是 H^+ 离子浓度的函数，或 pH 是由 $\dfrac{[HIn]}{[In^-]}$ 比值决定的。

当 $\dfrac{[HIn]}{[In^-]} \geqslant 10$ 时，看到的是酸式颜色，此时

$$pH \leqslant pK_{HIn} - 1$$

当 $\dfrac{[HIn]}{[In^-]} \leqslant \dfrac{1}{10}$ 时，看到的是 In^- 碱式颜色，

$$pH \geqslant pK_{HIn} + 1$$

因此，当溶液的 pH 由 $pK_{HIn} - 1$ 变化到 $pK_{HIn} + 1$ 时，就能明显地看到指示剂酸式色变为碱式色，或者相反。所以

$$pH = pK_{HIn} \pm 1 \qquad\qquad (3.24)$$

式（3.24）称为指示剂的变色范围。

当 $\dfrac{[HIn]}{[In^-]} = 1$ 时，两者浓度相等，此时

$$pH = pK_{HIn} \qquad\qquad (3.25)$$

此时称为指示剂的理论变色点。各种指示剂的 pK_{HIn} 值不同，它们变色点的 pH 也各异，指示剂在变色点时所显示的颜色是酸式色和碱式色的混合色，当溶液的 pH 由指示剂的变色点逐渐降低时，指示剂的颜色就逐步向以酸式色为主的方向过渡；反之则向碱式色为主的方向变化，于是溶液的 pH 在指示剂变色点附近改变时，溶液的颜色便随之发生变化。例如：

酚酞的 $K_{HIn} = 10^{-9.1}$，则理论变色点 pH = 9.1，理论变色范围为 pH = $pH_{HIn} \pm 1 = 9.1 \pm 1 = 8.1 \sim 10.1$。各种指示剂的解离常数 K_{HIn} 不同，它们的变色范围也不同。按上述理论推算，指示剂的变色范围都是两个 pH 单位，但实际观察结果，大多数指示剂的变色范围是 $1.6 \sim 1.8$ 个 pH 单位。例如，甲基橙的 $pK_{HIn} = 3.46$，其理论变色范围为 pH = $2.46 \sim 4.46$，但实际观察结果是 pH = $3.1 \sim 4.4$。这说明理论计算变色范围与实际观察值之间不一致，并非总是 2 个 pH 单位。这是由于人肉眼对不同颜色的敏感程度有差别造成的。实际应用中，指示剂变色范围越窄越好，这样在计量点时，pH 稍有改变，指示剂即可由一种颜色变到另一种颜色。

影响指示剂变色范围的因素除了人的肉眼的敏感力外，还有指示剂浓度、用量和滴定时的温度，如果双色指示剂浓度过高或用量过多，终点颜色不明显；单色指示剂又会影响变色范围，如 $50 \sim 100$ mL 溶液中，加入 $2 \sim 3$ 滴 0.1% 酚酞，pH = 9 左右时显红色，但加入 $10 \sim 15$ 滴，则 pH = 8 时就显红色。指示剂用量太少，又不易观察到颜色的变化。

由于指示剂的浓度对变色范围或观察效果有影响，故一般指示剂的用量都很少，通常使用的都是 0.1% 的溶液。每 10mL 滴定液加 1 滴即可。

当温度改变时，指示剂的 pK 和水的 pK_w 都会发生变化，因而指示剂的变色范围也随之改变。如果 pH > 7 的指示剂，温度升高，变色范围向碱性大的方向移动；如果 pH < 7 的指示剂，温度升高时，变色范围向酸性大的方向移动。例

如，甲基橙指示剂，在 18℃变色范围是 pH＝3.1～4.4，在 100℃时，变色范围是 pH＝2.5～3.7。溴百里酚蓝则由 pH＝6.0～7.6 变为 pH＝6.2～7.8。

还有溶液的离子强度和使用的溶剂不同，对指示剂的变色范围都有一定影响。

3.4.3　常用酸碱指示剂和混合指示剂

常用酸碱指示剂列于表 3.3 中。这些单一的指示剂变色范围较宽，一般都有约 2 个 pH 单位的变色范围，其中有些指示剂由于变色过程有过渡颜色，终点不易辨认；另一方面，有些弱酸或弱碱的滴定突跃范围很窄，这就要求选择变色范围较窄、色调变化明显的指示剂。因此，常采用 K_1 相近的两种指示剂配成混合指示剂解决这些矛盾（表 3.4）。混合指示剂是利用两种指示剂变色范围的相互叠合及颜色之间的互补作用，使变色范围变窄，滴到终点时变色敏锐。例如，溴甲酚绿（$pK_1 = 4.9$）和甲基红（$pK_1 = 5.0$）配制成的混合指示剂，在pH＝5.1时，由于溴甲酚绿的蓝绿色和甲基红的紫红色互补作用而呈浅灰色，没有中间色，使颜色发生突变，终点变色十分敏锐（图 3.3）。

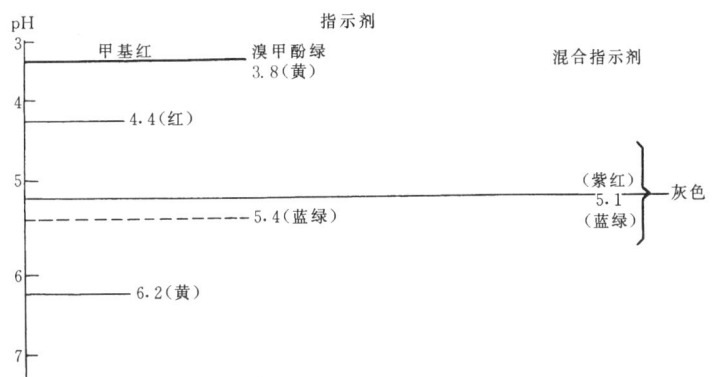

图 3.3　溴甲酚绿和甲基红的色调叠合变化图

常 用 酸 碱 指 示 剂　　　　　表 3.3

指示剂	变色范围 pH	pK_1	酸色	碱色	指示剂溶液
百里酚蓝 （第一次变色）	1.2～2.8	1.65	红	黄	0.1%的20%乙醇溶液
甲基黄	2.9～4.0	3.25	红	黄	0.1%的90%乙醇溶液
溴酚蓝	3.0～4.6	4.10	黄	蓝紫	0.1%的20%乙醇溶液
甲基橙	3.1～4.4	3.46	红	黄	0.05%水溶液
溴甲酚绿	3.8～5.4	4.90	黄	蓝	0.1%的20%乙醇溶液
甲基红	4.4～6.2	5.00	红	黄	0.1%的60%乙醇溶液
氯酚红	5.0～6.6	6.25	黄	红	0.1%的20%乙醇溶液
溴百里酚蓝	6.0～7.6	7.30	黄	蓝	0.1%的20%乙醇溶液
酚　红	6.7～8.4	8.0	黄	红	0.1%的60%乙醇溶液

续表

指示剂	变色范围 pH	pK_1	酸色	碱色	指示剂溶液
中性红	6.8～8.6	7.40	红	黄橙	0.1%的 60%乙醇溶液
甲酚红	7.2～8.8	8.46	黄	紫红	0.1%的 20%乙醇溶液
酚酞	8.0～9.8	9.1	无	红	0.1%的 90%乙醇溶液
百里酚蓝（第二次变色）	8.0～9.6	9.2	黄	蓝	0.1%的 20%乙醇溶液
百里酚酞	9.4～10.6	10	无	蓝	0.1%的 90%乙醇溶液

常 用 混 合 指 示 剂　　　　　　　　表 3.4

混合指示剂的组成	变色点		酸色	碱色
	pH	颜色		
1份 0.1%甲基黄乙醇溶液 1份 0.1%亚甲基蓝乙醇溶液	3.25	pH3.4　绿色 pH3.2　蓝紫色	蓝紫	绿
1份 0.1%甲基橙水溶液 1份 0.25%靛蓝二磺酸钠水溶液	4.1	灰色	紫	黄绿
1份 0.2%溴甲酚绿乙醇溶液 1份 0.4%甲基红乙醇溶液	4.8	灰紫色	紫红	绿
3份 0.1%溴甲酚绿乙醇溶液 1份 0.2%甲基红乙醇溶液	5.1	灰色	紫红	蓝绿
1份 0.1%溴甲酚绿钠盐水溶液 1份 0.1%氯酚红钠盐水溶液	6.1	蓝紫色	黄绿	蓝紫
1份 0.1%中性红乙醇溶液 1份 0.1%亚甲基蓝乙醇溶液	7.0	紫蓝色	蓝紫	绿
1份 0.1%甲酚红钠盐水溶液 3份 0.1%百里酚蓝钠盐水溶液	8.3	pH8.2　玫瑰红 pH8.4　清晰的紫色	黄	紫
1份 0.1%酚酞乙醇溶液 2份 0.1%甲基绿乙醇溶液	8.9	浅蓝	绿	紫
1份 0.1%酚酞乙醇溶液 1份 0.1%百里酚酞乙醇溶液	9.9	pH9.6　玫瑰红 pH10　紫色	无	紫

另一种混合指示剂，是以某种惰性染料（如亚甲基蓝，靛蓝二磺酸钠等）作为指示剂变色的背衬，也是利用两种颜色叠合及互补作用来提高颜色变化的敏锐性。

3.5　酸碱滴定法的基本原理

酸碱滴定法是以质子传递反应为基础的滴定分析方法。在酸碱滴定中，滴定剂一般都是强酸或强碱，如 HCl、H_2SO_4、NaOH 和 KOH 等；被滴定的是各种具有碱性或酸性的物质，如 NaOH、NH_3、H_2CO_3、H_3PO_4 和吡啶盐 PyH^+ 等。弱酸或弱碱之间的滴定，由于滴定突跃太小，实际意义很小，故本节不进行讨论。

本节主要讨论，能够直接准确进行酸碱滴定的条件，根据酸碱平衡原理，讨论由计算的溶液 pH 随滴定剂体积变化的滴定曲线，酸碱滴定过程中，在一定 pH 下，用合适的指示剂来确定滴定终点。将通过强碱滴定强酸、强碱滴定弱酸及多元酸碱的滴定讨论，掌握酸碱滴定的基本原理。

3.5.1 强碱滴定强酸的滴定曲线

按酸碱质子理论，当强酸、强碱的浓度不是很大时，这些强酸或强碱（水溶液）必将全部解离为 H_3O^+（H^+）或 OH^-，因此它们互相滴定的反应实质是：

$$H_3O^+ + OH^- \rightleftharpoons 2H_2O$$

简写成
$$H^+ + OH^- \rightleftharpoons H_2O$$

因此，滴定到化学计量点（简称计量点）时，滴定液中是：

$$[H^+] = [OH^-] = 1.00 \times 10^{-7} \text{mol/L，即 pH} = 7.00$$

这类反应的平衡常数（又称滴定常数）用 K_t 表示：

$$K_t = \frac{1}{a_{H^+} \ a_{OH^-}} = \frac{1}{K_w} = 1.00 \times 10^{14}$$

可见，这类滴定反应进行得非常完全，在实际应用中 K_t 可由反应达到平衡时各组分的平衡浓度代替活度，作近似处理。

现以 0.1000mol/L（C_{NaOH}）NaOH 滴定 20.00mL 0.1000mol/L（C_{HCl}）HCl 为例，来讨论酸碱滴定曲线和指示剂的选择。

（1）滴定前：溶液的 $[H^+]$ 等于 HCl 的原始浓度。

$$[H^+] = 0.1000 \text{mol/L}$$
$$pH = 1.00$$

（2）滴定开始至计量点前：溶液的 $[H^+]$ 取决于溶液中剩余 HCl 的量，即 $V_{剩余HCl} = V_{HCl} - V_{加入NaOH}$。

$$[H^+] = \frac{C_{HCl} \times V_{剩余HCl}}{V_{HCl} + V_{加入NaOH}}$$

当滴入 NaOH 19.98mL 时，则 $[H^+] = \dfrac{0.1000 \times 0.02}{20.00 + 19.98} = 5.00 \times 10^{-5} \text{mol/L}$，

$$pH = 4.30$$

（3）计量点时：即滴入 20.00mL NaOH，此时 $C_{HCl} = C_{NaOH}$。

$$[H^+] = [OH^-] = 1.00 \times 10^{-7} \text{mol/L}$$
$$pH = 7.00$$

（4）计量点后：溶液的 $[H^+]$ 取决于过量 NaOH 的量，即 $V_{过量NaOH} = V_{加入NaOH} - V_{HCl}$。

$$[OH^-] = \frac{C_{NaOH} \times V_{过量NaOH}}{V_{HCl} + V_{加入NaOH}}$$

例如，滴入 20.02mL NaOH，则

$$[OH^-] = \frac{0.1000 \times 0.02}{20.00 + 20.02} = 5.00 \times 10^{-5} \, mol/L$$

$$pOH = 4.30$$

$$pH = 9.70$$

如此逐一计算，其结果列于表 3.5。以 NaOH 的加入量（或滴定百分数）为横坐标，以 pH 为纵坐标绘制的曲线称为酸碱滴定曲线（图 3.4）。

0.1000mol/L NaOH 滴定 20.00mL 0.1000mol/L HCl 时的 pH 变化　　　表 3.5

（部分数据）

加入 NaOH 量 (mL)	滴定百分数 （%）	剩余 HCl 量 (mL)	过量 NaOH 量 (mL)	溶液 [H⁺] (mol/L)	pH	
0.00		20.00		1.00×10^{-1}	1.00	
18.00	90.00	2.00		5.26×10^{-3}	2.28	
19.96	99.80	0.04		1.00×10^{-4}	4.00	
19.98	99.90	0.02		5.00×10^{-5}	4.30	突
20.00	100.00	0.00		1.00×10^{-7}	7.00	跃
20.02	100.10		0.02	2.00×10^{-10}	9.70	范围
20.04	100.20		0.04	1.00×10^{-10}	10.00	
22.00	110.00		2.00	2.01×10^{-12}	11.70	
40.00	200.00		20.00	3.00×10^{-13}	12.50	

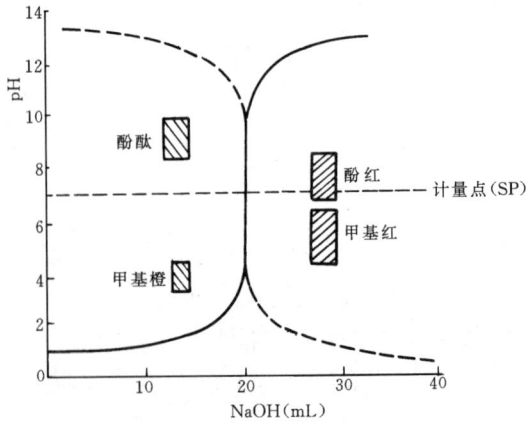

图 3.4　强碱滴定强酸的滴定曲线（实线部分）

（0.1000mol/L NaOH 滴定 0.1000mol/L HCl）

———— 同浓度的 HCl 滴定 NaOH 曲线

可见，计量点前后，从 HCl 剩余 0.02mL 到 NaOH 过量 0.02mL，即滴定由不足 0.1% 到过量 0.1%，总共滴入 NaOH 1 滴左右，溶液的 pH 却从 4.30 增加到 9.70，改变 5.4 个 pH 单位，形成滴定曲线中的突跃部分。它所包括的 pH 范围称为滴定突跃范围，滴定突跃范围是选择指示剂的依据。

指示剂的选择：最理想的指示剂应恰好在计量点时变化。但是，实际上凡在 pH=4.30~9.70 范围内变色的指示剂，均可保证有足够的准确度。一般在满足滴定准确度要求的前提下，其变色点越接近计量点则越好。因此，甲基红（pH=4.4~6.2，红~黄，变色点 5.2）、酚酞（pH=8.0~9.8，无~红，变色点 9.1）、酚红（pH=6.7~8.4，黄~红，变色点 8.0）和溴百里酚蓝（pH=6.0~7.6，黄~蓝，变色点 7.30）等均可选作这种类型滴定的指示剂。而甲基橙（pH=3.1~4.4，红~黄，变色点 3.46）作指示剂时，计量点前溶液为酸性，甲基橙为红色，当滴定至甲基橙刚好变为橙色时，溶液的 pH 为 4，变色点不在滴定突跃范围内，所以应滴定至刚好呈现黄色，其 pH 为 4.4，方可达到所要求的滴定准确度。

应该指出：

1）强酸滴定强碱的滴定曲线与强碱滴定强酸类同，只是位置相反（图 3.4 中虚线部分）。

2）滴定突跃大小与滴定液和被滴定液的浓度有关。如果是等浓度的强酸强碱相互滴定，其滴定起始浓度减少一个数量级，则滴定突跃缩小两个 pH 单位，如图 3.5 所示。

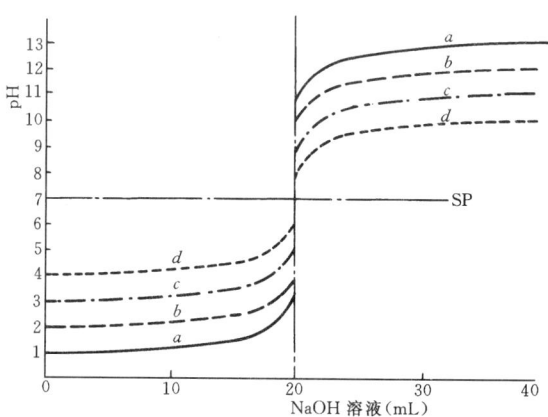

图 3.5　起始浓度对强酸强碱滴定突跃的影响（强碱滴定等浓度强酸）

a—1.000×10^{-1}mol/L；b—1.000×10^{-2}mol/L；

c—1.000×10^{-3}mol/L；d—1.000×10^{-4}mol/L

3）再强调下指示剂选择的原则：各类酸碱滴定选用指示剂的原则都是一样的。所选择的指示剂变色范围，必须处于或部分处于计量点附近的 pH 突跃范围内。

3.5.2   强碱滴定弱酸和强酸滴定弱碱

（1）滴定反应常数

在滴定分析中，需引入一个滴定反应常数 K_t，如强酸强碱的滴定反应常数 $K_t = 10^{14.00} = \dfrac{1}{K_w}$，滴定反应进行得非常完全。但对强碱（或强酸）滴定弱酸（或弱碱）则不然。如

强碱（OH^-）滴定弱酸（HB）的滴定反应：

$$HB + OH^- \Longrightarrow H_2O + B^-$$

$$K_t = \frac{[B^-]}{[HB][OH^-]} = K_b^{-1} = \frac{K_a}{K_w} \tag{3.26a}$$

强酸（H^+）滴定弱碱（B）的滴定反应：

$$B + H^+ \Longrightarrow BH^+$$

$$K_t = \frac{[BH^+]}{[B][H^+]} = K_a^{-1} = \frac{K_b}{K_w} \tag{3.26b}$$

而弱酸（HB）和弱碱（B）互相滴定时：

$$HB + B \Longrightarrow BH^+ + B^-$$

$$K_t = \frac{[BH^+][B^-]}{[HB][B]} = \frac{K_a K_b}{K_w} \tag{3.26c}$$

可见，由于弱酸 K_a 与弱碱 K_b 均小于 1，则必有

$$1/K_w > K_a/K_w（或 K_b/K_w）> K_a K_b/K_w$$

所以强碱滴定弱酸或强酸滴定弱碱时，只有 K_a 或 K_b 较大时，滴定反应才进行得较完全，但仍不如强酸强碱相互滴定时那么完全，而弱酸弱碱互相滴定时就更不完全了。

强碱滴定一元弱酸，多用 NaOH 滴定 HAc、甲酸 HCOOH、乳酸 $CH_3CHOHCOOH$ 和吡啶盐 PyH^+ 等有机酸。

（2）强碱滴定一元弱酸的滴定曲线

现以 0.1000 mol/L NaOH 滴定 20.00mL 0.1000mol/L HAc 为例，讨论强碱滴定弱酸的滴定曲线和指示剂的选择。

1）滴定前：HAc 为弱酸（$K_a = 1.8 \times 10^{-5}$）将发生微弱解离。

$$HAc + H_2O \Longrightarrow H_3O^+ + Ac^-$$

或

$$HAc \Longrightarrow H^+ + Ac^-$$

$$[H^+] = \sqrt{K_a C} = \sqrt{1.8 \times 10^{-5} \times 0.1000} = 1.37 \times 10^{-3} \text{mol/L}$$

$$pH = 2.86$$

可见，由于 HAc 的微弱解离，使 pH 比同浓度 HCl 提高 2 倍。

2）滴定开始至计量点前：溶液中未反应的 HAc 和反应产物 Ac^- 同时存在，

组成一缓冲体系。故此时

$$pH = pK + lg \frac{[Ac^-]}{[HAc]}$$

例如，当滴入 NaOH 19.98mL 时，$[HAc]$ 决定剩余 HAc 的体积，$V_{剩余HAc} = 20.00 - V_{加入NaOH}$，则

$$[HAc] = \frac{V_{剩余HAc} \times 0.1000}{20.00 + 19.98} = \frac{0.02 \times 0.1000}{39.98} = 5.03 \times 10^{-5} mol/L$$

而 $[Ac^-]$ 取决于反应平衡时转化为 Ac^- 的体积，由于滴入 19.98mL NaOH，便有等体积的 HAc 转为 19.98mL Ac^-。故

$$[Ac^-] = \frac{0.1000 \times 19.98}{20.00 + 19.98} = 5.00 \times 10^{-2} mol/L$$

$$\therefore \qquad pH = pK_a + lg \frac{[Ac^-]}{[HAc]} = 4.74 + lg \frac{5.00 \times 10^{-2}}{5.03 \times 10^{-5}} = 7.74$$

3) 计量点时：滴入 20.00mL NaOH，与 20.00mL HAc 全部反应完全，而转化为 Ac^-，此时

$$Ac^- + H_2O \Longrightarrow OH^- + HAc$$

溶液中 $[OH^-]$ 决定于 Ac^- 的浓度

$$[Ac^-] = \frac{0.1000 \times 20.00}{20.00 + 20.00} = 0.05 mol/L$$

Ac^- 作为 HAc 的共轭碱，其

$$K_b = \frac{K_w}{K_a} = \frac{10^{-14}}{1.8 \times 10^{-5}} = 5.6 \times 10^{-10}$$

所以

$$[OH^-] = \sqrt{K_b \cdot C_{Ac^-}} = \sqrt{5.6 \times 10^{-10} \times 0.05}$$
$$= 5.27 \times 10^{-6} mol/L$$
$$pOH = 5.28$$
$$pH = 14 - 5.28 = 8.72$$

可见，计量点时，$pH_{sp} > 7$，显碱性。

4) 计量点后，由于有过量 NaOH 存在，抑制了 Ac^- 的水解，溶液的 pH 取决于过量 NaOH 的量，计算方法同强碱滴定强酸。例如：滴入 20.02mL NaOH，过量 0.02mL。

$$[OH^-] = \frac{0.02 \times 0.1000}{20.00 + 20.02} = 5.0 \times 10^{-5} mol/L$$

$$pOH = 4.30$$
$$pH = 9.70$$

如此逐一计算，结果列于表 3.6。同样以滴入 NaOH 的体积为横坐标，以 pH 为纵坐标绘制强碱滴定弱酸的滴定曲线（图 3.6）。由滴定曲线可知，滴定开始后，

由于滴定产物 Ac^- 的同离子效应抑制了 HAc 的解离，使 HAc 的解离度变得更小，使 H^+ 浓度迅速降低，pH 增加幅度较大，但当继续滴入 NaOH 时，$[Ac^-]$ 不断增加，形成了 HAc/Ac^- 缓冲体系，使溶液的 pH 增加缓慢，滴定曲线平坦，斜率几乎为零。接近计量点时，溶液中 HAc 已很少，溶液的缓冲作用减弱，因此，再滴入 NaOH，pH 变化加快，达到计量点时，溶液的 pH 发生突跃，计量点前后，只滴入 0.04mL（约 1 滴），pH 由 7.74 突变到 9.70，改变 1.96 个 pH 单位，称 pH＝7.74～9.70 范围为强碱滴定弱酸的突跃范围。计量点之后，滴定曲线的变化规律与强碱滴定强酸时基本相同。

0.1000mol/L NaOH 滴定 20.00mL 0.1000mol/L HAc 溶液的 pH 变化　　表 3.6

加入 NaOH (mL)	滴定百分数 (%)	剩余 HAc 量 (mL)	过量 NaOH 量 (mL)	溶液 $[H^+]$ (mol/L)	溶液 pH
0.00	0.00	20.00		1.35×10^{-3}	2.87
10.00	50.00	10.00		2.00×10^{-5}	4.70
19.80	99.00	0.20		3.39×10^{-7}	6.47
19.98	99.90	0.02		1.82×10^{-8}	7.74 ⎫ 突
20.00	100.00	0.00		1.90×10^{-9}	8.72 ⎬ 跃范
20.02	100.10		0.02	2.00×10^{-10}	9.70 ⎭ 围
20.20	101.00		0.20	2.00×10^{-11}	10.7
22.00	110.00		2.00	2.00×10^{-12}	11.7
40.00	200.00		20.00	3.16×10^{-13}	12.5

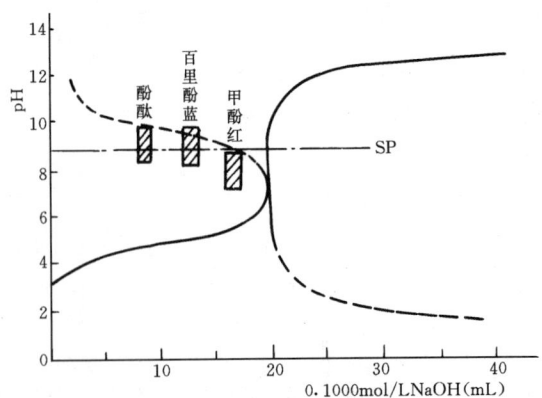

图 3.6　强碱滴定弱酸的滴定曲线

（0.1000mol/LNaOH 滴定 0.1000mol/LHAc）

———为强酸滴定弱碱（横坐标为 HCl 溶液体积）

指示剂的选择：由于强碱滴定弱酸时，计量点在碱性范围内，即 $pH_{sp} > 7$，所以可选用酚酞、酚红、间硝基酚($pH=6.8\sim8.6$，无—黄，变色点 8.35)、甲酚红 ($pH=7.0\sim8.8$，黄—紫红，变色点 8.46) 和百里酚蓝 ($pH=8\sim9.6$，黄—蓝，变色点 9.2) 等作指示剂。

强酸滴定弱碱，例如用 HCl 滴定 $NH_3\cdot H_2O$、乙胺 $C_2H_5NH_2$ 和乙醇胺 $NH_2CH_2CH_2OH$ 等的滴定曲线与强碱滴定弱酸基本类同，只是滴定曲线的形状相反。这类滴定的 pH 由大到小，突跃范围发生在酸性范围内，因此，必须选用酸性范围内变色的指示剂。如：0.1000mol/L HCl 滴定 0.1000mol/L NH_3 溶液时 (图 3.6 虚线部分)，计量点的 pH 为 5.28，突跃范围为 $pH=6.25\sim4.30$，所以可选用甲基红 ($pH=6.2\sim4.4$，黄—红，变色点 5.2)、溴甲酚绿 ($pH=5.4\sim3.8$，蓝—黄，变色点 4.9) 和溴酚蓝 ($pH=4.6\sim3.1$，紫—黄，变色点 4.1) 等作指示剂。

(3) 强碱滴定弱酸的特点和准确滴定的最低要求

1) 强碱滴定弱酸与强碱滴定强酸的主要不同之处在于：a. 强碱滴定弱酸时的特点是计量点附近突跃范围窄 (如 NaOH—HAc，$pH=7.74\sim9.70$，相差 1.96 个 pH 单位)，而强碱滴定强酸突跃范围较宽 (如 NaOH—HCl，$pH=4.31\sim9.70$，相差 5.4 个 pH 单位)；b. 强碱滴定弱酸时，如 NaOH—HAc，由于滴定产物 Ac^- 与溶液中 HAc 形成了缓冲体系。在计量点之前，滴定曲线斜率的总变化趋势是大于 NaOH—HCl 滴定曲线。

2) 弱酸的强度 (K_a) 对滴定突跃的影响，当酸的浓度一定时，凡是弱酸的 K_a 越大，滴定突跃范围越大，否则相反。当 $K_a\leqslant10^{-9}$ 时，已无明显突跃，则无法用酸碱滴定法确定滴定终点 (图 3.7)；另外，当 K_a 值一定时，酸的浓度越大，突跃范围也越大。

3) 酸碱指示剂法准确滴定的最低要求，即判断能否进行强碱滴定弱酸 (或强酸滴定弱碱) 条件是：

$$C_{sp}\times K_a\geqslant10^{-8} \text{ 或 } C_{sp}\times K_b\geqslant10^{-8}$$
$$\text{(3.27)}$$

式中 C_{sp} 为一元弱酸或一元弱碱计量点时的浓度。

使用 $C_{sp}\times K_a$ (或 K_b) $\geqslant10^{-8}$ 的前提是：a. 规定终点观测的不确定性为 $\pm$

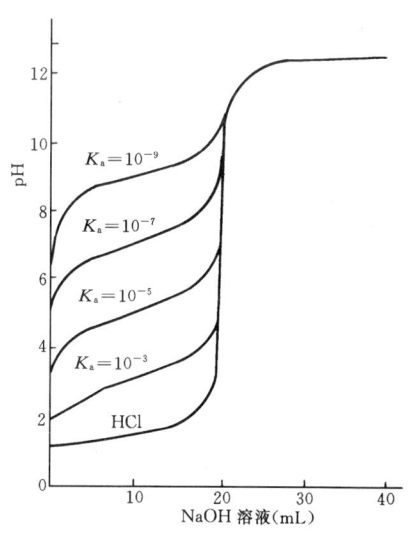

图 3.7 用强碱滴定 0.1000mol/L 不同
强度弱酸的滴定曲线

0.2pH 单位，也就是说，由于人眼判断能力的限制，用指示剂观察终点时有

$\pm 0.2 pH$ 差异。$b.$ 保证终点观测误差为 $\pm 0.1\%$ 范围内，就要求滴定突跃的大小至少要有 $0.4 pH$ 单位；$c.$ $C_{sp} \geqslant 4 \times 10^{-4} mol/L$。通常以式（3.27）作为判断弱酸或弱碱能否进行准确滴定的界限。

4）凡不能满足 $C_{sp} \times K_{a(或 b)} \geqslant 10^{-8}$ 条件的弱酸或弱碱，可采用非水滴定法、电位滴定法和利用化学反应对弱酸（或弱碱）强化。

（4）对弱酸（或弱碱）强化的办法

1）有机络合剂强化弱酸的滴定

用 NaOH 滴定极弱的硼酸（H_3BO_3）时，由于硼酸的解离常数很小，即使它的浓度为 $1 mol/L$ 时，也不能按通常的办法进行滴定。硼酸在水溶液中发生解离：

$$H_3BO_3 \Longrightarrow H^+ + H_2BO_3^- \quad K_a = 5.8 \times 10^{-10}$$

但是，H_3BO_3 溶液中加入甘露醇后，H_3BO_3 的表观解离常数明显增大，$K_a = 8.4 \times 10^{-6}$，因此 H_3BO_3 可通过下列反应转化为强络合酸。

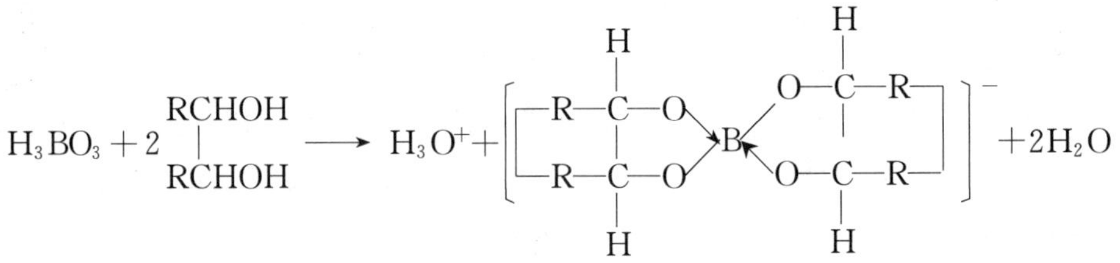

硼酸　　　　　　甘露醇　　　　　　　　　　　络合酸
（$K_a = 5.7 \times 10^{-10}$）　　　　　　　　　　　（$K_a = 8.4 \times 10^{-6}$）

此时，可用 NaOH 标准溶液滴定，用酚酞作指示剂，终点 $pH = 9.1$。在实际测定中，一般要求络合剂（甘露醇）的浓度保持在 $0.2 mol/L$。络合剂除甘露醇外，还可用甘油等多羟基化合物，这些多羟基化合物必须是分子中的相邻两个羟基在同一侧时，才能起到强化弱酸的作用。

NaOH 滴定 H_3BO_3 的滴定曲线如图 3.8 所示。

2）金属离子强化弱酸的滴定

氨基乙酸 H_2NCH_2COOH 是很弱的酸，$K_{a_2} = 1.7 \times 10^{-10}$，当加入足量 Cu^{2+} 存在下，氨基乙酸的表观解离常数 K_{a_2} 可增至 5.01×10^{-8}，可用强碱进行滴定。其反应是

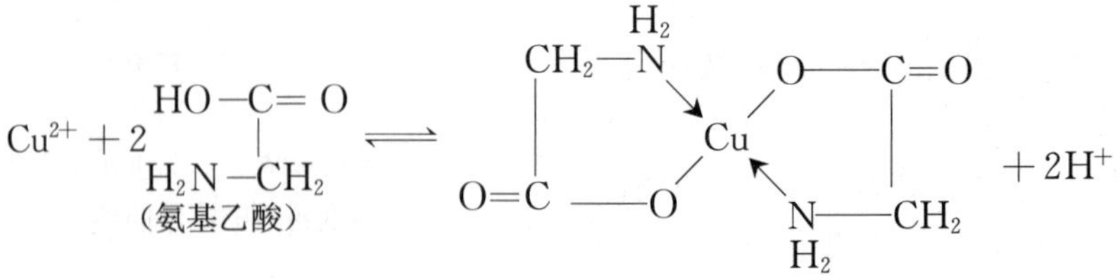

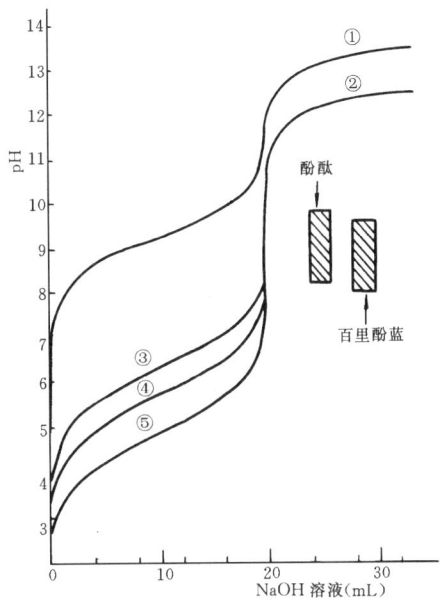

图 3.8　NaOH 滴定 H_3BO_3 的滴定曲线

① 1.000mol/L NaOH 滴定 1.000mol/L H_3BO_3　　② 0.1000mol/L NaOH 滴定 0.1000mol/L H_3BO_3

③～⑤ 0.1000mol/L NaOH 滴定含 0.1，0.2 或 0.5mol/L 甘露醇时的 0.1000mol/L H_3BO_3

3）沉淀反应强化弱酸的滴定

例如，用 NaOH 滴定 H_3PO_4 时，由于第二级解离产生的 HPO_4^{2-} 是极弱的酸（$K_{a_3} = 4.4 \times 10^{-13}$），不能以 NaOH 简单地实现第三级直接准确滴定，只能按二元酸被滴定。但此时，如果加入适当过量的 $CaCl_2$ 溶液，可定量发生如下反应：

$$2HPO_4^{2-} + 3Ca^{2+} =\!=\!= Ca_3(PO_4)_2 \downarrow + 2H^+$$

由于产生的微溶的 $Ca_3(PO_4)_2$ 沉淀，而将 HPO_4^{2-} 可解离的 H^+ 全部释放出来，便可用 NaOH 实现第三级滴定，即 H_3PO_4 可按三元酸被滴定。

4）氧化还原反应强化弱酸的滴定

如利用碘、H_2O_2 或溴水，可将 H_2SO_3 氧化成 H_2SO_4，使弱酸转化为强酸，然后用 NaOH 标准溶液滴定，这也可提高滴定的准确度。

3.5.3　多元酸碱和混合酸碱滴定

由于多元酸（如 H_3PO_4、H_3BO_3、H_2CO_3、酒石酸、邻苯二甲酸、草酸等）、多元碱（如 Na_2CO_3、$Na_2B_4O_7$ 等）和混合酸碱有分级和分别解离问题，所以应考虑能否直接准确滴定它们分级或分别给出或接受质子的量，即分级或分别滴定问题，同时还应考虑能否准确滴定它们给出或接受质子的总量，即滴总量问题。无机和有机多元酸碱一般都是中强酸碱或弱酸碱，凡可直接进行分级滴定或滴总量者，均可用酸碱滴定法进行测定。

（1）实现分级滴定或滴总量的条件

1）分级滴定的条件

根据计算，如以允许终点观测误差为 $\pm 0.1\%$，终点判断的不确定性为 $\pm 0.2\text{pH}$ 单位为前提，则直接分级准确滴定多元酸碱或混合酸碱的判据是必须同时满足：

$$C_{\text{sp}_i} K_{a_i}(\text{或} C_{\text{sp}_i} K_{b_i}) \geqslant 10^{-8}$$

和
$$\Delta pK_i \geqslant 6 \qquad\qquad (3.28a)$$

这里 $\Delta pK_i = pK_{a_{i+1}} - pK_{a_i}(i = 1, 2, \cdots, n-1)$，为相邻两级解离常数的负对数值之差，实际上代表了相邻两级解离常数的比值，即 $K_{a_i}/K_{a_{i+1}} \geqslant 10^6$ 或 $K_{b_i}/K_{b_{i+1}} + 1 \geqslant 10^6$，比值越大，分级滴定的突跃也越大。

现存在的多元酸碱中很少有能满足 $\Delta pK_i \geqslant 6$ 这个条件的，但实践中确有许多多元酸碱在要求测定准确度不太高的情况下可以分级滴定。因此，我们在处理多元酸碱分级滴定时，除规定终点判断的不确定性为 $\pm 0.2\text{pH}$ 单位外，把允许的终点观测误差放宽到 $\pm 1\%$。这样，强碱（或强酸）直接准确分级滴定多元酸（或碱）的判据为必须同时满足：

$$\Delta pK_i \geqslant 4 \qquad\qquad (3.28b)$$

和
$$C_{\text{sp}_i} K_{a_i}(\text{或} C_{\text{sp}_i} K_{b_i}) \geqslant 10^{-10}(i = 1, 2, \cdots, n-1)$$

2）滴总量的判断式

多元酸碱给出质子或接受质子的总量能否全部滴定，其判断标准类似于一元弱酸碱能否被直接滴定的判据。但为了与分级滴定保持一致，也将允许相对误差放宽到 $\pm 1\%$，故滴总量判据应为：

$$C_{\text{sp}_n} K_{a_n} \geqslant 10^{-10} \text{ 或 } C_{\text{sp}_n} K_{b_n} \geqslant 10^{-10} \qquad\qquad (3.29)$$

这实际上就是把多元酸碱看成为一些浓度相等而强度不同的一元酸碱的混合液。当考虑能否滴总量时，应以强度最弱的酸碱来进行判断，故这里的 K_{a_n}（或 K_{b_n}）代替原一元弱酸（或碱）K_a（或 K_b）。现在以实例分别进行讨论。

（2）多元酸的滴定

1）用 NaOH 滴定 0.1000mol/L H_3PO_4

H_3PO_4 为三元酸，分级解离如下：

$$H_3PO_4 \Longleftrightarrow H^+ + H_2PO_4^- \quad K_{a_1} = 7.5 \times 10^{-3}$$
$$H_2PO_4^- \Longleftrightarrow H^+ + HPO_4^{2-} \quad K_{a_2} = 6.3 \times 10^{-8}$$
$$HPO_4^{2-} \Longleftrightarrow H^+ + PO_4^{3-} \quad K_{a_3} = 4.4 \times 10^{-13}$$

按直接准确分级滴定多元酸的条件可知，$K_{a_i}/K_{a_{i+1}}$ 大于 10^4，即 $\Delta pK_i \geqslant 4$，均可分级滴定；第一个计量点时，H_3PO_4 被滴定到 $H_2PO_4^-$，出现第一个突跃；第二个计量点时，$H_2PO_4^-$ 进一步被滴定到 HPO_4^{2-}，出现第二个突跃；但第三个计量点时，由于 HPO_4^{2-} 的 K_{a_3} 太小，$C_{sp}K_{a_3} < 10^{-10}$，故不能直接准确滴定。下面讨论计量点 pH 和指示剂的选择。

第一计量点：H_3PO_4 被中和，生成 $H_2PO_4^-$，其浓度为 0.050mol/L。$H_2PO_4^-$ 为两性物质，且 $C_{H_2PO_4^-} < 20K_{a_1}$，$C_{H_2PO_4^-} \cdot K_{a_2} > 20K_w$，故溶液的 pH 按式（3.19c）近似式计算：

$$[H^+] = \sqrt{\frac{K_{a_1} K_{a_2} C}{K_{a_1} + C}}$$
$$= \sqrt{\frac{7.5 \times 10^{-3} \times 6.3 \times 10^{-8} \times 0.050}{7.5 \times 10^{-3} + 5.0 \times 10^{-2}}}$$
$$= 2.0 \times 10^{-5} \text{mol/L}$$
$$pH = 4.70$$

可选用甲基橙作指示剂，终点由红变黄。分析结果误差为 -0.5% 左右。

为简便起见，在选择指示剂时，可用最简式计算：

$$[H^+] = \sqrt{K_{a_1} K_{a_2}} = \sqrt{7.5 \times 10^{-3} \times 6.3 \times 10^{-8}} = 2.17 \times 10^{-5} \text{mol/L}$$
$$pH = 4.66$$

第二个计量点时：H_3PO_4 作为二元酸被滴定，产物是 HPO_4^{2-}，浓度为 $C/3 = 0.1000/3 = 0.033 \text{mol/L}$。$HPO_4^{2-}$ 也是两性物质，但因 K_{a_2}、K_{b_2} 均很小，应考虑水的解离。则溶液的 pH 按式（3.19b）计算：

$$[H^+] = \sqrt{\frac{K_{a_2}(K_{a_3}C + K_w)}{K_{a_2} + C}}$$
$$= \sqrt{\frac{6.3 \times 10^{-8}(4.4 \times 10^{-13} \times 0.033 + 1.8 \times 10^{-14})}{0.033}}$$
$$= 2.2 \times 10^{-10} \text{mol/L}$$
$$pH = 9.66$$

选用百里酚酞（变色点 pH = 10）作指示剂，终点颜色由无色变为浅蓝色。分析结果的误差为 $+0.3\%$ 左右。

同上理由，可用最简式计算：$[H^+] = \sqrt{K_{a_2} K_{a_3}} = 1.66 \times 10^{-10} \text{mol/L}$，pH = 9.78

第三个计量点：由于 H_3PO_4 的 K_{a_3} 太小，$CK_{a_3} < 10^{-10}$，不能直接滴定。可加入 $CaCl_2$ 溶液，使 HPO_4^{2-} 转为强酸后用 NaOH 滴定（如前述）。NaOH 滴定 0.1000mol/L H_3PO_4 的滴定曲线如图 3.9

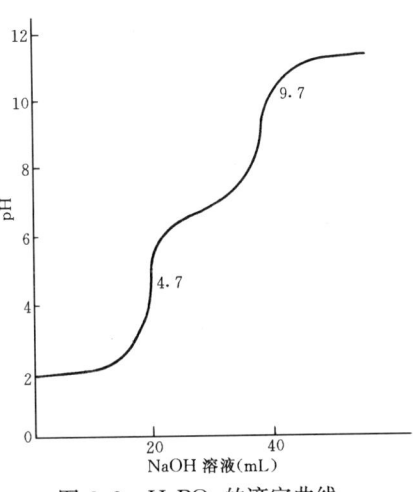

图 3.9 H_3PO_4 的滴定曲线

所示。

2）H_2CO_3 的滴定（NaOH 滴定 H_2CO_3 的滴定曲线见图 3.10 虚线部分）

碳酸为二元弱酸，分二级解离

$$H_2CO_3 \rightleftharpoons H^+ + HCO_3^-   K_{a_1} = 4.2 \times 10^{-7}$$

$$HCO_3^- \rightleftharpoons H^+ + CO_3^{2-}   K_{a_2} = 5.6 \times 10^{-11}$$

显然，$K_{a_1}/K_{a_2} \approx 10^4$，可以分级滴定；但是由于 K_{a_2} 很小，$C_{sp_2} \times K_{a_2} < 10^{-10}$，不能用 NaOH 直接准确滴定 HCO_3^-。因此用 NaOH 滴定 H_2CO_3 时，在滴定曲线上只在滴定第一级解离的 H^+ 时能出现一个清晰的计量点（pH＝8.31），有一个明显突跃。

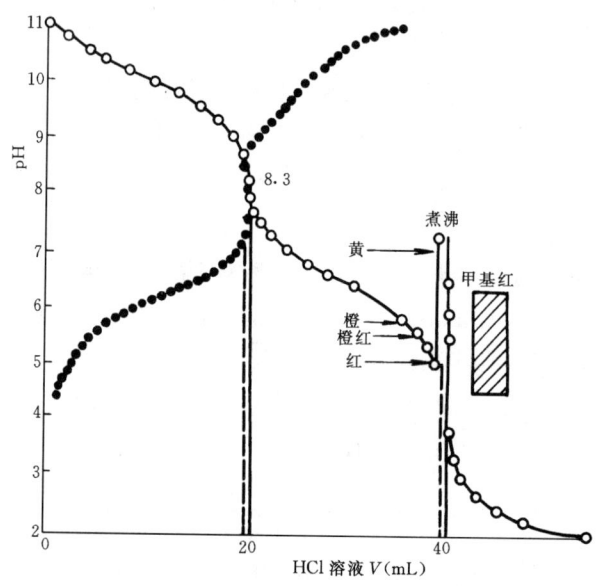

图 3.10 0.1000mol/L HCl 滴定 20.00mL 0.1000mol/L Na_2CO_3 实验所得滴定曲线（实线）

（虚线为 0.1000mol/L NaOH 滴定 0.1000mol/L H_2CO_3 滴定曲线，实际为 HCl 滴定 Na_2CO_3 的逆向过程）

3）有些多元酸，各级解离常数相差不甚远，如草酸 $H_2C_2O_4$：$K_{a_1} = 5.9 \times 10^{-2}$，$K_{a_2} = 6.4 \times 10^{-5}$，$K_{a_1}/K_{a_2} \approx 10^3$；$d$—酒石酸 $HOOC(CHOH)_2COOH$：$K_{a_1} = 9.1 \times 10^{-4}$，$K_{a_2} = 4.3 \times 10^{-5}$，$K_{a_1}/K_{a_2} \approx 20$；邻苯二甲酸 $\left(\text{◯} \begin{smallmatrix} COOH \\ COOH \end{smallmatrix} \right)$：$K_{a_1} = 1.1 \times 10^{-3}$，$K_{a_2} = 3.9 \times 10^{-6}$，$K_{a_1}/K_{a_2} \approx 300$ 等都属于这种类型。它们的 $K_{a_1}/K_{a_2} < 10^4$，故不能分级滴定。但由于它们的 $C_{sp} \times K_{a_2}$ 均大于 10^{-10}，且 K_{a_1}、K_{a_2} 均较大，只要这些多元酸浓度不很稀，就可按二元酸一次被滴定，滴定到第二个计量点时有较大突跃。（由于 K_{a_1} 与 K_{a_2} 相差太小，滴定到第一个计量点时，没有突跃。）

通过上述讨论，可归纳为强碱滴定二元酸时：

$K_{a_1}/K_{a_2} \geqslant 10^4$，$C_{sp}K_{a_2} \geqslant 10^{-10}$，能直接准确分级滴定，有两个突跃；

$K_{a_1}/K_{a_2} \geqslant 10^4$，$C_{sp}K_{a_2} < 10^{-10}$，能分级滴定，只在第一个计量点时有一个明显突跃；

$K_{a_1}/K_{a_2} < 10^4$，$C_{sp}K_{a_2} > 10^{-10}$，不能分级滴定，但可按二元酸滴定到第二个计量点时，有一明显突跃；

$K_{a_1}/K_{a_2} < 10^4$，$C_{sp}K_{a_2} < 10^{-10}$，不能直接准确分级滴定。

强碱滴定三元酸时，可类推。

（3）多元碱的滴定

Na_2CO_3 和硼砂（$Na_2B_4O_7$）等为强碱弱酸盐，称为水解盐，均属无机多元碱。现以 $0.1000mol/L$ HCl 滴定 $20.00mL$ $0.1000mol/L$ Na_2CO_3 来讨论计量点时的 pH 计算和指示剂的选择（其 Na_2CO_3 的滴定曲线见图 3.10 实线部分）。

$$CO_3^{2-} + H_2O \Longrightarrow HCO_3^- + OH^- \qquad K_{b_1} = 1.79 \times 10^{-4}$$
$$HCO_3^- + H_2O \Longrightarrow CO_3^{2-} + OH^- \qquad K_{b_2} = 2.38 \times 10^{-8}$$

由于 $K_{b_1}/K_{b_2} \approx 10^4$，且 $C_{sp} \times K_b > 10^{-10}$，可直接准确分级滴定

1）滴定前：$[OH^-]$ 主要取决于 CO_3^{2-} 的一级解离。

$$[OH^-] = \sqrt{K_{b_1} \times C} = \sqrt{1.79 \times 10^{-4} \times 0.1} = 4.23 \times 10^{-3} mol/L$$
$$pH = 14 - pOH = 14 - 2.38 = 11.62$$

2）第一个计量点：即滴入 $20.00mL$ $0.1000mol/L$ HCl 时

$$H^+ + CO_3^{2-} \Longrightarrow HCO_3^-$$

此时溶液的 pH 由 HCO_3^- 的浓度决定，而 HCO_3^- 为两性物质，故

$$[H^+] = \sqrt{\frac{K_{a_1}(K_{a_2} \times C_{HCO_3^-} + K_w)}{K_{a_1} + C_{HCO_3^-}}}$$

如果忽略水的解离，且 $C_{HCO_3^-} > 20K_{a_1}$，则 $K_{a_1} + C \approx C$，所以可按最简式计算 $[H^+]$：

$$[H^+] = \sqrt{K_{a_1} K_{a_2}} = \sqrt{4.2 \times 10^{-7} \times 5.6 \times 10^{-11}}$$
$$= 4.85 \times 10^{-9} mol/l$$
$$pH = 8.31$$

由于 K_{a_1}/K_{a_2} 不够大，突跃不太明显，不选酚酞而选用甲酚红—百里酚蓝混合指示剂（变色点 pH＝8.3，黄—紫）使滴定准确突跃明显。

3）第二个计量点：滴入 $40.00mL$ HCl 时

$$H^+ + HCO_3^- \Longrightarrow H_2CO_3 \Longrightarrow CO_2 + H_2O$$

此时溶液的 pH 由 H_2CO_3 的浓度决定的，H_2CO_3 溶液的饱和浓度为 $0.04mol/L$。由于 $K_{a_1} \gg K_{a_2}$，所以只考虑 H_2CO_3 的一级解离。故

$$[H^+] = \sqrt{K_{a_1} \cdot C_饱} = \sqrt{4.2 \times 10^{-7} \times 0.04}$$
$$= 1.3 \times 10^{-4} mol/L$$
$$pH = 3.89$$

可选用甲基橙（pH＝3.1～4.4）和溴甲酚绿—甲基红混合指示剂（变色点pH＝4.8，灰紫色）。第二计量点附近，易形成 CO_2 的过饱和溶液，且滴定过程中生成的 H_2CO_3 只能缓慢地转变成 CO_2，使溶液的 $[H^+]$ 稍稍增大，终点易出现过早，因此，滴定至终点附近时，应缓慢滴定。这样，在第二级反应时，常以甲基红为指示剂，最好是计量点之前，即滴定至甲基红由黄变红色后，加热煮沸赶除 CO_2，此时溶液又呈黄色，冷却后再滴定至橙色，变色敏锐，否则由于产生 H_2CO_3，使突跃不明显。

两级反应所消耗 HCl 的体积应相等。

混合酸的滴定和多元酸相似。

有关混合碱的滴定将在 3.7 节进行介绍。

3.5.4　酸碱滴定中 CO_2 的影响

在酸碱滴定中，所使用的蒸馏水和配制碱标准溶液的碱固体会溶进和吸收一定量 CO_2，甚至在滴定过程中也会有一定量 CO_2 溶于滴定液中。这些 CO_2 溶于水后形成 H_2CO_3，它作为二元弱酸在不同 pH 下 3 种型体（H_2CO_3、HCO_3^- 和 CO_3^{2-}）的分布值和分布曲线前面已进行了讨论。这 3 种型体在酸碱滴定中必须参与质子转移反应，而造成滴定误差。这误差的大小与滴定终点时溶液的 pH 有关。例如强酸强碱滴定中，用甲基橙（pH＝3.1～4.4）作指示剂时，滴定终点时溶液的 pH≈4，此时 $\delta_{H_2CO_3} \approx 1$，也就是说 CO_2 几乎不被滴定，碱标准溶液吸收 CO_2 后所产生的 CO_3^{2-} 作为碱参加滴定，并转化为 H_2CO_3，这又补偿了由于吸收 CO_2 所造成的损失，并不影响碱标准溶液的浓度，但是如果酸碱溶液浓度很稀时，由于计量点的 pH 接近 7，所以必须用甲基红（pH＝4.4～6.2），而不能用甲基橙作指示剂。由 H_2CO_3 不同型体分布曲线和分布值可知，$\delta_{H_2CO_3} = 0.1864$，$\delta_{HCO_3^-} = 0.8132$，此时 CO_2 的影响是较大的，在这种情况下，最好煮沸溶液赶除 CO_2，并配制不含 CO_3^{2-} 的碱标准溶液。

如果用酚酞（pH＝8.2～9.8）作指示剂，计量点的 pH＝9.1，此时，溶液中溶解 CO_2 所形成的 H_2CO_3 和碱标准溶液吸收 CO_2 所产生的 CO_3^{2-}，均被滴定到 HCO_3^-，这种情况下，CO_2 对滴定的影响是不可忽视的，并应对碱标准溶液所吸收 CO_2 的物质的量进行校正。通过采用同一指示剂在相同条件下进行标定和测定，可抵消部分 CO_2 的影响。

另外，滴定至终点时，如水中再溶解空气中的 CO_2 也影响某些指示剂终点颜色的稳定性。例如用酚酞为指示剂，滴定至计量点附近时溶液呈浅红色，然而放置 0.5～1min 后，溶液又变为无色，就是由于吸收了空气中 CO_2 并迅速溶解于滴定液中使其 pH 降低造成的。因此，当使用酚酞、溴百里酚蓝和氯酚红等指示剂时，滴定到变色后 0.5min 内不退色，即认为达到滴定终点。

3.6　酸碱滴定的终点误差

滴定中，终点误差是由于滴定终点与计量点不一致而引起的误差。利用指示剂颜色变化确定滴定终点时，由于指示剂的变色点与计量点不一致而引起的误差，又叫滴定误差。它属于系统误差，不包括滴定操作本身所引起的误差。终点误差通常用百分数表示。终点误差可用两种方法求得：

3.6.1　利用滴定终点和计量点时物质的量计算终点误差

利用滴定终点时所加滴定剂的物质的量与计量点时所需物质的量之差，占计量点时所需滴定剂的物质的量的百分比求算终点误差，用 TE（%）表示。

$$TE = \frac{CV_{ep} - CV_{sp}}{CV_{sp}} \times 100\%$$

$$= \frac{CV_{ep} - C_0 V_0}{C_0 V_0} \times 100\% \tag{3.30}$$

式中　C——滴定剂的物质的量浓度（mol/L）；

C_0——被测定物质的量浓度（mol/L）；

V_{ep}——滴定终点时消耗滴定剂的体积（mL）；

计量点时，$CV_{sp} = C_0 V_0$（mmol）

滴定终点时，CV_{ep}（mmol）

（1）强碱滴定强酸时

$$TE = \frac{[OH^-]_{ep} - [H^+]_{ep}}{C_{HCl,sp}} \times 100\% \tag{3.31}$$

式中　$[OH^-]_{ep}$、$[H^+]_{ep}$ 和 $C_{HCl,ep}$ 分别为滴定终点时溶液中 OH^-、H^+ 和 HCl 的浓度，且 $C_{HCl,ep} \approx C_{HCl,sp}$。

（2）强碱滴定弱酸时

$$TE = \frac{\{[OH^-]_{ep} - ([H^+]_{ep} + [HB]_{ep})\}}{C_{HB,sp}} \times 100\% = \frac{[OH^-]_{ep} - [HB]_{ep}}{C_{HB,sp}} \times 100\% \tag{3.32a}$$

或

$$TE = \left(\frac{[OH]_{ep}}{C_{HB,sp}} - \delta_{HB,ep} \right) \times 100\% \tag{3.32b}$$

一般，滴定终点时溶液为弱碱性，$[H^+]_{ep}$ 很小，可忽略。

滴定终点时弱酸（HB）的平衡浓度 $[HB]_{ep}$，可由分布分数求得。但在终点误差的计算中，一般由有关解离平衡关系式近似求得。

$$[HB]_{ep} = \frac{[H^+]_{ep} C_{HB,ep}}{K_a} \tag{3.32c}$$

滴定终点时，可近似认为 $C_{HB,ep} = C_{HB,sp}$

（3）强碱滴定多元酸时，与推导一元弱酸滴定终点误差计算公式类似。如以 $NaOH-H_3PO_4$ 滴定体系为例。

第一计量点时的终点误差为

$$TE_{sp_1} = \frac{[OH^-]_{ep_1} - [H^+]_{sp_1} + [HPO_4^{2-}]_{ep_1} + [H_3PO_4]_{ep_1}}{C_{H_3PO_4,sp_1}} \times 100\% \tag{3.33a}$$

或　$$TE_{sp_1} = \left(\frac{[OH^-]_{ep_1} - [H^+]_{ep_1}}{C_{H_3PO_4,sp_1}} + \delta_{HPO_4^{2-},ep_1} - \delta_{H_3PO_4,ep_1} \right) \times 100\% \tag{3.33b}$$

（因第一计量点附近 $2\delta_{PO_4^{3-}}$ 极小，式中已忽略）

第二计量点时的终点误差为

$$TE_{\text{sp}_2} = \frac{1}{2} \times \frac{[\text{OH}^-]_{\text{ep}_2} - [\text{H}^+]_{\text{ep}_2} + [\text{PO}_4^{3-}]_{\text{ep}_2} - [\text{H}_2\text{PO}_4^-]_{\text{ep}_2}}{C_{\text{H}_3\text{PO}_4, \text{sp}_2}} \times 100\% \qquad (3.34a)$$

或　$$TE_{\text{sp}_2} = \frac{1}{2}\left(\frac{[\text{OH}^-]_{\text{ep}_2} - [\text{H}^+]_{\text{ep}_2}}{C_{\text{H}_3\text{PO}_4, \text{sp}_2}} + \delta_{\text{PO}_4^{3-}, \text{ep}_2} - \delta_{\text{H}_2\text{PO}_4^-, \text{ep}_2}\right) \times 100\% \qquad (3.34b)$$

（因第二计量点附近 $2\delta_{\text{H}_3\text{PO}_4}$ 极小，可忽略）

可见，对多元酸的滴定除了要计算滴定终点时溶液中的 $[\text{OH}^-]_{\text{ep}}$、$[\text{H}^+]_{\text{ep}}$ 和 $C_{\text{H}_3\text{PO}_4, \text{sp}}$ 外，还应计算 H_3PO_4 各种型体的分布分数。但在终点误差计算中，滴定终点时的平衡浓度 $[\text{HPO}_4^{2-}]_{\text{ep}_1}$、$[\text{H}_3\text{PO}_4]_{\text{ep}_1}$、$[\text{PO}_4^{3-}]_{\text{ep}_2}$ 和 $[\text{H}_2\text{PO}_4^-]_{\text{ep}_2}$ 可分别由下式近似算出：

$$[\text{HPO}_4^{2-}]_{\text{ep}_1} = \frac{K_{a_2}[\text{H}_2\text{PO}_4^-]_{\text{ep}_1}}{[\text{H}^+]_{\text{ep}_1}} = \frac{K_{a_2} C_{\text{H}_3\text{PO}_4, \text{sp}_1}}{[\text{H}^+]_{\text{ep}_1}} \qquad (3.34c)$$

$$[\text{H}_3\text{PO}_4]_{\text{ep}_1} = \frac{[\text{H}^+]_{\text{ep}_1}[\text{H}_2\text{PO}_4^-]_{\text{ep}_1}}{K_{a_1}} = \frac{[\text{H}^+]_{\text{ep}_1} C_{\text{H}_3\text{PO}_4, \text{sp}_1}}{K_{a_1}} \qquad (3.34d)$$

$$[\text{PO}_4^{3-}]_{\text{ep}_2} = \frac{K_{a_3}[\text{HPO}_4^{2-}]_{\text{ep}_2}}{[\text{H}^+]_{\text{ep}_2}} = \frac{K_{a_3} C_{\text{H}_3\text{PO}_4, \text{sp}_2}}{[\text{H}^+]_{\text{ep}_2}} \qquad (3.34e)$$

$$[\text{H}_2\text{PO}_4^-]_{\text{ep}_2} = \frac{[\text{H}^+]_{\text{ep}_2}[\text{HPO}_4^{2-}]_{\text{ep}_2}}{K_{a_2}} = \frac{[\text{H}^+]_{\text{ep}_2} C_{\text{H}_3\text{PO}_4, \text{sp}_2}}{K_{a_2}} \qquad (3.34f)$$

式中　$C_{\text{H}_3\text{PO}_4, \text{sp}} \approx C_{\text{H}_3\text{PO}_4, \text{ep}}$。

3.6.2　利用林邦（Ringbom）误差公式求算终点误差

（1）强碱滴定强酸

$$TE = \frac{(10^{\Delta\text{pH}} - 10^{-\Delta\text{pH}})}{\sqrt{K_t} \cdot C_{\text{HCl}, \text{sp}}} \times 100\% \qquad (3.35a)$$

（2）强碱滴定弱酸

$$TE = \frac{(10^{\Delta\text{pH}} - 10^{-\Delta\text{pH}})}{\sqrt{K_t} \cdot C_{\text{HB}, \text{sp}}} \times 100\% \qquad (3.35b)$$

（3）强碱滴定多元酸

第一个计量点时：$$TE = \frac{(10^{\Delta\text{pH}} - 10^{-\Delta\text{pH}})}{\sqrt{K_{a_i}/K_{a_{(i+1)}}}} \times 100\% \qquad (3.35c)$$

第二计量点时：$$TE = \frac{(10^{\Delta\text{pH}} - 10^{-\Delta\text{pH}})}{2 \times \sqrt{K_{a_{(i+1)}}/K_{a_{(i+2)}}}} \times 100\% \qquad (3.35d)$$

式（3.35d）的右方除以 2 是由于第二化学计量点时，滴定反应涉及 2mol 质子。

式中　K_t——滴定反应平衡常数（滴定常数）；

$K_{a_i}/K_{a_{(i+1)}}$——多元酸 i 与 $i+1$ 级解离常数之比；

ΔpH——滴定终点与计量点时的 pH 的差值。

若 $[\text{OH}^-] > [\text{H}^+]$；$\Delta\text{pH}$ 为正值，TE 为正值，表明结果偏高；否则相反。

【例 3.12】　以 0.1000mol/L NaOH 滴定 20.00mL 0.1000mol/LHCl 时，以酚酞为指示剂滴定至 pH=9.00 为终点，计算终点误差。

【解】　$\text{pH}_{\text{ep}} = 9.00$，则 $[\text{H}^+] = 1.0 \times 10^{-9}\text{mol/L}$　　$[\text{OH}^-] = 1.0 \times 10^{-5}\text{mol/L}$

$$C_{\text{HCl}, \text{ep}} \approx C_{\text{HCl}, \text{sp}} = \frac{1}{2}0.1000 = 0.0500\text{mol/L}$$

由式 (3.31)：

$$TE = \frac{[OH^-]_{ep} - [H^+]_{ep}}{C_{HCl,sp}} \times 100\% = \frac{1.0 \times 10^{-5} - 1.0 \times 10^{-9}}{0.0500} \times 100\% = 0.02\%$$

表明结果偏高。

【例 3.13】　以 0.1000mol/L NaOH 滴定 20.00mL 0.1000mol/LHAc 溶液，以酚酞为指示剂滴定 $pH_{ep} = 9.1$ 终点时，计算终点误差。

【解】　按题意 $pH_{ep} = 9.1$　$[H^+]_{ep} = 10^{-9.1}$mol/L，$[OH^-]_{ep} = 10^{-4.9}$mol/L

$$C_{HAc,ep} \approx C_{HAc,sp} = 0.0500 \text{mol/L}$$

$$[HAc]_{ep} = \frac{[H^+]_{ep} C_{HAc,ep}}{K_a} = \frac{10^{-9.1} \times 0.0500}{1.8 \times 10^{-5}}$$

$$= 2.2 \times 10^{-6} \text{mol/L}$$

按式(3.32a)　　　$$TE = \frac{[OH^-]_{ep} - [HB]_{sp}}{C_{HB,ep}} = \frac{10^{-4.9} - 10^{-9.1}}{0.0500} \times 100\%$$

$$= 0.025\%$$

也可按林邦误差公式计算：

对 NaOH—HAc 滴定体系达计量点时产物为 Ac^-。所以

$$[OH^-] = \sqrt{K_b \cdot C} = \sqrt{5.6 \times 10^{-10} \times 0.0500} = 5.3 \times 10^{-6} \text{mol/L}$$

$$pOH_{sp} = 5.28 \qquad pH_{sp} = 8.72$$

$$\Delta pH = pH_{ep} - pH_{sp} = 0.38$$

$$K_t = \frac{K_a}{K_w} = \frac{1.8 \times 10^{-5}}{1.0 \times 10^{-14}} = 1.8 \times 10^9$$

由(3.35b) 式　　　$$TE = \frac{10^{\Delta pH} - 10^{-\Delta pH}}{\sqrt{K_t \cdot C_{HAc,sp}}} \times 100\%$$

$$= \frac{10^{0.38} - 10^{-0.38}}{\sqrt{1.8 \times 10^9 \times 0.0500}} \times 100\%$$

$$= 0.025\%$$

可见，由式 (3.32a) 和式 (3.35b) 计算结果一致。

【例 3.14】　以 0.1000mol/L NaOH 滴定等浓度的 H_3PO_4 时，分别以甲基橙和百里酚酞滴定至 pH=4.0 和 pH=10.0 终点时，其终点误差各多少？

【解】　已知 H_3PO_4 的 $K_{a_1} = 7.5 \times 10^{-3}$，$K_{a_2} = 6.3 \times 10^{-8}$，$K_{a_3} = 4.4 \times 10^{-13}$

第一计量点时：$C_{H_3PO_4,sp_1} = 0.0500 \text{mol/L}$

甲基橙为指示剂滴定至 pH4.0，$[H^+]_{ep_1} = 10^{-4}$mol/L，$[OH^-]_{ep_1} = 10^{-10}$mol/L。

按式 (3.33a) 计算：

由式(3.34c)：　　　$$[HPO_4^{2-}]_{ep_1} = \frac{K_{a_2} C_{H_3PO_4,sp_1}}{[H^+]_{ep_1}} = \frac{6.3 \times 10^{-8} \times 0.0500}{10^{-4}}$$

$$= 3.15 \times 10^{-5} \text{mol} \cdot L^{-1}$$

由式(3.34d)：　　　$$[H_3PO_2^{2-}]_{ep_1} = \frac{[H^+]_{ep_1} C_{H_3PO_4,sp_1}}{K_{a_1}} = \frac{10^{-4} \times 0.0500}{7.5 \times 10^{-3}}$$

$$= 6.67 \times 10^{-4} \text{mol} \cdot L^{-1}$$

故
$$TE = \frac{[OH^-]_{ep} - [H^+]_{ep_1} + [HPO_4^{2-}]_{ep_1} - [H_3PO_4]_{ep_1}}{C_{H_3PO_4,sp_1}}$$

$$= \frac{10^{-10} - 10^{-4} + 3.15 \times 10^{-5} - 6.67 \times 10^{-4}}{0.0500} \times 100\%$$

$$= -1.47\%$$

由于 K_{a_3} 太小，忽略 $\delta_{PO_4^{3-}}$，可视 H_3PO_4 只有第一、二级解离的二元酸，按式（3.7a）和式（3.7c）计算则：

$$\delta_{HPO_4^{2-},ep_1} = \frac{K_{a_1} K_{a_2}}{[H^+]_{ep_1}^2 + K_{a_1}[H^+]_{ep} + K_{a_1} K_{a_2}}$$

$$= \frac{4.79 \times 10^{-10}}{7.76 \times 10^{-7}}$$

$$= 6.17 \times 10^{-4}$$

$$\delta_{H_3PO_4,ep_1} = \frac{[H^+]_{ep_1}^2}{[H^+]_{ep_1}^2 + K_{a_1}[H^+]_{ep_1} + K_{a_1} K_{a_2}}$$

$$= \frac{10^{-8}}{7.76 \times 10^{-7}} = 0.0129$$

按式（3.33b）计算：

$$TE = \left(\frac{[OH^-]_{ep_1} - [H^+]_{ep_1}}{C_{H_3PO_4,sp}} + \delta_{HPO_4^{2-},ep_1} - \delta_{H_3PO_4,ep_1} \right) \times 100\%$$

$$= \left(\frac{10^{-10} - 10^{-4}}{0.0500} + 6.17 \times 10^{-4} - 0.0129 \right) \times 100\%$$

$$= -1.43\%$$

可见按式（3.33a）和式（3.33b）计算结果基本一致。

第二计量点时：$C_{H_3PO_4,sp_2} = 0.1000/3 = 0.0333 mol/L$，酚酞为指示剂滴定至 $pH = 10.0$ 时，$[H^+]_{ep_2} = 10^{-10} mol/L$，$[OH^-]_{ep_2} = 10^{-4} mol/L$。

按式（3.34a）计算：

由式（3.34e）：
$$[PO_4^{3-}]_{ep_2} = \frac{K_{a_3} C_{H_3PO_4,sp_2}}{[H^+]_{ep_2}} = \frac{4.4 \times 10^{-13} \times 0.0333}{10^{-10}}$$

$$= 1.46 \times 10^{-4}$$

由式（3.34f）：
$$[H_2PO_4^-]_{ep_2} = \frac{[H^+]_{ep_2} C_{H_3PO_4,sp_2}}{K_{a_2}} = \frac{10^{-10} \times 0.0333}{6.3 \times 10^{-8}}$$

$$= 5.28 \times 10^{-5}$$

则
$$TE = \frac{1}{2} \times \frac{[HO^-]_{ep_2} - [H^+]_{ep_2} + [PO_4^{3-}]_{ep_2} - [H_2PO_4^-]_{ep_2}}{C_{H_3PO_4,sp_2}} \times 100\%$$

$$= \frac{1}{2} \times \frac{10^{-4} - 10^{-10} + 1.46 \times 10^{-4} - 5.28 \times 10^{-5}}{0.0333} \times 100\%$$

$$= 0.58\%$$

第二计量点时，$\delta_{H_3PO_4}$ 极小，可忽略不计。可视 H_3PO_4 只有二、三级解离的二元酸，同样可计算：

$$\delta_{PO_4^{3-},ep_2} = \frac{K_{a_2} K_{a_3}}{[H^+]_{ep_2}^2 + K_a[H^+]_{ep_2} + K_{a_2} K_{a_3}}$$

$$= 4.36 \times 10^{-3}$$

$$\delta_{H_2PO_4^-,ep_2} = \frac{[H^+]_{ep_2}^2}{[H^+]_{ep_2}^2 + K_{a_2}[H^+]_{ep_2} + K_{a_2}K_{a_3}}$$

$$= 1.58 \times 10^{-3}$$

由式 (3.34*b*) 得:

$$TE = \frac{1}{2}\left(\frac{[OH^-]_{ep_2} - [H^+]_{ep_2}}{C_{H_3PO_4,sp_2}} + \delta_{PO_4^{3-},ep_2} - \delta_{H_2PO_4^-,ep_2}\right) \times 100\%$$

$$= \frac{1}{2}\left(\frac{10^{-4} - 10^{-10}}{0.0333} + 4.36 \times 10^{-3} - 1.58 \times 10^{-3}\right) \times 100\%$$

$$= 0.58\%$$

可见由式 (3.34*a*) 和式 (3.34*b*) 计算结果一致。

上述讨论表明, 滴定终点误差, 由分布分数与有关解离平衡关系式近似计算和林邦误差公式计算的结果基本一致。

通过滴定误差讨论可知, 一般酸碱滴定曲线计量点附近 pH 突跃显著 (如强碱滴定强酸), 滴定误差相对小些; 否则, 突跃不甚显著 (如强碱滴定 H_3PO_4), 终点误差也稍大些。

3.7　水中碱度和酸度

水中的碱度指水中所含能接受质子的物质的总量, 即水中所有能与强酸定量作用的物质的总量。而水中的酸度是指水中的所含能够给出质子的物质的总量, 即水中所有能与强碱定量作用的物质的总量。碱度和酸度都是水质综合性特征指标之一。当水中碱度或酸度的组成成分为已知时, 可用具体物质的量来表示碱度或酸度。水中酸度、碱度的测定在评价水环境中污染物质的迁移转化规律和研究水体的缓冲容量等方面有重要的实际意义。

3.7.1　碱度

(1) 碱度的组成

水中的碱度主要有 3 类, 一类是强碱, 如 $Ca(OH)_2$、$NaOH$ 等, 在水中全部解离成 OH^- 离子; 一类是弱碱, 如 NH_3、$C_6H_5NH_2$ 等, 在水中部分解离成 OH^- 离子; 另一类是强碱弱酸盐, 如 Na_2CO_3、$NaHCO_3$ 等在水中部分水解产生 OH^- 离子。在特殊情况下, 强碱弱酸盐碱度还包括磷酸盐、硅酸盐、硼酸盐等, 但它们在天然水中的含量往往不多, 常可忽略不计。

一般水中碱度主要有重碳酸盐 (HCO_3^-) 碱度、碳酸盐 (CO_3^{2-}) 碱度和氢氧化物 (OH^-) 碱度。这些碱度与水中 pH 有关, 一般 pH>10 时主要是 OH^- 碱度, 碳酸盐水解也可以使溶液 pH 达到 10 以上。按碳酸平衡规律, pH=8.3~10, 存在 CO_3^{2-} 碱度, 而 pH = 4.5~10, 存在 HCO_3^- 碱度。在 pH≈8.31 时, CO_3^{2-} 就全部转化为 HCO_3^-, 而 pH=10, HCO_3^- 又全部转化为

CO_3^{2-}。pH$<$4.5时，主要是 H_2CO_3，可认为碱度$=0$。

理论上，水中可能存在的碱度组成有 6 类，但由于 HCO_3^- 的两性特征，HCO_3^- 和 OH^- 不能同时存在。图 3.11 是水中 5 种碱度组成的记忆图。

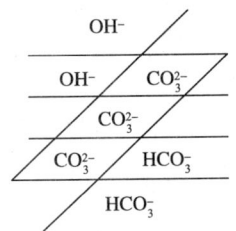

图 3.11　水中碱度组成的记忆图

1）OH^- 碱度

2）OH^- 和 CO_3^{2-} 碱度

3）CO_3^{2-} 碱度

4）CO_3^{2-} 和 HCO_3^- 碱度

5）HCO_3^- 碱度

对于 pH$<$8.3 的天然水中主要含有 HCO_3^-，而 pH 略大于 8.3 的天然水、生活污水中除有 HCO_3^- 外还有 CO_3^{2-}，而工业废水中如造纸、制革废水、石灰软化的锅炉水中主要有 OH^- 和 CO_3^{2-} 碱度。

碱度的测定在水处理工程实践中，如饮用水、锅炉用水、农田灌溉用水和其他用水中，应用很普遍。碱度又常作为混凝效果、水质稳定和管道腐蚀控制的依据以及废水好氧厌氧处理设备良好运行的条件等。

（2）碱度的测定—酸碱指示剂滴定法

水中碱度的测定可采用酸碱指示剂滴定法和电位滴定法。本章介绍前一种方法，另一种方法将在第 7 章中介绍。

水中碱度的测定采用酸碱指示剂滴定法，即以酚酞和甲基橙作指示剂，用 HCl 或 H_2SO_4 标准溶液滴定水样中碱度至终点，根据所消耗酸标准溶液的量，计算水样中的碱度。

由于天然水中的碱度主要有氢氧化物（OH^-）、碳酸盐（CO_3^{2-}）和重碳酸盐（HCO_3^-）3 种碱度来源，因此，用酸标准溶液滴定时的主要反应有：

氢氧化物碱度：

$$OH^- + H^+ \Longrightarrow H_2O \tag{3.36}$$

碳酸盐碱度：

$$CO_3^{2-} + H^+ \Longrightarrow HCO_3^- \tag{3.37}$$

$$\underline{HCO_3^- + H^+ \Longrightarrow CO_2 \uparrow + H_2O}$$

$$CO_3^{2-} + 2H^+ \Longrightarrow CO_2 \uparrow + H_2O$$

重碳酸盐碱度：

$$HCO_3^- + H^+ \Longrightarrow CO_2 \uparrow + H_2O \tag{3.38}$$

可见，CO_3^{2-} 与 H^+ 的反应分两步进行，第一步反应完成时，pH 在 8.3 附近，此时恰好酚酞变色，所用酸的量又恰好是为完全滴定 CO_3^{2-} 所需总量的一半。

当水样首先加酚酞为指示剂，用酸标准溶液滴定至终点时，溶液由桃红色变为无色，pH 在 8.3 附近，所消耗的酸标准溶液的量用 P（mL）表示。此时水样中的酸碱反应包括两部分：

$$OH^- + H^+ \rightleftharpoons H_2O$$

和

$$CO_3^{2-} + H^+ \rightleftharpoons HCO_3^-$$

也就是说，这两部分含有 OH^- 碱度和 $\frac{1}{2}CO_3^{2-}$ 碱度，

即

$$P = OH^- + \frac{1}{2}CO_3^{2-}$$

一般，以酚酞为指示剂，滴定的碱度为酚酞碱度。

上述水样在用酚酞为指示剂滴定终点之后，接着以甲基橙为指示剂用酸标准溶液滴定至终点。此时溶液由橘黄色变成橘红色，pH 在 4.4 附近，所用酸标准溶液的量用 M（mL）表示。此时水样中的酸碱反应是：

$$HCO_3^- + H^+ \rightleftharpoons H_2O + CO_2 \uparrow$$

这里的 HCO_3^- 包括水样中原来的 HCO_3^- 和另一半 CO_3^{2-} 与 H^+ 反应产生的 HCO_3^-。即：

$$M = HCO_3^- + \frac{1}{2}CO_3^{2-}$$

$$\text{（原有的）}$$

因此，总碱度等于酚酞碱度 $P + M$。

显然，根据上述两个终点到达时所消耗的酸标准溶液的量，可以计算出水中 OH^-、CO_3^{2-} 和 HCO_3^- 碱度及总碱度。

应该指出，总碱度也可以这样求得：水样直接以甲基橙为指示剂，用酸标准溶液滴定至终点时（pH≈4.4），所消耗酸标准溶液的量用 T 表示，此时水中碱度为甲基橙碱度，又称总碱度，它包括水样中的 OH^-、CO_3^{2-} 和 HCO_3^- 碱度的全部总和，T 不同于 M；换言之以酚酞和甲基橙作指示剂连续滴定时的 M 并非是甲基橙碱度。

下面介绍酸碱指示剂滴定的具体方法。

1）连续滴定法

取一定体积水样，首先以酚酞为指示剂，用酸标准溶液滴定至终点后，接着以甲基橙为指示剂，再用酸标准溶液滴定至终点，根据前后两个滴定终点消耗的酸标准溶液的量来判断水样中 OH^-、CO_3^{2-} 和 HCO_3^- 碱度组成和计算含量的方法为连续滴定法。令以酚酞为指示剂滴定终点，消耗酸标准溶液的量为 P（mL）；以甲基橙为指示剂滴定终点，继续滴定消耗酸标准溶液的量为 M（mL）。

a. 水样中只有 OH^- 碱度：一般 pH>10，则

$$P > 0, M = 0$$

P 包括全部 OH^- 和 $\frac{1}{2}CO_3^{2-}$，但由于 $M=0$，说明既无 CO_3^{2-}，也无 HCO_3^-，则

$$OH^- = P, \text{总碱度 } T = P$$

　　b. 水样中有 OH^- 和 CO_3^{2-} 碱度：一般 pH>10，则

$$P > M$$

P 包括 OH^- 和 $\frac{1}{2}CO_3^{2-}$ 消耗的量，M 为另一半 CO_3^{2-} 消耗的量，则

$$OH^- = P - M$$
$$CO_3^{2-} = 2M$$
$$T = P + M$$

　　c. 水样中有 CO_3^{2-} 和 HCO_3^- 碱度：一般 pH=9.5~8.5 之间，则

$$P < M$$

P 为 $\frac{1}{2}CO_3^{2-}$ 消耗的量，M 为另一半 CO_3^{2-} 和原来的 HCO_3^- 消耗的量，则

$$CO_3^{2-} = 2P$$
$$HCO_3^- = M - P,$$
$$T = P + M$$

　　d. 水样中只有 CO_3^{2-} 碱度：一般 pH>9.5，则

$$P = M$$

P 为 $\frac{1}{2}CO_3^{2-}$ 消耗的量，M 为另一半 CO_3^{2-} 消耗的量，则

$$CO_3^{2-} = 2P = 2M$$
$$T = 2P = 2M$$

　　e. 水样中只有 HCO_3^- 碱度：一般 pH<8.3，则

$$P = 0, M > 0$$

　　$P=0$ 说明水样中无 OH^- 和 CO_3^{2-} 碱度，只有 HCO_3^- 碱度

故
$$HCO_3^- = M$$
$$T = M$$

　　2）分别滴定法

　　分别滴定法除同样可采用酚酞和甲基橙作指示剂外，经常采用两种混合指示剂：

　　a. 百里酚蓝（pH=8.0~9.6，黄—蓝）和甲酚红（pH=7.2~8.8，黄—红）混合指示剂，变色点 pH=8.3，终点为黄色。

　　b. 溴甲酚绿（pH=3.8~5.6，黄—绿）和甲基红（pH=4.4~6.2，红—黄）混合指示剂，变色点 pH=4.8，终点为浅灰紫色。

　　分别取两份体积相同的水样，其中一份水样用百里酚蓝—甲酚红混合指示

剂，以 HCl 标准溶液滴定至终点时，溶液由紫色变为黄色，变色点 pH＝8.3，消耗 HCl 标准溶液的量为 $V_{pH8.3}(mL)$；它包括：

$$V_{pH8.3} = OH^- + \frac{1}{2}CO_3^{2-}$$

另一份水样以溴甲酚绿—甲基红为指示剂，用 HCl 标准溶液滴定至终点时，溶液由绿色转变为浅灰紫色，变色点 pH＝4.8，消耗 HCl 标准溶液的量为 $V_{pH4.8}$ (mL)。它包括：

$$V_{pH4.8} = OH^- + \frac{1}{2}CO_3^{2-} + \frac{1}{2}CO_3^{2-} + \underset{\text{(原有的)}}{HCO_3^-}$$

根据两份水样的两个滴定终点所用酸标准溶液的量 $V_{pH8.3}$ 与 $V_{pH4.8}$ 判断水中 OH^-、CO_3^{2-} 和 HCO_3^- 碱度组成及其计算含量的方法，称为分别滴定法。

    a. 水样中只有 OH^- 碱度

$$V_{pH8.3} = V_{pH4.8}$$

显然，水样中只有 OH^- 碱度时，上式才成立。

则　　　　　　　　　　$OH^- = V_{pH8.3} = V_{pH4.8}$

    b. 水样中有 OH^- 和 CO_3^{2-} 碱度

$$V_{pH8.3} > \frac{1}{2}V_{pH4.8}$$

这里 $V_{pH8.3}$ 包括 $OH^- + \frac{1}{2}CO_3^{2-}$，而 $V_{pH4.8}$ 包括 $OH^- + \frac{1}{2}CO_3^{2-} + \frac{1}{2}CO_3^{2-}$，

故　　　　　　　　　　$OH^- = 2V_{pH8.3} - V_{pH4.8}$

$$CO_3^{2-} = 2(V_{pH4.8} - V_{pH8.3})$$

    c. 水样中有 CO_3^{2-} 和 HCO_3^- 碱度

$$V_{pH8.3} < \frac{1}{2}V_{pH4.8}$$

这里，　　　　　　　　$V_{pH8.3} = \frac{1}{2}CO_3^{2-}$

$$V_{pH4.8} = \frac{1}{2}CO_3^{2-} + \frac{1}{2}CO_3^{2-} + HCO_3^-$$

则　　　　　　　　　　$CO_3^{2-} = 2V_{pH8.3}$

$$HCO_3^- = V_{pH4.8} - 2V_{pH8.3}$$

    d. 水样中只有 CO_3^{2-} 碱度

$$V_{pH8.3} = \frac{1}{2}V_{pH4.8}$$

显然　　　　　　　　　$V_{pH8.3} = \frac{1}{2}CO_3^{2-}$

$$V_{pH4.8} = \frac{1}{2}CO_3^{2-} + \frac{1}{2}CO_3^{3-}$$

则
$$CO_3^{2-} = 2V_{pH8.3} = V_{pH4.8}$$

e. 水样中只有 HCO_3^-

$$V_{pH8.3} = 0$$

$$V_{pH4.8} > 0$$

$V_{pH8.3}$ 为零，说明水样中即无 OH^- 也无 CO_3^{2-}，所以

$$HCO_3^- = V_{pH4.8}$$

（3）碱度单位及其表示方法

1）碱度以 CaO 计（mg/L）和 $CaCO_3$ 计（mg/L）

总碱度（CaO 计，mg/L）$= \dfrac{C(P+M)28.04}{V} \times 1000$

总碱度（$CaCO_3$ 计，mg/L）$= \dfrac{C(P+M)50.05}{V} \times 1000$

式中 C——HCl 标准溶液浓度（mol/L）；

28.04——氧化钙摩尔质量（$\frac{1}{2}$ CaO，g/mol）；

50.05——碳酸钙摩尔质量（$\frac{1}{2}$ $CaCO_3$，g/mol）；

V——水样体积（mL）；

P——酚酞为指示剂滴定至终点时消耗 HCl 标准溶液的量（mL）；

M——甲基橙为指示剂滴定至终点时消耗 HCl 标准溶液的量（mL）。

2）碱度以 mol/L 或 mmol/L 表示

3）碱度以 mg/L 表示

如第 2 章所述，物质的量的数值（或浓度）与基本单元的选择有关，而基本单元的选择，又以化学反应与计量关系为依据。在碱度的测定中，由于以 HCl 标准溶液为滴定剂，则 H^+ 与 OH^-、CO_3^{2-} 和 HCO_3^- 的质子传递反应中，根据它们的化学计量数和等物质的量反应的规则，其 OH^- 基本单元为 OH^-，CO_3^{2-} 基本单元为 1/2 CO_3^{2-}，HCO_3^- 基本单元为 HCO_3^-，因此：

a. 如果以 mol/L 表示碱度，应注明 OH^- 碱度（OH^-,mol/L）、CO_3^{2-} 碱度（1/2 CO_3^{2-}，mol/L）、HCO_3^- 碱度（HCO_3^-，mol/L）；

b. 如以 mg/L 表示时，在碱度计算中，由于采用 C mol/L HCl 标准溶液滴定，所以各具体物质采用的摩尔质量：OH^- 为 17g/mol，1/2 CO_3^{2-} 为 30g/mol，HCO_3^- 为 61g/mol。

如果已经知道了构成碱度的具体物质组成如 OH^- 或 CO_3^{2-} 或 HCO_3^-，则具体物质碱度的含量，可由两个滴定终点消耗 HCl 标准溶液的量 P 和 M 关系中，分别计算 OH^- 碱度、CO_3^{2-} 碱度和 HCO_3^- 碱度。此处不再赘述。

【例 3. 15】 取水样 100.0mL，用 0. 1000mol/L HCl 溶液滴定至酚酞无色时，

用去 15.00mL；接着加入甲基橙指示剂，继续用 HCl 标准溶液滴定至橙红色出现，又用去 3.00mL。问水样有何种碱度，其含量各为多少（分别以 CaO 计，$CaCO_3$ 计 mg/L 和 mmol/L、mg/L 表示）？

【解】　$P = 15.00\text{mL}, M = 3.00\text{mL}$,

$\qquad P > M$

∴　水中有 OH^- 和 CO_3^{2-} 碱度，$OH^- = P - M$，$CO_3^{2-} = 2M$。

$$OH^- \text{ 碱度(CaO 计,mg/L)} = \frac{C_{HCl} \times (P - M) \times 28.04 \times 1000}{100}$$

$$= \frac{0.1000 \times (15.00 - 3.00) \times 28.04 \times 1000}{100}$$

$$= 336.48\text{mg/L}$$

$$OH^- \text{ 碱度(CaCO}_3 \text{ 计,mg/L)} = \frac{C_{HCl} \times (P - M) \times 50.05 \times 1000}{100}$$

$$= 600.60\text{mg/L}$$

$$OH^- \text{ 碱度(OH}^-\text{,mmol/L)} = \frac{C_{HCl} \times (P - M) \times 1000}{100}$$

$$= 12.0\text{mmol/L}$$

$$OH^- \text{ 碱度(OH}^-\text{,mg/L)} = \frac{C_{HCl} \times (P - M) \times 17 \times 1000}{100}$$

$$= 204.0\text{mg/L}$$

CO_3^{2-} 碱度：$CO_3^{2-} = 2M = 6.00(\text{mL})$

$$CO_3^{2-} \text{ 碱度(CaO 计,mg/L)} = \frac{C_{HCl} \times 2M \times 28.04}{100} \times 1000$$

$$= 168.24\text{mg/L}$$

$$CO_3^{2-} \text{ 碱度(CaCO}_3\text{,mg/L)} = \frac{C_{HCl} \times 2M \times 50.05}{100} \times 1000$$

$$= 300.3\text{mg/L}$$

$$CO_3^{2-} \text{ 碱度(1/2 CO}_3^{2-}\text{,mmol/L)} = \frac{C_{HCl} \times 2M}{100} \times 1000$$

$$= 6.0\text{mmol/L}$$

$$CO_3^{2-} \text{ 碱度(CO}_3^{2-}\text{,mg/L)} = \frac{C \times 2M \times 30}{100} \times 1000$$

$$= 180.0\text{mg/L}$$

式中　30——碳酸根的摩尔质量（1/2 CO_3^{2-}，g/mol）。

【例 3.16】　取水样 150mL，用 0.1000mol/L HCl 溶液滴定至百里酚蓝 — 甲酚红混合指示剂（即 pH = 8.3 指示剂）由紫红色变为黄色，用去 1.20mL；另取 150mL 水样，用同样浓度 HCl 溶液滴定至溴甲酚绿 — 甲基红混合指示剂（即

pH = 4.8 指示剂) 由绿色转变为浅灰色, 用去 3.00mL, 求该水样中有何种碱度, 其含量各为多少 (mg/L 表示)?

【解】 $V_{\text{pH8.3}} = 1.20\text{mL}$, $V_{\text{pH4.8}} = 3.00\text{mL}$

$$V_{\text{pH8.3}} < \frac{1}{2} V_{\text{pH4.8}}$$

故有 CO_3^{2-} 和 HCO_3^- 碱度, 其中

$$CO_3^{2-} = 2V_{\text{pH8.3}}$$

$$HCO_3^- = V_{\text{pH4.8}} - 2V_{\text{pH8.3}}$$

$$CO_3^{2-} \text{ 碱度} = \frac{C \times 2V_{\text{pH8.3}} \times 30 \times 1000}{150}$$

$$= \frac{0.1000 \times 2 \times 1.20 \times 30 \times 1000}{150}$$

$$= 48.00\text{mg/L}$$

$$HCO_3^- \text{ 碱度} = \frac{C(V_{\text{pH4.8}} - 2V_{\text{pH8.3}}) \times 61}{150} \times 1000$$

$$= \frac{0.1000 \times (3.00 - 2 \times 1.200) \times 61}{150} \times 1000$$

$$= 24.40\text{mg/L}$$

故水样中有 CO_3^{2-} 和 HCO_3^- 碱度, 其含量分别为 48.00mg/L 和 24.40mg/L。

3.7.2 酸度

(1) 酸度的组成

天然水中的 CO_2 是酸度基本组成成分。天然水中的 CO_2 主要来自大气中溶解和污水中有机物被微生物分解产生的 CO_2。一般溶于水中的 CO_2 与 H_2O 作用形成 H_2CO_3。

$$CO_2 + H_2O \rightleftharpoons H_2CO_3$$

当反应达到平衡后, 由于平衡常数 $K_C = \dfrac{[H_2CO_3]}{[CO_2]} = 1.6 \times 10^{-3}$, $[H_2CO_3]$ 仅为 $[CO_2]$ 的 0.16%, 也就是说水中的 CO_2 主要呈分子状态。这种呈分子状态的 CO_2 与少量的碳酸的总和叫游离二氧化碳又称平衡二氧化碳。一般地表水中的 CO_2 含量在 $10 \sim 20\text{mg/L}$ 以下, 而地下水中 CO_2 含量相对增高, 一般在 $30 \sim 50\text{mg/L}$, 有的甚至高达 100mg/L 以上。

天然水中含有的游离二氧化碳, 可与岩石中的碳酸盐建立下列平衡:

$$CaCO_3 + CO_2 + H_2O \rightleftharpoons Ca(HCO_3)_2$$

$$MgCO_3 + CO_2 + H_2O \rightleftharpoons Mg(HCO_3)_2$$

如果水中游离的 CO_2 含量大于上述平衡, 就溶解碳酸盐, 产生重碳酸盐

（HCO_3^-），使平衡向右移动，这部分能与碳酸盐起反应的 CO_2，称为侵蚀性二氧化碳。侵蚀性二氧化碳对水工建筑物具有侵蚀破坏作用，当侵蚀性二氧化碳与氧共存时，对金属（铁）具有强烈侵蚀作用。

游离性二氧化碳和侵蚀性二氧化碳是天然水酸度的重要来源。除此之外，还有采矿、选矿、化学制品制造、电池制造、人造及天然纤维制造以及发酵处理（啤酒）等许多工业废水中常含有某些重金属盐类（尤其 Fe^{3+}、Al^{3+} 等盐）或一些酸性废液（如 HCl、H_2SO_4 等），也是水中酸度的来源。例如冶金上的铁酸洗水中含有大量的 H_2SO_4；酸性矿山排放水中含有的大量的二价、三价铁和铝盐，它们水解而释放出无机酸。

$$FeCl_3 + 3H_2O \rightleftharpoons 3HCl + Fe(OH)_3$$

因此，组成水中酸度的物质可归纳为弱酸（如 CO_2、H_2CO_3、H_2S 及单宁酸等各种有机弱酸）、强酸弱碱盐（如 $FeCl_3$ 和 $Al_2(SO_4)_3$ 等）和强酸（如 HCl、H_2SO_4、HNO_3 等）3 大类。

水中的 CO_2 于饮用无害，但含 CO_2 过多的水会对混凝土和金属有侵蚀破坏作用，如果水中还有强酸、强酸弱碱盐，不仅会污染河流，伤害水中生物，如作为用水还会腐蚀管道，而且使水的利用价值受到了限制。因此，水中酸度的测定对于工业用水、农用灌溉用水、饮用水以及了解酸碱滴定过程中 CO_2 的影响都有实际意义。

（2）酸度的测定

酸度的测定同样可采用酸碱指示剂滴定法和电位滴定法。酸碱指示剂滴定法是用碱标准溶液（如 $NaOH$ 或 Na_2CO_3 标准溶液）作为滴定剂，滴定水中的 H^+ 离子，以甲基橙为指示剂，滴定至终点时溶液由橙红色变橘黄色，pH＝3.7；如以酚酞为指示剂，滴定至终点时，溶液由无色至刚好变为浅红色，pH＝8.3；由碱标准溶液所消耗的量，求得酸度。

如果以甲基橙为指示剂，用 $NaOH$ 标准溶液滴定至终点 pH＝3.7 的酸度，称为甲基橙酸度，代表一些较强的酸，适用于废水和严重污染水中的酸度测定。

如果以酚酞为指示剂，用 $NaOH$ 标准溶液滴定至终点 pH＝8.3 的酸度称为酚酞酸度，又叫总酸度，它包括水样中的强酸和弱酸总和。主要用于未受工业废水污染或轻度污染水中酸度的测定。

酸度的单位及计算方法与碱度类似。

（3）游离二氧化碳的测定

由于游离二氧化碳（$CO_2 + H_2CO_3$）能定量地与 $NaOH$ 反应：

$$CO_2 + NaOH \longrightarrow NaHCO_3$$

$$H_2CO_3 + NaOH \longrightarrow NaHCO_3 + H_2O$$

当达到计量点时，溶液的 pH 约为 8.3，故选用酚酞为指示剂。根据 $NaOH$ 标准

溶液的用量求出游离二氧化碳含量

$$游离二氧化碳(CO_2, mg/L) = \frac{V_1 \times C_{NaOH} \times 44 \times 1000}{V_水}$$

式中　V_1 ——NaOH 标准溶液的耗量（mL）；

C_{NaOH} ——NaOH 标准溶液的浓度（mol/L）；

　　44——二氧化碳的摩尔质量（CO_2，g/mol）；

$V_水$ ——水样的量（mL）。

（4）水中侵蚀性二氧化碳测定

首先取水样（不加 $CaCO_3$ 粉末），以甲基橙为指示剂，用 HCl 标准溶液滴定至终点。同时另取水样加入 $CaCO_3$ 粉末放置 5d，待水样中侵蚀性二氧化碳与 $CaCO_3$ 反应完全之后，以甲基橙为指示剂，用 HCl 标准溶液滴定至终点，主要反应为

$$CaCO_3 + CO_2 + H_2O \longrightarrow Ca(HCO_3)_2$$
$$Ca(HCO_3)_2 + 2HCl \longrightarrow CaCl_2 + 2H_2CO_3$$

根据水样中加入 $CaCO_3$ 与未加 $CaCO_3$ 用 HCl 标准溶液滴定时消耗的量之差，求出水中侵蚀性二氧化碳的含量。

$$侵蚀性二氧化碳（CO_2，mg/L） = \frac{(V_2 - V_1) \times C_{HCl} \times 22 \times 1000}{V_水}$$

式中　V_2 ——5d 后（加 $CaCO_3$ 粉末）滴定时消耗 HCl 标准溶液的量（mL）；

V_1 ——当天（未加 $CaCO_3$ 粉末）滴定时消耗 HCl 标准溶液的量（mL）；

C_{HCl} ——HCl 标准溶液的浓度（mol/L）；

　　22——侵蚀性二氧化碳的摩尔质量（$\frac{1}{2}CO_2$，g/mol）；

$V_水$ ——水样的体积（mL）。

应该指出，如果测定结果 $V_2 \leqslant V_1$，则说明水中不含侵蚀性二氧化碳。

3.7.3　碱度和游离 CO_2 的精确计算

在前面讨论 OH^-、CO_3^{2-} 和 HCO_3^- 3 种碱度的测定中，曾经假设 OH^- 和 HCO_3^- 两种碱度不能在同一水样中共存。这个假设是基本正确的，以此为基础所进行的各种碱度计算结果基本可满足水处理工程实践的需要。但是，实际上任何 pH 下，都同时存在 OH^-、CO_3^{2-} 和 HCO_3^- 3 种碱度，因此若作精确计算，就要承认 OH^- 和 HCO_3^- 同时存在于水中。已经知道，水中的总碱度是用酸（如 HCl）标准溶液进行滴定，并用滴定至终点时所消耗的酸标准溶液的量计算总碱的量，即加入的 $[H^+]$ 与 $[碱]_总$ 相当的量。由质子条件式得：

$$[碱]_总 + [H^+] \Longrightarrow [OH^-] + 2[CO_3^{2-}] + [HCO_3^-] \tag{3.39}$$

式中　$[碱]_总$ ——测定时与加入 $[H^+]$ 相当的量，用 $[碱]_总$ 表示；

$[H^+]$ ——水样中原有的 $[H^+]$；

$[OH^-]$、$[CO_3^{2-}]$ 和 $[HCO_3^-]$ ——水中 3 种碱度，均为得质子产物。

其中
$$[OH^-] = \frac{K_w}{[H^+]} \tag{3.40}$$

$$[CO_3^{2-}] = \frac{K_{a_2}[HCO_3^-]}{[H^+]} \tag{3.41}$$

将式 (3.40) 与式 (3.41) 代入式 (3.39)，整理后得

$$[HCO_3^-] = \frac{[碱]_总 + [H^+] - K_w/[H^+]}{1 + 2K_{a_2}/[H^+]} \tag{3.42}$$

将式 (3.42) 代入式 (3.41) 得：

$$[CO_3^{2-}] = \frac{K_{a_2}}{[H^+]} \cdot \left(\frac{[碱]_总 + [H^+] - K_w/[H^+]}{1 + 2K_{a_2}/[H^+]} \right) \tag{3.43}$$

由式 (3.40)、式 (3.42) 和式 (3.43) 可知，水样中 OH^-、CO_3^{2-} 和 HCO_3^- 3 种碱度是总碱度 $[碱]_总$ 与 $[H^+]$ 的函数。

另外，如果水样中 pH<8.3 时，可以认为只有一级 H_2CO_3 解离平衡，即
$$CO_2 + H_2O \Longrightarrow H_2CO_3 \Longrightarrow H^+ + HCO_3^-$$

则
$$[H_2CO_3] = \frac{[H^+][HCO_3^-]}{K_{a_1}} \tag{3.44}$$

将式 (3.42) 代入式 (3.44)，整理后得

$$[H_2CO_3] = \frac{[H^+]}{K_{a_1}} \cdot \frac{[碱]_总 + [H^+] - K_w/[H^+]}{1 + 2K_{a_2}/[H^+]} \tag{3.45}$$

因此，只要测出水样总碱度和 pH，便可由式 (3.40)、式 (3.42)、式 (3.43)、式 (3.45) 同时准确计算出水中 3 种碱度和游离 CO_2 的含量。

酸度、碱度和 pH 都是水的酸碱性质的指标，它们即互相联系，又有一定差别。水的酸度或碱度是表示水中酸碱物质的含量，而水的 pH 表示水中酸或碱的强度，即水的酸碱性强弱。例如，0.10mol/L HCl 和 0.10mol/L HAc 的酸度都是 100m mol/L，但它们的 pH 却不相同，HCl 为强酸，几乎 100% 解离，其 pH =1.0；而 HAc 为弱酸，在水中解离度只有 1.3%，其 pH=2.9。

还应指出，像多数天然水的 pH 在 4.4~8.3 范围内，其水中的酸度和碱度同时存在，这是由于
$$H_2CO_3 \Longrightarrow H^+ + HCO_3^-$$
平衡时即有 CO_2 酸度，又有 HCO_3^- 碱度。因此，同一个水样即可测得酸度，又可测得碱度。

【例 3.17】 某水样中测得总碱度为 1.50×10^{-3} mol/L，pH=9.0，求水样中 3 种碱度各为多少？

【解】 $[碱]_总 = 1.5 \times 10^{-3}$ mol/L　　　　　　pH=9.0，$[H^+] = 10^{-9}$ mol/L

$$K_w = 1 \times 10^{-14} \qquad K_{a_2} = 5.6 \times 10^{-11}$$

由式 (3.40)：

$$[OH^-] = \frac{K_w}{[H^+]} = \frac{10^{-14}}{10^{-9}} = 10^{-5} \text{mol/L}$$

由式 (3.42)：

$$\begin{aligned}
[HCO_3^-] &= \frac{[\text{碱}]_{\text{总}} + [H^+] - K_w/[H^+]}{1 + 2K_{a_2}/[H^+]} \\
&= \frac{1.5 \times 10^{-3} + 10^{-9} - 10^{-5}}{1 + 2 \times 5.6 \times 10^{-11}/10^{-9}} \\
&= 1.34 \times 10^{-3} \text{mol/L}
\end{aligned}$$

由式 (3.41)：

$$\begin{aligned}
[CO_3^{2-}] &= \frac{K_{a_2}[HCO_3^-]}{[H^+]} = \frac{5.6 \times 10^{-11} \times 1.34 \times 10^{-3}}{10^{-9}} \\
&= 7.50 \times 10^{-5} \text{mol/L}
\end{aligned}$$

由式 (3.43)：

$$\begin{aligned}
[CO_3^{2-}] &= \frac{K_{a_2}}{[H^+]} \cdot \left(\frac{[\text{碱}]_{\text{总}} + [H^+] - K_w/[H^+]}{1 + 2K_{a_2}/[H^+]} \right) \\
&= \frac{5.6 \times 10^{-11}}{10^{-9}} \left(\frac{1.5 \times 10^{-3} + 10^{-9} - 10^{-5}}{1 + 2 \times 5.6 \times 10^{-11}/10^{-9}} \right) \\
&= 7.50 \times 10^{-5} \text{mol/L}
\end{aligned}$$

可见由式(3.41)和式(3.43)计算结果一致。

【例 3.18】　求 pH$= 7.0$，总碱度为 6.0×10^{-3} mol/L 的水样中游离 CO_2 含量。

【解】　pH$=7.0$　　$[H^+] = 10^{-7}$mol/L　　　$[\text{碱}]_{\text{总}} = 6.0 \times 10^{-3}$mol/L

$$K_{a_1} = 4.2 \times 10^{-7}, K_{a_2} = 5.6 \times 10^{-11}$$

由式 (3.45)：

$$\begin{aligned}
[H_2CO_3] &= \frac{[H^+]}{K_{a_1}} \left(\frac{[\text{碱}]_{\text{总}} + [H^+] - K_w/[H^+]}{1 + 2K_{a_2}/[H^+]} \right) \\
&= \frac{10^{-7}}{4.2 \times 10^{-7}} \left(\frac{6.0 \times 10^{-3} + 10^{-7} - 10^{-7}}{1 + 2 \times 5.6 \times 10^{-11}/10^{-7}} \right) \\
&= 1.43 \times 10^{-3} \text{mol/L} \times 44 \times 10^3 = 62.9 \text{mg/L}
\end{aligned}$$

∵　pH<8.3，可以认为只有 HCO_3^- 碱度，

∴　用式 (3.44)：

$$\begin{aligned}
[H_2CO_3] &= \frac{[H^+][HCO_3^-]}{K_{a_1}} = \frac{10^{-7} \times 6.0 \times 10^{-3}}{4.2 \times 10^{-7}} \\
&= 1.43 \times 10^{-3} \text{mol/L} \times 44 \times 10^3 = 62.9 \text{mg/L}
\end{aligned}$$

可见，由式 (3.45) 和式 (3.44) 计算结果一致。

思　考　题

1. 水的酸度、碱度和 pH 有什么联系和差别，举例说明之。

2. 强碱滴定弱酸的特点和准确滴定的最低要求是什么？

3. 酸碱滴定中，满足不了准确滴定的条件时，对弱酸(或弱碱)强化的办法有哪些？

4. 下列物质能否用酸碱滴定法直接滴定？若能滴定，选用什么指示剂？

(1) KH_2PO_4　　　(2) K_2HPO_4　　　(3) Na_3PO_4　　　(4) HAc　　　(5) NaAc

5. 用 NaOH 溶液滴定下列各种多元酸时有几个 pH 突跃，应选用何种指示剂？

　　　　$H_2C_2O_4$　　H_2CO_3　　H_3PO_4　　H_2SO_4

6. 水中碱度主要有哪些？在水处理工程实践中，碱度的测定有何意义？简述碱度测定的基本原理。

7. 什么是酸碱滴定的突跃范围？影响酸碱滴定突跃范围的因素有哪些？如何选择指示剂？

8. 选择酸碱指示剂的依据是什么？化学计量点的 $pH(pH_{SP})$ 与选择酸碱示剂有何关系？

9. 游离二氧化碳和侵蚀性二氧化碳有何不同？测定它们的意义何在？

习　　题

1. 已知下列各物质的 K_a 或 K_b，比较它们的相对强弱，计算它们的 K_b 或 K_a，并写出它们共轭酸(或碱)的化学式。

(1)　　HCN	NH_4^+	$H_2C_2O_4$
4.93×10^{-3} （K_a）	$5.6 \times 10^{-10}(K_a)$	$5.9 \times 10^{-2}(K_{a_1})$
		$6.4 \times 10^{-5}(K_{a_2})$
(2)　　NH_2OH	CH_3NH_2	Ac^-
9.1×10^{-9} （K_b）	$4.2 \times 10^{-4}(K_b)$	$5.90 \times 10^{-10}(K_b)$

2. 某一弱酸型指示剂在 pH＝4.5 的溶液中呈现蓝色，在 pH＝6.5 的溶液中呈现黄色，该指示剂的解离常数 K_{HIn} 为多少？

3. 如一弱碱型指示剂的解离常数为 $K_{HIn} = 6.0 \times 10^{-9}$，问该指示剂的变色范围应为多少？

4. 下列物质可否在水溶液中直接滴定。

(1) 0.10mol/L　HAc

(2) 0.10mol/L　HCOOH

(3) 0.10mol/L　CH_3NH_2

(4) 0.10mol/L HCl＋0.10mol/L H_3BO_3

5. 下列物质可否准确分级滴定。

(1) 0.1000mol/L $H_2C_2O_4$

(2) 0.1000mol/L 联氨 $H_2N \cdot NH_2$

6. 取某工业废水水样 100.0mL，以酚酞为指示剂，用 0.0500mol/L HCl 溶液滴定至指示剂刚好退色，用去 25.00mL，再加甲基橙指示剂时不需滴入 HCl 溶液，就已经呈现终点颜色，问水样中有何种碱度？其含量为多少（分别以 CaOmg/L、$CaCO_3$ mg/L、mmol/L 和mg/L 表示）？

7. 取水样 100.0mL，用 0.1000mol/L HCl 溶液滴定至酚酞终点，消耗 13.00mL；再加甲基橙指示剂，继续用 HCl 溶液滴定至橙红色出现，消耗 20.00mL，问水样中有何种碱度？其含量为多少（mg/L 表示）？

8. 取水样 150.0mL，首先加酚酞指示剂，用 0.1000mol/L HCl 溶液滴定至终点，消耗 11.00mL；接着加甲基橙指示剂，继续用 HCl 溶液滴定至终点，又消耗 11.00mL，问该水样有何种碱度其含量为多少（mg/L 表示）？

9. 取某一天然水样 100.0mL，加酚酞指示剂时，未滴入 HCl 溶液，溶液已呈现终点颜色，接着以甲基橙为指示剂，用 0.0500mol/L HCl 溶液滴定至刚好橙红色，用去 13.50mL，问该水样中有何种碱度其含量为多少（mg/L 表示）？

10. 取某工业废水水样 100.00mL 两份，用 0.1000mol/L HCl 溶液滴定，其中一份以百里酚蓝—甲酚红混合指示剂（即 pH＝8.3 指示剂）滴定至黄色时，用去 14.26mL；而另一份用溴甲酚绿—甲基红混合指示剂（即 pH＝4.8 指示剂）滴定至刚好浅灰色时，用去 26.00mL，问该水样中有何种碱度？其含量为多少（mg/L 表示）？

11. 称取含 Na_2CO_3 和 K_2CO_3 的试样 1.000g，溶于水后以甲基橙作指示剂，终点时消耗 0.5000mol/LHCl 溶液 30.00mL，计算试样中 Na_2CO_3 和 K_2CO_3 的百分含量。

12. 一水样中可能含有 CO_3^{2-}、OH^-、HCO_3^-，或者是混合水样。用 20.00mL 0.100mol/L HCl 溶液，以酚酞为指示剂可滴定至终点。问：

(1) 若水样含有 OH^- 和 CO_3^{2-} 的量相同，再以甲基橙为指示剂，还需加入多少毫升 HCl 溶液才可滴定至橙红色终点？

(2) 若水样含有 CO_3^{2-} 和 HCO_3^- 的量相同，接着以甲基橙为指示剂，还需滴入多少毫升 HCl 溶液才可达到橙红色终点？

(3) 若加入甲基橙指示剂时，不需滴入 HCl 溶液就已呈终点颜色，该水样中含何种物质？

13. 用虹吸法吸取某地表水样 100mL，注入 250mL 锥形瓶中，加酚酞指示剂后：

(1) 若不出现红色，则迅速用 0.0100mol/L NaOH 溶液滴定至红色，用去 1.80mL，问该水样中游离二氧化碳 CO_2 含量是多少（mg/L 表示）？

(2) 若出现红色，说明了什么问题？

14. 用虹吸法吸取某河水水样 100mL，立即以甲基橙为指示剂，用 0.1000mol/L HCl 溶液滴定至溶液由橙黄色变为淡橙红色，消耗 1.25mL；同时另取一份水样 500mL，立即加入 $CaCO_3$ 粉末，放置 5d，过滤后取滤液 100mL，加甲基橙指示剂，用同浓度 HCl 溶液滴定至终点，消耗 3.50mL，求该水样中侵蚀性二氧化碳 CO_2 的含量（mg/L 表示）？

第4章 络合滴定法

络合滴定法是以络合反应为基础的滴定分析方法。络合反应广泛用于分析化学的各种分离和测定中。在水质分析中，络合滴定法主要用于水中硬度和铝盐、铁盐混凝剂有效成分的测定，也间接用于水中 SO_4^{2-}、PO_4^{3-} 等阴离子的测定。

许多金属离子与多种配位体通过配位共价键形成的化合物称为络合物或配位化合物。例如，亚铁氰化钾（$K_4[Fe(CN)_6]$）络合物中，$Fe(CN)_6^{4-}$ 称为络离子，络离子中的金属离子（Fe^{2+}）称为中心离子，与中心离子结合的阴离子（CN^-）叫做配位体，配位体还可是中性分子，如 $Ag(NH_3)_2^+$ 络离子中的 NH_3，配位体中直接与中心离子络合的原子叫配位原子（如 NH_3 中的 N，CN^- 中的 N），与中心离子络合的配位原子的数目叫配位数。在络合反应中，配位体叫做络合剂，像许多显色剂、萃取剂、沉淀剂、掩蔽剂等都是络合剂。络合反应是化学领域中最常用、最重要的一类化学反应。因此，络合反应的有关理论及实践知识是水分析化学的重要内容之一。络合滴定法除了必须满足一般滴定分析基本要求外，还要：

（1）络合滴定中生成的络合物是可溶性稳定的络合物。换言之，只有生成稳定络合物的络合反应才能用于滴定分析。

（2）在一定条件下，络合反应只生成一种配位数的络合物。

本章将讨论络合平衡，并引入酸效应系数等副反应系数，条件稳定常数等概念，介绍络合滴定的基本原理，为掌握水质分析中硬度等的测定奠定基础。

4.1 络 合 平 衡

4.1.1 络合物的稳定常数

金属离子（M）与络合剂（L）的反应，如果只形成化学计量数为 1:1 型络合物时，其反应方程式为（为讨论方便，略去所带电荷）

$$M+L \rightleftharpoons ML$$

当络合反应达到平衡时，其反应平衡常数为络合物的稳定常数，用 $K_稳$ 表示。

$$K_稳 = \frac{[ML]}{[M][L]}$$

由于络合物形成反应的逆反应是络合物的解离反应，所以以络合物稳定常数的倒数就是络合物的解离常数，又称做络合物的不稳定常数，用 $K_{不稳}$ 表示。即

$$K_{稳} = \frac{1}{K_{不稳}} \tag{4.1a}$$

$$\lg K_{稳} = pK_{不稳}$$

当金属离子 M 与络合剂 L 的反应，形成的不是 1∶1 型络合物（如 ML_n）时，其络合反应是逐级进行的，相应的逐级稳定常数用 K_1、K_2、K_3、…、K_n 表示。

$$M + L \rightleftharpoons ML \qquad K_1 = \frac{[ML]}{[M][L]} \tag{4.1b}$$

$$ML + L \rightleftharpoons ML_2 \qquad K_2 = \frac{[ML_2]}{[ML][L]}$$

$$\vdots$$

$$ML_{n-1} + L \rightleftharpoons ML_n \qquad K_n = \frac{[ML_n]}{[M_{n-1}][L]}$$

此时，同一级的 $K_{稳}$ 与 $K_{不稳}$ 不是倒数关系；其第一级稳定常数是第 n 级不稳定常数的倒数，第二级稳定常数是第 $n-1$ 级不稳定常数的倒数，依此类推。

显然，上述体系中形成各级络合物的平衡浓度分别是：

$$[ML] = K_1[M][L] \tag{4.1c}$$

$$[ML_2] = K_1 K_2 [M][L]^2$$

$$\vdots$$

$$[ML_n] = K_1 K_2 \cdots K_n [M][L]^n$$

式中络合物稳定常数的渐次乘积，称为络合物累积稳定常数，用 β_i 符号表示。

$$\beta_1 = \frac{[ML]}{[M][L]} = K_1 \tag{4.1d}$$

$$\beta_2 = \frac{[ML_2]}{[M][L]^2} = K_1 K_2$$

$$\vdots$$

$$\beta_n = \frac{[ML_n]}{[M][L]^n} = K_1 K_2 K_3 \cdots K_n = K_{稳}$$

第 n 级累积稳定常数即为络合物的总稳定常数 $K_{稳}$。于是各级络合物的平衡浓度可表示为：

$$[ML] = \beta_1 [M][L] \tag{4.1e}$$

$$[ML_2] = \beta_2 [M][L]^2$$

$$\vdots$$

$$[ML_n] = \beta_n [M][L]^n$$

显然，根据游离金属离子浓度 [M]、络合剂浓度 [L] 和累积稳定常数 β，便可计算络合平衡中的各级络合物的浓度 [ML]、$[ML_2]$、…、$[ML_n]$。

应该指出，不同络合物具有不同的稳定常数 $K_{稳}$（见附表 14、附表 15）例如

$$Ag^+ + 2CN^- \rightleftharpoons [Ag(CN)_2]^- \qquad K_{稳} = 10^{21.1}$$

$$Ag^+ + 2NH_3 \rightleftharpoons [Ag(NH_3)_2]^+ \qquad K_稳 = 10^{7.40}$$

络合物的 $K_稳$ 越大，则络合物越稳定。显然，络合物的稳定性是前者大于后者。

两种同类型络合物 $K_稳$ 不同，在络合反应中形成络合物的先后次序也不同，凡是 $K_稳$ 大者先络合，小者后络合。例如，在溶液中同时存在 Ca^{2+}、Hg^{2+} 和络合剂 Y^{4-}，则发生如下络合反应：

$$Hg^{2+} + Y^{4-} \rightleftharpoons HgY^{2-} \qquad K_{稳,HgY^{2-}} = 10^{21.7}$$
$$Ca^{2+} + Y^{4-} \rightleftharpoons CaY^{2-} \qquad K_{稳,CaY^{2-}} = 10^{10.69}$$

显然，首先发生络合反应的是前者，待反应平衡后才有后一个络合反应发生。

另一方面，同一种金属离子与不同络合剂形成的络合物的稳定性（$K_稳$）不同时，则络合剂可以互相置换。例如，在 $Ag(NH_3)_2^+$ 溶液中逐渐加入 CN^- 离子溶液，则 $Ag(NH_3)_2^+$ 中 NH_3 被 CN^- 置换。

$$Ag(NH_3)_2^+ + 2CN^- \rightleftharpoons Ag(CN)_2^- + 2NH_3$$

这是因为 $Ag(CN)_2^-$（$K_稳 = 10^{21.1}$）较 $Ag(NH_3)_2^+$（$K_稳 = 10^{7.40}$）稳定。

4.1.2　溶液中各级络合物的分布分数

在络合平衡中，溶液中金属离子所存在的各种型体的平衡浓度与溶液中金属离子分析浓度的比值称为各级络合物的分布分数（或摩尔分数），与酸碱溶液相似，也用 δ_i 表示，i 表示该型体所含配位体物质的量与金属离子物质的量的比值（n_L/n_M）。当溶液中金属离子的分析浓度为 C_M 时，则有：

$$\begin{aligned}
C_M &= [M] + [ML] + [ML_2] + \cdots + [ML_n] \\
&= [M] + \beta_1[M][L] + \beta_2[M][L]^2 + \cdots + \beta_n[M][L]^n \\
&= [M](1 + \beta_1[L] + \beta_2[L]^2 + \cdots + \beta_n[L]^n)
\end{aligned} \tag{4.1f}$$

于是

$$\delta_0 = \frac{[M]}{C_M} = \frac{1}{1 + \beta_1[L] + \beta_2[L]^2 + \cdots + \beta_n[L]^n} \tag{4.1g}$$

$$\delta_1 = \frac{[ML]}{C_M} = \frac{\beta_1[L]}{1 + \beta_1[L] + \beta_2[L]^2 + \cdots + \beta_n[L]^n}$$

$$\vdots$$

$$\delta_n = \frac{[ML_n]}{C_M} = \frac{\beta_n[L]^n}{1 + \beta_1[L] + \beta_2[L]^2 + \cdots + \beta_n[L]^n}$$

可见，络合物的分布分数 δ_i 值是 $[L]$ 的函数。

同样有：
$$\delta_0 + \delta_1 + \cdots + \delta_n = 1 \tag{4.1h}$$

如果以 δ_i 为纵坐标，以络合剂 L 的浓度的 $\lg[L]$ 为横坐标，即可绘制 $\delta_i - \lg[L]$ 分布分数曲线，即金属离子 M 与络合剂 L 的分布曲线图。例如，由 $Hg^{2+} - Cl^-$ 络合物分布曲线图（图 4.1）可见，当 $\lg[Cl^-] = -5 \sim -3$ 之间时，$\delta_2 = 1$，故可用 Hg^{2+} 滴定 Cl^-，其滴定产物为 $HgCl_2$，这就是滴定 Cl^- 离子的汞量法。

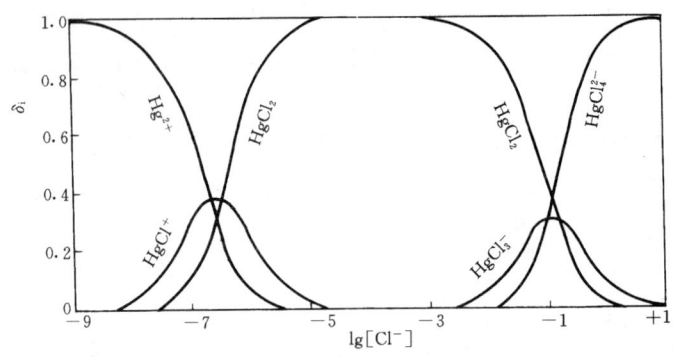

图 4.1 Hg^{2+}—Cl 络合物分布曲线图

4.2   氨羧络合剂

在络合反应中提供配位原子的物质叫做络合剂或配位体，分为无机络合剂和有机络合剂。

无机络合剂除了用于测定水中 Ni^{2+}、Co^{2+}、CN^- 等离子的氰量法和 Cl^-、SCN^-、Hg^{2+} 等离子的汞量法外，大多数无机络合剂与金属离子络合时有明显的分级络合现象，且各级间的稳定常数又很接近，没有一种型体络合物的分布分数 $\delta_i \approx 1$，这种情况下，无机络合剂不宜用于络合滴定，而常作掩蔽剂、显色剂或辅助络合剂。

相反，有机络合剂分子中常含有两个或两个以上的配位原子，它与金属离子形成具有环状结构的螯合物，不仅稳定性高，且一般只形成一种型体络合物，这类络合反应非常适于络合滴定，在水质分析中常用的是氨羧络合剂。

4.2.1   氨羧络合剂

有机络合剂分子中含有氨氮（ —N: ）和羧氧（ —C<^O 配位原子的氨

基多元酸，统称为氨羧络合剂。

它是一类以氨基乙二酸（ —N^{CH₂COOH}₍CH₂COOH₎ ）为基体的有机络合剂（或螯合剂）。最常见的是乙二胺四乙酸。

乙二胺四乙酸（Ethylene Diamine Tetracetic Acid)

$$HOOCH_2C \diagdown N-CH_2-CH_2-N \diagup CH_2COOH$$
$$HOOCH_2C \diagup \qquad\qquad \diagdown CH_2COOH$$

简称 EDTA 或 EDTA 酸，用 H_4Y 表示其分子式，为四元酸。在室温下它的溶解度很小（0.02g/100mL 水，22℃），故常用它的二钠盐，也简称 EDTA（$Na_2H_2Y \cdot 2H_2O$，$M=372.24$），或 EDTA 二钠盐。EDTA 二钠盐的溶解度为11.1g/100mL 水（22℃），使用时一般配成 0.3mol/L 的溶液，其 pH 约为 4.4。

常见的氨羧络合剂还有：

环己烷二胺四乙酸，CyDTA 或 DCTA

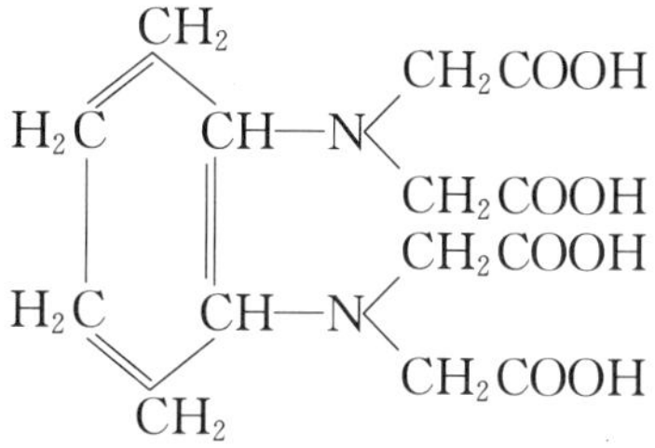

$$CH_2$$
$$H_2C \quad CH-N \quad CH_2COOH$$
$$CH_2COOH$$
$$H_2C \quad CH-N \quad CH_2COOH$$
$$CH_2$$
$$CH_2COOH$$

氨基三乙酸，NTA

$$CH_2COOH$$
$$N-CH_2COOH$$
$$CH_2COOH$$

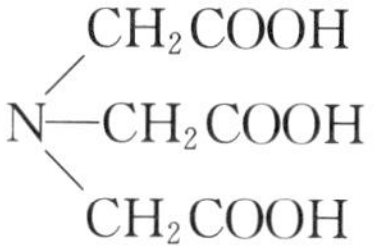

乙二醇二乙醚二胺四乙酸 EGTA

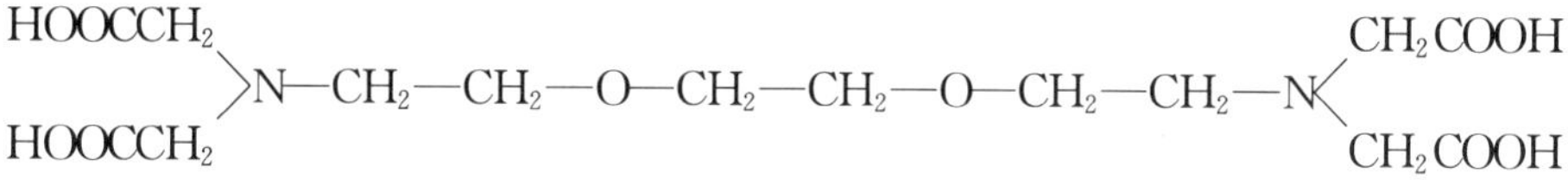

$$HOOCCH_2 \quad N-CH_2-CH_2-O-CH_2-CH_2-O-CH_2-CH_2-N \quad CH_2COOH$$
$$HOOCCH_2 \qquad\qquad\qquad\qquad\qquad\qquad\qquad\qquad CH_2COOH$$

乙二胺四丙酸，EDTP

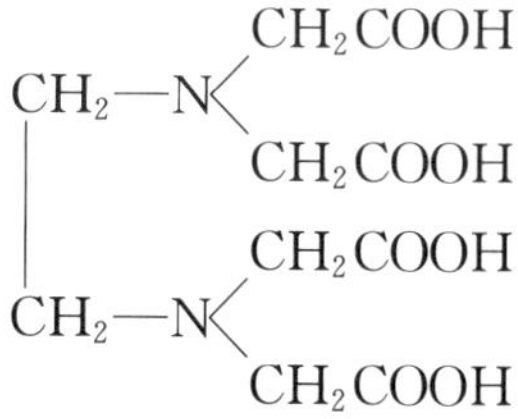

$$CH_2-N \quad CH_2COOH$$
$$CH_2COOH$$
$$CH_2-N \quad CH_2COOH$$
$$CH_2COOH$$

还有三乙烯四胺等多胺类螯合剂等等。

其中最重要的是 EDTA。

4.2.2　EDTA 的解离平衡

在水溶液中，EDTA 分子中互为对角线上的两个羧基的 H^+ 会转移至 N 原子上，形成双偶极离子。

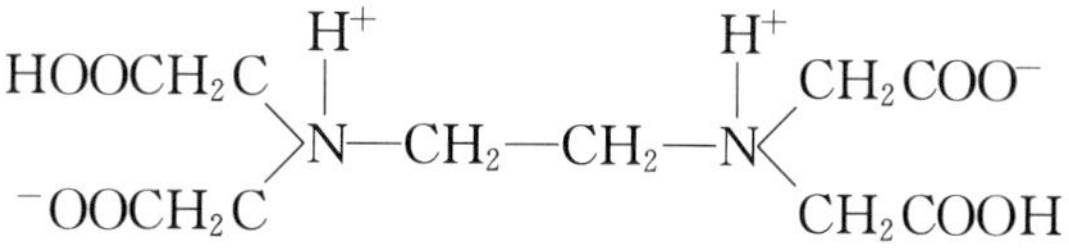

$$HOOCH_2C \quad H^+ \qquad\qquad H^+ \quad CH_2COO^-$$
$$N-CH_2-CH_2-N$$
$$^-OOCH_2C \qquad\qquad\qquad CH_2COOH$$

在强酸溶液中，H_4Y 的两个羧酸根可再接受质子，形成 H_6Y^{2+}，这样 EDTA就相当于六元酸，有 6 级解离平衡：

$H_6Y^{2+} \rightleftharpoons H^+ + H_5Y^+ \qquad K_{a_1}$（—COOH 的解离）$= 1.3 \times 10^{-1} = 10^{-0.9}$

$H_5Y^+ \rightleftharpoons H^+ + H_4Y \qquad K_{a_2}$（—COOH 的解离）$= 2.5 \times 10^{-2} = 10^{-1.6}$

$H_4Y \rightleftharpoons H^+ + H_3Y^- \qquad K_{a_3}$（—COOH 的解离）$= 8.5 \times 10^{-3} = 10^{-2.07}$

$H_3Y^- \rightleftharpoons H^+ + H_2Y^{2-} \qquad K_{a_4}$（—COOH 的解离）$= 1.77 \times 10^{-3} = 10^{-2.75}$

$H_2Y^{2-} \rightleftharpoons H^+ + HY^{2-} \qquad K_{a_5}$（$\rightarrow NH^+$ 的解离）$= 5.75 \times 10^{-7} = 10^{-6.24}$

$HY^{3-} \rightleftharpoons H^+ + Y^{4-} \qquad K_{a_6}$（$\rightarrow NH^+$ 的解离）$= 4.57 \times 10^{-11} = 10^{-10.34}$

在水溶液中 EDTA 可以 H_6Y^{2+}、H_5Y^+、H_4Y、H_3Y^-、H_2Y^{2-}、HY^{3-} 和 Y^{4-} 7 种型体存在。EDTA 作为六元酸，其各型体的分布分数求法与酸碱平衡类似。在溶液中某种型体组分的平衡浓度 $[Y]$ 占 EDTA 总浓度（$[Y]_总$）的分数，用下式表示：

$$\delta_Y = \frac{[Y]}{[Y]_总} \tag{4.2}$$

其各种型体的分布分数 $\delta_i - pH$ 曲线如图 4.2 所示。由图 4.2 可见，各种型体的相对含量决定于 pH 大小。当：

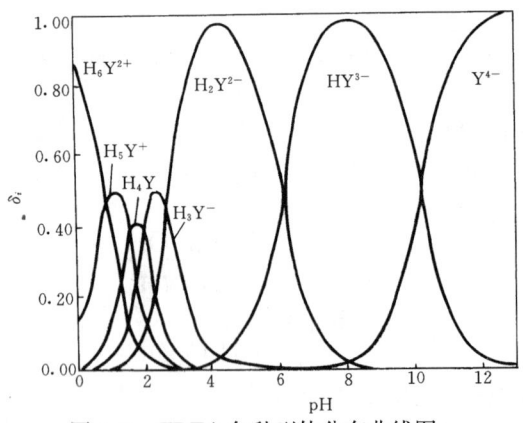

图 4.2　EDTA 各种型体分布曲线图

pH<1 时，EDTA 主要以 H_6Y^{2+} 型体存在

pH=2.75～6.24 时，EDTA 主要以 H_2Y^{2-} 型体存在

pH>10.34 时，EDTA 主要以 Y^{4-} 型体存在

pH≥12 时，只有 Y^{4-} 型体，此时 Y^{4-} 的分布分数 $\delta_0 \approx 1$

4.2.3　EDTA 与金属离子络合物及其稳定性

（1）EDTA 与 1～4 价金属离子都能形成易溶性络合物。

在水溶液中，EDTA 几乎与所有金属离子能迅速形成易溶性络合物。因此可满足络合滴定的基本要求。但是由于络合反应速度大多数较快，这就要求在进行络合滴定中设法提高络合滴定的选择性，以便有针对性地测定其中的某一种金属离子。

（2）形成络合物的稳定性较高。

EDTA 分子中，有 6 个可与金属离子形成配位键的原子，其中包括 2 个氮原子和 4 个羧基氧原子。由 Ni^{2+} 离子与 EDTA 络合物立体结构示意图如图 4.3 所示，在 EDTA 中能形成配位键的 N—O 之间和两个 N 原子之间均隔着两个不能形成配位键的碳（C）原子。所以，EDTA 与金属离子（M^{n+}）络合时形成了 5 个五元环，这种具有环状结构的络合物称为螯合物，是非常稳定的。

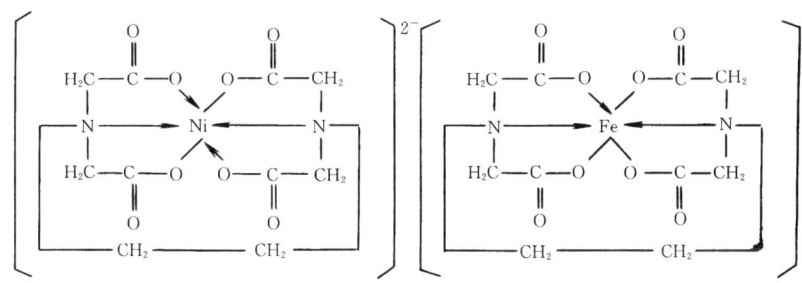

图 4.3　EDTA 与 Ni^{2+}、Fe^{3+} 离子络合物 5 个五元环结构示意图

（3）多数情况下，EDTA 与金属离子以 1∶1 的比值形成络合物，在书写反应式时，应根据溶液的 pH，将 EDTA 的主要型体写入反应式中。例如

在 pH=4～6 时，　　　　　　$M^{n+} + H_2Y^{2-} \rightleftharpoons MY^{n-4} + 2H^+$

在 pH=7～9 时，　　　　　　$M^{n+} + HY^{3-} \rightleftharpoons MY^{n-4} + H^+$

在 pH>10 时，　　　　　　　$M^{n+} + Y^{4-} \rightleftharpoons MY^{n-4}$

在不同 pH 下，EDTA 与金属离子的络合反应可用如下通式表示：

$$M^{n+} + H_jY^{j-4} \rightleftharpoons MY^{n-4} + jH^+$$

可见，不论是几价金属离子与任何型体的 EDTA 络合反应都形成化学计量数为 1∶1 型络合物 MY^{n-4}。

有时为简便起见，用 Y 表示 EDTA，MY 表示金属离子与 EDTA 络合物，并略去离子的电荷。

只有少数高价金属离子与 EDTA 螯合时，形成化学计量数不是 1∶1 型络合物。例如 5 价钼与 EDTA 形成 2∶1 的螯合物——$(MoO_2)_2Y^{2-}$。在 pH<3 或 pH>11 时，EDTA 与金属离子还可形成酸式或碱式络合物 MHY 或 MOHY，但一般不稳定，在讨论络合平衡时均可忽略不计。

（4）EDTA 与无色的金属离子生成无色络合物，有利于指示剂确定滴定终点，与有色金属离子一般生成颜色更深的络合物，滴定这些金属离子时，应控制其浓度不易过大，否则应用指示剂确定终点时会遇到困难。例如：

$$FeY^-, NiY^{2-}, CuY^{2-}, \quad \begin{matrix} Cr(OH)Y^{2-} \\ (pH>10) \end{matrix} \quad \begin{matrix} Fe(OH)Y^{2-} \\ (pH\approx6) \end{matrix} \quad CrY^-, \quad MnY^{2-}, \quad CoY^{2-}$$

黄　　蓝绿　深蓝　　　　蓝　　　　　褐　　　　深紫　　紫红　　紫红

上述个别金属离子（如 Cr^{3+}）可用 EDTA 作为显色剂进行比色测定。

(5) 影响 EDTA 与金属离子络合物稳定性的因素

1) 主要决定金属离子和络合剂的性质——本质因素

例如，不同金属离子与同一络合剂（EDTA）形成的络合物的稳定性不同（表 4.1）。一般 EDTA 与碱金属离子（如 Na^+、K^+）络合物最不稳定。

EDTA 络合物的 $lgK_稳$（$I=0.1$，$20\sim25℃$）　　　　　　表 4.1

Li^+	2.79	Dy^{3+}	18.30	Co^{3+}	36
Na^+	1.66	Ho^{3+}	18.74	Ni^{2+}	18.62
Be^{2+}	9.2	Er^{3+}	18.85	Pd^{2+}	18.5
Mg^{2+}	8.69	Tm^{3+}	19.07	Cu^{2+}	18.80
Ca^{2+}	10.69	Yb^{3+}	19.57	Ag^+	7.32
Sr^{2+}	8.63	Lu^{2+}	19.83	Zn^{2+}	16.50
Ba^{2+}	7.86	Ti^{3+}	21.3	Cd^{2+}	16.46
Sc^{3+}	23.1	TiO^{2+}	17.3	Hg^{2+}	21.7
Y^{3+}	18.09	ZrO^{2+}	29.5	Al^{3+}	16.13
La^{3+}	15.50	HfO^{2+}	19.1	Ga^{3+}	20.3
Ce^{3+}	15.98	VO^{2+}	18.8	In^{3+}	25.0
Pr^{3+}	16.40	VO_2^+	18.1	Tl^{3+}	37.8
Nd^{3+}	16.6	Cr^{3+}	23.4	Sn^{2+}	22.11
Pm^{3+}	16.75	MoO_2^+	28	Pb^{2+}	18.04
Sm^{3+}	17.14	Mn^{2+}	13.87	Bi^{3+}	27.94
Eu^{3+}	17.35	Fe^{2+}	14.32	Th^{4+}	23.2
Gd^{3+}	17.37	Fe^{3+}	25.1	U (IV)	25.8
Tb^{3+}	17.67	Co^{2+}	16.31		

碱土金属离子（如 Be^{2+}、Mg^{2+}、Ca^{2+}、Sr^{2+}、Ba^{2+}）和 Ag^+ 络合物较稳定，$lgK_稳=8\sim11$。

过渡元素、稀土元素（如 Fe^{2+}、Co^{2+}、Ni^{2+} 等）及 Al^{3+} 络合物稳定，$lgK_稳=15\sim19$。

3、4 价金属离子和 Hg^{2+} 离子的络合物最稳定，$lgK_稳>20$。这些差别主要由金属离子（M^{n+}）本身的离子电荷，离子半径和电子层结构的内在差别造成的。

2）络合反应中溶液的温度和其他络合剂存在的外在因素影响络合物的稳定性，其中溶液的 pH 对 EDTA—金属离子络合物稳定性的影响是主要的。

4.3 pH 对络合滴定的影响

4.3.1 EDTA 的酸效应

（1）EDTA 的酸效应

在络合滴定中，滴定剂 EDTA(Y) 与被测定金属离子形成 MY 的络合反应是主反应：

$$M+Y \Longrightarrow MY \tag{4.3a}$$

如前所述，在水溶液中 EDTA 可有 H_6Y^{2+}、H_5Y^+、H_4Y、H_3Y^-、H_2Y^{2-}、HY^{3-} 和 Y^{4-} 7 种型体存在，各型体的相对含量取决于溶液的 pH 大小。按酸碱质子理论，这 7 种型体的 EDTA(Y) 是碱。因此，当 M 与 Y 进行络合反应时，如有 H^+ 存在，就会与 Y 作用，生成它的共轭酸 HY、H_2Y、H_3Y、…、H_6Y 等一系列副反应产物，而使 Y 的平衡浓度降低，对主反应不利：

$$M+Y \Longrightarrow MY$$

$$\Big\| H^+$$

$$HY \overset{H^+}{\Longrightarrow} H_2Y \overset{H^+}{\Longrightarrow} H_3Y \overset{H^+}{\Longrightarrow} H_4Y \overset{H^+}{\Longrightarrow} H_5Y \overset{H^+}{\Longrightarrow} H_6Y \tag{4.3b}$$

可见，pH 对 EDTA 解离平衡有重要影响，这种由于 H^+ 的存在，使络合剂参加主体反应能力降低的效应称为酸效应。

从 EDTA 与金属离子的络合反应来看，主要是 Y^{4-} 和金属离子络合，从 EDTA 的 δ_i—pH 的分布曲线（图 4.2）可见，只有 pH≥12 时，才能有 100% Y^{4-} 型体，在其他的 pH 下，Y^{4-} 离子只占 EDTA 总浓度的一部分。如用 $[Y]_总$ 表示 EDTA 溶液的总浓度，则

$$[Y]_总 = [Y^{4-}] + [HY^{3-}] + [H_2Y^{2-}]$$
$$+ [H_3Y^-] + [H_4Y] + [H_5Y^+] + [H_6Y^{2+}] \tag{4.3c}$$

式中　　$[Y]_总$——表示未参加络合反应的 EDTA 总浓度；

$[Y^{4-}]$——表示能与金属离子络合的 Y^{4-} 离子的浓度（4 价络阴离子浓度）称为有效浓度；

$[Y]_总$ 与 $[Y^{4-}]$ 浓度的比值定义为络合剂（EDTA）的酸效应系数，用 $\alpha_{Y(H)}$ 表示，

即

$$\alpha_{Y(H)} = \frac{[Y]_总}{[Y^{4-}]} \tag{4.4a}$$

酸效应系数 $\alpha_{Y(H)}$ 数值，随溶液的 pH 增大而减小，这是因为 pH 增大，$[Y^{4-}]$ 增多的缘故。

酸效应系数的计算方法：

由 $\alpha_{Y(H)}$ 的定义可知，它是 EDTA 的分布分数 $\delta_Y = [Y] / [Y]_总$ 的倒数。

$$\alpha_{Y(H)} = \frac{1}{\delta_Y} \tag{4.4b}$$

可见，酸效应系数 $\alpha_{Y(H)}$ 越小，EDTA 的分布分数 δ_Y 越大，即 $[Y^{4-}]$ 增大，则表示 Y 受到 H^+ 引起的副反应的程度越小。

如果将 Y 的质子化产物看做是氢络合物，并可将其各级质子化产物的解离常数（K_{a_1}、K_{a_2}、$\cdots$、K_{a_6}）换算成稳定常数，则有

$$Y^{4-} + H^+ = HY^{3-} \qquad K_1 = \frac{[HY^{3-}]}{[H^+][Y^{4-}]} = \frac{1}{K_{a_6}}$$

$$HY^{3-} + H^+ = H_2Y^{2-} \qquad K_2 = \frac{[H_2Y^{2-}]}{[H^+][HY^{3-}]} = \frac{1}{K_{a_5}}$$

$$\vdots$$

$$H_5Y^+ + H^+ = H_6Y^{2+} \qquad K_6 = \frac{[H_6Y^{2+}]}{[H^+][H_5Y^+]} = \frac{1}{K_{a_1}}$$

于是，累级稳定常数表示为

$$\beta_1 = K_1 = \frac{1}{K_{a_6}}$$

$$\beta_2 = K_1K_2 = \frac{1}{K_{a_6}K_{a_5}}$$

$$\vdots$$

$$\beta_6 = K_1K_2K_3\cdots K_6 = \frac{1}{K_{a_6}K_{a_5}K_{a_4}\cdots K_{a_1}}$$

则式（4.3c）变为：

$$\begin{aligned}
[Y]_总 &= [Y^{4-}] + \beta_1[Y^{4-}][H^+] + \beta_2[Y^{4-}][H^+]^2 + \beta_3[Y^{4-}][H^+]^3 \\
&\quad + \beta_4[Y^{4-}][H^+]^4 + \beta_5[Y^{4-}][H^+]^5 + \beta_6[Y^{4-}][H^+]^6 \\
&= [Y^{4-}](1 + \beta_1[H^+] + \beta_2[H^+]^2 + \beta_3[H^+]^3 + \beta_4[H^+]^4 \\
&\quad + \beta_5[H^+]^5 + \beta_6[H^+]^6)
\end{aligned}$$

故

$$\begin{aligned}
\alpha_{Y[H]} &= \frac{[Y]_总}{[Y^{4-}]} = 1 + \beta_1[H] + \beta_2[H]^2 + \beta_3[H]^3 + \beta_4[H]^4 \\
&\quad + \beta_5[H]^5 + \beta_6[H]^6
\end{aligned} \tag{4.5}$$

可见，酸效应系数 $\alpha_{Y(H)}$ 是 $[H^+]$ 的函数，是定量表示 EDTA 酸效应进行程度的参数。它的物理意义是当络合反应达到平衡时，未参加主反应的络合剂总浓度是其游离状态存在的络合剂（Y）的平衡浓度的倍数。

当无副反应时，$[Y]_总 = [Y^{4-}]$，$\alpha_{Y(H)} = 1$。

当有副反应时，$[Y]_总 > [Y^{4-}]$，$\alpha_{Y(H)} > 1$。

可见总有 $\alpha_{Y(H)} \geqslant 1$。

不同 pH 时的 $\alpha_{Y(H)}$ 列于表 4.2。由于 $\alpha_{Y(H)}$ 值的变化范围较大，故表中均取对数值。

不同 pH 时的 $lg\alpha_{Y(H)}$ 值　　　　　　　　　　表 4.2

pH	$lg\alpha_{Y(H)}$	pH	$lg\alpha_{Y(H)}$	pH	$lg\alpha_{Y(H)}$	pH	$lg\alpha_{Y(H)}$	pH	$lg\alpha_{Y(H)}$
0.0	23.64	2.5	11.90	5.0	6.45	7.5	2.78	10.0	0.45
0.1	23.06	2.6	11.62	5.1	6.26	7.6	2.68	10.1	0.39
0.2	22.47	2.7	11.35	5.2	6.07	7.7	2.57	10.2	0.33
0.3	21.89	2.8	11.09	5.3	5.88	7.8	2.47	10.3	0.28
0.4	21.32	2.9	10.84	5.4	5.69	7.9	2.37	10.4	0.24
0.5	20.75	3.0	10.8	5.5	5.51	8.0	2.3	10.5	0.20
0.6	20.18	3.1	10.37	5.6	5.33	8.1	2.17	10.6	0.16
0.7	19.62	3.2	10.14	5.7	5.15	8.2	2.07	10.7	0.13
0.8	19.08	3.3	9.92	5.8	4.98	8.3	1.97	10.8	0.11
0.9	18.54	3.4	9.70	5.9	4.81	8.4	1.87	10.9	0.09
1.0	18.01	3.5	9.48	6.0	4.8	8.5	1.77	11.0	0.07
1.1	17.49	3.6	9.27	6.1	4.49	8.6	1.67	11.1	0.06
1.2	16.98	3.7	9.06	6.2	4.34	8.7	1.57	11.2	0.05
1.3	10.49	3.8	8.85	6.3	4.20	8.8	1.48	11.3	0.04
1.4	16.02	3.9	8.65	6.4	4.06	8.9	1.38	11.4	0.03
1.5	15.55	4.0	8.6	6.5	3.92	9.0	1.29	11.5	0.02
1.6	15.11	4.1	8.24	6.6	3.79	9.1	1.19	11.6	0.02
1.7	14.68	4.2	8.04	6.7	3.67	9.2	1.10	11.7	0.02
1.8	14.27	4.3	7.84	6.8	3.55	9.3	1.01	11.8	0.01
1.9	13.88	4.4	7.64	6.9	3.43	9.4	0.92	11.9	0.01
2.0	13.8	4.5	7.44	7.0	3.4	9.5	0.83	12.0	0.01
2.1	13.16	4.6	7.24	7.1	3.21	9.6	0.75	12.1	0.01
2.2	12.82	4.7	7.04	7.2	3.10	9.7	0.67	12.2	0.005
2.3	12.50	4.8	6.84	7.3	2.99	9.8	0.59	13.0	0.0008
2.4	12.19	4.9	6.65	7.4	2.88	9.9	0.52	13.9	0.0001

【例 4.1】　计算 pH=2 和 pH=12 时的 EDTA 的 $\alpha_{Y(H)}$ 和 Y 离子在总浓度中所占的百分数？计算结果说明了什么问题？

【解】　pH=2，$[H^+] = 0.01 = 10^{-2}$ mol/L，又 EDTA 作为多元酸的各级解离常数换算成

氢络合物的各级稳定常数（$K_1 \sim K_6$）分别为：

$10^{10.34}$、$10^{6.24}$、$10^{2.75}$、$10^{2.07}$、$10^{1.6}$ 和 $10^{0.9}$

则各级累级常数（$\beta_1 \sim \beta_6$）分别为：

$10^{10.34}$、$10^{16.58}$、$10^{19.33}$、$10^{21.40}$、$10^{23.0}$ 和 $10^{23.9}$

则由式（4.5）得：

$$\begin{aligned}
\alpha_{Y(H)} &= 1 + 10^{10.34} \times 10^{-2} + 10^{16.58} \times 10^{-4} + 10^{19.33} \times 10^{-6} \\
&\quad + 10^{21.40} \times 10^{-8} + 10^{23.0} \times 10^{-10} + 10^{23.9} \times 10^{-12} \\
&\approx 1 + 10^{8.34} + 10^{12.58} + 10^{13.33} + 10^{13.40} + 10^{13.0} + 10^{11.9} \\
&\approx 6.11 \times 10^{13}
\end{aligned}$$

$$\frac{[Y]}{[Y]_{总}} = \frac{1}{\alpha_{Y(H)}} = 1.6 \times 10^{-14} = 1.6 \times 10^{-12}\%$$

同理 pH$= 12$　$[H^+] = 10^{-12}$ mol/L

求得 $\alpha_{Y(H)} \approx 1.02$，$\dfrac{[Y^{4-}]}{[Y]_{总}} = \dfrac{1}{\alpha_{Y(H)}} = 98.04\%$

一般，$\alpha_{Y(H)}$ 值直接由表 4.2 查出即可。

可见，pH 增加，酸效应系数 $\alpha_{Y(H)}$ 减少，$[Y^{4-}]$ 明显增大，对络合滴定越有利。

（2）共存离子的络合效应

当金属离子 M 与络合剂 Y 发生络合反应时，如有共存金属离子（N）也能与络合剂 Y 发生副反应生成 NY 络合物。

$$M + Y \rightleftharpoons MY$$
$$\Updownarrow N$$
$$NY$$

这类副反应通常称做共存离子的络合效应（也称为共存离子效应），其共存离子络合效应的副反应系数用 $\alpha_{Y(N)}$ 表示

$$\begin{aligned}
\alpha_{Y(N)} &= \frac{[Y]_{总}}{[Y]} = \frac{[NY] + [Y]}{[Y]} \\
&= 1 + K_{NY}[N] = 1 + \beta_1[N]
\end{aligned} \tag{4.6}$$

若溶液中有多种共存离子 N_1、N_2、$\cdots$、N_n 时，则有

$$\alpha_{Y(N)} = \alpha_{Y(N_1)} + \alpha_{Y(N_2)} + \cdots + \alpha_{Y(N_n)}(n-1) \tag{4.7}$$

可见，$\alpha_{Y(N)}$ 只是 $[N]$ 的函数。

如果络合剂 Y 既有酸效应又有共存离子络合效应，Y 的总副反应系数是

$$\begin{aligned}
\alpha_Y &= \frac{[Y] + [HY] + [H_2Y] + \cdots + [H_6Y]}{[Y]} + \frac{[Y] + [NY]}{[Y]} - \frac{[Y]}{[Y]} \\
&= \alpha_{Y(H)} + \alpha_{Y(N)} - 1
\end{aligned} \tag{4.8}$$

应该指出，如无共存离子时，则只有酸效应。有共存离子的副反应，对 EDTA 络合滴定影响较大。这将在后面有关章节讨论。下面只讨论络合剂 Y 的酸

效应对络合物稳定性的影响。

4.3.2　酸效应对金属离子络合物稳定性的影响

（1）条件稳定常数 $K'_稳$

从表 4.2 可以看出，多数情况下 $\alpha_{Y(H)} > 1$，$[Y]_总 > [Y^{4-}]$；只有在 pH≥12 时，$\alpha_{Y(H)} = 1$，$[Y]_总 = [Y^{4-}]$。而通常所说络合平衡时的稳定常数 $K_稳$ 是 $[Y]_总 = [Y^{4-}]$，即 $\alpha_{Y(H)} = 1$ 时的稳定常数。这样，EDTA 不能在 pH<12 时应用。在实际应用中，溶液的 pH<12 时，必须考虑酸效应对金属离子络合物稳定性的影响，所以又引进条件稳定常数，用 $K'_稳$ 表示。

金属离子与 EDTA 的主体反应是

$$M^{n+} + Y^{4-} \Longleftrightarrow MY^{n-4}, \quad K_{稳(MY)} = \frac{[MY^{n-4}]}{[M^{n+}][Y^{4-}]}$$

由式（4.4a）$[Y^{4-}] = \dfrac{[Y]_总}{\alpha_{Y(H)}}$，代入上式得：

$$K_稳 = \frac{[MY^{n-4}]\alpha_{Y(H)}}{[M^{n+}][Y]_总}$$

定义：

$$K'_稳 = \frac{K_稳}{\alpha_{Y(H)}} = \frac{[MY^{n-4}]}{[M^{n+}][Y]_总}$$

$$K'_稳 = \frac{[MY^{n-4}]}{[M^{n+}][Y]_总} \tag{4.9}$$

可见，在一定条件下，酸效应系数（$\alpha_{Y(H)}$）为定值，络合物的稳定常数 $K_稳$ 与 $\alpha_{Y(H)}$ 的比值 $K'_稳$ 也是常数，称为条件稳定常数。有时为强调 $K'_稳$ 是以 EDTA 的酸效应影响为主，可在络合剂 Y 右上角打上一撇，用 $K_{MY'}$ 表示。

（2）条件稳定常数 $K'_稳$ 的意义

1）$K'_稳$ 表示在 pH 外界因素影响下，络合物的实际稳定程度。只有在一定 pH 时，$K'_稳$ 才是定值，pH 改变 $K'_稳$ 也改变。在络合滴定中更有实际意义，在实际应用中常取对数值。

$$\lg K'_稳 = \lg K_稳 - \lg \alpha_{Y(H)} \tag{4.10}$$

由于 pH 值越大，$\alpha_{Y(H)}$ 越小，则条件稳定常数 $K'_稳$ 越大，形成络合物越稳定，对络合滴定就越有利。另外，$K'_稳$ 越大，络合反应就越完全，计量点附近金属离子浓度的变化就有明显突跃，终点则越敏锐。那么，如何才算络合反应完全呢？同样用 $K'_稳$ 来判断。

2）判断络合反应完全程度。实际水处理中，水样中同时含有 Ca^{2+}、Mg^{2+} 和 Fe^{3+}、Al^{3+} 等，当 pH 升高时，Fe^{3+} 和 Al^{3+} 易水解生成沉淀或生成羟基络合物，这不仅不能测定 Fe^{3+} 和 Al^{3+}，而且对 Ca^{2+}、Mg^{2+} 的测定也产生干扰。所以必须选择合适的 pH。如前面所述，pH 增大，$\alpha_{Y(H)}$ 减小，$K'_稳$ 变大，对滴定越有利。那么，$K'_稳$到底多大才合适呢？下面讨论络合滴定对 $K'_稳$ 的基本要求。

络合滴定中允许的最低 pH 值取决于允许的误差和检测终点的准确度。络合滴定的目测终点与计量点时金属离子浓度的负对数（pM）的差值一般为 $\pm 0.2 \sim$ 0.5，即 ΔpM 至少为 0.2，用 ΔpM 表示终点观测的不确定性；若允许滴定误差为 $\pm 0.1\%$，并用 TE 表示终点误差，则 $\Delta pM = \pm 0.2$，$TE = \pm 0.1\%$，并根据终点滴定误差公式[1]求得：

$$TE = \frac{10^{\Delta pM} - 10^{-\Delta pM}}{\sqrt{C_{M,sp}K'_{MY}}} \times 100\%$$

即

$$C_{M,sp}K'_{MY} = \left(\frac{10^{\Delta pM} - 10^{-\Delta pM}}{TE} \times 100\%\right)^2$$

取对数则得准确进行络合滴定的判断式

$$\lg (C_{M,sp}K'_{MY}) = 2\lg (10^{\Delta pM} - 10^{-\Delta pM}) - 2\lg TE \qquad (4.11a)$$

式中　$\lg (10^{\Delta pM} - 10^{-\Delta pM})$ 为检测终点的灵敏度，其值越小，灵敏度越高，否则相反。

当 $\Delta pM = \pm 0.2$ 时，$\lg (10^{\Delta pM} - 10^{-\Delta pM}) \approx 0$

故式（4.11a）变为

$$\lg (C_{M,sp}K'_{MY}) \approx -2\lg TE \qquad (4.11b)$$

当 $TE \leqslant 0.1\%$ 时，则

$$\lg (C_{M,sp}K'_{MY}) \geqslant 6 \qquad (4.11c)$$

式中　$C_{M,sp}$——计量点时金属离子的浓度，通常将 $\lg (C_{M,sp}K'_{MY}) \geqslant 6$ 作为能否用络合滴定法测定单一金属离子的条件。

如果以金属离子浓度 $C_{M,sp}$ 为 0.01mol/L 作为典型条件来讨论酸效应和其他因素对滴定的影响，则式（4.11c）就可写成 $\lg K'_{MY} \geqslant 8$，即

$$\lg K'_{MY} = \lg K_{MY} - \lg \alpha_{Y(H)} \geqslant 8 \qquad (4.12)$$

或　　　　　　　　　　$\lg \alpha_{Y(H)} \leqslant \lg K_{MY} - 8$

可见，络合物的 $K'_{MY} \geqslant 10^8$，即 $\lg K'_{MY} \geqslant 8$，才能定量络合完全。

应该说明，上述判据不是绝对的，而是有条件的。应用 $\lg(C_{M,sp}K'_稳) \geqslant 6$ 作为络合滴定能够直接准确滴定的判据时，条件是终点观测的不确定性为 $\pm 0.2pM$，允许滴定误差（TE）为 $\pm 0.1\%$。条件改变，则该判据也将有所不同。如 $TE \leqslant 0.3\%$ 时，$\lg (K'_{MY,sp}) \geqslant 5$；$TE \leqslant 1\%$ 时，$\lg (K'_{MY}C_{M,sp}) \geqslant 4$。

应用 $\lg K'_稳 = \lg K_稳 - \lg \alpha_{Y(H)} \geqslant 8$ 作为定量络合完全的条件是计量点时金属离子的浓度 $C_{sp} = 0.01mol/L$。条件改变，则判据也应改变。

[1]　林树昌、胡乃非、曾泳淮编《分析化学》第二版，高教出版社，2004，P165

如，$C_{sp} = 10^{-4} mol/L$，则

$$lgK'_稳 = lgK_稳 - lg\alpha_{Y(H)} \geqslant 10$$

【例 4.2】 判断用 EDTA 标准溶液滴定水样中 Mg^{2+} 和 Zn^{2+}，在 pH=10 或 pH=5 时，反应是否完全？

【解】 查表得：$lgK_{MgY}=8.7$，$lgK_{ZnY}=16.5$

$$pH=10，lg\alpha_{Y(H)}=0.45$$

$$pH=5，lg\alpha_{Y(H)}=6.45$$

用式（4.12）：$lgK'_{MgY}=lgK_{MgY}-lg\alpha_{Y(H)} \geqslant 8$ 判断

pH=10 时

$$lgK'_{MgY} = 8.7 - 0.45 = 8.25 > 8$$

∴能络合完全

$$lgK'_{ZnY}=16.5-0.45=16.0>8$$

∴能络合完全

pH=5 时

$$lgK'_{MgY} = 8.7 - 6.45 = 2.25 < 8$$

∴不能络合完全

$$lgK'_{ZnY} = 16.5 - 6.45 = 10.05 > 8$$

∴能络合完全

计算结果表明，同一络合物 MgY 在高 pH 时能定量络合，而低 pH 时，不能络合完全；又同一络合物 ZnY 在高、低 pH 均能络合完全。这些差别，就是由于络合物稳定常数 $K_稳$ 不同，前者 K_{MgY} 不太大，络合物不太稳定，只有高 pH 时（$lg\alpha_{Y(H)}$ 较小），才能满足 $lgK'_稳 \geqslant 8$；后者 K_{ZnY} 很大，络合物稳定，即使低 pH 时（$lg\alpha_{Y(H)}$ 较大）仍能达到 $lgK'_稳 \geqslant 8$。

3）判断直接准确络合滴定的最小 pH 与酸效应曲线

前面讨论可知，$lg\alpha_{Y(H)} \leqslant lgK_稳 - 8$ 是判断能否络合滴定的条件。显然，$lg\alpha_{Y(H)} = lgK_稳 - 8$ 时，即最大 $lg\alpha_{Y(H)}$ 值对应的 pH 就是直接准确滴定的最小 pH。

a. 利用 $lg\alpha_{Y(H)} = lgK_稳 - 8$ 公式，可以找到滴定各种金属离子（M^{n+}）时所允许的最小 pH。

【例 4.3】 求用 EDTA 滴定 Fe^{3+} 和 Al^{3+} 时的最小 pH。

【解】 已知 $lgK_{FeY}=25.1$ $lgK_{AlY}=16.13$

则 滴定 Fe^{3+} 时，$lg\alpha_{Y(H)}=25.1-8=17.1$

查表 4.2 得，pH=1.1~1.2

滴定 Al^{3+} 时，$lg\alpha_{Y(H)}=16.13-8=8.13$

查表 4.2 得：pH=4.1~4.2

故用 EDTA 滴定 Fe^{3+} 和 Al^{3+} 时的最小 pH 分别为 1.1 和 4.1。

b. 利用酸效应曲线估计最小 pH

以各种金属离子［M^{n+}］的 $lgK_稳$ 或 $lg\alpha_{Y(H)}$ 为横坐标，对应的最小 pH 为纵坐标，绘制的曲线称为酸效应曲线，又称林邦（Ringbom）曲线（图 4.4）。

利用酸效应曲线：

（*a*）查出某种金属离子在络合滴定中允许的最小 pH

例如，由图 4.4 查得 Fe^{3+} 的 pH＝1

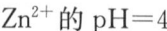

　　　　　Zn^{2+} 的 pH＝4

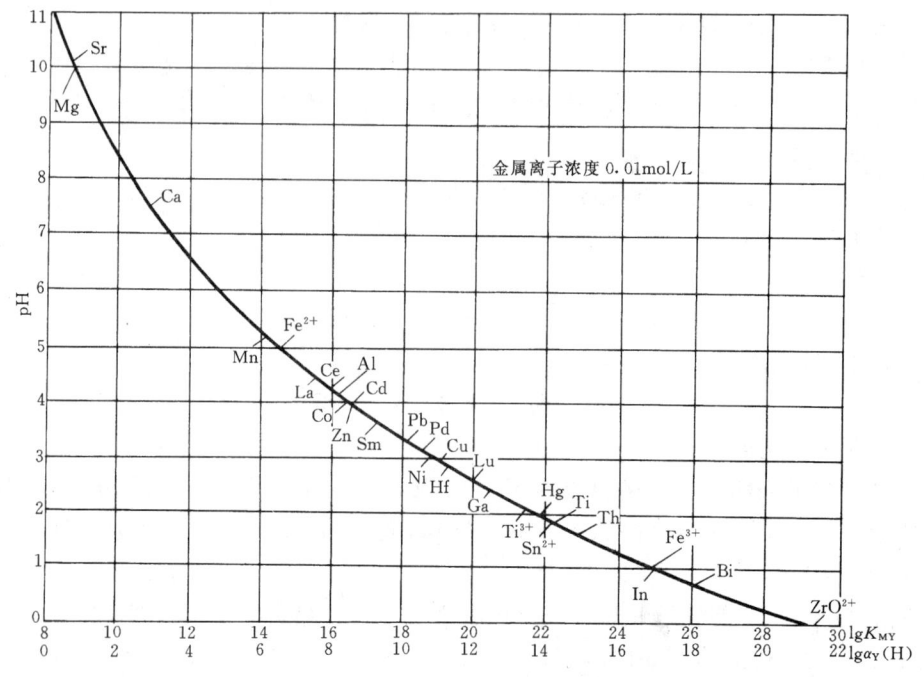

图 4.4　EDTA 的酸效应曲线

小于这个 pH，则不能络合或络合不完全。应用酸效应曲线查出滴定某种金属离子的最小 pH，较直接，也很方便。

（*b*）查出干扰离子

a）在 pH≥10 时，可滴定 Mg^{2+}，但如果 pH＜10 时，则会有 Ca^{2+}、Mn^{2+} 等离子干扰测定。

b）pH≥1 时，可滴定 Fe^{3+}，如果 pH＜1 时，则 Bi^{3+}、ZrO^{2+} 均干扰测定。

（*c*）控制溶液不同 pH，实现连续滴定或分别滴定。

如水样中含有 Fe^{3+}、Al^{3+} 时，可利用酸效应曲线估算出对应的最小 pH，可进行连续滴定。

首先在 pH＝2～2.5 时，用 EDTA 标准溶液滴定 Fe^{3+}，求出 Fe^{3+} 的含量。Al^{3+} 不干扰测定。然后，在 pH＝4.5 时，用 EDTA 继续滴定 Al^{3+}，再求 Al^{3+} 的

含量。

应该指出，在实际应用中，控制溶液的 pH 范围要比滴定金属离子允许的最小 pH 范围大一些，因为 EDTA 是一有机弱酸，在水溶液中或多或少地解离产生一定量的 H^+，降低了溶液的 pH，所以控制的 pH 稍高一些，可抵消这种影响。

4.3.3 金属离子的络合效应及其对络合物稳定性的影响

（1）金属离子的络合效应的影响

络合剂的酸效应是影响络合滴定的重要因素之一。除此之外，金属离子与 EDTA 发生络合反应时，如有其他络合剂（L），例如，络合滴定时所需的缓冲剂，或为防止金属离子水解所加的辅助络合剂，或为消除其他金属离子的干扰所加的掩蔽剂，则金属离子与络合剂 L 会发生副反应。或者在络合滴定中，pH 较高时，金属离子可能与溶液中的 OH^- 发生水解的副反应；所有这些副反应都使金属离子参加主反应的能力下降，这种金属离子的副反应均称为金属离子的络合效应。其主要反应如下：

$$
\begin{array}{ccc}
& M & + \quad Y \Longrightarrow MY \\
OH \diagup & \diagdown L & \\
M(OH) & ML & \\
\vdots & \vdots & \\
M(OH)_n & ML_n &
\end{array}
$$

金属离子的副反应系数又称金属离子的络合效应系数，用 α_M 符号表示。它表示没有参加主反应的金属离子总浓度（$[M]_\text{总}$）与游离金属离子浓度（$[M]$）之比，即

$$\alpha_M = \frac{[M]_\text{总}}{[M]} \tag{4.13}$$

如由其他络合剂 L 与金属离子所引起的副反应，其副反应系数用 $\alpha_{M(L)}$ 表示。

$$
\begin{aligned}
\alpha_{M(L)} &= \frac{[M]+[ML]+[ML_2]+\cdots+[ML_n]}{[M]} \\
&= 1+\beta_1[L]+\beta_2[L]^2+\cdots+\beta_n[L]^n
\end{aligned} \tag{4.14}
$$

由 OH^- 与金属离子形成羟基络合物所引起的副反应，其副反应系数用 $\alpha_{M(OH)}$ 表示。

$$
\begin{aligned}
\alpha_{M(OH)} &= \frac{[M]+[MOH]+[M(OH)_2]+\cdots+[M(OH)_n]}{[M]} \\
&= 1+\beta_1[OH^-]+\beta_2[OH^-]^2+\cdots+\beta_n[OH^-]^n
\end{aligned} \tag{4.15}
$$

可见，$\alpha_{M(L)}$ 或 $\alpha_{M(OH)}$ 仅仅是 $[L]$ 或 $[OH^-]$ 的函数。其中一些金属离子的 $\lg\alpha_{M(OH)}$ 值见表 4.3。

金属离子的 $\lg\alpha_{M(OH)}$ 值   表 4.3

金属离子	I	pH													
		1	2	3	4	5	6	7	8	9	10	11	12	13	14
Ag（Ⅰ）	0.1											0.1	0.5	2.3	5.1
Al（Ⅲ）	2					0.4	1.3	5.3	9.3	13.3	17.3	21.3	25.3	29.3	33.3

金属离子	I	pH													
		1	2	3	4	5	6	7	8	9	10	11	12	13	14
Ba（Ⅱ）	0.1													0.1	0.5
Bi（Ⅲ）	3	0.1	0.5	1.4	2.4	3.4	4.4	5.4							
Ca（Ⅱ）	0.1													0.3	1.0
Cd（Ⅱ）	3									0.1	0.5	2.0	4.5	8.1	12.0
Ce（Ⅳ）	1—2	1.2	3.1	5.1	7.1	9.1	11.1	13.1							
Cu（Ⅱ）	0.1								0.2	0.8	1.7	2.7	3.7	4.7	5.7
Fe（Ⅱ）	1									0.1	0.6	1.5	2.5	3.5	4.5
Fe（Ⅲ）	3			0.4	1.8	3.7	5.7	7.7	9.7	11.7	13.7	15.7	17.7	19.7	21.7
Hg（Ⅱ）	0.1			0.5	1.9	3.9	5.9	7.9	9.9	11.9	13.9	15.9	17.9	19.9	21.9
La（Ⅲ）	3									0.3	1.0	1.9	2.9	3.9	
Mg（Ⅱ）	0.1										0.1	0.5	1.3	2.3	
Ni（Ⅱ）	0.1										0.1	0.7	1.6		
Pb（Ⅱ）	0.1						0.1	0.5	1.4	2.7	4.7	7.4	10.4	13.4	
Th（Ⅳ）	1				0.2	0.8	1.7	2.7	3.7	4.7	5.7	6.7	7.7	8.7	9.7
Zn（Ⅱ）	0.1									0.2	2.4	5.4	8.5	11.8	15.5

事实上，络合滴定中这些副反应往往同时存在，此时，总的副反应系数以 α_M 表示，

$$\alpha_M = \frac{[M]_{\text{总}}}{[M]} = \frac{[M] + [ML] + [ML_2] + \cdots + [ML_n]}{[M]}$$
$$+ \frac{[M] + [MOH] + [M(OH)_2] + \cdots + [M(OH)_n]}{[M]} - \frac{[M]}{[M]}$$
$$= \alpha_{M(L)} + \alpha_{M(OH)} - 1$$
$$\approx \alpha_{M(L)} + \alpha_{M(OH)} \tag{4.16}$$

各种副反应系数的有意义取值是

$$\alpha_{Y(H)}（\text{或} \alpha_M）\geqslant 1 \tag{4.17}$$

$\alpha_{Y(H)}$ 或 α_M 是定量表示络合剂 Y 的酸效应或金属离子的络合效应进行程度的参数。当：

$\alpha_{Y(H)}$（或 α_M）＝1 时，无副反应；

$\alpha_{Y(H)}$（或 α_M）＞1 时，有副反应。

【例4.4】 用总浓度为 0.10mol/L $NH_3 \cdot H_2O$—NH_4Cl 缓冲溶液控制 pH＝10.0，来讨论以EDTA（Y）滴定水样中 Zn^{2+} 时的各种副反应的影响程度如何？

【解】 pH＝10.0，表查 4.2 得：$lg\alpha_{Y(H)}=0.45$，$\alpha_{Y(H)}=10^{0.45}$，可见在 pH＝10.0 时，$lg\alpha_{Y(H)}$ 很小，但

pH＝10.0，查表 4.3 得：$lg\alpha_{Zn(OH)}=2.4$，$\alpha_{Zn(OH)}=10^{2.4}$，又 $Zn(NH_3)_n$ 络合物的 $\beta_1 \sim \beta_4$ 分别为 $10^{2.27}$、$10^{4.61}$、$10^{7.01}$ 和 $10^{9.06}$，$[NH_3]=0.10mol/L$，于是

$$\alpha_{Zn(NH_3)} = 1 + 10^{2.27} \times 10^{-1} + 10^{4.61} \times 10^{-2} + 10^{7.01} \times 10^{-3} + 10^{9.06} \times 10^{-4} = 10^{5.10}$$

$$lg\alpha_{Zn(NH_3)} = 5.10$$

此时，$\lg K'_{ZnY} = \lg K_{ZnY} - \lg K_{Y(H)} - \lg \alpha_{Zn(NH_3)} - \lg \alpha_{Zn(OH)}$

$\qquad\qquad = 16.5 - 0.45 - 5.10 - 2.4$

$\qquad\qquad = 8.55 > 8$

在 pH=10.0 时，虽然 Y 可滴定 Zn^{2+}，但是金属离子的副反应影响是很大的，那么金属离子的副反应影响程度如何呢？

显然，对同一组分 Zn^{2+} 的总副反应系数是

$$\alpha_{Zn} = \alpha_{Zn(NH_3)} + \alpha_{Zn(OH)} - 1$$

$$\approx 10^{5.10} + 10^{2.4}$$

$$\approx 10^{5.10}$$

计算结果表明，在一定条件下，各种副反应（这里指金属离子（Zn^{2+}）的副反应）对该组分（Zn^{2+}）影响大小是不一样的，其中金属离子（Zn^{2+}）与加入的缓冲剂 NH_3 的副反应影响大些。对同一组分的总副反应系数 $\alpha_{Zn} \approx 10^{5.10}$ 来说，说明已忽略了羟基络合物（$Zn(OH)_n$）的影响。因此，在一定条件下，在考虑各种副反应时，相对来说，有些副反应是可以忽略不计的。一般按数值比较，比最大项小两个数量级的各项均可忽略。

（2）络合物的副反应的影响

应该指出，除上述讲的络合剂的酸效应和金属离子的络合效应外，还有络合物（MY）的副反应，例如，在较低 pH 下，除了金属离子（M）与 EDTA 生成 MY 外，还有 H^+ 与 MY 发生副反应，生成酸式络合物 MHY；在 pH 较高时，MY 还与 OH^- 生成 M（OH）Y、M(OH)$_2$Y 等碱式络合物。主要反应如下：

$$\begin{array}{ccc} & M+Y \Longleftrightarrow MY & \\ & H^+ \diagup \quad \diagdown OH^- & \\ MHY & & M(OH)Y \\ & & \vdots \\ & & M(OH)_nY \end{array}$$

这些络合物称为混合络合物，这些副反应称为混合络合效应，这种混合络合效应对主反应有利，并使络合物的稳定性略有增大。形成酸式或碱式 EDTA 络合物的副反应系数用 α_{MY} 表示。

综上所述，M 与 Y 的主反应和各种副反应的影响，其条件稳定常数 K'_{MY} 用下式表示：

$$K'_{MY} = K_{MY} \cdot \frac{\alpha_{MY}}{\alpha_{Y(H)} \cdot \alpha_M} \qquad\qquad (4.18)$$

即 $\qquad\qquad \lg K'_{MY} = \lg K_{MY} - \lg \alpha_{Y(H)} - \lg \alpha_M + \lg \alpha_{MY}$

由于酸式或碱式络合物一般不太稳定，故在多数计算中忽略不计。因此，在络合滴定中主要考虑络合剂的酸效应和金属离子的络合效应。并根据这些酸效应和金属离子的络合效应来选择适当的 pH 范围；此外，还要考虑金属指示剂的颜色变化对 pH 的要求。此时条件稳定常数为

$$K'_{MY} = \frac{K_{MY}}{\alpha_{Y(H)} \cdot \alpha_M} \qquad\qquad (4.19)$$

$$\lg K'_{MY} = \lg K_{MY} - \lg \alpha_{Y(H)} - \lg \alpha_M$$

但是实际应用中，由于滴定的 pH 范围往往比理论上允许的最小 pH 要大一些，此时，其他非主要影响也考虑在内。其水解效应可以忽略；且不存在其他引起金属离子的副反应的络合剂和其他共存离子时，则只有 EDTA 的酸效应，则见式（4.9）：

$$K'_{MY} = \frac{K_{MY}}{\alpha_{Y(H)}}$$

$$\lg K'_{MY} = \lg K_{MY} - \lg \alpha_{(H)}$$

一般，许多金属离子与 EDTA 生成的络合物都比较稳定，但由于络合滴定中不可避免地存在各种副反应，因此，条件稳定常数 $\lg K'_{MY}$ 值很少有超过 20 以上的。表 4.4 为校正酸效应、水解效应及生成酸式或碱式络合物效应后的条件稳定常数。

校正酸效应、水解效应及生成酸式或碱式络合物效应后的条件稳定常数 表 4.4

离子\pH	0	1	2	3	4	5	6	7	8	9	10	11	12	13	14
Ag^+				0.7	1.7	2.8	3.9	5.0	5.9	6.8	7.1	6.8	5.0	2.2	
Al^{3+}			3.0	5.4	7.5	9.6	10.4	8.5	6.6	4.5	2.4				
Ba^{2+}					1.3	3.0	4.4	5.5	6.4	7.3	7.7	7.8	7.7	7.3	
Bi^{3+}	1.4	5.3	8.6	10.6	11.8	12.8	13.6	14.0	14.1	14.0	13.9	13.3	12.4	11.4	10.4
Ca^{2+}					2.2	4.1	5.9	7.3	8.4	9.3	10.2	10.6	10.7	10.4	9.7
Cd^{2+}		1.0	3.8	6.0	7.9	9.9	11.7	13.1	14.2	15.0	15.5	14.4	12.0	8.4	4.5
Co^{2+}		1.0	3.7	5.9	7.8	9.7	11.5	12.9	13.9	14.5	14.7	14.1	12.1		
Cu^{2+}		3.4	6.1	8.3	10.2	12.2	14.0	15.4	16.3	16.6	16.6	16.1	15.7	15.6	15.6
Fe^{2+}			1.5	3.7	5.7	7.7	9.5	10.9	12.0	12.8	13.2	12.7	11.8	10.8	9.8
Fe^{3+}	1.1	8.2	11.5	13.9	14.7	14.8	14.6	14.1	13.7	13.6	14.0	14.3	14.4	14.4	14.4
Hg^{2+}	1.5	6.5	9.2	11.1	11.3	11.3	11.1	10.5	9.6	8.8	8.4	7.7	6.8	5.8	4.8
La^{3+}			1.7	4.6	6.8	8.8	10.6	12.0	13.1	14.0	14.6	14.3	13.5	12.5	11.5
Mg^{2+}					2.1	3.9	5.3	6.4	7.3	8.2	8.5	8.2	7.4		
Mn^{2+}			1.4	3.6	5.5	7.4	9.2	10.6	11.7	12.6	13.4	13.4	12.6	11.6	10.6
Ni^{2+}		3.4	6.1	8.2	10.1	12.0	13.8	15.2	16.3	17.1	17.4	16.9			
Pb^{2+}		2.4	5.2	7.4	9.4	11.4	13.2	14.5	15.2	15.2	14.8	13.9	10.6	7.6	4.6
Sr^{2+}					2.0	3.8	5.2	6.3	7.2	8.1	8.5	8.6	8.5	8.0	
Th^{4+}	1.8	5.8	9.5	12.4	14.5	15.8	16.7	17.4	18.2	19.1	20.0	20.4	20.5	20.5	20.5
Zn^{2+}		1.1	3.8	6.0	7.9	9.9	11.7	13.1	14.2	14.9	13.6	11.0	8.0	4.7	1.0

4.4　络合滴定基本原理

在络合滴定法中，通常以 EDTA 等氨羧络合剂为滴定剂，故也称螯合滴定。本节主要讨论 EDTA 溶液为滴定剂滴定水中金属离子的滴定曲线和金属指示剂的选择。

4.4.1　络合滴定曲线

应该说，从 EDTA 溶液滴定水中的金属离子（M^{n+}）的变化规律，即滴定曲线与酸碱滴定非常类似。在络合滴定中，随着 EDTA 滴定剂的不断加入，被滴定金属离子（M^{n+}）的浓度不断减少，在计量点附近时，溶液的 pM（即 $-lg[M]$）发生突跃。绘制 pM－EDTA 溶液加入量的曲线即为络合滴定曲线。在酸碱滴定中，酸的 K_a 或碱的 K_b 是不变的，在络合滴定中，由于各种副反应发生（忽略络合物 MY 的副反应），络合物（MY）的 $K'_稳$ 将小于 $K_稳$，但在络合滴定中，$K'_稳$ 基本保持不变。

本节只考虑 EDTA 的酸效应，讨论以 0.01mol/L EDTA 标准溶液滴定 20.00mL 0.01mol/L Ca^{2+} 溶液的滴定曲线。

只考虑酸效应时（式 4.9），$K'_{CaY}=\dfrac{K_{CaY}}{\alpha_{Y(H)}}=\dfrac{[CaY]}{[Ca^{2+}][Y]_总}$

(1) 当 pH＝12 时，查表 4.2，$lg\alpha_{Y(H)}=0.01$，即 $\alpha_{Y(H)}=1$，可认为无酸效应。所以

$$K'_{CaY}=K_{CaY}=4.9\times10^{10}=10^{10.69}$$

1) 滴定前　溶液中 Ca^{2+} 浓度：

$$[Ca^{2+}]=0.01mol/L$$

$\therefore$
$$pCa=-lg[Ca^{2+}]=2.0$$

2) 计量点前　溶液中 $[Ca^{2+}]$ 取决于剩余 Ca^{2+} 的浓度。例如滴入 EDTA 溶液 19.98mL 时

$$[Ca^{2+}]=\frac{0.0100\times(20.00-19.98)}{20.00+19.98}=5.0\times10^{-6}mol/L$$

$$pCa=5.3$$

3) 计量点时　滴入 20.00mL EDTA 溶液，达到计量点，溶液中 $[Ca^{2+}]_{sp}=[Y]_{sp}$，$[CaY]=C_{Ca}/2$

则
$$K_{CaY}=\frac{[CaY]}{[Ca^{2+}]_{sp}[Y]_{sp}}=\frac{C_{Ca}/2}{[Ca^{2+}]_{sp}^2}$$

$\therefore$
$$[Ca^{2+}]_{sp}=\sqrt{\frac{C_{Ca}}{2\cdot K_{CaY}}}=\sqrt{\frac{0.0100}{2\times4.9\times10^{10}}}=10^{-6.50}mol/L$$

故　　pCa$_{sp}$＝6.50

4) 计量点后　溶液中〔Y〕决定于 EDTA 的过量浓度，例如滴入 EDTA 溶液 20.02mL 时

$$[Y]=\frac{0.0100(20.02-20.00)}{20.00+20.02}=4.998\times10^{-6}\text{mol/L}$$

$$[CaY]=\frac{0.0100\times20.00}{20.00+20.00}=5.00\times10^{-3}\text{mol/L}$$

代入　$K_{CaY}=\dfrac{[CaY]}{[Ca^{2+}][Y]}$式得：

$$10^{10.69}=\frac{5.0\times10^{-3}}{[Ca^{2+}]\times4.998\times10^{-6}}$$

则　　$[Ca^{2+}]=10^{-7.69}$

∴　pCa＝7.69

由滴定开始计算 pCa，并将数据（部分）列入表 4.5，同时绘制滴定曲线（图 4.5）。

pH＝12.0 时，0.0100mol/L EDTA 滴定 20.00mL 0.0100mol/L Ca^{2+} 溶液中 pCa 值变化

表 4.5

加入 EDTA （mL）	滴定百分数 （%）	剩余 Ca^{2+} （mL）	过量 EDTA （mL）	pCa
0.00	0.0	20.00		2.0
18.00	90.0	2.00		3.3
19.80	99.00	0.20		4.3
19.98	99.9	0.02		5.3 ⎫ 突
20.00	100.0	0.00		6.5 ⎬ 跃范围
20.02	100.1		0.02	7.69 ⎭ 围
20.20	101.0		0.20	8.69
40.00	200.0		20.00	10.69

(2) 当 pH＝9.0 时，查表 4.2，lg$\alpha_{Y(H)}$＝1.29，有酸效应存在，此时

$$\lg K'_{CaY}=\lg K_{CaY}-\lg\alpha_{Y(H)}$$
$$=10.69-1.29=9.40$$

即　　　　　　　　　　$K'_{CaY}=10^{9.40}$

计量点时：　　　$[Ca^{2+}]_{sp}=\sqrt{\dfrac{C_{Ca}/2}{K'_{CaY}}}=\sqrt{\dfrac{0.0100/2}{10^{9.40}}}$
$$=1.4\times10^{-6}\text{mol/L}$$
$$pCa_{sp}=5.85$$

同样，按 pH＝12.0 时计算方法，求算计量点前后滴入 19.98mL 和 20.02mL

EDTA 时，pCa 分别为 5.3 和 6.40，即
突跃范围是 pCa＝5.3～6.40。

　　根据条件稳定常数 K'_{CaY} 的数值，按
pH＝12.0 时计算方法，求出 pH＝
10.0，9.0，7.0 和 6.0 时各点的 pCa
值，并绘制络合滴定曲线，一并示于
图 4.5。

　　显然，有酸效应时，$K'_{CaY} < K_{CaY}$，
但在整个滴定过程中，K'_{CaY} 仍基本不变，
故滴定曲线基本与 pH＝12.0 时相同，
只是突跃范围不同罢了。

4.4.2　影响滴定突跃的主要因素

　　影响络合滴定突跃的主要因素有络
合物的条件稳定常数和被滴定金属离子
的浓度。

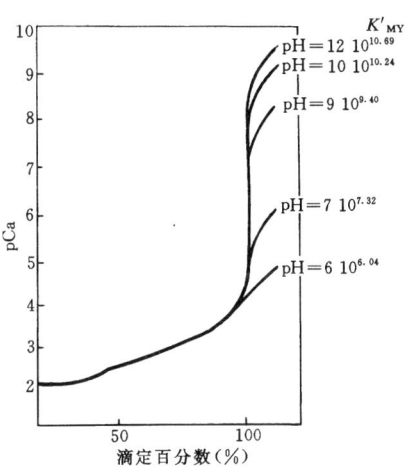

图 4.5　不同 pH（或 K'_{MY}）时，
0.0100mol/L EDTA 滴定 0.0100mol/L
的 Ca^{2+} 溶液的滴定曲线

　　(1) K'_{MY} 越大，滴定突跃越大。由图 4.5 可见，pH 值不同，K'_{MY} 不同，而
导致滴定曲线的 pCa 突跃范围不同。pH 值越大，K'_{MY} 越大，络合物越稳定，滴
定曲线的突跃范围越宽；否则，相反。当 pH＝7.0 时，$\lg K'_{CaY}=7.32$，已看不出
突跃了。因此，在络合滴定中，溶液的 pH 值选择是非常重要的。

　　(2) C_M 越大，滴定突跃越大。影响络合滴定突跃的主要因素除了络合物的
条件稳定常数外，还有被滴定金属离子的浓度 C_M（图 4.6）。C_M 越大，滴定曲线
的起点就越低，pM 突跃就越大；反之，pM 突跃就越小。

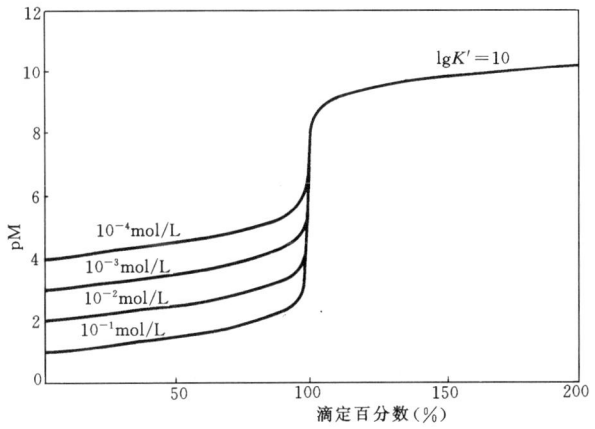

图 4.6　EDTA 与不同浓度金属离子滴定曲线

4.4.3　计量点 pM_{sp} 的计算

由图 4.5 可以看到，pH 不同，K'_{MY} 不同，计量点时的 pM_{sp} 也不同。因此，为了选择适当的金属指示剂，经常需要计算 pM_{sp} 值。其计算通式是

$$[M]_{sp}=\sqrt{\frac{C_{M,sp}}{K'_{MY}}}=\sqrt{\frac{C_M/2}{K'_{MY}}} \tag{4.20}$$

$$pM_{sp}=\frac{1}{2}(pC_{M,sp}+\lg K'_{MY})$$

式中　　$[M]_{sp}$——计量点时溶液中金属离子 M 的平衡浓度；

　　　　$C_{M,sp}$——计量点时溶液中金属离子 M 的分析浓度，即各种型体的总浓度。计量点时：$[M]_{sp}$ 很小，

$$C_{M,sp}=[MY]_{sp}+[M]_{sp}\approx[MY]_{sp}=\frac{1}{2}C_M;$$

　　　$[MY]_{sp}$——计量点时形成络合物的浓度；

　　　　C_M——原始水样中金属离子 M 的浓度；

　　　　K'_{MY}——条件稳定常数。

【例 4.5】　已知水样含 Ca^{2+}、Mg^{2+} 和 Cu^{2+} 浓度均为 0.0200mol/L，用 0.0200mol/L $NH_3\cdot H_2O-NH_4Cl$ 缓冲溶液控制 pH=10.00，如果用 0.0200mol/L EDTA 标准溶液滴定水样 Ca^{2+}、Mg^{2+}、Cu^{2+}，求计量点的 pM_{sp} 值各是多少？结果说明了什么问题？

【解】　体系中除有酸效应外，还可能有络合效应。

Ca^{2+} 与 Mg^{2+} 均不能形成氨络合物，Ca^{2+} 不形成氢氧基络合物，Mg^{2+} 虽能形成氢氧基络合物，但在 pH=10 时，$\lg\alpha_{Mg}=0$。

已知 $C_{Ca,sp}=1/2C_{Ca}=0.0100mol/L$，　$C_{Mg,sp}=1/2C_{Mg}=0.0100mol/L$

$$\lg K'_{CaY}=\lg K_{CaY}-\lg\alpha_{Y(H)}=10.69-0.45=10.24$$

$$\therefore\quad pCa_{sp}=\frac{1}{2}(pC_{Ca,sp}+\lg K'_{CaY})=\frac{1}{2}(2.00+10.24)=6.12$$

同理求得：　$\lg K'_{MgY}=\lg K_{MgY}-\lg\alpha_{Y(H)}=8.69-0.45=8.24$

$$\therefore\quad pMg_{sp}=\frac{1}{2}(pC_{Mg,sp}+\lg K'_{MgY})=\frac{1}{2}(2.00+8.24)=5.12$$

Cu^{2+} 可形成铜氨络合物 $Cu(NH_3)_n$。

计量点时，

$$C_{Cu,sp}=\frac{1}{2}C_{Cu}=0.0100mol/L$$

$$[NH_3]_{sp}=\frac{1}{2}C_{NH_3}=0.0100mol/L$$

$$\alpha_{Cu(NH_3)} = 1 + \beta_1[NH_3] + \beta_2[NH_3]^2 + \beta_3[NH_3]^3 + \beta_4[NH_3]^4 + \beta_5[NH_3]^5$$
$$= 1 + 10^{4.31} \times 10^{-1} + 10^{7.98} \times 10^{-2} + 10^{11.02} \times 10^{-3} + 10^{13.32} \times 10^{-4}$$
$$+ 10^{12.86} \times 10^{-5}$$
$$= 10^{9.26}$$

由表 (4.3) 和 (4.2) 中查得：pH＝10.0 时

$$\alpha_{Cu(OH)} = 10^{1.7} \ll 10^{9.26} \text{ （可忽略不计）}$$
$$\alpha_{Y(H)} = 10^{0.45}$$
$$\lg K'_{CuY} = \lg K_{CuY} - \lg \alpha_{Y(H)} - \lg \alpha_{Cu(NH_3)}$$
$$= 18.80 - 0.45 - 9.26$$
$$= 9.09$$

$$\therefore \qquad pCu_{sp} = \frac{1}{2}(pC_{Cu,sp} + \lg K'_{CuY})$$
$$= \frac{1}{2}(2.00 + 9.09)$$
$$= 5.54$$

可见，在 pH＝10.0 时，虽然，K_{CaY}、K_{MgY} 和 K_{CuY} 差别较大，但在氨性溶液中 K'_{CaY}、K'_{MgY} 和 K'_{CuY} 相差较小，计量点时的 pM_{sp} 也很接近，因此如溶液中同时有上述 3 种离子，将一起被 EDTA 滴定，得到它们的总量。

4.4.4　金属指示剂

由络合滴定曲线可知，在络合滴定中，滴定剂（EDTA）滴定至计量点前后 pM 发生"突跃"，能够指出在这一"突跃"范围内发生颜色变化和滴定终点的试剂叫做金属指示剂。这种试剂能够与金属离子生成有色络合物，因此又叫显色剂。

（1）金属指示剂的作用原理

金属指示剂是一些有机络合剂，可与金属离子形成有色络合物，其颜色与游离金属指示剂本身的颜色不同，因此，可以指示被滴定金属离子在计量点附近 pM 值的变化。例如，用 EDTA 溶液滴定水中金属离子 M，加入金属离子指示剂（用 In 符号表示，颜色 A），则 M 与 In 生成显色络合物（用 MIn 符号表示，颜色 B）同时，用 EDTA 滴定水样中 M，生成络合物 MY（多数无色）。当达到计量点时，由于 $K_{MY} > K_{MIn}$，所以再滴入稍过量的 EDTA 便置换显色络合物 MIn 中的金属离子 M，而又释放或游离出金属指示剂 In，溶液又显现指示剂本身的颜色 A，指示终点到达。其主要反应有：

计量点之前：　　M＋In　$\rightleftharpoons$　　MIn　　　　　　　　　　　（4.21a）
　　　　　　　颜色 A　　颜色 B
　　　　　　　（指示剂）（显色络合物）

　　　　　　　M ＋ Y　$\rightleftharpoons$　MY　　　　　　　　　　　　　　（4.21b）

计 量 点 时： M 与 EDTA 已络合完全。

$$Y + MIn \rightleftharpoons MY + In \qquad\qquad (4.21c)$$

颜色 B   颜色 A

（显色络合物）   （指示剂）

金属指示剂理论变色点（Transition Point）pM_t 的计算：

当由金属指示剂（In）与金属离子（M）形成显色络合物的反应达到平衡时，见式（4.21a），其条件稳定常数

$$K'_{MIn} = \frac{[MIn]}{[M][In]} = \frac{K_{MIn}}{\alpha_M \cdot \alpha_{In(H)}} \qquad\qquad (4.22)$$

取对数，

$$pM + \lg\frac{[MIn]}{[In]} = \lg K_{MIn} - \lg\alpha_{In(H)} - \lg\alpha_M$$

式中 K'_{MIn}——为考虑了指示剂的酸效应和金属离子的络合效应时的 MIn 的条件稳定常数；

    K_{MIn}——显色络合物 MIn 的稳定常数；

    α_M——金属离子 M 的副反应系数；

  $\alpha_{In(H)}$——指示剂的酸效应系数。

当 $[MIn] = [In]$，pM 值即为该溶液被滴定时金属指示剂的理论变色点，用 pM_t 表示。

$$pM_t = \lg K_{MIn} - \lg\alpha_{In(H)} - \lg\alpha_M \qquad\qquad (4.23)$$

可见，金属指示剂的理论变色点是随着滴定条件变化而有所改变的。而酸碱指示剂只有一个确定的理论变色点。

（2）金属指示剂应具备的条件

1）金属指示剂（In）本身的颜色与显色络合物（MIn）颜色应显著不同。

许多金属指示剂不仅具有络合剂的性质，而且本身还是多元弱酸或多元碱，能随溶液 pH 变化而显示出不同的颜色。例如铬黑 T 是一个三元酸，在不同 pH 条件下呈现不同颜色，当溶液 pH<6.4 时，是紫红色；pH>11.5 时，是橙色；6.4<pH<11.5 时为蓝色，而铬黑 T 指示剂与许多金属离子 Ca^{2+}、Mg^{2+}、Zn^{2+}、Cd^{2+} 等形成红色络合物。显然，只有在 pH=6.4~11.5 进行滴定时，滴定终点才有敏锐的颜色变化，即由显色络合物的红色变成游离指示剂本身的蓝色。

2）金属指示剂（In）与金属离子（M）形成的显色络合物（MIn）的稳定性要适当。

指示剂与金属离子络合物即显色络合物（MIn）的稳定性必须小于 EDTA 与金属离子络合物（MY）的稳定性，只有如此，指示剂才能在计量点时被 EDTA 置换出来，而显示终点的颜色变化。要求：$K_{MIn} < K_{MY}$ 至少相差二个数量级，但必须适当。否则，如显色络合物稳定性太低，则在计量点之前指示剂就开始游离出来，提前出现终点，使变色不敏锐，而引入误差；如稳定性太高，则使滴定

终点拖后或得不到终点。

例如，用 EDTA 标准溶液测定水中 Ca^{2+}、Mg^{2+} 时，以铬黑 T 为指示剂，如水中含有 Fe^{3+}、Al^{3+}、Ti^{4+}、Cu^{2+}、Ni^{2+}、Co^{2+} 等离子时，则与铬黑 T 指示剂形成络合物，其 $K_{MIn} > K_{MY}$，则显色络合物 MIn 不能被 EDTA 置换，得不到终点，而影响滴定。因此，我们得出：当金属指示剂与金属离子形成的络合物不能被EDTA置换，则加入大量 EDTA 也得不到终点，这种现象叫做指示剂的封闭现象。

为了防止或消除指示剂的封闭现象，可以加入适当的络合剂来掩蔽封闭指示剂的离子。例如：

a. 加三乙醇胺，掩蔽 Fe^{3+}、Al^{3+} 和 Ti^{4+}。

b. 加氰化钾（KCN）或硫化钠 Na_2S，掩蔽 Cu^{2+}、Ni^{2+} 和 Co^{2+} 等离子；还有在络合滴定时，蒸馏水中不得含有引起指示剂封闭的微量重金属离子。

3）指示剂与金属离子形成的络合物应易溶于水，否则，如果金属指示剂与金属离子生成的显色络合物为胶体或沉淀，使滴定时与 EDTA 的置换作用缓慢，而使终点延长，这种现象叫做指示剂的僵化现象。例如，用 PAN 指示剂与 Cu^{2+}、Bi^{3+}、Cd^{2+}、Hg^{2+}、Pb^{2+}、Zn^{2+}、In^{3+}、Ni^{2+}、Mn^{2+}、Th^{4+} 等金属离子形成紫红色的螯合物，但它们往往是胶体或沉淀，使滴定时变色缓慢或终点延长。

为了防止金属指示剂的僵化现象，可采取如下方法：

a. 可加入有机溶剂如乙醇或加热活化，来增大显色络合物的溶解度或加快置换速度；

b. 在接近滴定终点时要缓慢滴定，并剧烈振摇。

4）金属指示剂 In 与金属离子（M^{n+}）的显色反应必须灵敏迅速，并有良好的可逆性。

5）金属指示剂要有一定的选择性。在一定条件下，只与被测金属离子（M^{n+}）有显色反应。

（3）常用的金属指示剂

1）铬黑 T（Eriochrome Black T，EBT）

化学名称为1-（1-羟基-2 萘偶氮基）-6-硝基-2-萘酚-4磺酸钠，是一偶氮染料。其 $pK_{a_1} = 3.9$，$pK_{a_2} = 6.3$，$pK_{a_3} = 11.55$。其化学结构式为：

铬黑 T

固体铬黑 T 性质稳定，易溶于水，磺酸基上的 Na^+ 全部解离，形成 H_2In^-，并有如下平衡：

$$pK_{a_2} = 6.3 \qquad pK_{a_3} = 11.6$$

$$H_2In^- \xrightleftharpoons \qquad HIn^{2-} \xrightleftharpoons \qquad In^{3-}$$

紫红色　　　　　蓝色　　　　　橙色

（pH < 6.3）　　（pH = 8～11）　　（pH > 11.6）

由于许多金属离子与 EBT 形成红色络合物 MEBT，故在 pH＝8～10 时使用，常用 $NH_3 \cdot H_2O - NH_4Cl$ 缓冲溶液控制 pH＝10 左右，当用 EDTA 滴定金属离子 M 至终点时，溶液由红色变为蓝色。

$$Y + MEBT \rightleftharpoons EBT + MY$$

红色　　　蓝色

主要用于测定水中的 Ca^{2+}、Mg^{2+}、Zn^{2+}、Cd^{2+}、Pb^{2+}、Hg^{2+} 等离子含量，当测定水中总硬度 Ca^{2+}、Mg^{2+} 时，由于 EBT 与 Mg^{2+} 络合物稳定，显色的灵敏度高，Ca^{2+} 与 EBT 的络合物不够稳定，显色的灵敏度低，所以当水中 Mg^{2+} 的含量较低时，用 EBT 作指示剂往往得不到敏锐的终点。这时可在溶液中加入一定量的 Mg^{2+}-EDTA 或 Zn^{2+}-EDTA 溶液，改善滴定终点。

如前所述，Fe^{3+}、Al^{3+}、Ti^{4+}、Cu^{2+}、Co^{2+}、Ni^{2+} 等离子对铬黑 T 指示剂有封闭作用。

铬黑 T 在水溶液中，易发生聚合反应，$nH_2In \rightleftharpoons [H_2In^-]_n$，尤其在 pH < 6.3 时，更为严重，加入三乙醇胺可防止聚合。

铬黑 T 在碱性溶液中易被空气中氧及 Mn^{4+}、Ce^{4+} 等氧化性离子氧化而退色，加入盐酸羟胺或抗坏血酸等可防止氧化。因此，在实际应用中常用固体。铬黑 T 与 NaCl 按 1：100 质量比混合，研匀后密封保存 1 年内有效。使用时用药匙取约 0.1g，相当于铬黑 T 约 1mg。

2）酸性铬蓝 K（Acid Chrome Blue K）

化学名称为 1，8-二羟基-1-（2-羟基-5-磺酸基-1-偶氮苯）-3，6-二磺酸萘钠盐，其 $pK_{a_1} = 6.1$，$pK_{a_2} = 10.2$，$pK_{a_3} = 14.6$。其化学结构式为：

酸性铬蓝 K

酸性铬蓝 K 在 pH < 7 时，呈玫瑰红色，在 pH＝8～13 时呈蓝灰色。由于酸性铬蓝 K 与金属离子 M 形成螯合物 MK 是红色，所以使用时控制 pH 在 8～13。

当以酸性铬蓝 K 为指示剂，用 EDTA 滴定金属离子至终点时，由红色变为蓝色。反应如下：

$$Y + MK \rightleftharpoons MY + K$$

红色　　　　　　　蓝
（显色络合物）（酸性铬蓝 K）

酸性铬蓝 K 指示剂对 Ca^{2+} 灵敏度较 EBT 高，在 pH＝10 时，主要用于测定水中的总硬度（Ca^{2+}、Mg^{2+} 总量）；在 pH＝12.5 时，测定水中 Ca^{2+} 的量。但应指出，在碱性溶液中，易形成 $Mg(OH)_2$ 沉淀，对 Ca^{2+} 有吸附，所以在实际应用中，加少量蔗糖，可减少 $Mg(OH)_2$ 沉淀，甚至高于 6 倍量 Mg^{2+}，也可滴定 Ca^{2+}。

为了提高终点敏锐性，通常将固体酸性铬蓝 K 与萘酚绿 B 按质量比 1：2～2.5 混合后使用，这种混合指示剂简称 KB，混合指示剂中的萘酚绿 B 在滴定过程中没有颜色变化，只起衬托终点的作用。由于酸性铬蓝 K 的水溶液不稳定，所以常用固体，KB：NaCl（或 KNO_3）＝1：50，混匀使用，1 年内有效。滴定终点时出现清晰的蓝绿色。

3）钙指示剂 NN（Calconcarboxylic Acid）

化学名称为 2-羟基-1-（2-羟基-4-磺酸基-1-萘偶氮）-3-萘甲酸，其 pK_{a_1}＝1～2，pK_{a_2}＝3.8，pK_{a_3}＝9.4，pK_{a_4}＝13～14。其化学结构式为：

钙指示剂

钙指示剂在 pH＝7 左右时呈紫红色，pH＝12～13 时呈蓝色。在 pH＝12～14时，与 Ca^{2+} 络合呈酒红色。用 EDTA 滴定金属离子至终点时，溶液颜色由红色变为蓝色。

$$Y + CaNN \rightleftharpoons CaY + NN$$

红色　　　　　　蓝色
（显色络合物）　（钙指示剂）

钙指示剂主要在 pH＞12.5 时，用于水中 Ca^{2+}、Mg^{2+} 共存，且其中 Mg^{2+} 含量不大的情况下，测定水中 Ca^{2+} 的量。应指出，水中 Mg^{2+} 含量如较大，应在 $Mg(OH_2)$ 沉淀后，再加指示剂，以减少沉淀对指示剂的吸附。

钙指示剂的水溶液、乙醇溶液均不稳定，常配成钙指示剂：NaCl＝1：100（质量比）的固体指示剂，称为钙红。混合指示剂也会逐渐氧化，但分解产物不影响指示剂的变色。

钙指示剂对金属离子的封闭作用与铬黑 T 相同。

4）PAN（1-（2-pyridylazo）-2-naphthol）。化学名称为 1-（2-吡啶偶氮）-2-萘酚。其中 $pK_{a_1}=2.9$，$pK_{a_2}=11.2$，其化学结构式为：

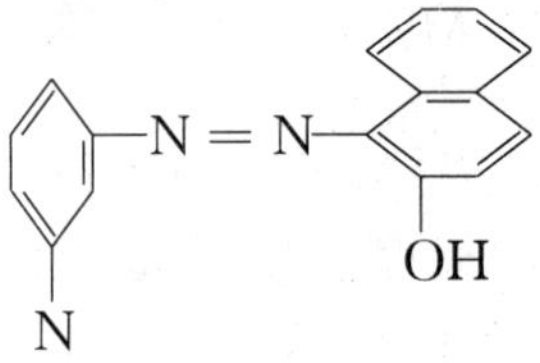

PAN

PAN 在 pH<1.9 时呈黄绿色，pH=1.9～12.2 时呈黄色，pH>12.2 时呈淡红色。在 pH=1.9～12.2，用 EDTA 滴定金属离子 M 至终点时，溶液颜色由红色变为黄色。

$$Y+MPAN \rightleftharpoons PAN+MY$$

红色　　黄色

通常在 pH=2～3 的硝酸溶液中测定 Bi^{3+}、In^{3+} 和 Th^{4+}，在 pH=5～6 醋酸缓冲溶液中测定 Cu^{2+}、Cd^{2+}、Pb^{2+}、Zn^{2+} 等。实际应用中，常用 Cu—PAN 指示剂进行滴定，当 EDTA 与被测金属离子完全络合后，则过量一滴便使溶液由红色变为绿色。

$$Y+Cu—PAN \rightleftharpoons CuY+PAN$$

红色　　　蓝　黄

绿色

如前所述，PAN 与 Cu^{2+}、Bi^{3+}、Cd^{2+}、Mg^{2+}、Pb^{2+}、Zn^{2+}、Fe^{2+}、In^{3+}、Ni^{2+}、Mn^{2+}、Th^{4+} 等离子有僵化作用，一般加入有机溶剂或加热可使变色敏锐。

5）二甲酚橙（Xylenol Orange，XO）化学名称为 3-3'-双（二羧甲基氨甲基）-邻甲酚磺酞。其 $pK_{a_1}=1.2$，$pK_{a_2}=2.6$，$pK_{a_3}=3.2$，$pK_{a_4}=6.4$，$pK_{a_5}=10.4$，$pK_{a_6}=12.3$，一般用二甲酚橙的四钠盐，为紫色结晶，易溶于水。化学结构式为：

二甲酚橙

二甲酚橙在 pH<6.4 时呈黄色，pH>6.4 时呈红色。实际应用时，选 pH<6.4，EDTA 滴定金属离子 M 时，至终点溶液颜色由红色变成敏锐的黄色。

$$Y + MXO \rightleftharpoons MY + XO$$

红色　　　　　　　黄色

（显色络合物）　　（二甲酚橙）

应指出，二甲酚橙与 Fe^{3+}、Al^{3+}、Ti^{4+}、Ni^{2+} 等金属离子有封闭作用，可加入抗坏血酸将 Fe^{3+}、Ti^{4+} 还原为低价离子，加入氟化物（如 NH_4F）掩蔽 Al^{3+}，加入邻菲啰啉掩蔽 Ni^{2+} 等，而消除干扰。

实际应用中，可在不同 pH 下直接测定许多金属离子，例如，Zr^{4+}（pH<1）、Bi^{3+}（pH=1～2）、Th^{4+}（pH=2.5～3.5）、Sc^{3+}（pH=3～5）、Pb^{2+}、Zn^{2+}、Cd^{2+}、Hg^{2+} 和 Tl^{3+} 及稀土元素的离子（pH=5～6）。也可加入过量EDTA与水中 Fe^{3+}、Al^{3+}、Ni^{2+}、Cu^{2+} 等金属离子络合完全后，再用 Zn^{2+} 标准溶液间接滴定。

6）磺基水杨酸（Sulfo-Salicylic Acid，SSal）磺基水杨酸为无色结晶，易溶于水。在不同 pH 时，Fe^{3+} 与磺基水杨酸形成化学计量数为1：1、1：2和1：3的 3 种不同颜色络合物。其化学结构式示于右侧：

pH：1.8～2.5　$[Fe(SSal)]^+$　　红褐色

4～8　　　　$[Fe(SSal)_2]^-$　橙红色

8～11.5　　$[Fe(SSal)_3]^{3-}$　黄色

pH>12　　$Fe(OH)_3$ 沉淀

式中　SSal 代表磺基水杨酸的阴离子——$(SSal)^{2-}$。

用 EDTA 为滴定剂滴定 Fe^{3+} 至终点时，溶液由红色变为亮黄色。

$$[Fe(SSal)]^+ + Y \rightleftharpoons FeY^- + (SSal)^{2-}$$

红色　　　　　　亮黄色　无色

因此，常在 pH=1.8～2.5 时，测定水中的 Fe^{3+} 的含量。

除了上述金属指示剂外，还有紫脲酸胺（MX）、4-（2-吡啶偶氮）间苯二酚（PAR）、茜素红 S、邻苯二甲酚紫（PV）、甲基百里酚蓝（MTB）和钙黄绿素等，此处不再介绍。

现将络合滴定中几种金属指示剂理论变色点的 pM_t 值及金属指示剂的酸效应系数 $lg\alpha_{In(H)}$ 值列于表4.6。

几种金属指示剂变色点的 pM_t 值及金属指示剂的 $lg\alpha_{In(H)}$ 值　　　表 4.6

	pH	红　$pK_{a_2}=6.3$　蓝　$pK_{a_3}=11.6$　橙								稳 定 常 数
		6.0	7.0	8.0	9.0	10.0	11.0	12.0	13.0	
铬黑 T	$lg\alpha_{In(H)}$	6.0	4.6	3.6	2.6	1.6	0.7	0.1		
	pCa_t（至红）			1.8	2.8	3.8	4.7	5.3	5.4	$lgK_{CaIn}5.4$
	pMg_t（至红）	1.0	2.4	3.4	4.4	5.4	6.3			$lgK_{MgIn}7.0$
										$lgK_{Z_nIn}12.9$
	pZn_t（至红）	6.9	8.3	9.3	10.5	12.2	13.9			$lgK_{Z_nIn}20.0$

续表

pH	黄 pKa4=6.3 红										
	0	1.0	2.0	3.0	4.0	4.5	5.0	5.5	6.0	6.5	7.0
lg$\alpha_{In(H)}$	35.0	30.0	25.1	20.7	17.3	15.7	14.2	12.8	11.3		
pBi$_t$ （至红）		4.0	5.4	6.8							
pCd$_t$ （至红）						4.0	4.5	5.0	5.5	6.3	6.8
pHg$_t$ （至红）							7.4	8.2	9.0		
pLa$_t$ （至红）						4.0	4.5	5.0	5.6	6.7	
pPb$_t$ （至红）				4.2	4.8	6.2	7.0	7.6	8.2		
pTh$_t$ （至红）		3.6	4.0	6.3							
pZn$_t$ （至红）						4.1	4.8	5.7	6.5	7.3	8.0
pZr$_t$ （至红）	7.5										

（二甲酚橙）

以上二甲酚橙与各金属络合物的 pM$_t$ 均系实验测得。

pH	4.0	5.0	6.0	7.0	8.0	9.0	10.0	11.0	形成常数（20%二氧六环）
lg$\alpha_{In(H)}$	8.2	7.2	6.2	5.2	4.2	3.2	2.2	1.2	lgK_{HIn}12.2 lg$K^H_{H_2In}$1.9
pCu$_t$ （至红）	7.8	8.8	9.8	10.8	11.8	12.8	13.8	14.8	lgK_{CuIn}16.0

（PAN）

pH	6.0	7.0	8.0	9.0	10.0	11.0	12.0	形成常数
lg$\alpha_{In(H)}$	7.7	5.7	3.7	1.9	0.7	0.1		lgK^H_{HIn}10.5
lg$\alpha_{HIn(H)}$	3.2	2.2	1.2	0.4	0.2	0.6	1.5	lg$K^H_{H_2In}$9.2
pCa$_t$ （至红）		2.6	2.8	3.4	4.0	4.6	5.0	lgK_{CaIn}5.0
pCu$_t$ （至橙）	6.4	8.2	10.2	12.2	13.6	15.8	17.9	
pNi$_t$ （至黄）	4.6	5.2	6.2	7.8	9.3	10.3	11.3	

（紫脲酸铵）

【例4.6】 在 pH＝10.0 的氨缓冲溶液中，以铬黑 T（EBT）为指示剂，用 0.0100mol/L EDTA 溶液滴定 0.0100mol/L Ca^{2+} 或 Mg^{2+} 溶液，计算终点误差各是多少？

【解】 pH＝10.0，lg$\alpha_{(H)}$＝0.45

滴定 Ca^{2+} 时

$$\lg K'_{CaY} = \lg K_{CaY} - \lg \alpha_{(H)} = 10.69 - 0.45 = 10.24$$

按式（4.20）计算计量点的 pCa_{sp}，即

$$[Ca^{2+}]_{sp} = \sqrt{\frac{C_{Ca,sp}}{K'_{CaY}}} = \sqrt{\frac{0.0100/2}{10^{10.24}}} = 5.36 \times 10^{-7} \, mol/L$$

$$pCa_{sp} = 6.27$$

当 pH＝10.0 时，由表 4.6 查出 $\lg \alpha_{EBT(H)} = 1.6$

已知 $\lg K_{Ca,EBT} = 5.4$

∴ $\lg K'_{Ca,EBT} = \lg K_{Ca,EBT} - \lg \alpha_{EBT(H)} = 5.4 - 1.6 = 3.8$

即 $pCa_{ep} = \lg K'_{Ca,EBT} = 3.8$

则 $\Delta pCa = pCa_{ep} - pCa_{sp} = 3.8 - 6.27 = -2.47$

故 $TE = \dfrac{10^{\Delta pCa} - 10^{-\Delta pCa}}{\sqrt{C_{Ca,sp} K'_{CaY}}} \times 100\%$

$$= \frac{10^{-2.47} - 10^{2.47}}{\sqrt{(0.0100/2) \times 10^{10.24}}} \times 100\%$$

$$= -3.16\%$$

滴定 Mg^{2+} 时

$$\lg K'_{MgY} = \lg K_{MgY} - \lg \alpha_{(H)} = 8.69 - 0.45 = 8.24$$

$$[Mg^{2+}]_{sp} = \sqrt{\frac{C_{Mg,sp}}{K'_{MgY}}} = \sqrt{\frac{0.0100/2}{10^{8.24}}} = 5.4 \times 10^{-6} \, mol/L$$

$$pMg_{sp} = 5.3$$

已知 $\lg K_{Mg,EBT} = 7.0$

$$\lg K'_{Mg,EBT} = \lg K_{Mg,EBT} - \lg \alpha_{(H)} = 7.0 - 1.6 = 5.4$$

∴ $pMg_{sp} = \lg K'_{Mg,EBT} = 5.4$

则 $\Delta pM = pMg_{ep} - pMg_{sp} = 5.4 - 5.3 = 0.1$

故 $TE = \dfrac{10^{0.1} - 10^{-0.1}}{\sqrt{(0.0100/2) \times 10^{8.24}}} \times 100\% = 0.05\%$

4.5 提高络合滴定选择性的方法

EDTA 与许多金属离子 M^{n+} 形成络合物。如果水样中同时有几种离子，它们之间会相互干扰；欲测定其中某一种金属离子，那么必须判断那些离子会发生干扰以及采用什么方法消除或减少共存离子的干扰，这就是络合滴定的选择性问题。如何提高络合滴定的选择性呢？其主要方法有以下两种。

4.5.1 用控制溶液 pH 的方法进行连续滴定

如用 EDTA 滴定水中单独一种金属离子 M 时，只要满足式（4.11c）lg

$(C_{M,sp} \cdot K'_{MY}) \geqslant 6$ 的条件，就可以直接准确进行滴定。但是水样中还存在另一种金属离子 N 时，上述的判断式只是前提条件，这个条件只能说明有可能在有 N 离子存在下选择性地滴定 M。

在满足 $\lg (C_{M,sp} \cdot K'_{MY}) \geqslant 6$ 的同时，对于有干扰离子存在时的络合滴定，还必须满足：

$$(\Delta\lg K + \lg \frac{C_M}{C_N}) \geqslant 5 \tag{4.24}$$

式中 $\Delta\lg K = \lg K_{MY} - \lg K_{NY} = \lg \dfrac{K_{MY}}{K_{NY}}$；

$\lg K_{MY}$ 和 $\lg K_{NY}$——分别为 M 和 N 与 Y 的络合物的稳定常数；

$\lg \dfrac{C_M}{C_N}$——被滴定水样中 M 和 N 的总浓度比值，由于该值是恒

定的，所以用 $\dfrac{C_M}{C_N}$ 代替 $\dfrac{C_{M,sp}}{C_{N,sp}}$。

若 $C_M = C_N$，则： $\Delta\lg K \geqslant 5$ \hfill (4.25)

由此可见，当共存离子 M 和 N 与 EDTA 形成的络合物的稳定常数相差很大时，即满足式 (4.24) 或式 (4.25) 时，则可通过控制 pH 的方法，首先在较小 pH 下滴定 MY 稳定性较大的 M 离子，再在较大 pH 下滴定稳定常数小的 N 离子。因此，只要适当控制 pH 便可消除干扰，实现分别滴定或连续滴定。

应该指出，式 (4.24) 是在允许相对误差 $\leqslant \pm 0.5\%$ 和指示剂检测终点不确定性 $\Delta pM \approx 0.3$ 下推导出来的。

【例 4.7】 水样中含有 Ca^{2+}、Mg^{2+}、Al^{3+}、Fe^{3+} 4 种离子，如何有选择的用 EDTA 滴定其中 Fe^{3+} 含量？

【解】 $\lg K_{FeY} = 25.1$，$\lg K_{CaY} = 10.70$，$\lg K_{MgY} = 8.69$，$\lg K_{AlY} = 16.13$，可见，$\lg K_{FeY} > \lg K_{CaY}$、$\lg K_{MgY}$、$\lg K_{AlY}$。均可同时满足上述式 (4.11c) 和式 (4.24) 判断条件，根据酸效应曲线 (图 4.4)，如控制 pH=2，只能满足 Fe^{3+} 所允许的最小 pH，其他三种离子达不到允许的最小 pH，不能形成络合物，即消除了干扰。

【例 4.8】 水样中含有 Mg^{2+} 和 Zn^{2+} 两种离子，欲测定 Zn^{2+} 如何控制 pH？

【解】 $\lg K_{MgY} = 8.69$，$\lg K_{ZnY} = 16.5$，显然，$\lg K_{ZnY} > \lg K_{MgY}$，且可满足上述式 (4.11c) 和式 (4.24) 判断条件。

所以，由酸效应曲线 (图 4.4) 可知，控制 pH ≈ 5，以二甲酚橙为指示剂，可用 EDTA 直接滴定 Zn^{2+}，此时 Mg^{2+} 不干扰滴定。

【例 4.9】 判断水样中有浓度均为 0.01mol/L 的 Fe^{3+} 和 Al^{3+} 两种离子时，可否连续滴定？

【解】　因为 $C_{Fe^{3+}} = C_{Al^{3+}} = 0.01mol/L$，所以用式（4.25）判断 $\Delta lgK =$ $\lg \dfrac{K_{FeY}}{K_{AlY}} \approx 9 > 5$，故可连续滴定。

首先控制 pH＝2，用 EDTA 滴定 Fe^{3+}，求出 Fe^{3+} 的含量；滴定 Fe^{3+} 后的溶液再调节 pH＝4，加入过量 EDTA 煮沸，加六次甲基四胺缓冲溶液控制 pH＝4～6，使 Al^{3+} 与 EDTA 络合完全。然后用 PAN 作指示剂，用 Cu^{2+} 标准溶液返滴过量的 EDTA，即可求出 Al^{3+} 的含量。

这里未考虑水解和其他络合效应等复杂情况。

4.5.2　用掩蔽和解蔽方法进行分别滴定

如果水中被测定金属离子 M 和共存离子 N 与 EDTA 形成的络合物稳定常数无明显差别，甚至共存离子 N 所形成的络合物更稳定，即满足不了式（4.24）的条件，则难以用控制 pH 方法实现被测金属离子 M 的选择性滴定。此时，加入一种试剂，只与共存干扰离子作用，降低干扰离子的平衡浓度以消除干扰，这种作用称为掩蔽作用。产生掩蔽作用的试剂叫掩蔽剂。常用的掩蔽方法主要有络合、沉淀和氧化还原掩蔽法。

（1）掩蔽方法

1）络合掩蔽法

利用掩蔽剂与干扰离子形成稳定络合物来消除干扰的方法。例如 EDTA 为滴定剂，测定水中 Ca^{2+}、Mg^{2+} 时，如有 Fe^{3+} 和 Al^{3+} 存在则对铬黑 T 指示剂有封闭作用，干扰测定。所以，在水样中首先酸化后加入三乙醇胺与 Al^{3+}、Fe^{3+} 生成更稳定络合物，消除干扰，然后调 pH 至碱性再进行滴定。

又如，当用 EDTA 为滴定剂测定水中 Zn^{2+} 时，有 Al^{3+} 干扰测定，则可加入氟化铵 NH_4F 与 Al^{3+} 生成更稳定络合物，即：

$$6F^- + Al^{3+} \rightleftharpoons [AlF_6]^{3-} \quad lgK_{(AlF_6)^{3-}} = 19.84$$

而 $lgK_{AlY} = 16.13$，所以，NH_4F 可掩蔽 Al^{3+}，消除干扰。

应用络合掩蔽法必须：

a. 干扰离子（M_i）与掩蔽剂（L）形成络合物的稳定性大于与 EDTA 形成络合物的稳定性，即 $K_{M_iL} > K_{M_iY}$，且 M_iL 络合物无色或淡色，不影响终点判断。

b. 被测定金属离子 M 与掩蔽剂 L 不形成络合物或不发生反应，即使形成络合物 ML，其稳定性也小于与 EDTA 形成络合物 MY 的稳定性，即 $K_{ML} < K_{MY}$，这样在滴定中，ML 中的被测金属离子 M 可被 EDTA 置换出来。

2）沉淀掩蔽法

利用掩蔽剂与干扰离子形成沉淀来消除干扰的方法。例如，水样中含有 Ca^{2+} 和 Mg^{2+}，欲测定其中 Ca^{2+} 含量，则可加入 NaOH，使 pH＞12，产生 $Mg(OH)_2$ 沉淀。此时，用钙指示剂，以 EDTA 溶液滴定 Ca^{2+}，则 Mg^{2+} 不干扰测定。

沉淀掩蔽法要求生成沉淀的溶解度要小，沉淀完全且是无色的晶形沉淀。否则有颜色，又吸附被测定金属离子，而影响观察终点和测定结果。

3）氧化还原掩蔽法

利用氧化还原反应变更干扰离子的价态，来消除干扰的方法。例如，测定水中 Bi^{3+}、ZrO^{2+}、Th^{4+} 离子时，有 Fe^{3+} 干扰测定，则可加入抗坏血酸或盐酸羟胺（$NH_2OH \cdot HCl$），将 Fe^{3+} 还原为 Fe^{2+}。

$$Fe^{3+} \xrightarrow[\text{或 } NH_2OH \cdot HCl]{\text{抗坏血酸}} Fe^{2+}$$

由于 $lgK_{Fe^{2+}Y}=14.3 < lgK_{Fe^{3+}Y}=25.1$，则 Fe^{2+} 不干扰测定。

常用的掩蔽剂列于表 4.7 和表 4.8 中。

常用的掩蔽剂 表 4.7

名称	pH 范围	被 掩 蔽 的 离 子	备 注
KCN	pH>8	Co^{2+}、Ni^{2+}、Cu^{2+}、Zn^{2+}、Hg^{2+}、Cd^{2+}、Ag^+、Tl^+ 及铂族元素	
NH₄F	pH=4～6 pH=10	Al^{3+}、Ti^{IV}、Sn^{4+}、Zr^{4+}、W^{VI}等 Al^{3+}、Mg^{2+}、Ca^{2+}、Si^{2+}、Ba^{2+} 及稀土元素	用 NH_4F 比 NaF 好，优点是加入后溶液 pH 变化不大
三乙醇胺（TEA）	pH=10 pH=11～12	Al^{3+}、Sn^{4+}、Ti^{IV}、Fe^{3+} Fe^{3+}、Al^{3+} 及少量 Mn^{2+}	与 KCN 并用，可提高掩蔽效果
二巯基丙醇	pH=10	Hg^{2+}、Cd^{2+}、Zn^{2+}、Bi^{3+}、Pb^{2+}、Ag^+、As^{3+}、Sn^{4+} 及少量 Cu^{2+}、Co^{2+}、Ni^{2+}、Fe^{3+}	
铜试剂（DDTC）	pH=10	能与 Cu^{2+}、Hg^{2+}、Pb^{2+}、Cd^{2+}、Bi^{2+} 生成沉淀，其中 Cu—DDTC 为褐色，Bi—DDTC 为黄色，故其存在量应分别小于 2mg 和 10mg	
酒石酸	pH=1.2 pH=2 pH=5.5 pH=6～7.5 pH=10	Sb^{3+}、Sn^{4+}、Fe^{3+} 及 5mg 以下的 Cu^{3+} Fe^{3+}、Sn^{4+}、Mn^{2+} Fe^{3+}、Al^{3+}、Sn^{4+}、Ca^{2+} Mg^{2+}、Cu^{2+}、Fe^{3+}、Al^{3+}、Mo^{4+}、Sb^{3+}、W^{VI} Al^{3+}、Sn^{4+}	在抗坏血酸存在下

络合滴定中应用的沉淀掩蔽剂 表 4.8

名 称	被掩蔽的离子	待测定的离子	pH 范围	指示剂
NH₄F	Ca^{2+}、Sr^{2+}、Ba^{2+}、Mg^{2+}、Ti^{4+}、Al^{3+}，稀土	Zn^{2+}、Cd^{2+}、Mn^{2+}（有还原剂存在下）	10	铬黑 T
NH₄F	同 上	Cu^{2+}、Co^{2+}、Ni^{2+}	10	紫脲酸铵
K₂CrO₄	Ba^{2+}	Sr^{2+}	10	MgY，铬黑 T
Na₂S 或铜试剂	微量重金属	Ca^{2+}、Mg^{2+}	10	铬黑 T
H₂SO₄	Pb^{2+}	Bi^{3+}	1	二甲酚橙
K₄[Fe(CN)₆]	微量 Zn^{2+}	Pb^{2+}	5～6	二甲酚橙

（2）解蔽方法

用一种试剂把某种（或某些）离子与掩蔽剂形成的络合物中重新释放出来的过程叫解蔽。这种试剂叫解蔽剂。

例如，水样中有 Cu^{2+}、Zn^{2+}、Pb^{2+} 三种离子共存，欲测定其中 Pb^{2+} 和 Zn^{2+} 的含量。由于 lgK_{ZnY} 和 lgK_{PbY} 相差很小，$(\Delta lgK + lg\dfrac{C_M}{C_N}) < 6$，无法用控制 pH 方法实现分别滴定。首先，将水样用 NH_3（氨性酒石酸溶液）调至碱性，加入 KCN 掩蔽 Cu^{2+}、Zn^{2+}：

$$Zn^{2+} + 4CN^- \rightleftharpoons [Zn(CN)_4]^{2-}$$

$$Cu^{2+} + 3CN^- \rightleftharpoons [Cu(CN)_3]^-$$

而 Pb^{2+} 不被掩蔽，故可在 pH＝10 时，用铬黑 T 作指示剂，用 EDTA 滴定 Pb^{2+}，并求出 Pb^{2+} 的含量。

然后加入甲醛（或三氯乙醛）作解蔽剂，破坏 $[Zn(CN)_4]^{2-}$ 络离子，将 Zn^{2+} 释放出来，再用 EDTA 继续滴定，求得 Zn^{2+} 的含量。

$$[Zn(CN_4)]^{2-} + 4HCHO + 4H_2O \rightleftharpoons Zn^{2+} + 4H_2\overset{\overset{\displaystyle OH}{\displaystyle |}}{C}-CN + 4OH^-$$

（乙醇腈）

应该注意，解蔽剂甲醛要分次加入，且甲醛不能过量，否则 $[Cu(CN)_3]^-$ 络离子也易被部分破坏，而影响 Zn^{2+} 的测定。

这一实例说明了采用掩蔽剂和解蔽方法实现了共存两种离子的连续测定。

除上述方法外，还可采用分离除去干扰离子和选择其他络合剂进行滴定等方法来实现选择性滴定。由于在水质分析中不常用，这里不再详细介绍。

4.6　络合滴定的方式和应用

与酸碱滴定一样，络合滴定也可采用直接滴定、返滴定和间接滴定等方式，来提高络合滴定的选择性和扩大应用范围。

4.6.1　络合滴定的方式

（1）直接滴定法

用 EDTA 标准溶液直接滴定水中被测金属离子的方法。例如，在强酸性溶液中滴定 ZrO^{2-} 离子，酸性溶液中滴定 Fe^{3+}、Al^{3+}，弱酸性溶液中滴定 Cu^{2+}、Zn^{2+}、Pb^{2+}，碱性溶液中滴定 Ca^{2+}、Mg^{2+} 等。

直接滴定法必须满足：

a. 直接准确滴定的要求，即 $lg(C_M K'_{MY}) \geqslant 6$，$(TE \leqslant \pm 0.1\%)$ 或 $lg(C_M K'_{MY}) \geqslant 5$ $(TE \leqslant \pm 0.5\%)$；

b. 络合反应速度快；

c. 有变色敏锐的指示剂，且无封闭现象；

d. 在选定的滴定条件下，被测定金属离子不发生水解或沉淀现象。

在水质分析中测定 Ca^{2+}、Mg^{2+} 总量的方法，以络合滴定最为简便。测定的方法是在 pH＝10.0 的 $NH_3 \cdot H_2O－NH_4Cl$ 缓冲溶液中，以铬黑 T 为指示剂，用 EDTA 标准溶液滴定。其主要反应：

$$加指示剂：\left.\begin{matrix} Ca^{2+} \\ Mg^{2+} \end{matrix}\right\} + HIn^{2-} \rightleftharpoons \left.\begin{matrix} CaIn^- \\ MgIn^- \end{matrix}\right\} + H^+ \qquad \begin{matrix} lgK_{CaIn} = 5.4 \\ lgK_{MgIn} = 7.0 \end{matrix}$$

$$EDTA 滴定：H_2Y^{2-} + \left.\begin{matrix} Ca^{2+} \\ Mg^{2+} \end{matrix}\right\} \rightleftharpoons \left.\begin{matrix} CaY^{2-} \\ MgY^{2-} \end{matrix}\right\} + 2H^+ \qquad \begin{matrix} lgK_{CaY} = 10.69 \\ lgK_{MgY} = 8.69 \end{matrix}$$

$$滴定终点时：H_2Y^{2-} + \left.\begin{matrix} CaIn^- \\ MgIn^- \end{matrix}\right\} \rightleftharpoons \left.\begin{matrix} CaY^{2-} \\ MgY^{2-} \end{matrix}\right\} + HIn^{2-} + H^+$$

红色   蓝色

根据 EDTA 标准溶液浓度和用量求得 Ca^{2+}、Mg^{2+} 总量或总硬度。为了分别测定水中 Ca^{2+} 和 Mg^{2+} 的含量，首先将水样用 NaOH 溶液调节 pH＞12，此时 Mg^{2+} 以 $Mg(OH)_2$ 沉淀形式被掩蔽，加入钙指示剂，用 EDTA 标准溶液滴定 Ca^{2+}，终点时溶液由红色变为蓝色，根据 EDTA 标准溶液浓度和用量求出 Ca^{2+} 的含量。然后由 Ca^{2+}、Mg^{2+} 总量与 Ca^{2+} 的含量之差求出 Mg^{2+} 的含量。

$$总硬度（mmol/L） = \frac{C_{EDTA}V_{EDTA}}{V_水}$$

式中 C_{EDTA}——EDTA 标准溶液浓度（mmol/L）；

      V_{EDTA}——消耗 EDTA 标准溶液的体积（mL）；

      $V_水$——水样体积（mL）。

$$Ca^{2+}(mg/L) = \frac{C_{EDTA}V_{EDTA} \times M_{Ca}}{V_水}$$

      M_{Ca}——钙的摩尔质量（Ca，40.08g/mol）。

直接滴定有困难时，则用返滴定法、置换滴定法或间接滴定法。

（2）返滴定法

1）当被测金属离子 M 与 EDTA 络合速度很慢，本身又易水解或封闭指示剂时，采用返滴定法。

例如，欲测定水样中 Al^{3+} 时，Al^{3+} 与 EDTA 络合缓慢；当 pH 较大时，Al^{3+} 水解生成一系列多核羟基络合物（如 $[Al_2(H_2O)(OH)_3]^{3+}$、$[Al_3(H_2O)_6 (OH)_6]^{3+}$ 等），这些多核羟基络合物与 EDTA 的络合反应更加缓慢；还有 Al^{3+} 与铬黑 T、二甲酚橙（XO）等指示剂有封闭现象，所以可采用返滴定法，准确测定水中的 Al^{3+} 含量。即：

在水样中加入准确体积的过量 EDTA 标准溶液，在 pH＝3.5 下，加热煮沸，此时不仅 Al^{3+} 与 EDTA 络合完全，而且可避免 Al^{3+} 形成多核羟基络合物，并加快了反应速度。冷却后调节 pH＝5～6，此时，AlY 络合物稳定，不再重新水解析出多核羟基络合物。以 PAN（或 XO）为指示剂，用 Cu^{2+}（或 Zn^{2+}）标准溶液返滴定过量的 EDTA 至终点，由黄色变为红色。根据两种标准溶液的浓度和用量，即可求得水中 Al^{3+} 的含量。

$$Al^{3+}(mg/L) = \frac{(C_{EDTA}V_{EDTA} - C_{Zn^{2+}}V_{Zn^{2+}}) \times M_{Al}}{V_{水}}$$

式中　C_{EDTA} 与 $C_{Zn^{2+}}$——分别为 EDTA 和 Zn^{2+} 标准溶液的浓度（mmol/L）；

　　　　V_{EDTA} 与 $V_{Zn^{2+}}$——分别为加入 EDTA 和消耗 Zn^{2+} 标准溶液的体积（mL）；

　　　　M_{Al}——铝的摩尔质量（26.98g/mol）。

该方法适于测定混凝剂中的 Al^{3+} 或 Al_2O_3 含量。

2）当被测定金属离子 M 与 EDTA 生成络合物不太稳定，无变色敏锐的指示剂时，可采用返滴定法。

例如，测定水样中 Ba^{2+} 时，由于没有符合要求的指示剂，可加入过量的 EDTA 标准溶液，使 Ba^{2+} 与 EDTA 完全反应生成络合物 BaY 之后，再加入铬黑 T 作指示剂，用 Mg^{2+} 标准溶液返滴定剩余的 EDTA 至溶液蓝色变为红色，指示终点达到。同样由两种标准溶液的浓度和用量求得水中 Ba^{2+} 的含量。

$$Ba^{2+}(mg/L) = \frac{(C_{EDTA} \cdot V_{EDTA} - C_{Mg^{2+}} \cdot V_{Mg^{2+}}) \times M_{Ba^{2+}}}{V_{水}}$$

式中　C_{EDTA} 和 $C_{Mg^{2+}}$——分别为 EDTA 和 Mg^{2+} 标准溶液的浓度（mmol/L）；

　　　　V_{EDTA} 和 $V_{Mg^{2+}}$——分别为加入 EDTA 与消耗 Mg^{2+} 标准溶液的体积（mL）；

　　　　$M_{Ba^{2+}}$——钡的摩尔质量（Ba，137.327g/mol）。

3）当干扰离子较复杂，在不进行分离时，不能直接准确进行滴定，但可用返滴定法测定。

例如，水样中有 Fe^{3+}、Al^{3+}、Ca^{2+} 和 Mg^{2+}，欲测定其中的 Ca^{2+} 含量。可加入三乙醇胺掩蔽 Fe^{3+} 和 Al^{3+}；然后调节 pH＝12.5，使 Mg^{2+} 生成 Mg（OH）₂ 沉淀，再加入过量 EDTA 标准溶液，使 Ca^{2+} 与 EDTA 络合完全。之后以钙黄绿素—百里酚蓝为指示剂，用 Ca^{2+} 标准溶液返滴定剩余的 EDTA，求得水样中 Ca^{2+} 的含量。

$$Ca^{2+}(mg/L) = \frac{(C_{EDTA}V_{EDTA} - C_{Ca^{2+}}V_{Ca^{2+}}) \times M_{Ca}}{V_{水}}$$

式中　$C_{Ca^{2+}}$——Ca^{2+} 标准溶液的浓度（mmol/L）；

　　　　$V_{Ca^{2+}}$——消耗 Ca^{2+} 标准溶液的量（mL）；

　　　　其他意义与前类同。

由上述讨论可知，返滴定是在水样中首先加入过量的 EDTA 标准溶液，用另一种金属离子盐类的标准溶液滴定剩余的 EDTA，根据两种标准溶液的浓度和用量，求得水样中被测金属离子含量的方法。

（3）置换滴定法

利用置换反应，置换出等化学计量的另一种金属离子或置换出 EDTA，然后用 EDTA 或另一种金属离子测定，获得被测金属离子浓度的方法。

1）置换出络合剂 EDTA

用一种选择性高的络合剂 L 将被测金属离子 M 与 EDTA 络合物（MY）中的 EDTA 置换出来，置换出与被测金属离子 M 等化学计量的 EDTA，然后用另一种金属离子 N 标准溶液滴定释放出的 EDTA。例如测定水样中 Al^{3+}，其中还有 Cu^{2+} 和 Zn^{2+} 共存，首先加入过量 EDTA，加热使这 3 种离子都与 EDTA 络合完全，然后在 pH＝5～6 时，以二甲酚橙（XO）为指示剂，用 Zn^{2+} 标准溶液返滴定过量的 EDTA 至终点；再加入 NH_4F，由于 F^- 与 Al^{3+} 生成更稳定的络合物 AlF_6^{3-}，并置换出 EDTA，再用 Zn^{2+} 标准溶液滴定至终点，求得 Al^{3+} 的含量。

$$AlY + 6F^- \rightleftharpoons AlF_6^{3-} + Y^{3-}$$
$$(\lg K_{AlY} = 16.13) \qquad (\lg K_{AlF_6} = 19.7)$$
$$Zn^{2+} + Y^{4-} \rightleftharpoons ZnY^{2-}$$

终点时，
$$Zn^{2+} + XO \rightleftharpoons ZnXO$$
$$\text{（黄色）（红色）}$$

2）置换滴定法改善指示剂滴定终点的敏锐性

如前所述，铬黑 T 与 Mg^{2+} 显色灵敏，而与 Ca^{2+} 不灵敏。因此，在测定水中 Ca^{2+} 离子时（水样中无 Mg^{2+} 或含量太微），可先加入少量 MgY，发生如下置换反应：

$$Ca^{2+} + MgY \rightleftharpoons CaY + Mg^{2+}$$

此时，置换出来的 Mg^{2+} 与 EBT 的显色络合物（MgEBT）呈明显的红色，然后用 EDTA 滴定 Ca^{2+} 至终点时，溶液颜色敏锐地由红色变为蓝色。此时

$$Y + MgEBT \rightleftharpoons MgY + EBT$$
$$\text{红色} \qquad\qquad \text{蓝色}$$

显然，滴定前后的 MaY 的物质的量是相等的，即加入的 MgY 对滴定结果无影响。

（4）间接滴定法

如果被测金属离子（例如 Na^+）与 EDTA 不能形成稳定的络合物或被测离子（例如 SO_4^{2-}、PO_4^{3-} 等）根本不能与 EDTA 形成络合物，则采用间接滴定法。但由于这种方法太麻烦，又常引入误差，因此不是一种理想的方法。这里仅以 SO_4^{2-} 测定为例，作以说明。

水样中同时含有 Ca^{2+}、Mg^{2+} 和 SO_4^{2-}，欲测定其中 SO_4^{2-} 的含量。

1）加入过量 $BaCl_2$ 标准溶液

a. 取水样首先测定总硬度，令消耗 EDTA 标准溶液体积为 V_1，即

$$V_1 = 总硬度（Ca^{2+}、Mg^{2+} 总量）$$

b. 另取一份水样，加入过量准确体积的 $BaCl_2$ 标准溶液，则有 $BaSO_4$ 沉淀生成。然后调节 pH＝10.0，加入铬黑 T 指示剂，用 EDTA 标准溶液滴定剩余的 $BaCl_2$ 至溶液红色变为蓝色，消耗 EDTA 标准溶液的体积 V_2（mL）包括滴定总硬度和剩余 Ba^{2+} 所消耗的量，即

$$V_2 = V_1 + V_{Ba^{2+}}（剩余）$$

c. 只取上述同体积的 $BaCl_2$ 标准溶液，调 pH＝10.0，同样以铬黑 T 为指示剂，用 EDTA 标准溶液滴至终点，消耗 EDTA 标准溶液的体积为 V_3，即相当于该 $BaCl_2$ 标准溶液中 Ba^{2+} 的总量。

$$V_3 = V_{Ba^{2+}}（总量）$$

所以 SO_4^{2-} 的量相当于 $V_3 - (V_2 - V_1)$。

$$SO_4^{2-}（mg/L） = \frac{C_{EDTA}[V_3 - (V_2 - V_1)] \times M_{SO_4^{2-}}}{V_水}$$

式中　C_{EDTA}——EDTA 标准溶液的浓度（mmol/L）；

$M_{SO_4^{2-}}$——SO_4^{2-} 的摩尔质量（96.06g/mol）；

V_3——滴定 $BaCl_2$ 总量所消耗 EDTA 标准溶液的体积（mL）；

V_2——滴定剩余 $BaCl_2$ 所消耗 EDTA 标准溶液的体积（mL）；

V_1——滴定水样中 Ca^{2+}、Mg^{2+} 总量消耗 EDTA 标准溶液的体积（mL）；

$V_水$——水样的体积（mL）。

2）加入过量 $BaCl_2$—$MgCl_2$ 标准混合液，主要是为了提高显色反应的灵敏度，其测定过程类似于 1）。

4.6.2　EDTA 标准溶液配制

配制 10.0mmol/L EDTA 标准溶液的近似浓度：将 $EDTANa_2 \cdot 2H_2O$ 3.725g 溶于水后，在 1000mL 容量瓶中稀释至刻度，存放在聚乙烯瓶中。

标定：基准物质可用 Zn（锌粒纯度 99.9%）、$ZnSO_4$、$CaCO_3$ 等，指示剂可用铬黑 T（EBT），pH＝10.0，终点时溶液由红色变为蓝色，以 $NH_3 \cdot H_2O$—NH_4Cl 为缓冲溶液；或用二甲酚橙（XO），pH＝5～6，终点时溶液由紫红色变为亮黄色，以六次甲基四胺为缓冲溶液。

例如：准确吸取 25.0mL 10.0mmol/L Zn^{2+} 标准溶液，用蒸馏水稀释至 50mL，加入几滴氨水使溶液 pH＝10.0，再加入 5mL $NH_3 \cdot H_2O$—NH_4Cl 缓冲溶液，以 EBT 为指示剂，用近似浓度 EDTA 标准溶液滴定至终点，消耗 EDTA

标准溶液 V_{EDTA} （mL）。

则
$$C_{EDTA} = \frac{C_{Zn^{2+}} \cdot V_{Zn^{2+}}}{V_{EDTA}}$$

式中　C_{EDTA}——EDTA 标准溶液的浓度（mmol/L）；

　　　$C_{Zn^{2+}}$——Zn^{2+} 标准溶液的浓度（mmol/L）；

　　　$V_{Zn^{2+}}$——Zn^{2+} 标准溶液的体积 25.0mL；

　　　V_{EDTA}——消耗近似浓度的 EDTA 溶液的体积（mL）。

4.7 水 的 硬 度

水的硬度指水中 Ca^{2+}、Mg^{2+} 浓度的总量，是水质的重要指标之一。如果水中 Fe^{2+}、Fe^{3+}、Sr^{2+}、Mn^{2-}、Al^{3+} 等离子含量较高时，也应记入硬度含量中；但它们在天然水中一般含量较低，而且用络合滴定法测定硬度，可不考虑它们对硬度的贡献。有时把含有硬度的水称为硬水（硬度$>$150mg $CaCO_3$/L），含有少量或完全不含硬度的水称为软水（硬度$<$100mg $CaCO_3$/L）。

水的硬度于健康很少有危害。一般硬水可以饮用，并且由于 $Ca(HCO_3)_2$ 的存在而有一种蒸馏水所没有的、醇厚的新鲜味道；但是长期饮用硬度过低的水，会使人骨骼发育受影响；饮用硬度过高的水，有时会引起肠胃不适；尽管有报告说，心血管疾病与饮水的硬度呈逆相关或者与水的软化程度呈正相关，但仍是个有争论的议题。应该指出，含有硬度的水，不宜用于洗涤，因为肥皂中的可溶性脂肪酸遇 Ca^{2+}、Mg^{2+} 等离子，即生成不溶性沉淀，不仅造成浪费，而且污染衣物。

$$2C_{17}H_{35}COONa + Ca(HCO_3)_2 = (C_{17}H_{35}COO)_2Ca \downarrow + 2NaHCO_3$$
　　　　（硬脂酸钠）　　　　　　　　　　（硬脂酸钙）

但是近年来，由于合成洗涤剂的广泛应用，水的硬度的影响已大大减少了。另外，含有硬度的水还会使烧水水壶结垢，带来不便。尤其在化工生产中，在蒸汽动力工业、运输业、纺织洗染等部门，对硬度都有一定要求，尤其高压锅炉用水对硬度要求极为严格。蒸汽锅炉若长期使用硬水，锅炉内壁会结有坚实的锅垢（主要成分为 $CaSO_4$、$CaCO_3$、$MgCO_3$ 和部分铁、铝盐等）。由于锅垢的传热不良（例如 $CaSO_4$ 的导热率只有铁的 1/48），不仅造成燃料浪费（据估计，1mm 厚的锅垢需多消耗燃料 5%），而且由于受热不均，会引起锅炉的爆裂。一些工业用水对水的硬度也有一定要求。因此，为了保证锅炉安全运行和工业产品的质量，对锅炉用水和一些工业用水，必须软化处理之后，才能应用。去除硬度离子的软化处理，是水处理尤其工业用水处理的重要内容。一般天然地表水中硬度较小，如松花江水月平均硬度为 35.6～142.4mg $CaCO_3$/L，长江水为 71.2～

124.6mg $CaCO_3/L$，地下水、咸水和海水的硬度较大，一般为 $178 \sim 1780mg$ $CaCO_3/L$。一般情况下，工业废水和污水可不考虑硬度的测定。硬度的测定采用络合滴定法。

4.7.1 水的硬度分类

水的总硬度一般指钙硬度（Ca^{2+}）和镁硬度（Mg^{2+}）浓度的总和。按阴离子组成分为

（1）碳酸盐硬度

碳酸盐硬度包括重碳酸盐（如 $Ca(HCO_3)_2$、$Mg(HCO_3)_2$）和碳酸盐（如 $MgCO_3$）的总量，一般加热煮沸可以除去，因此称为暂时硬度。

$$Ca(HCO_3)_2 \xrightarrow{\triangle} CaCO_3 \downarrow + CO_2 \uparrow + H_2O$$

$$2Mg(HCO_3)_2 \xrightarrow{\triangle} Mg_2(OH)_2CO_3 \downarrow + 3CO_2 \uparrow + H_2O$$

$$MgCO_3 + H_2O \xrightarrow{\triangle} Mg(OH)_2 + CO_2 \uparrow$$

当然，由于生成的 $CaCO_3$ 等沉淀，在水中还有一定的溶解度（100℃时为 13mg/L），则碳酸盐硬度并不能由加热煮沸完全除尽。

（2）非碳酸盐硬度

非碳酸盐硬度主要包括 $CaSO_4$、$MgSO_4$、$CaCl_2$、$MgCl_2$ 等的总量，经加热煮沸除不去，故称为永久硬度。永久硬度只能用蒸馏或化学净化等方法处理，才能使其软化。

总硬度包括碳酸盐硬度和非碳酸盐硬度的总和。

4.7.2 天然水中硬度与碱度的关系

应该强调指出，在锅炉给水的处理中与水中硬度、碱度有关的主要问题是：① 锅炉壁、管道中的结垢和泥渣等沉积物直接与水中的硬度有关；② 苛性脆化又与碱度有关，所谓苛性脆化也是一种腐蚀现象，在汽包的接头处易产生苛性脆化，用显微镜观察有裂纹，如不及时控制，会使锅炉爆炸，甚至把锅炉房炸毁。③ 汽水共腾和发泡与碱度较高有关。因此，了解天然水中硬度与碱度的关系对锅炉给水的处理与安全运行是十分重要的。天然水中硬度与碱度的关系一般有 3 种情况。

（1）总硬度＞总碱度（图 4.7）

当水中 Ca^{2+}、Mg^{2+} 含量较多时，则与 CO_3^{2-}、HCO_3^- 作用完之后，其余的 Ca^{2+}、Mg^{2+} 便首先与 SO_4^{2-}、Cl^- 化合成 $CaSO_4$、$MgSO_4$、$CaCl_2$、$MgCl_2$ 等非碳酸盐硬度，故水中无碱金属碳酸盐（如 Na_2CO_3、K_2CO_3）等存在，此时

碳酸盐硬度＝总碱度

非碳酸盐硬度＝总硬度－总碱度

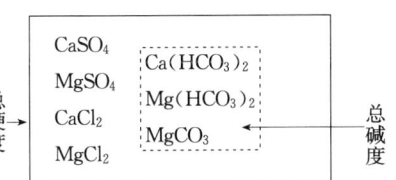

图 4.7 天然水中总硬度
＞总碱度时示意图

（2）总硬度＜总碱度（图 4.8）

当水中 CO_3^{2-}、HCO_3^- 含量较大时，首先与 Ca^{2+}、Mg^{2+} 作用完全之后，剩余的 CO_3^{2-}、HCO_3^{2-} 便与 Na^+、K^+ 等离子形成碱金属碳酸盐（如 Na_2CO_3、$KHCO_3$ 等），而出现了负硬度。此时：

碳酸盐硬度＝总硬度

无非碳酸盐硬度，而有负硬度：

负硬度＝总碱度－总硬度

其中 $NaHCO_3$、$KHCO_3$、Na_2CO_3、K_2CO_3 等称为负硬度。在石灰软化处理中必须充分考虑这部分负硬度的去除，以便投加足量的药剂来达到软化目的。

（3）总硬度＝总碱度（图 4.9）

当水中 Ca^{2+}、Mg^{2+} 与 CO_3^{2-}、HCO_3^- 作用完全之后，均无剩余，故此时总硬度的量就是总碱度的量。此时只有碳酸盐硬度，而且

碳酸盐硬度＝总硬度＝总碱度。

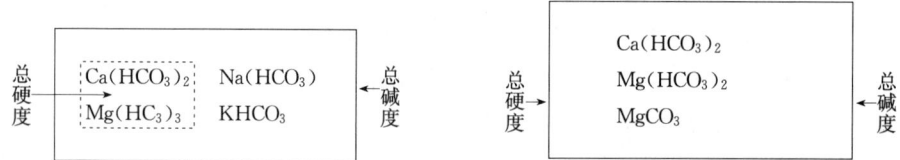

图 4.8　天然水中总硬度＜总碱度时示意图　　图 4.9　天然水中总硬度＝总碱度时示意图

应该指出，讨论硬度与碱度关系时，所涉及的有关化合物都是"假想化合物"，因为水中溶解性盐类，都是以离子的状态存在，如天然水中 Na^+、K^+、Ca^{2+}、Mg^{2+} 等阳离子和 CO_3^{2-}、HCO_3^-、Cl^-、SO_4^{2-}、NO_3^- 等阴离子，由这些离子结合的化合物称为假想化合物。

4.7.3　水中硬度的测定及其计算

如前所述，水中硬度的测定采用络合滴定法，在 pH＝10.0 时，以铬黑 T（EBT）为指示剂，用 EDTA 标准溶液为滴定剂，滴定水中的 Ca^{2+}、Mg^{2+} 的总量。

水样首先加入 $NH_3 \cdot H_2O - NH_4Cl$ 缓冲溶液控制水样 pH＝10.0，这是有效地进行络合滴定 Ca^{2+}、Mg^{2+} 总量的重要条件之一。然后加入铬黑 T（EBT），此时：

$$EBT + Mg^{2+} \rightleftharpoons MgEBT \qquad lgK_{MgEBT} = 7.0$$

蓝色　　　　　　　紫红色

接着用 EDTA 标准溶液滴定水中的 Ca^{2+}、Mg^{2+}，则

$$Y^{4-} + Ca^{2+} \rightleftharpoons CaY^{2-} \qquad lgK_{CaY} = 10.7$$

$$Y^{4-} + Mg^{2+} \rightleftharpoons MgY^{2-} \qquad lgK_{MgY} = 8.7$$

可见，由于 $\lg K_{CaY} > \lg K_{MgY}$，EDTA 优先与 Ca^{2+} 络合完全之后，再与 Mg^{2+} 络合。

继续滴加 EDTA 标准溶液至 Ca^{2+}、Mg^{2+} 完全被络合时，即达计量点时，由于 $\lg K_{MgY} > \lg K_{MgEBT}$，则滴入的 EDTA 便置换显色络合物（MgEBT）中的 Mg^{2+}，而释放出指示剂 EBT，溶液立即由紫红色变为蓝色，指示滴定终点的到达。

$$Y + MgEBT \Longleftrightarrow MgY + EBT$$

显色络合物 　　　指示剂

紫红色 　　　　　蓝色

根据 EDTA 标准溶液的浓度和用量便求出水中的总硬度。

思 考 题

1. EDTA 与金属离子形成的络合物有哪些特点，为什么其络合比为 1∶1？

2. 络合物的稳定常数与条件稳定常数有什么不同？两者之间有何关系？络合反应哪些因素影响条件稳定常数的大小？

3. 比较酸碱滴定和络合滴定曲线的共性和特性。

4. 以 EBT 为例，说明金属指示剂的作用原理及必备条件。

5. 简要说明测定水中总硬度的原理及条件。

6. 什么是金属指示剂的封闭现象和僵化现象？如何防止？

习 题

1. 计算 pH＝5 和 pH＝12 时，EDTA 的酸效应系数 α_H 和 $\lg \alpha_H$，此时 Y^{4-} 在 EDTA 总浓度中所占百分数是多少？计算结果说明了什么问题？

2. 用 EDTA 标准溶液滴定水样中的 Ca^{2+}、Mg^{2+}、Zn^{2+} 时的最小 pH 是多少？实际分析中 pH 应控制在多大？

3. 计算 pH＝10 时，以 10.0mmol/L EDTA 溶液滴定 20.00mL 10.0mmol/L Mg^{2+} 溶液，在计量点时的 Mg^{2+} 的量浓度和 pMg 值。

4. 准确称取 0.2000 克纯 $CaCO_3$，用盐酸溶解并煮沸除去 CO_2 后，在容量瓶中稀释至 500mL；吸取 50.00mL，调节 pH＝12，用 EDTA 溶液滴定，用去 18.82mL，求算 EDTA 溶液的量浓度和该 EDTA 溶液对 Ca^{2+}、CaO 和 $CaCO_3$ 的滴定度？

5. 取水样 100mL，调节 pH＝10.0，用 EBT 为指示剂，以 10.0mmol/L EDTA 溶液滴定至终点，消耗 25.00mL，求水样中的总硬度（以 mmol/L 和 $CaCO_3$ mg/L）？

6. 称取铝盐混凝剂试样 1.200 克，溶解后加入过量 10.0mmol/L EDTA 溶液 50.00mL，pH 为 5～6，以 XO 为指示剂，用 10.0mmol/L 锌标准溶液返滴，消耗 10.90mL，求该混凝剂中 Al_2O_3 的百分含量？

7. 取一份水样 100mL，调节 pH＝10，以 EBT 为指示剂，用 10.0mmol/L EDTA 溶液滴定至终点，消耗 24.20mL；另取一份水样 100mL，调节 pH＝12，加钙指示剂（NN），然后以

10.0mmol/L EDTA 溶液滴定至终点，消耗 13.15mL。求该水样中总硬度（以 mmol/L 表示）和 Ca^{2+}、Mg^{2+} 的含量（以 mg/L 表示）？

8. 称取 0.200 克铝盐混凝剂试样，用酸溶解后，移入 100mL 容量瓶中，稀释至刻度。吸取 10.0mL，加入 10.00mL $T_{Al_2O_3/EDTA} = 1.012 \times 10^{-3}$ g/mL 的 EDTA 溶液，以 XO 为指示剂，用 Zn（Ac）$_2$ 标准溶液进行返滴定至红紫色终点，消耗 Zn（Ac）$_2$ 标准溶液 11.80mL，已知 1mL Zn（Ac）$_2$ 溶液相当于 0.5925mL EDTA 溶液。求该试样中 Al_2O_3 的百分含量。

9. 在 0.1000mol/L $NH_3 \cdot H_2O - NH_4Cl$ 溶液中，能否用 EDTA 准确滴定 0.1000mol/L 的 Zn^{2+} 溶液？

第 5 章　沉淀滴定法

以沉淀反应为基础的滴定分析方法称为沉淀滴定法。沉淀滴定法除必须符合滴定分析的基本要求外，还应满足：

（1）沉淀反应形成的沉淀的溶解度必须很小；

（2）沉淀的吸附现象应不妨碍滴定终点的确定。

沉淀滴定法主要用于水中 Cl^- 离子、Ag^+ 离子等的测定。

5.1　沉淀溶解平衡与影响溶解度的因素

5.1.1　沉淀溶解平衡

（1）溶解度和溶度积

微溶化合物 MA 在饱和溶液中的平衡可表示为

$$MA_{(S)} \rightleftharpoons M^+_{(L)} + A^-_{(L)}$$

式中 $MA_{(S)}$ 和 $M^+_{(L)}$、$A^-_{(L)}$ 中下角码（S）和（L）分别表示固态和液态，在一定温度下当微溶化合物 MA 沉淀溶解平衡时，其活度积为一常数

$$K^\circ_{sp} = a_{M^+} \cdot a_{A^-} \tag{5.1}$$

式中 a_{M^+} 和 a_{A^-} 是 M^+ 和 A^- 两种离子的活度。K°_{sp} 为 MA 的活度积。

又因为活度与浓度的关系是

$$a_{M^+} = \gamma_{M^+} [M^+]$$
$$a_{A^-} = \gamma_{A^-} [A^-] \tag{5.2}$$

式中 γ_{M^+}、γ_{A^-} 为两种离子的平均活度系数，与溶液中离子强度有关。将式（5.2）代入式（5.1）得

$$\gamma_{M^+} [M^+] \cdot \gamma_{A^-} [A^-] = K^\circ_{sp}$$

则
$$K_{sp} = [M^+][A^-] = \frac{K^\circ_{sp}}{\gamma_{M^+} \cdot \gamma_{A^-}} \tag{5.3}$$

式中　K_{sp}—— 水中微溶化合物 MA 的溶度积常数，称为溶度积。

在纯水中，微溶化合物 MA 的溶解度很小，令 S_0 为 MA 的溶解度，则

$$S_0 = [M^+] = [A^-]$$

由于 MA 溶解甚少，又无其他电解质存在，离子的活度系数可视为 1，所以式（5.3）可写成

$$K_{sp} = K_{sp}^{\circ} = [M^+] \cdot [A^-] = S_0^2 \qquad (5.4)$$

可见，溶解度 S_0 是在很稀的溶液中又没有其他离子存在时的数值，由 S_0 所得的溶度积 K_{sp} 非常接近活度积 K_{sp}°。在分析化学中，由于微溶化合物的溶解度一般都很小，溶液中的离子强度不大，故通常不考虑离子强度的影响，所以在稀溶液中，常用离子浓度乘积来研究沉淀的情况。如果溶液中的离子强度较大时，则溶度积 K_{sp} 和活度积 K_{sp}° 就有差别了，例如，讨论盐效应对沉淀溶解的影响时，就必须用活度积 K_{sp}° 来讨论沉淀的情况。一般手册中查到的多是活度积（微溶化合物的活度积和溶度积见附表 16）。

对 $M_m A_n$ 型沉淀，溶度积的计算式为（省略物质电荷）

$$M_m A_n \Longrightarrow mM + nA$$

$$K_{sp} = [M]^m [A]^n$$

令该沉淀的溶解度为 S，即平衡时每升溶液中有 S（mol）的 $M_m A_n$ 溶解，此时必同时产生 mS mol/L 的 M^{n+} 和 nS mol/L 的 A^{m-}，即

$$[M^{n+}] = mS, [A^{m-}] = nS$$

于是，

$$K_{sp} = (mS)^m \cdot (nS)^n = m^m \cdot n^n \cdot S^{m+n}$$

∴

$$S = \sqrt[m+n]{\frac{K_{sp}}{m^m \cdot n^n}} \qquad (5.5)$$

例如 $Fe(OH)_3$ 是 1：3 型沉淀

$$Fe(OH)_3 \Longrightarrow Fe^{3+} + 3OH^-$$

$$S = \sqrt[4]{\frac{K_{sp}}{1 \times 3^3}} = \sqrt[4]{\frac{K_{sp}}{27}} = \sqrt[4]{\frac{3 \times 10^{-39}}{27}} = 1.03 \times 10^{-10} \text{mol/L}$$

（2）条件溶度积

在一定温度下，微溶电解质 MA 在纯水中其溶度积 K_{sp} 是一定的，它的大小是由微溶电解质本身的性质决定的。外界条件变化，如 pH 变化、络合剂的存在，也会使沉淀溶解平衡中除主反应外，还有副反应发生。考虑这些影响时的溶度积常数称为条件溶度积常数，简称条件溶度积。用 K_{sp}' 表示。K_{sp}' 与 K_{sp} 的关系是

$$K_{sp}' = K_{sp} \alpha_M \alpha_A \qquad (5.6)$$

式中　　K_{sp}'——条件溶度积；

　　　　K_{sp}——微溶化合物的溶度积；

α_M 和 α_A——微溶化合物水溶液中 M^+ 和 A^- 的副反应系数。与络合平衡中算法相同。

当 pH、温度、离子强度、络合剂浓度等一定时，K_{sp}' 是一常数。对微溶化合物的溶解度 S 的计算与无副反应时的公式完全相同，只是 K_{sp}' 代替 K_{sp}。

【**例 5.1**】　已知 CaC_2O_4 的 $K_{sp} = 2.3 \times 10^{-9}$（$pK_{sp} = 8.64$），$H_2C_2O_4$ 的 K_{a_1}

$= 5.9 \times 10^{-2} (pK_{a_1} = 1.23), K_{a_2} = 6.4 \times 10^{-5} (pK_{a_2} = 4.19)$，求在 pH$=8.0$ 和 pH$=1.0$ 时 CaC_2O_4 的溶解度。

【解】
$$CaC_2O_4 \Longrightarrow Ca^{2+} + C_2O_4^{2-}$$
$$\Updownarrow H^+$$
$$HC_2O_4^-$$
$$H_2C_2O_4$$

只有 $C_2O_4^{2-}$ 与 H^+ 的副反应，当 pH$=8.0$ 时

$$\beta_1 = \frac{1}{K_{a_2}} = 10^{4.19} \qquad \beta_2 = \frac{1}{K_{a_1} K_{a_2}} = 10^{4.19} \times 10^{1.23}$$

$$\alpha_{C_2O_4(H)} = 1 + \beta_1[H^+] + \beta_2[H^+]^2$$
$$= 1 + 10^{4.19} \times 10^{-8} + 10^{4.19} \times 10^{1.23} \times (10^{-8})^2$$
$$= 1$$

可见，pH$=8.0$ 时，无副反应发生，则

$$S = \sqrt{K_{sp}} = \sqrt{2.3 \times 10^{-9}} = 4.8 \times 10^{-5} \text{ mol/L}$$

当 pH$=1.0$ 时

$$\alpha_{C_2O_4(H)} = 1 + 10^{4.19} \times 10^{-1} + 10^{4.19} \times 10^{1.23} \times (10^{-1})^2$$
$$= 1 + 10^{3.19} + 10^{3.42}$$
$$= 10^{3.62}$$

可见，pH$=1.0$ 时，有副反应发生，则

$$K'_{sp} = K_{sp} \times \alpha_{C_2O_4(H)} = 2.3 \times 10^{-9} \times 10^{3.62}$$
$$= 9.59 \times 10^{-6}$$

$$S = \sqrt{K'_{sp}} = \sqrt{9.59 \times 10^{-6}} = 3.1 \times 10^{-3} \text{mol/L}$$

可见，在 pH$=1.0$ 较 pH$=8.0$ 时，CaC_2O_4 溶解度增加 60 倍以上。

应用溶度积原理，可以进行溶度积和溶解度之间的换算以及溶液中各种离子浓度的计算；应用它也可以判断沉淀反应能否进行和沉淀反应进行得是否完全。通常，根据分析的允许误差，某离子在溶液中的浓度小于 10^{-5} mol/L 时，就可以认为该离子已经沉淀完全。沉淀的完全与否决定于沉淀的溶解度及其影响溶解度的各种因素。

5.1.2　影响沉淀溶解度的因素

沉淀滴定法要求沉淀的溶解度很小，那么影响沉淀的溶解度因素有哪些呢？

（1）同离子效应（Common-Ion Effect）

组成沉淀的离子称为构晶离子，例如微溶化合物 $AgCl$ 中 Ag^+ 和 Cl^- 为 $AgCl$ 的构晶离子，$BaSO_4$ 沉淀中 Ba^{2+} 与 SO_4^{2-} 为 $BaSO_4$ 的构晶离子等。当沉淀反应达到平衡时，如果向溶液中加入构晶离子而使沉淀的溶解度减少的现象称为沉淀

溶解平衡中的同离子效应。

工业上硬水的软化，较早是采用熟石灰碳酸钠法，先测定水中的硬度之后，再加入定量的 $Ca(OH)_2$ 及 Na_2CO_3，使 Ca^{2+} 和 Mg^{2+} 沉淀除去，就是利用同离子效应。

1）已知 25℃时 $CaCO_3$ 在水中溶解度 S_0 为

$$S_0 = \sqrt{K_{sp}} = \sqrt{3.8 \times 10^{-9}} = 6.2 \times 10^{-5} mol/L$$

如果溶液中加入 Na_2CO_3 使溶液中 $[CO_3^{2-}]$ 增加至 0.1mol/L 时，则 $CaCO_3$ 的 S：

$$S = [Ca^{2+}] = \frac{K_{sp}}{[CO_3^{2-}]} = \frac{3.8 \times 10^{-9}}{0.10} = 3.8 \times 10^{-8} mol/L$$

此时，$CaCO_3$ 的溶解度减少 1600 多倍。

2）已知 25℃时 $Mg(OH)_2$ 在水中的溶解度 S_0 为

$$S_0 = \sqrt[3]{\frac{K_{sp}}{4}} = \sqrt[3]{\frac{1.8 \times 10^{-11}}{4}} = 1.65 \times 10^{-4} mol/L$$

如果溶液中加入 $Ca(OH)_2$ 使溶液中 $[OH^-]$ 增加至 0.1mol/L 时，则 $Mg(OH)_2$ 沉淀的溶解度 S 为

$$S = [Mg^{2+}] = \frac{K_{sp}}{[OH^-]^2} = \frac{1.8 \times 10^{-11}}{[0.10]^2} = 1.8 \times 10^{-9} mol/L$$

此时，$Mg(OH)_2$ 沉淀的溶解度减少 2300 多倍。

在锅炉水的早期软化处理中，就是利用同离子效应，加大沉淀剂的用量使被沉淀的组分沉淀完全，达到预期的处理效果。

应该注意为保证沉淀完全，一般加入沉淀剂过量 50%～100% 是合适的，但由于沉淀剂为不易挥发的，则过量 20%～30% 就可以了，否则将引起其他效应，如引起盐效应、酸效应或络合效应等副反应，反而会使沉淀的溶解度增大，影响处理效果。

（2）盐效应（Salt Effect）

在微溶化合物的饱和溶液中，加入其易溶强电解质而使沉淀的溶解度增大的现象称为盐效应。例如，$AgCl$ 的溶解度在纯水中为 1.278×10^{-5} mol/L，而在 0.01mol/L KNO_3 中为 1.427×10^{-5} mol/L，其溶解度增加 12%；又如 $BaSO_4$ 在纯水中溶解度 $S_0 = 0.96 \times 10^{-5}$ mol/L，在 0.01mol/L KNO_3 中 $S = 1.65 \times 10^{-5}$ mol/L，其溶解度增加 70%。强电解质（如 KNO_3）的加入，使溶液中少量的 Ag^+ 与 Cl^- 或 Ba^{2+} 与 SO_4^{2-} 互相碰撞、互相接触的机会减少，因而形成 $AgCl$ 或 $BaSO_4$ 沉淀机会相应减少，也就是 $AgCl$ 或 $BaSO_4$ 的溶解度增加。其他微溶化合物也有类似性质。

至于 $AgCl$ 与 $BaSO_3$ 同样在 KNO_3 溶液中，溶解度增加程度不同，主要是它

们的构晶离子的电荷不一样，所带电荷越多，影响就越严重。如 $BaSO_4$ 与 $AgCl$ 比较，构晶离子所带电荷多，其溶解度增加也越多。一般微溶化合物 MA 的溶解度都很小，溶液中离子强度不大，故常用平衡浓度代替活度 a，即认为活度系数 $\gamma = 1$，即

$$[M][A] = K_{sp}$$

但是，在较浓的电解质溶液中，如 $>0.01mol/L$ 时，微溶化合物 MA 的溶度积 K_{sp} 用活度积 K_{sp}° 表示（式（5.3））：

$$K_{sp} = [M][A] = \frac{K_{sp}^{\circ}}{\gamma_M \cdot \gamma_A}$$

可见，如果高价离子（如 Ba^{2+} 与 SO_4^{2-}）所带电荷较低价离子（如 Ag^+ 与 Cl^-）的多，离子强度就大，其活度系数（$\gamma_M \cdot \gamma_A$）就越小，两离子浓度之积 $[M][A]$ 就越大，溶度积 K_{sp} 就越大，其盐效应就越显著。相反，强电解质浓度 $<0.01mol/L$ 时，可不考虑盐效应。

（3）酸效应（Acid Effect）

溶液的 pH 对沉淀溶解度的影响称为酸效应。酸效应发生主要是由于溶液中 H^+ 浓度的大小对弱酸、多元酸或微溶酸解离平衡的影响。如果沉淀是强酸盐，如 $AgCl$、$BaSO_4$ 等，其溶解度受 pH 影响较小，但沉淀是弱酸盐（如 CaC_2O_4、$CaCO_3$、CdS）、多元酸盐（如 $Ca_3(PO_4)_2$、$MgNH_4PO_4$）或微溶酸（如硅酸 $SiO_2 \cdot nH_2O$、钨酸 $WO_3 \cdot nH_2O$），以及许多与有机沉淀剂形成的沉淀，则酸效应就很显著；因此，对弱酸盐、多元酸盐需在碱性条件下沉淀，而对本身是沉淀的硅酸、钨酸则必须在强酸条件下沉淀。

例如：微溶化合物铬酸银（Ag_2CrO_4）的饱和溶液中，沉淀溶解平衡时：

$$Ag_2CrO_4 \rightleftharpoons 2Ag^+ + CrO_4^{2-} \quad K_{sp,Ag_2CrO_4} = 1.1 \times 10^{-12}$$

铬酸 H_2CrO_4 是二元酸，在溶液中有下列平衡

$$H_2CrO_4 \rightleftharpoons H^+ + HCrO_4^- \quad K_{a_1} = 1.8 \times 10^{-1}$$
$$HCrO_4^- \rightleftharpoons H^+ + CrO_4^{2-} \quad K_{a_2} = 3.2 \times 10^{-7}$$

显然，在酸性溶液中，CrO_4^{2-} 的浓度减少，另外，还会有下列平衡：

$$2CrO_4^{2-} + 2H^+ \rightleftharpoons 2HCrO_4^- \rightleftharpoons Cr_2O_7^- + H_2O$$

这都使 Ag_2CrO_4 的溶解度增大；相反，碱性溶液中（如 pH>10），又会有 Ag_2O 析出。考虑酸效应的影响，同样采用酸效应系数 α_H，其意义与 EDTA 的酸效应系数完全一样。则

$$K'_{sp,Ag_2CrO_4} = K_{sp,Ag_2CrO_4} \cdot \alpha_H = [Ag^+]^2 \cdot [CrO_4^{2-}]$$

式中 K'_{sp,Ag_2CrO_4} 为条件溶度积。

不同 pH，Ag_2CrO_4 的溶解度为

$$S_{Ag_2CrO_4} = \sqrt[m+n]{\frac{K'_{sp}}{m^m \cdot n^n}} = \sqrt[3]{\frac{K'_{sp}}{4}} = \sqrt[3]{\frac{K_{sp}}{4} \cdot \alpha_H}$$

可见，pH 减小，α_H 增加，Ag_2CrO_4 沉淀的溶解度也增加，酸效应显著。

例如 H_2CrO_4 的 $K_{a_1} = 1.8 \times 10^{-1}$，$K_{a_2} = 3.2 \times 10^{-7}$

$$\alpha_{CrO_4^{2-}(H)} = 1 + \beta_1[H^+] + \beta_2[H^+]^2$$

式中 $$\beta_1 = \frac{1}{K_{a_2}} = 10^{6.50}, \beta_2 = \frac{1}{K_{a_1}K_{a_2}} = 10^{7.24}$$

当 pH = 3.0 时，$[H^+] = 10^{-3}$ mol/L   则

$$\alpha_{CrO_4^{2}(H)} = 1 + 10^{6.50} \times 10^{-3} + 10^{7.24} \times 10^{-6}$$

$$= 10^{3.50}$$

∴ $$S = \sqrt[3]{\frac{1.1 \times 10^{-12}}{4} \times 10^{3.50}} = 9.5 \times 10^{-4} \text{mol/L}$$

同理，计算 pH = 5.0 时，

$$\alpha_{CrO_4^{2-}(H)} = 10^{1.50}$$

$$S = 2.0 \times 10^{-4} \text{mol/L}$$

pH = 6.5 时

$$\alpha_{CrO_4^{2-}(H)} = 1$$

$$S = 6.5 \times 10^{-5} \text{mol/L}$$

通过计算表明 pH 增大，$\alpha_{CrO_4(H)}$ 减小，Ag_2CrO_4 沉淀的溶解度减少，酸效应越不明显，当 pH = 6.5 时，已无酸效应。因此，欲使 Ag_2CrO_4 沉淀完全，又不转化为 Ag_2O 沉淀，适宜的 pH 范围在 6.5～10.0 之间。

有时还利用酸效应，常将微溶化合物（例如 CaC_2O_4、$Mg(OH)_2$ 等）的饱和溶液中，增加 H^+ 浓度，使它们转化为易溶解的弱电解质（如 $H_2C_2O_4$、H_2O 等），达到沉淀全部溶解的目的。

【例 5.2】   考虑 S^{2-} 的水解，计算 Ag_2S 的溶解度。

$K_{sp,Ag_2S} = 6 \times 10^{-49}$，$H_2S$ 的 $K_{a_1} = 1.3 \times 10^{-7}$，$K_{a_2} = 7.1 \times 10^{-15}$

【解】   已知 Ag_2S 在水中的溶解平衡：

$$Ag_2S \Longrightarrow 2Ag^+ + S^{2-}$$

S^{2-} 水解：

$$S^{2-} + H_2O \Longrightarrow HS^- + OH^-$$

$$HS^- + H_2O \Longrightarrow H_2S + OH$$

由于 Ag_2S 的溶解度很小，所以溶液中 $[S^{2-}]$ 也很小，S^{2-} 水解所产生的 $[OH^-]$ 可忽略不计，故溶液的 pH 就是纯水的 pH，pH = 7.0。但由于 S^{2-} 水解，使 Ag_2S 的溶解度增大。S^{2-} 的水解效应系数为：

$$\alpha_{S^{2-}} = 1 + \beta[H^+] + \beta_2[H^+]^2 \tag{5.7}$$

$$= 1 + \frac{1}{7.1 \times 10^{-15}} \times 10^{-7} + \frac{1}{1.3 \times 10^{-7} \times 7.1 \times 10^{-15}}(10^{-7})^2$$

$$= 1 + 1.41 \times 10^{14} \times 10^{-7} + 1.1 \times 10^{21} \times 10^{-14}$$

$$= 2.51 \times 10^{7}$$

$$\therefore \quad S = \sqrt[m+n]{\frac{K_{sp}}{m^m \cdot n^n} \cdot \alpha_{S^{2-}}} = \sqrt[3]{\frac{K_{sp,Ag_2S}}{4} \times \alpha_{S^{2-}}}$$

$$= \sqrt[3]{\frac{6 \times 10^{-49}}{4} \times 2.51 \times 10^{7}}$$

$$= 1.6 \times 10^{-14}\,mol/L$$

Ag_2S 在纯水中的溶解度 S_0

$$S_0 = \sqrt[3]{\frac{K_{sp,Ag_2S}}{4}} = \sqrt[3]{\frac{6 \times 10^{-49}}{4}} = 5.3 \times 10^{-17}\,mol/L$$

可见，由于 S^{2-} 的水解，使 Ag_2S 的溶解度增大 300 倍。

（4）络合效应（Complexing Effect）

当溶液中存在某种络合剂，能与构晶离子生成可溶性络合物，使沉淀溶解度增大，甚至不产生沉淀的效应称为络合效应。

在饱和溶液中，微溶化合物 AgCl 的沉淀溶解平衡之后，当有 $NH_3 \cdot H_2O$ 存在时，则有银氨络离子 $Ag(NH_3)_2^+$ 生成。

$$AgCl \rightleftharpoons Ag^+ + Cl^-$$
$$\Big\Updownarrow {\scriptstyle 2NH_3 \cdot H_2O} \qquad lgK_2 = 4.00(lgK_1 = 3.40, Ag(NH_3)^+),$$
$$Ag(NH_3)_2^+$$

可见，由于 $NH_3 \cdot H_2O$ 存在，使沉淀溶解平衡向右移，AgCl 溶解度增大。

络合剂（如 $NH_3 \cdot H_2O$）浓度越大，生成的络合物越稳定，使沉淀的溶解度越大，络合效应就越显著。

如果沉淀剂本身又是络合剂，则会有使沉淀的溶解度降低的同离子效应和使沉淀的溶解度增大的络合效应两种情况发生。例如，用 Cl^- 滴定水中 Ag^+ 时，最初生成 AgCl 沉淀；若继续加入过量的 Cl^-，则 Cl^- 与 AgCl 络合成 $AgCl_2^-$ 和 $AgCl_3^{2-}$ 等络离子，使 AgCl 沉淀逐渐溶解。

$$Cl^- + Ag^+ \rightleftharpoons AgCl \downarrow$$
$$\Big\Updownarrow {\scriptstyle Cl^-}$$
$$AgCl_2^-\ ,\ AgCl_3^{2-}\ ,\ AgCl_4^{3-}$$

此时，不同 Cl^- 浓度下 AgCl 的溶解度可由下式计算

$$S = [Ag^+] + [AgCl] + [AgCl_2^-] + [AgCl_3^{2-}] + [AgCl_4^{3-}]$$

$$= [Ag^+] + \beta_1[Ag^+][Cl^-] + \beta_2[Ag^+][Cl^-]^2 + \beta_3[Ag^+][Cl^-]^3 + \beta_4[Ag^+][Cl^-]^4$$

$$= \frac{K_{sp}}{S}[1 + \beta_1[Cl^-] + \beta_2[Cl^-]^2 + \beta_3[Cl^-]^3 + \beta_4[Cl^-]^4]$$

$$\therefore \qquad S = \sqrt{K_{sp} \cdot \alpha_{Ag(Cl)}} \qquad\qquad (5.8)$$

式中 β_n 为 Ag^+ 与 Cl^- 形成的络合物的累级稳定常数。

$$\alpha_{Ag(Cl)} = 1 + \beta_1[Cl^-] + \beta_2[Cl^-]^2 + \beta_3[Cl^-]^3 + \beta_4[Cl^-]^4 \qquad (5.9)$$

式中 $\beta_1 = 10^{3.04}$，$\beta_2 = 10^{5.04}$，$\beta_3 = 10^{5.04}$，$\beta_4 = 10^{5.30}$。

如已知道水中过量 $[Cl^-]$，可一一计算出 AgCl 溶解度（表 5.1）。

AgCl 在不同浓度的 NaCl 溶液中的溶解度　　　　表 5.1

过量 C_{Cl^-}（mol/L）	纯水	3.9×10^{-3}	9.2×10^{-3}	3.6×10^{-3}	8.8×10^{-2}	3.5×10^{-1}	5×10^{-1}
S_{AgCl}（mol/L）	1.3×10^{-5}	7.2×10^{-7}	9.1×10^{-7}	1.9×10^{-6}	3.6×10^{-6}	1.7×10^{-5}	2.8×10^{-5}

可见，AgCl 在 3.9×10^{-3} mol/L NaCl 溶液中的溶解度（7.2×10^{-7} mol/L）比在纯水中的溶解度（1.3×10^{-5} mol/L）小 18 倍，同离子效应是主要的；若 Cl^- 浓度增大到 0.5mol/L 时，则 AgCl 溶解度（2.8×10^{-5} mol/L）超过纯水中的溶解度，此时络合效应就占优势；Cl^- 浓度再增大，会使 AgCl 全部溶解。因此，用 Cl^- 滴定 Ag^+ 时，必须严格控制 Cl^- 浓度。

通过上述讨论可见，在进行沉淀反应时，对强酸盐沉淀（如 AgCl 等），在无络合反应时，主要考虑同离子效应，对弱酸盐沉淀（如 CaC_2O_4、$CaCO_3$、CdS、$MgNH_4PO_4$ 等）主要考虑酸效应，对有络合反应且形成较稳定络合物时，则主要考虑络合效应。

对氢氧化物沉淀，如有氢氧基络合物形成时，其溶解度虽然可参照前面公式按 $S = \sqrt[m+n]{\dfrac{K_{sp}}{m^m \cdot n^n} \cdot \alpha_{M(OH)}}$ 计算，但对 Al^{3+}、Fe^{3+}、Th^{4+} 等容易形成多核氢氧基络合物离子，使问题变得稍复杂一些。例如：Al^{3+} 常形成 $Al(OH)^{2+}$、$Al_2(OH)_2^{4+}$、$Al_6(OH)_{15}^{3+}$、$Al_7(OH)_{17}^{4+}$、$Al_8(OH)_{20}^{4+}$、$Al_{13}(OH)_{34}^{5+}$ 等；Fe^{3+} 常形成 $Fe(OH)^{2+}$、$Fe_2(OH)_2^{4+}$、$Fe(OH)_2^+$ 等。

【例 5.3】 考虑形成氢氧基络合物，计算 $Fe(OH)_3$ 在水中的溶解度。

$$K_{sp,Fe(OH)_3} = 3 \times 10^{-39}, \quad \beta_1 = 6.76 \times 10^{10}$$
$$\beta_2 = 1.35 \times 10^{21}, \quad \beta_{22} = 1.26 \times 10^{25}$$

【解】 $\qquad\qquad Fe(OH)_3 \Longleftrightarrow Fe^{3+} + 3OH^-$

由于 $Fe(OH)_3$ 的溶解度很小，故溶液中 $[OH^-]$ 也很小，可视溶液中 $[OH^-] = [H^+] = 10^{-7}$ mol/L。

但考虑形成氢氧基络合物 $Fe(OH)^{2+}$，$Fe(OH)_2^+$ 和 $Fe_2(OH)_2^{4+}$，即

$$Fe^{3+} + OH^- \Longleftrightarrow Fe(OH)^{2+} \quad \beta_1 = 6.76 \times 10^{10}$$

$$Fe^{3+} + 2OH^- \Longleftrightarrow Fe(OH)_2^+ \quad \beta_2 = 1.35 \times 10^{21}$$

$$2Fe^{3+} + 2OH^- \Longleftrightarrow Fe_2(OH)_2^{4+} \quad \beta_{22} = 1.26 \times 10^{25}$$

则此时，$Fe(OH)_3$ 的溶解度是

$$S = [Fe^{3+}] + [Fe(OH)^{2+}] + [Fe(OH)_2^+] + 2[Fe_2(OH)_2^{4+}]$$
$$= [Fe^{3+}] + \beta_1[Fe^{3+}][OH^-] + \beta_2[Fe^{3+}][OH^-]^2 + 2\beta_{22}[Fe^{3+}]^2[OH^-]^2$$
$$= [Fe^{3+}](1 + \beta_1[OH^-] + \beta_2[OH^-]^2 + 2\beta_{22}[Fe^{3+}][H^-]^2)$$
$$= [Fe^{3+}] \cdot \alpha_{FeOH}$$

式中　　$[Fe^{3+}] = \dfrac{K_{sp,Fe(OH)_3}}{[OH^-]^3} = \dfrac{3 \times 10^{-39}}{[10^{-7}]^3} = 3 \times 10^{-18} mol/L$

$$\alpha_{FeOH} = 1 + \beta_1[OH^-] + \beta_2[OH^-]^2 + 2\beta_{22}[Fe^{3+}][OH^-]^2$$
$$= 1 + 6.76 \times 10^{10} \times 10^{-7} + 1.35 \times 10^{21} \times 10^{-14} + 2 \times 1.26 \times 10^{25} \times 3 \times 10^{-18} \times 10^{-14}$$
$$= 1 + 6.76 \times 10^3 + 1.35 \times 10^7 + 3.78 \times 10^{-7}$$
$$\approx 1.35 \times 10^7$$

可见，Fe^{3+} 的氢氧基络合物的溶解度主要是由 $Fe(OH)_2^+$ 决定的。

$\therefore$　　　　$S = [Fe^{3+}] \cdot \alpha_{FeOH}$
$$= 3 \times 10^{-18} \times 1.35 \times 10^7$$
$$= 4.0 \times 10^{-11} mol/L$$

对于氢氧化物沉淀能够形成氢氧基络合物的金属离子还有 Al^{3+}、Bi^{3+}、Cr^{3+}、Th^{4+}、Cd^{2+}、Hg^{2+}、Co^{2+}、Pb^{2+} 等。

除了同离子效应、盐效应、酸效应和络合效应外，还有温度、溶剂等其他因素，也影响沉淀的溶解度。

（5）影响沉淀溶解的其他因素

1）温度的影响：沉淀的溶解反应，多数是吸热反应。温度升高，沉淀的溶解度一般增大。大多数沉淀在热溶液中的溶解度比冷溶液中的溶解度大，不同沉淀，温度对溶解度影响大小也不同（图 5.1）。

在实际分析中，如果在热溶液中，溶解度增大的沉淀，如 $MgNH_4PO_4$，洗涤过滤等操作，需在室温下进行，否则温度升高，沉淀溶解的太多而损失；相反，高价金属离子的水合氧化

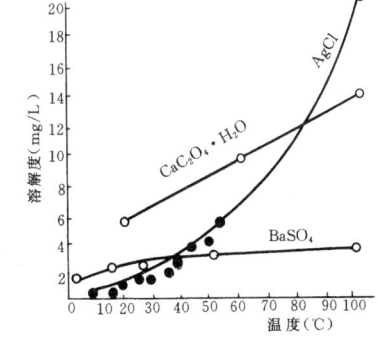

图 5.1　温度对几种沉淀溶解度的影响

物在热溶液中溶解度减小的无定形沉淀，常会形成胶体溶液，如 $Fe_2O_3 \cdot nH_2O$、$Al_2O_3 \cdot nH_2O$ 金属硫化物及硅、钨、铌、钽的水合氧化物沉淀等，需趁热洗涤、过滤，否则冷却后，难洗干净、难过滤，也会带来误差。

2）溶剂的影响

无机物沉淀大多数是离子晶体，在纯水中的溶解度比在有机溶剂中大。例如，$PbSO_4$、$CaSO_4$ 溶液中加入适量乙醇、丙酮等，则它们的溶解度明显降低。

3）沉淀颗粒大小

同一种沉淀，在相同质量的条件下，小颗粒沉淀比大颗粒沉淀的溶解度大。这是因为，小颗粒沉淀的总表面积大，与溶液接触的机会就越多，沉淀溶解的量也就越大。例如，$SrSO_4$ 沉淀，大颗粒的溶解度为 6.2×10^{-4} mol/L，而颗粒半径为 $0.05\mu m$ 和 $0.01\mu m$ 时，溶解度分别为 6.7×10^{-4} mol/L 和 9.3×10^{-4} mol/L，它们的溶解度分别增大 8% 和 50% 左右。

实际分析工作中，经常将沉淀在溶液中放一段时间，使小晶体转化为大晶体，以减少沉淀溶解度，这个过程叫陈化。陈化可使沉淀结构发生转变，例如，室温下生成 CaC_2O_4 沉淀，开始析出亚稳态：$CaC_2O_4 \cdot 2H_2O$ 和 $CaC_2O_4 \cdot 3H_2O$，放置陈化后转变为稳定态的 $CaC_2O_4 \cdot H_2O$。

在水处理或水分析中，常利用酸效应，络合效应等将沉淀转化为易溶化合物，使沉淀溶解。

5.2 分 步 沉 淀

形成沉淀反应是沉淀滴定法的基础。有关微溶化合物的溶解度及其溶度积原理已做了概要介绍和回顾。应用溶度积原理可解决多种被沉淀离子共存下，当加入沉淀剂（沉淀滴定中称为滴定剂）时沉淀反应进行的次序问题，同时也可解决一种沉淀物质是否能转化为另一种沉淀物质问题。下面仅就溶度积原理的应用——分步沉淀和沉淀的转化加以讨论。

5.2.1 分 步 沉 淀

例如，溶液中同时含有 0.1000mol/L Cl^- 和 0.1000mol/L CrO_4^{2-} 离子，逐滴加入 $AgNO_3$ 溶液，则有

$$Ag^+ + Cl^- \Longrightarrow \underset{(白)}{AgCl} \downarrow \qquad K_{sp, AgCl} = 1.8 \times 10^{-10}$$

$$2Ag^+ + CrO_4^{2-} \Longrightarrow \underset{(砖红色)}{Ag_2CrO_4} \downarrow \qquad K_{sp, Ag_2CrO_4} = 1.1 \times 10^{-12}$$

可由溶度积 K_{sp} 分别求出 AgCl 与 Ag_2CrO_4 开始沉淀时，需要的 $[Ag^+]$。

Cl^- 开始形成 AgCl 沉淀需 $[Ag^+]$ 为：

$$[Ag^+] = \frac{K_{sp, AgCl}}{[Cl^-]} = \frac{1.8 \times 10^{-10}}{0.10} = 1.8 \times 10^{-9} \text{mol/L} \qquad (5.10)$$

CrO_4^{2-} 开始形成 Ag_2CrO_4 沉淀需 $[Ag^+]$ 为

$$[Ag^+] = \sqrt{\frac{K_{sp, Ag_2CrO_4}}{[CrO_4^{2-}]}} = \sqrt{\frac{1.1 \times 10^{-12}}{0.10}} = 3.3 \times 10^{-6} \text{mol/L} \qquad (5.11)$$

可见，开始形成沉淀，Cl^- 离子需要的 Ag^+ 浓度 $[Ag^+]$ 远远小于 CrO_4^{2-} 所需要的 $[Ag^+]$。所以 AgCl 首先达到溶度积 K_{sp}，首先沉淀出来。

那么，Ag_2CrO_4 什么时候沉淀呢？显然，由式（2）可知，滴入 $AgNO_3$ 溶

液至 $[Ag^+]$ 达到 3.3×10^{-6} mol/L 时，Ag_2CrO_4 开始沉淀。而此时，溶液中 Cl^- 还剩多少呢？

$$[Cl^-] = \frac{K_{sp, AgCl}}{[Ag^+]} = \frac{1.8 \times 10^{-10}}{3.3 \times 10^{-6}} = 5.4 \times 10^{-5} \text{mol/L}$$

溶液中 Cl^- 浓度还有 5.4×10^{-5} mol/L，它远远小于 Cl^- 离子的原有浓度 0.1000 mol/L，可以认为 Cl^- 已沉淀完全。

因此，我们得出结论，利用达到溶度积 K_{sp} 的先后次序进行沉淀的作用称为分步沉淀。凡是先达到溶度积（K_{sp}）的，先沉淀；后达到溶度积的，后沉淀。

5.2.2　沉淀的转化

将微溶化合物转化成更难溶的化合物叫做沉淀的转化。沉淀的转化在水质分析和水处理中有十分重要的作用。下面仅举两个例子加以说明。

（1）当微溶化合物 AgCl 的溶液中，达到沉淀溶解平衡后，加入硫氰酸铵 NH_4SCN 溶液，生成更难溶化合物硫氰酸银 AgSCN。即

$$\begin{array}{ll} AgCl \Longleftrightarrow Ag^+ + Cl^- & K_{sp, AgCl} = 1.8 \times 10^{-10} \\ \quad\quad\;\; \Big\Updownarrow SCN^- & K_{sp, AgSCN} = 1.07 \times 10^{-12} \\ \quad AgSCN \downarrow & \\ \quad\;\,(白色) & \end{array}$$

由于 $K_{sp, AgCl} > K_{sp, AgSCN}$，所以加入 NH_4SCN 后，AgCl 沉淀的溶解平衡向右移动，使 AgCl 不断溶解，AgSCN 沉淀继续生成，直到 AgCl 沉淀全部转化为 AgSCN 沉淀为止。测定水样 Cl^- 的佛尔哈德法就是利用沉淀转化原理。

（2）在微溶化合物 $CaSO_4$ 的溶液中，加入 Na_2CO_3 溶液，便生成更难溶化合物 $CaCO_3$，即

$$\begin{array}{ll} CaSO_4 \Longleftrightarrow Ca^{2+} + SO_4^{2-} & K_{sp, CaSO_4} = 2.4 \times 10^{-5} \\ (S) & \\ \quad\quad\;\; \Big\Updownarrow CO_3^{2-} & \\ \quad CaCO_3 \downarrow & K_{sp, CaCO_3} = 3.8 \times 10^{-9} \\ \quad\;\,(S) & \end{array}$$

显然，$K_{sp, CaCO_3} < K_{sp, CaSO_4}$，则 $CaSO_4$ 溶液中，由于加入 Na_2CO_3 之后，使 $CaSO_4$ 的溶解平衡不断向右移动，直至 $CaSO_4$ 全部溶解并转化为更难溶的 $CaCO_3$，即不溶于酸的 $CaSO_4$ 转化为易溶于酸的 $CaCO_3$。在水处理中，尤其工业用水处理中，硬水的转化就是利用这个原理。

5.3　沉淀滴定法的基本原理

沉淀反应有很多，但是能用于沉淀滴定法中的沉淀反应却很少，相当多的沉淀反应都不能完全符合滴定对化学反应的基本要求，而无法用于滴定。最有实际

意义的是生成微溶银盐的反应，以生成银盐沉淀的反应为基础的滴定方法，即所谓银量法。银量法包括：莫尔法、佛尔哈德法和法扬司法。主要用于水中 Cl^-、Br^-、I^-、Ag^+ 和 SCN^- 离子等的测定。

5.3.1　沉淀滴定曲线

以 0.1000mol/L $AgNO_3$ 滴定 20.00mL 0.1000mol/L NaCl 为例说明沉淀滴定法的基本原理。

（1）计量点之前

滴定之前，为 NaCl 溶液，$[Ag^+] = 0$

滴定开始至计量点之前，由于同离子效应，AgCl 沉淀所溶解出的 Cl^- 极少，一般可忽略。因此，可根据溶液中某一时刻的 $[Cl^-]$ 和 $K_{sp,AgCl}$ 来计算此时的 $[Ag^+]$ 和 pAg（Ag^+ 浓度的负对数）。

例如，滴入 $AgNO_3$ 标准溶液 19.98mL 时，则

$$[Cl^-] = \frac{0.1000 \times (20.00 - 19.98)}{19.98 + 20.00} = 5.0 \times 10^{-5} \text{mol/L}$$

$$[Ag^+] = \frac{K_{sp,AgCl}}{[Cl^-]} = \frac{1.8 \times 10^{-10}}{5.0 \times 10^{-5}} = 3.6 \times 10^{-6} \text{mol/L}$$

$$pAg = 5.44$$

同样方法，计算出计量点之前滴入 0.1000mol/L $AgNO_3$ 不同量时的 pAg 值。

（2）计量点时

此时已滴入 20.00mL 0.1000mol/L $AgNO_3$ 溶液，可以认为 Ag^+ 与 Cl^- 的量完全由 AgCl 溶解所产生的，且 $[Ag^+] = [Cl^-]$。所以

$$[Ag^+] = [Cl^-] = \sqrt{K_{sp,AgCl}} = 1.34 \times 10^{-5} \text{mol/L}$$

$$pAg = 4.87$$

（3）计量点后

计量点之后，溶液中有 AgCl 沉淀和过量的 $AgNO_3$，同样由于同离子效应，使 AgCl 沉淀所溶解出的 Ag^+ 极少，可忽略不计。因此，只按过量 $AgNO_3$ 的量近似求得 $[Ag^+]$。

例如，滴入 20.02mL $AgNO_3$，则

$$[Ag^+] = \frac{0.1000 \times (20.02 - 20.00)}{20.02 + 20.00} = 5.0 \times 10^{-5} \text{mol/L}$$

$$pAg = 4.3$$

同样按类似方法求得计量点之后的 pAg 值。

以 0.1000mol/L $AgNO_3$ 标准溶液的滴入量（mL）为横坐标，以对应的 pAg 为纵坐标，绘制的曲线为沉淀滴定曲线（图 5.2）。可见 $AgNO_3$ 标准溶液滴定水

中 Cl^- 的计量点时 $pAg=4.87$，其突跃范围是 $pAg=5.44\sim4.3$；沉淀滴定的突跃范围与滴定剂和被沉淀物质的浓度有关，滴定剂的浓度越大，滴定突跃就越大；除此之外，还与沉淀的 K_{sp} 大小有关，沉淀的 K_{sp} 值越大，即沉淀的溶解度越大，滴定突跃就越小。

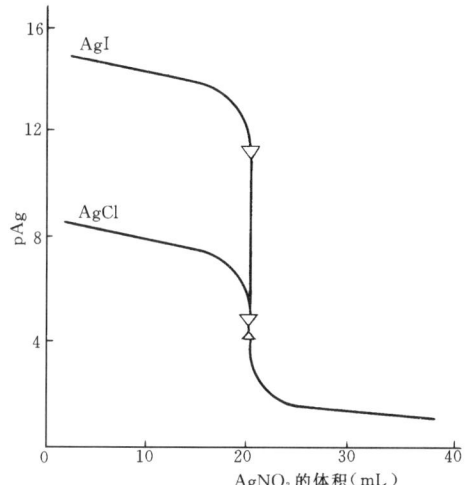

图 5.2　0.1000mol/L $AgNO_3$ 滴定同浓度 NaCl 或 NaI 的滴定曲线

例如：AgCl 的 $K_{sp}=1.8\times10^{-10}$，而 AgI 的 $K_{sp}=8.3\times10^{-17}$，因此，用 $AgNO_3$ 滴定 Cl^- 的突跃就比滴定同浓度的 I^- 时的突跃小（图 5.2）。

5.3.2　莫尔法（Mohr Method）

以铬酸钾 K_2CrO_4 为指示剂的银量法为莫尔法。

（1）莫尔法的原理

以 $AgNO_3$ 标准溶液为滴定剂，用 K_2CrO_4 为指示剂，测定水中 Cl^- 时，根据分步沉淀原理，首先生成沉淀的是 AgCl 沉淀（$K_{sp,AgCl}=1.8\times10^{-10}$），即

$$Ag^++Cl^-\Longrightarrow AgCl\downarrow \tag{5.12a}$$
（白色）

当达到计量点时，水中 Cl^- 已被全部滴定完毕，稍过量的 Ag^+ 便与 CrO_4^{2-} 生成砖红色 Ag_2CrO_4 沉淀，而指示滴定终点，即

$$2Ag^++CrO_4^{2-}\Longrightarrow Ag_2CrO_4\downarrow \tag{5.12b}$$
（砖红色）

根据 $AgNO_3$ 标准溶液的浓度和用量，便可求得水中 Cl^- 离子的含量。

（2）滴定条件

1）指示剂 K_2CrO_4 的用量要合适

根据测定原理，指示剂 K_2CrO_4 的用量是个关键问题。如果 K_2CrO_4 加入量过多，即 $[CrO_4^{2-}]$ 过高，则 Ag_2CrO_4 沉淀析出偏早，使水中 Cl^- 的测定结果偏

低，且 K_2CrO_4 的黄色也影响颜色观察。相反，如果 K_2CrO_4 加入量过少，即 $[CrO_4^{2-}]$ 过低，则 Ag_2CrO_4 沉淀析出偏迟，使测定结果偏高。因此，指示剂 K_2CrO_4 的加入量，应使 Ag_2CrO_4 沉淀的产生，恰好在计量点时发生。如用 $0.1000mol/L$ $AgNO_3$ 滴定同浓度的 Cl^- 离子，计量点时：

$$[Ag^+]_{sp} = [Cl^-] = \sqrt{K_{sp,AgCl}} = \sqrt{1.8 \times 10^{-10}} = 1.34 \times 10^{-5} mol/L$$

而

$$[CrO_4^{2-}] = \frac{K_{sp,Ag_2CrO_4}}{[Ag^+]_{sp}^2} = \frac{1.1 \times 10^{-12}}{(1.34 \times 10^{-5})^2} = 6.1 \times 10^{-3} mol/L$$

此时，CrO_4^{2-} 的浓度 $[CrO_4^{2-}]$ 刚好为析出 Ag_2CrO_4 沉淀时的浓度。

实际分析工作中，指示剂 K_2CrO_4 的浓度略低一点为好，一般采用 $[CrO_4^{2-}]$ $=5.0 \times 10^{-3}$ mol/L 为宜。这样，Ag_2CrO_4 沉淀时虽然比计量点略迟些，即 $AgNO_3$ 标准溶液稍多消耗一点，影响不大，且还可用蒸馏水空白试验扣除。

如果终点时 CrO_4^{2-} 的浓度为 $5.0 \times 10^{-3} mol/L$，滴定呈现砖红色 Ag_2CrO_4 沉淀为滴定终点时，此时

$$[Ag^+]_{ep} = \sqrt{\frac{K_{sp,Ag_2CrO_4}}{[CrO_4^{2-}]}} = \sqrt{\frac{1.1 \times 10^{-12}}{5 \times 10^{-3}}} = 1.5 \times 10^{-5} mol/L$$

而滴定终点时：$[Cl^-]_{ep}$ 为

$$[Cl^-]_{ep} = \frac{K_{sp,AgCl}}{[Ag^+]_{ep}} = \frac{1.8 \times 10^{-10}}{1.5 \times 10^{-5}} = 1.2 \times 10^{-5} mol/L$$

参照强碱强酸滴定终点误差公式求得终点误差：

$$TE = \frac{[Ag^+]_{ep} - [Cl^-]_{ep}}{C_{Cl^-,sp}} \times 100\% \qquad (5.13)$$

$$= \frac{1.5 \times 10^{-5} - 1.2 \times 10^{-5}}{0.05} \times 100\%$$

$$= +0.006\%$$

可见，用 $0.1000mol/L$ $AgNO_3$ 溶液滴定 $0.1000mol/L$ Cl^-，指示剂 K_2CrO_4 的浓度为 5×10^{-3} mol/L 时，终点误差仅为 $+0.006\%$，基本上不影响分析结果的准确度。

2）滴定应控制溶液的 pH

由于 pH 不同，如前所述可有 CrO_4^{2-} 和 $Cr_2O_7^{2-}$ 两种型体，并存在下列平衡：

$$2CrO_4^{2-} + 2H^+ \Longrightarrow Cr_2O_7^{2-} + H_2O$$

当 pH 减少，呈酸性时，平衡向右移动，$[CrO_4^{2-}]$ 减少，为了达到 K_{sp,Ag_2CrO_4}，就必须加入过量 Ag^+ 离子，才会有 Ag_2CrO_4 沉淀，导致终点拖后而引起滴定误差较大。

当 pH 增大，呈碱性时，Ag^+ 将生成 Ag_2O 沉淀：

$$2Ag^+ + 2OH^- \Longrightarrow 2AgOH \downarrow$$

$$\Updownarrow$$

$$Ag_2O + H_2O$$

所以莫尔法只能在中性或弱碱性溶液中进行，即在 pH＝6.5～10.5 范围内

进行滴定。

还应说明，如溶液中有 NH_4^+ 存在，如果 pH 增高时，NH_4^+ 将有一部分转化为 NH_3，而 NH_3 与 Ag^+ 形成银氨络合物（$Ag(NH_3)_2^+$），使水溶液中 AgCl 和 Ag_2CrO_4 沉淀的溶解度增大，影响滴定的准确度。假如滴定至终点时，$c_{NH_3 \cdot H_2O}$ $=0.1mol/L$；欲使 NH_3 对 Ag^+ 不产生副反应，即 $\alpha_{Ag(NH_3)_2^+}=1$，则由副反应系数的定义和分布分数求得溶液的 pH≈7.0。因此，为防止 NH_4^+ 存在下络合效应的影响，需控制 pH＝6.5～7.2 范围内滴定。

3）滴定时必须剧烈摇动

在用 $AgNO_3$ 标准溶液滴定 Cl^- 时，于计量点之前，析出的 AgCl 会吸附溶液中过量的构晶离子 Cl^-，使溶液中 Cl^- 浓度降低，导致终点提前。所以滴定时必须剧烈摇动滴定瓶，防止 Cl^- 被 AgCl 吸附。

莫尔法测定 Br^- 时，AgBr 对 Br^- 的吸附更严重，滴定时更要注意剧烈摇动，否则将造成较大误差。

（3）应用

莫尔法只适用于用 $AgNO_3$ 直接滴定 Cl^- 和 Br^-，而不适用于滴定 I^- 和 SCN^-，由于 AgI 和 AgSCN 沉淀更强烈地吸附 I^- 和 SCN^-，使终点变色不明显，误差较大。

凡是能与 Ag^+ 生成沉淀的阴离子，如 PO_4^{3-}、AsO_4^{3-}、SO_3^{2-}、S^{2-}、CO_3^{2-}、$C_2O_4^{2-}$ 等，都干扰测定；大量 Ca^{2+}、Co^{2+}、Ni^{2+} 等有色离子，影响终点的观察；Al^{3+}、Fe^{3+}、Bi^{3+}、Sn^{4+} 等高价金属离子在中性或弱碱性溶液中发生水解；Ba^{2+}、Pb^{2+} 能与 CrO_4^{2-} 生成 $BaCrO_4$ 和 $PbCrO_4$ 沉淀，也干扰测定。因此所有这些干扰离子都必须预先分离除去。

鉴于上述原因，莫尔法的应用受到一定限制。这样，莫尔法只能用于测定水中的 Cl^- 和 Br^- 的含量，但不能用 Cl^- 标准溶液直接滴定 Ag^+。因为水中 Ag^+ 与加入的指示剂 K_2CrO_4 作用，立即生成大量的 Ag_2CrO_4 沉淀，滴定至计量点时，Cl^- 很难及时夺取 Ag_2CrO_4 中的 Ag^+ 转化为 AgCl，不能敏锐地指示终点，使测定无法进行。

莫尔法用于饮用水中 Cl^- 测定时，水中含有的各种物质，通常数量下，一般不发生干扰。尽管 Br^-、I^-、SCN^- 等离子可同时被滴定，但因其量很少，可忽略不计。

5.3.3　佛尔哈德法（Volhard Method）

用铁铵矾即硫酸高铁铵 $NH_4Fe(SO_4)_2$ 作指示剂的银量法称为佛尔哈德法。

（1）原理

直接滴定法测定水中 Ag^+：以 NH_4SCN（或 KSCN、NaSCN）为标准溶液，

用 $NH_4Fe(SO_4)_2$ 作指示剂，直接滴定水中 Ag^+，滴定反应：

$$SCN^- + Ag^+ \rightleftharpoons \underset{(白色)}{AgSCN\downarrow} \qquad K_{sp} = 1.07 \times 10^{-12} \qquad (5.14a)$$

计量点时，Ag^+ 已被全部滴定完毕，稍过量的 SCN^- 便与指示剂 Fe^{3+} 生成血红色络合物 $FeSCN^{2+}$，指示终点到达，

$$SCN^- + Fe^{3+} \rightleftharpoons \underset{(血红色)}{FeSCN^{2+}} \qquad K_1 = 200 \qquad (5.14b)$$

根据 NH_4SCN 标准溶液的消耗量，求得水中 Ag^+ 的含量。

返滴定法测定水中卤素离子：

加入过量 $AgNO_3$ 标准溶液，使水样中全部卤素离子都生成卤化银 AgX 沉淀。然后，加入指示剂铁铵矾，以 NH_4SCN 标准溶液返滴定剩余的 Ag^+。其反应

$$\underset{(过量)}{Ag^+} + Cl^- \rightleftharpoons \underset{(白色)}{AgCl\downarrow} \qquad K_{sp} = 1.8 \times 10^{-10} \qquad (5.15a)$$

$$SCN^- + \underset{(剩余)}{Ag^+} \rightleftharpoons \underset{(白色)}{AgSCN\downarrow} \qquad (5.15b)$$

计量点时，稍过量的 SCN^- 便与指示剂 Fe^{3+} 形成血红色络合物 $FeSCN^{2+}$，指示滴定终点。根据所加入 $AgNO_3$ 标准溶液的总量和所消耗 NH_4SCN 标准溶液的量计算水中 Cl^- 的含量。

应该指出，返滴定法测定水中 Cl^- 时，由于 $K_{sp,AgSCN} < K_{sp,AgCl}$，所以当用 NH_4SCN 滴定 Ag^+ 至计量点时，稍过量的 SCN^- 便会置换 $AgCl$ 中的 Cl^-，发生沉淀的转化，即

$$AgCl\downarrow + SCN^- \rightleftharpoons AgSCN\downarrow + Cl^-$$

尤其是剧烈摇动，会促进这种转化。这样，使本已出现的红色又逐渐消失，而得不到正确的终点。要想得到持久的红色，就必须继续滴入 SCN^- 标准溶液，直至 Cl^- 与 SCN^- 之间建立一定的平衡关系为止。这就必定多消耗一部分 NH_4SCN 标准溶液，而造成较大误差。为了避免这种误差，通常可采用下列两种措施：

1) 在加入过量 $AgNO_3$ 标准溶液，形成 $AgCl$ 沉淀之后，加入少量有机溶剂，如硝基苯等 $1\sim2mL$，使 $AgCl$ 沉淀表面覆盖一层硝基苯而与外部溶液隔开。这样就防止了 SCN^- 与 $AgCl$ 发生转化反应，提高了滴定的准确度。

2) 水样中加入过量 $AgNO_3$ 标准溶液之后，将水样煮沸，使 $AgCl$ 凝聚，以减少 $AgCl$ 沉淀对 Ag^+ 的吸附。滤去 $AgCl$ 沉淀，并用稀 HNO_3 洗涤沉淀，然后用 NH_4SCN 标准溶液滴定滤液中的剩余 Ag^+。

(2) 滴定条件

1) 在强酸性条件下滴定

一般溶液的 $[H^+]$ 控制在 $0.1\sim1mol/L$ 之间。这时，指示剂铁铵矾中的

Fe^{3+} 主要以 $Fe(H_2O)_6^{3+}$ 形式存在，颜色较浅。如果 $[H^+]$ 较低，Fe^{3+} 将水解成棕黄色的羟基络合物 $Fe(H_2O)_5(OH)^{2+}$、或 $Fe_2(H_2O)_4(OH)_2^{4+}$ 等，终点颜色不明显；如果 $[H^+]$ 更低，则可能产生 $Fe(OH)_3$ 沉淀，无法指示终点。因此，佛尔哈德法应在酸性溶液中进行。

在强酸性条件下滴定是佛尔哈德法的最大优点，许多银量法的干扰离子，如 PO_4^{3-}、CO_3^{2-}、CrO_4^{2-}、AsO_4^{3-} 等许多弱酸根离子不会与 Ag^+ 反应。因此，不干扰测定，这就扩大了佛尔哈德法的应用范围。

2) 控制指示剂的用量

在含有 Ag^+ 的酸性溶液中，以铁铵矾为指示剂，用 NH_4SCN 标准溶液滴定至计量点时，SCN^- 的浓度为：

$$\begin{aligned}
[SCN^-]_{sp} = [Ag^+] &= \sqrt{K_{sp,AgSCN}} \\
&= \sqrt{1.07 \times 10^{-12}} \\
&= 1.0 \times 10^{-6} mol/L
\end{aligned}$$

欲此时刚好能观察到 $FeSCN^{2+}$ 的明显红色，要求 $FeSCN^{2+}$ 的最低浓度应为 $6 \times 10^{-6} mol/L$，则 Fe^{3+} 的浓度为

$$\begin{aligned}
[Fe^{3+}] &= \frac{[FeSCN^{2+}]}{200 \times [SCN^-]} \\
&= \frac{6 \times 10^{-6}}{200 \times 1.0 \times 10^{-6}} \\
&= 0.03 mol/L
\end{aligned}$$

由于 Fe^{3+} 浓度较高会使溶液呈较深的橙黄色，影响终点的观察，所以通常保持 Fe^{3+} 的浓度为 $0.015 mol/L$，此时，引起的误差很小，可忽略不计。

3) 滴定时应剧烈摇动

由于用 SCN^- 标准溶液滴定 Ag^+ 生成 AgSCN 沉淀，它对溶液中过量的构晶离子 Ag^+ 有强烈的吸附作用，使 Ag^+ 浓度降低，终点出现偏早。因此，滴定时必须剧烈摇动，使被吸附的 Ag^+ 及时释放出来。

(3) 应用

佛尔哈德法以返滴定方式广泛用于水中卤素离子的测定，尤其水中 Cl^- 的测定。如果用于测定水中 Br^- 或 I^-，则由于 $K_{sp,AgBr}$（或 $K_{sp,AgI}$）$< K_{sp,AgSCN}$，故不会发生沉淀的转化，因此不必加入硝基苯。但是测 I^- 时，必须先加入过量 $AgNO_3$，后加入指示剂 Fe^{3+}，否则水中 I^- 被 Fe^{3+} 氧化成 I_2，而使测定结果偏低。

$$2I^- + Fe^{3+} \Longrightarrow 2Fe^{2+} + I_2$$

佛尔哈德法的突出优点是在强酸性条件下滴定水中卤素离子，有很高的选择性。但也有缺点，如水样中有强氧化剂、氮的低价氧化物及铜盐、汞盐等均能与 SCN^- 作用，产生干扰，故必须先除去。

5.3.4 法扬司法 (Fajans Method)

用吸附指示剂指示滴定终点的银量法，称为法扬司法。

(1) 原理

当用 $AgNO_3$ 标准溶液滴定水中 Cl^- 时，以荧光黄作吸附指示剂，它是一种有机弱酸，可用 HFI 符号表示，在溶液中它可解离为荧光黄阴离子 FI^-，呈黄绿色。

$$HFI \rightleftharpoons H^+ + \underset{(黄绿色)}{FI^-} \qquad pK_a \approx 7$$

当溶液的 $pH=7\sim10.5$ 之间时，荧光黄主要以 FI^- 型体存在。在计量点之前，AgCl 沉淀胶体微粒吸附过量的 Cl^- 而带负电荷，不会吸附指示剂阴离子 FI^-，溶液呈黄绿色。而在计量点时，过量 1 滴 $AgNO_3$ 标准溶液即可使 AgCl 沉淀胶体微粒吸附 Ag^+ 而带正电荷。这时，带正电荷的胶体微粒极易吸附 FI^-，便在 AgCl 表面可能形成了荧光黄银化合物而呈淡红色，使整个溶液由黄绿色变成淡红色，指示滴定终点到达。

如果用 NaCl 标准溶液滴定水中 Ag^+，则颜色变化正好相反，是由淡红色变为黄绿色。

(2) 滴定条件

1) 卤化银沉淀应具有较大表面积

由于吸附指示剂的颜色变化发生在沉淀胶体微粒的表面上，为使终点变色敏锐，应尽量使卤化银成为小颗粒沉淀，以保持较大的总表面积，来吸附更多的指示剂。所以，在滴定前将溶液稀释，并加入糊精、淀粉等作为保护剂，以防止 AgCl 凝聚为较大颗粒的沉淀。

2) 控制溶液的 pH

吸附指示剂多是有机弱酸，被吸附而变色的则是其共轭碱阴离子型体，由于荧光黄的 $pK_a \approx 7$，所以 $pH=7\sim10.5$ 范围，可使指示剂在溶液中保持其共轭碱型体，才能在滴定中真正起指示剂的作用。

3) 吸附指示剂的吸附能力要适中

一些吸附指示剂和卤素离子的吸附能力强弱次序是

$$I^- > 二甲基二碘荧光黄 > Br^- > 曙红 > Cl^- > 荧光黄$$

一般要求吸附指示剂在卤化银上的吸附能力应略小于被测卤素离子的吸附能力。因此，用 $AgNO_3$ 标准溶液测定水中 Cl^- 时，在 $pH=7\sim10$ 条件下，应选用荧光黄，而不能用曙红作指示剂；如果测定水中 Br^-，在 $pH=2\sim10$ 条件下，应选用曙红，而不选用比 Br^- 吸附能力强的二甲基二碘荧光黄，也不能用远小于 Br^- 吸附能力的荧光黄；如果测定水中 I^-，在中性条件下，选用二甲基二碘荧光黄。

在沉淀滴定中，两种混合离子能否准确分别滴定，决定于两种沉淀的溶度积的比值大小。

例如，用 $AgNO_3$ 溶液滴定含有相等浓度的 Br^- 和 Cl^- 的溶液时，首先达到 AgBr 的溶度积，所以 AgBr 先沉淀，而后析出 AgCl 沉淀。当 Cl^- 开始沉淀时，Br^- 和 Cl^- 浓度的比值是：

$$\frac{[Br^-]}{[Cl^-]} = \frac{K_{sp,AgBr}}{K_{sp,AgCl}} \approx 3 \times 10^{-3}$$

当 Br^- 浓度降低至 Cl^- 浓度的 3‰时，同时析出两种沉淀。显然，无法进行分别滴定，只能滴定它们的总量。

又如，用 $AgNO_3$ 溶液滴定含相同浓度的 I^- 和 Cl^- 的溶液时，首先 AgI 沉淀，然后 AgCl 沉淀。当 Cl^- 开始沉淀时，I^- 和 Cl^- 浓度的比值：

$$\frac{[I^-]}{[Cl^-]} = \frac{K_{sp,AgI}}{K_{sp,AgCl}} \approx 5 \times 10^{-7}$$

可见，I^- 浓度降低到 Cl^- 浓度的 5×10^{-7}（百万分之五）时，AgCl 沉淀开始析出。理论上在滴定曲线上有两个明显突跃，但由于 AgCl 对 I^- 的吸附，会产生一定分析误差。

【例 5.4】 取含 Cl^- 水样 100.0mL，加入 30.00mL0.1058mol/L $AgNO_3$ 标准溶液，然后用 0.1158mol/L NH_4SCN 溶液滴定剩余 Ag^+，消耗 8.21mL，求水样中 Cl^- 的含量（以 mg/L 表示）。

【解】 Cl^- （mg/L） $= \dfrac{(0.1058 \times 30.00 - 0.1158 \times 8.21) \times 35.453 \times 1000}{100}$

$\qquad\qquad = 788.22mg/L$

思　考　题

1. 解释微溶化合物的活度积、溶度积和条件溶度积的概念及其相互关系。

2. 简要说明下列溶液中微溶化合物的溶解度变化规律。

（1）Ag_2CrO_4 在 0.0100mol/L $AgNO_3$ 溶液中；

（2）$BaSO_4$ 在 0.1000mol/L NaCl 溶液中；

（3）$BaSO_4$ 在 2.00mol/L HCl 溶液中；

（4）AgBr 在 2.00mol/L NH_3 溶液中；

（5）$PbSO_4$ 在有适量乙醇的水溶液中。

3. 欲使 Ag_2CrO_4 沉淀完全为什么要控制溶液 pH 在 6.5～10.0 之间？

4. 什么是分级沉淀和沉淀的转化，对水质分析和水处理有何意义？举例说明之。

5. 用银量法测定下列水样中 Cl^- 或 SCN^- 的含量时，各应选择何种方法确定终点较为合适？为什么？

（1）$BaCl_2$

（2）KCl

（3）KSCN

（4）Na_2CO_3 ＋NaCl

6. 在下列情况下，分析结果是偏高、偏低、还是无影响？说明原因。

（1）在 pH＝3 的条件下，用莫尔法测定水中 Cl^-；

（2）用佛尔哈德法测定水中 Cl^-，没有将 AgCl 沉淀滤去，也没有加有机溶剂；

（3）用法扬司法测定水中 Cl^-，用曙红作指示剂；

（4）如果水样中含有铵盐，在 pH≈10 时，用莫尔法测定 Cl^-。

习　题

1. 已知 Ag_2CrO_4 的 $K_{sp}^\circ = 1.12 \times 10^{-12}$，$AgCl$ 的 $K_{sp}^\circ = 1.77 \times 10^{-10}$，求它们的溶解度，计算结果说明了什么问题？

2. 在 8mL 0.0020mol/L $MnSO_4$ 溶液中，加入 7mL 0.2000mol/L 氨水，问能否生成 $Mn(OH)_2$ 沉淀？如在加入 7mL 0.2000mol/L 氨水之前，先加入 0.5000 克 $(NH_4)_2SO_4$ 固体，还能否生成 $Mn(OH)_2$ 沉淀？

3. 水样中 Pb^{2+} 和 Ba^{2+} 的浓度分别为 0.0100 和 0.1000mol/L，逐滴加入 K_2CrO_4 溶液，哪一种离子先沉淀？两者有无分开的可能性？

4. 一种溶液中含 Fe^{3+} 和 Fe^{2+}，它们的浓度均为 0.05mol/L，如果只要求 $Fe(OH)_3$ 沉淀，需控制 pH 范围为多少？

5. 在含有等浓度的 Cl^- 和 I^- 的溶液中，逐滴加入 $AgNO_3$ 溶液，哪一种离子先沉淀？第二种离子开始沉淀时，Cl^- 与 I^- 的浓度比为多少？

6. 取水样 100mL，加入 20.00mL 0.1120mol/L $AgNO_3$ 溶液，然后用 0.1160mol/L NH_4SCN 溶液滴定过量的 $AgNO_3$ 溶液，用去 10.00mL，求该水样中 Cl^- 的含量（mg/L 表示）。

7. 在有 $AgCl$ 沉淀的溶液中，加入 0.0100mol/L $NaSCN$ 溶液，$AgCl$ 能否转化成 $AgSCN$ 沉淀，转化终止时溶液中 Cl^- 的量浓度是多少？

第6章 氧化还原滴定法

以氧化还原反应为基础的滴定分析方法称为氧化还原滴定法。氧化还原滴定法广泛地用于水质分析中，例如水中溶解氧（DO）、高锰酸盐指数、化学需氧量（COD）、生物化学需氧量（BOD_5）及饮用水中剩余氯、二氧化氯（ClO_2）、臭氧（O_3）等的分析。

由于氧化还原反应是基于电子转移的反应，多数不是基元反应，反应机理比较复杂，常伴随有副反应，有许多反应的速度较慢。因此，许多氧化还原反应不符合滴定分析的基本要求，必须创造适宜的条件，例如控制温度、pH 等，才能进行氧化还原滴定分析。

氧化还原滴定法往往根据滴定剂种类的不同分为高锰酸钾法、重铬酸钾法、碘量法和溴酸钾法等。本章主要学习氧化还原滴定法的基本原理及其在水质分析中的应用。

6.1 氧化还原平衡

6.1.1 氧化还原反应和电极电位

氧化还原反应可由下列平衡式表示

$$Ox_1 + Red_2 \rightleftharpoons Red_1 + Ox_2$$

式中　Ox 表示某一氧化还原电对的氧化态，Red 表示其还原态，它们的氧化还原半反应可用下式表示

$$Ox + ne^- \rightleftharpoons Red$$

式中　n——电子转移数。

氧化剂的氧化能力或还原剂的还原能力的大小可以用有关电对的电极电位来衡量，可逆氧化还原电对的电极电位可用能斯特（Nernst）方程求得，即

$$\varphi_{Ox/Red} = \varphi_{Ox/Red}^{\ominus} + \frac{RT}{nF} \ln \frac{a_{Ox}}{a_{Red}} \tag{6.1}$$

式中　$\varphi_{Ox/Red}$——Ox/Red 电对的电极电位；

$\varphi_{Ox/Red}^{\ominus}$——Ox/Red 电对的标准电极电位；

a_{Ox}，a_{Red}——分别为氧化态（Ox）和还原态（Red）的活度；

n——半反应中电子的转移数。

式 (6.1) 中其他项均为常数，如气体常数 R 为 $8.314J \cdot K^{-1} \cdot mol^{-1}$，绝对温度 T (298K)，法拉第常数 F 为 $96487C \cdot mol^{-1}$。将有关常数代入式 (6.1)，并取常用对数，25℃时，

$$\varphi_{Ox/Red} = \varphi_{Ox/Red}^{\ominus} + \frac{0.059}{n} \lg \frac{a_{Ox}}{a_{Red}} \tag{6.2a}$$

在 25℃，当氧化还原半反应中各组分都处于标准状态下，即分子或离子的活度等于 1mol/L 或 $a_{Ox}/a_{Red}=1$，如有气体参加反应，则标准压力下的 $\varphi_{Ox/Red}^{\ominus}$ 就是该电对的标准电极电位。

$$\varphi_{Ox/Red} = \varphi_{Ox/Red}^{\ominus}$$

$\varphi_{Ox/Red}^{\ominus}$ 的大小只与电对的本性及温度有关，在温度一定时为常数。

应该说明，能斯特方程只适用于可逆氧化还原电对（例如：I_2/I^-，Fe^{3+}/Fe^{2+} 等），可逆电对在反应的任一瞬间，能迅速建立起氧化还原平衡，其电极电位的实测值与由能斯特方程计算值完全一致。相反，不可逆电对（例如，$S_4O_6^{2-}/S_2O_3^{2-}$、$Cr_2O_7^{2-}/Cr^{3+}$、MnO_4^-/Mn^{2+}、$CO_2/C_2O_4^{2-}$、SO_4^{2-}/SO_3^{2-} 等）的电极电位的实测值与计算值差别较大。但是，对不可逆电对的电极电位尚没有更简便的理论公式计算方法，故仍沿用能斯特方程来计算不可逆电对的电极电位，这在实际工作中仍有相当的参考价值。

我们在实际分析中，如果忽略离子强度的影响，以溶液中的实际浓度（$[Ox]$ 和 $[Red]$）代替活度进行计算，则能斯特方程变为

$$\varphi_{Ox/Red} = \varphi_{Ox/Red}^{\ominus} + \frac{0.059}{n} \lg \frac{[Ox]}{[Red]}$$

Ox/Red 电对的电极电位越大，其氧化态的氧化能力越强；电对的电极电位越小，其还原态的还原能力越强。因此，根据有关电对的电极电位大小，可以判断氧化还原反应进行的方向，凡是电对的电极电位大的氧化态物质可以氧化电极电位小的还原态物质。例如：

$$2ClO_2 + 5Mn^{2+} + 6H_2O = 5MnO_2 \downarrow + 12H^+ + 2Cl^-$$

已知　$\varphi_{ClO_2/Cl^-}^{\ominus} = 1.95V$，　$\varphi_{MnO_2/Mn^{2+}}^{\ominus} = 1.23V$

可见　$\varphi_{Ox/Red}$ 大的氧化态物质 ClO_2 的氧化能力强，$\varphi_{Ox/Red}$ 小的还原态物质 Mn^{2+} 还原能力强，上式反应向右进行。故在水处理中，可用 ClO_2 处理 Mn^{2+}，生成的 MnO_2 通过过滤除去。

6.1.2　条件电极电位 (Conditional Potential)

条件电极电位与络合反应中的条件稳定常数 $K'_{稳}$ 和稳定常数 $K_{稳}$ 关系相似，是考虑了外界因素的影响时的电极电位。

在实际工作中，溶液中的离子强度往往不能忽略。另外，当溶液组成改变

时，电对的氧化态和还原态的存在型体又往往随之改变，从而引起电对的电极电位的变化。因此，在用能斯特方程计算有关电对的电极电位时，必须考虑离子强度和氧化态或还原态的存在型体这两个因素，否则还采用该电对的标准电极电位来计算，其结果就会与实际情况发生较大偏差。

例如，在 Fe（Ⅲ）和 Fe（Ⅱ）体系中，考虑离子强度的影响，以有效浓度即活度

$$a_{Fe^{3+}} = \gamma_{Fe^{3+}}[Fe^{3+}], \quad a_{Fe^{2+}} = \gamma_{Fe^{2+}}[Fe^{2+}]$$

代入式（6.2a），则

$$\varphi_{Fe^{3+}/Fe^{2+}} = \varphi^{\ominus}_{Fe^{3+}/Fe^{2+}} + \frac{0.059}{n} \lg \frac{\gamma_{Fe^{3+}}[Fe^{3+}]}{\gamma_{Fe^{2+}}[Fe^{2+}]} \tag{6.2b}$$

在 Fe（Ⅲ）和 Fe（Ⅱ）体系中，除了 Fe^{3+} 和 Fe^{2+} 型体外，还有 Fe^{3+} 和 Fe^{2+} 与溶剂和易于络合阴离子 Cl^- 发生反应而产生其他多种型体，比如在 1 mol/L HCl 溶液中，Fe（Ⅲ）除 Fe^{3+} 外，还有 $FeOH^{2+}$、$FeCl^{2+}$、$FeCl_2^+$……；Fe（Ⅱ）除了 Fe^{2+} 外，还有 $FeOH^+$、$FeCl^+$、$FeCl_2$……，若用 $C_{Fe(Ⅲ)}$、$C_{Fe(Ⅱ)}$ 表示溶液中 Fe^{3+} 及 Fe^{2+} 的分析浓度即总浓度，则有

$$\alpha_{Fe^{3+}} = \frac{C_{Fe(Ⅲ)}}{[Fe^{3+}]}, \quad [Fe^{3+}] = \frac{C_{Fe(Ⅲ)}}{\alpha_{Fe^{3+}}}$$

和

$$\alpha_{Fe^{2+}} = \frac{C_{Fe(Ⅱ)}}{[Fe^{2+}]}, \quad [Fe^{2+}] = \frac{C_{Fe(Ⅱ)}}{\alpha_{Fe^{2+}}} \tag{6.2c}$$

式中 $\alpha_{Fe(Ⅲ)}$ 和 $\alpha_{Fe(Ⅱ)}$ 分别是 HCl 溶液中 Fe^{3+} 和 Fe^{2+} 的副反应副系数（与络合平衡中酸效应系数 $\alpha_{Y(H)}$ 的关系类似）。

将式（6.2c）代入式（6.2b）得

$$\varphi_{Fe^{3+}/Fe^{2+}} = \varphi^{\ominus}_{Fe^{3+}/Fe^{2+}} + 0.059 \lg \frac{\gamma_{Fe^{3+}} \cdot \alpha_{Fe^{2+}} \cdot C_{Fe(Ⅲ)}}{\gamma_{Fe^{2+}} \cdot \alpha_{Fe^{3+}} \cdot C_{Fe(Ⅱ)}} \tag{6.2d}$$

式（6.2d）即为考虑了上述两个因素后的能斯特方程。

但是，通常溶液中的离子强度较大，活度系数的计算本身就很麻烦，况且有时 γ 值不易求得；当副反应很多时，求副反应系数 α 值也很麻烦。为简化计算，将式（6.2d）变为

$$\varphi_{Fe^{3+}/Fe^{2+}} = \varphi^{\ominus}_{Fe^{3+}/Fe^{2+}} + 0.059\lg \frac{\gamma_{Fe^{3+}} \cdot \alpha_{Fe(Ⅱ)}}{\gamma_{Fe^{2+}} \cdot \alpha_{Fe(Ⅲ)}} + 0.059\lg \frac{C_{Fe(Ⅲ)}}{C_{Fe(Ⅱ)}}$$

$$= \varphi^{\ominus'}_{Fe^{3+}/Fe^{2+}} + 0.059\lg \frac{C_{Fe(Ⅲ)}}{C_{Fe(Ⅱ)}} \tag{6.2e}$$

式中 $\quad \varphi^{\ominus'}_{Fe^{3+}/Fe^{2+}} = \varphi^{\ominus}_{Fe^{3+}/Fe^{2+}} + 0.059\lg \frac{\gamma_{Fe^{3+}} \cdot a_{Fe(Ⅱ)}}{\gamma_{Fe^{2+}} \cdot \alpha_{Fe(Ⅲ)}} \tag{6.2f}$

一般通式为

$$\varphi_{Ox/Red} = \varphi^{\ominus'}_{Ox/Red} + \frac{0.059}{n}\lg \frac{C_{Ox}}{C_{Red}} \tag{6.3}$$

式中

$$\varphi_{Ox/Red}^{\theta'} = \varphi_{Ox/Red}^{\theta} + \frac{0.059}{n} \lg \frac{\gamma_{Ox} \cdot a_{Red}}{\gamma_{Red} \cdot a_{Ox}}$$ (6.4)

称 $\varphi_{Ox/Red}^{\theta'}$ 为条件电极电位，它是在特定条件下，氧化态和还原态的总浓度 $C_{Ox} = C_{Red} = 1 \text{ mol/L}$（如 $C_{Fe(III)} = C_{Fe(II)} = 1 \text{mol/L}$）或 $C_{Ox}/C_{Red} = 1$（如 $C_{Fe(III)}/C_{Fe(II)} = 1$）时的实际电极电位，在条件不变时，为一常数。显然，条件电极电位 $\varphi^{\theta'}$ 的大小与标准电极电位 φ^{θ} 有关，因此当然也要受到温度的影响；φ^{θ} 与活度系数（γ）有关，因而又要受到离子强度的影响；$\varphi^{\theta'}$ 还与副反应系数有关，因而也要受到溶液的 pH、络合剂浓度等其他因素的影响。这些与络合反应中的条件稳定常数 $K_\text{稳}'$ 与稳定常数 $K_\text{稳}$ 的关系相似。条件电极电位的大小表示在某些外界因素影响下氧化还原电对的实际氧化还原能力。在氧化还原反应中，引入条件电极电位之后，可以在一定条件下，直接通过实验测得 $\varphi^{\theta'}$。

【例 6.1】 已知 $\varphi_{Ag^+/Ag}^{\theta} = 0.80\text{V}$，AgCl 的 $K_{sp} = 1.8 \times 10^{-10}$，求 $\varphi_{AgCl/Ag}^{\theta'}$。

【解】 因为溶液中有 Cl$^-$ 存在，根据沉淀平衡得到：$[Ag^+] = \dfrac{K_{sp,AgCl}}{[Cl^-]}$ 故

$$\begin{aligned} \varphi_{Ag^+/Ag} &= \varphi_{Ag^+/Ag}^{\theta} + 0.059 \lg [Ag^+] \\ &= \varphi_{Ag^+/Ag}^{\theta} + 0.059 \lg K_{sp,AgCl} - 0.059 \lg [Cl^-] \end{aligned}$$

当 $[Cl^-] = 1 \text{mol/L}$ 时，相应的电位就是 AgCl/Ag 电对的条件电极电位。

$$\begin{aligned} \varphi_{AgCl/Ag}^{\theta'} &= \varphi_{Ag^+/Ag}^{\theta} + 0.059 \lg K_{sp,AgCl} \\ &= 0.80 + 0.059 \lg 1.8 \times 10^{-10} \\ &= 0.22\text{V} \end{aligned}$$

应用条件电极电位 $\varphi^{\theta'}$ 更能正确地判断氧化还原反应的方向、次序和反应完成的程度。有关条件电极电位 $\varphi^{\theta'}$ 和标准电极电位 φ^{θ} 的数据见附表 17 和附表 18。如果电解质浓度较低时，可用标准电极电位 φ^{θ}；电解质浓度较高时，用条件电极电位 $\varphi^{\theta'}$，如水处理中，电解质浓度一般较高，要应用 $\varphi^{\theta'}$。在附表 17 和附表 18 中缺少相同条件下 $\varphi^{\theta'}$ 值时，可采用条件相近的 $\varphi^{\theta'}$ 值。例如，附表 17 和附表 18 中查不到 $1.5 \text{mol/L H}_2\text{SO}_4$ 溶液中 Fe^{3+}/Fe^{2+} 电对的 $\varphi^{\theta'}$ 值，可用 $1 \text{mol/L H}_2\text{SO}_4$ 溶液中该电对的 $\varphi^{\theta'} = 0.68\text{V}$ 代替，若采用 $\varphi^{\theta} = 0.77\text{V}$，则误差更大。如果连条件相近的电极电位 $\varphi^{\theta'}$ 也查不到，则只好用 φ^{θ} 来代替 $\varphi^{\theta'}$ 作近似计算了。

【例 6.2】 计算 2.5mol/L HCl 溶液中用固体亚铁盐将 0.1000mol/L $K_2Cr_2O_7$ 溶液还原至一半时溶液的电极电位。

【解】 $$Cr_2O_7^{2-} + 14H^+ + 6e^- = 2Cr^{3+} + 7H_2O$$

溶液的电极电位就是 $Cr_2O_7^{2-}/Cr^{3+}$ 电对的电极电位。因附表中无 2.5mol/L HCl 溶液中该电对的 $\varphi^{\theta'}$，可采用条件相近的 3mol/L HCl 溶液中的 $\varphi^{\theta'} = 1.08\text{V}$。根据题意，$0.1000 \text{mol/L K}_2\text{Cr}_2\text{O}_7$ 还原至一半时：

$$C_{Cr_2O_7^{2-}} = 0.0500 \text{mol/L}$$

$$C_{Cr^{3+}} = 2 \times (0.1000 - C_{Cr_2O_7^{2-}}) = 0.1000 \text{mol/L}$$

$$\therefore \quad \varphi_{Cr_2O_7^{2-}/Cr^{3+}} = \varphi_{Cr_2O_7^{2-}/Cr^{3+}}^{\ominus '} + \frac{0.059}{6} \lg \frac{C_{Cr_2O_7^{2-}}}{(C_{Cr^{3+}})^2}$$

$$= 1.08 + \frac{0.059}{6} \lg \frac{0.0500}{(0.1000)^2}$$

$$= 1.09 \text{V}$$

6.1.3 影响条件电极电位的因素

一般在一定条件下可以通过实验直接测得条件电极电位 $\varphi^{\ominus '}$，但是在某些比较简单的情况下，并作了一些近似处理后，$\varphi^{\ominus '}$ 值也可以通过计算求得，这样可更好地了解影响条件电极电位的因素及条件电极电位在水质分析和水处理实践中的重要作用。

（1）离子强度的影响

由式（6.4）的条件电极电位定义可知，活度系数 γ 是 $\varphi^{\ominus '}$ 值的影响因素之一。而 γ 值又取决于溶液中的离子强度。当溶液中离子强度较大时，活度系数 $\gamma \ll 1$，活度与浓度的差别较大，在能斯特方程中，如用浓度代替活度计算电极电位，则计算值与实际情况出入较大。但是，活度系数计算繁琐，且离子强度的影响一般又都远远小于各种副反应及其他因素的影响，所以可近似认为各活度系数 $\gamma = 1$，而忽略离子强度的影响。

（2）副反应的影响

在氧化还原反应中常常由于沉淀反应和络合反应使电对的氧化态或还原态的浓度发生改变，从而改变电对的电极电位。

1）生成沉淀的影响 如果溶液中有能与氧化态或还原态物质生成沉淀的沉淀剂存在时，或者溶液中某种氧化态或还原态物质水解而生成沉淀时，则由于氧化态或还原态浓度的改变，而使氧化还原电对的电极电位发生改变，氧化态生成沉淀时使电对的电极电位降低，而还原态生成沉淀时使电对的电极电位升高。这时候的电极电位实质上是沉淀剂存在下的条件电极电位。

如地下水除铁，采用曝气法，水中的溶解氧将水中 Fe^{2+} 氧化成 Fe^{3+}，并水解生成 $Fe(OH)_3$ 沉淀，其反应为

$$4Fe^{2+} + 8HCO_3^- + O_2 + 2H_2O \rightleftharpoons 4Fe(OH)_3 \downarrow + 8CO_2 \uparrow$$

该氧化还原反应中各电对的标准电极电位是

$$\varphi_{Fe^{3+}/Fe^{2+}}^{\ominus} = 0.77 \text{V}$$

$$\varphi_{O_2/OH^-}^{\ominus} = 0.40 \text{V}$$

由于氧化态 Fe^{3+} 的水解生成了 $Fe(OH)_3$ 沉淀，则 Fe^{3+} 的浓度是微溶化合物 $Fe(OH)_3$ 的溶解平衡时的浓度。

$$Fe(OH)_3 \rightleftharpoons Fe^{3+} + 3OH^-$$

$$K_{sp,Fe(OH)_3} = 3 \times 10^{-39}$$

$$[Fe^{3+}] = \frac{K_{sp,Fe(OH)_3}}{[OH^-]^3}$$

则

$$\varphi_{Fe^{3+}/Fe^{2+}} = \varphi^{\ominus}_{Fe^{3+}/Fe^{2+}} + 0.059 lg \frac{[Fe^{3+}]}{[Fe^{2+}]}$$

$$\varphi_{Fe^{3+}/Fe^{2+}} = \varphi^{\ominus}_{Fe^{3+}/Fe^{2+}} + 0.059 lg \frac{\dfrac{K_{sp,Fe(OH)_3}}{[OH^-]^3}}{[Fe^{2+}]}$$

$$= \varphi^{\ominus}_{Fe^{3+}/Fe^{2+}} + 0.059 lg\, K_{sp,Fe(OH)_3} + 0.059 lg \frac{1}{[OH^-]^3 [Fe^{2+}]}$$

当 $C_{OH^-} = C_{Fe(\text{II})} = 1\ mol/L$ 时体系的实际电位就是 $Fe(OH)_3/Fe^{2+}$ 电对的条件电极电位。

$$\varphi^{\ominus'}_{Fe(OH)_3/Fe^{2+}} = \varphi^{\ominus}_{Fe^{3+}/Fe^{2+}} + 0.059 lg\, K_{sp,Fe(OH)_3}$$
$$= 0.77 + 0.059\, lg\, (3 \times 10^{-39}) = -1.50V$$

可见，由于 Fe^{3+} 水解生成沉淀，使电极电位由原来的 0.77V 下降至 -1.50V。此时

$$\varphi^{\ominus'}_{Fe(OH)_3/Fe^{2+}} = -1.50V \qquad \varphi^{\ominus}_{O_2/OH^-} = 0.40V$$

即 $\varphi^{\ominus}_{O_2/OH^-} > \varphi^{\ominus'}_{Fe(OH)_3/Fe^{2+}}$，$\varphi^{\ominus}_{O_2/OH^-}$ 大的氧化态 O_2 能够与 $\varphi^{\ominus'}_{Fe(OH)_3/Fe^{2+}}$ 小的还原态 Fe^{2+} 发生反应，表明地下水除铁采用曝气法是可行的。这就说明用条件电极电位处理问题更符合实际，否则用标准电极电位 $\varphi^{\ominus}_{Fe^{3+}/Fe^{2+}} = 0.77V$ 处理，由于 $\varphi^{\ominus}_{Fe^{3+}/Fe^{2+}} > \varphi^{\ominus}_{O_2/OH^-}$，则不能用曝气法处理地下水中的铁，这是不符合实际的。

如碘量法中测定 Cu^{2+} 的含量时，用碘化物（如 NaI）还原 Cu^{2+} 的反应为

$$2Cu^{2+} + 2I^- \rightleftharpoons 2Cu^+ + I_2$$

$$+2I^- + 2Cu^+ \rightleftharpoons 2CuI \downarrow$$

$$\overline{\qquad\qquad\qquad\qquad\qquad}$$

$$2Cu^{2+} + 4I^- \rightleftharpoons 2CuI \downarrow + I_2$$

I^- 还原 Cu^{2+} 反应中各电对的标准电极电位是

$$\varphi^{\ominus}_{Cu^{2+}/Cu^+} = 0.159\ V$$

$$\varphi^{\ominus}_{I_2/I^-} = 0.536\ V$$

但是，上述氧化还原反应中，I^- 既是还原剂又是沉淀剂，由于 I^- 与 Cu^+ 生成 CuI 沉淀，此时 Cu^+ 的浓度，由微溶化合物 CuI 的溶解平衡时的浓度决定，即

$$CuI \rightleftharpoons Cu^+ + I^- \qquad K_{sp,CuI} = 1.1 \times 10^{-12}$$

$$[Cu^+] = \frac{K_{sp,CuI}}{[I^-]}$$

则
$$\varphi_{\mathrm{Cu^{2+}/Cu^+}}=\varphi^{\ominus}_{\mathrm{Cu^{2+}/Cu^+}}+0.059\lg\frac{[\mathrm{Cu^{2+}}]}{[\mathrm{Cu^+}]}$$

$$=\varphi^{\ominus}_{\mathrm{Cu^{2+}/Cu^+}}+0.059\lg\frac{[\mathrm{Cu^{2+}}]}{K_{\mathrm{sp,CuI}}/[\mathrm{I^-}]}$$

$$=\varphi^{\ominus}_{\mathrm{Cu^{2+}/Cu^+}}+0.059\lg\frac{1}{K_{\mathrm{sp,CuI}}}+0.059\lg[\mathrm{Cu^+}][\mathrm{I^-}]$$

令 $[\mathrm{I^-}]=[\mathrm{Cu^+}]=1\,\mathrm{mol/L}$ 时，体系的实际电位就是 $\mathrm{Cu^{2+}/CuI}$ 电对的条件电极电位，即

$$\varphi^{\ominus'}_{\mathrm{Cu^{2+}/CuI}}=\varphi^{\ominus}_{\mathrm{Cu^{2+}/Cu^+}}+0.059\lg\frac{1}{K_{\mathrm{sp,CuI}}}$$

$$=0.159+0.059\lg\frac{1}{1.1\times10^{-12}}$$

$$=0.865\mathrm{V}$$

显然，碘量法测定水中 $\mathrm{Cu^{2+}}$ 时，在 $\mathrm{Cu^{2+}}$ 被 $\mathrm{I^-}$ 还原成 $\mathrm{Cu^+}$ 后，又与 $\mathrm{I^-}$ 生成了沉淀，使电极电位由原来的 0.159V 上升到 0.865V，此时

$$\varphi^{\ominus'}_{\mathrm{Cu^{2+}/CuI}}=0.865\mathrm{V}$$

$$\varphi^{\ominus}_{\mathrm{I_2/I^-}}=0.536\mathrm{V}$$

即 $\varphi^{\ominus'}_{\mathrm{Cu^{2+}/CuI}}>\varphi^{\ominus}_{\mathrm{I_2/I^-}}$，体系中 $\varphi^{\ominus'}_{\mathrm{Cu^{2+}/CuI}}$ 大的 $\mathrm{Cu^{2+}}$ 能够与 $\varphi^{\ominus}_{\mathrm{I_2/I^-}}$ 小的 $\mathrm{I^-}$ 发生反应。表明可用碘量法测定水中的 $\mathrm{Cu^{2+}}$，也说明了用条件电极电位处理问题是符合实际的。

2）生成络合物的影响

如果溶液中有能与氧化态或还原态生成络合物的络合剂存在时，由式（6.4）可知，副反应系数 α 是影响 $\varphi^{\ominus'}$ 值的因素之一。

如在用碘量法测定水中 $\mathrm{Cu^{2+}}$ 含量时，如果有 $\mathrm{Fe^{3+}}$ 存在，则由于 $\varphi^{\ominus}_{\mathrm{Fe^{3+}/Fe^{2+}}}$（0.77V）$>\varphi^{\ominus}_{\mathrm{I_2/I^-}}$（0.536V），而氧化 $\mathrm{I^-}$，影响 $\mathrm{Cu^{2+}}$ 的测定。

$$2\mathrm{Fe^{3+}}+2\mathrm{I^-}\Longrightarrow2\mathrm{Fe^{2+}}+\mathrm{I_2}$$

如果溶液中加入 $\mathrm{NH_4F}$，则 $\mathrm{Fe^{3+}}$ 与络合剂 $\mathrm{F^-}$ 生成 $\mathrm{FeF_6^{3-}}$ 稳定络合物，使氧化态 $\mathrm{Fe^{3+}}$ 浓度发生改变，即

$$\mathrm{Fe^{3+}}+6\mathrm{F^-}\Longrightarrow\mathrm{FeF_6^{3-}}$$

$\mathrm{Fe^{3+}}$ 与 $\mathrm{F^-}$ 的络合物的 $\beta_1=10^{5.2}$，$\beta_2=10^{9.2}$，$\beta_3=10^{11.9}$，$\beta_5=10^{15.77}$，$\varphi^{\ominus}_{\mathrm{Fe^{3+}/Fe^{2+}}}=0.77\mathrm{V}$，如在 pH $=3.0$ 时，体系中 $[\mathrm{F^-}]=0.04\,\mathrm{mol/L}$，则络合效应系数 $\alpha_{\mathrm{Fe^{3+}(F^-)}}$ 近似为

$$\alpha_{\mathrm{Fe^{3+}(F^-)}}=1+\beta_1[\mathrm{F^-}]+\beta_2[\mathrm{F^-}]^2+\beta_3[\mathrm{F^-}]^3+\beta_5[\mathrm{F^-}]^5$$

$$=1+10^{3.80}+10^{6.40}+10^{7.71}+10^{8.78}$$

$$=10^{8.81}$$

$$\alpha_{\mathrm{Fe^{2+}}}=1$$

按条件电极电位的定义则有

$$\varphi^{\theta\prime}_{Fe(F_6)^{3-}/Fe^{2+}} = \varphi^{\theta}_{Fe^{3+}/Fe^{2+}} + 0.059 \lg \frac{a_{Fe^{2+}}}{a_{Fe^{3+}}}$$

$$= 0.77 + 0.059 \lg \frac{1}{10^{8.81}}$$

$$= 0.25V$$

显然，此时 $\varphi^{\theta\prime}_{Fe(F_6)^{3-}/Fe^{2+}} < \varphi^{\theta}_{I_2/I^-}$ （0.536V），Fe^{3+} 不再氧化 I^-，表明由于加入了 NH_4F 使 Fe^{3+} 生成稳定络合物后，不再干扰 I^- 滴定 Cu^{2+}，这又进一步证明应用条件电极电位 $\varphi^{\theta\prime}$ 更符合实际。

（3）H^+ 浓度的影响

某些氧化还原半反应中有 H^+ 或 OH^- 参加，其条件电极电位必然受 H^+ 或 OH^- 的影响。

如用 As_2O_3（俗名砒霜，剧毒！）作基准物质标定碘标准溶液的浓度。As_2O_3 难溶于水，易溶于碱性溶液中，生成亚砷酸盐（正亚砷酸盐）：

$$As_2O_3 + 6OH^- \Longrightarrow 2AsO_3^{3-} + 3H_2O$$

AsO_3^{3-} 与 I_2 的反应式如下

$$AsO_3^{3-} + I_2 + H_2O \Longrightarrow AsO_4^{3-} + 2I^- + 2H^+ \tag{6.5a}$$

在酸性溶液中，AsO_4^{3-}/AsO_3^{3-} 电对和 I_2/I^- 电对的半反应是

$$H_3AsO_4 + 2H^+ + 2e^- \Longrightarrow H_3AsO_3 + 2H_2O \tag{6.5b}$$

$$\varphi^{\theta}_{H_3AsO_4/H_3AsO_3} = 0.559V$$

$$I_2 + 2e^- \Longrightarrow 2I^- \tag{6.5c}$$

$$\varphi^{\theta}_{I_2/I^-} = 0.536V$$

可见，只有半反应式（6.5b）有 H^+ 参加反应。根据能斯特方程（忽略离子强度和副反应的影响）：

$$\varphi_{H_3AsO_4/H_3AsO_3} = \varphi^{\theta}_{H_3AsO_4/H_3AsO_3} + \frac{0.059}{2} \lg \frac{[H_3AsO_4][H^+]^2}{[H_3AsO_3]}$$

$$= \varphi^{\theta}_{H_3AsO_4/H_3AsO_3} + \frac{0.059}{2} \lg [H^+]^2 + \frac{0.059}{2} \lg \frac{[H_3AsO_4]}{[H_3AsO_3]}$$

当 $[H_3AsO_4] = [H_3AsO_3] = 1mol/L$ 时，其条件电极电位

$$\varphi^{\theta\prime}_{H_3AsO_4/H_3AsO_3} = \varphi^{\theta}_{H_3AsO_4/H_3AsO_3} + \frac{0.059}{2} \lg [H^+]^2$$

改变 $[H^+]$，其条件电极电位计算如下：

当 $[H^+] = 1mol/L$ 时，$\varphi^{\theta\prime}_{H_3AsO_4/H_3AsO_3} = \varphi^{\theta}_{H_3AsO_4/H_3AsO_3} = 0.559V$；

当 $[H^+] = 10^{-1}mol/L$ 时，

$$\varphi^{\theta\prime}_{H_3AsO_4/H_3AsO_3} = 0.559 + \frac{0.059}{2} \lg(10^{-1})^2$$

$$=0.509V$$

同样计算得：

$[H^+]=10^{-3}$，10^{-5}和10^{-8}mol/L 时，$\varphi^{\theta'}_{H_3AsO_4/H_3AsO_3}$分别为 0.382V、0.264V 和 0.087V。

通过条件电极电位计算结果表明，在强酸性条件下（pH＝0），$\varphi^{\theta}_{H_3AsO_4/H_3AsO_3}$ $>\varphi^{\theta}_{I_2/I^-}$，砷酸 H_3AsO_4 将氧化 I^-，使式（6.5a）反应向左进行，不能用亚砷酸 H_3AsO_3 标定碘标准溶液；只有在 pH＝1.0～8.0 以上时 $\varphi^{\theta'}_{H_3AsO_4/H_3AsO_3}<\varphi^{\theta}_{I_2/I^-}$，亚砷酸 H_3AsO_3 才能还原 I_2，使反应向右进行。一般应在微碱性溶液中，即加入 $NaHCO_3$ 使溶液的 pH$\approx$8，实现亚砷酸 H_3AsO_3 对碘标准溶液的标定。

6.2　氧化还原反应进行的完全程度

在水分析化学中，尤其水处理实践中，通常要求氧化还原反应进行得越完全越好，而反应的完全程度，由氧化还原反应的平衡常数的大小来判断。

6.2.1　氧化还原反应的平衡常数

氧化还原反应的平衡常数可根据能斯特方程从有关电对的标准电极电位或条件电极电位求得。

以氧化还原反应的通式来讨论这个问题。例如：

$$n_2 Ox_1 + n_1 Red_2 \rightleftharpoons n_2 Red_1 + n_1 Ox_2$$

式中　Ox——氧化态物质；

Red——还原态物质。

平衡常数

$$K = \frac{a^{n_2}_{Red_1} \cdot a^{n_1}_{Ox_2}}{a^{n_2}_{Ox_1} \cdot a^{n_1}_{Red_2}} \tag{6.6a}$$

Ox_1/Red_1 与 Ox_2/Red_2 两个电对的半反应和电极电位分别表示如下：

$$Ox_1 + n_1 e^- = Red_1$$

$$\varphi_1 = \varphi^{\theta}_1 + \frac{0.059}{n_1} \lg \frac{a_{Ox_1}}{a_{Red_1}} \tag{6.6b}$$

与

$$Ox_2 + n_2 e^- = Red_2$$

$$\varphi_2 = \varphi^{\theta}_2 + \frac{0.059}{n_2} \lg \frac{a_{Ox_2}}{a_{Red_2}} \tag{6.6c}$$

反应达到平衡时，两电对的电极电位相等，$\varphi_1 = \varphi_2$，

$$\varphi^{\theta}_1 + \frac{0.059}{n_1} \lg \frac{a_{Ox_1}}{a_{Red_1}} = \varphi^{\theta}_2 + \frac{0.059}{n_2} \lg \frac{a_{Ox_2}}{a_{Red_2}}$$

两边乘以 n_1 与 n_2 的最小公倍数 n，整理后得

$$\lg K = \frac{(\varphi_1^{\ominus} - \varphi_2^{\ominus})n}{0.059} \tag{6.7}$$

式中 K——氧化还原反应的平衡常数；

$\varphi_1^{\ominus}$ 与 $\varphi_2^{\ominus}$——两电对的标准电极电位；

n_1 与 n_2——两电对的电子转移数；

n——n_1 和 n_2 的最小公倍数。

如果考虑溶液中各种副反应的影响，式（6.7）用条件电极电位 $\varphi^{\ominus\prime}$ 代替 $\varphi^{\ominus}$，则得条件平衡常数 K'，即

$$\lg K' = \frac{(\varphi_1^{\ominus\prime} - \varphi_2^{\ominus\prime})n}{0.059} \tag{6.8}$$

显然，通过比较两个有关电对的标准电极电位 $\varphi^{\ominus}$ 或条件电极电位 $\varphi^{\ominus\prime}$ 的差值 $\Delta\varphi^{\ominus}$ 或 $\Delta\varphi^{\ominus\prime}$，便可由平衡常数 K 或条件平衡常数 K' 的大小来判断反应完成的程度。$\Delta\varphi^{\ominus}$ 或 $\Delta\varphi^{\ominus\prime}$ 越大，K 或 K' 越大，反应进行得越完全。在氧化还原滴定中，经常是在一定条件下进行的，且滴定剂和被滴定水样中物质的浓度均是以总浓度（C_{Ox} 或 C_{Red}）表示的，用来比较两个电对的 $\varphi^{\ominus\prime}$，由 $\lg K'$ 来判断氧化还原反应的完全程度更符合实际。

6.2.2 计量点时，反应进行的程度

到达计量点时，根据平衡常数求得氧化态与还原态浓度的比值，用该比值来表示氧化还原反应进行的完全程度。那么，该比值多大，即 K 或 K' 有多大或 $\Delta\varphi$ 差值有多少时，反应才能定量进行完全呢？一般，满足滴定分析，应使反应完全程度达 99.9% 以上。这就要求在计量点时：

$$\frac{C_{Ox_1}}{C_{Red_1}} \leqslant 0.1\% = 10^{-3}, \qquad \frac{C_{Red_2}}{C_{Ox_2}} \leqslant 0.1\% = 10^{-3}$$

对于 $n_1 = n_2 = 1$ 的反应则有

$$\lg K' = \lg\left(\frac{C_{Red_1}}{C_{Ox_1}}\right)\left(\frac{C_{Ox_2}}{C_{Red_2}}\right) \geqslant \lg(10^3 \times 10^3) = \lg 10^6 = 6$$

即 $\lg K' \geqslant 6$ \tag{6.9}

将式（6.9）代入式（6.8）得

$$\varphi_1^{\ominus\prime} - \varphi_2^{\ominus\prime} = \frac{0.059}{n_1 n_2}\lg K' \geqslant \frac{0.059}{1} \times 6 \approx 0.35V$$

即 $\varphi_1^{\ominus\prime} - \varphi_2^{\ominus\prime} \geqslant 0.40V$ \tag{6.10}

凡满足 $\lg K' \geqslant 6$ 或 $\varphi_1^{\ominus\prime} - \varphi_2^{\ominus\prime} \geqslant 0.40V$ 条件的，反应才能定量完成，可用于氧化还原滴定分析。

同理可证，氧化还原反应进行完全的判据通式为：

$$\lg K' \geqslant 3(n_1 + n_2) \tag{6.11}$$

或
$$\varphi_1^{\ominus'} - \varphi_2^{\ominus'} \geqslant 3\ (n_1 + n_2) \times \frac{0.059}{n_1 \times n_2}$$

【例 6.3】 请判断在 pH = 12～13 条件下，采用局部氧化法，用次氯酸盐（ClO⁻）处理含氰（CN⁻）废水的效果如何？

【解】 用次氯酸盐（ClO⁻）处理 CN⁻ 的主要反应如下：

$$ClO^- + CN^- + H_2O \Longrightarrow CNCl + 2OH^- \tag{6.12a}$$

$$CNCl + 2OH^- \Longrightarrow CNO^- + Cl^- + H_2O$$

总反应 $$ClO^- + CN^- \Longrightarrow CNO^- + Cl^-$$

其中两个半反应

$$ClO^- + H_2O + 2e^- = Cl^- + 2OH^-$$

$$\varphi^{\ominus}_{ClO^-/Cl^-} = 0.89V$$

$$CNO^- + H_2O + 2e^- = CN^- + 2OH^-$$

$$\varphi^{\ominus}_{CNO^-/CN^-} = -0.97V$$

则

$$\lg K' = \frac{[0.89 - (-0.97)]\ 2}{0.059}$$

$$\approx 63 > 12$$

$$K' = 10^{63}$$

说明 CNO⁻ 是 CN⁻ 的 10^{63} 倍，水中剧毒的 CN⁻ 几乎全部转换成微毒的氰酸根 CNO⁻。

应该说明，式（6.12a）反应在任何 pH 条件下均能迅速完成。在酸性条件下，pH < 8.5，就有释放出剧毒氯化氰 CNCl 的危险；在碱性条件下，只要有足够的氧化剂，则氯化氰 CNCl 会很快地水解转化成微毒的氰酸根（CNO⁻），这种处理方法称为局部氧化法（或一级处理）。

局部氧化法生成的氰酸盐虽然毒性低，仅为氰（CN⁻）的 1‰，但 CNO⁻ 易水解成 NH₃。在实际含氰电镀废水处理中，常采用完全氧化法，这种方法是继局部氧化法后，再将生成的氰酸根 CNO⁻ 进一步氧化成 N₂ 和 CO₂（也称二级处理），消除氰酸盐对环境的污染。

$$2NaCNO + 3HOCl = 2CO_2 + N_2 + 2NaCl + HCl + H_2O \tag{6.12b}$$

如果一级处理中含残存的氯化氰 CNCl，则也被进一步氧化破坏：

$$2CNCl + 3HOCl + H_2O = 2CO_2 + N_2 + 5HCl \tag{6.12c}$$

完全氧化法的 pH 应控制在 6.0～7.0 之间，如果考虑电镀废水中重金属氢氧化物的沉淀去除，一般控制在 pH = 7.5～8.0 为宜。

【例 6.4】 判断用氢气 H₂ 处理含汞（Hg²⁺）废水的效果。

【解】 用 H₂ 处理 Hg²⁺ 的主要反应

$$H_2 + Hg^{2+} \Longrightarrow Hg + 2H^+$$

其中两个半反应电对的电极电位分别为

$$\varphi^{\ominus}_{Hg^{2+}/Hg} = 0.854V$$

$$\varphi^{\ominus}_{H^+/H_2} = 0.00V$$

则

$$\lg K = \frac{0.854 \times 2}{0.059} = 28.6 > 6$$

$$K = 3.98 \times 10^{28}$$

可见，Hg^{2+} 几乎全部转化成 Hg，说明处理效果很好。生成的汞（Hg）可以回收利用，某氯碱厂用此方法处理含汞废水，汞的回收率大于 95%，处理后出水中汞含量小于 0.01mg/L。

【例 6.5】　判断在 0.5mol/L H_2SO_4 溶液中 Fe^{3+} 能否定量氧化 I^-？

【解】　$2Fe^{3+} + 2I^- \Longrightarrow 2Fe^{2+} + I_2$

已知　$\varphi^{\ominus'}_{Fe^{3+}/Fe^{2+}} = 0.68V$，　$\varphi^{\ominus}_{I_2/I^-} = 0.5446V$

$$\lg K' = \frac{(0.68 - 0.55) \times 1 \times 2}{0.059} = 4.6 < 3(1+2) = 9$$

$$K' = 10^{4.6}$$

计算结果说明，该溶液中 Fe^{3+} 不能定量地完全氧化 I^-。

【例 6.6】　在 $[H^+]$ 为 1mol/L 溶液中，用 $Cr_2O_7^{2-}$ 滴定 Fe^{2+} 时能否定量反应完全？

【解】　$Cr_2O_7^{2-} + 6Fe^{2+} + 14H^+ \Longrightarrow 2Cr^{3+} + 6Fe^{3+} + 7H_2O$

已知　$\varphi^{\ominus}_{Cr_2O_7^{2-}/Cr^{3+}} = 1.33V$，　$\varphi^{\ominus}_{Fe^{3+}/Fe^{2+}} = 0.77V$

则　　　$$\lg K = \frac{(1.33 - 0.77) \times 6}{0.059} = 56.95 > 3(1+6) = 21$$

$$K = 8.9 \times 10^{56}$$

且 $\varphi^{\ominus}_1 - \varphi^{\ominus}_2 = 1.33 - 0.77 = 0.56V > 3(n_1 + n_2)\frac{0.059}{n_1 n_2} = 0.21V$

说明反应很完全，可用于滴定分析。

6.3　氧化还原反应的速度

氧化还原反应的速度与酸碱反应和络合反应相比，一般要慢得多。一个化学反应有时尽管从它们的电极电位和平衡常数来看，是能够进行并能够进行很完全，但由于反应速度很慢，而没有实际意义。换言之，从化学平衡观点来看，有些氧化还原反应是可能的，但从动力学角度看反应速度极慢，实际上这个反应根本无法实现。因此，反应速度是氧化还原反应能否实际应用的关键问题。

例如水中的溶解氧：

$$O_2 + 4H^+ + 4e^- \rightleftharpoons 2H_2O \quad \varphi^{\ominus}_{O_2/H_2O} = 1.23V$$

其标准电极电位（$\varphi^{\ominus}_{O_2/H_2O} = 1.23V$）较高，应该很容易氧化水中的一些较强的还原态物质如：

$$Sn^{4+} + 2e^- \rightleftharpoons Sn^{2+} \qquad \varphi^{\ominus}_{Sn^{4+}/Sn^{2+}} = 0.15V$$

$$TiO^{2+} + 2H^+ + e^- \rightleftharpoons Ti^{3+} + H_2O \quad \varphi^{\ominus}_{TiO^{2+}/Ti^{3+}} = 0.10V$$

也就是说从溶解氧与后两者的电极电位看，Sn^{2+} 和 Ti^{3+} 是应该能够被 O_2 氧化成 Sn^{4+} 和 TiO^{2+} 的，这似乎表明 Sn^{2+} 和 Ti^{3+} 不可能在水中稳定存在。然而事实上，这些强还原剂（Sn^{2+}、Ti^{3+}）在水中却有着相当的稳定性，这主要是由于 O_2 与 Sn^{2+} 或 Ti^{3+} 之间的反应速度太慢所致。

氧化还原反应进行得较慢的主要原因是其反应机理比较复杂，使许多氧化还原反应中电子转移往往遇到各种阻力，如溶液中的溶剂分子和各种配位体的阻碍、物质之间的静电斥力的阻碍，以及由于氧化还原反应电子层结构和化学键性质及物质组成的改变造成的困难等。另外，氧化还原反应往往不是基元反应，而是分步进行的，在一系列中间步骤中只要其中一步进行得比较慢，就会影响总的反应速度。由于有关氧化还原反应历程的研究比较复杂，有许多的真正历程到现在仍未搞清楚，且这方面的内容不属本课程内容，故不作深入讨论。应该指出，影响反应速度除了反应本身的性质即内因所决定的外，还有反应的外部因素，例如反应物浓度、温度、催化剂等，也在很大程度上影响氧化还原反应的速度。这就要求我们必须创造适宜条件，尽可能增加反应速度，以使一个氧化还原反应能用于滴定分析和水处理实践。

6.3.1　反应物浓度的影响

根据相平衡移动原理，改变氧化剂或还原剂的浓度，使反应向所要求的方向进行。

例如：用亚硫酸盐还原法处理电镀含铬漂洗废水时，主要反应：

$$CrO_4^{2-} + 3SO_3^{2-} + 2H^+ \rightleftharpoons Cr^{3+} + 3SO_4^{2-} + H_2O$$

电镀含铬漂洗水中的 Cr(Ⅵ) 的浓度一般在 $20 \sim 100mg/L$ 范围内，而且废水一般都在 pH 5 以上，多数以 CrO_4^{2-} 型体存在。由上述反应可知，一方面增加 Na_2SO_3 的浓度，可加快反应速度，平衡向生成 Cr^{3+} 方向移动，还原剂 Na_2SO_3 的理论用量为 Na_2SO_3 : Cr(Ⅵ) = 4 : 1（质量比），但用量不宜过大，否则既浪费药剂，也可能因生成 $[Cr_2(OH)_2SO_3]^{2-}$ 的副反应而沉淀不出来。另一方面，增加 H^+ 的浓度，在酸性条件下 Cr(Ⅵ) 的还原反应速度较快，一般要求控制溶液 pH 在 $2.5 \sim 3.0$ 范围内。

当 Cr(Ⅵ) 被 SO_3^{2-} 还原成 Cr^{3+} 之后（一般要求还原反应时间约 30min），用

NaOH 中和至 pH＝7～8，使 Cr^{3+} 生成氢氧化铬 $Cr(OH)_3$ 沉淀，然后过滤回收铬污泥。

$$Cr^{3+} + 3OH^- \Longrightarrow Cr(OH)_3 \downarrow$$

采用 NaOH 中和生成的 $Cr(OH)_3$ 纯度较高，可以综合利用。

6.3.2   温度的影响

根据阿仑尼乌斯公式，可求得溶液的温度每升高 10℃，反应速度增加 2～4 倍。温度的升高，不仅增加了反应物之间的碰撞几率，更重要的是增加了活化分子或活化离子的量，所以提高了反应速度。

例如   用高锰酸钾 $KMnO_4$ 滴定草酸 $H_2C_2O_4$ 的主要反应：

$$2MnO_4^- + 5C_2O_4^{2-} + 16H^+ \Longrightarrow 2Mn^{2+} + 10CO_2 + 8H_2O$$

该反应在室温下不易进行，升温至 80℃时，反应便能加快到可进行滴定的速度。因此，用 $KMnO_4$ 滴定 $H_2C_2O_4$ 时，温度控制在 75～85℃之间。温度不能太高，如大于 90℃时，则 $H_2C_2O_4$ 易分解。

$$H_2C_2O_4 \Longrightarrow CO_2 + CO + H_2O$$

应该指出，有些氧化还原反应速度虽然很慢，但也不能加热，如用 $K_2Cr_2O_7$ 为基准物质标定 $Na_2S_2O_3$ 时的主要反应：

$$Cr_2O_7^{2-} + 14H^+ + 6I^- \Longrightarrow 2Cr^{3+} + 3I_2 + 7H_2O$$

$$2S_2O_3^{2-} + I_2 \Longrightarrow S_4O_6^{2-} + 2I^-$$

对于这类反应，加热会使 I_2 挥发损失，只能提高 H^+ 的浓度，加快反应速度。

还有在用氧化还原反应滴定易被空气中的 O_2 氧化的还原性离子（如 Fe^{2+}、Sn^{2+} 等）时，也不要加热。否则，这些还原性离子易被空气中 O_2 氧化，引起误差。例如，用 $K_2Cr_2O_7$ 标准溶液标定硫酸亚铁铵 $(NH_4)_2Fe(SO_4)_2$ 的浓度时，主要反应

$$Cr_2O_7^{2-} + 6Fe^{2+} + 14H^+ \Longrightarrow 2Cr^{3+} + 6Fe^{3+} + 7H_2O$$

如果加热则 Fe^{2+} 易被 O_2 氧化成 Fe^{3+}。

6.3.3   催化作用和诱导作用的影响

（1）催化反应   加入催化剂，改变反应的历程，可降低反应的活化能，使反应速度加快。催化剂以循环方式参加反应，但最终并不改变其本身的状态和数量。例如，$KMnO_4$ 与 $C_2O_4^{2-}$ 的反应，即使加热，反应速度仍较小，但若加入 Mn^{2+}，则该反应的速度将大大提高。这里的 Mn^{2+} 就是催化剂，由于它的存在和参与改变了原来的反应历程。对其催化反应的机理，有不同的解释，但总的讲来，一般认为 MnO_4^- 与 $C_2O_4^{2-}$ 间的反应也是分步进行的，其反应机理可能是在 $C_2O_4^{2-}$ 存在下，Mn^{2+} 被 MnO_4^- 氧化生成 Mn（Ⅲ），

$$MnO_4^- + 4Mn^{2+} + 5\,nC_2O_4^{2-} + 8H^+ \longrightarrow 5Mn(C_2O_4)_n^{(3-2n)}$$

而 Mn（Ⅲ）又与 $C_2O_4^{2-}$ 生成一系列络合物（如 $Mn(C_2O_4)^+$、$Mn(C_2O_4)_2^-$、$Mn(C_2O_4^{2-})_3^{3-}$ 等），这些络合物再分解为 Mn^{2+} 与 CO_2，于是作为催化剂的 Mn^{2+} 又回复到原来的状态。

上述反应过程可简单表示如下：

$$Mn(Ⅶ) \xrightarrow{Mn^{2+}} Mn(Ⅵ) + Mn(Ⅲ)$$

$$Mn(Ⅵ) \xrightarrow{Mn^{2+}} Mn(Ⅳ) + Mn(Ⅲ)$$

$$Mn(Ⅳ) \xrightarrow{Mn^{2+}} Mn(Ⅲ)$$

$$Mn(Ⅲ) \xrightarrow{C_2O_4^{2-}} Mn(C_2O_4)_n^{(3-2n)} \longrightarrow Mn^{2+} + CO_2 \uparrow$$

由于在酸性介质中 MnO_4^- 本身就被还原为 Mn^{2+}，所以在 $KMnO_4$ 与 $H_2C_2O_4$ 的反应中催化剂 Mn^{2+} 也可以由反应自身产生，这种由于反应产物本身所引起的催化作用叫做自身催化作用或自动催化。我们可以看到，用 $KMnO_4$ 标准溶液滴定 $H_2C_2O_4$ 溶液，开始滴入 $KMnO_4$ 的粉红色需 $1\sim2min$ 后才能退去，说明没有 Mn^{2+} 催化剂，反应进行得很慢，但此后，继续滴入 $KMnO_4$，退色明显加快，说明产生的 Mn^{2+} 起了催化剂作用。

利用催化反应加快反应速度在水质分析和水处理中有着广泛的用途。

如给水处理中，用锰砂除铁，就是利用锰砂中的 MnO_2 能对水中 Fe^{2+} 的氧化反应起催化作用，从而大大加速了水中 Fe^{2+} 的氧化反应。新锰砂刚投入运行时，锰砂中的 MnO_2 首先被水中的溶解氧氧化成 7 价锰，7 价锰再将水中的 Fe^{2+} 氧化成 Fe^{3+}：

$$3MnO_2 + O_2 \longrightarrow MnO \cdot Mn_2O_7$$

$$MnO \cdot Mn_2O_7 + 4Fe^{2+} + 2H_2O \longrightarrow 3MnO_2 + 4Fe^{3+} + 4OH^-$$

这两个反应进行得都很快，所以大大加速了 Fe^{2+} 的氧化。这种靠天然锰砂中含有的 MnO_2 起催化作用的也称为自身催化（有的称为本体催化）。

如给水处理中，用锰砂除锰：MnO_2 也能对水中 Mn^{2+} 的氧化起催化作用，其反应式如下：

$$Mn^{2+} + MnO_2 \cdot H_2O + H_2O \longrightarrow MnO \cdot MnO_2 \cdot H_2O + 2H^+$$

$$MnO \cdot MnO_2 \cdot H_2O + H_2O + \frac{1}{2}O_2 \longrightarrow 2MnO_2 \cdot H_2O$$

第 1 个式子是离子交换吸附阶段，一般地下水的 pH 在 $5\sim8$ 之间，所以水合二氧化锰能够和水中的 Mn^{2+} 进行离子交换吸附，生成 $MnO \cdot MnO_2 \cdot H_2O$，其吸附的速度很快。而第 2 个式子是 Mn^{2+} 的氧化阶段，在将 MnO 氧化成 MnO_2 的过程中，原来的 MnO_2 获得再生。但是这个阶段的反应速度比吸附阶段的速度还是缓慢得多，因此是整个反应速度的控制阶段。

如在水质分析中，利用催化剂的反应很多，除了上述 $KMnO_4$ 滴定 $H_2C_2O_4$ 外，还有用 $K_2Cr_2O_7$ 法测定水中化学需氧量(简称 COD) 时，常用 Ag_2SO_4 作催化剂，加快反应速度。还有用分光光度法测定水中的 Mn^{2+} 时，常以过硫酸铵 $(NH_4)_2S_2O_8$ 作氧化剂，以银盐为催化剂氧化水中的 Mn^{2+}，其反应是：

$$5S_2O_8^{2-} + 2Mn^{2+} + 8H_2O \underset{\Delta}{\overset{Ag^+ \ 催化}{\rightleftharpoons}} 2MnO_4^- + 10SO_4^{2-} + 16H^+$$

加入催化剂使反应速度加快的反应为正催化反应。

还有一些反应加入催化剂后反应速度减慢，这为负催化反应。例如，$SnCl_2$ 浓溶液放置于空气中将变混浊，这是由于生成了碱式盐，

$$4SnCl_2 + O_2 + 2H_2O \rightleftharpoons 4Sn(OH)Cl + 2Cl_2$$

$$Cl_2 + Sn^{2+} \rightleftharpoons Sn^{4+} + 2Cl^-$$

当该溶液中加多元醇时可减慢 $SnCl_2$ 与 O_2 的反应速度。

（2）诱导反应

由一个反应的发生，促进另一个反应进行的作用为诱导作用。例如，用 $KMnO_4$ 法测定水中 Fe^{2+} 时，必须在强酸性溶液中进行：

$$MnO_4^- + 5Fe^{2+} + 8H^+ \rightleftharpoons Mn^{2+} + 5Fe^{3+} + 4H_2O$$

如果测定反应在 HCl 溶液中进行，发现要消耗较多的 $KMnO_4$ 溶液，带来较大误差，这是由于 MnO_4^- 与 Cl^- 发生了如下反应：

$$2MnO_4^- + 10Cl^- + 16H^+ \rightleftharpoons 2Mn^{2+} + 5Cl_2 + 8H_2O$$

反应中生成的 Cl_2 从溶液中逸出。一般 $KMnO_4$ 与 Cl^- 的反应速度很慢，但是溶液中由于 Fe^{2+} 的存在，则 $KMnO_4$ 与 Fe^{2+} 的反应又加速了 $KMnO_4$ 与 Cl^- 的反应。其中 $KMnO_4$ 与 Fe^{2+} 的反应即为诱导反应。为了使 $KMnO_4$ 法测定水中的 Fe^{2+} 可以在稀 HCl 溶液中进行，可加入过量的 Mn^{2+}（如 $MnSO_4$），则 Mn^{2+} 能与 $Mn(VII)$ 迅速转变为 $Mn(III)$，而此时由于 Mn^{2+} 过量，故可降低 Mn^{3+}/Mn^{2+} 电对的电极电位，从而使 $Mn(III)$ 只与 Fe^{2+} 起反应，而不与 Cl^- 起反应。这就避免了 $KMnO_4$ 对 Cl^- 的氧化作用。

通过有关影响氧化还原反应速度的因素讨论可知，只有适当选择和控制反应条件，才能使氧化还原反应按所需方向迅速地定量进行，这在水质分析和水处理工程实践中有重要意义。

6.4 氧化还原滴定曲线

氧化还原滴定曲线的形状与其他滴定曲线的形状十分相似，在计量点附近都有一个突跃。所不同的是氧化还原滴定过程中电对的电极电位随着被滴定物

质的氧化态和还原态的浓度变化而变化。正是由于在滴定过程中氧化态和还原态物质浓度的改变，或者更确切地说是反应物的氧化态与还原态的比值的改变，才使电对的电极电位在计量点附近产生了突跃。以滴定剂的体积（或滴定百分数）为横坐标，以电对的电极电位为纵坐标绘制的曲线，即为氧化还原滴定曲线。

6.4.1　可逆氧化还原体系的滴定曲线

现以在 $1mol/L$ H_2SO_4 溶液中用 $0.1000mol/L$ $Ce(SO_4)_2$ 标准溶液滴定 $20.00mL$　$0.1000mol/L$ Fe^{2+} 溶液为例，讨论氧化还原滴定曲线的基本原理。

两个可逆电对 Ce^{4+}/Ce^{3+} 和 Fe^{3+}/Fe^{2+} 的半反应为

$$Ce^{4+} + e^- = Ce^{3+}$$
$$Fe^{3+} + e^- = Fe^{2+}$$

滴定反应是

$$Ce^{4+} + Fe^{2+} \rightleftharpoons Ce^{3+} + Fe^{3+}$$

滴定之前，溶液中 Fe^{2+} 与空气中的 O_2 作用，会有少量的 Fe^{3+} 存在，但由于 Fe^{3+} 的量极少，又不知 Fe^{3+} 的准确浓度，所以此时的电极电位无法计算。

但是滴定一旦开始，体系中就会同时有两个电对 Ce^{4+}/Ce^{3+} 和 Fe^{3+}/Fe^{2+} 存在。根据能斯特方程，两个电对的电极电位分别为

$$\varphi_{Fe^{3+}/Fe^{2+}} = \varphi_{Fe^{3+}/Fe^{2+}}^{\theta'} + 0.059 \lg \frac{C_{Fe^{3+}}}{C_{Fe^{2+}}}, \quad \varphi_{Fe^{3+}/Fe^{2+}}^{\theta'} = 0.68V \qquad (6.13)$$

$$\varphi_{Ce^{4+}/Ce^{3+}} = \varphi_{Ce^{4+}/Ce^{3+}}^{\theta'} + 0.059 \lg \frac{C_{Ce^{4+}}}{C_{Ce^{3+}}}, \quad \varphi_{Ce^{4+}/Ce^{3+}}^{\theta'} = 1.44V \qquad (6.14)$$

在滴定过程中，体系达到平衡时，两个电对的电极电位相等，即 $\varphi_{Fe^{3+}/Fe^{2+}} = \varphi_{Ce^{4+}/Ce^{3+}}$。因此，溶液中各平衡点的电极电位可以选择其中比较方便的公式或同时利用上述两个公式来进行计算。

（1）滴定开始至计量点前

此时滴入的 Ce^{4+} 几乎全部转化为 Ce^{3+}，$C_{Ce^{4+}}$ 极小，不易求得，所以不宜采用 $C_{Ce^{4+}/Ce^{3+}}$ 电对公式（6.14），而应采用 Fe^{3+}/Fe^{2+} 电对的公式（6.13）来计算 φ 值。

例如　滴入 $1.00mL$ $Ce(SO_4)_2$ 时，

形成 Fe^{3+} 的物质的量 $= 1.00 \times 0.1000 = 0.100mmol$

剩余 Fe^{2+} 的物质的量 $= (20.00-1.00) \times 0.1000 = 1.900mmol$

此时，$\varphi_{Fe^{3+}/Fe^{2+}} = 0.68 + 0.059 \lg \frac{0.100}{1.900} = 0.61V$

当滴入 $19.98mL$ $Ce(SO_4)_2$ 时，

形成 Fe^{3+} 的物质的量 $= 19.98 \times 0.1000 = 1.998mmol$

剩余 Fe^{2+} 的物质的量＝（20.00－19.98）×0.1000＝0.002mmol

此时 $\varphi_{Fe^{3+}/Fe^{2+}}$＝0.68＋0.059 lg $\dfrac{1.998}{0.002}$＝0.86V

如此，可逐一计算计量点之前滴入任一体积的 0.1000mol/L $Ce(SO_4)_2$ 溶液时的 φ 值。所得结果列入表6.1。

（2）计量点时

此时 Ce^{4+} 和 Fe^{2+} 都已全部定量反应完毕，它们的浓度都很小，且不易求得，因此单独用 Fe^{3+}/Fe^{2+} 电对或 Ce^{4+}/Ce^{3+} 电对的能斯特方程都无法求得 φ 值，可将两电对的方程式（即式（6.13）和式（6.14））相加求得。

$$2\varphi_{sp} = (\varphi^{\theta'}_{Fe^{3+}/Fe^{2+}} + \varphi^{\theta'}_{Ce^{4+}/Ce^{3+}}) + 0.059 \lg \frac{C_{Fe^{3+},sp} \cdot C_{Ce^{4+},sp}}{C_{Fe^{2+},sp} \cdot C_{Ce^{3+},sp}} \qquad (6.15a)$$

计量点时，滴入的 Ce^{4+} 的物质的量与 Fe^{2+} 的物质的量相等，则有

$$C_{Ce^{3+},sp} = C_{Fe^{3+},sp}$$

$$C_{Ce^{4+},sp} = C_{Fe^{2+},sp}$$

于是

$$\frac{C_{Fe^{3+},sp} \cdot C_{Ce^{4+},sp}}{C_{Fe^{2+},sp} \cdot C_{Ce^{3+},sp}} = 1$$

故

$$\varphi_{sp} = \frac{(\varphi^{\theta'}_{Fe^{3+}/Fe^{2+}} + \varphi^{\theta'}_{Ce^{4+}/Ce^{3+}})}{2}$$

$$= \frac{0.68+1.44}{2}$$

$$= 1.06V$$

（3）计量点后

溶液中 Fe^{2+} 在计量点时就几乎全部被氧化成 Fe^{3+}，$C_{Fe^{2+}}$ 极小不易求得。因此计量点之后，Ce^{4+} 过量，只能采用 Ce^{4+}/Ce^{3+} 电对的公式（6.14）来求得 φ 值。

$$\varphi_{Ce^{4+}/Ce^{3+}} = \varphi^{\theta'}_{Ce^{4+}/Ce^{3+}} + 0.059 \lg \frac{C_{Ce^{4+}}}{C_{Ce^{3+}}}$$

如滴入 20.02mL $Ce(SO_4)_2$ 时，

过量 Ce^{4+} 的物质的量＝（20.02－20.00）×0.1000＝0.002mmol

生成 Ce^{3+} 的物质的量＝20.00×0.1000＝2.00mmol

则

$$\varphi_{Ce^{4+}/Ce^{3+}} = 1.44 + 0.059 \lg \frac{0.002}{2.00}$$

$$= 1.263V$$

同样，继续滴入 $Ce(SO_4)_2$ 溶液，分别求得对应的 $\varphi_{Ce^{4+}/Ce^{3+}}$，一并列入表6.1。

0. 1000mol/L　Ce⁴⁺ 滴定 0. 1000mol/L Fe²⁺ 溶液的电极电位变化

（1mol/L H₂SO₄ 溶液中）　　　　　　表 6. 1

加入 Ce^{4+} 的量 （mL）	滴定百分数 （%）	$\dfrac{C_{Ox}}{C_{Red}}$	电极电位 φ （V）
		$C_{Fe^{3+}}/C_{Fe^{2+}}$	
2. 00	9	0. 1	0. 62
10. 00	50	1	0. 68
18. 00	91	10	0. 74
19. 80	99	100	0. 80
19. 98	99. 9	1000	0. 86 ⎫突
20. 00	100	$C_{Ce^{4+}}/C_{Ce^{3+}}$	1. 06 ⎬跃范围
20. 02	100. 1	0. 001	1. 26 ⎭
20. 20	101	0. 01	1. 32
22. 00	110	0. 1	1. 38
40. 00	200	1	1. 44

总之，随着滴定剂（Ce(SO₄)₂）的不断加入，氧化态或还原态的浓度逐渐变化，其电对的电极电位也随之不断改变。以电对的电极电位变化为纵坐标，以滴定剂 Ce⁴⁺ 标准溶液的加入量（体积或滴定百分数）为横坐标，绘制曲线即为氧化还原滴定曲线（图 6.1）。

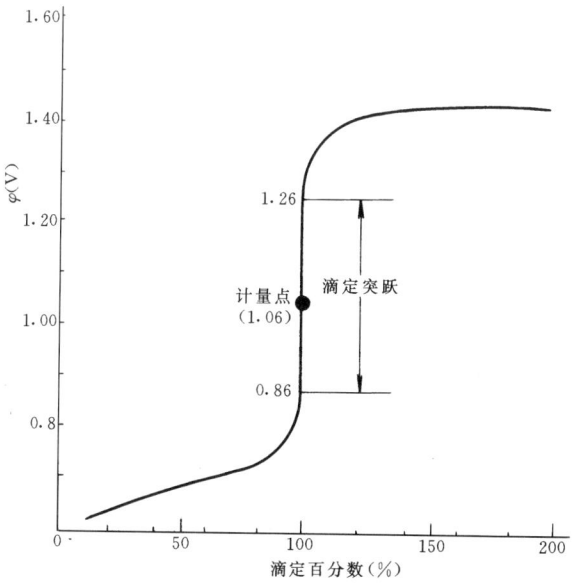

图 6.1　0. 1000mol/L Ce⁴⁺ 滴定 0. 1000mol/L Fe²⁺ 的滴定曲线

从表 6.1 和图 6.1 可见，在计量点附近前后只滴入 1 滴 $Ce(SO_4)_2$，电对的电极电位却从 $0.86V$ 突变到 $1.263V$，称 $0.86\sim1.263V$ 为突跃范围。

氧化还原滴定曲线不仅可由能斯特方程计算求得，也可用实验测定求得。一般对可逆对称型氧化还原体系，理论计算与实测的滴定曲线相符，但对有不可逆氧化还原电对参加的反应，理论计算与实测的滴定曲线常有差别。

6.4.2 计量点时的电极电位 φ_{sp}

在氧化还原滴定曲线中，最重要的当然是计量点电极电位 φ_{sp} 的计算。为了便于应用，这里推导计算 φ_{sp} 的通式。

令滴定反应：

$$n_2\,Ox_1 + n_1\,Red_2 \rightleftharpoons n_2\,Red_1 + n_1\,Ox_2$$

设两电对均为可逆电对，计量点时

$$\varphi_{sp} = \varphi_1^{\theta'} + \frac{0.059}{n_1}\lg\frac{C_{Ox_1,sp}}{C_{Red_1,sp}} \qquad (6.15b)$$

$$\varphi_{sp} = \varphi_2^{\theta'} + \frac{0.059}{n_2}\lg\frac{C_{Ox_2,sp}}{C_{Red_2,sp}} \qquad (6.15c)$$

$(6.15b)\times n_1 + (6.15c)\times n_2$ 得

$$(n_1+n_2)\varphi_{sp} = (n_1\varphi_1^{\theta'}+n_2\varphi_2^{\theta'}) + 0.059\lg\frac{C_{Ox_1,sp}\cdot C_{Ox_2,sp}}{C_{Red_1,sp}\cdot C_{Red_2,sp}} \qquad (6.15d)$$

对于可逆、对称的反应，在计量点时必有

$$n_1\cdot C_{Red_1,sp} = n_2\cdot C_{Ox_2,sp}, \qquad 即\frac{C_{Red_1,sp}}{C_{Ox_2,sp}} = \frac{n_2}{n_1}$$

$$n_1\cdot C_{Ox_1,sp} = n_2\cdot C_{Red_2,sp}, \qquad 即\frac{C_{Ox_1,sp}}{C_{Red_2,sp}} = \frac{n_2}{n_1}$$

于是

$$\lg\frac{C_{Ox_1,sp}\cdot C_{Ox_2,sp}}{C_{Red_1,sp}\cdot C_{Red_2,sp}} = \lg\left(\frac{n_1}{n_2}\cdot\frac{n_2}{n_1}\right) = 0$$

所以

$$\varphi_{sp} = \frac{n_1\varphi_1^{\theta'}+n_2\varphi_2^{\theta'}}{n_1+n_2} \qquad (6.16a)$$

式 $(6.16a)$ 就是计算计量点电极电位的通式。可见，由计量点电极电位通式可知，只有当 $n_1=n_2$ 时，才有

$$\varphi_{sp} = \frac{\varphi_1^{\theta'}+\varphi_2^{\theta'}}{2} \qquad (6.16b)$$

此时化学计量点刚好处于滴定突跃的中央，例如 $Ce(SO_4)_2$ 滴定 Fe^{2+} 的溶液中，由于 $n_1=n_2=1$，故 $\varphi_{sp}=1.06V$ 恰好在 $0.86\sim1.26V$ 的正中间，此时，滴定终点与计量点一致。

氧化还原滴定中，可用指示剂或电位滴定法来确定滴定终点。电位滴定法通

常以滴定曲线中突跃部分的中点作为滴定终点，而指示剂确定滴定终点，是以指示剂的变色电位为终点，故可能与计量点电位不一致。

由表 6.1 和图 6.1 可见，用氧化剂滴定还原剂时，如果有关电对均为可逆（如 Ce^{4+} 滴定 Fe^{2+}），则滴定百分数为 50 处的电极电位，是还原剂电对的条件电极电位（如 $\varphi^{\theta'}_{Fe^{3+}/Fe^{2+}}=0.68V$）；滴定百分数为 200 处的电极电位，则是氧化剂电对的条件电极电位（如：$\varphi^{\theta'}_{Ce^{4+}/Ce^{3+}}=1.44V$），这两个条件电极电位相差越大，滴定突跃也越大。

计量点电极电位的计算公式只适用于可逆氧化还原体系，参加滴定反应的两个电对都是对称电对的情况。所谓对称电对，是指该电对的半反应式中，氧化态与还原态的系数相等的电对，如 Ce^{4+}/Ce^{3+}，Fe^{3+}/Fe^{2+} 等。可以看出，只有当 $n_1=n_2$ 时，滴定终点才与计量点一致，且计量点处于突跃范围的正中。

当有不可逆电对参加氧化还原反应时，计量点电极电位有另外的计算公式，其推导方法类似可逆氧化还原体系，这里不再推导。此时，有关电对的半反应式中，氧化态与还原态的系数不等，且 $n_1 \neq n_2$，计量点电极电位偏向 n 值较大的电对一方。

例如：在 $1mol/L\ H_2SO_4$ 溶液中用 MnO_4^- 滴定 Fe^{2+} 时，其计量点电极电位可按式（6.16a）作近似计算。

已知　　　　　　　$\varphi^{\theta'}_{Fe^{3+}/Fe^{2+}}=0.68V$，　　　$\varphi^{\theta'}_{MnO_4^-/Mn^{2+}}=1.45V$

　　　　　　　　　　$n_2=1$　　　　　　　　　$n_1=5$

$$\varphi_{sp}=\frac{n_1\varphi_1^{\theta'}+n_2\varphi_2^{\theta'}}{n_1+n_2}=\frac{5\times 1.45+1\times 0.68}{5+1}=1.32V$$

可见，$\varphi_{sp}=1.32V$，靠近 MnO_4^-/Mn^{2+} 电对一侧，在突跃范围的上方而不在正中。

6.4.3　终点误差

氧化还原滴定误差是由指示剂的变色电极电位（φ_{ep}）与计量点电极电位（φ_{sp}）不一致引起的。这里仍采用酸碱及络合滴定中已广泛使用的林邦误差公式处理和计算氧化还原滴定误差。

例如，用氧化剂 Ox_1 滴定还原剂 Red_2 时，滴定反应

$$n_2 Ox_1 + n_1 Red_2 \Longrightarrow n_2 Red_1 + n_1 Ox_2$$

若 $n_1=n_2$，氧化还原滴定误差 TE（%）为

$$TE=\frac{10^{\Delta\varphi/0.059}-10^{-\Delta\varphi/0.059}}{10^{\Delta\varphi^{\theta'}/2\times 0.059}}\times 100\%$$

（6.17）

若 $n_1 \neq n_2$，氧化还原滴定误差 TE（%）为

$$TE=\frac{10^{n_1\cdot\Delta\varphi/0.059}-10^{-n_2\cdot\Delta\varphi/0.059}}{10^{n_1\cdot n_2\cdot\Delta\varphi^{\theta'}/(n_1+n_2)\times 0.059}}$$

（6.18）

式中　$\Delta\varphi=\varphi_{ep}-\varphi_{sp}$；

$\quad\quad\Delta\varphi^{\theta-'}=\varphi_1^{\theta-'}-\varphi_2^{\theta-'}$；

$\quad\quad\varphi_{ep}$——滴定终点时指示剂的变色电极电位；

$\quad\quad\varphi_{sp}$——计量点时电极电位。

【例 6.7】 在 1.0mol/L H_2SO_4 介质中，以 0.1000mol/L Ce^{4+} 溶液滴定同浓度的 Fe^{2+}，以二苯胺磺酸钠为指示剂，计算终点误差。

【解】　$\varphi_{Ce^{4+}/Ce^{3+}}^{\theta-'}=1.44V$，$\varphi_{Fe^{3+}/Fe^{2+}}^{\theta-'}=0.68V$，$n_1=n_2=1$，二苯胺磺酸钠的 $\varphi_{In}^{\theta-'}=0.84V$

$$\Delta\varphi^{\theta-'}=\varphi_1^{\theta-'}-\varphi_2^{\theta-'}=1.44-0.68=0.76V$$

$$\varphi_{ep}=0.84V$$

$$\varphi_{sp}=\frac{1.44+0.68}{2}=1.06V$$

∴　　　　　$$\Delta\varphi=\varphi_{ep}-\varphi_{sp}=-0.22V$$

则　　

$$TE=\frac{10^{\Delta\varphi/0.059}-10^{-\Delta\varphi/2\times0.059}}{10^{\Delta\varphi^{\theta-'}/0.059}}\times100\%$$

$$=\frac{10^{-0.22/0.059}-10^{0.22/0.059}}{10^{0.76/2\times0.059}}\times100\%$$

$$=\frac{10^{-3.78}-10^{3.78}}{10^{6.44}}$$

$$=-0.19\%$$

终点误差为负值表明终点（$\varphi_{ep}=0.84V$）在计量点（$\varphi_{sp}=1.06V$）之前。

【例 6.8】 在 3mol/L HCl 介质中，用 0.1000mol/L $K_2Cr_2O_7$ 滴定同浓度的 $(NH_4)_2Fe(SO_4)_2$，用邻二氮菲亚铁作指示剂，计算终点误差。

【解】　$\varphi_{Cr_2O_7^{2-}/Cr^{3+}}^{\theta'}=1.08V$，$\varphi_{Fe^{3+}/Fe^{2+}}^{\theta-'}=0.68V$

$\quad\quad n_1=6$，$n_2=1$；邻二氮菲亚铁的 $\varphi_{In}^{\theta-'}=1.06V$

$$\Delta\varphi^{\theta-'}=1.08-0.68=0.40V$$

$$\varphi_{sp}=\frac{1.08\times5+1\times0.68}{5+1}=1.01V$$

$$\varphi_{ep}=1.06V$$

$$\Delta\varphi=1.06-1.01=0.05V$$

$$TE=\frac{10^{5\times0.05/0.059}-10^{-0.05/0.059}}{10^{5\times1\times0.40/(5+1)\times0.059}}\times100\%$$

$$=\frac{10^{4.24}-10^{-0.85}}{10^{5.65}}\times100\%$$

$$=3.89\%$$

终点误差为正值，表明终点（$\varphi_{ep}=1.06$）在计量点（$\varphi_{sp}=1.01V$）之后。

6.5　氧化还原指示剂

在氧化还原滴定中，能够指示在计量点附近颜色变化的物质称为氧化还原指示剂。根据指示剂的性质可分为以下几类。

6.5.1　自身指示剂

利用滴定剂或被滴定液本身的颜色变化来指示滴定终点到达，这种滴定剂或被滴定物质起着指示剂的作用，因此叫自身指示剂。

例如：在 $KMnO_4$ 法中，用 MnO_4^- 在酸性溶液中滴定无色或浅色的还原性物质时，计量点之前，滴入的 MnO_4^- 全部被还原为无色的 Mn^{2+}，整个溶液仍保持无色或浅色。达到计量点时，水中还原性物质已全部被氧化，再过量 1 滴 MnO_4^-（$2 \times 10^{-6} mol/L$ 的 MnO_4^-），溶液立即由无色或浅色变为稳定的浅红色，指示已达滴定终点，$KMnO_4$ 就是自身指示剂。

6.5.2　专属指示剂

专属指示剂本身并没有氧化还原性质，但它能与滴定体系中的氧化态或还原态物质结合产生特殊颜色，而指示滴定终点。

例如：可溶性淀粉溶液本身无色，在氧化还原滴定中也不发生氧化还原反应，常用于碘量法中作专属指示剂。像用硫代硫酸钠 $Na_2S_2O_3$ 滴定 I_2 时，在计量点前，它与溶液中碘结合，生成深蓝色的化合物，溶液中 I_2 的浓度为 $5 \times 10^{-6} mol/L$ 时，即能看到蓝色，反应极灵敏。达到计量点时，溶液中的 I_2 全部被还原为 I^-，溶液的深蓝色立即消失，指示滴定终点。

又如：在酸性溶液中用 Fe^{3+} 滴定 Sn^{2+} 时，可用 KSCN 作专属指示剂。计量点前，滴入的 Fe^{3+} 被 Sn^{2+} 还原为 Fe^{2+}，溶液无色；计量点时，稍过量的 Fe^{3+} 便与 SCN^- 反应生成 $Fe(SCN)^{2+}$ 红色络合物，指示已达滴定终点。

6.5.3　氧化还原指示剂

这类指示剂是其本身具有氧化还原性质的有机化合物。在氧化还原滴定中，这种指示剂也发生氧化还原反应，且氧化态和还原态的颜色不同，利用指示剂由氧化态变为还原态或还原态变为氧化态的颜色突变，来指示滴定终点。

（1）氧化还原指示剂的变色范围

令氧化还原指示剂的半反应为：

$$In(Ox) + ne^- \rightleftharpoons In(Red)$$

式中 $In(Ox)$ 为氧化态，$In(Red)$ 为还原态，二者颜色不同。在滴定过程中，指示剂的氧化态与还原态浓度随着溶液中氧化还原电对的电极电位的变化而变化，因而溶液的颜色也改变。该电对的电极电位：

$$\varphi_{In(Ox)/In(Red)} = \varphi_{In(Ox)/In(Red)}^{\theta'} + \frac{0.059}{n} \lg \frac{c_{In(Ox)}}{c_{In(Red)}}$$

当 $c_{In(Ox)}/c_{In(Red)} \geqslant 10$ 时，溶液呈现氧化态的颜色，此时 $\varphi \geqslant \varphi_{In(Ox)/In(Red)}^{\theta'} + 0.059/n$；

当 $C_{In(Ox)}/C_{In(Red)} \leqslant \dfrac{1}{10}$ 时,溶液呈还原态的颜色,此时 $\varphi \leqslant \varphi_{In(Ox)/In(Red)}^{\theta'} - 0.059/n$;

当 $10 \geqslant C_{In(Ox)}/C_{In(Red)} \geqslant \dfrac{1}{10}$ 时,能观察到明显的颜色变化,因此,氧化还原指示剂的理论变色范围为

$$\varphi_{In(Ox)/In(Red)}^{\theta'} \pm 0.059/n \qquad (6.19)$$

指示剂的理论变色电极电位是 $\varphi_{In(Ox)/In(Red)}^{\theta'}$。

常用氧化还原指示剂的条件电极电位及其颜色变化列于表 6.2。

几种常用氧化还原指示剂 表 6.2

指 示 剂	φ_{sp} (V) ([H^+] = 1mol/L)	颜 色		指示剂溶液
		氧化态	还原态	
亚甲基蓝	0.53	蓝绿	无色	0.05%水溶液
二苯胺	0.76	紫	无色	0.1%浓 H_2SO_4 溶液
二苯胺磺酸钠	0.84	紫红	无色	0.05%水溶液
羊毛罂红 A	1.00	橙红	黄绿	0.1%水溶液
邻二氮菲亚铁	1.06	浅蓝	红	0.025mol/L 水溶液
邻苯氨基苯甲酸	1.08	紫红	无色	0.1%Na_2CO_3 溶液
硝基邻二氮菲亚铁	1.25	浅蓝	紫红	0.025mol/L 水溶液

(2) 氧化还原指示剂的选择

选择氧化还原指示剂时应使指示剂的变色电位在滴定的电位突跃范围内,且应尽量使指示剂的变色电位($\varphi_{In}^{\theta'}$)与计量点电位(φ_{sp})一致或接近。

例如:在酸性溶液下,用 Ce^{4+} 滴定 Fe^{2+} 时,滴定曲线的突跃范围为 0.86~1.26V,计量点电位 $\varphi_{sp} = 1.06V$,所以最好选用邻二氮菲亚铁($\varphi_{In}^{\theta'} = 1.06V$)或邻苯氨基苯甲酸($\varphi_{In}^{\theta'} = 1.08V$)为指示剂,其滴定误差小于 0.1%,如果选用二苯胺磺酸钠($\varphi_{In}^{\theta'} = 0.84V$)为指示剂,其滴定误差大于 0.1%,在滴定至终点时,所选用的这些指示剂均有明显的颜色变化。应该指出,如果滴定剂或被滴定物质有色时,滴定观察到的是与指示剂的混合色,这就要求在计量点前后,所选用的指示剂必须仍有明显的颜色变化。

(3) 常用的两种指示剂

邻二氮菲亚铁,又叫试亚铁灵或邻菲啰啉亚铁离子。其分子式 $Fe(C_{12}H_8N_2)_3^{2+}$,可用 $Fe(phen)_3^{2+}$ 表示(phen 代表邻二氮菲)。它是由邻二氮菲与 Fe^{2+} 生成的络合离子 $Fe(phen)_3^{2+}$,该络合物常被用做氧化还原滴定的指示剂,其氧化态为浅蓝色,还原态为红色,颜色变化明显。反应过程如下:

$$\text{Fe(phen)}_3^{2+} - e^- \underset{\text{还原剂}}{\overset{\text{氧化剂}}{\rightleftharpoons}} \text{Fe(phen)}_3^{3+}$$

红色　　　　　　　　　　　　浅蓝色

由于这种指示剂的条件电极电位较高（$\varphi_{In}^{\theta'} = 1.06V$），特别适用于滴定剂为强氧化剂时的滴定。经常用于强氧化剂滴定 Fe^{2+} 的含量，终点由红色变为浅蓝色。相反，用 $K_2Cr_2O_7$ 法测定水中化学需氧量 COD 时，用 $(NH_4)_2Fe(SO_4)_2$ 标准溶液返滴定剩余的 $K_2Cr_2O_7$ 时，如以邻二氮菲亚铁为指示剂，滴定至终点时溶液则由浅蓝色变为红色。

邻二氮菲亚铁离子还常作显色剂，测定水中的 Fe^{2+} 含量以及铜合金、纯锌和锌合金中的铁。

邻二氮菲亚铁一般配成 0.025mol/L 水溶液，按化学式计量称取邻二氮菲溶于 0.025mol/L $FeSO_4$ 溶液中即可，可稳定一年以上。

二苯胺磺酸钠，其分子式 $C_{12}H_{10}O_3NSNa$，白色片状晶体，易溶于水，也是常用的氧化还原指示剂之一。在酸性溶液中（$[H^+] = 0.1mol/L$），条件电极电位 $\varphi_{In}^{\theta'} = 0.84V$，其氧化态为紫红色，还原态为无色。反应过程如下：

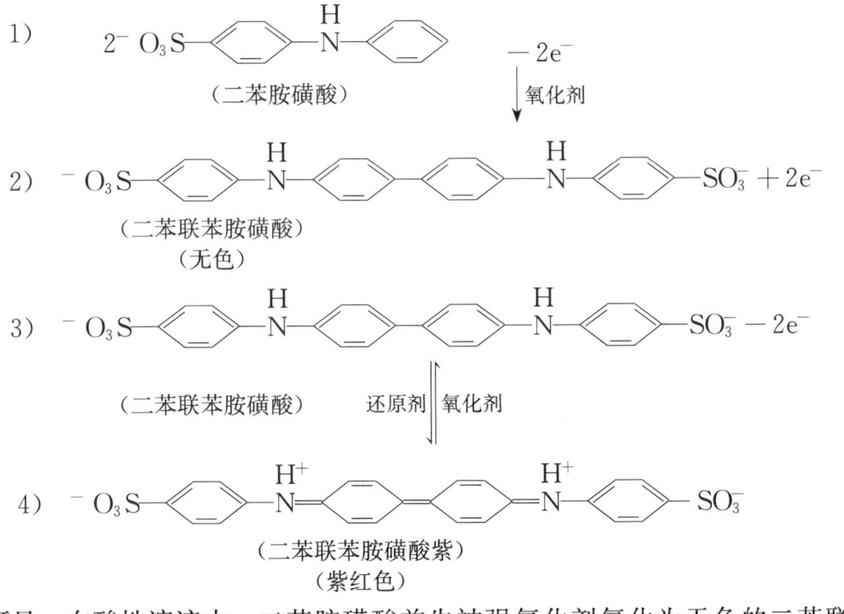

1)　（二苯胺磺酸）

2)　（二苯联苯胺磺酸）（无色）

3)　（二苯联苯胺磺酸）

4)　（二苯联苯胺磺酸紫）（紫红色）

可见，在酸性溶液中，二苯胺磺酸首先被强氧化剂氧化为无色的二苯联苯胺磺酸，再进一步氧化为紫红色的二苯联苯胺磺酸紫。

该指示剂用于 $K_2Cr_2O_7$ 滴定 Fe^{2+} 的含量，滴定至终点时溶液由无色变为紫红色。相反，用 Fe^{2+} 标准溶液滴定 $Cr_2O_7^{2-}$、Ce^{4+}、VO_3^- 等氧化剂时，以二苯胺磺酸钠为指示剂，则滴定至终点时溶液由紫红色变为无色。

6.6 高锰酸钾法

氧化还原滴定方法，根据使用滴定剂的种类不同又可分为高锰酸钾法、重铬酸钾法、碘量法、溴酸钾法、硫酸铈法和亚硝酸钠法等。在水质分析中，经常采用的是高锰酸钾法、重铬酸钾法、碘量法和溴酸钾法。下面首先介绍高锰酸钾法。

高锰酸钾法（Potassium Permanganate Process，Permanganimetric Method）：以高锰酸钾 $KMnO_4$ 当滴定剂的方法。该方法主要用于测定水中高锰酸盐指数，它是水质有机污染的重要指标之一。

6.6.1 高锰酸钾的氧化特性

高锰酸钾化学式 $KMnO_4$，暗紫色菱柱状闪光晶体，易溶于水，它的水溶液具有强的氧化性，遇还原剂时反应产物随溶液的酸碱性而有差异。

（1）在强酸溶液中，$1mol$ MnO_4^- 获得 $5mol$ 电子，被还原为 Mn^{2+}，表现为强氧化剂性质。半反应式是

$$MnO_4^- + 8H^+ + 5\ e^- \Longleftrightarrow Mn^{2+} + 4H_2O$$

$$\varphi_{MnO_4^-/Mn^{2+}}^{\ominus} = 1.51V$$

在不同的酸溶液中 $\varphi^{\ominus\prime}$ 不同，如 $1mol/L$ $HClO_4$ 溶液中 $\varphi^{\ominus\prime} = 1.45V$，在 $4.5 \sim 7.5mol/L$ H_2SO_4 溶液中 $\varphi^{\ominus\prime} = 1.49 \sim 1.50V$，在 $8mol/L$ H_3PO_4 溶液中 $\varphi^{\ominus\prime} = 1.27V$。$MnO_4^-$ 在强酸性条件下，氧化能力强，一般在强酸性溶液中使用。例如，MnO_4^- 在酸性溶液可将 $H_2C_2O_4$ 氧化成 CO_2，常用 $H_2C_2O_4$ 或 $Na_2C_2O_4$ 标定 $KMnO_4$ 标准溶液的浓度。

（2）在弱酸性、中性或弱碱性溶液中，MnO_4^- 获得 $3mol$ 电子，被还原为 MnO_2，半反应式为

$$MnO_4^- + 2H_2O + 3\ e^- \Longleftrightarrow MnO_2 + 4OH^-$$

$$\varphi_{MnO_4^-/MnO_2}^{\ominus} = 0.588V$$

在碱性条件下，MnO_4^- 可与许多有机物反应。例如 MnO_4^- 可氧化肼（又称联胺，NH_2NH_2）为 N_2，肼是火箭推进剂，极毒又易爆炸；还可与许多还原性无机物反应，例如 MnO_4^- 可氧化 SO_3^{2-}、$S_2O_3^{2-}$、S^{2-} 等。

应该指出，$KMnO_4$ 的氧化能力在酸性溶液中（$\varphi_{MnO_4^-/MnO_2}^{\ominus}$）比在碱性溶液中（$\varphi_{MnO_4^-/MnO_2}^{\ominus}$）大，但反应速度则在碱性溶液中较在酸性溶液中快。

（3）在大于 $2mol/L$ 的强碱性溶液中，MnO_4^- 得到 $1mol$ 电子而被还原为锰

酸盐 MnO_4^{2-}（绿色），半反应式为

$$MnO_4^- + e^- \Longleftrightarrow MnO_4^{2-}$$

$$\varphi_{MnO_4^-/MnO_4^{2-}}^{\theta\,'} = 0.564V$$

利用这一反应，常用于测定有机物，如甲酸、甲醇、甲醛、苯酚、甘油、酒石酸、柠檬酸和葡萄糖等，这些有机物一般被氧化成 CO_3^{2-}。例如，将甲酸和甲醇与过量的碱性 $KMnO_4$ 标准溶液反应：

$$HCOO^- + 2MnO_4^- + 3OH^- \Longleftrightarrow CO_3^{2-} + 2MnO_4^{2-} + 2H_2O$$

$$CH_3OH + 6MnO_4^- + 8OH^- \Longleftrightarrow CO_3^{2-} + 6MnO_4^{2-} + 6H_2O$$

待反应完成后，将溶液酸化，用 $C_2O_4^{2-}$ 标准溶液滴定剩余的 MnO_4^-，根据 MnO_4^- 和 $C_2O_4^{2-}$ 的量求出水中有机物的含量。

因此，常利用 $KMnO_4$ 的强氧化性做滴定剂，并可根据水样中被测定物质的性质采用不同的方法。

6.6.2　高锰酸钾法的滴定方式

（1）直接滴定法

许多还原性物质，如 Fe^{2+}、As（Ⅲ）、Sb^{3+}、H_2O_2、$C_2O_4^{2-}$、NO_2^- 等，可用 $KMnO_4$ 标准溶液直接滴定，计量点时，MnO_4^- 本身红色不消失，利用 MnO_4^- 本身的颜色指示滴定终点。

（2）返滴定法

有些氧化性物质不能用 $KMnO_4$ 溶液直接滴定，可用返滴定法。例如，测定锰砂中的 MnO_2 含量时，可在 H_2SO_4 溶液中加入一定量过量的 $Na_2C_2O_4$ 标准溶液，待 MnO_2 与 $C_2O_4^{2-}$ 反应完全后，用 $KMnO_4$ 标准溶液返滴定剩余的 $C_2O_4^{2-}$。计量点时，稍微过量的 MnO_4^- 红色，指示滴定终点到达。根据 $KMnO_4$ 和 $Na_2C_2O_4$ 标准溶液的浓度和用量，求出锰矿砂中 MnO_2 的含量。滴定中主要反应

$$MnO_2 + C_2O_4^{2-} + 4H^+ = Mn^{2+} + 2CO_2\uparrow + 2H_2O$$
$$\text{（过量）}$$
$$2MnO_4^- + 5C_2O_4^{2-} + 16H^+ = 2Mn^{2+} + 10CO_2\uparrow + 8H_2O$$
$$\text{（剩余）}$$

（3）间接滴定法

某些非氧化还原性物质，不能用 $KMnO_4$ 标准溶液直接滴定或返滴定，但可用间接滴法测定。例如，测定水中 Ca^{2+}，首先加入过量 $Na_2C_2O_4$，生成 CaC_2O_4 沉淀（$K_{sp,CaC_2O_4} = 2.3 \times 10^{-9}$），过滤之后，沉淀用稀 H_2SO_4 溶解，最后用 $KMnO_4$ 标准溶液滴定沉淀溶解后的 $C_2O_4^{2-}$，根据 $KMnO_4$ 标准溶液的浓度和消耗量，间接求出水中 Ca^{2+} 的含量。其主要反应

$$Ca^{2+} + C_2O_4^{2-} \Longrightarrow CaC_2O_4 \downarrow$$

$$（过量）\qquad \big\| H^+$$

$$H_2C_2O_4$$

$$（K_{a_2} = 6.4 \times 10^{-5}）$$

MnO_4^- 与 $C_2O_4^-$ 的反应同前。

可见，凡是能与 $C_2O_4^-$ 定量地沉淀为草酸盐的金属离子，如 Sr^{2+}、Ba^{2+}、Cd^{2+}、Zn^{2+}、Cu^{2+}、Ni^{2+}、Pb^{2+}、Hg^{2+}、Ag^+、Bi^{3+}、Ce^{3+}、La^{3+} 等，都能用同样方法测定。

高锰酸钾法的优点是氧化能力强，且可做自身氧化还原指示剂（2×10^{-6} mol/L $KMnO_4$ 溶液即可显示出粉红色）。

（4）高锰酸钾法的缺点

1）选择性较差，干扰较多。

2）$KMnO_4$ 标准溶液不稳定，$KMnO_4$ 易与水中有机物或空气中尘埃、氨等还原性物质作用，还能自行分解。

$$4KMnO_4 + 2H_2O = 4MnO_2 \downarrow + 3O_2 \uparrow + 4KOH$$

分解的速度随溶液的 pH 而改变，在中性溶液中分解慢，但 Mn^{2+} 和 MnO_2 的存在能加速其分解，见光时分解更快。因此，应用 $KMnO_4$ 标准溶液时要注意：

a. $KMnO_4$ 标准溶液应保存在暗处，使用之前一定要标定；

b. $KMnO_4$ 标准溶液不得在滴定管中保存，否则，易自动分解或光化学分解，使滴定管壁沉积 MnO_2，使滴定管体积发生改变，同时还使 $KMnO_4$ 标准溶液本身浓度发生变化；

c. 用 $KMnO_4$ 标准溶液滴定时，所用酸、碱或蒸馏水中不得含有还原性物质。

6.6.3　$KMnO_4$ 标准溶液的配制与标定

（1）$KMnO_4$ 标准溶液的配制

$KMnO_4$ 试剂中常含有少量的 MnO_2 和痕量的 Cl^-、SO_3^{2-} 或 NO_2^- 等，而且蒸馏水中也常会有微量的还原性物质，它们与 MnO_4^- 反应而析出 MnO_2 沉淀，故不能用 $KMnO_4$ 试剂直接配制标准溶液。通常先配制一近似浓度的溶液，然后再进行标定。配制方法如下：

1）称取稍多于理论量的 $KMnO_4$ 固体，溶解在一定体积的蒸馏水中。例如配制 0.1000mol/L（1/5 $KMnO_4$ = 0.1000mol/L）时，首先称取 $KMnO_4$ 试剂 3.3~3.5g（1mol（1/5 $KMnO_4$）约为 32g $KMnO_4$），用蒸馏水溶解并稀释至 1L。将配制好的 $KMnO_4$ 溶液加热至沸，保持微沸约 1h，然后放置 2~3d，使溶液中可能存在的还原性物质完全氧化；用 G3 玻璃砂芯滤斗过滤除去析出的沉淀，将过滤后的 $KMnO_4$ 溶液贮存于棕色试剂瓶中，并存放于暗处以待标定。如果需要较稀的 $KMnO_4$ 溶液，则用无有机物蒸馏水稀至所需浓度。$KMnO_4$ 标准溶液不宜长期贮存。

2）无有机物蒸馏水：在蒸馏水中加入少量 $KMnO_4$ 的碱性溶液，然后重新蒸馏即得。在整个蒸馏过程中水应始终保持红色，否则应补加 $KMnO_4$。

（2）$KMnO_4$ 标准溶液的标定

标定 $KMnO_4$ 的基准物质主要有 $Na_2C_2O_4$、$H_2C_2O_4 \cdot 2H_2O$、$(NH_4)_2Fe(SO_4)_2 \cdot 6H_2O$、$As_2O_3$、纯铁丝等。由于 $Na_2C_2O_4$ 稳定、不含结晶水、易提纯，故常用 $Na_2C_2O_4$ 作基准物质。$Na_2C_2O_4$ 在 $105\sim110℃$ 烘干约 2 h，冷却后称重使用。在 H_2SO_4 溶液中 $C_2O_4^{2-}$ 与 MnO_4^- 的反应：

$$5C_2O_4^{2-} + 2MnO_4^- + 16H^+ = 2Mn^{2+} + 10CO_2\uparrow + 8H_2O$$

标定时，必须严格控制反应条件。

1）温度控制在 $70\sim85℃$

温度低于 $70℃$，反应速度较慢；但若高于 $90℃$，部分 $H_2C_2O_4$ 会发生分解

$$H_2C_2O_4 = CO_2\uparrow + CO\uparrow + H_2O$$

导致结果偏高。通常用水浴加热控制反应温度。

2）$[H^+]$ 控制在 $0.5\sim1.0$ mol/L

$[H^+]$ 过低，会有部分 MnO_4^- 还原为 MnO_2，并有 $MnO_2 \cdot H_2O$ 沉淀生成，反应不能按确定的反应式进行；$[H^+]$ 过高时，又会促进 $H_2C_2O_4$ 的分解。另外，控制 $[H^+]$ 宜采用 H_2SO_4，否则如用 HCl 或 HNO_3，则由于 Cl^- 有一定的还原性，可能被 MnO_4^- 氧化，NO_3^- 有一定的氧化性，而干扰测定。

3）滴定速度为先慢后快

开始滴定时，即使加热，$KMnO_4$ 与 $H_2C_2O_4$ 反应的速度仍较慢，溶液的浅红色可能数分钟不退，因此开始滴定时的速度一定要慢，否则加入的 $KMnO_4$ 溶液来不及与 $C_2O_4^{2-}$ 反应，而在热的酸性溶液中发生分解，影响标定的准确度。

$$4MnO_4^- + 12H^+ \longrightarrow 4Mn^{2+} + 5O_2\uparrow + 6H_2O$$

随着滴定的进行，产物 Mn^{2+} 越来越多，由于 Mn^{2+} 的催化作用，使滴定反应的速度也随之加快，故滴定速度可加快。

4）加入催化剂 Mn^{2+}

鉴于 Mn^{2+} 在反应中起催化剂作用，故可在滴定之前，先在溶液中加几滴 $MnSO_4$ 溶液，那么滴定一开始反应就是快速的。

5）滴定终点 $0.5\sim1min$ 内粉红色不退

$KMnO_4$ 法滴定终点不太稳定，这是由于空气中还原性气体或尘埃等杂质落入溶液中能使 $KMnO_4$ 缓慢分解，而使粉红色消失，所以在 $0.5\sim1min$ 内不退色，

即可认为已达滴定终点。

KMnO₄ 法的应用范围较广，例如 KMnO₄ 法可采用直接滴定方式测定水中 Fe^{2+}、H_2O_2、$C_2O_4^{2-}$、NO_2^- 以及 As(Ⅲ)、Sb(Ⅲ) 等还原性物质的含量；采用返滴定法测定锰矿砂中的 MnO_2；采用间接滴定方式测定水中的 Ca^{2+} 的含量等等，但是 KMnO₄ 法在水质分析中主要用于水中高锰酸盐指数的测定。

6.6.4　高锰酸盐指数的测定

高锰酸盐指数 (Permanganate Index)，是指在一定条件下，以高锰酸钾为氧化剂，处理水样时所消耗的量，以氧的 mg/L 表示。水中的亚硝酸盐(NO_2^-)、亚铁盐(Fe^{2+})、硫化物等还原性无机物和在此条件下可被氧化的有机物，均可消耗 KMnO₄。因此，高锰酸盐指数是水体中还原性有机（含无机）物质污染程度的综合指标之一。

我国规定了环境水质的高锰酸盐指数的标准为 $2\sim10\,mg\,O_2/L$。

高锰酸盐指数曾称作高锰酸钾法的化学需氧量（过去用 COD_{Mn} 表示），现在国内外水质监测分析中均采用高锰酸盐指数这一术语。这是因为在规定条件下，水中有机物只能部分被 KMnO₄ 氧化，并不是理论上的化学需氧量，也不是反映水中总有机物含量的尺度；同时也为了与重铬酸钾法的化学需氧量（COD）的区别，故采用高锰酸盐指数这一水质指标更符合实际。

高锰酸盐指数的测定可采用酸性高锰酸钾法和碱性高锰酸钾法。

(1) 酸性高锰酸钾法

水样在酸性条件下，加入过量 KMnO₄ 标准溶液（一般加 10.00mL），在沸水浴中加热反应一定时间，然后加入过量的 $Na_2C_2O_4$ 标准溶液还原剩余的KMnO₄，最后再用 KMnO₄ 标准溶液返滴剩余的 $Na_2C_2O_4$，滴定至粉红色在 $0.5\sim1min$ 内不消失为止。根据加入过量的KMnO₄标准溶液的量(V_1，mL)和 $Na_2C_2O_4$ 标准溶液的量(V_2，mL)及最后 KMnO₄ 标准溶液消耗的量(V_1'，mL)，计算高锰酸盐指数值。主要反应式如下，令 C 符号代表有机物

$$4MnO_4^- + 5C + 12H^+ \longrightarrow 4Mn^{2+} + 5CO_2\uparrow + 6H_2O \qquad (6.20a)$$
$$\text{（过量）}\quad\text{（有机物）}$$

$$5C_2O_4^{2-} + 2MnO_4^- + 16H^+ \longrightarrow 2Mn^{2+} + 10CO_2\uparrow + 8H_2O \qquad (6.20b)$$
$$\text{（过量）}\quad\text{（剩余）}$$

$$2MnO_4^- + 5C_2O_4^{2-} + 16H^+ \longrightarrow 2Mn^{2+} + 10CO_2\uparrow + 8H_2O \qquad (6.20c)$$
$$\text{（剩余）}$$

式 (6.20b) 和式 (6.20c) 两反应式虽然相同，但表达的意义却不尽相同。

计算：

$$\text{高锰酸盐指数 (mg O}_2\text{/L)} = \frac{[V_1C_1 - (V_2C_2 - V_1'C_1)] \times 8 \times 1000}{V_水}$$

$$= \frac{\left[(V_1 + V_1')\ C_1 - V_2 C_2 \right] \times 8 \times 1000}{V_{水}} \tag{6.21}$$

式中　V_1——开始加入 $KMnO_4$ 标准溶液的量（mL）;

　　　V_1'——最后滴定消耗 $KMnO_4$ 标准溶液的量（mL）;

　　　V_2——加入 $Na_2C_2O_4$ 标准溶液的量（mL）;

　　　C_1——$KMnO_4$ 标准溶液浓度（$1/5\ KMnO_4$，mol/L）;

　　　C_2——$Na_2C_2O_4$ 标准溶液浓度（$1/2\ Na_2C_2O_4$，mol/L）;

　　　8——氧的摩尔质量（$1/2\ O$，g/mol）;

　　　$V_{水}$——水样的量（mL）。

在高锰酸盐指数的实际测定中，往往引入 $KMnO_4$ 标准溶液的校正系数，它的测定方法如下：

将上述用 $KMnO_4$ 标准溶液滴定至粉红色不消失的水样，加热约 70℃ 后，接着加入准确体积的 $Na_2C_2O_4$ 标准溶液（一般加 10.00mL），再用 $KMnO_4$ 标准溶液滴定至粉红色，记录消耗 $KMnO_4$ 标准溶液的量（V_2，mL），则 $KMnO_4$ 标准溶液的校正系数是

$$K = \frac{10}{V_2}$$

引入 $KMnO_4$ 标准溶液校正系数 K 后的计算公式是

$$高锰酸盐指数(\text{mg O}_2/\text{L}) = \frac{\left[(10 + V_1)K - 10\right] \times C \times 8 \times 1000}{V_{水}} \tag{6.22}$$

式中　V_1——滴定水样时，消耗 $KMnO_4$ 标准溶液的量（mL）;

　　　K——$KMnO_4$ 标准溶液的校正系数;

　　　C——$KMnO_4$ 标准溶液的浓度（$1/5\ KMnO_4$，mol/L）。

酸性高锰酸钾法测定中应注意事项：

1）酸性高锰酸钾法测定中应严格控制反应的条件，已在 $KMnO_4$ 标准溶液的标定中做了交代，此处不再赘述。

2）水样中 Cl^- 的浓度大于 300mg/L 时，发生诱导反应，使测定结果偏高。

$$2MnO_4^- + 10Cl^- + 16H^+ \longrightarrow 2Mn^{2+} + 5Cl_2 + 8H_2O$$

防止这种干扰：

a. 加 Ag_2SO_4 生成 $AgCl$ 沉淀，过滤、洗涤沉淀，取滤液（含洗液）测定;

b. 加蒸馏水稀释，降低 Cl^- 浓度后再行测定。但稀释水样应进行校正，具体办法如下：

在水样经稀释后测定的同时，另取一份与未稀释水样测定时相同量的蒸馏水，按同样步骤进行空白试验，然后进行计算。

高锰酸盐指数（mg O_2/L）

$$=\frac{\{[(10+V_1)K-10]-[(10+V_0)K-10]\times R\}\times C\times 8\times 1000}{V_3} \quad (6.23)$$

式中　V_0——空白试验中消耗 $KMnO_4$ 标准溶液的量（mL）；

　　　R——蒸馏水在稀释水样中占的比例，如 10.0mL 水样用 90mL 蒸馏水稀释至 100mL，则 $R=0.90$；

　　　V_3——稀释水样中水样的量（mL）。

其他物理意义同前。

c. 改用碱性高锰酸钾法测定。

3）水样中含 Fe^{2+}、NO_2^-、H_2S 等还原性物质，使结果偏高，应注意校正。

（2）碱性高锰酸钾法

碱性高锰酸钾法与酸性高锰酸钾法的基本原理类似。所不同的是在碱性条件下反应，可加快 $KMnO_4$ 与水中有机物（含还原性无机物）的反应速度，且由于在此条件下 $\varphi_{MnO_4^-/MnO_2}^{\ominus}$（0.588V）$<\varphi_{Cl_2/Cl^-}^{\ominus}$（1.395V），$Cl^-$ 的含量较高，也不干扰测定。碱性高锰酸钾法还可用于甲醇等已知有机物的浓度测定。

水样在碱性溶液中，加入一定量 $KMnO_4$ 溶液，加热使 $KMnO_4$ 与水中的有机物和某些还原性无机物反应完全，以后同酸性高锰酸钾法，即加酸酸化，加入过量的 $Na_2C_2O_4$ 溶液还原反应后剩余的 $KMnO_4$，再以 $KMnO_4$ 溶液滴定至粉红色 0.5～1min 内不消失。高锰酸盐指数的计算方法同酸性高锰酸钾法。

高锰酸盐指数的测定方法只适用于较清洁的水样。常用于表达净水中有机污染物的含量。

6.7　重铬酸钾法

重铬酸钾法（Potassium Dichromate Method）：以重铬酸钾 $K_2Cr_2O_7$ 为滴定剂的方法，是氧化还原滴定法中的重要方法之一。在水质分析中常用于测定水中的化学需氧量（简称 COD）。

6.7.1　重铬酸钾的氧化特性

重铬酸钾 $K_2Cr_2O_7$，橙红色晶体，溶于水。它的主要特点是：

（1）$K_2Cr_2O_7$ 固体试剂易纯制并且很稳定。在 120℃干燥 2～4h，可直接配制标准溶液，而不需标定；

（2）$K_2Cr_2O_7$ 标准溶液非常稳定，只要保存在密闭容器中，浓度可长期保持不变；

（3）滴定反应速度较快，通常可在常温下滴定，一般不需要加入催化剂；

（4）需外加指示剂，滴定过程中，$Cr_2O_7^{2-}$ 被还原为绿色的 Cr^{3+}，但因 $K_2Cr_2O_7$ 溶液浓度较稀，它的颜色不是很深，所以不能根据自身颜色的变化来确定滴定终点，而要外加指示剂。如用 $K_2Cr_2O_7$ 法测定水中化学需氧量时，用试亚铁灵作指示剂；用 $K_2Cr_2O_7$ 法测定水中 Fe^{2+} 时，用二苯胺磺酸钠或试亚铁灵作指示剂。

$K_2Cr_2O_7$ 是一强氧化剂。在酸性溶液中，$K_2Cr_2O_7$ 与还原性物质作用时，$Cr_2O_7^{2-}$ 获得 6mol 电子而被还原为 Cr^{3+}，半反应式为

$$Cr_2O_7^{2-} + 14H^+ + 6\,e^- \rightleftharpoons 2Cr^{3+} + 7H_2O$$

$$\varphi^{\ominus}_{Cr_2O_7^{2-}/Cr^{3+}} = 1.33V$$

$K_2Cr_2O_7$ 的氧化能力（$\varphi^{\ominus}_{Cr_2O_7^{2-}/Cr^{3+}} = 1.33V$）小于 $KMnO_4$（$\varphi^{\ominus}_{MnO_4^-/Mn^{2+}} = 1.51V$），但是在水溶液中 $K_2Cr_2O_7$ 的稳定性大于 $KMnO_4$，且 $KMnO_4$ 溶液易自身分解为 MnO_2，而 MnO_2/Mn^{2+} 电对的 $\varphi^{\ominus}_{MnO_2/Mn^{2+}} = 1.23V < \varphi^{\ominus}_{Cr_2O_7^{2-}/Cr^{3+}} = 1.33V$，这可能是测定水中有机物时 $K_2Cr_2O_7$ 法的氧化率大于 $KMnO_4$ 的原因之一。

重铬酸钾法是测定铁的最经典的方法。如 Fe^{2+} 可直接测定；Fe^{3+} 可先用过量 $SnCl_2$ 还原为 Fe^{2+} 后，用 $K_2Cr_2O_7$ 标准溶液滴定，用二苯胺磺酸钠作指示剂，终点时溶液由无色变为紫红色。

重铬酸钾法还用于测定铀酰离子 UO_2^{2+}，首先将 UO_2^{2+} 还原为亚铀酰离子 UO^{2+}，以 Fe^{3+} 为催化剂，二苯胺磺酸钠为指示剂，可直接用 $K_2Cr_2O_7$ 标准溶液滴定：

$$Cr_2O_7^{2-} + 3UO^{2+} + 8H^+ = 2Cr^{3+} + 3UO_2^{2+} + 4H_2O$$

重铬酸钾法还用于电镀液中有机物（如苯甲酸、柠檬酸等）的测定等。

重铬酸钾法最重要的应用是在水质分析中测定化学需氧量。

6.7.2　化学需氧量的测定原理

化学需氧量（Chemical Oxygen Demand，COD）是水体中有机物污染综合指标之一。在一定条件下，水中能被 $K_2Cr_2O_7$ 氧化的有机物质的总量，以 mg O_2/L 表示。

水样在强酸性条件下，过量的 $K_2Cr_2O_7$ 标准溶液与水中有机物等还原性物质反应后，以试亚铁灵为指示剂，用硫酸亚铁铵 $(NH_4)_2Fe(SO_4)_2$ 标准溶液返滴剩余的 $K_2Cr_2O_7$，计量点时，溶液由浅蓝色变为红色指示滴定终点，根据 $(NH_4)_2Fe(SO_4)_2$ 标准溶液的用量求出化学需氧量（COD，mg O_2/L）。反应式如下：令 C 表示水中有机物等还原性物质

$$2Cr_2O_7^{2-} \quad + \quad 3C + 16H^+ \rightleftharpoons 4Cr^{3+} + 3CO_2 + 8H_2O \qquad (6.24)$$

（过量）　　　　（有机物）

$$6Fe^{2+} + Cr_2O_7^{2-} + 14H^+ \Longleftrightarrow 6Fe^{3+} + 2Cr^{3+} + 7H_2O$$

（剩余）

计量点时 $\qquad Fe(C_{12}H_8N_2)_3^{3+} \longrightarrow Fe(C_{12}H_8N_2)_3^{2+}$

$\qquad\qquad\qquad\qquad$ 蓝色 $\qquad\qquad\qquad$ 红色

由于 $K_2Cr_2O_7$ 溶液呈橙黄色，还原产物 Cr^{3+} 呈绿色，所以用 $(NH_4)Fe(SO_4)_2$ 溶液返滴定过程中，溶液的颜色变化是逐渐由橙黄色—蓝绿色—蓝色，滴定终点时立即由蓝色变为红色。

同时取无有机物蒸馏水做空白试验。

计算

$$COD(mg\ O_2/L) = \frac{(V_0 - V_1) \times C \times 8 \times 1000}{V_水} \qquad (6.25)$$

式中 V_0——空白试验消耗 $(NH_4)_2Fe(SO_4)_2$ 标准溶液的量（mL）；

$\qquad V_1$——滴定水样时消耗 $(NH_4)_2Fe(SO_4)_2$ 标准溶液的量（mL）；

$\qquad C$——硫酸亚铁铵标准溶液的浓度（$(NH_4)_2Fe(SO_4)_2$，mol/L）；

$\qquad 8$——氧的摩尔质量（1/2 O，g/mol）；

$\qquad V_水$——水样的量（mL）。

应该指出，在滴定过程中，所用 $K_2Cr_2O_7$ 标准溶液的浓度是 1/6 $K_2Cr_2O_7$ mol/L。

6.7.3 化学需氧量——COD 的测定方法

（1）回流法

回流法是目前国内外采用的方法。

取水样 20.0mL，25.0mL $K_2Cr_2O_7$ 标准溶液（1/6 $K_2Cr_2O_7$，0.2500mol/L），75.0mL 浓 H_2SO_4 和 1g Ag_2SO_4，逐一放入 500mL 带有回流冷凝管的磨口三角瓶中，加热回流 2h，冷却后，用 25mL 蒸馏水洗涤冷凝管壁，水样稀释至 350mL 左右，加入试亚铁灵指示剂，用 $(NH_4)_2Fe(SO_4)_2$ 标准溶液（$(NH_4)_2Fe(SO_4)_2$，0.2500mol/L）滴定至溶液由橙黄色经蓝绿色渐变为蓝色后，立即转为棕红色，即为终点。由 $(NH_4)_2Fe(SO_4)_2$ 标准溶液的用量求出 COD 值。应该指出：

1）水样中如有 Cl^- 产生 COD 值，其反应

$$Cr_2O_7^{2-} + 6Cl^- + 14H^+ \Longleftrightarrow 2Cr^{3+} + 3Cl_2 + 7H_2O$$

理论上，Cl^- 的需氧量为 $0.1128gO_2/gCl^-$，遇此情况，可加入 $HgSO_4$，使 Hg^{2+} 与 Cl^- 生成可溶性络合物，可消除干扰：

$$Hg^{2+} + Cl^- \Longleftrightarrow [HgCl]^+ \qquad\qquad lg\beta_1 = 6.74$$

$$[HgCl]^+ + Cl^- \Longleftrightarrow HgCl_2 \qquad\qquad lg\beta_2 = 13.22$$

$$[HgCl_2] + Cl^- \Longleftrightarrow [HgCl_3]^- \qquad\qquad lg\beta_3 = 14.07$$

$$[HgCl_3]^- + Cl^- \Longleftrightarrow [HgCl_4]^{2-} \qquad\qquad lg\beta_4 = 15.07$$

一般 $HgSO_4/Cl^- =14$，可获得满意结果。

2）Ag_2SO_4 作为催化剂，加快反应速度。

3）回流法的缺点

回流法需药品量大，不经济，氧化率低，占空间大，不能批量分析；且汞盐、银盐用量多，即增加试剂费用，又带来环境污染。因此可用密封法测定 COD。

（2）密封法测定 COD

密封法测定 COD 的原理同回流法。

准确吸取水样 2.50mL，放入 50mL 具塞磨口比色管中，加消化液 2.50mL 和催化剂溶液 3.5mL，盖上塞并旋紧，用聚四氟乙烯生料带将管口缠上两圈密封好，然后置于固定支架上，恒温 $150\pm1℃$，消化 2h（视水样中有机物种类可缩短消化时间）。取出冷却至室温，向消化液中加无有机物蒸馏水 30mL，加 2 滴试亚铁灵指示剂，然后用半微量滴定管以 0.1000mol/L $(NH_4)_2Fe(SO_4)_2$ 溶液，返滴至终点；同时做空白试验，求得 COD 值。计算方法同回流法。

如果水样 COD 值<50mg O_2/L，则取水样 5.0mL，消化液 2.5mL（其中 $K_2Cr_2O_7$ 溶液 0.0250mol/L（1/6 $K_2Cr_2O_7$）），催化剂溶液 7.5mL。返滴时 $(NH_4)_2Fe(SO_4)_2$ 溶液的浓度为 0.0100mol/L。

消化液：溶液中含 $HgSO_4$ 和 H_2SO_4 的 $K_2Cr_2O_7$ 标准溶液（1/6 $K_2Cr_2O_7$ = 0.2500mol/L）。

催化剂溶液：含 Ag_2SO_4 的浓 H_2SO_4 溶液。

密封法测定 COD 的最大特点是用简单的比色管消化，摒弃了繁琐的回流程序和装置。省药、省电、省水、省设备。减少了环境污染，可批量分析 40 个样品。方法简单、准确、可靠。

密封法测定 COD，除可用返滴法测定外，还可用分光光度法测定（详见《密封法测定 COD》等文献）。

（3）微波消解法

微波是频率在 300MHz～300GHz，即波长在 100～0.1cm 范围内的电磁波，处于红外辐射和无线电波之间。微波炉利用频率为 2450MHz（波长为 12.24cm）的微波加热。游离的水分子的吸收峰在 22GHz 左右，水分子的电偶极在 2450MHz 的电场中，随电场方向以 4.9×10^9 Hz 的频率转动，分子间产生类似摩擦的作用，使能量以热的形式表现出来，从而使介质被加热。与常规加热相比，微波具有加热速度快、均匀、高效节能、有选择性、安全清洁等优点，是一种对环境友好的绿色技术。在分析化学领域，微波加热既可用于湿法消解和高温熔融，又可用于水样的干燥、浓缩、测湿、萃取、蛋白质水解、凯氏定氮和 COD 测定等。回流法和密封法分析一个水样的 COD 需 3.0～3.5h 左右，而使用微波消解可以将时间缩短为 1h 左右。目前微波辅助消解和微波辅助萃取已成为广泛应用的水样预处理技术。

微波消解设备由微波炉和消解容器组成。实验室专用微波炉具有防腐蚀的排放装置和具有耐各种酸腐蚀的涂料以保护炉腔，且带有压力或温度控制系统，能实时监控消解操作中的压力或温度。微波场强均匀，可以保证消解条件的重复稳定。消解所用容器为能承受一定压力的密封罐，选用聚四氟乙烯（PTFE）、全氟烷氧基乙烯（PFA）、石英等材料制成。近年来一些新的材料，如 TFM（一种改进的 PTFE）、航天、战斗机的外壳复合纤维材料（CEM 公司的专利技术）等，也已应用在微波水样容器中，更加提高了密封罐的适用范围和使用过程中的安全性。

目前美国环保署已将"水性样品及抽提物的微波消解方法"和"沉积物、淤泥、土壤和油的微波消解方法"列为标准，而美国材料测试学会则将测定水中全部回收金属的"各种水样的微波消解法"批准为标准。我国环保部也即将发布《水质 金属总量消解方法 微波酸消解》、《土壤、沉积物 金属元素全量的酸消解 微波消解法》等相关标准。

在进行 COD 测定时，原理同回流法。分别取水样、0.1000 mol/L $K_2Cr_2O_7$ 标准溶液和 H_2SO_4-Ag_2SO_4 催化剂溶液（5g Ag_2SO_4 溶于 500mL 浓 H_2SO_4）各 5mL 加入消解罐中（同时做空白对照），摇匀、旋紧密封盖。将消解罐放入微波炉中，在 200～1800W 微波功率下进行消解数分钟（参考说明书或文献，视微波功率而定，如在 1350W 功率下，可按（水样数＋2）min 设定时间）。消解后将冷却的液体转移到锥形瓶中，用少量水冲洗罐帽和罐体内部。将锥形瓶中的水样，各加入 1～2 滴试亚铁灵指示剂，用 0.1000mol/L $(NH_4)_2Fe(SO_4)_2$ 标准溶液进行滴定。计算方法同回流法。

一般家用微波炉即可完成消解处理，但如果水样量较大，要求条件较高，建议选用专用设备。

化学需氧量 COD 的测定方法适用于江河湖水、生活污水和工业废水，常用来表达这些水中有机污染物的含量。

6.8 碘 量 法

碘量法（Iodometry）是利用 I_2 的氧化性和 I^- 的还原性来进行滴定的方法，广泛用于水中余氯、二氧化氯 ClO_2、溶解氧 DO、生物化学需氧量 BOD_5 以及水中有机物和无机还原性物质（如 S^{2-}、SO_3^{2-}、$S_2O_3^{2-}$、As(Ⅲ)、Sn^{2+} 等）的测定。碘量法主要用于水中氧化性物质的测定。

6.8.1　碘量法

在酸性溶液中，水样中氧化性物质与碘化钾 KI 作用，定量释放出 I_2，以淀粉为指示剂，用硫代硫酸钠 $Na_2S_2O_3$ 标准溶液滴定至蓝色消失为滴定终点。根据 $Na_2S_2O_3$ 标准溶液的用量，间接求出水中氧化性物质的含量的方法为碘量法。基本反应式为

$$I_2 + 2\ e^- \Longleftrightarrow 2I^- \tag{6.26a}$$

$$2S_2O_3^{2-} + I_2 \Longleftrightarrow 2I^- + S_4O_6^{2-} \tag{6.26b}$$

（连四硫酸盐）

$$\varphi_{I_2/I^-}^{\ominus} = 0.536V, \quad \varphi_{S_4O_6^{2-}/S_2O_3^{2-}}^{\ominus} = 0.08V$$

应该指出，固体 I_2 在水中的溶解度很小（0.00133 mol/L），但 I_2 易溶于 KI 溶液中，此时 I_2 在溶液中以 I_3^- 形式存在：

$$I_2 + I^- \Longleftrightarrow I_3^- \tag{6.26c}$$

为方便起见，一般写成 I_2。

（1）碘滴定法——直接碘量法

用 I_2 标准溶液直接滴定 S^{2-}、As^{3+}、SO_3^{2-}、$S_2O_3^{2-}$、Sn^{2+} 等还原性物质的方法称为碘滴定法。

碘滴定法的基本反应

$$I_2 + 2e^- \Longleftrightarrow 2I^-$$

由于 1) $\varphi_{I_2/I^-}^{\ominus} = 0.536V$，$I_2$ 为较弱的氧化剂。只有少数还原能力较强，且不受 H^+ 浓度影响的物质，才能定量发生反应。

2) 碘滴定法必须在中性或酸性溶液中进行，否则在碱性溶液中，I_2 发生歧化反应：

$$3I_2 + 6OH^- \Longleftrightarrow IO_3^- + 5I^- + 3H_2O \tag{6.26d}$$

所以，碘滴定法受到限制。

（2）碘量法——间接碘量法

间接碘量法的基本反应见式（6.26）。

利用 $Na_2S_2O_3$ 标准溶液间接滴定碘化钾（I^-）被氧化并定量析出的 I_2，求出氧化性物含量的方法。这些氧化性物质有氯(Cl_2)、次氯酸盐(ClO^-)、二氧化氯(ClO_2)、亚氯酸盐(ClO_2^-)，氯酸盐(ClO_3^-)、臭氧(O_3)、H_2O_2、Fe^{3+}、Cu^{2+}、AsO_4^{3-}、IO_3^-、$Cr_2O_7^{2-}$、NO_2^- 等。也可用 $Na_2S_2O_3$ 标准溶液间接滴定过量碘标准溶液与有机物反应完全后剩余的 I_2，求出有机化合物等还原性物质的含量。在水处理及水质分析中有着广泛的应用空间。

6.8.2　碘量法产生误差的原因

（1）溶液中 H^+ 的浓度

尽管碘量法中两个电对的半反应并没有 H^+ 参加,

$$I_2 + 2e^- \rightleftharpoons 2I^-, \qquad S_4O_6^{2-} + 2e^- \rightleftharpoons 2S_2O_3^{2-}$$

但是溶液中 H^+ 浓度对滴定反应的定量关系却有重要影响。

如果滴定反应在碱性溶液中将有副反应发生

$$S_2O_3^{2-} + 4I_2 + 10OH^- \rightleftharpoons 2SO_4^{2-} + 8I^- + 5H_2O \qquad (6.26e)$$

且 I_2 在碱性溶液中又会发生歧化反应如式 (6.26d),所以应在酸性溶液中进行。但如果在强酸性溶液中,$Na_2S_2O_3$ 发生分解

$$S_2O_3^{2-} + 2H^+ \rightleftharpoons S\downarrow + SO_2\uparrow + H_2O \qquad (6.26f)$$

所以碘量法必须在中性或弱酸性溶液中进行。这样才能保证 $S_2O_3^{2-}$ 与 I_2 的反应定量的迅速地反应完全。

(2) I_2 的挥发和 I^- 的氧化

碘量法中 I_2 的挥发是人们熟知的问题,但是 I_2 在 KI 溶液中 I_2 与 I^- 形成 I_3^-,可减少 I_2 的挥发。室温下,溶液中含有 4% KI,则可忽略 I_2 的挥发。要求含 I_2 的溶液应在碘量瓶或带塞的玻璃容器中暗处保存。

在酸性溶液中 I^- 缓慢地被空气中 O_2 氧化成 I_2。

$$4I^- + O_2 + 4H^+ \longrightarrow 2I_2 + 2H_2O \qquad (6.26g)$$

在中性溶液中,上述反应极慢,反应速度随 $[H^+]$ 的增加而加快,且日光照射、微量 NO_2^-、Cu^{2+} 等都能催化此氧化反应。因此,为避免空气中 O_2 对 I^- 的氧化产生滴定误差,要求对析出后的 I_2 立即滴定,且滴定速度也应适当加快,切勿放置过久。

6.8.3 滴定终点确定

碘量法的滴定终点常用长链无分枝的淀粉指示剂确定。在少量 I^- 存在下,I_2 与淀粉反应形成蓝色吸附络合物;没有 I_2 时,溶液无色。根据溶液中蓝色的出现或消失来指示滴定终点。淀粉指示剂一般用 1% 淀粉水溶液,最好用新鲜配制的淀粉溶液,切勿放置过久。否则,产生有分枝的淀粉与 I_2 的吸附络合物呈紫色或紫红色,用 $Na_2S_2O_3$ 标准溶液滴定时,终点不敏锐。

6.8.4 标准溶液的配制与标定

(1) $Na_2S_2O_3$ 标准溶液

硫代硫酸钠($Na_2S_2O_3 \cdot 5H_2O$)一般都含有少量 S、Na_2SO_3、Na_2SO_4、Na_2CO_3、NaCl 等杂质,且易风化、潮解。因此不能直接配制标准溶液,只能先配制成近似浓度的溶液,然后进行标定。

配制:间接配制法。

例如:配制 0.1000mol/L $Na_2S_2O_3$ 标准溶液:称取 $Na_2S_2O_3 \cdot 5H_2O$ 25g,用

新煮沸并冷却的蒸馏水溶解，并稀释至 1L，然后加入 0.2 g Na_2CO_3 和数粒碘化汞，贮存于棕色试剂瓶中，暗处放置 1～2 周后标定其准确浓度。应该指出：

1）用新鲜煮沸蒸馏水，是为杀死水中细菌和去除 CO_2 和部分溶解氧。

因为 $Na_2S_2O_3$ 溶液不稳定，易分解。$Na_2S_2O_3$ 受水中细菌、CO_2、O_2 的作用而分解，如

$$S_2O_3^{2-} \xrightarrow{\text{细菌}} SO_3^{2-} + S\downarrow$$

$$S_2O_3^{2-} + CO_2 + H_2O \longrightarrow HSO_3^- + HCO_3^- + S\downarrow$$

$$2S_2O_3^{2-} + O_2 \longrightarrow 2SO_4^{2-} + 2S\downarrow$$

2）加入少量 Na_2CO_3（使溶液呈弱碱性）和碘化汞，抑制细菌的生长和繁殖。

3）放置 1～2 周，使水中的其他氧化性物质，如 Fe^{3+}、Cu^{2+} 等，与 $Na_2S_2O_3$ 充分作用完全，使 $Na_2S_2O_3$ 标准溶液的浓度趋于稳定。

标定：采用间接碘量法。

标定 $Na_2S_2O_3$ 标准溶液的基准物质有 $K_2Cr_2O_7$、KIO_3、$KBrO_3$、$K_3[Fe(CN)_6]$、纯铜等。其中最常用的是 $K_2Cr_2O_7$、KIO_3、$KBrO_3$，它们在弱酸性溶液中，与过量 KI 反应而析出等化学计量的 I_2：

$$Cr_2O_7^{2-} + 6I^- + 14H^+ \rightleftharpoons 3I_2 + 2Cr^{3+} + 7H_2O \quad (6.27)$$

$$IO_3^- + 5I^- + 6H^+ \rightleftharpoons 3I_2 + 3H_2O$$

$$BrO_3^- + 6I^- + 6H^+ \rightleftharpoons 3I_2 + 3H_2O + Br^-$$

以淀粉为指示剂，用 $Na_2S_2O_3$ 标准溶液（近似浓度）滴定至蓝色消失：

$$2S_2O_3^{2-} + I_2 \rightleftharpoons 2I^- + S_4O_6^{2-}$$

（连四硫酸盐）

计算：

$$C_{Na_2S_2O_3}(mol/L) = \frac{C_{K_2Cr_2O_7} \times V_1}{V_2} \quad (6.28)$$

式中　$C_{Na_2S_2O_3}$——$Na_2S_2O_3$ 标准溶液的浓度（$Na_2S_2O_3$，mol/L）；

　　　$C_{K_2Cr_2O_7}$——$K_2Cr_2O_7$ 标准溶液的浓度（1/6 $K_2Cr_2O_7$，mol/L）；

　　　　　V_1——$K_2Cr_2O_7$ 标准溶液的量（mL）；

　　　　　V_2——消耗 $Na_2S_2O_3$ 标准溶液的量（mL）。

标定时应注意以下几点：

a. 溶液中 $[H^+]$ 在 0.2～0.4mol/L 为宜。$[H^+]$ 太小，反应速度减慢；$[H^+]$ 太大，I^- 易被空气中 O_2 所氧化。

b. $K_2Cr_2O_7$ 与 KI 的反应速度较慢，应将溶液在暗处放置一定时间（5min），再用 $Na_2S_2O_3$ 溶液滴定。而 K_2IO_3 与 KI 反应速度较快，不需放置，应及时滴定。

c. 以淀粉为指示剂时，应先以 $Na_2S_2O_3$ 溶液滴定至呈浅黄色（大部分 I_2 已

作用），然后加入淀粉，用 $Na_2S_2O_3$ 溶液继续滴定至蓝色恰好消失，即为滴定终点。否则，淀粉指示剂加入太早，则大量的 I_2 与淀粉结合成蓝色物质，这部分碘就不容易与 $Na_2S_2O_3$ 反应，而引起滴定误差。

d. KI 试剂不应含有 KIO_3（或 I_2）。一般 KI 溶液无色，如显黄色，则应事先将 KI 溶液酸化后，加入淀粉指示剂显蓝色，用 $Na_2S_2O_3$ 溶液滴定至刚好为无色后再使用。

滴定至终点后，经过 5min 以上，溶液又会出现蓝色，这是由于空气中 O_2 氧化 I^- 所引起的，不影响分析结果。若滴定至终点后，很快又转为蓝色，表示 $K_2Cr_2O_7$ 与 KI 的反应不完全，应另取溶液重新标定。

（2） I_2 标准溶液的配制与标定

用升华法制得的纯碘，可以直接配制标准溶液。但通常用纯碘试剂配成近似浓度的溶液，再进行标定。

碘微溶于水（溶解度 0.3g/L，25℃），而易溶于 KI 溶液，见式（6.26c）。

配制：将称好的碘溶于 KI 溶液中，待全部溶解后，用水稀释至一定体积，倾入棕色瓶中于暗处保存。碘溶液应避免与橡皮等有机物接触，也要防止见光、遇热，否则浓度将发生变化。

标定：用 $Na_2S_2O_3$ 标准溶液标定（直接碘量法）。也可用 As_2O_3（俗名砒霜，剧毒！）作基准物质标定。

6.8.5   碘量法的应用

（1）饮用水中余氯的测定

1）饮用水中的余氯

在饮用水氯消毒中，以液氯为消毒剂时，液氯（Cl_2）与水中还原性物质或细菌等微生物作用之后，剩余在水中的氯量称为余氯，它包括游离性余氯（或游离性有效氯）和化合性余氯（或化合性有效氯）。

游离性有效氯：包括次氯酸 HOCl 和次氯酸盐（OCl^-）。在饮用水氯消毒过程中，氯溶解于水中后，迅速水解成 HOCl 和 OCl^-，其反应为

$$Cl_2 + H_2O \Longrightarrow HOCl + H^+ + Cl^-$$
$$K_h = 3.94 \times 10^{-2} \ (mol/L)^2$$
$$HOCl \Longrightarrow OCl^- + H^+$$
$$K_a = 3.2 \times 10^{-8} mol/L$$

一般，在酸性溶液中，有效的氯以 HOCl（$pK_a = 7.49$）型体存在，在碱性溶液中，则以 OCl^- 型体存在。在通常水处理条件下（25℃，pH=7.0 左右），HOCl 与 OCl^- 两种型体同时存在。饮用水氯化中产生的 $CHCl_3$ 等有机卤代物的潜在危害已引起人们的强烈关注。

化合性有效氯：它实际上是一种复杂的无机氯胺（NH_xCl_y）和有机氯胺（$RNCl_z$）的混合物（式中 x、y、z 为 0～3 的数值）。若原水中含有 $NH_3 \cdot H_2O$，则加入氯以后便生成一氯胺 NH_2Cl、二氯胺 $NHCl_2$ 和三氯胺 NCl_3 等。此时，游离性有效氯和化合性有效氯同时存在于水中，因此，测定饮用水中的余氯包括游离性余氯和化合性余氯这两部分。

我国饮用水的出厂水要求游离性余氯大于 0.3mg/L；管网水中游离性余氯大于 0.05mg/L。

2）测定原理

水中的余氯采用碘量法进行测定。

水中余氯在酸性溶液中与 KI 作用，释放出等化学计量的碘 I_2，以淀粉为指示剂，用 $Na_2S_2O_3$ 标准溶液滴定至蓝色消失。由消耗的 $Na_2S_2O_3$ 标准溶液的用量求出水中的余氯。其主要反应如下：

$$I^- + CH_3COOH \longrightarrow CH_3COO^- + HI \qquad (6.29)$$

$$2HI + HOCl \longrightarrow I_2 + H^+ + Cl^- + H_2O$$

$$\varphi^{\ominus}_{HOCl/Cl^-} = 1.49V, \quad \varphi^{\ominus}_{I_2/I^-} = 0.545V$$

$$I_2 + 2S_2O_3^{2-} \longrightarrow 2I^- + S_4O_6^{2-}$$

$$\varphi^{\ominus}_{S_4O_6^{2-}/S_2O_3^{2-}} = 0.08V$$

本法测定的为总余氯。

水样中若含有 NO_2^-、Fe^{3+}、$Mn(Ⅳ)$ 时，干扰测定。但是用乙酸盐（HAc/Ac^-）缓冲溶液缓冲 pH3.5～4.2 之间，可减少上述物质干扰。一般游离性氯消毒时，不能有 NO_2^-，只有氯胺消毒时才有 NO_2^-。

3）计算：

$$余氯(Cl_2、mg/L) = \frac{C_{Na_2S_2O_3} \times V_1 \times 35.453 \times 1000}{V_水} \qquad (6.30)$$

式中　　$C_{Na_2S_2O_3}$——$Na_2S_2O_3$ 标准溶液的浓度（$Na_2S_2O_3$，mol/L）；

$\qquad V_1$——$Na_2S_2O_3$ 标准溶液的用量（mL）；

$\qquad V_水$——水样的体积（mL）；

$\qquad$ 35.453——氯的摩尔质量（$1/2Cl_2$，g/mol）。

（2）水中臭氧 O_3 的测定

臭氧 O_3 是一种优良的强氧化剂，在水处理中用于消毒、除色、除臭以及除铁、除锰、去除有机物和改善水质等方面发挥了重要作用。

臭氧 O_3 略溶于水，在标准压力和温度下（STP），其溶解度比 O_2 大 13 倍。20℃时，O_3 在自来水或蒸馏水中的半衰期大约是 20min；在重蒸馏水中，经过 85min 后 O_3 只分解 10%；在较低温度下，它有更长的半衰期。但是在含有杂质的水溶液中，O_3 迅速分解为 O_2。

O_3 的测定可以采用碘量法。

1) O_3 的测定原理

将溶解水中的 O_3 从溶液中吹脱至大大过量的 KI 溶液中，I^- 被定量地氧化成 I_2，同时 O_3 还原成 O_2。其基本反应式如下：

$$O_3 + 2H^+ + 2\ e^- \Longrightarrow O_2 + H_2O \quad \varphi^{\ominus}_{O_3/O_2} = 2.07V \qquad (6.31)$$

$$O_3 + 2I^- + H_2O \longrightarrow O_2 + I_2 + 2OH^-$$

然后在酸性溶液中（pH$<$2.0），以淀粉为指示剂，用 $Na_2S_2O_3$ 标准溶液滴定至蓝色消失。根据 $Na_2S_2O_3$ 标准溶液的消耗量，计算水中剩余 O_3 的含量。

$$O_3(mg/L) = \frac{(V_1 \pm V_0) \times C_{Na_2S_2O_3} \times 24 \times 1000}{V_{水}} \qquad (6.32)$$

式中 V_1——滴定水样消耗 $Na_2S_2O_3$ 标准溶液的量（mL）；

V_0——空白试验消耗 $Na_2S_2O_3$ 标准溶液的量（mL）；

$C_{Na_2S_2O_3}$——硫代硫酸钠标准溶液的浓度（$Na_2S_2O_3$，mol/L）；

24——O_3 的摩尔质量（1/2 O_3，g/mol）；

$V_{水}$——水样的量（mL）。

2) O_3 测定中应注意的问题

a. 空白试验：通过空白试验，来校正水样滴定结果中由试剂杂质（如 KI 中的游离碘 I_2 或碘酸盐（IO_3^-）或能还原游离碘的微量还原剂）所引起的误差。前者为负（—），后者为正（+）。

b. 吸收 O_3 时须使溶液呈碱性。实际上，KI 溶液吸收 O_3 过程很快变为碱性，故不需要进行缓冲。但是由于 I_2 的还原和 I^- 的氧化比较容易，对其他氧化剂或还原剂的干扰都是非常敏感的，所以水中 O_3 的浓度小于 1mg/L 时，建议用 0.1mol/L 硼酸缓冲溶液以避免可能的化学计量误差。

c. 由于水中剩余 O_3 很不稳定，水样不能保存或贮存，必须立即进行测定。在低温和低 pH 时，剩余 O_3 的稳定性明显增高。采集水样时，要尽量减少充气。

d. 如果水样除 O_3 外，还有其他的氧化性物质（如 MnO_2、Fe^{3+}、Cl_2、H_2O_2 等）时，则干扰测定，需将水样中 O_3 用惰性气体（如 N_2）吹脱至 KI 溶液中，进行测定。

可通过吸收 O_3 的 KI 溶液与水样直接加 KI 溶液的滴定比较，确定是否有干扰性的氧化剂存在。如果没有干扰或干扰很小，可以取消以惰性气体吹脱 O_3 至 KI 溶液的步骤。

e. 水样中剩余 O_3 还可采用分光光度法测定。

（3）溶解氧及其测定

1) 溶解氧（Dissolved Oxygen，DO）

溶解于水中的氧称为溶解氧，用 DO 表示，单位为 mg O_2/L。天然水中溶解氧的饱和含量与空气中氧的分压、大气压力和水温有密切关系，与水中的含盐量也有一定的关系。一般大气压力减小、温度升高，水中含盐量增加，都会使水中溶解氧减少，其中温度影响尤为显著。表 6.3 列出了不同水温、不同 Cl^- 浓度下在标准大气压（101.3kPa）、空气中含氧为 20.9%时，水中氧的溶解度。

如果气压改变，可按下式计算水中氧的溶解度。

$$S' = S \times \frac{P-p}{101.3-p}$$

式中 S'——大气压力为 p 千帕（kPa）时氧的溶解度；

S——大气压力为 101.3 kPa 时氧的溶解度；

P——测定时的大气压力（kPa）；

p——水温为 T℃时的饱和蒸气压（kPa）。

对于低于海拔 1000m 和温度小于 25℃时，p 可忽略不计：

$$S' = S \times \frac{P}{101.3}$$

$$溶解氧饱和百分数 = \frac{水样中溶解氧含量（mg/L）}{采样时的水温下 O_2 在水中溶解度（mg/L）} \times 100\%$$

清洁地表水溶解氧一般接近饱和状态。如果水中含有藻类植物，由于它的光合作用，放出 O_2，使水中 DO 增加，可使水中 DO 过饱和。相反，如水源被有机物质污染，DO 不断减少，当水中的氧得不到补充时，DO 将逐渐降低，甚至趋近于零，使厌氧菌繁殖，有机物质腐败，水质发臭。因此，DO 的测定，对了解水源自净作用的研究有重要意义。在水污染控制和废水处理工艺控制中，DO 也是一项水质综合指标。

氧在水中的溶解度（mg/L）   表 6.3

温 度	氯离子浓度（mg/L）				
（℃）	0	5000	10000	15000	20000
0	14.6	13.8	13.0	12.1	11.3
1	14.2	13.4	12.6	11.8	11.0
2	13.8	13.1	12.3	11.5	10.8
3	13.5	12.7	12.0	11.2	10.5
4	13.1	12.4	11.7	11.0	10.3
5	12.8	12.1	11.4	10.7	10.0
6	12.5	11.8	11.1	10.5	9.8
7	12.2	11.5	10.9	10.2	9.6
8	11.9	11.2	10.6	10.0	9.4
9	11.6	11.0	10.4	9.8	9.2
10	11.3	10.7	10.1	9.6	9.0

温　度	氯离子浓度（mg/L）				
（℃）	0	5000	10000	15000	20000
11	11.1	10.5	9.9	9.4	8.8
12	10.8	10.3	9.7	9.2	8.6
13	10.6	10.1	9.5	9.0	8.5
14	10.4	9.9	9.3	8.8	8.3
15	10.2	9.7	9.1	8.6	8.1
16	10.0	9.5	9.0	8.5	8.0
17	9.7	9.3	8.8	8.3	7.8
18	9.5	9.1	8.6	8.2	7.7
19	9.4	8.9	8.5	8.0	7.6
20	9.2	8.7	8.3	7.9	7.4
21	9.0	8.6	8.1	7.7	7.3
22	8.8	8.4	8.0	7.6	7.1
23	8.7	8.3	7.9	7.4	7.0
24	8.5	8.1	7.7	7.3	6.9
25	8.4	8.0	7.6	7.2	6.7
26	8.2	7.8	7.4	7.0	6.6
27	8.1	7.7	7.3	6.9	6.5
28	7.9	7.5	7.1	6.8	6.4
29	7.8	7.4	7.0	6.6	6.3
30	7.6	7.3	6.9	6.5	6.1

水中 DO 的测定可采用碘量法（Winkler）法。

2）DO 的测定原理

水样中加入硫酸锰 $MnSO_4$ 和 NaOH，水中的 O_2 将 Mn^{2+} 氧化成水合氧化锰（$MnO(OH)_2$）棕色沉淀，将水中全部溶解氧固定起来；在酸性条件下，$MnO(OH)_2$ 与 KI 作用，释放出等化学计量的 I_2；然后，以淀粉为指示剂，用 $Na_2S_2O_3$ 标准溶液滴定至蓝色消失，指示终点到达。根据 $Na_2S_2O_3$ 标准溶液的消耗量，计算水中 DO 的含量。其主要反应如下：

$$Mn^{2+} + 2OH^- \Longleftrightarrow Mn(OH)_2 \downarrow \qquad (6.33)$$

$$（白色）$$

$$Mn(OH)_2 + \frac{1}{2}O_2 \Longleftrightarrow MnO(OH)_2 \downarrow$$

$$（棕色）$$

$$MnO(OH)_2 + 2I^- + 4H^+ \Longleftrightarrow Mn^{2+} + I_2 + 3H_2O$$

$$I_2 + 2S_2O_3^{2-} \Longleftrightarrow 2I^- + S_4O_6^{2-}$$

计算：

$$DO(mg\ O_2/L) = \frac{C \times V \times 8 \times 1000}{V_{水}} \qquad (6.34)$$

式中　DO——水中溶解氧（mg O_2/L）；

　　　　C——硫代硫酸钠标准溶液的浓度（$Na_2S_2O_3$　mol/L）；

　　　　V——$Na_2S_2O_3$ 标准溶液的消耗量（mL）；

　　　　8——氧的摩尔质量（1/2O，g/mol）；

　　　　$V_{水}$——水样的量（mL）。

说明几个问题：

a. 碘量法测定 DO，适用于清洁的地表水和地下水。

b. 水样中如有 Fe^{2+}、Fe^{3+}、S^{2-}、NO_2^-、SO_3^{2-}、Cl_2 及各种有机物等氧化还原性物质时将影响测定结果。其中氧化性物质可使碘化物游离出 I_2，产生正干扰；某些还原性物质把 I_2 还原成 I^-，产生负干扰。所以大部分受污染的地表水和工业废水中 DO 的测定，必须采用修正的碘量法或膜电极法测定。

c. 当水样中 $NO_2^->0.05$mg/L，$Fe^{2+}<1$mg/L 时，NO_2^- 干扰测定。NO_2^-在酸性溶液中，与 I^- 作用放出 I_2 和 N_2O_2，而引入一定误差。如果 N_2O_2 与新溶入的 O_2 继续作用；又形成 NO_2^-，并又将释放出更多的 I_2，如此循环，将引起更大的误差。

$$2NO_2^- + 2I^- + 4H^+ \longrightarrow I_2 + N_2O_2 + 2H_2O$$
$$2N_2O_2 + 2H_2O + O_2 \longrightarrow 4NO_2^- + 4H^+$$

如水样中加入叠氮化钠 NaN_3，可消除 NO_2^- 的干扰，这种方法称为叠氮化钠修正法。具体做法是：将水中溶解氧固定之后，在水样瓶中加入数滴 5%NaN_3 溶液；或者在配制碱性 KI 溶液时，把 1%NaN_3 和碱性 KI 同时加入，然后加 H_2SO_4（使棕色沉淀物全部溶解），其他同普通碘量法。其反应为

$$2NaN_3 + H_2SO_4 \longrightarrow 2HN_3 + Na_2SO_4$$
$$HN_3 + HNO_2 \longrightarrow N_2 \uparrow + N_2O + H_2O$$

d. 水样中同时有 Fe^{2+}、S^{2-}、NO_2^-、SO_3^{2-} 等还原性物质时，且 Fe^{2+} 的浓度>1mg/L 时，采用 $KMnO_4$ 修正法。即：水样预先在酸性条件下，用 $KMnO_4$处理，剩余的 $KMnO_4$ 再用 $H_2C_2O_4$ 除去。

e. 水样中干扰物质较多，色度又高时，采用碘量法有困难，可用膜电极法测定。氧敏感薄膜电极检测部件由原电池型 Ag－Pt 电极组成，其电解质溶液为 1mol/L KOH，膜由聚氯乙烯或聚四氟乙烯制成。其测定原理是：将膜电极置于水样中，其中可溶性杂质和水不能通过薄膜，只有 O_2 和其他气体透过薄膜，进入检测部件并与电极发生化学反应，O_2 在电极上还原，产生微弱的扩散电流。回路中即有电流产生，其电流大小与水中 DO 成正比，即可求得 DO 的含量。

该方法操作简便快速，可以进行连续检测，适合于现场测定。

（4）生物化学需氧量的测定

1）生物化学需氧量（Biochemical Oxygen Demand，BOD_5）

在规定条件下，微生物分解水中的有机物所进行的生物化学过程中，所消耗的溶解氧的量称为生物化学需氧量，用 BOD_5 表示，单位为 $mg\ O_2/L$。

水体中所含的有机物种类繁多，难以一一测定其成分。利用水中有机物在好氧微生物的作用下所消耗的氧，来间接表示水中有机物的含量。因此，生物化学需氧量是水体有机物污染的综合指标之一。

水中有机物在微生物的作用下，逐渐氧化分解，最后变为无机物（CO_2、H_2O 等），这个过程称为生物氧化。微生物（如细菌）在有机物氧化反应中，放出其生长、活动所需要的能量称为呼吸作用。根据细菌的呼吸作用与氧气的关系，可将它们分为好氧细菌、厌氧细菌和兼性细菌3类。好氧细菌必须生活在有氧的条件下，它所进行的呼吸作用称为好氧生物氧化过程；水体的自净作用，就是水中有机物通过好氧生物氧化过程转为无机物，使水变为清洁的。厌氧细菌必须在缺氧的环境中生活，它所进行的呼吸作用称为厌氧生物氧化过程；而兼性细菌则即可在有氧，也可在无氧的环境中生活。生物化学需氧量的测定中主要是好氧细菌的作用。

应该指出生物化学需氧量所表示的有机物含量是指能够被好氧微生物氧化分解的有机物，称为可生物降解有机物，而不包括不可分解的有机物（如维生素、洗衣粉等），因此它的数值要低于水中有机物完全氧化时所需氧的理论值。尽管如此，生物化学需氧量仍不失为水质分析与水处理中的重要测定方法和评价参数。

2）有机物生物氧化过程与 BOD_5

水中有机物的生物氧化过程分为两个阶段进行。第一阶段是碳化过程：有机物（如碳水化合物）在好氧微生物的作用下转变为 CO_2、H_2O、NH_3 等无机物，示意式如下：

$$有机物 \xrightarrow[微生物]{O_2} CO_2 + H_2O + NH_3$$

此阶段在 20℃下，一般的有机物可在 20d 内完成 $95\% \sim 99\%$。第二阶段是硝化阶段：有机物（如蛋白质类化合物）在好氧微生物作用下分解出的 NH_3 进一步转化为 NO_2^- 和 NO_3^- 的过程，反应如下：

$$2NH_3 + 3O_2 \longrightarrow 2HNO_2 + 2H_2O + E$$
$$2HNO_2 + O_2 \longrightarrow 2HNO_3 + E$$

这一阶段在 20℃下，约需 100d 才能完成。这个时间对测定无疑是太长了（图6.2）。由上面讨论可知，有机物的生物氧化过程是一个缓慢的过程。即使碳化阶段 20d 左右基本完成，对测定来说时间还是太长。从图 6.2 可见，硝化过程大约在第5~7d后才开始，所以碳化的开始阶段不受硝化过程的影响，且第 5d 末，消耗的总氧量约为第一阶段需氧量的 $70\% \sim 80\%$。因此，各国规定用 5d 作为 BOD_5 测定时的标准时间，20℃为标准温度。即将水样在 20 ± 1℃下培养 5d，培养前后溶解氧之差就是生物化学需氧量，用 BOD_5 表示。生活污水的 BOD_5 一般在 $100\sim400mg\ O_2/L$；工业废水的 BOD_5 差别较大，如氯碱厂废水约为 $30\sim100mg\ O_2/L$，造纸厂废水在 $1000mg\ O_2/L$ 以下，焦化厂废水在 $2000mg\ O_2/L$ 以下，而合成橡胶废水则可达 2 万～3 万 $mg\ O_2/L$，毛纺厂废水可达 1 万 $mg\ O_2/L$ 以上。

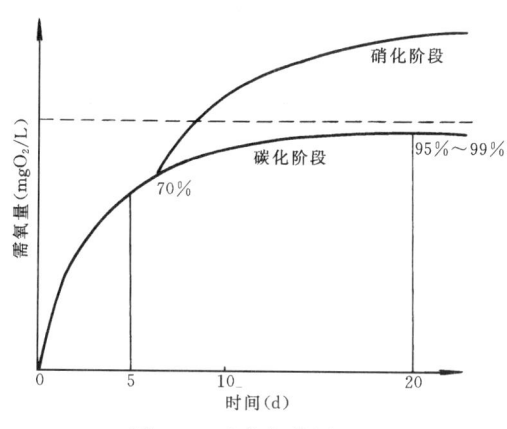

图 6.2　生物氧化历程

3）BOD_5 的测定方法

BOD_5 的测定是一种生物化学的测定方法，而有机物的生物氧化速度比较缓慢，这就要求必须控制影响有机物氧化速度的因素和微生物赖以生存的环境、营养条件；并要求这些因素或条件在所有测定中必须尽量保持一致。例如：水中必须有足够的溶解氧，适宜的 pH，适当的补充营养，标准温度和有相当数量的各种好氧微生物，以及不得含有毒物质等。生物化学需氧量的测定中，经常根据水样中 DO 和有机物含量的多少，分为直接测定法和稀释测定法。

BOD_5 的测定中，一般采用叠氮化钠修正法测定溶解氧。如遇干扰物质，应视具体情况，采用其他测定方法。

a. 直接测定法

对水中溶解氧含量较高、有机物含量较少的清洁地表水，一般 $BOD_5 <7mg\ O_2/L$ 时，可不经稀释，直接测定。将水样首先调整至 20℃ 左右，用曝气法使水中溶解氧接近饱和，直接以虹吸法将水样转移入数个溶解氧瓶内，转移过程中应注意不产生气泡，水样充满后并溢出少许，加塞，瓶内不应留有气泡。

其中至少有一瓶立即测定水中的溶解氧，其余的瓶口进行水封后，放入培养箱中，在 20 ± 1℃ 培养 5d（培养温度增减 1℃，引进的误差约为 4.7%）。在培养期间注意添加封口水。5d 后弃去封口水，测定剩余的溶解氧。则培养 5d 前后溶解氧的减少量即为 BOD_5。

$$BOD_5(mg\ O_2/L) = C_1 - C_2$$

式中 C_1——水样在培养前的溶解氧（mg O_2/L）；

C_2——水样经 5d 培养后的溶解氧（mg O_2/L）。

b. 稀释测定法

对于水样中有机物含量较高的生活污水和工业废水以及污染较严重的天然水，它们的 BOD_5 都大于 7mg O_2/L，且往往生物化学需氧量超过水中所含的溶解氧的含量，则在培养前必须用有溶解氧的水稀释，然后再培养。根据培养前后溶解氧的变化和水样的稀释比，求出水样中的生物化学需氧量。

稀释水：含有一定养分和饱和溶解氧的水为稀释水。对稀释水有如下要求：

（*a*）用蒸馏水配制合成稀释水，而不能用天然地表水和自来水。地表水所含的 BOD_5、微生物及矿物质经常改变；自来水除了有与地表水类似的缺点外，由于氯消毒，水中含有剩余氯，因此均不宜做稀释水。

（*b*）稀释水的 pH 应保持在 6.5～8.5 范围内，以避免影响细菌的活动。常用磷酸盐缓冲溶液，使 pH 缓冲在上述范围内。且要求稀释水 $BOD_5 < 0.2$mg O_2/L。

（*c*）稀释水中加入营养物质，如 $FeCl_3$、$MgSO_4$、$CaCl_2$ 等，以保证微生物正常生长。

（*d*）稀释水与水样的比例要适中。在 20±1℃下培养 5d 后，稀释水样中 DO 至少还剩有 0.5～1.0mg O_2/L；而培养期间，稀释水样中 DO 的损失至少为 2mg O_2/L，否则都不会得到满意的结果。因此，稀释比例，即稀释倍数又是十分重要的。根据实践经验，提出下述计算方法，供应用时参考。

a）对地表水，由测得的高锰酸盐指数乘上一个系数，求得稀释倍数（表 6.4）。

用高锰酸盐指数求取稀释倍数的系数   表 6.4

高锰酸盐指数（mg O_2/L）	系 数
<5	—
5～10	0.2, 0.3
10～20	0.4, 0.6
>20	0.5, 0.7, 1.0

b）工业废水，由化学需氧量 COD 值来确定，通常需作 3 个稀释比。使用稀释水时，稀释倍数由 COD 值分别乘以系数 0.075，0.15 和 0.225 求得。使用接种稀释水时，则分别乘以 0.075，0.15 和 0.25 三个系数。

（*e*）稀释水中含有饱和溶解氧。一般要求培养 5d 后的 DO 减少量为培养前 DO 的 40%～70% 为宜。因此，在一个 20L 大玻璃瓶中，装入蒸馏水，加入缓冲液和各种营养物质之后，接上真空泵曝气，至水中 DO>8 mg O$_2$/L 以上后，盖严，放置 1d，使 DO 稳定。

接种：

对水样的 BOD$_5$ 测定中，除必要的 pH、养分和饱和 DO 等诸多要素之外，还必须有分解有机物所需的微生物，如果水样中缺乏微生物，则必须在稀释水中引入微生物，这种操作叫做接种。一般 1L 稀释水中加入 2mL 沉淀生活污水或不含大量藻类或硝化细菌的河水。

对于不含或少含微生物的工业废水，其中包括酸性废水、碱性废水、高温废水或经过氯化处理的废水，在测定 BOD$_5$ 时均应进行接种，以引入能分解废水中有机物的微生物。但是，当废水中存在着难于被一般生活污水中的微生物以正常速度降解的有机物（例如酚类、纤维素等）或含有剧毒物质时，应将驯化后的特种微生物引入水样中进行接种。否则，还采用可能不含这种特殊细菌的生活污水接种，会使测定结果产生误差，甚至测不出生物化学需氧量。此时，可采用该种废水所排入的河道的水作为稀释水，因为河道中由于这种废水排入而繁殖足量的有助于废水中有机物分解的微生物。所用河水应在废水排放点下游一定距离处采集。

当然，对于含有重金属离子、酚、醛、消毒剂、染料及放射性元素等有毒物质的废水，如果无合适驯化的微生物菌种，可将水样稀释至无害程度后进行 BOD 的测定。除此，尚无其他满意的方法，只能测定化学需氧量（COD）、总有机碳（TOC）等来评价水体有机物污染综合指标。

c. 计算

对稀释水或接种稀释水可能含有有机物，也会耗氧，因此必须校正。稀释水或接种稀释水中有效溶解氧，由培养 5d 前后的溶解氧之差值求得。

$$DO_{稀释水} = B_1 - B_2$$

式中　DO$_{稀释水}$——稀释水或接种稀释水的有效溶解氧浓度（mg O$_2$/L）；

　　　B_1——稀释水或接种稀释水培养前的 DO（mg O$_2$/L）；

　　　B_2——稀释水或接种稀释水培养后的 DO（mg O$_2$/L）。

水样中的 BOD$_5$ 值是

$$BOD_5(mg\ O_2/L) = \frac{(C_1 - C_2) - (B_1 - B_2) \times f_1}{f_2} \tag{6.35}$$

式中　C_1——水样培养前的 DO 浓度（mg O$_2$/L）；

　　　C_2——水样经 5d 培养后的 DO 浓度（mg O$_2$/L）；

　　　f_1——稀释水或接种稀释水在培养液中所占的比例；

　　　f_2——水样在培养液中所占的比例；

　　　f_1、f_2 的计算：例如培养液的稀释比为 4%，即 4 份水样，96 份稀释水，

则 $f_1=0.96$，$f_2=0.04$

BOD_5 的测定方法适用于江河湖水、生活污水和一般工业废水。

4）生物化学需氧量的仪器测定方法

多年来，稀释接种法一直被作为 BOD_5 的标准方法。但是，BOD_5 值对生活污水来说测定结果在一定范围内波动，对工业废水来说波动范围很大，甚至相差几倍。往往同一水样采用不同稀释比数，所得结果不尽相同，甚至差异较大。这可能是由于水样用曝气的水稀释后，不同稀释比的水样中所含的初始溶解氧浓度不同，致使在耗氧期间的消化速率不同所造成的。如果使用仪器测量，使耗氧过程初始溶解氧浓度保持不变，可以克服测定结果重现性不够好等缺点。

目前，BOD_5 测定仪可根据仪器密封系统中氧量—气压变化或氧量—电量变化的相关关系来求得 BOD_5 值，或直接用薄膜电极求得生化过程中的耗氧量。现在使用较多的是气压计库仑式 BOD_5 测量仪（图 6.3）。

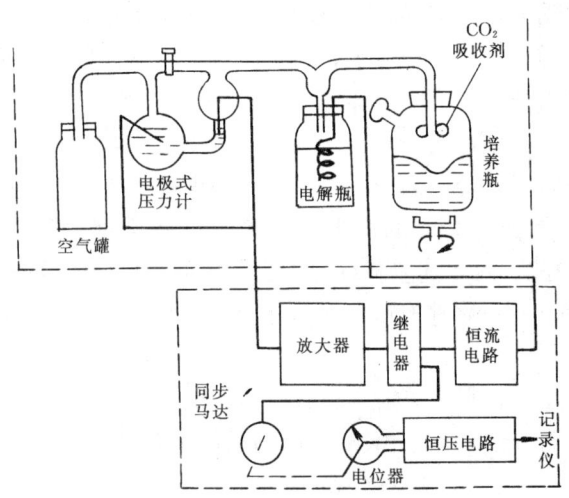

图 6.3   气压计库仑式 BOD_5 仪原理图

气压计库仑式 BOD_5 测量仪工作原理：

培养瓶内水样中的溶解氧，在进行生物氧化反应时被消耗，则培养瓶内液上空间的 O_2 便溶解入水样中；同时由反应产生的 CO_2 从水中逸出而被置于瓶内的苏打石灰所吸收；从而造成瓶中 O_2 分压和总气压下降，该压力降由电极式压力计测出，并转换成电信号；该电信号经放大器放大，继电器闭合而带动同步马达工作。与此同时，电解瓶中酸性 $CuSO_4$ 溶液电解产生的 O_2 又不断供给培养瓶，使瓶内气压逐渐回复到原有数值，从而导致继电器断开，则电解与同步马达均停止工作。通过这样反复过程使培养瓶内空间始终处于恒压状态，以促进微生物的活动和生化反应的正常进行。根据库仑定律，反应过程中所消耗的氧量与电解时所需的电量成正比。

$$O_2(mg) = \frac{i \times t \times 8}{96487} \tag{6.36}$$

式中　i——电解电流（mA）；

　　　t——电解时间（s）；

　　　8——氧的摩尔质量（$\frac{1}{2}O$，g/mol^{-1}）；

　96487——法拉第常数（C/mol）。

当电解电流恒定不变时，累积记录的电解时间便能自动显示出消耗的氧量，也可用与同步马达相连的电位器变换成毫伏值（mV），由记录仪记录下来。此信号的大小与耗氧量的大小成正比。

这种气压计库仑式 BOD_5 测量仪不仅可测定 5 日生化需氧量（BOD_5），也可测定任何培养天数的 BOD_5 值，绘出生化需氧量—培养日数的曲线。

实验表明，气压计库仑式 BOD_5 测定仪所得 BOD_5 值较用标准稀释法的测定值偏高。这可能是由于仪器法中水样连续高速搅拌与稀释法中的静止状态的动力学特性差异以及测定过程中仪器法溶解氧值恒定与稀释法溶解氧浓度不断下降的耗氧速率不同所造成的。

（5）水中二氧化氯的测定

二氧化氯 ClO_2 在饮用水清毒中几乎不形成对人体有潜在危害的 $CHCl_3$ 等有机卤代物，且消毒效果也好于液氯，已成为替代液氯的优良消毒剂之一。

水中二氧化氯 ClO_2 由于消毒过程或其发生过程中常常含有少量的氯（Cl_2）、亚氯酸盐（ClO_2^-）和氯酸盐（ClO_3^-）存在，可采用连续碘量法同时测定水中的 ClO_2、Cl_2、ClO_2^-、和 ClO_3^- 的含量（详见《二氧化氯分析技术》和《水消毒剂和处理剂——二氧化氯》等书）。

碘量法中，碘离子（I^-）与上述氯、氯氧类化物在不同 pH 下有如下反应：

$$pH<7.0\sim8.5：Cl_2+2I^- \rightleftharpoons I_2+2Cl^- \tag{6.37}$$

$$pH=7.0\sim8.5：2ClO_2+2I^- \rightleftharpoons I_2+2ClO_2^-$$

$$pH \leqslant 2：\quad 2ClO_2+10I^-+8H^+ \rightleftharpoons 5I_2+2Cl^-+4H_2O$$

$$ClO_2^-+4I^-+4H^+ \rightleftharpoons 2I_2+Cl^-+2H_2O$$

$$pH \ll 0.5：\quad ClO_3^-+6I^-+6H^+ \rightleftharpoons 3I_2+Cl^-+3H_2O$$

基于上述反应，可用连续碘量法同时测定水中的 Cl_2、ClO_2、ClO_2^- 和 ClO_3^- 的含量。

1）连续碘量法分析流程

水样 1

①在 250mL 碘量瓶中加入一定体积水样（根据水样中 ClO_2、Cl_2、ClO_2^- 和 ClO_3^- 含量高低取值），一般为 5～25mL，加入 pH=7 的磷酸盐缓冲溶液，其总

体积此时约为 50mL，加入 1g KI 晶体，以淀粉为指示剂，用 0.050mol/L $Na_2S_2O_3$ 溶液滴定至终点，体积记为 V_A（mL）。在此条件下测定的是水样中全部的 Cl_2 以及 ClO_2 转化为 ClO_2^-（即相当于 1/5 ClO_2）。②在此碘量瓶中加入浓 HCl 调 pH＝2 后，将碘量瓶放于黑暗中反应 5min，继续用 0.050 mol/L $Na_2S_2O_3$ 溶液滴定至终点，体积记为 V_B（mL）。这步测定的结果是水样中原有的 ClO_2^- 以及上步测定过程中由 ClO_2 转化的 ClO_2^-（即相当于 4/5 ClO_2）。

水样 2

①另取一个 250mL 碘量瓶，加入一定体积（同上所述）的水样，加入 pH＝7 的磷酸盐缓冲溶液，其总体积约为 50mL，用 N_2 气净化（N_2 气流速为 0.8mL/min，净化时间至少 8min）后加入 1g KI 晶体和淀粉指示剂，用 0.050 mol/L $Na_2S_2O_3$ 溶液滴定至终点，体积记为 V_C（mL）。这步测定的是部分溶在水中的 Cl_2，而 ClO_2 则完全被净化除去。②接着在此碘量瓶中加入浓 HCl 调 pH＝2 后，将碘量瓶放于黑暗中反应 5min，继续用 0.050 mol/L $Na_2S_2O_3$ 溶液滴定至终点，体积记为 V_D（mL）。这步测定的是水样中原有的 ClO_2^- 含量。

水样 3

再取一个 250mL 碘量瓶，加入一定体积的水样（同上所述），加入 25mL 6mol/L HCl，再用浓 HCl 溶液调 pH≪0.5 后于黑暗中反应 10min，加入 1g KI 晶体及饱和 Na_2HPO_4 溶液，这时总体积约为 50mL，用 0.050 mol/L $Na_2S_2O_3$ 溶液滴定至终点，体积记为 V_E（mL）。同时作空白，空白消耗标准 $Na_2S_2O_3$ 溶液的体积记为 $V_空$（mL），实际水样消耗 $Na_2S_2O_3$ 标准溶液的体积则为 V_E（mL）＝V'_E（mL）－$V_空$（mL）。这步在强酸性条件下测定的结果包含了水样中所有的 Cl_2、ClO_2、ClO_2^- 和 ClO_3^- 的总量。

2）计算

由以上分析，根据反应的化学计量关系，由 $Na_2S_2O_3$ 标准溶液的耗量计算水中 Cl_2、ClO_2、ClO_2^- 和 ClO_3^- 的含量（mg/L）：

$$Cl_2(mg/L) = [V_A - (V_B - V_D)/4] \times C_{Na_2S_2O_3} \times 35.453 \times 1000/V_水$$

$$ClO_2(mg/L) = 5/4(V_B - V_D) \times C_{Na_2S_2O_3} \times 13.490 \times 1000/V_水$$

$$ClO_2^-(mg/L) = V_D \times C_{Na_2S_2O_3} \times 16.863 \times 1000/V_水$$

$$ClO_3^-(mg/L) = [V_E - (V_A + V_B)] \times C_{Na_2S_2O_3} \times 13.908 \times 1000/V_水$$

式中　V_A——水样 1 在 pH＝7.0～8.5 时，消耗 $Na_2S_2O_3$ 标准溶液的量（mL），

V_A＝Cl_2＋1/5ClO_2；

V_B——水样 1 在 pH＝7.0～8.5 时，滴定至终点后，接着在 pH≤2 时，用 $Na_2S_2O_3$ 标准溶液滴定至终点时所消耗的量（mL），V_B＝4/5 ClO_2＋ClO_2^-（包括水样中原有的和转化的两部分）；

V_D——水样 2 在 pH＝7.0～8.5 时，先用 N_2 净化后，用 $Na_2S_2O_3$ 标准溶液滴定至终点时所消耗的量为 V_C；接着在 pH≤2 时，用 $Na_2S_2O_3$ 标准溶液滴定至终点时所消耗的量（mL），$V_D= ClO_2^-$（原有的）；

V_E——水样 3 在 6～7 mol/L HCl 溶液中，用 $Na_2S_2O_3$ 标准溶液滴定至终点时所消耗的量（mL），$V_E= Cl_2+ClO_{2}+ClO_2^- +ClO_3^-$；

$V_水$——水样的量（mL）；

$C_{Na_2S_2O_3}$——$Na_2S_2O_3$ 标准溶液的量浓度（$Na_2S_2O_3$，mol/L）；

35.453——Cl_2 的摩尔质量（1/2 Cl_2，g/mol）；

13.490——ClO_2 的摩尔质量（1/5 ClO_2，g/mol）；

16.863——ClO_2^- 的摩尔质量（1/4 ClO_2^-，g/mol）；

13.908——ClO_3^- 的摩尔质量（1/6 ClO_3^-，g/mol）。

3）方法的准确度和精密度

在水样中分别投加不同浓度 ClO_2、Cl_2、ClO_2^- 和 ClO_3^- 的标准溶液，进行回收率实验（数据略），用连续碘量法测定的平均回收率分别为 ClO_2 96.78%，Cl_2 98.17%，ClO_2^- 97.28% 和 ClO_3^- 103.31%。

每次取同一水样 15mL 分别测定其中 ClO_2、Cl_2、ClO_2^- 和 ClO_3^- 的含量（数据略），测得的变异系数 CV 分别为：ClO_2 1.52%，Cl_2 2.37%，ClO_2^- 2.43% 和 ClO_3^- 3.56%。

6.9 溴 酸 钾 法

利用溴酸钾作氧化剂的滴定方法为溴酸钾法。

溴酸钾化学式 $KBrO_3$，无色晶体或白色结晶粉末，具有强氧化性，溶于水，其水溶液为强氧化剂。$KBrO_3$ 易纯化，130℃烘干后，可直接配制标准溶液。

$KBrO_3$ 在酸性溶液中与还原性物质作用时，BrO_3^- 被还原为 Br^-，其半反应

$$BrO_3^- + 6H^+ + 6e^- \Longleftrightarrow Br^- + 3H_2O$$

$$\varphi^{\ominus}_{BrO_3^-/Br^-} = 1.44V$$

凡是能与 $KBrO_3$ 迅速反应的物质，如 As(Ⅲ)、Sb(Ⅲ)、Sn^{2+}、Tl^+、Cu^+，联胺 NH_2NH_2 等，可用直接滴定法测定。在酸性溶液中，以甲基橙为指示剂，用 $KBrO_3$ 标准溶液直接滴定上述还原性物质；计量点时，微过量的 $KBrO_3$ 将甲基橙氧化而褪色，指示滴定终点到达。但由于 $KBrO_3$ 与还原性物质反应速度很慢，必须缓慢进行滴定，因此实际应用不多。

实际应用较多的是溴酸钾法与碘量法联合使用，即所谓间接 $KBrO_3$ 滴定法。这种方法是在酸性溶液中，过量 $KBrO_3$ 与水中还原性物质作用完全后，用过量

KI 还原剩余的 $KBrO_3$ 为 Br^-，并析出等化学计量的 I_2，最后以淀粉为指示剂，用 $Na_2S_2O_3$ 标准溶液滴定至终点。其反应为

$$BrO_3^- + 6I^- + 6H^+ \rightleftharpoons Br^- + 3I_2 + 3H_2O \qquad (6.38a)$$

（剩余）（过量）

$$I_2 + 2S_2O_3^{2-} \rightleftharpoons 2I^- + S_4O_6^{2-}$$

在实际测定中，通常将 $KBrO_3$ 标准溶液和过量 KBr 的混合溶液作为标准溶液，$KBrO_3$—KBr 溶液十分稳定，只是在酸性溶液中反应生成与 $KBrO_3$ 化学计量相当的 Br_2。

$$BrO_3^- + 5Br^- + 6H^+ \rightleftharpoons 3Br_2 + 3H_2O \qquad (6.38b)$$

因此，$KBrO_3$ 标准溶液就相当于 Br_2 标准溶液。此时，Br_2 如与水中还原性物质反应完全，剩余的 Br_2 与 KI 作用，析出等化学计量的 I_2，便可用 $Na_2S_2O_3$ 标准溶液滴定。

$$Br_2 + 2I^- \rightleftharpoons I_2 + 2Br^- \qquad (6.38c)$$

溴酸钾法主要用于水中苯酚等有机化合物的测定。

测定水中苯酚：

水样酸化后，加入过量的 $KBrO_3$—KBr 标准溶液和 KI 溶液，其苯酚与过量的 Br_2 反应完全后，剩余的 Br_2 被 KI 还原，析出的 I_2 用 $Na_2S_2O_3$ 标准溶液滴定。其主要反应

$$Br_2 + 2I^- \rightleftharpoons I_2 + 2Br^-$$
（剩余）

$$I_2 + 2S_2O_3^{2-} \rightleftharpoons 2I^- + S_4O_6^{2-}$$

根据 $Na_2S_2O_3$ 标准溶液的消耗量求出水样中苯酚含量。

计算

$$苯酚(mg/L) = \frac{C_{Na_2S_2O_3} \times (V_0 - V_1) \times 15.68 \times 1000}{V_水} \qquad (6.40)$$

式中　$C_{Na_2S_2O_3}$——$Na_2S_2O_3$ 标准溶液的浓度（$Na_2S_2O_3$，mol/L）；

V_0，V_1——分别为空白和水样消耗 $Na_2S_2O_3$ 标准溶液的量（mL）；

15.68——苯酚的摩尔质量（1/6 ⬡—OH ，g/mol）；

$V_水$——取水样的量（mL）。

通常用 $KBrO_3$ 法标定苯酚标准溶液的含量。

水样中如有其他酚类，则测定的是苯酚相对含量。应用同样方法还可测定甲酚、间苯二酚及苯胺等。

6.10　水中有机物污染综合指标

由于生活污水、工业废水的排放，使水体中的有机物含量逐渐增加。如不加控制和治理，把大量有机物排入水体后，不仅在微生物作用下发生氧化分解，消耗水中溶解氧；而且使藻类、各种菌类生物迅猛增殖，这些水生生物在水停滞地方沉积和分解，使水中溶解氧进一步下降；如天然水体中 $DO<5mg\ O_2/L$ 时，鱼类开始死亡，$DO<1\sim2mg\ O_2/L$ 时，所有水生生物（包括好氧菌）都难以生存。此时厌氧菌繁生，继续分解有机物，由于严重缺氧导致水生生物全部死亡，并使水发臭和变味。含有大量有机物的废水，不仅使水质恶化，污染环境，而且也会危害人类健康。因此，控制有机废水的排放是至关重要的。欲控制水质、评价水质的好坏，必须了解有机物的测定方法。

目前，有机物已达几百万种以上，在有害有毒物中有机物就占 2/3 左右。采用 GC/MS 等仪器分析法及化学分析法在水体中检出上百种有机污染物，但是对它们一一定量，尚有一定困难。因此，评价水质采用有机物污染综合指标很有意义。水中有机物污染综合指标反映了水中有机物的相对含量和总污染程度。这些综合指标主要有高锰酸盐指数、COD、BOD_5、总有机碳（TOC）、总需氧量（TOD）、活性炭氯仿萃取物（CCE）和紫外吸光值（UVA）等。

6.10.1　高锰酸盐指数、COD 和 BOD_5

高锰酸盐指数、化学需氧量（COD）和生物化学需氧量（BOD_5）都是间接地表示水中有机物污染综合指标。前两者是在规定条件下，水中有机物被 $KMnO_4$、$K_2Cr_2O_7$ 氧化所需氧量（$mg\ O_2/L$），两者均不能反映出被微生物氧化分解的有机物的量；后者是在有溶解氧的条件下，可分解有机物被微生物氧化分解所需的氧量（$mg\ O_2/L$），但由于微生物的氧化能力有限，也不能反映全部有机物的总量。因此，这些有机物污染综合指标只能表示水中有机物质的相对数量。但是，在尚无其他方法和适宜手段时，高锰酸盐指数、COD、BOD_5 仍不失为水质分析、水污染控制中的重要方法和评价参数。

现将部分有机化合物的理论需氧量（ThOD 表示，$g\ O_2/g$ 有机物）列于表 6.5和表 6.6 以及高锰酸盐指数、COD、BOD_5 3 种综合指标的实际氧化率（％）列于表6.7。从表 6.7 可见，对水中同一种有机物的氧化率大小是 COD＞BOD_5＞高锰酸盐指数。一般，废水中 $BOD_5/COD=0.4\sim0.8$，COD 与 BOD_5 的差值为没有被微生物氧化分解的有机物的含量。

有机化合物转换系数　　　　　　　　　　表 6.5

编号	有机化合物	分子量	分 子 式	ThOD	
				gO_2/mol	gO_2/g 有机物
1	甲　酸	46	HCOOH	16.01	0.348
2	乙　酸	60.05	CH_3COOH	46.01	1.066
3	丙　酸	74.08	CH_3CH_2COOH	112.01	1.512
4	丁　酸	88.10	$CH_3(CH_2)_2COOH$	160.0	1.816
5	戊　酸	102.13	$CH_3(CH_2)_3COOH$	208.04	2.037
6	己　酸	116.16	$CH_3(CH_2)_4COOH$	256.02	2.204
7	乳　酸	90.08	$H_3C-\overset{\overset{H}{\vert}}{\underset{\underset{OH}{\vert}}{C}}-COOH$	96.03	1.066
8	甲　醇	32	CH_3OH	48.0	1.50
9	乙　醇	46	C_2H_5-OH	96.14	2.09
10	丙　酮	58	CH_3-O-CH_3	128.12	2.21
11	乙　醚	45	$C_2H_5-O-C_2H_5$	119.14	2.59
12	醋酸乙酯	88	$CH_3COOC_2H_5$	160.16	1.82
13	苯　酚	94	⬡—OH	223.72	2.38
14	对苯二酚	110	HO—⬡—OH	207.9	1.89
15	甘　油	92	$CH_2OHCHOHCH_2OH$	112.24	1.22
16	邻苯二甲酸氢钾	204	⬡$\overset{-COOH}{-COOK}$	239.90	1.176
17	葡　萄　糖	180	$C_6H_{12}O_6$	192.06	1.067
18	氨基乙酸	75	NH_2CH_2COOH	47.93	0.639
19	谷　氨　酸	147	$HOOC(CH_2)_2CHNH_2COOH$	144.06	0.98
20	可溶性淀粉	162	$(C_6H_{10}O_5)_n$	191.97	1.185
21	纤　维　素	102	$(C_6H_{10}O_5)_n$	188.7	1.185
22	苯	78	⬡	240.24	3.08

编号	有机化合物	分子量	分 子 式	ThOD	
				gO₂/mol	gO₂/g 有机物
23	苯　胺	93	⬡—NH₂	224.13	2.41
24	甲　苯	92.14	⬡—CH₃	287.48	3.12
25	吡　啶	79	C_5H_5N	176.17	2.23

其他化合物的转换系数　　　　　　　　表 6.6

化 合 物	转 换 系 数	主 要 成 分
碳水化合物	ThOD=1.067gO₂/g	葡萄糖
含氮化合物	ThOD=9.58 g O₂/g 有机 N	C_4H_5ON
脂类化合物	ThOD=2.88 g O₂/g 脂类化合物	正十六酸（棕榈酸、软脂酸）
Cell	ThOD=1.42g O₂/gVSS	$C_5H_7O_2N$
Cell 氮	ThOD=0.124g O₂/gVSS	$C_5H_7O_2N$
甲　烷	ThOD=2.86g O₂/gCH₄	标　样
H₂	ThOD=0.714g O₂/LH₂	标　样

不同分析方法的氧化率比较　　　　　　表 6.7

有 机 物	BOD₅ (%)	高锰酸盐指数 (%)	COD （%）	
			回 流 法	密 封 法
甲　　　酸	64	14	99.4	104.31
乙　　　酸	71	7	93.5	96.18
乙　　　醇	72	11	94.3	114.02
丙　　　酮	21	0	84.2	100.73
乙　　　醚	0	<1	32.8	72.1
乙 酸 乙 酯	53	4	77.5	84.5
苯　　　胺	3	90	101.0	102.3
氨 基 乙 酸	15	3	98.1	100.6
可 溶 性 淀 粉	43	61	86.5	87.6
甘　　　油	86	52	100.0	100.3
邻苯二甲酸氢钾	—	—	101.4	101.4
葡　萄　糖	56	59	98.0	98.7
苯　　　酚	61	63	99.6	107.9
对 苯 二 酚	—	—	99.0	100.4

续表

有　机　物	BOD₅ （%）	高锰酸盐指数 （%）	COD　（%）	
			回　流　法	密　封　法
L—谷氨酸	58	6	100	100.0
苯	0	0	16.9	53.0
甲　　苯	—	—	38.1	68.0
吡　　啶	0	0	0	0

注：BOD₅、高锰酸盐指数及 COD 回流法中的一部分数据引自《用水废水化学基础》。

6.10.2　总有机碳（TOC）

总有机碳（Total Organic Carbon，TOC）表示水体中有机物总的碳含量，用 TOC 表示，单位为 mg C/L。TOC 标志着水中有机物的含量，反映了水中总有机物污染程度，是水中有机物污染综合指标之一。

TOC 用总有机碳分析仪测定。

测定原理：

总碳（TC）的测定：TC 包括水中有机化合物中的碳和碳酸氢盐（HCO_3^-）、碳酸盐（CO_3^{2-}）中的碳。测定原理是：取一定量水样迅速注入仪器的高温炉内石英燃烧管中，在 900～950℃下，以铂和二氧化钴 CoO_2 或三氧化二铬 Cr_2O_3 为催化剂，在流动的氧气流（或空气流）中各种有机物迅速燃烧，生成 CO_2，同时在高温下，无机碳酸盐和重碳酸盐也分解产生 CO_2。然后用无色散红外线 CO_2 气体分析仪测定 CO_2 的量，求出水中有机碳和无机碳的总和 TC，示意图如图 6.4 所示。

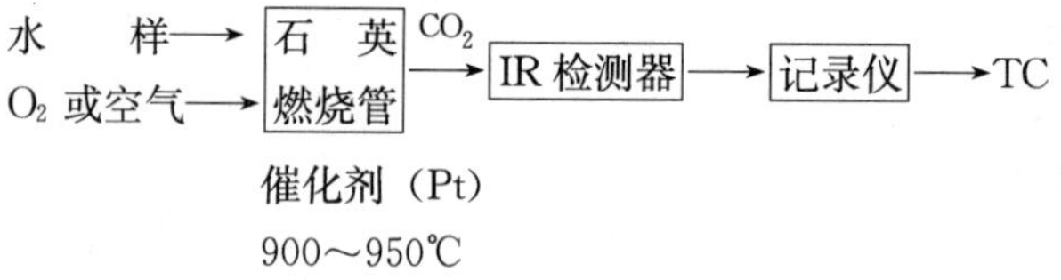

水　　样——→ 石　英 $\xrightarrow{CO_2}$ IR 检测器 ——→ 记录仪 ——→ TC
O_2 或空气——→ 燃烧管
催化剂（Pt）
900～950℃

图 6.4　TC 测定示意图

无机碳（IC）的测定：主要测定水中的碳酸盐（CO_3^{2-}）和重碳酸盐（HCO_3^-）中的碳。测定原理是：取同样量的水样注入低温石英管中（内填充经 85% 的磷酸浸泡的玻璃棉），在 150～160℃和磷酸催化剂作用下，在流动的氧气流（或净化过的空气流）中碳酸盐和重碳酸盐分解为 CO_2，而有机物不能氧化。

$$CO_3^{2-} + 2H^+ \xrightarrow{\triangle} CO_2 + H_2O$$

$$HCO_3^- + H^+ \xrightarrow{\triangle} CO_2 + H_2O$$

CO_2 由 IR 检测器给出信号（如峰高）并被记录下来，求得碳酸盐和重碳酸盐中无机碳 IC。示意图如图 6.5 所示。

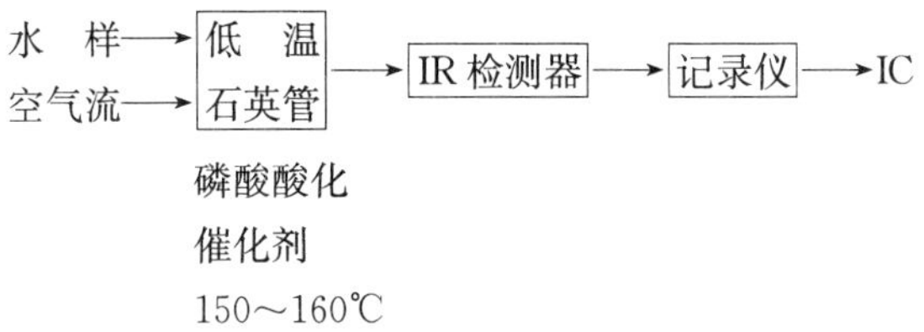

水　样　⟶　低　温　⟶　IR 检测器　⟶　记录仪　⟶ IC
空气流　⟶　石英管

磷酸酸化
催化剂
150～160℃

图 6.5　IC 测定示意图

总有机碳：

$$TOC = TC - IC \tag{6.41}$$

也可在测定总碳（TC）之前，将水样加酸使无机碳酸盐分解为 CO_2，用氮气将 CO_2 吹脱除去。再注水样，直接求得 TOC 含量。但是吹脱过程中会造成挥发性有机物的损失。

现将部分有机化合物的理论 TOC 值及实测值分别列于表 6.8、表 6.9、表 6.10。由表中可知，TOC 测定值与理论值非常接近，且 TOC 的氧化率＞COD 的氧化率。可见，总有机碳 TOC 能较好地反映水中有机物污染程度。因此，TOC 能较准确地反映水中需氧总量。

100mg/L 有机物溶液中 TOC 值（mg/L）　　　　　**表 6.8**

名　　称	理　论　值	测　定　值	氧化率（%）
甲　酸	26.1	26.0	99.6
乙　酸	40.0	40.1	100.8
甲　醇	37.5	39.0	104.0
乙　醇	52.0	53.5	102.9
苯　酚	76.5	69.8	91.2
苯甲醛	69.5	62.5	89.9
丁　酮	66.6	65.0	97.6
苯　胺	77.4	81.0	104.7
尿　素	20.0	21.0	105.0
葡萄糖	40.0	40.0	100.0
麦芽糖	40.1	37.5	93.5
淀　粉	45.0	41.6	92.6
谷氨酸	4.7	38.5	94.7
甘氨酸	32.0	29.8	93.2

TOC 和 COD（回流法）的氧化率　　　　　　　　表 6.9

有机物名称	TOC 氧化率 （%）	回流法 COD 氧化率 （%）
甲酸	99.6	99.4
乙酸	100.3	93.5
乙醇	102.9	94.3
丙酮	98.9	84.2
乙酸乙酯	100.2	77.5
葡萄糖	98.9	98.0
乙醚	36	32.8
丙烯腈	82	44.0

TOC 测定中应该说明几个问题：

（1）实际测定中，常以邻苯二甲酸氢钾（ $\begin{smallmatrix}COOH\\COOK\end{smallmatrix}$ ）和碳酸钠（NaHCO$_3$）分别为有机碳和无机碳的标准样品，并配制标准溶液，按上述测定步骤，求出 TOC，并绘制 TOC—信号（峰高）的标准曲线。测定范围在 2～300mg C/L。

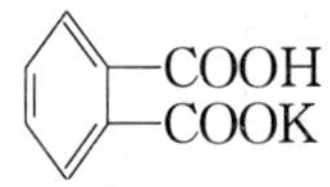

（2）水样的 pH<11 时，对测定无明显影响；若 pH>11 时，由于吸收空气中的 CO$_2$，使 TOC 值偏高。

（3）水样中 Cl$^-$、NO$_3^-$、SO$_4^{2-}$、PO$_4^{3-}$ 等离子浓度>1000mg/L 时，影响 IR 吸收。此时可用无 CO$_2$ 蒸馏水稀释后测定。但是一般情况，这些杂质浓度均不会太高。

（4）水样中重金属离子≤100mg/L 时，对测定几乎无影响。但含量太高时，会堵塞石英管注入口等系统，而影响测定。

高分子化合物的 TOC　　　　　　　　表 6.10

名　称	理　论　值	测　定　值	氧化率（%）
蛋白质	21.0	19.1	91.0
凝缩乳剂	25.0	22.8	91.2
可溶性淀粉	25.0	25.8	103.2
纤维素	24.5	23.4	95.5
木质素	22.0	22.3	101.0
聚丙烯腈絮凝剂 AP$_{30}$	22.0	22.5	102.3

续表

名　　称	理 论 值	测 定 值	氧化率（％）
聚丙烯腈絮凝剂 NP_{30}	25.0	24.8	99.2
EPTA	4.7	5.3	112.8
硫酸月桂酯钠	5.0	4.6	92.0
2，4，5—三氯苯氧基醋酸	25.0	25.0	100.0
咖啡碱	65.3	65.0	99.5
棕榈酸	200	198.0	99.0
4—氨基安替比林	111.5	110.2	98.9
对氨基苯磺酸	89.3	89.3	100.0
dl 蛋氨酸	103	102.5	99.5
三氯苯酚	75.4	75.0	99.5
甘氨酸	100.7	100.3	99.6
色氨酸	5.0	5.0	100.0
尿素	100.0	99.8	99.8
烟碱	83.3	82.5	99.0
对氨基苯磺酸酰胺	62.7	63.5	101.3

6.10.3　总需氧量（TOD）

总需氧量（Total Oxygen Demand，TOD）是指水中有机物和还原性无机物在高温下燃烧生成稳定的氧化物时的需氧量，用 TOD 表示，单位为 mg O_2/L。

TOD 用总需氧量分析仪测定。

取一定量水样在含有一定浓度氧气的氮气载带下，注入高温石英燃烧管（内填铂催化剂），在 900℃下水样中的有机物瞬间燃烧氧化分解，生成的 CO_2 等氧化物经脱水后，由氧燃料电池测定气体载体中 O_2 的减少量，即为有机物完全氧化所需要的氧量。用 TOD（mg O_2/L）表示。

空白试验：同时取与水样同样量的无有机物和还原性物质的蒸馏水，按上述操作做空白试验，氧燃料电池给出未耗氧信号。TOD 分析仪工作示意图如图 6.6 所示。

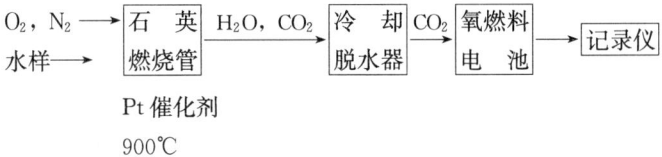

图 6.6　TOD 测定示意图

可同样用邻苯二甲酸氢钾标准溶液测定总需氧量，并绘制标准曲线。

现将部分有机物的 TOD 值列于表 6.11，由表中可见，各种有机物的氧化率大小顺序是：TOD>COD>BOD$_5$，表明对一些有机化合物用 TOD 分析仪测定的 TOD 氧化率都很高。尤其含氮有机物的氧化率更为突出，这是 COD、BOD$_5$ 无法与之媲美的。例如丙烯腈的氧化率 TOD 为 92.4%，TOC 为 82%，COD 为 44%，而 BOD$_5$ 根本测不出。因此，TOD 更能准确地反映水中需氧物质的总量。

部分有机化合物的 TOD、COD（回流法）和 BOD$_5$ 的氧化率（%）　　　表 6.11

有机物名称	分子式或化学式	ThOD (mg/L)	TOD (%)	COD (%)	BOD$_5$ (%)
甲醛	HCHO	1.07	103.0	51～76	28～42
乙醇	C_2H_5OH	2.09	98.0	94.3	60～80
乙醛	CH_3CHO	1.82	100.2	78	16～62
异丙醇	C_3H_7OH	2.40	104.2	93.3	54～66
丙三醇	$C_6H_8O_3$	1.22	95.9	95.9	51～56
丙酮	CH_3COCH_3	2.21	98.9	85.1	63
乙酸乙酯	$CH_3COOC_2H_5$	1.82	100.2	78	16～62
乙酸丁酯	$CH_3COOC_4H_9$	2.10	100.6	86.4	7～24
葡萄糖	$C_6H_{12}O_6$	1.07	98.9	98.0	49～72
丙烯腈	$CH_2\!=\!CHCN$	2.566	92.4	44	0

TOD 测定中应注意问题：

(1) 水中常见的 Cl^-、SO_4^{2-}、HCO_3^-、HPO_4^{2-} 等阴离子，一般不干扰测定。但是 Cl^- 的浓度>1000mg/L 时，TOD 值偏高。

(2) 水中含 NO_3^- 或 NO_2^- 时，由于 900℃时分解产生 O_2，使 TOD 值偏低。可以事先测出它们的含量，进行校正。

(3) 水中如有悬浮物颗径大于 1mm 时，会堵塞取样管。水中如重金属离子（如 Pb^{2+}、Zn^{2+}、Cd^{2+} 等）的浓度较大时，会使铂催化剂的效率下降。

总之，水中有机物污染综合指标高锰酸盐指数、COD、BOD$_5$、TOC 和 TOD 都可作为评价水处理效果和控制水质的重要参数，尤其 TOC、TOD 具有更多的优点，氧化率高，操作简便，准确可靠，可以自动连续测定。随着 TOC 分析仪和 TOD 分析仪的普及，TOC 与 TOD 将逐渐取代其他几项综合指标。

6.10.4 活性炭氯仿萃取物（CCE）

活性炭氯仿萃取物（Carbon Chloroform Extract，CCE）是表示水中有机物污染程度的一项综合指标。其测定原理与方法是：

水中有机物的混合物，在给定的条件下，吸附在活性炭上，然后用氯仿 $CHCl_3$ 萃取。盛于 300mL 烧瓶中的萃取液经过蒸馏至小体积（约 20mL 左右）。然后转移至已恒重的具塞称量小瓶（或燧石玻璃小瓶）中（并用约 2mL $CHCl_3$ 洗涤烧瓶，洗液一并移入小瓶中），再在不含油的平稳空气流中蒸发至干，然后称重。其残渣重即为有机物的含量，用 CCE（mg/L）表示。可见 CCE 法具有可操作性，是以重量法测定水中有机物含量。

空白试验：取与水样相同量的不含有机物的蒸馏水，按同样操作，求得空白值，以校正来自活性炭本身或溶剂等的有机物的影响。

计算：

$$CCE\ (mg/L) = \frac{(W_1 - W_2) \times 1000 - W_0}{V_水} \tag{6.42}$$

式中　W_1——小瓶加萃取残渣重量（g）；

　　　W_2——小瓶空重（g）；

　　　W_0——CCE 的空白重量（mg）；

　　　$V_水$——水样的量（L）。

注意几个问题：

（1）有些有机物不能被活性炭吸附，或吸附在活性炭上的有机物不能被 $CHCl_3$ 解吸，而造成负误差；有些无机物也会增加萃取物的重量，而造成正误差。这是 CCE 法的缺点。

（2）CCE 法主要适用于含溶解形态有机物的水样测定；由于活性炭吸附容量有限，不适于含高浓度有机废水的测定，但可稀释之后测定。

（3）由于 $CHCl_3$ 对人体健康有潜在危害，操作时一定在通风橱内进行。有人建议用乙醇代替 $CHCl_3$ 萃取，则为活性炭乙醇萃取物，用 CAE 表示。一般 CAE＝2.5 CCE。

CCE 法主要用于监测水中总有机物浓度，尤其对含有臭味、有毒有害有机物的水质评价来说，CCE 是很有意义的。美国环保局规定饮用水 CCE 不得大于0.2mg/L。

6.11　紫外吸光度

6.11.1 紫外吸光度——水中有机物污染的新综合指标

紫外吸光度（Ultraviolet Absorbance，UVA）将成为水中有机物污染综合指标之一。

水中有机物污染指标主要由化学需氧量（简称 COD）和生物化学需氧量（简称 BOD_5）表示。近年来，又常采用总有机碳（简称 TOC）、总需氧量（简称 TOD）来表示。目前，国内外仍然应用 COD 或 BOD_5 作为水质污染综合指标。近年来，在公共水域的总量控制中，有的采用 TOD 作为控制指标，用 TOC 作为参考指标，并用来控制总碳量和验证杂质对 TOD 的影响。TOC、TOD 两者配合使用有助于了解水质瞬间变化实况。但是，由于水中无机物对测定的干扰尚未完全解决，因此，TOC、TOD 还不能完全代替 COD 和 BOD_5。应该指出，上述那些表示方法，由于水的种类、操作方法、氧化剂种类不同而得到不同值。尤其对低浓度的有机污染物的分析测量往往产生一些困难。而采用紫外吸光度（缩写 UVA）作为新的有机物污染综合指标将具有普遍意义。

由于生活污水、工业废水、尤其石油废水的排放，使天然水体中含有许多有机污染物，这些有机污染物，尤其含有芳香烃和双键或羰基的共轭体系，在紫外光区都有强烈吸收。对特定水系来说，其所含物质组成一般变化不大，所以，可用紫外吸光度作为评价水质有机污染的综合指标。

（1）测量方法

水样未经过滤直接以不含有机物蒸馏水为空白对照，用 1cm 石英皿，在两个波长处测定吸光度差值，$UVA = \Delta A = A_{254} - A_{365}$，以消除悬浮物的影响。

（2）水中 UVA 与 COD、TOC、BOD_5 相关图与相关方程

松花江（哈尔滨江段）水和苏州河水的实际水样中 UVA 与 COD、TOC、BOD_5 的相关方程和相关图表明，紫外吸光度 UVA 与这些水中有机物污染综合指标具有良好的相关关系，其 r 值在 84% ~ 99%（图 2.5、图 6.7 和表 6.12）。

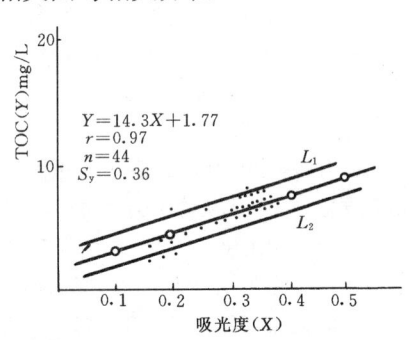

图 6.7　松花江水 UVA 与 TOC 的相关图

（3）说明几个问题

1）紫外吸光度（UVA）作为新的有机物污染指标，有操作简单、快速准确和重现性好等独特优点。只要多积累数据，回归分析结果就越准确可靠。尤其对特定水系的整个流域进行实际测量，将会得到更有意义、更加广泛的 UVA 与水质指标的相关关系。这样，只通过 UVA 的测定和相应的回归方程就可求得有机物污染指标或水质指标的含量。当然，紫外吸光度单独作为一个污染指标还是需要深入研究的课题。

2）用紫外吸光度不仅可推断水中有机物污染综合指标，也可推断水质的物理和化学指标。例如 $NO_2^- - N$、$NO_3^- - N$ 和 UVA_{200}、UVA_{210} 的相关值较高（r 分别为 0.985、0.763）；电导率（$E \cdot C$）和 UVA_{260} 也有较好的相关关系（r 为 0.783）；悬浮物（SS）和 UVA_{350} 相关性较大（r 为 0.990）；$NH_4^+ - N$ 和 UVA_{260}、UVA_{240} 相关密切（r 分别为 0.830、0.998）。总之，UVA_{350}、UVA_{260}、UVA_{253}、UVA_{240} 和 $UVA_{210 \sim 200}$ 是对水质指标判定时有效的波长带。

水　　样	相关方程 $Y=mX+b$	n^*	r^*	S_y^*
松花江水	$COD=104.60UVA_{254}-10.75$	15	0.86	4.04
（哈尔滨段）	$TOC=14.3\ UVA_{254}-1.77$	44	0.97	0.36
马家沟	$COD=230.48\ UVA_{254}+54.66$	23	0.88	24.13
河　水	$TOC=69.75\ UVA_{254}-2.03$	16	0.95	1.57
	$BOD_5=147.2\ UVA_{254}-2.73$	20	0.84	12.19
苏州河水	$COD=188.01\ UVA_{253.7}-17.65$	21	0.99	4.92
	$BOD_5=84.78\ UVA_{253.7}-15.63$	15	0.99	2.62
	$TOC=49.13\ UVA_{253.7}-3.52$	10	0.99	3.16

某些水系 UVA 与 COD、TOC、BOD$_5$ 相关方程　　　表 6.12

* r——相关系数；n——测量次数；S_y——测量值上下限标准剩余差±S_y。

6.11.2　紫外吸光度在水处理中的应用

前面已经介绍紫外吸收（用紫外吸光度 UVA 表示）可作为水中有机物污染综合指标——COD、BOD$_5$、TOC 等的代用参数。在水处理方面，为了评价处理效果，可以采用 UVA 作为评价参数。这里用穿透率（或用去除率）描述某水厂净化工艺中去除有机物的效率。图 6.8 和图 6.9 分别为传统滤池和臭氧氧化塔以及颗粒活性炭（GAC）过滤等工艺流程中高锰酸盐指数和 UVA 流出曲线。图 6.8 表明臭氧氧化塔出水高锰酸盐指数去除率为 70%，GAC 滤池出水高锰酸盐指数去除率为 85%。而图 6.9 表明，普通滤池出水 UVA 去除率为 50%（穿透率 50%）、臭氧氧化塔出水 UVA 去除率为 75%（穿透率 25%）和 GAC 滤池出水 UVA 去除率为 88%（穿透率 12%）。说明紫外吸光度（UVA）完全可以代替高锰酸盐指数作为水处理效果的评价指标，由于 UVA 测定方法简单、快速、准确，因此，UVA 评价水处理效果将会得到广泛应用。目前，已有用于有机污水分析的自动分析仪器。

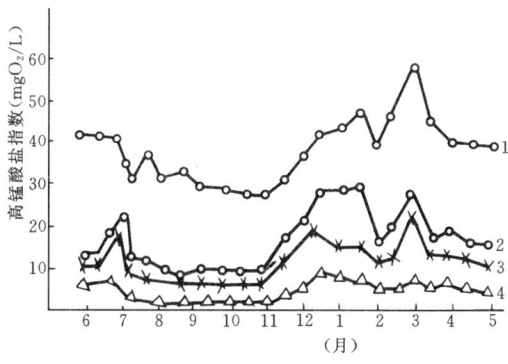

图 6.8　不同工艺流程高锰酸盐指数流出曲线

1—原水；2—普通滤池出水；3—臭氧氧化塔出水；4—GAC 滤池出水

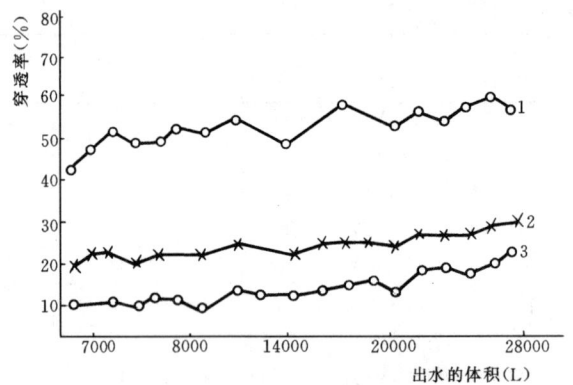

图 6.9　不同工艺流程 UVA 穿透曲线

1—普通滤池出水；2—臭氧氧化塔出水；3—GAC 滤池出水

思 考 题

1. 何谓标准电极电位和条件电极电位，两者关系如何？

2. 比较氧化还原指示剂的变色原理和选择与酸碱指示剂有何异同？

3. 碘量法的主要误差来源有哪些？为什么碘量法不适于在低 pH 或高 pH 条件下进行？

4. 判断一个氧化还原反应能否进行完全的依据是什么？

5. 用标准电极电位说明在 Br^- 和 I^- 的混合液中逐滴加入液氯时所发生的现象及反应。

6. 氧化还原滴定过程中电极电位的突跃范围如何估计？化学计量点的位置与氧化剂和还原剂的电子转移数有什么关系？

7. 解释高锰酸盐指数、COD、BOD_5、TOC、TOD 的物理意义，它们之间有何异同？

8. 已知 $K_2Cr_2O_7$ 的 $\varphi^{\ominus}_{Cr_2O_7^{2-}/Cr^{3+}} = 1.33V$，而 $KMnO_4$ 的 $\varphi^{\ominus}_{MnO_4^-/Mn^{2+}} = 1.51V$，为什么在测定水中有机物时，$K_2Cr_2O_7$ 法的氧化率大于 $KMnO_4$？

习 题

1. 通过计算说明，在 $[H^+] = 1mol/L$ 时，AsO_4^{3-} 能氧化 I^- 析出 I_2，而 pH=8 时，I_2 却能滴定 AsO_3^{3-} 生成 AsO_4^{3-}。假设 $[AsO_4^{3-}] = [AsO_3^{3-}]$。

2. 用 13.05mL 0.1020mol/L NaOH 溶液滴定 $KHC_2O_4 \cdot H_2O$ 的量，可恰好被 25.10mL $KMnO_4$ 溶液氧化，求 $KMnO_4$ 的量浓度（$1/5KMnO_4$，mol/L）。

3. 准确称取 0.2500g $K_2Cr_2O_7$，用直接法配成 100mL 标准溶液；然后加 KI，在酸性溶液中用 $Na_2S_2O_3$ 标准溶液滴定至终点，用去 40.02mL。计算 $K_2Cr_2O_7$ 标准溶液的量浓度（$1/6 K_2Cr_2O_7$，mol/L）和 $Na_2S_2O_3$ 标准溶液的量浓度（$Na_2S_2O_3$，mol/L）。

4. 取水样 100mL，用 H_2SO_4 酸化后，加入 10.00mL 0.0100mol/L 高锰酸钾溶液（$1/5KMnO_4 = 0.0100mol/L$），在沸水浴中加热 30min，趁热加入 10.00mL 0.0100mol/L 草酸钠溶液（$1/2Na_2C_2O_4 = 0.0100mol/L$），摇匀，立即用同浓度高锰酸钾标准溶液滴定至显微红色，消耗 2.15mL，求该水样中高锰酸盐指数是多少（mg O_2/L）？

5. 用回流法测定某废水中的 COD。取水样 20.00mL（同时取无有机物蒸馏水 20.00mL 作空白试验）放入回流锥形瓶中，加入 10.00mL 0.2500mol/L 重铬酸钾溶液（$1/6K_2Cr_2O_7=0.2500$ mol/L）和 30mL 硫酸—硫酸银溶液，加热回流 2h；冷却后加蒸馏水稀释至 140mL，加试亚铁灵指示剂，用 0.1000mol/L 硫酸亚铁铵溶液（$(NH_4)_2Fe(SO_4)_2 \cdot 6H_2O = 0.1000$mol/L）返滴至红褐色，水样和空白分别消耗 11.20mL 和 21.20mL。求该水样中的 COD 是多少（mgO_2/L）？

6. 取氯消毒水样 100mL，放入 300mL 碘量瓶中，加入 0.5g 碘化钾和 5mL 乙酸盐缓冲溶液（pH＝4），自滴定管加入 0.0100mol/L 硫代硫酸钠溶液（$Na_2S_2O_3=0.0100$mol/L）至淡黄色，加入 1mL 淀粉溶液，继续用同浓度 $Na_2S_2O_3$ 溶液滴定至蓝色消失，共用去 1.21mL。求该水样中总余氯量是多少（Cl_2，mg/L）？

7. 取 50mL 含甲醇的工业废水，在 H_2SO_4 溶液中与 25.00mL 0.2500mol/L $K_2Cr_2O_7$ 溶液（$1/6K_2Cr_2O_7 = 0.2500$mol/L）相作用，反应完成后，以试亚铁灵为指示剂，用 0.1000mol/L $FeSO_4$ 溶液（$1/2FeSO_4=0.1000$mol/L）滴定至终点，消耗 10.60mL，求水样中甲醇的含量（以 mg/L 表示）。

8. 取一含酚废水水样 100mL（同时另取 100mL 无有机物蒸馏水做空白试验），加入标准溴化液（$KBrO_3+KBr$）30.00mL 及 HCl、KI，摇匀，用 0.1100mol/L $Na_2S_2O_3$ 溶液滴定，水样和空白分别消耗 15.78mL 和 31.20mL。问该废水中苯酚的含量是多少（mg/L 表示）？

9. 将 1.200g 锰矿砂样溶于浓 HCl 中，产生的氯气通入浓 KI 溶液中，将其体积稀释到 250mL。取此液 25.00mL，用 0.1000mol/L $Na_2S_2O_3$ 溶液滴定，用去 20.20mL。求该矿样中 MnO_2 的百分含量。

10. 自溶解氧瓶中吸取已将溶解氧 DO 固定的某地表水样 100mL，用 0.0102mol/L $Na_2S_2O_3$ 溶液滴定至淡黄色，加淀粉指示剂，继续用同浓度 $Na_2S_2O_3$ 溶液滴定至蓝色刚好消失，共消耗 9.82mL。求该水样中溶解氧 DO 的含量（mgO_2/L）。

11. 取某含硫化物工业废水 100mL（同时取蒸馏水 100mL 作空白），用乙酸锌溶液固定，过滤，其沉淀连同滤纸转入碘量瓶中，加蒸馏水 50mL 及 10.00mL 碘标准溶液和硫酸溶液，放置 5min，用 0.0500 mol/L $Na_2S_2O_3$ 溶液滴定，水样和空白分别用去 1.20mL 和 3.90mL。求该废水中硫化物的含量（S^{2-}，mg/L 表示）。

第7章 电化学分析法

利用物质的电学性质和化学性质之间的关系来测定物质含量的方法为电化学分析法。在水质分析中，主要有电位分析法、电导分析法、库仑分析法和极谱分析法等。

7.1 电位分析法的原理

利用电极电位和活度或浓度之间的关系，并通过测量电极电位来测定物质含量的方法称为电位分析法。分为直接电位法和间接电位法（通常叫电位滴定法）。

直接电位法（Direct Potentiometric Method）

通过测定原电池电极电位直接测定水中被测离子的活度或浓度的方法。例如，pH 电位测定法和离子选择电极法等。

电位滴定法（Potentiometric Titration）

采用滴定剂的电位分析方法，故又称间接电位法。在滴定过程中，根据电极电位的"突跃"来确定滴定终点，并由滴定剂的用量求出被测物质的含量。主要用于浑浊有色溶液的滴定、非水滴定、连续自动滴定以及无适当指示剂的滴定分析。如果改变设备条件，还可用于微量和痕量分析，如恒电流电位滴定。在水质分析中常用于水中酸度、碱度、Cl^- 和硫化物(S^{2-})等的滴定分析。

在电位分析法中，原电池的装置由一个指示电极和一个参比电极组成。其中一个电极电位随溶液中被测离子的活度或浓度的变化而改变的电极为指示电极，另一个电极电位为已知的恒定不变的电极称为参比电极。当这两个电极共同浸入被测溶液中构成原电池时，通过测定原电池的电极电位，即可求得被测溶液的离子活度或浓度。

7.1.1 指示电极 (Indicator Electrode)

电位法中所用指示电极分为金属基电极和膜电极两大类。

（1）金属基电极

1）金属—金属离子电极

将具有氧化还原反应的金属浸入该金属离子的溶液中达到平衡后即组成金属—金属离子电极，可表示为

$$M \mid M^{n+}(a_{M^{n+}})$$

电极反应为

$$M^{n+} + ne^- \Longrightarrow M$$

电极电位（25℃）为

$$\varphi_{M^{n+}/M} = \varphi_{M^{n+}/M}^{\theta} + \frac{0.059}{n} \lg a_{M^{n+}} \tag{7.1}$$

这类金属电极有 $Ag \mid Ag^+$、$Zn \mid Zn^{2+}$、$Hg \mid Hg^{2+}$、$Cu \mid Cu^{2+}$、$Pb \mid Pb^{2+}$ 等电极。其电极电位的大小决定于金属离子的活度。

2）金属—金属微溶盐电极

将金属及其微溶盐浸入含有该微溶盐的阴离子溶液中达到沉淀溶解平衡后，即组成金属—金属微溶盐电极。它能间接反映与金属离子生成微溶盐的阴离子的活度。

例如　银—氯化银电极可以指示 Cl^- 的浓度，可表示为

$$Ag, AgCl(固) \mid Cl^-(a_{Cl^-})$$

电极反应为

$$AgCl + e^- \Longrightarrow Ag\downarrow + Cl^-$$

电极电位（25℃）为

$$\varphi_{AgCl/Ag} = \varphi_{AgCl/Ag}^{\theta} - 0.059 \lg a_{Cl^-} \tag{7.2}$$

式中　　$\varphi_{AgCl/Ag}^{\theta} = \varphi_{Ag+/Ag}^{\theta} + 0.059 \lg K_{sp,AgCl}$

那些能与金属离子生成稳定络离子的阴离子（如 CN^-），也可用 $Ag-AgCl$ 电极来反映其浓度。此类电极还有甘汞电极。

3）均相氧化还原电极

均相氧化还原电极可由惰性金属（如铂或金）构成，又叫惰性金属电极。插入溶液中，本身不参与反应，只作为氧化态、还原态物质电子交换场所，且铂电极所显示的电位是溶液中物质浓度的函数，它能反映同时存在于溶液中的某电对氧化态和还原态浓度的比值。但所建立电极电位机理尚不十分清楚。例如，铂丝插入含有 Fe^{3+} 和 Fe^{2+} 的溶液中，其电极表示为

$$Pt \mid Fe^{3+}(a_{Fe^{3+}}), Fe^{2+}(a_{Fe^{2+}})$$

电极反应为　　　　　　　　$Fe^{3+} + e^- \Longrightarrow Fe^{2+}$

电极电位（25℃）为

$$\varphi_{Fe^{3+}/Fe^{2+}} = \varphi_{Fe^{3+}/Fe^{2+}}^{\theta} + 0.059 \lg \frac{a_{Fe^{3+}}}{a_{Fe^{2+}}} \tag{7.3}$$

（2）膜电极—离子选择电极（Membrane Electrode，Ion Selective Electrode）

膜电极（Membrane Electrode）是以固态或液态膜为传感器的电极。膜电极的薄膜并不给出或得到电子，而是有选择性地让某种特定离子渗透或交换并产生膜电位。其膜电位与该种离子的活度（或浓度）成正比，故可做指示电极。膜电

极又称离子选择电极。

离子选择电极是 20 世纪 60 年代后期发展起来的一种新电极，是电化学分析中的一个新工具、新手段。它是一种以电位法直接测量溶液中某一特定离子活度的指示电极。在水质监测和水厂运行控制的连续自动分析中，将有广泛应用前景。

1）玻璃电极—pH 玻璃电极（Glass Electrode）

pH 玻璃电极是具有 H^+ 专属性的典型离子选择电极。它的主要部分是一个玻璃泡，内充 pH 一定的缓冲溶液（内参比溶液），其中插入一支 Ag—AgCl 电极作内参比电极；玻璃泡下端为球形薄膜（由 SiO_2 基质中加入 Na_2O 和少量 CaO 烧结而成），膜厚约 $50\mu m$ 左右（图 7.1）。

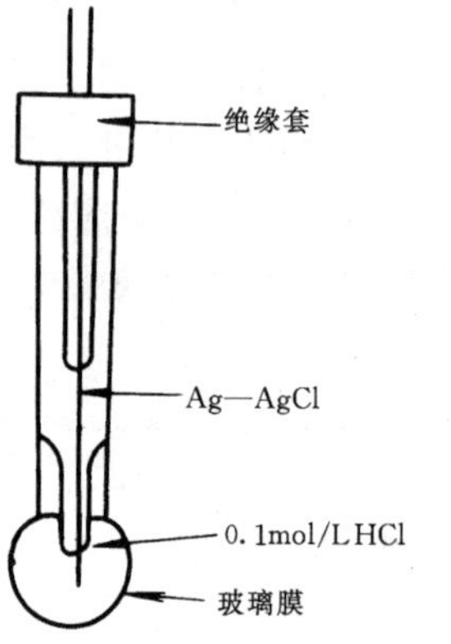

玻璃电极使用之前必须在水中浸泡一定时间，使玻璃薄膜外面的 Na^+ 与水中质子（H^+）发生交换反应生成水合硅胶层：

图 7.1 中标注：绝缘套、Ag—AgCl、0.1mol/L HCl、玻璃膜

$$H^+ + NaGl(固) \Longleftrightarrow Na^+ + HGl(固)$$

图 7.1 玻璃电极

交换达到平衡后，玻璃薄膜表面几乎全由水合硅胶（HGl）组成。玻璃膜内表面也同样形成水合硅胶层（图 7.2）。

内部溶液 | 水合硅胶层 | 干玻璃层 | 水合硅胶层 ‖ 外部溶液
H^+　　　$H^+ + Na^+$　　　Na^+　　　$Na^+ + H^+$　　　H^+
　　　　　 $0.05 \sim 1\mu m$　 $50\mu m$　 $0.05 \sim 1\mu m$

相界电位　　　　　　扩散电位　　　　相界电位

（φ_A）　　　　　　（φ_D）　　　　（φ_B）

图 7.2 浸泡后的玻璃膜示意图

而水合硅胶层主要起着玻璃电极的作用。在内部溶液与薄膜界面间有相界电位 φ_A；外部溶液与薄膜界面间也有相界电位 φ_B；而玻璃薄膜还有扩散电位 φ_D（图 7.2）。则玻璃膜的总电位 $\varphi_{膜(总)} = \varphi_A + \varphi_B + \varphi_D$，其中已知电极的 φ_D 是一常数；内部溶液（内参比溶液）pH 是定值，所以 φ_A 也是常数。故玻璃电极的膜电位 $\varphi_{膜}$ 只由被测定溶液和薄膜间的相界电位 φ_B 决定的，而 φ_B 服从能斯特方程，与离子活度有关，在 H^+ 的测量中（25℃），则有 $\varphi_{膜} = \varphi_B$，即：

$$\varphi_{膜} = \varphi_{H^+/H_2}^{\theta} + 0.059 \lg a_{H^+} = 0.059 \lg a_{H^+} \tag{7.4}$$

如果玻璃电极与另一参比电极（如饱和甘汞电极）和被测溶液组成原电池，则电池中两电极的电位差即为电池的电位：

$$\varphi_{电池} = \varphi_{甘} - \varphi_{膜} = \varphi_{甘} - 0.059 \lg a_{H^+}$$
$$= \varphi_{甘} + 0.059 pH$$

所以
$$pH = \frac{\varphi_{电池} - \varphi_{甘}}{0.059} \qquad (7.5)$$

式中 $\varphi_{电池}$——电池的两电极的电位差（mV）；

$\varphi_{甘}$——参比电极的电位（mV），为常数。

pH 计上已将测出的 $\varphi_{电池}$（mV）按式（7.5）换算成 pH 的读数。可见，只要由 pH 计测定出 $\varphi_{电池}$，便可求出被测水样中的 H^+ 浓度或 pH，这就是玻璃电极测定水中 pH 的原理。

目前，除 H^+ 玻璃电极外，还有 Na^+、K^+、Ag^+、Li^+ 等玻璃电极，但只有 Na^+ 玻璃电极选择性较高，已得到广泛应用。

2）离子选择电极（Ion Selective Electrode）

a. 微溶盐晶体膜电极

微溶盐晶体膜电极分为单晶膜电极和多晶压片膜电极。这类电极与玻璃电极不同点是用微溶盐单晶或多晶膜代替玻璃膜，由于晶体对能通过晶格而导电的离子有严格的限制，因此，这种晶体膜具有最好的选择性。例如目前研制最成功的单晶 LaF_3 的氟电极（$K_{sp,LaF_3} = 10^{-24}$）。氟离子选择电极是 LaF_3 单晶膜电极（图 7.3），有时添加 E_uF_2 以增加膜的导电性。其膜电位符合能斯特方程

$$\varphi_{膜} = \varphi_{膜}^{\ominus} + 0.059 \lg a_{F^-} \qquad (7.6)$$

氟离子选择电极适用于 $1 \sim 10^{-6}$ mol/L 的 NaF 溶液的测定。

b. 液体离子交换膜电极

液体离子交换膜电极是用浸有液体离子交换剂的惰性多孔薄膜作为电极膜。其响应机理与其他电极类同，只是结构略为复杂一些（图 7.4）。这类电极的关键部分是荷载交换剂的多孔薄膜，其材料多用乙酸纤维素、聚氯乙烯等。液体膜电极的主要特点是电阻小、响应快、适用性广，但选择性不如晶体膜电极。这类电极中最广泛应用的是以二烷基磷酸钙为交换剂的钙电极。电极内装两种溶液，

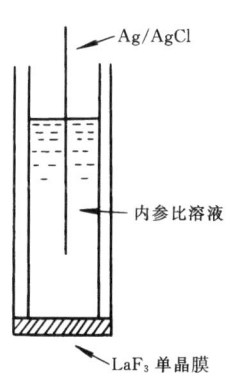

图 7.3 氟离子选择电极（晶体膜电极）

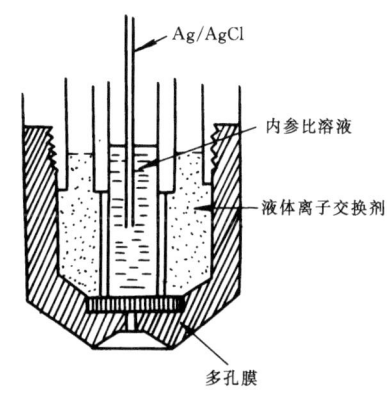

图 7.4 液体离子交换膜电极

一种是内参比溶液（0.1mol/L CaCl$_2$ 水溶液），其中插入 Ag－AgCl 电极作内参比电极；另一种是液体离子交换剂（0.1mol/L 二癸基磷酸钙的苯基磷酸二辛酯溶液）。底部多孔薄膜是电极的敏感膜。当电极浸入被测溶液时，水相与有机相中的 Ca^{2+} 在薄膜两面的界面发生离子交换反应：

$$RCa \rightleftharpoons Ca^{2+} + R^{2-}$$
$$\text{有机相} \qquad \text{水相} \quad \text{有机相}$$

由于 Ca^{2+} 的活度（或浓度）在两相中存在差异，便产生相界电位（即膜电位），它与被测溶液 Ca^{2+} 的活度正相关。其钙电极的电位为

$$\varphi_{膜} = K + \frac{0.059}{2} \lg a_{Ca^{2+}} \tag{7.7}$$

钙电极在 pH＝5～11 范围内，Ca^{2+} 的最低检出限是 10^{-5} mol/L。

目前，我国已研制出 Na$^+$、K$^+$、Ag$^+$、F$^-$、Cl$^-$、Br$^-$、I$^-$、CN$^-$、NO$_3^-$、Hg^{2+}、Ca^{2+}、Cu^{2+}、Pb^{2+}、S^{2-}、CO$_3^{2-}$ 等十几种离子选择电极。还有 NH$_3$、HCN、SO$_2$ 等气敏电极，专门测定某一种气体。

7.1.2　参比电极（Reference Electrode）

电位分析法中要求参比电极装置简单，在测量的条件下电极电位恒定，且再现性好。常用的参比电极是饱和甘汞电极（SCE），其原理与 Ag－AgCl 电极相同。电极电位取决于饱和 KCl 的浓度。

甘汞电极由金属汞、甘汞（Hg$_2$Cl$_2$）及饱和 KCl 溶液组成（图 7.5）。电极由两个玻璃套管组成。内套管中的铂丝插入纯汞中，纯汞下盛有汞和甘汞混合的糊状物，用浸有饱和 KCl 溶液的脱脂棉塞紧。外套管盛有饱和 KCl 溶液，其下端与被测溶液接触部分是多孔物质（如玻璃砂芯或素烧陶芯），构成使溶液互相连接的通路。饱和甘汞电极可表示为

$$Hg, Hg_2Cl_2(固) \mid Cl^-(溶液)$$

电极反应为

$$Hg_2Cl_2 + 2e^- \rightleftharpoons 2Hg + 2Cl^-$$

电极电位（25℃）为

$$\varphi_{Hg_2Cl_2/Hg} = \varphi^{\ominus}_{Hg_2Cl_2/Hg} - 0.059 \lg a_{Cl^-} \tag{7.8}$$

由式（7.8）可见，只要温度一定时，饱和甘汞电极的电位由饱和 KCl 溶液的 a_{Cl^-} 决定。只要 a_{Cl^-} 不变，则饱和甘汞电极的电位是定值。

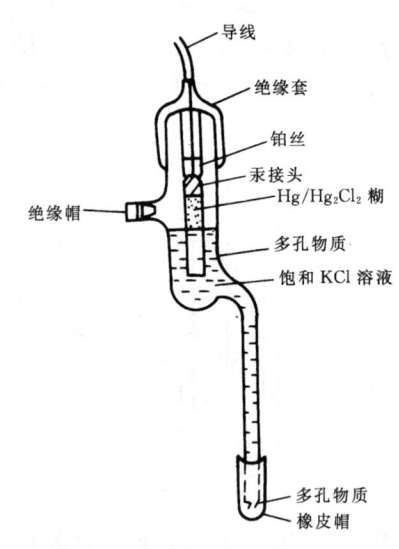

图 7.5　饱和甘汞电极

不同温度时，饱和甘汞电极的电位

$$\varphi_{\mathrm{Hg_2Cl_2/Hg}} = 0.2415 - 7.6 \times 10^{-4}(t-25)\mathrm{V} \tag{7.9}$$

25℃时， $\varphi^{\theta}_{\mathrm{Hg_2Cl_2/Hg}} = 0.2415\mathrm{V}$

上面提到的 Ag—AgCl 电极，在固定的 Cl⁻ 浓度下其电极电位也是定值，常作玻璃电极及其他离子选择电极的内参比电极。另外，标准氢电极（SHE 或 NHE）是最准确的参比电极，在任何温度下，其 $\varphi_{\mathrm{H^+/H_2}} = 0.0000\mathrm{V}$。国际上用它作基准电极测定标准电极电位，但由于制造麻烦，使用不便，实际分析中很少使用。

7.2 直接电位分析法

根据测得电池的电位数值来确定被测离子的活度方法，即直接电位法。本节主要介绍 pH 电位测定法和离子选择电极法。

7.2.1 pH 的电位测定

用电位法测得的实际上是 H⁺ 的活度不是 H⁺ 的浓度，所以 pH 被重新定义为：

$$\mathrm{pH} = -\lg a_{\mathrm{H^+}}$$

（1）pH 的测定原理

pH 电位法的电极体系是由玻璃电极为指示电极与饱和甘汞电极为参比电极和被测溶液组成的工作电池（图 7.6）。该电池表示为：

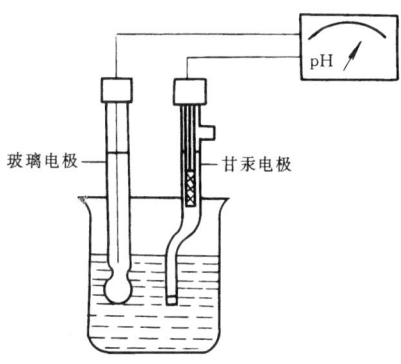

图 7.6 pH 的电位测定示意图

❶（－）Ag, AgCl│HCl │玻璃膜│水样‖饱和 KCl│Hg₂Cl₂, Hg（＋）
　　　（玻璃电极）　　　$\varphi_{膜}$　φ_{L}　　（饱和甘汞电极）

电池的电位：

$$\varphi_{电池} = \varphi_{\mathrm{Hg_2Cl_2/Hg}} + \varphi_{\mathrm{L}} + \varphi_{不对称} - \varphi_{膜} - \varphi_{\mathrm{AgCl/Ag}} \tag{7.10}$$

式中 $\varphi_{电池}$——两电极的电位差（mV）；

　　$\varphi_{\mathrm{Hg_2Cl_2/Hg}}$——甘汞电极的电位（mV）；

　　　　$\varphi_{膜}$——玻璃电极的膜电位（mV）；

　　　　φ_{L}——液体接界电位❷（mV）；

---

❶ 参比电极可作正极，也可作负极，视两个电极电位的高低而定。

❷ 在两种组成不同或浓度不同的溶液接触界面上，由于溶液中正负离子扩散通过界面的迁移率不同，而引起的接界电位差。

$\varphi_{\text{不对称}}$——玻璃电极薄膜内外两表面不对称引起的电位差（mV）；

$\varphi_{\text{AgCl/Ag}}$——Ag—AgCl 内参比电极电位（mV）。

在一定条件下，式（7.10）中 φ_L、$\varphi_{\text{AgCl/Ag}}$、$\varphi_{\text{不对称}}$ 以及 $\varphi_{\text{Hg}_2\text{Cl}_2/\text{Hg}}$ 都是常数，将其合并为常数 K。这样，工作电池的电位只取决于玻璃电极的膜电位大小，即水样中 H^+ 活度（a_{H^+}）的大小。故可按式（7.4）和式（7.5）处理得到

$$\varphi_{\text{电池}} = K + 0.059\text{pH}$$

$$\text{pH} = \frac{\varphi_{\text{电池}} - K}{0.059} \tag{7.11a}$$

由于 pH 计上已将测得的 $\varphi_{\text{电池}}$ 换算成 pH 的数值，故可由 pH 计上直接读取 pH 的大小，使用起来很方便。

应该指出，式（7.11a）中的 K 除包括 $\varphi_{\text{膜}}$ 和 $\varphi_{\text{AgCl/Ag}}$ 常数外，还包括难以测量和计算的 $\varphi_{\text{不对称}}$ 和 φ_L。因此，不可能直接由式（7.11a）计算 pH，而以一 pH 已确定的标准溶液为基准，通过比较被测水样和标准缓冲溶液两个工作电池的电极电位来计算水样的 pH，其中（25℃时）：

$$\varphi_{\text{电池,样}} = K_{\text{样}} + 0.059\text{pH}_{\text{样}} \tag{7.11b}$$

$$\varphi_{\text{电池,标}} = K_{\text{标}} + 0.059\text{pH}_{\text{标}} \tag{7.11c}$$

假设 $K_{\text{样}} = K_{\text{标}}$，则（7.11b）减（7.11c）得 pH 的实用定义（或工作定义）：

$$\text{pH}_{\text{样}} = \text{pH}_{\text{标}} + \frac{\varphi_{\text{电池·样}} - \varphi_{\text{电池·标}}}{0.059} \tag{7.12}$$

式中　$\text{pH}_{\text{样}}$——水样的 pH；

$\text{pH}_{\text{标}}$——标准缓冲溶液的 pH；

$\varphi_{\text{电池,样}}$——测量水样 pH 的工作电池的电极电位；

$\varphi_{\text{电池,标}}$——测量标准缓冲溶液 pH 的工作电池的电极电位。

实际测量中，应选用 pH 与水样 pH 接近的标准缓冲溶液，并尽量保持溶液温度恒定。

（2）玻璃电极使用前需浸泡 24h 以上

由于干玻璃电极对 H^+ 的传感不灵敏，即对 pH 不响应，使用之前要在纯蒸馏水中浸泡 24h 以上再用。这样：

1）一方面，使玻璃电极的薄膜表面形成一层水合硅胶。如前所述，水合硅胶层与水溶液之间的离子交换平衡是产生电极电位的根源，也就是浸泡会恢复玻璃电极对 pH 的响应。

2）另一方面，玻璃电极的薄膜内外表面的结构、性质常有些差别或不对称，由此引起一定的电位差称为不对称电位（$\varphi_{\text{不对称}}$）。玻璃膜内外两侧之间的电位差为

$$\varphi_{\text{膜}} = \varphi_{\text{外}} - \varphi_{\text{内}} = 0.059\lg\frac{a_1}{a_2} \tag{7.13}$$

式中　　$\varphi_{膜}$——玻璃电极薄膜两侧间的电位差（mV）；

　　　　$\varphi_{外}$、$\varphi_{内}$——分别为玻璃电极膜外侧与内侧的电位（mV）；

　　　　a_1、a_2——分别为外部溶液和内参比溶液的 H^+ 活度。

如果 $a_1 = a_2$，则 $\varphi_{膜} = 0$，但实际并非如此，玻璃膜两侧仍有一定电位差，这种电位差即为不对称电位（$\varphi_{不对称}$）。浸泡的目的是使其不对称电位减少并达到稳定。使用后仍要将电极浸泡在蒸馏水中。

（3）用 pH 标准缓冲溶液标定 pH 计

一般由于温度的影响、pH 计电子元件的老化、玻璃电极产家不一或浸泡时间不一等因素，常使 pH 计的毫伏表指针变化不定，因此除了用仪器上的温度调节钮对温度进行补偿外，必须在测定之前用标准缓冲溶液校正毫伏表上的标度，使毫伏表的指针恰好指示标准缓冲溶液的 pH（$pH_{标}$，pH_S），这样才使测定结果准确。表 7.1 列出我国标准计量局颁布的 6 种 pH 标准缓冲溶液中在 0~40℃的 pH_S。使用时选用温度和水样 pH 相近的标准缓冲溶液。

pH 基准缓冲溶液的 pH_S　　　　　　　　　　表 7.1

标准缓冲溶液	pH_S								
	0℃	5℃	10℃	15℃	20℃	25℃	30℃	35℃	40℃
0.05mol/L $KH_3(C_2O_4)_2 \cdot 2H_2O$	1.668	1.669	1.671	1.673	1.676	1.680	1.684	1.688	1.694
饱和酒石酸氢钾						3.559	3.551	3.547	3.547
0.05mol/L 邻苯二甲酸氢钾	4.006	3.999	3.996	3.996	3.998	4.003	4.010	4.019	4.029
0.025mol/L KH_2PO_4 和 0.025mol/L Na_2HPO_4	6.981	6.949	6.921	6.898	6.879	6.864	6.852	6.844	6.838
0.01mol/L $Na_2B_4O_7 \cdot 10H_2O$	9.458	9.391	9.330	9.276	9.226	9.182	9.142	9.105	9.072
饱和 $Ca(OH)_2$（25℃）	13.416	13.210	13.011	12.820	12.637	12.460	12.292	12.130	11.975

（4）pH 复合电极

现在 pH 测定已都改用玻璃电极与参比电极合一的复合电极，即将它们共同组装在一根玻璃管或塑料管内，下端玻璃泡处有保护罩，使用十分方便（图 7.7）。测定时，玻璃电极和参比电极同时浸入水样中，构成如图 7.8 所示电池，原理同上。

pH 复合电极主要由电极球泡、内参比电极、内参比溶液、外壳、外参比电极、外参比溶液、电极导线等组成。

电极球泡是由锂玻璃熔融吹制而成，呈球形，膜厚在 0.1~0.2mm 左右，电阻值＜250MΩ（25℃）。

内参比电极为银/氯化银电极，主要作用是引出电极电位，要求其电位稳定，温度系数小。内参比溶液一般为中性磷酸盐和氯化钾的混合溶液，玻璃电极与参比电极构成的电池电位，主要取决于内参比溶液的 pH 及氯离子浓度。

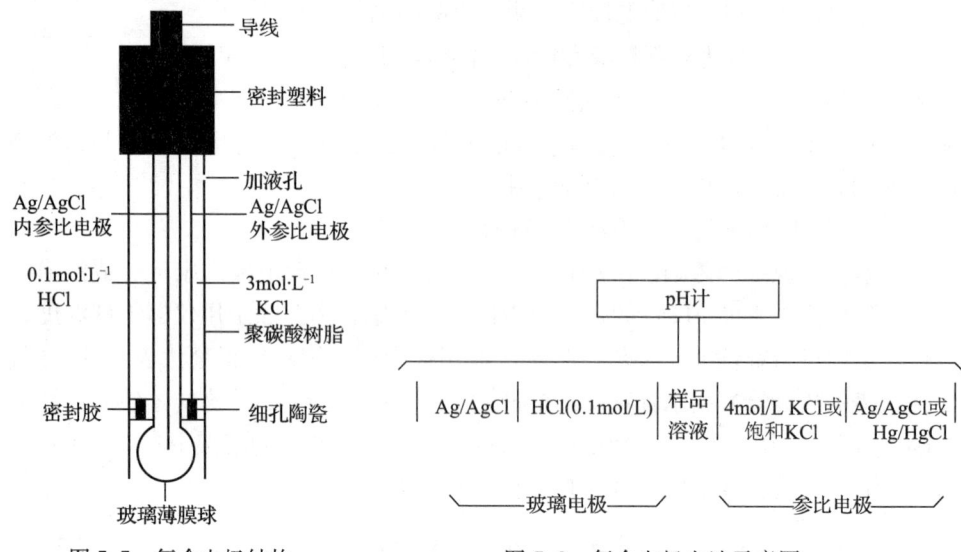

图 7.7　复合电极结构　　　　　图 7.8　复合电极电池示意图

外参比电极：为银/氯化银电极，作用是提供与保持一个固定的参比电位，要求电位稳定，重现性好，温度系数小。外参比溶液是氯化钾溶液或 KCl 凝胶电解质。可充式 pH 复合电极外壳上有一加液孔，当电极的外参比溶液流失后，可将加液孔打开，重新补充 KCl 溶液。而非可充式 pH 复合电极内装凝胶状 KCl，不易流失也无加液孔。

7.2.2　离子活度的测定

水中某一特定离子的活度可用离子选择电极测定。以离子选择电极为指示电极和饱和甘汞电极为参比电极与被测水样组成工作电池。电池的两电极间的电位差可用离子活度计或精密数字毫伏计等测量。

（1）离子选择电极的一般膜电位公式和选择性

离子选择电极与参比电极的电位差即膜电位，可用能斯特方程表示，任意温度时，膜电位的一般公式是

$$\varphi = K \pm \frac{2.303RT}{n_i F} \lg a_i \qquad (7.14a)$$

式中　φ——离子选择电极和参比电极的电位差；

　　　K——常数。包括内参比电极电位、膜内表面电位、液接电位等。视为常数；

　　　R——气体常数 8.314J/mol·K；

　　　T——绝对温度（K）；

　　　F——法拉第常数 96487C/mol；

　　　a_i——被测离子的活度；

n_i——被测离子的电荷数；

±——阳离子取"＋"号，阴离子取"－"号。

由式（7.14a）可见，离子选择电极的膜电位与水样中被测离子的活度成正比，只要用活度计测量膜电位，便可以求得被测离子的活度。

如水样中有干扰离子存在，则膜电位公式为

$$\varphi = K \pm \frac{2.303RT}{n_iF}\lg[a_i + K_{ij}(a_j)^{n_i/n_j}] \tag{7.14b}$$

式中　K_{ij}——选择性常数；

　　a_j——干扰离子 j 的活度；

n_i、n_j——分别为被测离子和干扰离子的电荷数；

其他符号物理意义同前。

如温度 25℃时，则式（7.14a）和式（7.14b）分别变为：

$$\varphi = K \pm \frac{0.059}{n_i}\lg a_i \tag{7.14c}$$

$$\varphi = K \pm \frac{0.059}{n_i}\lg[a_i + K_{ij}(a_j)^{n_i/n_j}] \tag{7.14d}$$

通常 $K_{ij} < 1$，其含义是 i 离子选择电极对干扰离子 j 的响应的相对大小。要求离子选择电极主要对水中某一特定离子活度响应，如 pH 玻璃电极只响应 H^+ 离子活度。例如，pH 玻璃电极对 Na^+ 的选择性常数 $K_{H^+/Na^+} = 10^{-11}$，表明此电极对 H^+ 响应比对 Na^+ 响应灵敏 10^{11} 倍。换句话说，$a_{H^+} = 10^{-11}$ 对电极电位的影响和 $a_{Na^+} = 1$ 的影响是相等的。

又如前述的以二烷基磷酸钙为交换剂的钙电极，其选择性常数 $K_{Ca^{2+}/Sr^{2+}} = 1.4 \times 10^{-2}$，$K_{Ca^{2+}/Mg^{2+}} = 5 \times 10^{-3}$，$K_{Ca^{2+}/Ba^{2+}} = 1.59 \times 10^{-3}$，$K_{Ca^{2+}/Na^+(或K^+)} = 3.12 \times 10^{-4}$，分别表示钙电极对 Ca^{2+} 响应比对 Sr^{2+}、Mg^{2+}、Ba^{2+} 和 Na^+（或 K^+）灵敏 100 倍、1000 倍、1000 倍和 10000 倍。目前已研制出二价离子电极，对水中 Ca^{2+}、Mg^{2+} 给出几乎相等的响应，为直接测定水中的硬度提供了一个简单的方法。

由于选择性常数是反映离子选择电极性能的标志之一，商品电极一般都提供对有关干扰离子的选择性常数的数据。当然 K_{ij} 值也可通过测定求得，可参考有关书籍。

从提高选择性来看，中性载体薄膜电极和酶电极是有发展前途的，目前已有近千种的酶具有极高活力和选择性，例如利用 β 糖苷酶制成的薄膜电极，对 CN^- 有响应，在 $10^{-2} \sim 10^{-15}$ mol/L 范围内呈线性关系。

（2）重要的实验条件

离子选择电极测量的基本实验电路和装置如图 7.9 所示。

使用离子选择电极的实验技术较为简单，即以离子选择电极为指示电极，通常以饱和甘汞电极为参比电极，用精密酸度计（带量程扩大的高输入阻抗毫伏计）或数字毫伏计或离子活度计测量两电极间的电位差或直读离子活度。

应该指出，用电位法测定的是离子的活度，而水处理和水质分析中往往要求测定水中离子的浓度。由于溶液体系组成不同，因此相同的浓度并不一定具有相等的活度。被测离子的浓度 C_i 与活度 a_i 的关系是

$$a_i = \gamma_i \cdot C_i \tag{7.15}$$

γ_i 为离子活度系数，它是溶液中离子强度的函数（在极稀溶液中，$\gamma = 1$；在较浓溶液中，$\gamma <$
1）。根据德拜—许克尔（Debye-Hückel）理论可以计算电解质稀溶液的平均活度系数 γ，而不
必依据实验。但是在实际分析中，很少通过计算活度系数来求被测离子的浓度。一般都是在
控制溶液的离子强度的条件下，依靠实验仔细绘制的电极电位—浓度的工作曲线（即标准曲
线）来求被测离子的浓度的。

由式（7.14a）和式（7.14b）可知，如果用不同活度（a_i）标准溶液与对应的膜电位 φ
作图，其响应曲线是一直线；但如用浓度 C_i 代替活度 a_i 对 φ 作图，其响应曲线便有偏离（图
7.10）。这是由于随水中离子浓度增大，溶液体系离子强度加强，活度系数 γ_i 减少所致。为了
消除这一影响，只有保持溶液的离子强度一定时，离子的活度系数 γ_i 才可视为常数。这时膜
电位与水中被测离子浓度的对数成直线关系。

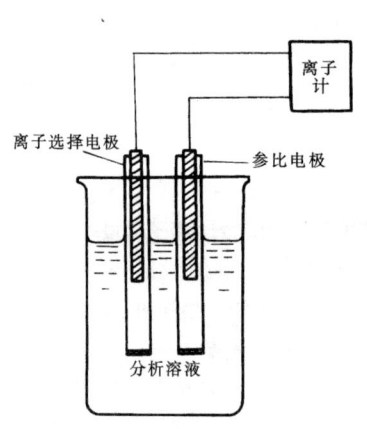

图 7.9　离子选择电极测量的
基本实验电路及装置

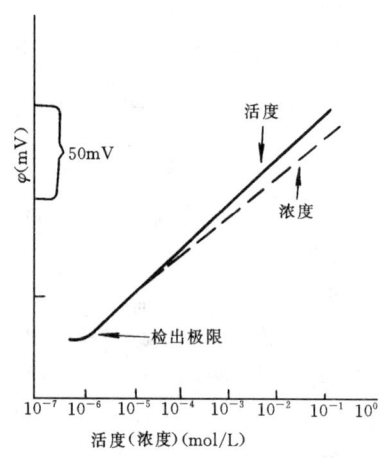

图 7.10　考雷曼固态铜电极的典型活度
（a_{Cu}）或浓度（C_{Cu}）的电位响应曲线

$$\varphi = K \pm \frac{2.303RT}{n_i F} \lg \gamma_i C_i$$

$$= K' \pm \frac{2.303RT}{n_i F} \lg C_i \tag{7.16}$$

式中 K' 是在一定的离子强度下新的常数，γ_i 为离子的活度系数。因此，一般都是在控制一定
的离子强度下，配制一系列标准溶液，测量其膜电位，并用半对数坐标纸绘制标准曲线；然
后在相同的实验条件下，测定水样的膜电位，在标准曲线上求得相应的浓度。

在实际工作中，常在标准溶液和被测水样中加入对电极不响应的离子强度较大的惰性电介
质溶液，就可使溶液的离子强度固定。这种离子强度较大的溶液称为总离子强度调节缓冲液
（简称 TISAB）。例如，氟离子选择电极用于直接测定水源水或其他水中 F^- 浓度时，采用的 TIS-
AB 就是这种调节剂之一（该调节剂的成分有 0.1mol/L NaCl、0.25mol/L HAc、0.75mol/L
NaAc 和 0.001mol/L 柠檬酸钠，pH＝5.0，总离子强度为 1.75）。大量电解质加入后，溶液中的
离子强度主要由加入的物质决定，这样水样可在相同的离子强度下与标准样品进行比较。上述
TISAB 中的 HAc 和 NaAc 是缓冲溶液，柠檬酸络合 Fe^{3+}、Al^{3+} 等干扰离子，防止干扰测定。

不同的离子可选用不同的总离子强度调节剂。

为了提高离子选择电极测量结果的准确度，除式（7.16）中的 K 常数中所包括的参比电极电位、膜内表面电位、液接电位等因素要保持恒定外，还要求在整个测定过程中要严格控制实验条件，保持温度 T 恒定，搅拌溶液缩短电位平衡时间等。当然，不断地提高和改善膜电极的性能，对提高电极的准确度、灵敏度也是至关重要的。根据膜电位公式的计算，对于一价离子响应的电极，电位测量每差 1mV，就相当于产生 3.9% 的相对误差；对二价离子响应的电极，每差 1mV，则相当于 7.8% 的相对误差。因此，测量电位所用仪器必须具有很高的灵敏度和准确度。

同样，与测定 pH 的方法一样，可采用已知离子活度的标准溶液为基准，通过比较水样和标准溶液的两个工作电池的电极电位来计算水样中的离子活度。如果保持溶液的离子强度固定，可用水中离子浓度代替离子活度，则按式（7.12）处理得到：

$$pC_{样} = pC_{标} + \frac{(\varphi_{池,样} - \varphi_{池,标})n}{0.059} \tag{7.17a}$$

式中 $pC_{样}$，$pC_{标}$——水样和标准溶液中被测离子的量浓度（mol/L）的负对数；

$\varphi_{池,样}$，$\varphi_{池,标}$——分别为水样和标准溶液的工作电池的电极电位。

由式（7.17a）可计算水样中被测离子的浓度。

应进一步强调，构成工作电池的参比电极可作正极（＋），也可作负极（－），视两个电极的电位高低而定。而工作电池的电极电位（$\varphi_{池}$）则是正极（＋）的电极电位（用 φ_+ 表示）与负极（－）的电极电位（用 φ_- 表示）之差，即

$$\varphi_{池} = \varphi_+ - \varphi_- \tag{7.17b}$$

（3）测定方法

用离子选择电极的测定方法很多，一般可以用标准曲线法、标准加入法，对于低浓度离子的测定还可采用格氏作图法。

1）标准曲线法

首先配制一系列不同浓度被测离子的标准溶液，用离子选择电极分别测定其膜电位，然后在半对数坐标纸上绘制膜电位 φ 与对应的浓度（$-\lg C_i$ 或 pC_i）的标准曲线（图 7.11）。在同样条件下，测定水样的膜电位，由标准曲线上查出对应水样的含量或浓度。标准曲线法一般只能测定游离离子的活度或浓度。

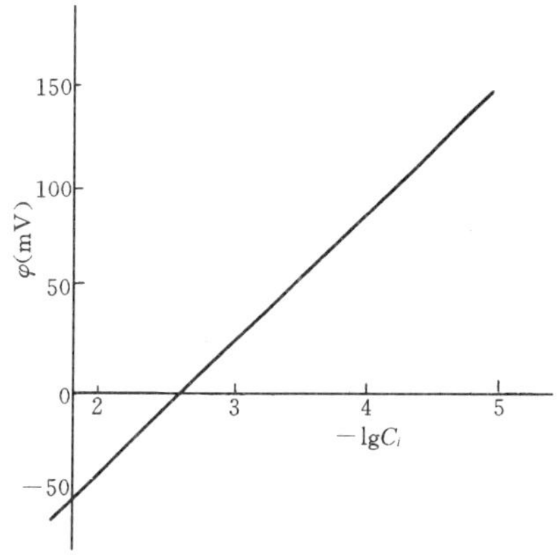

2）标准加入法

标准加入法主要用于测定水样中离子的总浓度（含游离的和络合的）。

设 C_0 为被测水样中离子浓度（mol/L），V_0 为水样体积（mL）。测得工作电池的电位为 φ_1，则膜电位 φ_1 与水中被测离子浓度 C_0 应服从能斯特方程

图 7.11 $\varphi_{电池}$——$-\lg C_i$ 标准曲线

$$\varphi_1 = \varphi^{\ominus} + \frac{2.303RT}{nF} \lg \chi_1 \gamma_1 C_0 \tag{7.18a}$$

式中　γ_1——活度系数；

　　χ_1——游离的（即未络合的）离子的分数。

　　然后在水样中准确加入一小体积 V_s（mL）（约为水样体积的 1/100）的被测离子的标准溶液（浓度为 C_s，此外 C_s 约为 C_0 的 100 倍），磁力搅拌下测量电位为 φ_2。于是

$$\varphi_2 = \varphi^{\ominus} + \frac{2.303RT}{nF}\lg[\chi_2\,\gamma_2\,(C_0 + \Delta C)] \qquad (7.18b)$$

式中　ΔC——加入标准溶液后水样浓度的增加量；

　　γ_2,χ_2——分别为加入标准溶液后的活度系数和游离离子的分数。

由于 $V_s \ll V_0, V_0 + V_s \approx V_0$，故有

$$\Delta C = \frac{V_s C_s}{V_0} \qquad (7.18c)$$

又水样的活度系数可认为保持恒定，即 $\gamma_1 \approx \gamma_2$，并假设 $\chi_1 \approx \chi_2$，则

$$\Delta\varphi = \varphi_2 - \varphi_1 = \frac{2.303RT}{nF}\lg\left(1 + \frac{\Delta C}{C_0}\right) \qquad (7.18d)$$

令　$S = \frac{2.303RT}{nF}\left(25℃\ 时，S = \frac{0.059}{n}\right)$，则

$$\Delta\varphi = S\lg\left(1 + \frac{\Delta C}{C_0}\right) \qquad (7.18e)$$

取反对数，则有

$$C_0 = \Delta C(10^{\Delta\varphi/s} - 1)^{-1} \qquad (7.19)$$

因此，只要测出 $\Delta\varphi$，便可由式（7.19）计算出水样中被测离子浓度 C_0。

　　标准加入法的优点是不需做标准曲线，只需一种标准溶液便可测量水样中被测离子的总浓度；操作简便快速，是离子选择电极测定一种离子总浓度的有效方法。

　　3）格氏作图法

　　测定的操作方法与标准加入法相似。只是将能斯特方程关系式以另一种形式表示，并用作图的方法，间接求算被测离子的浓度，这就是格氏作图法，在应用上更为方便。其原理是：在浓度为 C_0、体积为 V_0 的水样中，加入浓度为 C_s、体积为 V_s 的标准溶液，然后测定膜电位 φ，可用下式表示：

$$\varphi = \varphi^{\ominus} + S\lg\gamma\frac{C_0 V_0 + C_s V_s}{V_0 + V_s} \qquad (7.20a)$$

将式（7.20a）重排，得

$$\varphi + S\lg(V_0 + V_s) = \varphi^{\ominus} + S\lg\gamma(C_0 V_0 + C_s V_s)$$

$$\varphi/S + \lg(V_0 + V_s) = \varphi^{\ominus}/S + \lg\gamma(C_0 V_0 + C_s V_s)$$

取反对数：

$$(V_0 + V_s)10^{\varphi/s} = K(C_0 V_0 + C_s V_s) \qquad (7.20b)$$

式中　$K = 10^{\varphi^{\ominus}/s} \cdot \gamma$，为常数；

　　S 仍为 $2.303\frac{RT}{nF}$。

　　在每次加入标准溶液 V_s 后测量 φ 值，按式（7.20b）计算出 $(V_0 + V_s)\,10^{\varphi/s}$，以它作为纵坐标，以 V_0 为横坐标，作图，得一直线。延长直线与横坐标轴相交，得到 $(V_0 + V_s)10^{\varphi/s}$

＝0时的 V_s。然后按下式求水样中被测离子的浓度 C_0。

$$C_0 = -\frac{C_s V_s}{V_0} \qquad (7.21)$$

格氏作图法为离子选择电极的应用带来了方便，但仍有繁琐的计算。为此，可以将所测电位的反对数值为纵坐标，以加入标准溶液的体积 V_s 为横坐标，在反对数坐标纸上作图，得一直线（图 7.12），从延长线与横坐标轴相交之点得到 V_s，然后由式（7.21）计算原水样中被测离子的量。在实际应用中十分方便。

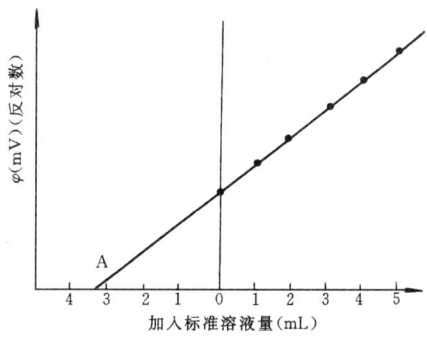

图 7.12 格氏作图法

（4）离子选择电极的应用

1）氟离子选择电极

氟离子选择电极是目前应用最广泛的一种阴离子选择电极。其电池组成如下：

$$Hg, Hg_2Cl_2 \mid \text{饱和 KCl} \parallel F^- \text{水样} \mid \underset{\text{单晶膜}}{LaF_3} \mid \begin{pmatrix} 0.1mol/L \ NaF \\ 0.1mol/L \ NaCl \end{pmatrix} \mid AgCl, Ag$$

电池的电位

$$\varphi = \varphi^{\ominus} - 2.303\frac{RT}{F}\lg a_{F^-}$$

$$= \varphi^{\ominus} - 2.303\frac{RT}{F}\lg\gamma_{F^-} \cdot C_{F^-}$$

$$= K - 2.303\frac{RT}{F}\lg C_{F^-}$$

按标准曲线法、标准加入法或格氏作图法可求水中的 F^- 的含量。用氟离子选择电极可测定天然水、饮用水和海水中的微量 F^- 的含量。

氟离子选择电极还可作气相色谱的检测器，响应氟化物比其他有机化合物大万倍，如能检出 5×10^{-11} mol 的氟苯。

2）卤素离子选择电极

用氯离子选择电极可直接测定饮用水、天然水、牛奶中的 Cl^- 离子。溴离子、碘离子、氰离子选择电极可用于天然水中的 Br^-、有机物中 I^-、水中 CN^- 等的测定。国产 731－Cl 氯离子选择电极，可在 pH＝3～11 和温度 5～40℃ 范围内测定 1～10^{-4}mol/L 的 Cl^-；国产 732－Br 溴离子选择电极可在 pH＝3～11 和温度 5～40℃ 范围内测定 1～10^{-5}mol/L 的 Br^-。

3）硝酸根、高氯酸根、氟硼酸根离子选择电极

硝酸根离子选择电极用于河水、潮水中 $NO_3^- - N$ 的含量测定。有的 NO_3^- 离子选择电极也具有 ClO_4^- 的选择性。若将 NO_3^- 离子选择电极内的液体离子交换剂换成 HBF_4 形式，即可作 BF_4^- 离子的选择电极。

4）钙离子选择电极

钙离子选择电极可允许在千倍 Na^+、K^+ 离子存在下测定海水中的 Ca^{2+}；也可用钙离子选择电极作指示电极进行络合滴定测定水中的 Ca^{2+}。我国近年来有关离子选择电极在水质分析中的部分应用情况见表 7.2。

我国近年来有关离子选择电极在水分析中的应用　　　　表 7.2

电极品种	对　　象	电 极 品 种	对　　象
F^-	天然水、污水	Pb^{2+}	水、废水（测 SO_4^{2-}）
Cl^-	饮用水、天然水	Cd^{2+}	天然水、污水
CN^-	有机化工废水	Hg^{2+}	天然水、工业废水
NO_3^-	天然水、工业废水	溶解氧电极	天然水、污水
CO_3^{2-}	天然水、锅炉用水	SO_2 气敏电极	水
Ag^+	废水	HCN 气敏电极	废水

离子选择电极是仪器分析领域里的一个新手段，在水分析和生产控制应用中虽已显示出其特点，但从现有商品离子选择电极看，除个别品种外，其最大的弱点是选择性还不够好。为了消除某些离子的干扰，往往在测定前必须进行诸如加适当络合剂、控制 pH 等预处理。

7.3　电 位 滴 定 法

电位滴定法是向水样中滴加能与被测物质进行化学反应的滴定剂，根据反应达到化学计量点时被测物质浓度的变化所引起电极电位的"突跃"来确定滴定终点，根据滴定剂的浓度和用量，求出水样中被测物质的含量或浓度。电位滴定法又叫间接电位分析方法。它不受水样的混浊、有色或缺乏合适的指示剂而无法进行的限制；不论酸碱滴定、氧化还原滴定、沉淀滴定、络合滴定等都适用。电位滴定法要求水样中被测物质的浓度应大于 10^{-3} mol/L，其准确度与一般滴定分析相当。在水质分析中常用于酸度、碱度、Cl^-、硫化物等的测定。

7.3.1　电位滴定曲线和滴定终点的确定

电位滴定装置如图 7.13 所示。

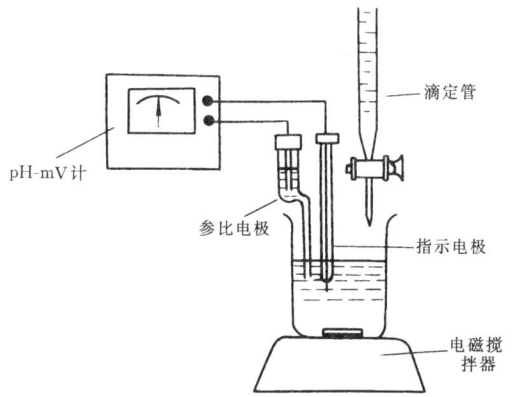

图 7.13 电位滴定的基本仪器装置示意图

电位滴定曲线就是以指示电极或电池的电位对滴定剂的量（mL）作图所得的曲线。除了要研究整个滴定过程外，一般只要测量和记录计量点前后 1～2mL 滴定剂范围内的电位变化就可以了。滴定开始时每次所加滴定剂的体积可以多一些，在计量点附近每滴加 0.1 或 0.2mL 就测量一次电位。

滴定曲线的作图法有 3 种：即 $\varphi-V$，$\Delta\varphi/\Delta V-V$，$\Delta^2\varphi/\Delta V^2-V$，图7.14为 0.1mol/L $AgNO_3$ 滴定 Cl^- 的电位滴定曲线。

一般情况下绘制电位与滴定剂体积 $\varphi-V$ 曲线，如滴定曲线对称且电位突跃部分陡直，则电位突跃的中点（或转折点）即为滴定终点。如果电位突跃不明显，如图7.14A 中终点曲线不陡，可以绘制一次微商曲线，即 $\Delta\varphi/\Delta V-V$，曲线的最高点即为滴定终点，所对应的体积即为终点体积（图7.14B），用一次微商作图法确定终点较为准确。由于一次微商作图手续麻烦，可用二次微商法通过计算求得滴定终点。一次微商（$\Delta\varphi/\Delta V$）与滴定剂体积（V）曲线的最高点恰是二次微商 $\Delta^2\varphi/\Delta V^2=0$，它所对应的体积，便是终点体积（图7.14C），可通过计算求得。表 7.3 列出了0.1mol/L $AgNO_3$ 溶液滴定 10.0mL 含 Cl^- 溶液的数据。从表中数值可知，滴定终点应在 $\Delta^2\varphi/\Delta V^2=0$ 时所对应的 $AgNO_3$ 溶液的体积，即为终点体积。反应终点应在 $\Delta^2\varphi/\Delta V^2$ 等于 2700 和 -2800 之间所对应的 $AgNO_3$ 溶液体积数（mL），即应在 11.30mL 和 11.40mL 之间。

对应于11.30mL：

$$\Delta^2\varphi/\Delta V^2 = \frac{(\Delta\varphi/\Delta V)_2 - (\Delta\varphi/\Delta V)_1}{\Delta V}$$

$$= \frac{530-260}{11.35-11.25} = 2700$$

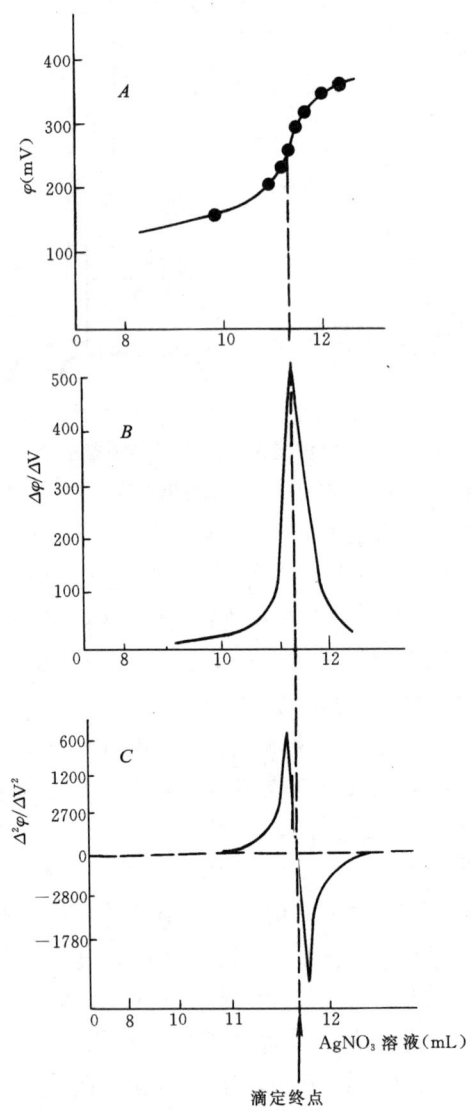

图 7.14   0.1mol/LAgNO₃ 滴定 Cl⁻ 的电位滴定曲线

A——般滴定曲线；B——一次微商曲线；C——二次微商曲线

0.1mol/L AgNO₃ 溶液滴定 10.0mL 含 Cl⁻ 溶液的电位滴定数据   表 7.3

AgNO₃ (mL)	φ(mV)	$\Delta\varphi$(mV)	ΔV(mL)	$\Delta\varphi/\Delta V$[①]	$\Delta^2\varphi/\Delta V$[①]
0.10	114	16	4.90	3.3	
5.00	130	15	3.00	5.0	
8.00	145	23	2.00	11.5	
10.00	168	34	1.00	34	

续表

AgNO₃ (mL)	$\varphi(mV)$	$\Delta\varphi(mV)$	$\Delta V(mL)$	$\Delta\varphi/\Delta V$①	$\Delta^2\varphi/\Delta V$①
11.00	202				
11.10	210	8	0.10	80	
11.20	224	14	0.10	140	
11.30	250	26	0.10	260	600
11.40	303	53	0.10	530	1200
11.50	328	25	0.10	250	2700
12.00	364	36	0.50	72	−2800
13.00	389	25	1.00	25	−1780
14.00	401	12	1.00	12	

① $\Delta\varphi/\Delta V$ 和 $\Delta^2\varphi/\Delta V^2$ 计算方法

1) 当加入 AgNO₃ 溶液从 11.30mL 至 11.40mL 时

$$\Delta\varphi/\Delta V = \frac{\varphi_{11.40} - \varphi_{11.30}}{11.40 - 11.30} = \frac{303 - 250}{0.10} = 530$$

2) 当加入 AgNO₃ 溶液 11.30mL 时

$$\Delta^2\varphi/\Delta V^2 = \frac{(\Delta\varphi/\Delta V)_{11.35} - (\Delta\varphi/\Delta V)_{11.25}}{11.35 - 11.25} = \frac{530 - 260}{0.10} = 2700$$

对应于 11.40mL：

$$\Delta^2\varphi/\Delta V^2 = \frac{250 - 530}{11.45 - 11.35} = -2800$$

用内插法算出对应于 $\Delta^2\varphi/\Delta V^2 = 0$ 时的体积 V

$$\frac{V - 11.30}{11.40 - 11.30} = \frac{0 - 2700}{-2800 - 2700}$$

$$\therefore \quad V = 11.30 + 0.1 \times \frac{2700}{2800 + 2700}$$

$$= 11.35mL$$

7.3.2 电位滴定法的应用

各种滴定分析都可采用电位滴定法。与其他滴定分析法不同之处在于它不是用指示剂来指示滴定终点，而是根据指示电极的电位"突跃"指示终点。因此，它不仅对化学反应的要求与其他滴定分析法基本相同，而且要根据不同的滴定反应，选择不同的指示电极。下面简要介绍电位滴定法在各类滴定分析中的应用。

(1) 酸碱滴定

酸碱滴定过程中，溶液的 H^+ 浓度发生变化，一般采用玻璃电极为指示电极、饱和甘汞电极为参比电极。在水质分析中常用电位滴定法测定水中的酸度或碱度，用 NaOH 标准溶液或 HCl 标准溶液作滴定剂，由 pH 计或电位滴定仪指示反应的终点，用滴定（微商）曲线法，确定 NaOH 或 HCl 标准溶液的消耗量，从而计算水样中的酸度或碱度。

水样的碱度，用 HCl 标准溶液为滴定剂，利用玻璃电极为指示电板，饱和甘汞电极为参比电极，测定 pH 的变化，由电极电位的突跃来确定滴定终点。同样由滴定剂的浓度和用量，来计算水样中碱度，这种方法称为电位滴定法。

一般以 pH＝8.3 指示的终点，与酚酞为指示剂刚刚退色时的 pH 相当，因此这时水样中的碱度包括 OH^- 碱度和 $\frac{1}{2}CO_3^{2-}$ 碱度，消耗酸标准溶液的量同样用 P 表示；而以 pH＝4.4～4.5 指示的终点，与甲基橙为指示剂刚刚变为橘红色的 pH 相当，消耗酸标准溶液的量也用 M 表示，因此，这部分碱度实际上是水样中原有的 HCO_3^- 和另一半 CO_3^{2-} 转为 HCO_3^- 的碱度。

与酸碱指示剂滴定法一样，也是根据上述两个滴定终点所消耗酸标准溶液的量 P 和 M，判断水样中的碱度组成和计算 OH^-、CO_3^{2-} 和 HCO_3^- 各自碱度及其总碱度，这里不再重复。

对于工业废水或含复杂成分的水，以 pH＝3.7 指示的终点，相当于水样直接用甲基橙指示剂刚好变为橘红色时的 pH，这时所测定的碱度为总碱度。

电位滴定法测定水样中碱度的滴定终点由 pH 计或电位测定仪指示。

电位滴定法适用于饮用水、地表水、含盐水、生活污水及工业废水中碱度的测定。

应该说明，对于工业废水和较复杂水样中，如含有脂肪酸盐、油状物质及可过滤残渣或沉淀物时，可能参与酸碱反应，所以最好不过滤直接测定。另外，上述这些物质还可能覆盖电极表面，使响应迟缓，所以，应放慢滴定速度，延长滴定间歇时间，待反应平衡后再滴加滴定剂，同时用磁力搅拌器充分搅拌（切勿通气搅拌），以便获得明显的突跃点。

一些弱酸和弱碱或不易溶于水而溶于有机溶剂的酸和碱，可用非水滴定法。很多非水滴定都可以电位滴定法指示终点。例如，在 HAc 介质中，用 $HClO_4$ 溶液滴定吡啶；在乙醇介质中用 HCl 溶液滴定三乙醇胺；在异丙醇和乙醇的混合介质中滴定苯胺和生物碱；在二甲基甲酰胺或乙二胺介质中滴定苯酚及其他弱酸。在丙酮介质中滴定高氯酸、盐酸、水杨酸的混合物等。

（2）沉淀滴定

在水质分析中，电位滴定法测定水中 Cl^- 时，以氯离子选择电极为指示电极，以玻璃电极或双液接参比电极为参比，用 $AgNO_3$ 标准溶液滴定，用伏特计测定两电极间的电位变化。在恒定地加入小量 $AgNO_3$ 的过程中，电位变化最大时仪器的读数即为滴定终点。方法的检出下限可达 10^{-4} molCl^-/L（即 3.54mgCl^-/L）。该方法可用于地表水、地下水和工业废水中氯化物的测定。水中有颜色、浑浊均不影响测定。

又如，用硫离子选择电极电位滴定法测定水中硫化物（S^{2-}）。以硫离子选择电极为指示电极，双桥饱和甘汞电极为参比电极，用 $Pb(NO_3)_2$ 标准溶液滴定硫离子，以毫伏计测定电位变化指示反应终点：

$$Pb^{2+} + S^{2+} \Longrightarrow PbS\downarrow$$

PbS 的溶度积 $K_{sp} = 3 \times 10^{-27}$。计量点时硫离子浓度为 $10^{-14}\,mol/L$，若在计量点前 $[S^{2-}] = 10^{-6}\,mol/L$，此时浓度变化 8 个数量级。按能斯特方程（25℃）：

$$\varphi = \varphi^{\ominus} - 29\lg a_{S^{2-}} \tag{7.22}$$

由式（7.22）可见，硫离子浓度变化 8 个数量级时，电位变化 29×8mV。在终点时电位变化有突跃。用二次微商法算出 $Pb(NO_3)_2$ 标准溶液的用量，即可求出水样中硫离子的含量。本方法适用于水样中硫离子浓度范围 $10^{-1} \sim 10^{-3}\,mol/L$，最低检出限为 0.2mg/L。该方法可用于制革、化工、造纸、印染等工业废水以及地表水中硫离子含量的测定。

在沉淀滴定中，用银电极为指示电极、甘汞电极为参比电极，对水中 Cl^-、Br^-、I^-、S^{2-} 和 CN^- 等离子进行测定。当滴定剂与数种被测离子生成的沉淀的溶度积差别较大时，可不预先分离而进行连续滴定。例如，采用银电极为指示电极，以 $AgNO_3$ 标准溶液连续滴定混合物中的 Cl^-、Br^- 和 I^-，由于 $K_{sp,AgI} = 8.3 \times 10^{-17}$，$K_{sp,AgBr} = 4.95 \times 10^{-13}$，$K_{sp,AgCl} = 1.8 \times 10^{-10}$，所以滴定突跃的先后次序是 I^-、Br^- 和 Cl^-（图 7.15）。

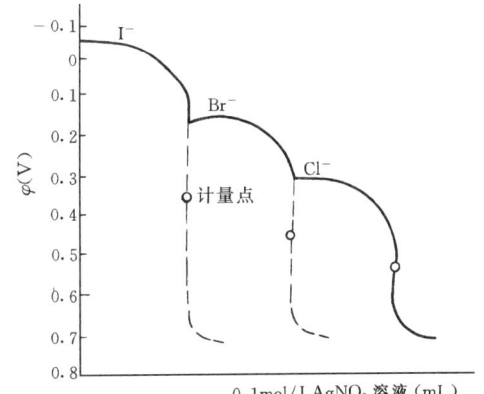

图 7.15　$AgNO_3$ 标准溶液连续滴定 Cl^-、Br^- 和 I^-（均为 0.1mol/L）混合溶液的理论电位滴定曲线。虚线表示单独滴定 I^- 和 Br^- 的曲线

（3）络合滴定

例如，用 $AgNO_3$ 或 $Hg(NO_3)_2$ 滴定 CN^-，分别生成 $Ag(CN)_2^-$ 或 $Hg(CN)_4^{2-}$ 络离子，可采用银电极或汞电极作指示电极。还可以用离子选择电极指示络合滴定的终点，例如，用氟离子选择电极为指示电极，以氟化物滴定 Al^{3+}；用钙离子选择电极为指示电极，以 EDTA 滴定 Ca^{2+} 等。

（4）氧化还原滴定

在氧化还原滴定中，一般以铂电极为指示电极，以汞电极为参比电极，计量点附近氧化态/还原态浓度发生急剧变化，使电位发生突跃。例如，用 $KMnO_4$ 标准溶液滴定 Fe^{2+}、Sn^{2+}、$C_2O_4^{2-}$ 等离子；用 $K_2Cr_2O_7$ 标准溶液滴定 Fe^{2+}、

Sn^{2+}、I^- 等离子。

近年来，普遍应用自动电位滴定仪，简便、快速。

在普通电位滴定的基础上，衍生出来一些其他电位滴定法，如恒电流电位滴定法，这种电位滴定法采用两个指示电极，并有微小和稳定的电流流过此两电极。根据滴定过程中两指示电极间电位差的变化来确定滴定终点。此处不予详述。

7.4 电导分析法

电导率是以数字表示溶液传导电流的能力。纯水的电导率很小，电流难以通过，但当水被污染而溶解各种盐类时，使水的电导率增加，即增加了水的导电能力。通过电导率的测定，可以间接推测水中离子成分的总浓度，可以了解水源矿物质污染的程度。饮用水电导率在 $5\sim150mS/m$（毫西门子/米）之间，某些工业用水对水的纯度有较高的要求，如超高压锅炉、原子反应堆、电子工业等需用的超高纯水，要求电导率在 $0.1\sim0.3\mu S/cm$（微西门子/厘米）以下。电导率通常用电导率仪测定。

7.4.1 方法原理

当两个电极（通常为铂电极或铂黑电极）插入溶液中，可以测出两电极间的电阻 R。根据欧姆定律，温度一定时，该电阻值与电极的间距 L（cm）成正比，与电极的截面积 A（cm^2）成反比。即

$$R = \rho \frac{L}{A}$$

式中 ρ——比例常数，称做电阻率；

L/A——电极面积 A 与间距 L 都固定不变，故 L/A 是一常数，称电导池常数，用 Q 表示。又因为电导是电阻的倒数，电导用 S 表示，则

$$S = \frac{1}{R} = \frac{1}{\rho \cdot Q}$$

式中 S——电导，反映导电能力的强弱；

Q——电导池常数，$Q = \dfrac{L}{A}$。

而电导率是电阻率的倒数，用 K 表示

$$K = \frac{1}{\rho} = QS = \frac{Q}{R} \tag{7.23a}$$

电导池常数 Q 值，通常由电导率 K_{KCl} 值已知的 KCl 溶液用实验方法测出电导 S_{KCl} 后求得：

$$Q = \frac{K_{KCl}}{S_{KCl}} = K_{KCl} R_{KCl} \tag{7.23b}$$

因此，当已知电导池常数 Q，并测出水样的电阻后，便可由式（7.23a）求出电导率。

7.4.2　水样测定

水的电导率可用专门的电导仪来测定。

（1）电导池常数测定

用 0.01mol/L KCl 标准溶液注满电导池，放入恒温水浴（25℃）中约 15min，测定溶液电阻 R_{KCl}，由式（7.23b）计算电导池常数 Q。在 25℃ 时，0.01mol/L KCl 标准溶液的 $K_{KCl}=141.3$mS/m。则：

$$Q = 141.3 R_{KCl}$$

式中　R_{KCl}——测得 KCl 标准溶液的电阻。

（2）水样的测定

将水样充满电导池，按前述步骤测定水样电阻 $R_水$，由已知电导池常数 Q，得出水样的电导率 K：

$$电导率\ K(mS/m) = \frac{Q}{R_{水样}} = \frac{141.3 R_{KCl}}{R_{水样}} \tag{7.24a}$$

式中　R_{KCl}——0.01mol/LKCl 标准溶液的电阻（Ω）；

　　　$R_{水样}$——水样的电阻（Ω）；

　　　Q——电导池常数。

如果使用已知电导池常数的电导池，不需测定电导池常数，可调节好仪器直接测定，但需经常用 KCl 标准溶液校正仪器。

电导率随温度变化而变化，温度每升高 1℃，电导率增加约 2%，通常规定 25℃ 为测定电导率的标准温度。因此，如测定时水样温度不是 25℃，则应校正至 25℃ 时的电导率，可用下面公式校正：

$$K_S = \frac{K_t}{1+a(t-25)} \tag{7.24b}$$

式中　K_S——25℃ 时电导率（mS/m）；

　　　K_t——测定时 t 温度下电导率（mS/m）；

　　　a——各离子电导率平均温度系数，一般取 0.022；

　　　t——测定时温度（℃）。

7.4.3　电导法在水质分析中的应用

利用电导仪测定水的电导率，可判断水质状况；在水质分析中，如锅炉水、工业废水、天然水、实验室制备去离子水的质量监测时，其中水的电导是一个很重要的指标，因为它反映了水中存在电解质的程度。电导法已得到广泛应用。

（1）检验水质的纯度

为了证明高纯水的质量，应用电导法是最适宜的方法。25℃时，绝对纯水的理论电导率为 $0.055\mu S/cm$。一般用电导率大小检验蒸馏水、去离子水或超纯水的纯度。例如，超纯水的电导率为 $0.01\sim0.1\mu S/m$，新蒸馏水为 $0.5\sim2\mu S/cm$，去离子水为 $1\mu S/cm$ 等。

（2）判断水质状况

通过电导率的测定可初步判断天然水和工业废水被污染的状况。例如，饮用水的电导率为 $50\sim1500\mu S/cm$，清洁河水为 $100\mu S/cm$，天然水为 $50\sim500\mu S/cm$，矿化水为 $500\sim1000\mu S/cm$ 或更高，海水为 $30000\mu S/cm$，某些工业废水为 $10000\mu S/cm$ 以上。

（3）估算水中溶解氧（DO）

利用某些化合物和水中溶解氧发生反应而产生能导电的离子成分，从而可以测定溶解氧。例如，氮氧化物（NO_x）与溶解氧作用生成 NO_3^-，使电导率增加，因此测定电导率即可求得溶解氧；也可利用金属铊与水中溶解氧反应生成 Tl^+ 和 OH^-，使电导率增加。一般每增加 $0.035\mu S/cm$ 的电导率相当于 $1\mu g/L$ 溶解氧。可用来估算锅炉管道水中的溶解氧。

（4）估计水中溶解性总固体的含量

水中所含各种溶解性矿物盐类的总量称为水的总含盐量，也称总矿化度。水中所含溶解盐类越多，水的离子数目越多，水的电导率就越高。对多数天然水，溶解性总固体与电导率之间的关系由如下经验式估算：

$$FR = (0.55 \sim 0.70) \times K \qquad (7.25)$$

式中　　FR——水中的溶解性总固体量（mg/L）；

　　　　K——25℃ 时水的电导率（$\mu S/cm$）；

　$0.55\sim0.70$——系数，随水质不同而异，一般估算取 0.67。

除了上述通过电导率的测定用于水质纯度、状况的检验与判断外，还可以利用电导滴定法测定稀溶液中的离子浓度。电导滴定法是利用滴定剂体积对电导的关系图，来确定滴定终点。在稀溶液中，恒温条件下，离子的浓度与它产生的电导成正比。本书不作详细介绍。

7.5 极谱分析法

极谱分析法是在电解池内采用滴汞电极进行的电解分析方法。凡是能在滴汞电极上发生电极反应的物质（如多数金属离子）或发生氧化还原反应的物质（如一些有机物）都可用极谱法测定。极谱分析法具有灵敏、准确、快速等优点。已得到广泛应用。

7.5.1　基本原理

极谱分析法是一种在特殊条件下进行的电解分析法。其电解池由滴汞电极和甘汞电极组成，极谱分析基本装置如图 7.16 所示。滴汞电极作为阴极进行电解，滴汞电极的上部为贮汞瓶，下接一塑料管（或不含硫的橡皮管），塑料管下端接一毛细管（内径 0.05mm），汞从毛细管中一滴滴地有规则地滴下，构成滴汞电极。电解时利用电位器接触片的变动来改变电解池两电极上的外加电压，用灵敏检流计记录流经电解池的电流。现以极谱法测定水中 Cd^{2+} 为例，说明其测定原理。

将被分析水样($CdCl_2$ 浓度为 $1 \times 10^{-3} mol/L$ 加入电解池中，然后加入大量 KCl（支持电解质）使溶液中 KCl 浓度为 0.1mol/L。通入氮或氢气，以除去溶解于水样中的氧。然后以 $2\sim3$ 滴/10 s 的速度滴汞，并记录不同电压（$0\sim1V$）下对应的电流值，以电压（V）为横坐标，电流 i（微安，μA）为纵坐标绘制 Cd^{2+} 的电压—电流曲线，即 Cd^{2+} 极谱图（图 7.17）。由图 7.17 可见，在达到 Cd^{2+} 分解电位之前，只有微小的残余电流通过。当外加电压到 Cd^{2+} 分解电压时（在 $-0.5V$ 到 $-0.6V$ 之间），Cd^{2+} 开始电解，此时两电极反应：

滴汞电极：Cd^{2+} 还原为镉汞齐

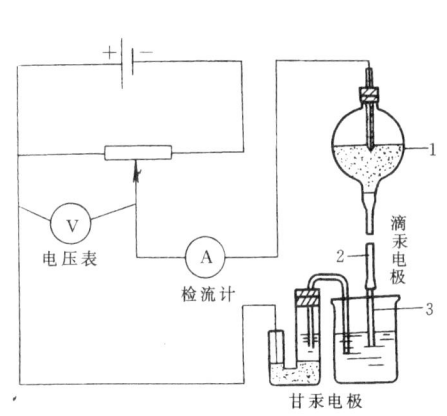

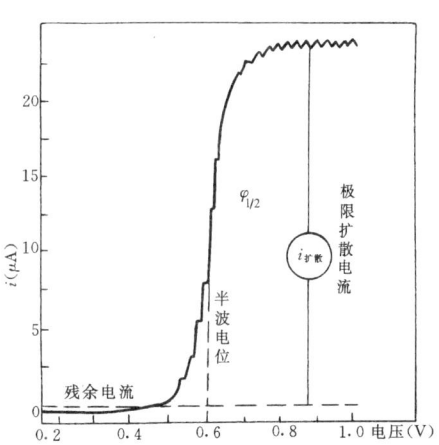

图 7.16　极谱分析基本装置
1—贮汞瓶；2—塑料管；3—毛细管

图 7.17　Cd^{2+} 极谱图

$$Cd^{2+} + Hg + 2e^- \Longleftrightarrow Cd(Hg) \tag{7.26a}$$
$$\text{（镉汞齐）}$$

甘汞电极：Hg 氧化为 Hg^{2+}，并与 Cl^- 生成 Hg_2Cl_2

$$2Hg + 2Cl^- - 2e^- \Longleftrightarrow Hg_2Cl_2 \tag{7.26b}$$

此时外加电压稍稍增加，电流就迅速增加。当外加电压增加到一定数值时，其电流却不再增加而达到一个极限值，该电流称为极限电流，极限电流减去残余电流称为极限扩散电流（用 $i_{扩散}$ 表示）。该电流的大小与水样中反应离子（Cd^{2+}）的浓度 C 成正比：

$$i_{扩散} = KC \tag{7.27}$$

式（7.27）为极谱法的定量依据。

另外，由图 7.17 可知，电压—电流曲线中的中点电位叫做半波电位（$\varphi_{1/2}$），其大小只与被还原离子的本性有关，而与被还原离子的浓度无关，因此这是极谱法的定性依据。

应该指出，在进行极谱分析时，残余电流一般很小（约十分之几微安），但是对微量物质（如$<10^{-5}$mol/L）却有影响，因为此时被测物质产生的扩散电流很小，甚至比残余电流还小。因此，普通极谱法不适于微量或痕量物质的测量。目前已有许多新的极谱分析方法，其中应用较多的有极谱催化波、示波极谱、方波极谱、脉冲极谱以及阳极溶出伏安法等。这些新的极谱法灵敏度明显提高，一般可达 $10^{-8}\sim10^{-9}$mol/L，甚至可达10^{-11}mol/L。近年来已用于环境监测。下面仅举几个应用实例，略加说明。

7.5.2 在水质分析中的应用

（1）阳极溶出伏安法测定水中 Cd^{2+}、Cu^{2+}、Pb^{2+}、Zn^{2+}

阳极溶出伏安法又称反向溶出伏安法。这种方法是使被测定的金属离子，在适当的条件下预电解一定时间，然后改变电极的电位，使富集在工作电极上的物质氧化重新溶出，并记录其氧化波（溶出曲线）。根据溶出峰电位定性，根据氧化波（溶出曲线）的高度确定被测金属离子的含量。其富集与溶出过程表示如下：

$$M^{n+} + Hg + ne^- \underset{溶出}{\overset{富集}{\rightleftharpoons}} M(Hg) \tag{7.28}$$

这种方法实际上是把恒电位电解和伏安法结合起来，由于电解还原是缓慢的富集，溶出是突然的释放，所以作为信号的法拉第电流大大增加；从而提高了方法的灵敏度。一般可达 $10^{-8}\sim10^{-9}$mol/L。

例如，阳极溶出伏安法测定水中 Cd^{2+}、Cu^{2+}、Pb^{2+}、Zn^{2+}，采用标准曲线法。用极谱分析仪测量，工作电极为悬汞电极，参比电极为银—氯化银电极或饱和甘汞电极。

标准曲线的绘制：

分别取一定量的 Cd^{2+} 标准溶液放入 10mL 比色管中，加 1mL 支持电解质，用蒸馏水稀至刻度，混匀。倒入电解池中，将电位扫描范围选在$-1.30\sim+0.05$V。通氮除氧，在-1.30V（比其峰电位更负的恒定电位）富集 3min（富集时间可根据水中 Cd^{2+} 离子浓度大小确定，浓度低时，可延长富集时间），静置 30s 后，将电位由负向正方向进行扫描，记录伏安曲线（图 7.18），对峰高（峰电流高度）进行空白校正后，绘制峰高—Cd^{2+}浓度曲线。

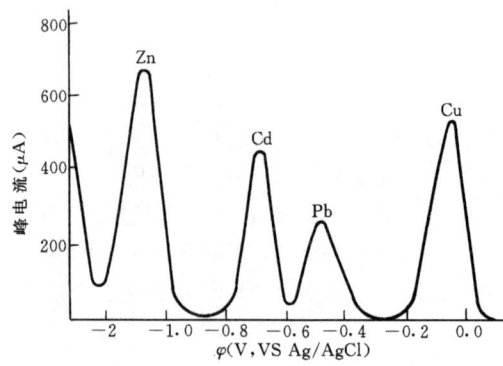

图 7.18　典型的微分脉冲阳极溶出伏安曲线

按同样方法分别绘制 Cu^{2+}、Pb^{2+} 和 Zn^{2+} 的标准曲线。

水样的测定：

取一定量水样加 1mL 同类支持电解质，用蒸馏水稀至 10mL，以下按标准曲线步骤操作。根据经空白校正后的峰电流高度，在标准曲线上查出对应的水中金属离子的浓度。

该方法适用于饮用水、地表水和地下水中 Cd^{2+}、Cu^{2+}、Pb^{2+}、Zn^{2+} 的测定。可检出 $1\sim1000\mu g/L$ 范围内的金属离子，如富集时间为 6min，检出下限可达 $0.5\mu g/L$。

（2）示波极谱法测定水中 Cd^{2+}、Cu^{2+}、Pb^{2+}、Zn^{2+} 和 Ni^{2+}

利用阴极射线示波器作为测量工具的极谱分析都称为示波极谱法。主要有两类示波极谱，一类与普通极谱一样，记录电流－电压曲线，称为线性扫描示波极谱。另一类所加的电压是一恒振幅的交流电压，用示波器记录电压随时间变化的曲线，称为交流示波极谱。在分析化学中应用较多的是线性扫描示波极谱。

用阴极示波管作为测量工具的特点是快速，几秒钟就可以完成极谱图的扫描，对于快速分析和连续控制分析是很有意义的。

线性扫描示波极谱的原理与普通极谱基本类似，加到电解池两电极间的也是直流电压，不同的是在示波极谱中加入极化电压的速度是非常快的。因此，示波极谱曲线与普通极谱（图 7.17）不同，示波极谱中，对于电极反应为可逆的物质，极谱曲线出现明显的不对称峰形曲线（图 7.19），或经电子线路处理后用记录仪记录伏安曲线。其峰高与电极反应物质的浓度成正比，这是定量的依据。

示波极谱的电化学反应与式（7.28）相同，不再重复。

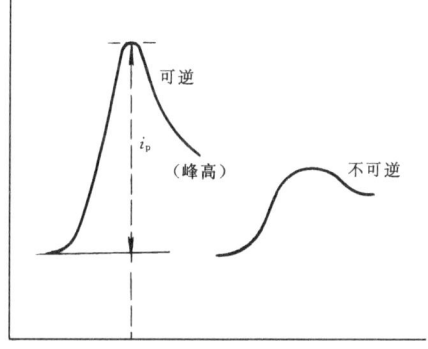

图 7.19　示波极谱曲线

例如，示波极谱法测定水中 Cd^{2+}、Cu^{2+}、Pb^{2+}、Zn^{2+}、Ni^{2+}，同样采用标准曲线法。用极谱分析仪测定，工作电极为滴汞电极、铂碳电极，参比电极为 $Ag-AgCl$ 电极或饱和甘汞电极。

标准曲线绘制与水样测定：

1）在氨性底液中测定水中 Cd^{2+}、Cu^{2+}、Zn^{2+}、Ni^{2+}；分别取四种离子的标准溶液于 10mL 比色管中，加 1mL 氨性支持电解质和 0.5mL 极大抑制剂水溶液及盐酸羟胺少量。溶解后稀至刻度，混匀。转入电解池中，分段进行扫描。

铜、镉、锌、镍的起始电位分别选用：$-0.25V$、$-0.5V$、$-0.85V$、$-1.1V$，然后绘制峰高－浓度标准曲线。

水样的测定：取已处理好的水样放入 10mL 比色管中，如必要应先调至中性，按测定标准溶液程序加入试剂进行极谱测定，由水样的峰高，在标准曲线上查出对应的金属离子含量。

2）在盐酸底液中测定水中 Pb^{2+}、Cd^{2+}：分别取铅和镉标准溶液于 10mL 比色管中，加入 1mL 1：1HCl 溶液、0.5mL 0.1% 极大抑制剂水溶液和抗坏血酸 0.05g，溶解后，用蒸馏水稀至刻度，混匀。倾入电解池中，在 $-0.25\sim-1.0V$ 间测定铅、镉（其中 Pb 的起始电位为$-0.25V$，Cd 为$-0.45V$）。绘制峰高—浓度标准曲线。

水样测定：取已处理好水样放入 10mL 比色管中，按测定标准溶液程序加入试剂进行极谱测定。由水样的峰高在标准曲线上查出对应的金属离子（Pb^{2+}、Cd^{2+}）的含量。

测定水中 Cd^{2+}、Cu^{2+}、Pb^{2+}、Zn^{2+}、Ni^{2+} 的示波极谱法，适于工业废水和生活污水的测定，对于饮用水、地表水和地下水，富集后方可测定。方法的检出下限可达 $10^{-6}mol/L$。

思　考　题

1. 参比电极和指示电极的作用是什么？

2. 直接电位法和电位滴定法的特点是什么？

3. 玻璃电极使用之前为什么必须在蒸馏水中浸泡 24h 以上？

4. 直接电位法测定水样的 pH 时，为什么用 pH 标准缓冲溶液标定 pH 计？

5. 离子选择电极的膜电位的数学表达式中各参数的物理意义是什么？

6. 在水质分析中，下列各电位滴定，应选何种指示电极和参比电极？

（1）HCl 滴定碱度

（2）$AgNO_3$ 滴定 Cl^-

（3）EDTA 滴定 Ca^{2+}

（4）$AgNO_3$ 滴定 CN^-

（5）$KMnO_4$ 滴定 Fe^{2+}

7. 电导法在水质分析中的应用有哪些？

习　　题

1. 用玻璃电极测定水样 pH。将玻璃电极和另一参比电极浸入 pH＝4 的标准缓冲溶液中，组成的原电池的电极电位为$-0.14V$；将标准缓冲溶液换成水样，测得电池的电极电位为 $0.03V$，计算水样的 pH。

2. 用膜电极测定水样中 Ca^{2+} 的量浓度。将 Ca^{2+} 离子膜电极和另一参比电极浸入 $0.010mol/L$ 的 Ca^{2+} 溶液中，测得的电极电位为 $0.250V$。将 Ca^{2+} 标准溶液换成水样，测得的电极电位为 $0.271V$。如两种溶液的离子强度一样，求算水样中 Ca^{2+} 的物质的量浓度（mol/L）。

3. 将钙离子选择电极和一参比电极浸入 100mL 含 Ca^{2+} 水样中，测得电池的电极电位为 $0.415V$。加入 3mL $0.145mol/L$ 的 Ca^{2+} 标准溶液，测得电位为 $0.430V$。计算 Ca^{2+} 的物质的量浓度（mol/L）。

4. 请由表 7.3 的数据，计算原始溶液中 Cl^- 的物质的量浓度是多少？估算下计量点时的电极电位是多少？

5. 将氟离子选择电极（－）和参比电极（＋）放入 $0.001mol/L$ 的氟离子溶液中，测得电极电位为$-0.159V$；改用含氟离子水样测得电极电位为$-0.212V$，如果保持溶液的离子强度固定，计算水样中 F^- 的物质的量浓度（mol/L）。

第8章　吸收光谱法

吸收光谱法（Absorption Spectrometry）是利用吸收光谱来研究物质的性质和含量的方法。它是基于物质对光的选择性吸收而建立起来的分析方法，因此又称吸光光度法或分光光度法（Spectrophotometry），有原子吸收光谱法和分子吸收光谱法，其中原子吸收光谱法将在第10章讲述。分子吸收光谱法包括紫外－可见吸收光谱法、红外吸收光谱法和核磁共振谱法等。吸收光谱法是测定水中许多无机物和有机物含量的重要方法之一。本章主要介绍紫外－可见吸收光谱法。

8.1　吸　收　光　谱

8.1.1　光的基本性质——电磁波谱

光是一种电磁波，可用波长来表示。按波长顺序进行排列，从波长极短的宇宙射线到波长很长的无线电波构成的电磁波图表称为电磁波谱，见表8.1。

电　磁　波　谱　　　　　　　　　　　　　　　　　表8.1

电磁波名称	波长 λ	波数 $\bar{\gamma}$(cm^{-1})	频率 ν(s^{-1})	原子或分子能级改变
γ 射线	$0.001\sim0.05\text{Å}$	$1\times10^{11}\sim2\times10^{9}$	$1\times10^{18}\sim2\times10^{19}$	核跃迁
X 射线	$0.05\sim50\text{Å}$	$2\times10^{9}\sim2\times10^{8}$	$2\times10^{19}\sim6\times10^{16}$	内层电子跃迁
远紫外区	$5\sim200\text{nm}$	$2\times10^{8}\sim5\times10^{4}$	$6\times10^{16}\sim15\times10^{14}$	内层电子跃迁
近紫外区	$200\cdot-400\text{nm}$	$5\times10^{4}\sim2.5\times10^{4}$	$15\times10^{14}\sim7.5\times10^{14}$	价电子跃迁
可见光区	$400\sim800\text{nm}$	$2.5\times10^{4}\sim1.4\times10^{4}$	$7.5\times10^{14}\sim4.3\times10^{14}$	价电子跃迁
极近红外线	$0.75\sim2.5\mu\text{m}$	$1.4\times10^{4}\sim4000$	$4.3\times10^{14}\sim1.2\times10^{14}$	
近红外线	$2.5\sim25\mu\text{m}$	$4000\sim400$	$1.2\times10^{14}\sim1.2\times10^{13}$	分子振动
远红外线	$25\sim500\mu\text{m}$	$400\sim2$	$1.2\times10^{13}\sim6\times10^{10}$	分子振动
微波	$0.5\sim100\text{cm}$	$2\sim0.01$	$6\times10^{10}\sim3\times10^{8}$	电子自由定向
无线电波	$1\sim3000\text{m}$	$0.01\sim3.3\times10^{-6}$	$3\times10^{8}\sim3\times10^{3}$	

不同波长的光具有不同的能量，波长越短、频率越高的光子，能量越大。具有同一波长的光称为单色光，由不同波长的光组成的光称为复合光或混合光或白光。

人眼能看到的光波为 400～800nm，通常称为可见光区；短于 400nm 的光波叫紫外线，而 200～400nm 称为近紫外光区，短于 200nm 为远紫外光区。长于红色光波叫红外线，而 0.75～2.5μm 称为极近红外光区，2.5～25μm 为近红外区，25～300μm 为远红外光区，这些人眼看不到的电磁波可以用照相、光电元件（如光电池、光电管、光电倍增管等）和热电耦等检测。

由于整个电磁波波长范围变化较大，若以一种波长单位值计算，使用起来很不方便。通常，微波波长用厘米（cm）作单位，无线电波波长一般用米（m）作单位，在短波区 X 射线、γ 射线等以埃（Å）作单位。在可见及紫外光区多以纳米（nm）或 Å 作单位，红外光区则以微米（μm）表示。

电磁波除用波长表示外，还可以用波数 $\bar{\gamma}$ 或频率 ν 表示。

（1）波长 λ

1 米（m）$=10^6$ 微米（μm）$=10^9$ 纳米（nm）$=10^{10}$ 埃（Å）

（2）频率 ν

每秒钟振动的次数，单位：秒$^{-1}$（s^{-1}），$\nu = \dfrac{c}{\lambda} = \dfrac{3 \times 10^{10}}{\lambda}$ s^{-1}

c—— 光子的速度，等于 2.997925×10^{10} cm/s（在真空中）约等于 3×10^{10} cm/s。

（3）波数 $\bar{\gamma}$

每厘米中振动的次数 $\bar{\gamma} = \dfrac{1}{\lambda}$ cm^{-1}

8.1.2 分子吸收光谱的产生

当以一定范围的光波连续照射分子或原子时，就有一个或几个一定波长的光波被吸收，于是产生了被吸收谱线所组成的吸收光谱。透过的光谱就不出现这些波长的光，这种光谱称为吸收光谱。

所有的原子或分子均能吸收电磁波，且对吸收的波长有选择性。吸收光谱的产生主要是因为分子的能量具有量子化的特征。在正常状态下原子或分子处于一定能级，即基态，经光激发后，随激发光量子能量的大小，其能级提高一级或数级，即分子由基态跃迁到激发态。也就是说，分子不能任意吸收各种能量，1mol 分子有一系列的能级，它只能吸收等于两个或 n 个能级之差的能量，即 1mol 分子只能吸收一定能量或波长的光子或其倍数。分子所吸收的能量（即光子能量）和波长的关系是：

$$\Delta E = h\nu = \frac{hc}{\lambda} \tag{8.1}$$

式中　ΔE—— 吸收的能量；

　　　ν—— 相当 ΔE 能量的光子频率；

　　　h—— 普朗克常数（Planck Constant）（6.626×10^{-34} J·s）。

分子吸收光子后，依光子能量的大小不同而引起转动能级、振动能级和电子能级的跃迁，也就是使分子由基态跃迁至高能量的激发态，因而产生三类吸收光谱，即转动光谱、振动光谱和电子光谱。分子中同光谱有关的能量可看成是分子的转动能、分子的组成原子相互间的振动能和分子内电子能量的 3 个量子化的组成之和。

（1）转动光谱

分子吸收适宜的光子后，则发生转动能级的跃迁，而产生转动光谱。分子转动能级的跃迁所需能量很小，约为 $41.84 \sim 418.4$J/mol，相应的波长 $0.3 \sim 3$mm，纯粹的转动光谱只能在电磁波谱的远红外区及微波区。

分子的转动能，主要取决于分子的几何形状、质量等。它仅对气体才有意义，因为气体分子可以自由转动，而对于液体、固体，则由于分子间作用力较大妨碍分子转动，以致通常观察不到它们的转动光谱，又由于它们处于远红外及微波区，故目前在化学上应用不广。

（2）振动光谱

当分子吸收适宜的光子后，产生分子振动能级的跃迁而形成的光谱称为振动光谱。振动能级的跃迁所需的能量，约为转动能级跃迁的 100 倍，约为 20920J/mol。波长范围在近红外区，在化学上常用的范围为 $2.5 \sim 25\mu$m。

由于分子中的每一种能级的跃迁，同时又伴随着转动能级的跃迁，故称为振—转光谱，由于位于近红外区，因此，通常将近红外光谱称为振动光谱。

（3）电子光谱

当分子吸收适宜的光子以后，产生电子能级的跃迁而形成的光谱称为电子光谱。电子能级的跃迁所产生的吸收光谱位于紫外及可见光区，主要是不饱和化合物的电子能级的跃迁，价电子能级跃迁所需的能量较大，约为 $83680 \sim 836800$J/mol。因此，在红外光区一般不会发生这种跃迁。分子中电子能级的跃迁需要 10^{-15}s 或 10^{-16}s，而分子中的组成原子以 10^{12} 次/s 的频率振动，所以电子能级发生跃迁的过程中分子振动的振幅只改变 1‰左右；同样，分子转动的频率约在 10^{10} 次/s 数量级，比振动频率更慢。因此，发生电子能级跃迁时，振、转能级跃迁可忽略不计。

电子吸收光谱波长范围是 $200 \sim 800$nm，包括紫外和可见光区域，又叫可见—紫外吸收光谱。当样品分子吸收光子后，外层电子由基态跃迁到激发态，不同结构的样品分子，其电子的跃迁方式是不同的，而且吸收光的波长范围不同，吸光的强度也不同，从而可根据波长范围、吸光强度的大小鉴别不同物质结构方面的差异。

电子光谱是由分子中价电子能级跃迁所产生的。在化合物分子中价电子有 3 种类型，即 σ 键电子、π 键电子和未成对的孤对电子（n 电子），这些价电子吸收一定波长光的能量之后，当入射光所提供的能量满足分子轨道能级差时，电子就会从基态跃迁到激发态，按分子轨道理论，由成键轨道跃迁到反键轨道，即发生 $\sigma \rightarrow \sigma^*$、$n \rightarrow \sigma^*$、$\pi \rightarrow \pi^*$ 和 $n \rightarrow \pi^*$ 4 种类型的跃迁，如图 8.1 所示。这些跃迁所需要能量比较如下：

$$\sigma \rightarrow \overset{*}{\sigma} > n \rightarrow \overset{*}{\sigma} > \pi \rightarrow \overset{*}{\pi} > n \rightarrow \overset{*}{\pi}$$

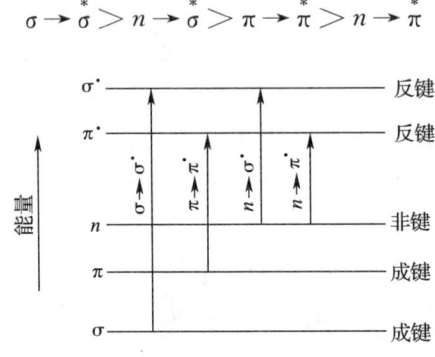

图 8.1　分子电子的能级与跃迁

由图 8.1 可知，不同类型分子结构的电子跃迁方式是不同的，在紫外光谱区有吸收的是 $\pi \rightarrow \pi^*$ 和 $n \rightarrow \pi^*$ 两种。例如：二氧化氯分子吸收 360nm 紫外光后，可产生 $n \rightarrow \pi^*$ 的电子跃迁，而用于水中二氧化氯的定量分析。

电子光谱应用于含有不饱和键的化合物，往往需要有两个或两个以上的不饱和键形成共轭体系。这些不饱和键的 π 电子比较活泼。其电子能级递升时所需的光子能量在紫外及可见光区的范围以内。而分子中的其他电子受的束缚很大，所需的能量太高，在可见—紫外光区难于实现吸收；对分子内不含共轭 π 电子的有机化合物，在这个范围内一般都不产生吸收。

8.1.3　溶液的颜色和物质对光的选择性吸收

溶液呈现不同颜色是由于该溶液中物质对光具有选择性的吸收。例如在复合光（白光）照射下，全部可见光几乎都被吸收，溶液呈黑色；如完全不吸收，则溶液透明无色；如果对各种波长的光均匀地部分吸收，则溶液呈现灰色；如果选择性地吸收某些波长的光，则溶液呈现透过光的颜色。此时，溶液吸收光的颜色与透过光的颜色为互补色（表 8.2）。可见，溶液呈现不同的颜色是由于该溶液中的溶质或溶剂对不同波长的光具有选择性吸收而引起的。例如，当复合光通过邻二氮菲亚铁溶液时，它选择性地吸收了复合光中的绿色光（在 $\lambda_{max} = 508$nm 处吸收最强），其他颜色的光不被吸收而透过溶液，因此邻二氮菲亚铁溶液就显透过光的颜色（橘红色）；又如 $KMnO_4$ 溶液吸收了复合光中的绿色光（在 $\lambda_{max} = 525nm$ 吸收最多），红色紫色光几乎完全透过，因此溶液呈紫红色。

溶液吸收光的颜色与透过光的颜色的关系　　　表 8.2

吸收光		透过光颜色
颜色	λ　（nm）	
紫	400～450	黄绿
蓝	450～480	黄
青蓝	480～490	橙
青	490～500	红
绿	500～560	紫红
黄绿	560～580	紫
黄	580～600	蓝
橙	600～650	青蓝
红	650～760	青

8.1.4　吸收光谱及其表示方法

当一束单色光射到溶液时，由于物质对光的吸收有选择性，一部分光不被吸收而透过溶液，一部分光被溶液所吸收（图8.2），溶液对单色光的吸收遵守朗伯—比尔(Lambert—Beer)定律。

$$I_t = I_o 10^{-\varepsilon CL} \qquad (8.2)$$

$$T = \frac{I_t}{I_o} = 10^{-\varepsilon CL} \qquad (8.3)$$

$$A = \lg \frac{I_o}{I_t} = \varepsilon CL \qquad (8.4)$$

$$A = \varepsilon CL$$

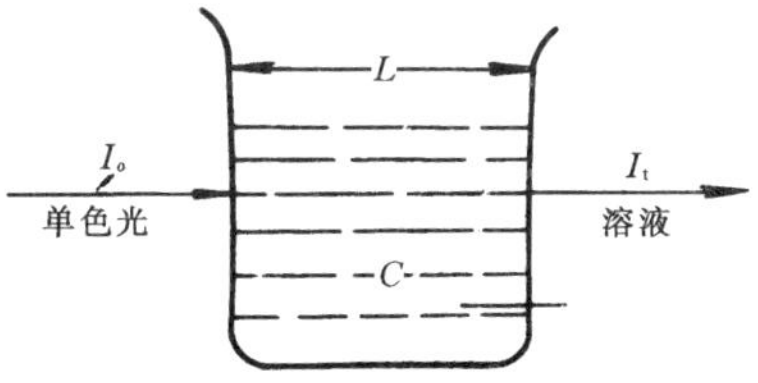

图 8.2　光的吸收示意图

式中　I_o——入射光的强度；

　　　I_t——透过光的强度；

　　　T——溶液的透光率或相对透光强度，常以百分率表示；

　　　A——溶液的吸光度值，表示溶液对光的吸收程度；

　　　C——溶液中溶质的浓度(mol/L)；

　　　L——样品溶液的光程(cm)；

　　　ε——摩尔吸收系数（Molar Absorptivity）。其物理意义是：当溶液的浓度为 1mol/L，样品溶液光程为 1cm 时的吸光度值，即 $\varepsilon = \dfrac{A}{CL}$，单位为 L/（mol·cm）。摩尔吸收系数 ε 对某一个化合物在一定波长下是一个常数，因此它可衡量一物质对光的吸收程度，它也反映了用吸收光谱法测定该吸光物质的灵敏度。ε 越大，则表示对光的吸收越强，其灵敏度也越高。一般 ε 的变化范围是 $10 \sim 10^5$，其中 $\varepsilon > 10^4$ 为强度大的吸收，而 $\varepsilon < 10^3$ 为强度小的吸收。

式（8.4）是最常用的朗伯—比尔定律的数学表达式，是吸收光谱法定量的理论基础。除了摩尔吸收系数外，还可用灵敏度指数来反映一物质对光的吸收程度和测定吸光物质的灵敏度。

灵敏度指数（Sensitivity Index），又称桑德尔（Sandoll）灵敏度，用 S 表示，其单位为 $\mu g / cm^2$。它是当分光光度计的检测极限为吸光度 A=0.001 时，单位截面积光程内所能检出的吸光物质的最低含量。S 与 ε 的关系是

$$M = S\varepsilon \tag{8.5}$$

由式（8.5）可见，可通过摩尔吸收系数 ε 和灵敏度指数 S，求得该吸光物质的摩尔质量 M。

物质对不同波长的光有不同的吸收，如果以不同波长的光依次射入被测溶液，并测出不同波长时溶液的透光率或吸光度，然后以波长为横坐标，以透光率或吸光度为纵坐标作图，所得的曲线称为吸收光谱曲线或吸收光谱。在紫外—可见吸收光谱中，纵坐标多用吸光度 A，横坐标多用波长 λ 纳米（nm）；在红外吸收光谱中，纵坐标多用透光率 $T\%$，横坐标多用波数 $\bar{\nu}$（cm^{-1}）或波长微米（μm）。

吸收光谱一般都用样品溶液测定。如使用光程为 1cm 的比色皿时，需要用约 3mL 的溶液，样品量需要 $0.1 \sim 100mg$。如使用微量法，只要 0.001mg 就够了。气体样品可以直接测定。

吸收光谱中常用的术语有：

特征吸收曲线（Characteristic Absorption Curve）：吸收光谱曲线上有起伏的峰谷时称为特征吸收曲线。特征吸收曲线常做为定性的依据。一般平滑的曲线称为一般吸收曲线。

最大吸收峰 λ_{max}（Maximum Absorption Wavelength）：吸收曲线上最大吸收峰所对应的波长，用 λ_{max} 表示。在 λ_{max} 处测定吸光度灵敏度最高，是定量分析的依据。通常选用 λ_{max} 作为测定水样中某组分的工作波长。

红移（Red Shift）：吸收峰向长波方向移动。

紫移（或蓝移）（Blue Shift）：吸收峰向短波方向移动。

末端吸收（End Absorption）：在紫外吸收曲线短波末端吸收增强，但未成峰形。

生色基团（Chromophore）：分子中产生吸收峰的主要原子或原子团。

助色基团（Auxochrome）：使生色基团所产生的吸收峰向红移的原子或原子团。

等吸收点（Isoabsorption Point）：两个或两个以上化合物的吸收强度相等的

波长。

吸收光谱测定时，常用的溶剂有 95％乙醇、水、四氯化碳、氯仿、正己烷、环己烷和二氧杂己烷等，溶剂不同时 λ_{max} 有时要位移。在乙醇或正己烷中测定时，无极性化合物的 λ_{max} 没有差别，但极性化合物的 λ_{max} 一般都不一样。

在测定化合物的吸收光谱时，一般均配成溶液，故选择合适的溶剂很重要。不同溶剂（含不同 pH 溶剂）吸收谱带或吸收光谱不同。在选择溶剂时除了要求样品不能与溶剂反应和样品在溶剂中的溶解度外，还应注意在所选波长范围内不吸收或吸收很弱，表 8.3 中列出了一些溶剂的透明范围。对某些化合物，温度对其吸收光谱也有明显的影响。

一些溶剂的透明范围　　　　　　　　　　　　　　　　表 8.3

溶　　剂	透明范围（nm）	溶　　剂	透明范围（nm）
水	＞180	95％乙醇	＞210
乙　　腈	＞210	正己烷	＞210
乙　　醚	＞210	环己烷	＞210
异丙醇	＞210	正庚烷	＞210
正丁醇	＞210	二氧杂环己烷	＞230
甲　　醇	＞220	二氯甲烷	＞235
氯　　仿	＞245	异辛烷	＞210
苯	＞280	甲酸甲酯	＞260
甲　　苯	＞285	2，2，4－三甲基戊烷	＞210
四氯化碳	＞265	N，N－二甲基甲酰胺	＞270
丙　　酮	＞230	吡　　啶	＞305
甘　　油	＞230	乙酸戊酯	＞235
醋　　酸	＞270	1，2－二氯乙烷	＞235
硫酸（96％）	＞210	乙酸乙酯	＞260

在定量分析时，所选择的波长应该是被测物质在该光区有特征吸收的波长，而干扰物质不吸收或吸收很弱。另外还应该指出，在应用吸收光谱法测定时，被吸收物质的浓度不能太大，一般要小于 10^{-2} mol/L。

例如，图 8.3 为双硫腙－Cd^{2+} 络合物在 CCl_4 中的吸收光谱。由图 8.3 可见：

（1）镉（Cd^{2+}）与双硫腙络合物的吸收曲线为特征吸收曲线，该络合物在强碱性溶液中呈现红色，最大吸收波长 $\lambda_{max} = 518nm$。

（2）吸收曲线的形状与溶液中的浓度无关；但是在同一波长下，其吸光度值与溶液浓度成正比，即吸光度值随溶液浓度的增加而增加。因此，可在最大吸收波长 $\lambda_{max} = 518nm$ 处，通过测定溶液的吸光度值，求得水样中被测定组分（如 Cd^{2+}）的含量。

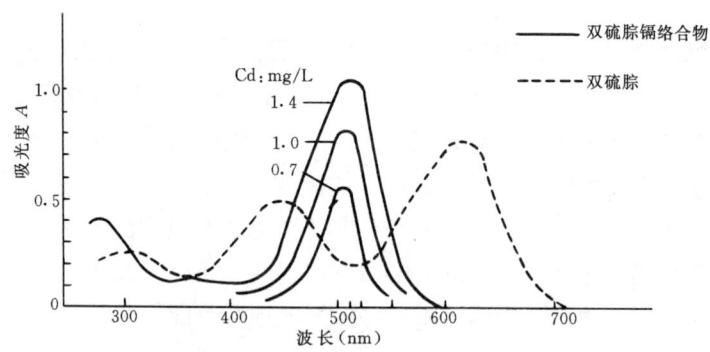

图 8.3   双硫腙镉络合物的吸收光谱（在 CCl_4 中）

8.1.5   朗伯—比尔定律的适用范围

（1）朗伯—比尔定律适用范围——标准曲线

如前所述，朗伯—比尔定律 $A=\varepsilon CL$ 中，对某一种物质在一定波长下，摩尔吸收系数 ε 和样品溶液的光程即液层厚度 L 均是固定的，所以吸收定律可写成

$$A=\varepsilon L\,C=KC \tag{8.6}$$

如果以吸光度 A 为纵坐标，以浓度 C 为横坐标作图，便得到一条通过原点的直线，这条直线称为标准曲线或工作曲线，该条直线的斜率即为 K。在实际测量中，只要在与绘制标准曲线相同条件下，测出水样中被测组分的吸光度值，便可由标准曲线上查出对应的该组分的含量来。

在实际分析工作中，一般应用标准曲线上吸光度值 0.2～0.8 范围的直线部分，均会获得满意的结果。吸光度过低或太高，都会影响分析结果的准确度，尤其测定水中的物质含量较高时，往往出现标准曲线弯曲现象，而偏离朗伯—比尔定律（图 8.4）。另一方面，为了得到最大的灵敏度（通常用最低检出浓度表示）和精密度，标准曲线应当有尽可能大的斜率（K），曲线的斜率陡，浓度的误差也小。而要得到斜率大的标准曲线，需在对应于被测组分摩尔吸收系数 ε 最大值的波长处进行测定。

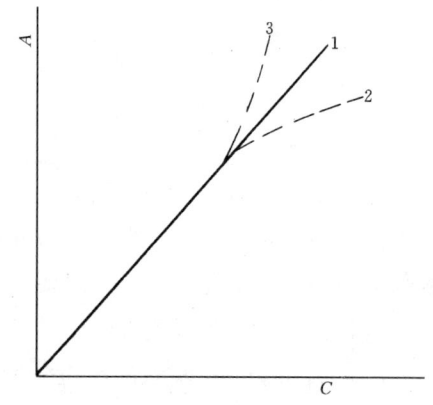

图 8.4   标准曲线

吸收光谱法分析时，其灵敏度（Sensitivity）是指在一定浓度时，测定吸光度的增量 ΔA 与相应被测物质的浓度（或质量）的增量（ΔC 或 Δm）之比：

$$S_C = \frac{\Delta A}{\Delta C} \text{ 或 } S_q = \frac{\Delta A}{\Delta m} \tag{8.7}$$

即当被测物质浓度或含量改变一个单位时吸光度的变化量。用标准曲线法定量时，其标准曲线（$A = f(c)$ 或 $A = f(q)$）的斜率即为分析方法的灵敏度。此外，在相同的光程下，还可用摩尔吸收系数 ε 来表示方法的灵敏度：ε 越大，灵敏度越高。同样在原子吸收光谱法中，也可以用原子吸收系数 K 表示：K 越大，灵敏度越高。

检出限（Detection Limit）是衡量仪器分析方法时普遍使用的重要指标。检出限比灵敏度有更明确的意义，与准确度、精密度一样都是评价分析方法的基本参数。通常意义上的检出限分为仪器检出限和方法检出限。

仪器检出限：指分析仪器能够检测的被分析物的最低量或最低浓度，用于不同仪器的性能比较。一般通过多次空白试验，求得分光光度计、原子吸收光谱仪、气相色谱、液相色谱等仪器的背景响应的标准偏差 δ，将 3 倍空白标准偏差（即 3δ）作为检测限的估计值。也可用已知浓度的水样与空白试验对照，记录测得的水样信号强度 S 与噪声（或背景信号）强度 N，以能达到信噪比 $S/N = 2$ 或 3 时的水样最低浓度为检出限。一般分光光度计扫描基线的空白值的震荡幅度大约是 $-0.003 \sim 0.003$。按 3 倍信噪比计算，$S = 0.009 \approx 0.01$，因此通常以吸光度值为 0.01 时测得的浓度为检出限。仪器检出限不考虑任何水样制备步骤的影响，一般以溶剂空白测定，因此其值总是比方法检出限低。

方法检出限：指产生一个能可靠地被检出的分析信号所需的被测组分的最小浓度或含量。在水分析化学中，一般以空白测量的 3 倍标准偏差（即 3δ）为检出限，10δ 为定量测定下限（Limit of Quantitative Determination，LQD）。定量下限表示水样中被分析物能够被定量测定的最低量，其结果具有一定的准确度和精密度。

检出限主要取决于分析方法的选择性和专一性、灵敏度和精密度。一般情况下，灵敏度越高，检出限越低，但检出限也受仪器的稳定性影响，还取决于水样测定的整个环节，如取样量、提取分离以及测定条件的优化等，应注明具体实验条件。当测定结果不大于检出限时报告为未检出；当测定结果大于检出限且不大于定量测定下限时报告为定性检出；当测定结果大于定量测定下限时，报告定量结果。要注意的是水分析化学中常用的检出限只是一种描述分析方法检出能力的指标，如果在检出限附近进行定量测定，结果并不可靠。因此在一些痕量分析中，不能将标准工作曲线无限向下延伸进行定量。

（2）偏离朗伯—比尔定律的主要原因

所谓偏离朗伯—比尔定律，意思是说：一般情况下，所测吸光度值与水样中被测物质的浓度应是直线关系；如果所测吸光度值随溶液浓度增大并不形成直线，而往往是向下弯曲，如图 8.4 中 2 所示，称做对朗伯—比尔定律的"负偏离"；如果向上弯曲（这种情况较少），则叫做"正偏离"，如图 8.4 中 3 所示。

偏离朗伯—比尔定律的原因很多，但可主要从下面两个方面来寻找。

1）仪器方面的原因：主要有入射光束不纯，即并非真正的单色光。纵使采用性能良好的单色器，由于狭缝调节不当，或光源辐射性质不良，致使工作波长实际上是一个有限宽度的谱带，随着谱带宽度的增大，吸收光谱的分辨率下降，于是容易形成负偏离。尤其溶液浓度大时更严重些。因此，在实际分析中，为了减少非单色光引起的偏离，除了选用具有优良性能单色器的分光光度计并选择合适的工作波长和选择适宜分析浓度范围外，还要做空白试验。

2）化学方面的原因：由式（8.4）可知，C 表示吸光物质的总浓度，实际分析中常常涉及的是与溶液中其他组分处于平衡状态的物质，所以水样中被测物质浓度的改变而引起平衡的任何移动都将导致对朗伯—比尔定律的偏离，这就是所谓化学平衡的影响。例如，$K_2Cr_2O_7$ 溶液有如下平衡：

$$Cr_2O_7^{2-} + H_2O \rightleftharpoons 2HCrO_4^- \rightleftharpoons 2H^+ + 2CrO_4^{2-}$$

$Cr_2O_7^{2-}$ 离子呈橙色，其吸收光谱在 345nm 和 450mn 处分别有特征吸收；而 CrO_4^{2-} 呈黄色，在 375nm 处有特征吸收（图 8.5）。随着溶液的 pH 不同，$Cr_2O_7^{2-}$ 和 CrO_4^{2-} 的浓度比也不同，这样，溶液的吸光度和 $Cr(\text{VI})$ 的总浓度之间的线性关系就发生明显偏离。如当使用 375nm 为工作波长时，由于随溶液浓度增加总的吸光度值急剧增高，将引起正偏离；使用 450nm 为工作波长时，将引起负偏离。为克服这种偏离，应控制溶液在强酸性条件下，使 $Cr(\text{VI})$ 以 $Cr_2O_7^{2-}$ 型体存在，便可获得满意的直线关系。

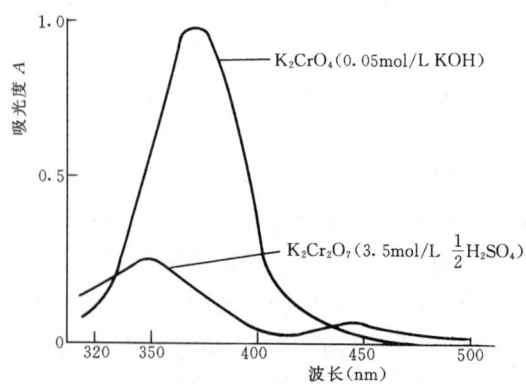

图 8.5　$K_2Cr_2O_7$ 和 K_2CrO_4 溶液的吸收光谱

化学方面的因素很多，诸如水样中被测物质（溶质）与溶剂或其他离子发生作用，或溶质分子本身解离、聚合或形成不同络合物、互变异构体等，都会引起吸光强度的变化，使标准曲线弯曲。这里不一一赘述。为了减少化学方面因素而引起的偏离，要求在实际分析工作中，一定要严格控制反应条件和遵守操作规程。

由于标准曲线的偏离现象及检出限的存在，在确定一个分析方法时，通过配制标准水样绘制出标准曲线之后，必须给出其线性范围。线性范围的最低点必须大于方法的检出限，最高点选在曲线出现弯曲之前，一般要求标准曲线相关系数的平方（r^2）在 0.999 以上。

8.2　比色法和分光光度法

许多物质是有颜色的，例如 $KMnO_4$ 溶液呈现紫红色；有些物质本身是无色的，但可在适当条件下，与某些试剂反应生成有色物质，例如，CN^- 与吡啶—巴比妥酸生成红紫色染料；Cd^{2+}、Pb^{2+}、Zn^{2+}、Hg^{2+} 等与双硫腙（H_2Dz）分别形成红色、淡红色、红色、橙色螯合物；Cr^{6+} 与二苯碳酰二肼（DPC）生成紫红色络合物；酚与 4—氨基安替比林（4—AAP）生成红色染料等等。有色物质溶液颜色的深浅，与其浓度成正比，溶液颜色越深，其浓度越大。通过比较溶液颜色深浅来确定物质含量的方法，称为比色分析法。比色分析法是利用物质对光的选择性吸收而进行测定的方法。目前，已普遍采用分光光度计进行比色分析，以较纯的单色光作入射光，测定物质对光的吸收，因此称为分光光度法。根据入射光波长范围的不同，它又分为可见—紫外分光光度法、红外分光光度法等。主要用于水样中微量组分的测定。

比色法和分光光度法的主要特点有：

（1）灵敏度高。一般可测定 $10^{-3} \sim 10^{-6} mol/L$ 浓度的物质，如果通过富集（如萃取），灵敏度还可提高。

（2）准确度较高。一般比色法相对误差 5%～10%，分光光度法相对误差为 2%～5%。重量法、滴定法较之低一些，但是可以满足微量组分测定要求。

（3）应用广泛。几乎所有无机离子和许多有机物都可以直接或间接地用比色法和分光光度法测定。

（4）操作简便、快速。分光光度计等仪器已是实验室常规测量仪器。

8.2.1　比色法（Colorimetry）

（1）目视比色法（Visual Colorimetry）

直接用眼睛比较标准溶液与被测溶液颜色的深浅，来测定物质含量的方法称为目视比色法。测量的是透过光的强度。

原理：根据朗伯—比尔定律，当样品溶液与标准溶液透过光的强度相同时，

则该标准溶液的浓度就是被测溶液的浓度。令标准溶液透过光强度为 $I_{标}$，被测溶液为 $I_{样}$，则有

$$I_{标} = I_0 \cdot 10^{-\varepsilon_1 C_1 L_1}$$

$$I_{样} = I_0 \cdot 10^{-\varepsilon_2 C_2 L_2}$$

当两溶液颜色相同时，透光强度相等

$$I_{标} = I_{样}$$

$$\varepsilon_1 C_1 L_1 = \varepsilon_2 C_2 L_2$$

又因为对同一物质，在相同条件下显色时，则

$$\varepsilon_1 = \varepsilon_2, L_1 = L_2$$

所以有　$C_1 = C_2$，即水样中被测物质浓度与标准溶液浓度相等。

具体做法——标准色阶法

用一套质料相同、形状大小相同的比色管（10，25，50 或 100mL 均可），插入具有白色底板的比色管架中。将一系列不同浓度的标准溶液依次加入各比色管中，再分别加入等量的显色剂及其他试剂，并控制其他实验条件完全相同，最后稀释至同一体积。便配制成一套颜色逐渐加深的标准色阶。

将一定量被测水样，置于另一比色管中，在相同条件下显色，并稀释至相同体积。

比色测定：从管口垂直向下观察，逐一与标准色阶比较，若被测水样与标准系列中某一溶液的颜色深浅相同，表示两者浓度相同，若颜色介于两标准溶液之间，则被测水样浓度介于两标准溶液浓度之间，一般取该两标准溶液浓度的平均值。

标准色阶法常用于测定水样中的色度和余氯等。

该方法不需特殊仪器设备，操作简便，灵敏度较高，常用于准确度要求不高的水样分析。该方法的缺点是：

1）有色溶液（显色液）不太稳定，常需临时配制一套标准色阶，麻烦费时。

2）眼睛观察，主观误差较大，准确度不高，相对误差 5%～20%。

为了提高准确度一般不用目视比色法，而采用光电比色法和分光光度法。

（2）光电比色法（Photoelectric Colorimetry）

利用光电池和检流计代替人眼睛进行测量的仪器分析方法为光电比色法，测量的是吸收光的强度。例如，测定 $KMnO_4$ 溶液，光电比色法测定的是 $KMnO_4$ 溶液对黄绿色光的吸收强度；而目视比色法测量的是 $KMnO_4$ 溶液透过紫红色光的强度。

具体做法——标准曲线法：借助光电比色计来测量一系列标准溶液的吸光度值，以标准溶液浓度（mg/L 或 mol/L）为横坐标与对应的吸光度值（A）为纵坐标，绘制标准曲线。然后在相同条件下，测定被测水样的吸光度值，从标准曲

线上查出其浓度或含量。

光电比色计：（Photoelectric Colorimeter）由光源、滤光片、比色皿、光电池和检流计 5 个部件组成（图 8.6）。

光源　　　　滤光片　　　　比色皿　　　　光电池　　　　检流计

图 8.6　光电比色计的方框图

当光源发出的复合光（白光）经过滤光片变成单色光，通过比色皿时一部分光被吸收，一部分光透过溶液，硒光电池将光信号转换成电信号，由检流计指示出光电流即电信号的大小。由于电信号（光电流）与水样中被测物质浓度成正比，便可根据光电流大小求出水样中被测物质的浓度或含量。

1）光源：常用钨丝灯作光源，能发射 400～1100nm 的连续光波。

2）滤光片（Filter）：滤光片的作用是获得单色光，常用有色玻璃制成。要求滤光片的颜色与水样中被测物质的颜色为互补色，即滤光片最容易透过的光应是有色溶液最容易吸收的光。例如，磺基水杨酸铁的黄色溶液，最易吸收紫色光，所以用紫色滤光片。

3）比色皿（Cuvette）：比色皿盛水样或空白溶液。由无色透明光学玻璃制成。

4）光电池：将光信号转换成电信号（光电流）的装置，常用硒光电池。当单色光辐射到硒光电池时，电子从半导体硒表面逸出，便产生光电流。光电流与入射光的强度成正比。硒光电池产生的光电流较大，无需放大，即可直接由灵敏电流计测量。

5）检流计（Galvanometer）：测量光电流的仪器。光电比色计中常用悬镜式光点反射检流计，上有透光率（$T\%$）和吸光度（A）两种刻度。

光电比色法的优点是：

①光电池和检流计代替人眼睛测量，消除了主观误差，提高了准确度；

②在有其他有色物质共存时，可采用适当的滤光片和适当的参比溶液来消除干扰，因而提高了选择性。

光电比色法的局限性是：只限于可见光区 400～800nm；且滤光片将复合光变成单色光，仍不纯，常有其他杂色光，影响测量的灵敏度和准确度。因此，目前多采用分光光度法。

8.2.2　分光光度法（Spectrophotometry）

（1）分光光度法的特点

1）分光光度法采用棱镜或光栅等分光器将复合光变为纯度较高的单色光，由于入射光是纯度较高的单色光，便可获得十分精确细致的吸收光谱曲线，可选择最合适的波长进行测定。可使偏离朗伯—比尔定律的情况减少，标准曲线直线部分范围更大。因而使方法的灵敏度、准确度都较高。

2）测量范围扩大了。由于入射光的波长范围扩大了，不仅可以测定在可见光区（400～800nm）有特征吸收的有色物质，也可以测定在紫外光区（200～400nm）和红外光区（2.5～25μm）有适当吸收的无色物质。例如，苯酚与4-氨基安替比林反应生成的橙红色的吲哚酚安替比林染料，其水溶液在510nm波长处有最大吸收，因此，可用可见分光光度法在λ_{max}＝510nm处测定苯酚的含量；而苯酚的水溶液又可在λ_{max}＝287nm处用紫外（UV）分光光度法测定。又如水中硝酸盐（NO_3^-）在302nm处有最大吸收，亚硝酸盐（NO_2^-）和其他阴离子不干扰，可在λ_{max}＝302nm处测定水中NO_3^-的含量。

3）由于可任意选取某种波长的单色光，在一定条件下，利用吸光度的加和性，可同时测定水样中两种或两种以上的物质组分含量。例如，水样中含有Fe^{2+}、Fe^{3+}时，可以利用吸光度的加和性实现同时测定。其中Fe^{2+}与邻二氮菲生成的橙红色络合物$Fe(phen)_3^{2+}$在510nm处有特征吸收，而Fe^{3+}与邻二氮菲生成的淡蓝色络合物$Fe(phen)^{3+}$则无显著吸收，因此可在λ_{max}＝510nm处测定水样中的Fe^{2+}含量。但是$Fe(phen)_3^{2+}$和$Fe(phen)^{3+}$两络合物在390nm处为等吸收点，具有相等的吸收强度。因此，可在390nm波长处测定Fe^{2+}与Fe^{3+}的总浓度。而水样中Fe^{3+}的量可由390nm处与510nm处测得的总铁量与Fe^{2+}的量之差值求得。

（2）分光光度计（Spectrophotometer）

分光光度计与光电比色计的主要区别是分光器不同和测量范围不同。分光光度计用棱镜或光栅等分光器将复合光变为单色光，可获得纯度较高的单色光，进一步提高了灵敏度和准确度。分光光度计测量范围不仅包括可见光区，还包括紫外和红外光区，扩大了测量的范围。

分光光度计按波长范围分为可见分光光度计（工作范围360～800nm）、紫外—可见分光光度计（200～1000nm）和红外分光光度计（760～400000nm）等。目前，紫外—可见分光光度计主要有单光束、双光束和双波长分光光度计。双光束或双波长分光光度计不仅能测量水样的吸收光谱，而且可以测量水样的差光谱和导数光谱（波长范围180～2500nm），扩大了光谱范围。双波长分光光度计由于采用不同波长的单色光交替通过同一样品池，然后通过两个波长的差吸收值计算样品组分浓度，消除了背景所引起的误差，提高了准确度。尤其微处理机（微型计算机）引入分光光度计，更提高了仪器的精密度、灵敏度、稳定性和自动化程度。应用最广泛的紫外—可见分光光度计，结构基本均由光源、分光系统、吸收池、检测器和记录系统5部分组成。

8.2.3　可见—紫外分光光度计结构及其原理

单光束分光光度计结构及其原理（图8.7）：光源1发出的连续辐射能由凹面镜2及平面镜3反射，集中于狭缝4，通过4聚集于准直镜5，再反射于石英棱镜6，复合光（或混合光）遇棱镜背面喷涂铝的反射面而反射回来，为棱镜所色散，并形成连续光谱。通过棱镜可选择所需波长，再由准直镜5反射至狭缝4射入样品溶液吸收池7，透过的光入射到光电管8上，发生光电效应而产生光电流。再经放大，电信号转换为吸光度表示出来。样品溶液的吸光度值与样品溶液组分的含量或浓度成正比。因此，可测定待测组分的浓度或含量。

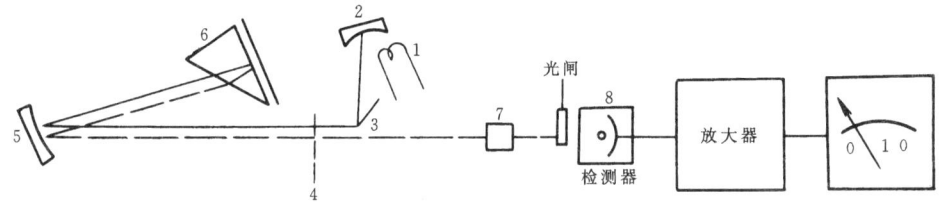

图 8.7　单光束分光光度计光学系统及结构示意图

1—光源；2—凹面镜；3—平面镜；4—狭缝；

5—准直镜；6—石英棱镜；7—吸收池；8—光电管

双光束分光光度计（图8.8）：色散系统基本同单光束分光光度计。不同的是利用反射镜组（A-A 与 B-B）间摆动，使单色光辐射交替地通过样品 S 和参比 R。另外开关 S_W 动作与反射镜组的摆动同步。把光电信号切换到相应的电子线路，被记录下来。提高了仪器的稳定性、精度，并能自动记录吸收光谱。

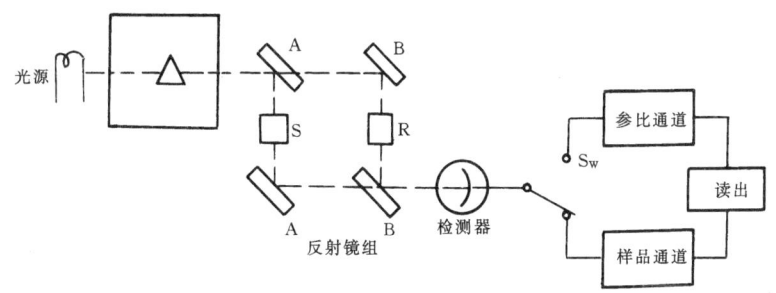

图 8.8　双光束分光光度计结构示意图

双波长分光光度计基本结构及其原理（见图8.9）：双波长分光光度计主要由光源1发射的光，经过双分光系统（单色器）2得到所需要的单色光，波长 λ_1 和 λ_2 交替地由切光器3通过吸收池中的样品溶液4，透过光的信号用光电倍增管检测器5接收并转化成电信号，再经调制器6调节后进行同步放大（放大器7），然后由记录仪8记录差吸光度值 ΔA。根据朗伯—比尔定律，试样溶液在两个波

长的差吸光度值 ΔA 与溶液中被测组分的浓度成正比，可以计算被测组分的含量或浓度。

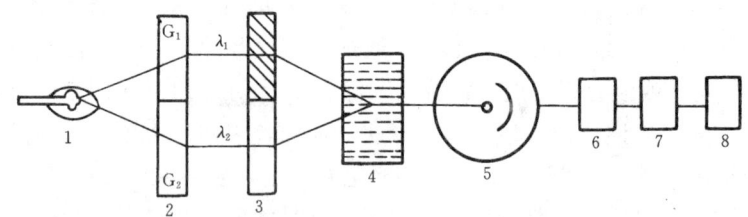

图 8.9　双波长分光光度计结构示意图

1—光源；2—双分光系统（单色器）；3—切光器；4—吸收池；

5—光电倍增管；6—调制器；7—放大器；8—记录仪

8.2.4　可见—紫外分光光度计的光学系统和测量系统

（1）光源

有钨丝灯和氢灯（或重氢灯）两种，其中钨丝灯作为可见光区的连续光源（320～2500nm），氢灯、重氢灯常用于紫外光区（180～375nm）的连续光源，由于玻璃能强烈地吸收紫外光线，故一般都用石英灯泡制作。如果用玻璃灯泡，则在光源射出部分必须安上石英窗才能使用。常见的紫外—可见分光光度计波长范围是 180～1000nm。

（2）分光系统

单色器是产生高光谱纯度辐射束的装置。换言之，是将混合的光波按波长顺序分散为不同波长的单色光波的装置，所以又称色散系统。包括棱镜或衍射光栅、狭缝和透镜、准直镜系统，其中棱镜或衍射光栅是单色器的重要部件。

1）狭缝　当光源的光进入色散系统前，要先经过一个入射狭缝，使光成为一条细的光束照射平行光镜（准直镜），则成为平行的光线投射到棱镜或衍射光栅上。色散后的光波通过转动棱镜可获得所需要的单色光波，由出射狭缝分出。

事实上，由出射狭缝出来的光并不是某一种单一波长的光，狭缝越宽所包含的光波越多。如果色散系统是棱镜，则在长波段光谱中包括的光波又比短波光谱多，因此，为了得到一定纯度的单色光（即光谱范围很窄的光）必须随着棱镜的转动同时调节狭缝。

通常表示出射狭缝宽度的方法有 2 种，一种是狭缝实际宽度（用 mm 表示），可以从0～2mm连续变化；另一种是光谱狭缝宽度（光谱宽度用 nm 表示）。

狭缝越窄，杂散光的影响越少，但是光的亮度也越弱，所以狭缝宽窄要适度。如果采用双单色器可明显减少杂散光，提高仪器的分辨能力。

2）棱镜　由玻璃或石英制成，玻璃棱镜的色散能力比石英棱镜好，分辨本领也强，但强烈吸收紫外线，所以紫外光区的色散必须用石英棱镜，且在石英棱镜的反面镀铝，因为铝比银对紫外光的反射力强。

我们知道，当光经过一种介质（如空气）射入另一种介质（如玻璃）时，其传播速度改变。如果光是斜着射到介质的界面，则光进入该介质后其传播方向也发生改变，光在介质中传播速度较慢，折射率就大。这样就可以将混合光中所包含的各个光波按一定波长顺序使之分散开来，而成为光谱。

另外，也常用衍射光栅作色散元件。光栅是在石英或玻璃的表面上刻许多等距离的平行线，光只能在两条刻线中间的平面处透过去。这些平面形成了极微小的缝，光透过小缝时即产生绕射现象，使每个小缝都自成一个小光源，将光向各个方面射出。从各小缝射出的光波在传播的过程中又引起光波的干涉；一部分光波因互相干涉而减弱或抵消，一部分光波因互相加强而保留。保留的光波，其传播方向与光波的波长有关，较长的光波偏折的角度大，较短的光波偏折的角度小，因而形成光谱。

说明一点，非测定所需的光都称杂色散光。杂色散光除由狭缝太宽引起之外，还有棱镜落上灰尘也会产生杂色散光，所以分光光度计的光学系统都是密封的，防止灰尘进入。

（3）吸收池

盛溶液的吸收池有玻璃和石英的。玻璃池只能用于可见光区，石英池可用于紫外光区和可见光区。吸收池的厚度（光程）要准确，吸收池的规格（光程长短）有多种，可根据溶液多少和吸收情况选用。最常用的是方形吸收池。有的仪器附有试管形的圆形吸收池，它的好处是在盛入溶液后，形成一个聚光镜，增加了照射到检测器上的光强度，但加工困难些。

使用新的吸收池之前必须经过配对选择，测定它们的相对厚度，互相偏差不得超过 2％透光度，否则影响定量结果。吸收池一般称比色皿。

（4）检测器

检测器的功能是检测光信号。

光电检测器（光电管或光电倍增管）是将光信号转换为电信号的装置。光电管有紫敏光电管（锑铯合金光电管，适用于波长 200～625nm）和红敏光电管（氧化铯光电管，适用于波长 625～1000nm 或更大）。它们和光电放大器一起装在另一个暗箱中，组成一个测量放大系统。

光电管内装有阴极和阳极（图 8.10）。阴极为对光敏感的碱土金属氧化物做成的。当光子落在阴极表面上时被吸收，且光子的能量超过一定阈值，金属表面原子中的电子即发射出来，光越强，即光波的振幅越大，则放出的电子越多，如阳极为正电压，则电子被吸引到阳极上去而产生电流。一般充氩气的光电管产生的光电流要比真空时大 $5\sim6$ 倍。因为由阴极放出的电子，在空间与氩原子碰撞，使之电离，电离出来的离子同样也被吸引到阳极上去，因而增大了光电流。光电流大小与吸收光强度（吸光度）成正比，而吸光度又与溶液中组分浓度或含量成正比。

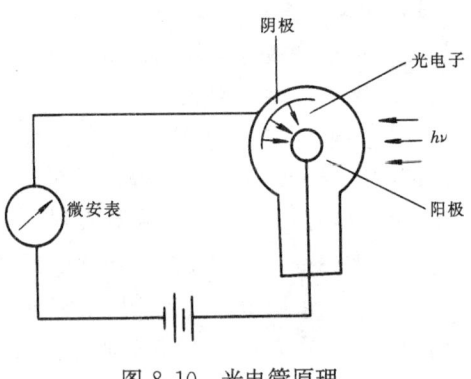

图 8.10   光电管原理

光电倍增管是利用二次电子发射以放大光电流，放大倍数在 $10^4\sim10^8$ 倍。光电倍增管阳极上的光敏材料，通常用碱金属锑、铋、银等合金作涂料。

光电管和光电倍增管都是高输出阻抗电流源，它们的输出信号都容易放大。且它们在暗处未受照射时，由于碱土金属组成的阴极上热电子发射，其自由电子仍有少量趋向阳极，而形成残余电流，称为暗电流。室温下通常的暗电流值，光电管约为 $5\times10^{-9}\mathrm{A}$，光电倍增管则高出一个数量级。在使用中应在线路上设法补偿除去。除了光电管、光电倍增管外，还有半导体检测器和硅二极管。

上述这些元件构成了目前常用的紫外—可见分光光度计。近年来，双波长分光光度计的出现，使分析方法的准确度和灵敏度明显提高，尤其对高浓度样品和混浊样品以及多组分混合物样品的定量分析，更显示出独特优点。双波长分光光度计不仅可测量水样的吸收光谱，且可测量水样的差光谱和导数光谱，扩大了光谱范围和应用范围。电子计算机与分光光度计联用，使仪器的精度、灵敏度、稳定性和自动化程度大大提高。尤其微型计算机已成为分光光度计的一个重要组成部分，极大地推动了分光光度计的发展。

8.3   显色反应及其影响因素

在进行比色分析或分光光度分析时，经常利用某种反应将水样中被测组分转变为有色化合物，然后进行测定，这种把被测组分转变成有色化合物的反应称做显色反应，与被测组分形成有色化合物的试剂叫做显色剂。有些物质加入某种试剂或溶剂后，会使该物质的吸收曲线向紫移或红移，以利于在紫外光区选择适宜波长对该物质的测定，因此，我们也沿用"显色"反应这一概念。

8.3.1   显色反应

分光光度法应用的显色反应主要有氧化还原反应和络合反应两大类，其中络合反应是最重要反应。显色反应应满足下列要求：

（1）选择性好，干扰少或干扰易消除。

（2）灵敏度足够高。因为比色法和分光光度法多用于微量组分的测定，故一般选择生成显色化合物的摩尔吸收系数高（ε 在 $10^4 \sim 10^5$）的显色反应。但是有时灵敏度高的反应不一定选择性好，故应全面考虑。对于常量组分的测定，不一定选择最灵敏的显色反应。

（3）生成的显色化合物的化学性质应足够稳定，且有恒定的组成。

（4）显色化合物（MR）与显色剂（R）之间的颜色差别要大，使显色时，颜色变化明显，空白值小，通常这种差别叫"反衬度"（或对比度），用 $\Delta\lambda$ 表示。要求：

$$\Delta\lambda = \lambda_{max}^{MR} - \lambda_{max}^{R} \geqslant 60\,\mathrm{nm} \tag{8.8}$$

下面介绍显色反应：

（1）氧化还原反应

例如，测定水中的 Mn^{2+}，以 $AgNO_3$ 为催化剂，用过硫酸铵 $(NH_4)_2S_2O_8$ 将 Mn^{2+} 氧化为紫红色的 MnO_4^-：

$$2Mn^{2+} + 5S_2O_8^{2-} + 8H_2O \overset{Ag^+}{\rightleftharpoons} 2MnO_4^- + 10SO_4^{2-} + 16H^+$$

在 $\lambda_{max} = 525\,\mathrm{nm}$ 处，MnO_4^- 有特征吸收，可以利用分光光度法测定水中的 Mn^{2+} 含量。

近年来，发展较快的多元催化氧化体系，用于分光光度法中。例如，F^-、Cl^-、Br^- 对 Cu^{2+}—没食子酸（GA）—H_2O_2 三元催化氧化显色体系具有活化作用，Cl^- 可将该反应的灵敏度提高 10 倍，若再加入 Al^{3+} 还可大大加快反应速度。Cu^{2+}—GA—H_2O_2 体系（体系 1）和 Cu^{2+}—GA—H_2O_2—Cl^- 体系（体系 2）的催化氧化产物的水溶液呈黄色，而 Cu^{2+}—GA—H_2O_2—Cl^-—Al^{3+} 体系（体系 3）催化氧化产物的水溶液为暗黄色。这 3 个体系在紫外光区都有特征吸收（图 8.11），其中任何一个体系都可用紫外吸收光谱法测定 Cu^{2+}，其中体系 1 和体系 2 的 $\lambda_{max} = 312\,\mathrm{nm}$，体系 3 的 $\lambda_{max} = 345\,\mathrm{nm}$。当然也可选用 $380\,\mathrm{nm}$ 作为以上 3 个体系测定波长。

（2）络合反应

无机阳离子的显色反应绝大多数都属于络合反应，例如，Fe^{2+} 与邻二氮菲的反应：

$$Fe^{2+} + 3phen \rightleftharpoons Fe(phen)_3^{2+}（红色）$$

邻二氮菲亚铁络合物在 $508\,\mathrm{nm}$ 处有特征吸收，这是邻二氮菲光度法测定水中 Fe^{2+} 的基础。

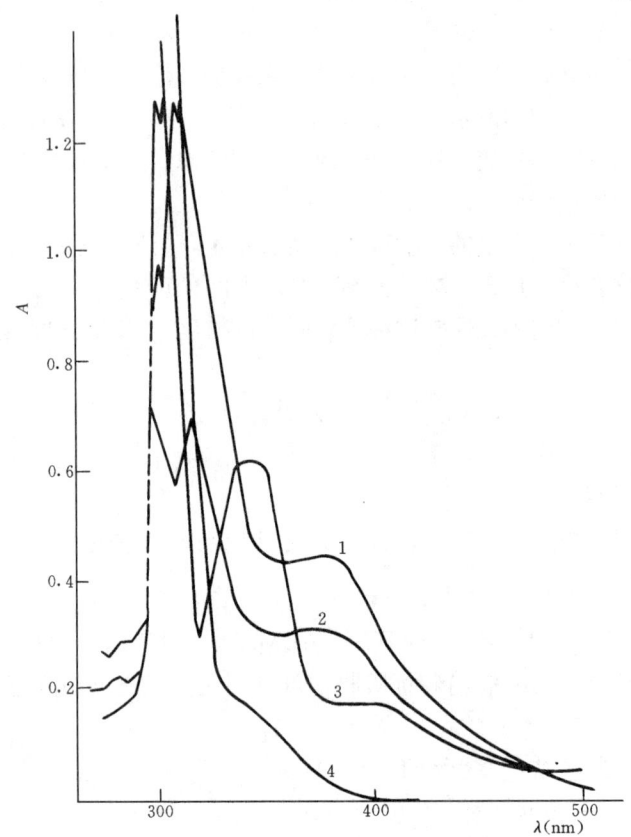

图 8.11   催化氧化物的吸收光谱

1—体系 1, pH5.2; 2—体系 2, pH4.6; 3—体系 3, pH4.8; 4—试剂空白（参比：水）

近年来，在分光光度法中发展较快的一类络合反应是形成三元络合物的显色反应。这类三元络合物与普通的二元络合物相比，有更高的灵敏度和选择性，因而很有发展前途。例如，在 pH＝6.0 的 $Fe(phen)_3^{2+}$ 溶液中加入甲基橙，阳离子 $Fe(phen)_3^{2+}$ 与甲基橙阴离子可以靠静电引力形成三元离子缔合型络合物，萃取后用分光光度法测定铁，其灵敏度又高于邻二氮菲分光光度法。

8.3.2   显色剂

显色剂分为无机显色剂和有机显色剂。部分无机显色剂列于表 8.4。其中无机显色剂与金属离子形成络合物的组成不恒定、不稳定、选择性差、灵敏度不高，所以常用有机显色剂。

部分无机显色剂 表 8.4

显色剂	测定元素	络合物		λ_{max} (nm)	介质
		组成	颜色		
硫氰酸盐	铁	$Fe(SCN)_5^{2-}$	红	480	$0.1 \sim 0.8 mol/L\ HNO_3$
	钼	$MoO(SCN)_5^{2-}$	橙	460	$1.5 \sim 2.0 mol/L\ H_2SO_4$
	钨	$WO(SCN)_4^{-}$	黄	405	$1.5 \sim 2.0 mol/L\ H_2SO_4$
	铌	$NbO(SCN)_4^{-}$	黄	420	$3 \sim 4 mol/L\ HCl$
钼酸铵	硅	$H_4SiO_4 \cdot 10MoO_3 \cdot Mo_2O_5$	蓝	$670 \sim 820$	$0.15 \sim 0.3 mol/LH_2SO_4$
	磷	$H_3PO_4 \cdot 10MoO_3 \cdot Mo_2O_5$	蓝	$670 \sim 820$	$0.5 mol/LH_2SO_4$
	钒	$P_2O_5 \cdot V_2O_5 \cdot 22MoO_3 \cdot nH_2O$	黄	420	$1 mol/LHNO_3$
H_2O_2	钛	$TiO(H_2O_2)^{2+}$	黄	420	$1 \sim 2 mol/LH_2SO_4$

多数有机显色剂与金属离子生成极其稳定的螯合物,显色反应的选择性和灵敏度都比无机显色反应高,在比色法和分光光度法中已广泛应用。

(1) 双硫腙（Dithizone，H_2Dz），学名二苯基硫代卡巴腙，亦称打萨腙。分子式 $C_{13}H_{12}N_4S$，紫黑色结晶粉末。微溶于水，易溶于氨水及碱性介质中。双硫腙溶于 CCl_4 或 $CHCl_3$ 中呈现绿色。双硫腙与 20 多种金属离子形成的螯合物，在 CCl_4 或 $CHCl_3$ 中呈现黄、红色或介于二色之间，是目前萃取比色测定 Pb^{2+}、Zn^{2+}、Cd^{2+}、Cu^{2+}、Hg^{2+} 等离子的重要显色剂。表 8.5 列出了一些金属离子与双硫腙 （H_2Dz） 螯合物的 λ_{max} 和 ε 。

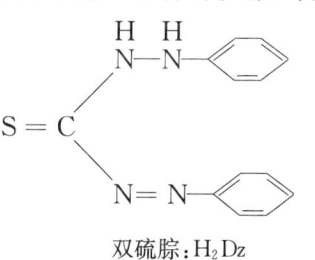

双硫腙：H_2Dz

一些重金属离子与双硫腙形成的螯合物的 λ_{max} 和 ε 表 8.5

双硫腙 H_2Dz：$\lambda_{max} = 620nm$　$\varepsilon = 3.3 \times 10^4$

金属离子与 H_2Dz 螯合物	λ_{max} (nm)	ε (L/(mol · cm))	介质
$Pb(HDz)_2$	520	6.88×10^4	CCl_4
$Zn(HDz)_2$	535	9.60×10^4	CCl_4
$Cd(HDz)_2$	520	8.80×10^4	CCl_4

双硫腙 H_2Dz：$\lambda_{max} = 620nm$　$\varepsilon = 3.3 \times 10^4$			
金属离子与 H_2Dz 螯合物	λ_{max} （nm）	ε （L/(mol·cm））	介质
$Hg(HDz)_2$	485	7.12×10^4	CCl_4
$Cu(HDz)_2$	550	4.52×10^4	CCl_4
$Co(HDz)_2$	542	5.92×10^4	CCl_4
$Ni(HDz)_2$	665	1.92×10^4	CCl_4

双硫腙与重金属离子的反应很灵敏，可利用控制 pH 和掩蔽方法，消除干扰，提高反应的选择性。

(2) 二甲酚橙（Xylenol Orange，XO）。一种三苯甲烷类显色剂，分子式 $C_{31}H_{32}N_2O_{13}S$。红棕色有光泽的结晶粉末。其钠盐易溶于水。由于具有邻甲酚酞结构，因此溶液的 pH 对其颜色变化影响很大，在 pH＞6.3 时，溶液呈红色，pH＜6.3 时，显黄色，与许多金属离子可形成红色或紫红色的化学计量数为 1：1 络合物。它不仅是络合滴定中重要金属指示剂（见第 4 章 4.4.4），也是比色与分光光度分析的常用显色剂。二甲酚橙作显色剂有较高的灵敏度和选择性。一些金属离子与二甲酚橙（XO）形成的络合物的 λ_{max} 及 ε 列于表 8.6。

部分金属离子与二甲酚橙络合物的 λ_{max} 和 ε　　　　表 8.6

XO. $\lambda_{max} = 440nm$			
金属离子与 XO 络合物	λ_{max} （nm）	ε （L/(mol·cm））	pH
Bi^{3+}·XO	520	1.6×10^4	
Cu^{2+}·XO	580	2.41×10^4	5.4～6.4
Pb^{2+}·XO	580	1.94×10^4	4.5～5.5
Zr^{4+}·XO	535	3.18×10^4	
Th^{4+}·XO	535	2.50×10^4	

还有铬天青 S、结晶紫和罗丹明 B 等都属于三苯甲烷类显色剂。其中铬天青 S（CAS）与许多金属离子生成蓝、紫色或介于二色之间的络合物，主要用于测定 Al^{3+}。$Al(CAS)^{3+}$ 络合物的 $\lambda_{max} = 530nm$，$\varepsilon = 5.9 \times 10^4$。结晶紫主要用于测定铊（$Tl^{3+}$）。

(3) 磺基水杨酸（Sulfosalicylic Acid，SSal），分子式 $C_7H_6O_6S$。白色结晶粉末，易溶于水、乙醇或乙醚。其水溶液为无色，与许多高价金属离子形成稳定的有色络合物，是重要有机显色剂之一。主要用于测定 Fe^{3+}。磺基水杨酸与 Fe^{3+} 络合物在不同 pH 时显不同颜色和不同组成（见第 4 章 4.4.4）。

一般在 pH＝1.8～2.5 条件下为红褐色的 Fe（SSal）$^+$ 络离子，在 $\lambda_{max}＝$ 520nm 处（$\varepsilon＝1.6\times10^3$）测定水中 Fe^{3+} 的含量。

（4）邻二氮菲（1，10－Phenanthroline，Phen），又称邻菲啰啉，分子式 $C_{12}H_8N_2$，白色结晶，难溶于水，溶于苯、乙醇和丙酮。它是测定 Fe^{2+} 的较好显色剂。一般在 pH＝5～6 时，在 $\lambda_{max}＝$508nm 处（$\varepsilon＝1.1\times10^4$）测定水中 Fe^{2+} 的含量，生成 $Fe(phen)_3^{2+}$ 橘红色络合物。

如果水样中有 Fe^{3+} 时，首先测 Fe^{2+}，然后另取一份水样，加还原剂将 Fe^{3+} 还原为 Fe^{2+}，再测总铁。最后由总铁与 Fe^{2+} 含量之差求水样中 Fe^{3+} 的含量。

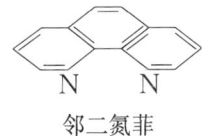

邻二氮菲

（5）丁二酮肟（Diacetyldioxime），分子式 $C_4H_8N_2O_2$，白色粉末，溶于乙醇和乙醚，不溶于水，是测定镍的有效显色剂。在 NaOH 碱性溶液中，有氧化剂（如过硫酸铵）存在时，丁二酮肟与 Ni（Ⅳ）生成化学计量数为 1：4 的可溶性红色络合物，其 $\lambda_{max}＝$470nm，$\varepsilon＝1.3\times10^4$。

$$H_3C-C-C-C-H_3$$
$$HON\qquad NOH$$

丁二酮肟

8.3.3　多元络合物

由 3 种或 3 种以上的组分所形成的络合物为多元络合物。其中三元络合在分光光度法中应用较普遍。其主要原因是：

（1）有更好的选择性。例如，铌和钽都可与邻苯三酚生成二元络合物，但在草酸溶液中，只有钽能与邻苯三酚形成黄色的钽—邻苯三酚—草酸三元络合物，铌则不形成类似的三元络合物。从而提高了反应的选择性。

（2）有更高的灵敏度。例如，用 H_2O_2 测定钒（V），在 $\lambda_{max}＝450$nm 处的 ε 为 2.7×10^2，如用 PAR(4－（2－吡啶偶氮）间苯二酚)显色，灵敏度有所提高，但选择性差。如果将钒（V）、H_2O_2、PAR 三者混合，在一定条件下形成钒(V)－H_2O_2－PAR 三元络合物（紫红色），吸收光谱红移至 $\lambda_{max}＝540$nm，$\varepsilon＝1.4\times10^4$，其灵敏度明显提高。

（3）有更强的稳定性。例如，Ti－EDTA－H_2O_2 三元络合物的稳定性比 Ti－EDTA 或 Ti－H_2O_2 二元络合物的稳定性分别增强约 1000 倍或 100 倍。

在分光光度分析中，三元络合物还有改善显色条件，有较好的萃取性能，测定范围较广等许多特点，尤其为测定能生成三元络合物的某些阴离子，提供了新的方法和途径。

8.3.4 影响显色反应的因素

分光光度法测定的是显色反应达到平衡后溶液的吸光度，因此必须根据溶液平衡原理，了解影响显色反应的因素，控制适当的条件，使显色反应完全和稳定，才能获得准确的结果。影响显色反应的主要因素有：

（1）显色剂用量

令 M 代表被测物质组分，R 代表显色剂，则显色反应是：

$$M + R \rightleftharpoons MR$$

根据化学平衡原理，有色络合物的 $K_稳$ 越大，显色剂过量越多，越有利于被测物质全部转化为有色络合物 MR。但是过量的显色剂有时会引起副反应的发生，对测定反而不利。显色剂的适宜用量，要通过实验确定。具体做法是，在被测物质组分浓度和其他条件一定时，改变显色剂 R 浓度（C_R），分别测定其吸光度值 A，绘制 $A-C_R$ 关系曲线，显色剂用量对显色反应的影响有 3 种情况，分别示于图 8.12（a）、（b）、（c）。

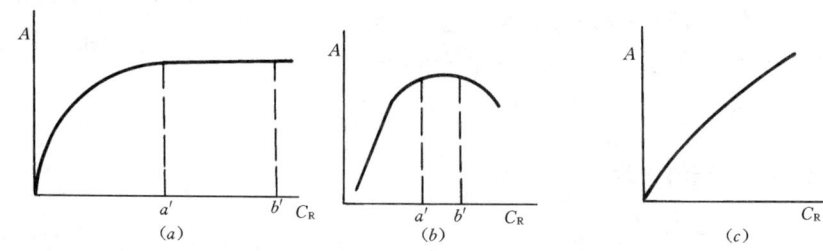

图 8.12 吸光度与显色剂浓度的关系曲线

1）由图 8.12（a）可见，显色剂浓度 C_R 增加，吸光度 A 也增加，当显色剂浓度达到某一定值时，吸光度不再增加，出现 $a'b'$ 平坦部分，说明显色剂浓度已足够，因此可在 $a'\sim b'$ 间选择合适的显色剂用量。这类反应生成的有色络合物稳定，对显色剂浓度控制要求不太严格，适用于光度分析。

2）由图 8.12（b）可见，显色剂浓度增加吸光度 A 增大，当显色剂浓度在 $a'\sim b'$ 这一窄小范围时，吸光度才较稳定，且 $a'b'$ 平坦区域较窄。当显色剂浓度继续增加时，溶液吸光度反而下降。因此，必须严格控制显色剂浓度。例如硫氰酸盐与钼（Mo）的反应：

$$\underset{\text{浅红}}{Mo(SCN)_3^{2+}} \rightleftharpoons \underset{\text{橙红}}{Mo(SCN)_5} \rightleftharpoons \underset{\text{浅红}}{Mo(SCN)_6^-}$$

显然，显色剂 SCN^- 浓度太低或太高，生成配位数低或高的络合物，都使溶液的吸光度降低。只有严格控制 SCN^- 的浓度，才能获准确结果。

3）图 8.12（c）与前面两种情况完全不同，随着显色剂浓度不断增大，溶液的吸光度也不断增大。例如，用 SCN^- 测定 Fe^{3+} 时，随着 SCN^- 浓度的增大，生成颜色越来越深的高配位数络合物 $Fe(SCN)_4^-$、$Fe(SCN)_5^{2-}$，溶液颜色由橙黄色变到血红色。

$$Fe(SCN)^{2+} \rightleftharpoons Fe(SCN)_2^+ \rightleftharpoons Fe(SCN)_3 \rightleftharpoons Fe(SCN)_4^- \rightleftharpoons Fe(SCN)_5^{2-}$$

黄色　　　　橙黄色　　　　血红色

遇此情况，必须非常严格地控制 SCN^- 的用量，才能获得准确结果。

（2）H^+ 浓度的影响

H^+ 浓度对显色反应的影响主要从以下几方面考虑：

1）H^+ 浓度对显色剂的平衡浓度和颜色的影响

a. H^+ 浓度对显色剂平衡浓度的影响

显色反应所用的显色剂不少是有机弱酸，令显色剂用 HR 表示，则被测物质组分 M 与显色剂的反应是：

$$M + HR \rightleftharpoons MR + H^+$$

显然，H^+ 浓度增加，平衡向左移动，使有色络合物浓度降低，吸光度也降低，影响测定结果的准确度。

例如，偶氮胂Ⅲ又称铀试剂Ⅲ，是一种变色酸双偶氮类显色剂（分子式 $C_{22}H_{18}As_2N_4O_{14}S_2$，紫褐色粉末，$\lambda_{max}=450nm$），主要用于微量铀、钍、锆和稀土元素的比色测定。如用于测定稀土元素时，pH=1，显色反应不能进行；只有 pH=3 时，显色反应才能定量进行。

b. H^+ 浓度对显色剂颜色的影响

许多显色剂具有酸碱指示剂的性质，即在不同 pH 下有不同的颜色。例如，PAR(4-(2-吡啶偶氮)间苯二酚)（H_2R 表示）在不同 pH 下，有不同颜色：

$$H_2R \rightleftharpoons H^+ + HR^- \rightleftharpoons H^+ + R^-$$

黄色 pH6.9　　　橙色 pH12.4　　红色

可见，pH<6.9 时，主要以 H_2R 型体存在，呈黄色；pH6.9～12.4 时，主要以 HR^- 型体存在，呈橙色；pH>12.4 时，以红色 R^- 型体存在。由于在碱性溶液中，PAR 呈红色，而 PAR 与多数金属离子生成的显色络合物也是红色或紫红色，所以必须在酸性或弱碱性条件下进行测定。

2）H^+ 浓度对被测金属离子的存在型体的影响

大部分高价金属离子，如 Fe^{3+}、Al^{3+}、Th^{4+}、Ti^{4+} 等，都易水解，尤其［H^+］较低时，除易产生一系列氢氧基或多核氢氧基络离子外，还会产生碱式盐或氢氧化物沉淀。例如，Al^{3+} 在水溶液中以最简单的单核络合物 $Al(H_2O)_6^{3+}$ 型体存在，水合 Al^{3+} 水解反应如下：

PAR

$$Al(H_2O)_6^{3+} + H_2O \rightleftharpoons Al(OH)(H_2O)_5^{2+} + H_3O^+$$

$$Al(OH)(H_2O)_5^{2+} + H_2O \rightleftharpoons Al(OH)_2(H_2O)_4^+ + H_3O^+$$

$$Al(OH)_2(H_2O)_4^+ + H_2O \rightleftharpoons Al(OH)_3(H_2O)_3 \downarrow + H_3O^+$$

由上述反应可知，降低 $[H^+]$ 或提高 pH，水解反应趋向右方。配位水分子逐渐减少，羟基逐渐增多，而水合羟基络合物的电荷却逐渐减少，最终生成中性氢氧化铝沉淀。当 pH<4 时，水解受到抑制，主要是 $Al(H_2O)_6^{3+}$ 型体；pH=4~5 时，水中将出现 $Al(OH)(H_2O)_5^{2+}$、$Al(OH)_2(H_2O)_4^+$ 和少量的 $Al(OH)_3(H_2O)_3$；当 pH=7~8 时，水中主要是 $Al(OH)_3(H_2O)_3$ 沉淀；当 pH>8.5 时，由于氢氧化铝是典型的两种化合物，它又重新溶解为负离子 $Al(OH)_4(H_2O)^-$，反应如下：

$$Al(OH)_3(H_2O)_3 + H_2O \rightleftharpoons Al(OH)_4(H_2O)^- + H_3O^+$$

当然，在由 $Al(H_2O)_6^{3+}$ 最终趋于 $Al(OH)_3(H_2O)_3$ 的中间过程中，水解产物还有许多复杂的多核络合物或高聚物同时共存，这里不予讨论。

如用铬天青 S（CAS）为显色剂测定 Al^{3+} 时，在 pH=5~5.8 下，生成蓝紫色 $Al(CAS)^{3+}$ 螯合物，$\lambda_{max} = 530nm$，$\varepsilon = 5.90 \times 10^4$。

还有 Fe^{3+} 水解反应与铝盐类似：

$$Fe(H_2O)_6^{3+} + H_2O \rightleftharpoons Fe(OH)(H_2O)_5^{2+} + H_3O^+$$

$$Fe(OH)(H_2O)_5^{2+} + H_2O \rightleftharpoons Fe(OH)_2(H_2O)_4^+ + H_3O^+$$

$$Fe(OH)_2(H_2O)_4^+ + H_2O \rightleftharpoons Fe(OH)_3(H_2O)_3 \downarrow + H_3O^+$$

同样，在由 $Fe(H_2O)_6^{3+}$ 向 $Fe(OH)_3(H_2O)_3$ 转变过程中，也伴有许多高聚物或多核络合物存在；不同的是铁盐水解性能优于铝盐，水解产物溶解度极小，只有在强碱性条件下，形成的 $Fe(OH)_3$ 才有可能重新溶解。

应该指出，只有 pH<3 时，主要以 $Fe(H_2O)_6^{3+}$ 型体存在，水解受到严重抑制。

从上述讨论可知，测定这些高价金属离子时，溶液中的 H^+ 浓度不能太小。

3）H^+ 浓度影响络合物的组成

对于某些生成逐级络合物的显色反应，$[H^+]$ 不同，络合物的络合比往往不同，其色调也不尽相同。例如，磺基水杨酸（SSal）与 Fe^{3+} 在不同 H^+ 浓度下，可生成化学计量数为 1：1、1：2 和 1：3 三种颜色不同的络合物（见第 4 章 4.4.4）。用磺基水杨酸测定 Fe^{3+} 时，控制 pH=1.8~2.5。

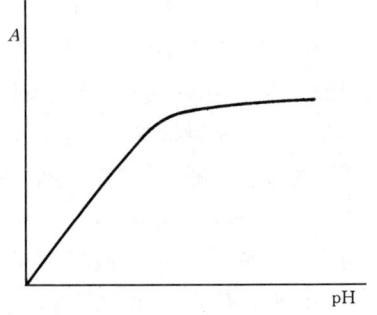

图 8.13　吸光度与 pH 的关系曲线

控制显色反应的 pH 采用缓冲溶液，并通过实验确定适宜的 pH 范围。具体做法是：固定溶液中被测组分和显色剂的浓度，改变 pH，并分别测定相应的吸光度值 A，以 pH 为横坐标，吸光度 A 为纵坐标，作 pH－A 关系曲线（图8.13），从中选出最适宜的 pH。

（3）显色温度

一般显色反应在室温下进行，如磺基水杨酸（SSal）与 Fe^{3+} 在室温下形成 $Fe(SSal)^+$ 络合物；但有的显色反应必须加热到一定温度才能完成，如比色法测定水中 Mn^{2+} 时，在催化剂 $AgNO_3$ 存在下，用过硫酸铵 $(NH_4)_2S_2O_8$ 将 Mn^{2+} 氧化成 MnO_4^-，必须在沸水浴中进行。一般显色反应的适宜温度同样由实验确定。

（4）显色时间

有些显色反应能瞬时完成，并很快达到稳定状态，显色化合物的颜色在较长时间内保持不变，例如，用双硫腙比色法测定水中的镉（Cd^{2+}），生成的红色络合物 $Cd(HD_2)_2$；有些显色反应虽能迅速完成，但很快就开始退色，例如，硫氰酸盐比色法测 Fe^{3+}，生成的硫氰酸铁，遇此情况，显色后要立即测定。有些显色反应较慢，经一定时间颜色才能稳定，例如，氯化氰（CNCl）是含氰（CN^-）废水氯化时产生的第一反应产物，挥发性气体，稍溶于水，毒性很大，用吡啶－巴比妥酸混合试剂比色测定，该试剂与 CNCl 产生红－蓝色化合物，显色反应 8min 之后 15min 内在 578nm 处测定。显色时间同样由实验确定。

（5）溶剂

溶剂可提高显色反应的灵敏度，例如，偶氮氯膦Ⅲ测定 Ca^{2+} 时，加入乙醇后，颜色加深，吸光度显著增加；溶剂还可提高反应速度，例如，氯代磺酚 S 测铌（Nb）在水溶液中显色需几小时，而丙酮中只需 30min；溶剂还可提高显色络合物的稳定性，如 $Fe(SCN)^{2+}$ 在水溶液中 $\lg K_稳 = 2.30$，若在 90％乙醇中则为 $\lg K_稳 = 4.70$；溶液还可做为萃取剂将被测组分从水溶液中萃取出后，再进行光度分析。例如，测定水中的微量酚，用4－氨基安替比林显色后，再用 $CHCl_3$ 萃取后在 460nm 处测定，提高了灵敏度，这种方法通常称做萃取比色法或萃取光度法。

（6）溶液中共存离子的影响

在显色反应中，如果溶液中共存离子与被测组分或显色剂生成无色络合物或有色络合物，将使吸光度值减少或增加，而造成负误差或正误差。如果溶液中共存离子本身有颜色也会干扰测定。要消除共存离子的干扰可采用下列方法：

1）控制溶液的 pH。例如，用双硫腙法测定水中 Hg^{2+} 时，Cu^{2+}、Co^{2+}、Ni^{2+}、Sn^{2+}、Zn^{2+}、Pb^{2+}、Bi^{3+} 等均可能发生反应，但如果在 0.5mol/L H_2SO_4 稀溶液中进行萃取，则上述干扰离子不再与双硫腙作用，从而消除干扰。

2）加入掩蔽剂。例如，用双硫腙法测定水中 Hg^{2+} 时，即使是在 0.5mol/L H_2SO_4 介质中进行萃取，还不能消除大量 Bi^{3+} 和 Ag^+ 的干扰。此时，加入 EDTA掩蔽 Bi^{3+}、加入 KSCN 掩蔽 Ag^+，可消除其干扰。

3）改变干扰离子的价态。例如，用铬天青 S 比色法测定 Al^{3+} 时，Fe^{3+} 干扰测定，加入抗坏血酸将 Fe^{3+} 还原为 Fe^{2+} 后，可消除干扰。

4）选择适当的光度测量条件和方法。

一般做空白试验可以抵消有色共存离子或显色剂本身颜色所造成的干扰；选择适宜波长，也可消除共存干扰物质的影响，例如，测定污水中的五氯酚时，在 320nm 处测定，共存的苯酚、邻甲酚、对甲酚、2，4-二氯酚、邻氯酚、邻溴酚、间氯酚等均不干扰测定。

选择新的分光光度法消除干扰。例如，生产合成除草剂苯达松的废水中含有 2-甲基吡啶，毒性较大。一般紫外分光光度法在262nm 处测定 2-甲基吡啶时，苯达松有干扰，但采用紫外二元光度法直接测定等吸收点 254nm 处和 2-甲基吡啶 λ_{max} ＝262nm 处的两个吸光度值，便可求出废水中 2-甲基吡啶的含量，可有效消除苯达松的干扰。

又如紫外光度法测定水中 $NO_3^- - N$ 时，由于有干扰物质常出现吸收峰重叠，造成误差。可改用双波长紫外光度法、导数紫外光度法等直接测定水中 $NO_3^- - N$，消除干扰等等。有关这方面材料请参阅《紫外吸收光谱法及其应用》一书。

5）选择适当分离方法消除干扰。

8.4　吸收光谱法定量的基本方法

本节简单介绍比较常用的经典方法，如绝对法、标准对照法、标准曲线法和最小二乘法，适用于样品溶液中单组分的定量测定。还介绍解联立方程法，主要适用于两个或两个以上组分的定量测定。同时介绍在经典分光光度法的基础上发展起来的示差分光光度法，该方法既适于低浓度水样测定，也适于高浓度水样的定量。

8.4.1　绝对法

这种方法是以朗伯－比尔定律 $A = \varepsilon CL$ 为基础，且某一物质在一定波长下 ε 是一常数，石英皿的光程也是已知的，因此，可用紫外－可见分光光度计在 λ_{max} 波长处，测定样品溶液的吸光度值 A。然后由 $C = \dfrac{A}{\varepsilon L}$ 求得该样品溶液的含量或浓度。

8.4.2　标准对照法

在同样条件下，在选定的波长处，分别测定标准溶液（浓度为 $C_{标}$）和样品溶液的吸光度值 $A_{标}$ 和 $A_{样}$。然后按下式求得样品溶液的浓度或含量。

$$C_{样} = \frac{A_{样}}{A_{标}} \cdot C_{标} \qquad (8.9)$$

上述方法常用于测定样品溶液的浓度。但是应该指出，按朗伯－比尔定律，被测样品溶液浓度与吸光度应是直线关系，而实际测定中，在较高浓度时，经常发现实测吸光度偏离预期的数值。这种偏离朗伯－比尔定律的现象，往往是由于吸收光谱带宽、杂散光以及化学平衡（如酸碱平衡）等因素的影响造成的。因此，一般不采用这些方法。定量分析通常利用标准曲线法。

8.4.3　标准曲线法

分光光度法最常用的定量方法是采用标准曲线法。即首先用基准物质配制一定浓度的储备溶液，然后再由储备溶液配制一系列标准溶液。在一定波长（$\lambda_{\max}$）下，测定每个标准溶液的吸光度值，以吸光度值为纵坐标，标准溶液对应浓度为横坐标，绘制标准曲线。最后，样品溶液按标准曲线绘制程序测得吸光度值，在标准曲线上查出样品溶液对应的含量或浓度。

所配标准溶液的吸光度在 $0.1 \sim 1.5$ 范围内，吸收测定的精密度约为 0.5%。应该说明，摩尔吸收系数 ε 为 $10^5 \mathrm{L/(mol \cdot cm)}$、光程为 1cm 的比色皿，浓度为 $1 \times 10^{-6} \sim 1.5 \times 10^{-5} \mathrm{mol/L}$ 范围时，即可得到 $0.1 \sim 1.5$ 范围的吸光度。再低的浓度也能检测出来，可是精密度有时满足不了定量分析要求。

当然，检出限（常用最低检出浓度表示）不仅与摩尔吸收系数有关，而且与分光光度计的固有噪声程度有关。目前，大多数商品仪器 1% 的吸光度（$A = 0.004$）已接近可测信号极限。因此，分光光度法可用于微量组分的测定，而且也可用于超微量组分、常量组分和多组分混合物同时测定。

8.4.4　最小二乘法（又称回归分析法）

在分光光度法中，吸光度 A 与浓度 C 之间的关系呈直线趋势，可用一条直线来描述两者之间的关系（见第 2 章 2.5.3）。

$$C = aA + b \qquad (8.10a)$$

用求极值方法可以求得 a 和 b：

$$a = \frac{S_{(CA)}}{S_{(AA)}} \qquad (8.10b)$$

$$b = \overline{C} - a\overline{A} \qquad (8.10c)$$

式中
$$\overline{A} = \frac{1}{n}\sum_{i=1}^{n}A_i; \quad \overline{C} = \frac{1}{n}\sum_{i=1}^{n}C_i;$$

$$S_{(AA)} = \sum_{i=1}^{n}(A_i - \overline{A})^2; \quad S_{(CA)} = \sum_{i=1}^{n}(A_i - \overline{A})(C_i - \overline{C})$$

则 $C = aA + b$ 称为一元线性回归方程或一元回归直线（或回归方程，回归直线）。

　　其中　a—— 回归系数（直线斜率）；

　　　　　b—— 截距。

　　C 与 A 之间线性关系的密切程度用相关系数 r 来度量：

$$r = \frac{S_{(CA)}}{\sqrt{S_{(CC)}S_{(AA)}}} \quad (0 \leqslant |r| \leqslant 1) \tag{8.11}$$

式中　$S_{(CC)} = \sum_{i=1}^{n}(C_i - \overline{C})^2$

　　如果，该回归方程建立后，只要测得样品溶液的吸光度 A，就可估计相应的样品溶液浓度 $\hat{C}$。

　　说明一点，回归方程的精密度用剩余标准差 S_y 表示：

$$S_y = \sqrt{\frac{S_{(CC)} - aS_{(CA)}}{n-2}} = \sqrt{\frac{(1-r^2)S_{(CC)}}{n-2}} \tag{8.12}$$

例如：水中油分的 UV 测定法中，建立的回归方程为
$$C = 0.0246A_{256} + 0.0060$$
$$r = 0.9997$$

　　在建立回归方程相同条件下，只要测定样品溶液在 256nm 处的吸光度 A_{256}，就可由回归方程求得水中油的含量 C。

　　又如：用紫外吸光度（UVA）判断水中的 COD 时，建立的回归方程：

苏州河水　$COD = 188.01UVA_{253.7} - 17.65$

$$n = 21$$
$$r = 0.90$$
$$S_y = 4.92$$

同样在建立回归方程相同条件下，测定水样中的 A 值，便可求得 COD 含量。

　　应用回归方程应注意两点：

　　（1）回归方程是在特定条件下求得的，不能随便套用。

　　（2）分光光度法中吸光度值 A 与样品溶液浓度 C 应在建立回归方程中的取值范围内，否则不能轻意外推。

8.4.5　解联立方程法

　　吸光度具有加和性，即混合物的总吸光度等于混合物中各组分的吸光度之和。所以，可采用解联立方程求得混合物中各组分的含量。假设混合物中有两组分，分别为 a 组分和 b 组

分，则：

$$A_{\lambda_1} = \varepsilon_{a\lambda_1} L C_a + \varepsilon_{b\lambda_1} L C_b \qquad (8.13a)$$

$$A_{\lambda_2} = \varepsilon_{a\lambda_2} L C_a + \varepsilon_{b\lambda_2} L C_b \qquad (8.13b)$$

式中　$\varepsilon_{a\lambda_1}$、$\varepsilon_{b\lambda_1}$、$\varepsilon_{a\lambda_2}$ 和 $\varepsilon_{b\lambda_2}$ —— a、b 组分在 λ_1、λ_2 波长处的摩尔吸收系数（L/(mol·cm)）（ε_a 或 ε_b 可由各纯组分标准溶液的吸光度测量求得）；

　　A_{λ_1}、A_{λ_2} —— 在波长 λ_1 和 λ_2 处测得混合物的总吸光度值；

　　C_a 和 C_b —— 混合物中 a 组分和 b 组分的量浓度（mol/L）；

　　L —— 比色皿的光程（cm）。

上述联立方程可用代数消元解法，求出混合物中吸收曲线部分重叠时的含量或浓度。C_a 和 C_b 也可用行列式求出：

$$C_a = \frac{\varepsilon_{b\lambda_2} \cdot A_{\lambda_1} - \varepsilon_{b\lambda_1} \cdot A_{\lambda_2}}{\varepsilon_{a\lambda_1} \cdot \varepsilon_{b\lambda_2} - \varepsilon_{b\lambda_1} \cdot \varepsilon_{a\lambda_2}} \qquad (8.13c)$$

$$C_b = \frac{\varepsilon_{a\lambda_1} \cdot A_{\lambda_2} - \varepsilon_{a\lambda_2} \cdot A_{\lambda_1}}{\varepsilon_{a\lambda_1} \cdot \varepsilon_{b\lambda_2} - \varepsilon_{b\lambda_1} \cdot \varepsilon_{a\lambda_2}} \qquad (8.13d)$$

例如，利用上法可同时测定混合物中钽和铌过氧化氢络合物（图 8.14）、磺胺噻唑（ST）和氨基苯磺胺（SN）（图 8.15）、铝中锰和铬（图 8.16）等两组分的测定。解联立方程法同样适用于两个以上在紫外—可见光区吸收峰互不重叠组分的测定。

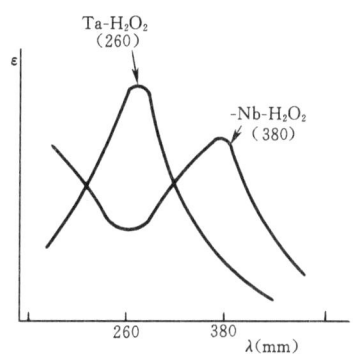

图 8.14　钽、铌过氧化氢络合物的 UV 吸收光谱

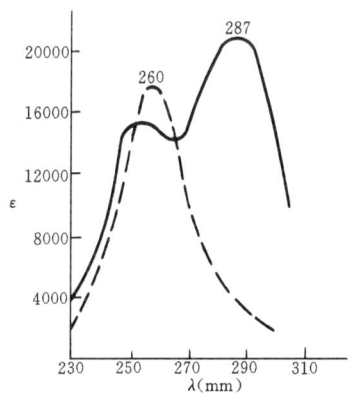

图 8.15　磺胺噻唑（ST 实线）和氨基苯磺胺（SN 虚线）的 UV 吸收光谱（乙醇溶液中）

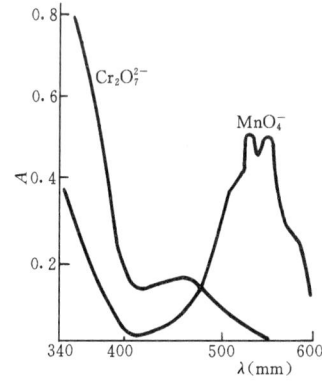

图 8.16　铝中锰、铬同时测定的吸收光谱

8.4.6　示差分光光度法

示差分光光度法（Differential Spectrophotometry）分为最精确测定法、高浓度测定法和低浓度测定法，有时称放大标尺法，最精确法实际是后两种方法的

综合。这种方法的特点是不用空白溶液或纯溶剂作参比（$T=100\%$，$A=0$），也不用"全黑暗"作参比（$T=0\%$），而是用较样品溶液浓度稍低的标准溶液为参比（$T=100\%$，$A=0$），或用较样品溶液浓度稍高的标准溶液作参比（$T=0\%$）。

示差分光光度法的原理是：在一定波长下，测量的吸光度值是样品溶液（令浓度为C_X）的吸光度（A_X）与参比标准溶液（令浓度为C_S）的吸光度（A_S）之差，即当$C_S < C_X$时：

$$\Delta A = A_X - A_S = \varepsilon L(C_X - C_S) = \varepsilon L \Delta C \tag{8.14}$$

当$C_S > C_X$时：$\qquad \Delta A = A_S - A_X = \varepsilon L(C_S - C_X) = \varepsilon L \Delta C$

式中 ΔA—— 样品溶液和参比标准溶液吸光度之差，称为表观吸光度或相对吸光度；

$\qquad \Delta C$—— 样品溶液与参比标准溶液浓度之差。

可见，表观吸光度ΔA与ΔC成正比。因此可用一系列标准溶液的ΔA对ΔC作图，即得示差法的标准曲线。然后在同样条件下测量ΔA值，由标准曲线上查ΔC，由于作参比的标准溶液浓度C_S已知，故可用$\Delta C = C_X - C_S$求出样品溶液浓度C_X。

示差分光光度法适用于低浓度水样分析，尤其适用于高浓度水样分析。

（1）最精确法（图8.17a）

首先用一个比样品溶液浓度大的标准溶液，调节透光率T为0%（T_{S_2}），再用一个比样品浓度小的标准溶液，调节$T_{S_1} = 100\%$（$A=0$）。然后测定水样的吸光度值，这样，在整个仪器吸光度范围内都适于样品溶液的测量。显然，样品溶液的透光率T_X介于T_{S_1}和T_{S_2}之间。故最精确法参比的规定：

$$100\% > T_{S_1} > T_X > T_{S_2} > 0$$

这样扩大了测量范围，提高了准确度。

（2）高浓度测量法——高吸光度法（图8.17b）

首先在检测器未受光照时，调节仪器$T=0$（即T_{S_2}），然后用一个比样品溶液浓度稍稀的标准溶液作参比（有光入射），调节$T_{S_1} = 100\%$（$A=0$），最后测定样品溶液的表观吸光度值ΔA。显然样品溶液的T_X也介于$T_{S_1} \sim T_{S_2}$之间，故高浓度测量法参比的规定：

$$1 > T_{S_1} > T_X > T_{S_2} = 0$$

适用于高浓度水样的测量和常量组分测定。

（3）低浓度测量法——低吸光度法（图8.17c）

首先用空白溶液（纯溶剂）调$T_{S_1} = 100\%$（$A=0$），然后用一个比样品溶液浓度稍浓的标准溶液作参比，调节$T = 0\%$（即T_{S_2}），测量样品溶液的吸光度值。低浓度测量法参比的规定：

$$1 = T_{S_1} > T_X > T_{S_2} > 0$$

适用于吸光度小于0.1的低浓度水样的测量。ΔA与浓度呈非线性关系。

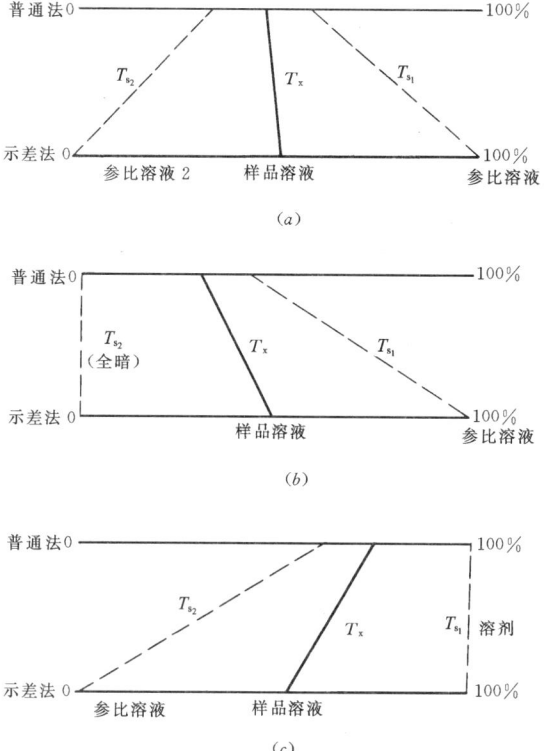

图 8.17 示差分光光度法标尺放大原理

(a) 最精确法示意图；(b) 高浓度测量法示意图；(c) 低浓度测量法示意图

（4）分析方法

1）标准曲线法 配制一系列标准溶液，以浓度为 C_S 的标准溶液作参比，用示差法在一定波长下测定表观吸光度 ΔA，以 ΔA 为纵坐标，ΔC 浓度差为横坐标，绘制标准曲线。然后用同样方法测定样品溶液的 ΔA，在标准曲线上查出 ΔC。最后由 $\Delta C = C_X - C_S$（C_S 作为参比的标准溶液浓度）求得样品溶液含量或浓度。

2）加入法 分别取同一种样品溶液 5mL（A）、10mL（B）和 10mL（C），在第三份（C）中加入 1mL 标准溶液（浓度为 1mg/mL），均稀释至 100mL。以（A）为参比，在一定波长下测得（B）、（C）吸光度分别为 A_B 和 A_C。

则

$$C_X = \frac{A_X}{\Delta A} \times \Delta C \qquad\qquad (8.15)$$

式中 C_X——样品溶液浓度（mg/100mL）；

ΔA——$\Delta A = A_C - A_B$；

ΔC——加入标准溶液浓度 $\Delta C = C_C - C_B$；

A_X——样品溶液吸光度值，$A_X = A_B$。

（5）说明

1）示差分光光度法与普通分光光度法的主要区别

a. 普通分光光度法以空白溶液或纯溶剂作参比，而示差分光光度法用较样品溶液浓度稍低或高的标准溶液作参比。

b. 普通分光光度法只适用于微量组分的分析；而示差分光光度法不仅适用于痕量组分的分析，而且更适用于高含量组分的分析，扩大了测量范围。

c. 普通分光光度法灵敏度高，但误差较大，一般在百分之几；而示差分光光度法是充分利用仪器的灵敏度，扩展了读数的标尺，大大提高了读数的准确性。因而提高了方法的准确度。

2）示差分光光度法中重要的是选择适当浓度做参比溶液，参比溶液浓度越接近样品溶液，则测定结果越准确。

3）示差分光光度法要求分光光度计稳定性好、灵敏度较高。

4）示差分光光度法的误差：

在示差分光光度法中，由仪器噪声引起的误差依然存在，因此即使控制表观吸光度 ΔA 在合适范围 $0.2 \sim 0.8$ 之内，测量相对误差近 4%，与普通分光光度法相同。不同的是示差分光光度法中的 4% 相对误差是相对于 ΔC 而言，而不是相对于 C_X 而言。如果是相对于 C_X 而言，则相对误差

$$RE = \frac{4\% \Delta C}{C_X} \times 100\% \tag{8.16}$$

由于 C_X 仅仅是稍大于 C_s，故 C_X 总是远大于 ΔC。令 C_X 为 ΔC 的 10 倍，则测量相对误差就等于 0.4%。这就使示差分光光度法的准确度明显提高，可适于常量组分的测定。

8.5　多波长分光光度法

多波长分光光度法解决了单波长分光光度法中浊度背景干扰和共存物质的光谱干扰问题。多波长分光光度法适用于混浊样品、高浓度样品以及多组分混合物的定量分析。

8.5.1　双波长分光光度法

双波长分光光度法的特点是以样品溶液本身做参比，用两束单色光 λ_1 和 λ_2 交替入射到同一样品溶液中，测得的是吸光度差值 $\Delta A = A_{\lambda_1} - A_{\lambda_2}$，$\Delta A$ 与样品溶液浓度或含量成正比，而

$$\Delta A = A_{\lambda_2} - A_{\lambda_1} = (\varepsilon_{\lambda_2} - \varepsilon_{\lambda_1})L C \tag{8.17}$$

因此该法可用于定量分析，双波长分光光度法适用于样品溶液单组分测定和多组分测定。多组分测定主要采用等吸收点法和系数倍率法。

单组分测定一般选择被测组分的 $\lambda_{\max}$ 为测定波长 λ_2，等吸收点波长或被测组分吸收光谱曲线下端的某一波长作为参比波长 λ_1，然后测定差吸光度值（$\Delta A = A_{\lambda_2} - A_{\lambda_1}$），求水样中被

测组分的浓度或含量。

如果水样中有共存干扰物质时，则通常采用等吸收点法和系数倍率法等。下面简单介绍下等吸收点法。

等吸收点法：

等吸收点波长的确定可采用作图法、一波长固定另一波长扫描法、精密确定法和快速简便法等。这些内容已有许多专著供参考。用等吸收点波长消除干扰吸收时，必须满足：在干扰组分的吸收光谱中有等吸收点，使差吸光度值 ΔA 足够大。混合样品溶液两组分的等吸收点波长 λ_2 和 λ_1 有这样特点：差吸光度 $\Delta A = A_{\lambda_2} - A_{\lambda_1}$ ，只与其中一组分浓度有关，而与另一组分浓度无关，这是该法定量的基础；另外，应该指出等吸收点波长即可做参比波长，也可做测定波长。等吸收点法主要用于二组分体系的测定。

例如：2，4，6-三氯苯酚存在下测定水中苯酚的含量。2，4，6-三氯苯酚和苯酚混合样品等吸收点波长 $\lambda_1 = 268$nm（或325nm），$\lambda_2 = 270$nm（图 8.18 为作图法选择等吸收点波长；图 8.19 为扫描法，即苯酚的 $\lambda_{max} = 270$nm 为固定波长，对不同浓度的 2，4，6-三氯苯酚溶液进行扫描求得）。同样道理，选择这两个波长并测定在 λ_2 和 λ_1 处的吸光度差值 ΔA。ΔA 只与苯酚浓度有关，而与 2，4，6-三氯苯酚浓度无关。只要按上述要求绘制出一系列苯酚标准溶液及 ΔA 的标准曲线，便可由水样的 ΔA 值求得苯酚的含量。

在邻硝基苯酚存在下，对硝基苯酚的测定也可用双波长分光光度法测定。

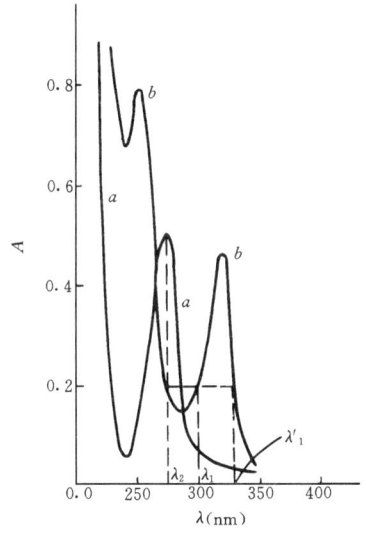

图 8.18 2，4，6-三氯苯酚和
苯酚的 UV 吸收光谱

a—苯酚；b—2，4，6-三氯苯酚（浓度
均为 30ppm）[$\lambda_1 = 286$（或325）nm，
$\lambda_2 = 270$nm]

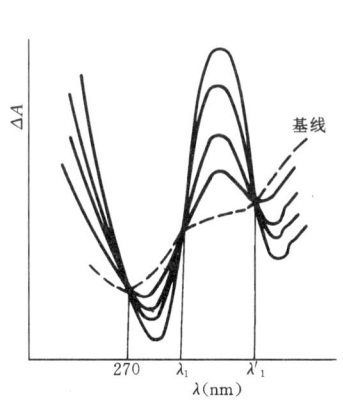

图 8.19 固定苯酚 $\lambda_2 = 270$ nm，
对不同浓度的 2，4，6-三氯苯酚溶
液扫描的差吸收 UV 光谱

8.5.2 三波长分光光度法

三波长分光光度法可采用在三个波长下测量的吸光度，并根据吸光度的加和性，建立三

组方程，然后求解，这样比较麻烦。而采用三波长差吸收或系数倍率差吸收分光光度法，简单方便适用。下面仅介绍三波长差吸收光度法。

(1) 三波长差吸收光度法

只要在样品溶液的吸收光谱上确定出 3 个工作波长 λ_2、λ_3、λ_1 的 3 点在一条直线上，则背景（或干扰）吸收的差吸光度就等于零，即 $\Delta A_背 = 0$。因此，利用三波长光度法可更好地消除干扰。由图 8.20 可导出三波长差吸收分光光度法定量基本公式：

$$\Delta A = A_{\lambda_2} - \frac{nA_{\lambda_3} - mA_{\lambda_1}}{m+n} = \left(\varepsilon_{\lambda_2} - \frac{n\varepsilon_{\lambda_3} - m\varepsilon_{\lambda_1}}{m+n}\right)L\,C \tag{8.18}$$

式中　ΔA——差吸光度值，即扣除背景（或干扰）的净吸光度值；

A_{λ_2} 和 ε_{λ_2}——样品溶液在 λ_2 测定波长处吸光度和摩尔吸收系数；

A_{λ_3} 和 ε_{λ_3}——样品溶液在 λ_3 参比波长处吸光度和摩尔吸收系数；

A_{λ_1} 和 ε_{λ_1}——样品溶液在 λ_1 参比波长处吸光度和摩尔吸收系数；

m——为 $\lambda_2 - \lambda_3$；

n——为 $\lambda_1 - \lambda_2$；

C——样品溶液中被测组分的含量或浓度；

L——样品溶液的测量光程。

(2) 测量方法

首先按图 8.20 方法确定测定波长 λ_2 和两个参比波长（λ_3 和 λ_1）。另外 ε_{λ_2}、ε_{λ_3} 和 ε_{λ_1} 对给定组分在 λ_2、λ_3 和 λ_1 处都是定值。因此，只要求出一系列标准溶液 C_i 的 ΔA，并绘制标准曲线，然后测量样品溶液的 ΔA，便可直接由标准曲线上查出样品溶液中被测组分的浓度或含量。三波长分光光度法可很好地消除浊度背景的干扰。

近年来，发展较快的多波长分光光度法、导数分光光度法、正交函数分光光度法等以及新近发展起来的卡尔曼滤波分光光度法和光声光谱法以及动力学分光光度法，请参考《紫外吸收光谱法及其应用》等有关书籍，此处不再介绍。

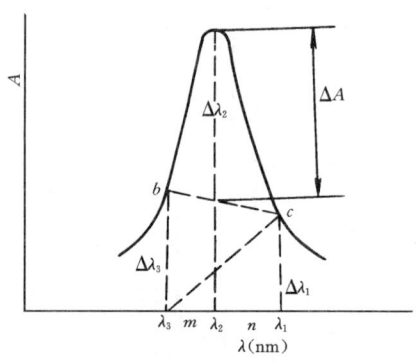

图 8.20　三波长分光光度分析示意图

本章所述吸收光谱定量方法为水中有机化合物和无机化合物的测定奠定了初步理论基础。随着吸收光谱技术和吸收光谱仪器的发展，吸收光谱定量方法也将不断更新和发展，是一种非常有活力、又实用的分析方法。

8.6　应用实例

如前所述，吸收光谱法在水分析中已经得到普遍应用。本节只简单介绍在水处理、水分析中几种常见污染物的吸收光谱分析方法的应用实例。

8.6.1 天然水中 Fe^{2+} 的测定

天然水中的铁主要以 $Fe(HCO_3)_2$ 型体存在。天然水中的含量极少，对人类健康并无影响。但饮用水含铁量太高，产生苦涩味。饮用水规定铁含量小于 $0.3mg/L$。如第 1 章所述，工业用水（如印染用水等）对铁还有特殊要求。水中含铁量在 $1mg/L$ 左右，就易与空气中 O_2 作用产生浑浊现象：

$$4Fe(HCO_3)_2 + O_2 + 2H_2O \longrightarrow 4Fe(OH)_3 + 8CO_2$$

$$2Fe(OH)_3 \longrightarrow \underset{\text{黄棕色}}{Fe_2O_3 \cdot 3H_2O} \downarrow$$

水中铁的测定采用邻二氮菲分光光度法。

（1）方法原理

如前所述，邻二氮菲（phen）是测定 Fe^{2+} 的灵敏显色剂。在 pH3～9 的溶液中，Fe^{2+} 与 phen 生成稳定的橙红色络合物 $Fe(phen)_3^{2+}$。

$$\underset{\text{橙红色}}{Fe^{2+} + 3phen \longrightarrow Fe(phen)_3^{2+}}$$

$$Fe(phen)_3^{2+} \text{ 的 } \lambda_{max} = 508nm, \varepsilon = 1.1 \times 10^4$$

此络合物在避光时可稳定半年（$\beta_3 = 2.0 \times 10^{21}$）。用 1cm 比色皿，在 508nm 处测定吸光度值，由标准曲线上查出对应 Fe^{2+} 的含量。

测定水中总铁：用还原剂（如抗坏血酸或盐酸羟胺）将水中 Fe^{3+} 还原为 Fe^{2+}，然后测定，得总铁含量。

该方法适用于环境水和废水中铁的测定，最低检出浓度为 $0.03mg/L$，测定上限为 $5.0mg/L$。

（2）注意事项

1）水样中铁浓度＞ $5.0mg/L$ 时，水样稀释后测定或选用 3cm 或 5cm 比色皿进行测定。

2）水样中如有 CN^-、NO_2^-、焦磷酸盐（如 $Na_4P_2O_7$）、偏磷酸盐（磷酸盐的一种缩聚型体，如 $(NaPO_3)_n$），加酸煮沸除 CN^-、NO_2^-，并可使多磷酸盐转化为正磷酸盐，以减轻干扰。但含有 CN^- 或 S^{2-} 的水样酸化时，必须小心，以防中毒。

3）当水样中 Cu^{2+}、Zn^{2+}、Co^{2+}、$Cr(Ⅵ)$ 的浓度小于 10 倍铁浓度，Ni^{2+} 小于 $2mg/L$ 时，不干扰测定，当浓度再高时，可加入过量邻二氮菲显色剂予以消除；水样中 Hg^{2+}、Cd^{2+}、Ag^+ 等能与邻二氮菲生成沉淀，浓度高时，可将沉淀过滤除去，浓度低时，可加过量显色剂来消除。

4）水样中有强氧化剂时，加入过量还原剂（如盐酸羟胺）消除干扰。

5）水中含有大量有机物或颜色较深，可将水样蒸干、灰化后用酸重新溶解再测定，或用不加邻二氮菲的有底色水样作参比进行校正。

8.6.2 饮用水中二氧化氯的测定

水中常量二氧化氯可采用连续碘量法测定。但对饮用水消毒时 ClO_2 的含量分析，应采用吸收光谱法或分光光度法，除标准法中推荐的以 DPD 为显色剂，在 $\lambda=515nm$ 处测定 ClO_2 及其他氯或氯氧化物外，还有很多显色剂可供选择使用，这些显色剂各有特色。另外，在吸收光谱法测定水中 ClO_2 时，除要求方法准确度、精密度和灵敏度高，检出限低外，还要求方法易于操作、简单快速可行。因此，在实际应用中可根据自己的条件和可能选用（见表8.7和表8.8）。其详细内容请见《二氧化氯分析技术》和《水消毒剂和处理剂—二氧化氯》等参考书。

部分显色剂与 ClO_2 退色作用或生色作用的光度法

（测定水中微量 ClO_2）　　　　　　　　　　　　　　　表8.7

方法	测定条件	回收率（%）	CV（%）	检出限（$\mu g/L$）	备　注
甲酚红示差光度法	在 573nm 处测定 ΔA，反应和测定 pH 分别为 3 和 13	96.3	5.35	4.1	1. 将 ClO_2 吹脱出测量 2. 加 $H_2C_2O_4$ 或二甲亚砜掩蔽 Cl_2
酸性靛蓝法示差光度法	在 610nm 处测定 ΔA，反应与测定 pH=2	100.6	2.22	5.0	1. pH＝2 下，ClO_2^- 和 ClO_3^- 不与显色剂反应 2. Cl_2 干扰测定，加 $H_2C_2O_4$ 掩蔽
亚甲蓝萃取光度法	① 无色亚甲蓝为显色剂；② pH＝1.0～1.5；③ 二氯乙烷萃取；④ 在 658nm 处测定亚甲蓝的 A	97.4～102.8	2.7	20	1. $ClO_2^- \leqslant 2.0mg/L$ 不干扰测量 2. 大量 ClO_3^- 不干扰测量 3. Cl_2 和 OCl^- 用掩蔽剂消除

部分显色剂与 ClO_2 褪色作用或生色作用的光度法

（测定水中低浓度 ClO_2）　　　　　　　　　　　　　　表8.8

方法	测定条件	线性范围（mg/L）	检出限（mg/L）	备　注
罗丹明 B 光度法	pH＝10.0 在 553nm 处，以蒸馏水为参比，测量 A	0～1.5	0.04	1. $Cl_2 \leqslant 40mg/L$ 不干扰测量 2. OCl^-、ClO_2^- 和 ClO_3^- 1000mg/L 和 NH_2Cl 500mg/L 时没有产生显著干扰

方法	测定条件	线性范围 (mg/L)	检出限 (mg/L)	备　注
氯酚红示差光度法	1. 在 574nm 处测量 $\triangle A$ 2. pH=7.0 3. 所有试剂和水样直接加入 3cm 比色皿中测量	0.12～1.94	0.12	1. ClO_2^- ≤ ClO_2 浓度时产生的干扰<2% 2. ClO_2^- ≤10mg/L, NH_2Cl≤5mg/L 时，干扰极小，在允许误差内 3. FAC (Cl_2) ≤1.2mg/L 时，干扰极小，干扰为 3.7%，且可用掩蔽方法消除
酶催化活性黄示差光度法	1. 在 410nm 处测量 $\triangle A$ 2. pH=6.0 3. 所有试剂和水样直接加入比色皿中测量	0.2～4.5	0.2	OCl^- 干扰测定，需掩蔽
丽丝胺绿 B 光度法	在 616nm 处测量 A，pH=9.0	0～0.5	0.03	各种氯和其他氯氧化物不干扰测量
丽丝胺绿 B/辣根过氧化酶光度法	在 633nm 处测量水样、N_2 吹水样的 $\triangle A$	0.2～2.20	0.10	各种氯和其他氯氧化物不干扰测定，同时测定 ClO_2 和 ClO_2^- 的含量

下面仅就丽丝胺绿 B（LGB）和丽丝胺绿 B/辣根过氧化酶（HRP）光度法做简要介绍。

（1）丽丝胺绿 B 光度法

丽丝胺绿 B 光度法只需丽丝胺绿 B 和 pH=9 的氨缓冲溶液两种试剂，方法简单，选择性好，各种氯和氯氧化物不干扰测定，适用于饮用水中低含量 ClO_2 的测定。

pH=9 氨缓冲溶液：取 100mL 6mol/L 的氨水和 57.24g NH_4Cl，用去离子水定容至 1L。

丽丝胺绿 B（LGB，又称酸性绿 B、艳丽华绿 B、酸性绿 5a 和酸性绿 VS 等）：染料含量约 60%，Aldrich 公司。取 LGB 0.1922g 溶于 200mL 水中，配成浓度约为 0.001mol/L 的 LGB 水溶液。

1）丽丝胺绿 B 光度法测定 ClO_2 的分析流程

取一定量含 ClO_2 的水样，直接加入到含有足量的 0.001mol/L LGB 水溶液和 5mL pH=9.0 氨缓冲溶液的 100mL 容量瓶中，用水稀释至刻度；以蒸馏水为空白，在 616nm 处测定吸光度值，然后在标准曲线上查出水样中 ClO_2 的含量。

2）丽丝胺绿 B 示差光度法测定水中低浓度 ClO_2

丽丝胺绿 B 光度法测定水中 ClO_2 是采用蒸馏水空白为参比，其标准曲线的回归方程的相关系数 r 为负值，是负相关。因此，可用示差光度法测定，即以丽丝胺绿 B 的试剂空白（不含 ClO_2）为拟"测定样"，以含 ClO_2 水样为"测定空白或参比"，按分析流程在 $\lambda_{max}=616nm$ 处，测定吸光度值 ΔA（$\Delta A=A_{LGB}-A_{样}$），然后在按同样方法绘制的标准曲线上查出水中 ClO_2 的含量。

（2）丽丝胺绿 B/辣根过氧化酶光度法同时测定饮用水中 ClO_2 和 ClO_2^-

在测定 ClO_2 时，丽丝胺绿 B 光度法有很好的特异性，但发现 LGB 和 ClO_2 反应的化学计量数并不都是 1:1，而是随 LGB 的浓度变化。于是又发展出丽丝胺绿 B/辣根过氧化酶光度法，并被美国环保局推荐用于给水厂中 ClO_2 和 ClO_2^- 的每日例行检测（EPA 327.0—2005）。

与丽丝胺绿 B 光度法较之，只增加了 LGB/HRP 混合溶液和柠檬酸/氨基乙酸缓冲液。

1）LGB/HRP 混合溶液

①LGB 储备液：将 240mg LGB 溶于 250mL 去离子水中，机械搅拌 24h，然后稀释至吸光度值接近 1.0，在 $\leqslant6℃$ 下可保存两个月。

②缓冲的 HRP 溶液：将 240mgHRP 和 12.2mL 柠檬酸/氨基乙酸缓冲溶液加入到 200mL 容量瓶中，用去离子水稀释至刻度。

③缓冲的 LGB 溶液：取 80mL LGB 储备液和 12.2mL 柠檬酸/氨基乙酸缓冲溶液，加入到 200mL 容量瓶中，用去离子水稀释至刻度。

④将②和③两缓冲溶液混合，贮于 500mL 棕色玻璃瓶中，并用 PTFE 塞拧紧。

2）柠檬酸/氨基乙酸缓冲溶液（pH=6）

将 9g 柠檬酸三钠、5g 柠檬酸氢二钠和 1g 氨基乙酸溶于 127mL 去离子水中，在 $\leqslant6℃$ 下保存。

分析流程："无液上空间"法。

1）将饮用水水样、N_2 吹脱除去微量 ClO_2 的水样和空白水样分别充满 3 个 16mL 棕色玻璃瓶中；

2）分别从上面 3 个瓶中移除 1.0mL 后，再加入 1.0mL 柠檬酸/氨基乙酸缓冲液，盖紧塞子，轻摇混匀；

3）然后从上面 3 个瓶中再移除 1.0mL 液体，加入 1.0mL 的 LGB/HRP 混合溶液，此时 HRP 催化 ClO_2^- 为 ClO_2，ClO_2 迅速氧化 LGB，LGB 在柠檬酸/氨基乙酸缓冲液中，其 $\lambda_{max}=633nm$；

4）用示差光度法，即以空白水样为拟"测定样"，以饮用水水样、N_2 吹脱水样为"测定空白或参比"，在 $\lambda_{max}=633nm$ 处分别测定吸光度值 ΔA_1 和 ΔA_2；

5）计算：由饮用水水样及 N_2 吹脱水样的 ΔA，分别在标准曲线上查得 ΔA_1 和 ΔA_2 对应的浓度 C_1 和 C_2，C_2 即水样中 ClO_2^- 的浓度，C_1-C_2 即为水样中原

有的 ClO_2 浓度。

标准曲线：

1）将 ClO_2^- 标准水样（0，0.2，0.6，1.0，1.4，1.8 和 2.2mg/L）和空白水样分别充满一系列 16mL 棕色玻璃瓶中；

2）按分析流程中 2）～ 4）操作［4）中不用 N_2 气吹脱］，在 $\lambda_{max}=633nm$ 处分别测得吸光度 ΔA；

3）以 ΔA 为纵坐标，ClO_2^- 标样浓度为横坐标绘制标准曲线；

4）水样中 ClO_2^- 和 ClO_2 浓度按分析流程 5）计算。

方法的准确度、精密度和灵敏度：

用加标试剂水（ClO_2^- 0.25～1.0mg/L，ClO_2 0.26～0.95mg/L）分别进行回收测定。结果表明：ClO_2^- 平均回收率为 107.8％，变异系数 CV 为 2.9％～12％，检出限为 0.09mg/L；ClO_2 平均回收率为 113.2％，CV 为 6.3％，检出限为 0.10mg/L。

本方法可同时测定 ClO_2 消毒的饮用水出厂水中 ClO_2 和 ClO_2^- 浓度。

8.6.3　废水中镉的测定

镉（Cd）的粉尘及其化合物毒性很大。50 年代初日本著名的"痛痛病"（又骨痛病），就是含镉废水污染了稻田，人食用含镉大米而中毒，多为腰痛，严重者骨软化，多发生骨折、步态蹒跚。天然铅锌矿中含有 Cd，其矿场废水及附近地下水均有 Cd；冶金、电镀、化学及纺织工业也会产生含 Cd 废水。我国生活饮用水标准规定≤0.005mg/L；渔业水域水质标准和农田灌溉用水水质标准均规定≤0.005mg/L；工业废水最高容许排放浓度为 0.1mg/L。

废水中镉的测定可采用双硫腙分光光度法。

（1）方法原理

在一定条件下，于强碱性溶液中，Cd^{2+} 与双硫腙（H_2Dz）生成红色螯合物（Cd（HDz）$_2$），用 CCl_4 或 $CHCl_3$ 萃取分离后，于 518nm 波长处测定吸光度值，用标准曲线法求出水样中镉的含量。

$$Cd^{2+} + 2H_2Dz \longrightarrow Cd(HDz)_2 + 2H^+$$
$$\text{红色}$$

$$Cd(HDz)_2 \text{ 的 } \lambda_{max} = 518nm，\varepsilon \text{ 为 } 8.56 \times 10^4$$

此螯合物的 $K_稳=3.4\times10^{19}$，在 1h 内稳定不变。该方法的灵敏度较高，当水样为 100mL，用 2cm 比色皿时，Cd^{2+} 的最低检出浓度为 0.001mg/L，测定上限为 0.06mg/L。该方法适用于受镉污染的天然水和废水中镉的测定。

（2）注意事项

1）显色剂双硫腙（H_2Dz）对光、热十分敏感，易被氧化，其氧化产物在

CCl_4 中呈黄色或棕色，所以双硫腙必须提纯后再用，具体提纯方法可参考有关书籍。同时，要求测定中使用的容器、试剂、蒸馏水要纯净。

2）水样中 Pb^{2+} 20mg/L、Zn^{2+} 30mg/L、Cu^{2+} 40mg/L、Mn^{2+} 4mg/L、Fe^{2+} 4mg/L 时在酒石酸钾钠溶液存在下不干扰测定，如 Mg^{2+} 浓度达 20mg/L 时，可多加酒石酸钾钠掩蔽。

3）水样中含 Hg^{2+}、Ag^+ 等离子时可预先在 pH=2 下，用双硫腙溶液萃取除去；如有 Co^{2+}、Ni^{2+} 时，可在 pH=8～9 时，加丁二酮肟生成 Co^{2+}、Ni^{2+}—丁二酮肟络合物，用氯仿萃取除去，Co^{2+} 的络合物不被萃取，但不干扰测定。

8.6.4 水中微量酚的测定

酚类分为挥发酚和不挥发酚。能与水蒸气一起挥发的酚为挥发酚，如苯酚、邻甲酚、对甲酚等，否则叫不挥发酚，如间苯二酚、邻苯二酚等。

煤气发生站、焦化厂、石油化工厂、炼油厂，酚醛树脂厂及化学制药厂等废水中都含有酚。含酚废水的处理与利用是亟待解决的问题。

酚类对人体的毒性较大。长期饮用被酚污染的水，可引起慢性中毒，症状表现为头痛、昏厥、恶心、呕吐、腹泻、贫血等，甚至发生神经系统障碍；人体摄入一定量时，还会出现急性中毒症状。水中含低浓度 0.1～0.2mg/L 的酚类时，使水中鱼肉味道变劣，大于 5.0mg/L 时则造成中毒死亡。用大于 200mg/L 的含酚废水灌溉，会使农作物枯死或减产。如用被酚污染的水体作为给水水源，水中即使含有 0.001mg/L 的酚，也会由于氯消毒而产生令人讨厌的氯代酚恶臭味。我国饮用水标准中规定挥发酚含量不得超过 0.002mg/L，灌溉用水不得超过 1mg/L。

水中微量酚的含量采用 4—氨基安替比林分光光度法测定。

（1）4—氨基安替比林分光光度法

4—氨基安替比林（简写 4-AAP）和酚类化合物在 pH=10.0±0.2 溶液中，在氧化剂铁氰化钾 $K_3Fe(CN)_6$ 作用下，生成橙红色的吲哚酚安替比林染料：

（4-AAP）　　　　　　　　　　　　　　（吲哚酚安替比林染料）
　　　　　　　　　　　　　　　　　　　　　　橙红色

1）安替比林染料的水溶液 λ_{max} =510nm，在此波长下测定吸收光度值，用标准曲线法求出水样中酚类化物的含量。如用 2cm 比色皿，酚的最低检出浓度为 0.1mg/L。

2）安替比林染料的 $CHCl_3$ 萃取液 λ_{max} =460nm，该萃取液颜色可稳定 1h。

在此波长下测定吸光度值，同样用标准曲线法求出水样中酚的含量。其最低检出限为 0.002mg/L，测定上限为 0.12mg/L。

注意事项如下：

1）本法测定的只是苯酚、邻位酚和间位酚，而羟基对位被烷基、硝基、亚硝基、芳香基、苯甲酰基或醛基取代，且邻位未被取代时，不与 4-AAP 发生显色反应。但是羟基对位被卤素、羧基、磺酸基和甲氧基取代时，与 4-AAP 的显色反应基本上可进行。另外，邻位硝基也阻止显色反应，但间位硝基不完全阻止反应。

2）芳香胺对本法有干扰；凡对氧化剂铁氰化钾有作用的物质均有干扰。可用蒸馏纯化法，将挥发酚与水蒸气一起蒸出后，再测定，可消除干扰。

3）所用试剂，如 4-AAP、$K_3Fe(CN)_6$ 等最好现用现配，使用最长也不得超过一周。

（2）紫外光度法测定水样中的总酚

酚类化合物的水溶液在 210～300nm 之间有不同的吸收峰。这些吸收峰在加入 NaOH 或 KOH 水溶液后出现了较集中的吸收峰，且强度有很大增加。因此，可将水样碱化后作测定样，水样酸化后作空白样，用紫外分光光度法测定水中的酚含量。

1）酚的紫外吸收光谱

酚类化合物的水溶液在 210～300nm 之间有不同的吸收峰，含酚水溶液碱化后（加 NaON 或 KOH）出现了强度增大且较集中的吸收峰。Martin 的总酚紫外吸收光谱测定法就是基于酚的碱性水溶液在 292.6nm 吸收强度增加而建立的。挥发酚的碱性水溶液在 238nm 和 292.6nm 附近有两个吸收峰出现，以平均摩尔吸收系数（ε）计算，238nm 处吸收值比 292.6nm 处的吸收值大 3 倍多。例如：

苯酚的中性水溶液的紫外吸收峰分别在 210nm 和 270nm 处附近，而其 0.1mol/L NaOH 水溶液的吸收峰则分别红移到 235.5nm 和 288.5nm（图 8.21）。

对甲酚的碱性水溶液由原来的 216nm 和 278nm 分别红移到 238.2nm 和 297.5nm（图 8.22）。

间甲酚的中性水溶液只在 300nm 处有一吸收峰，但其 0.1mol/L NaOH 水溶液的吸收峰分别移至 238.5nm 和 290.0nm 处出现。

其他的酚，例如邻甲酚、氯酚、二元酚和三元酚的紫外吸收光谱也和上述列举单元酚有类似的情况。其吸收峰分别集中在范围很窄的两个波段内，一个峰集中在 288.5～297.5nm 之间，另一个峰集中在 235.5～241nm 之间。用算术平均值 238nm 和 292.6nm 代表这两个最大吸收峰位置，其相应的平均摩尔吸收系数 ε 分别为 8185 和 2452（L/(mol·cm)）。因此，可选用 292.6nm 和 238nm 作为测定的最适宜波长。一般水样酚的含量较高时，用 1cm 石英皿在 292.6nm 处测定；酚含量较低时，用 3cm 石英皿在 238nm 处测定。

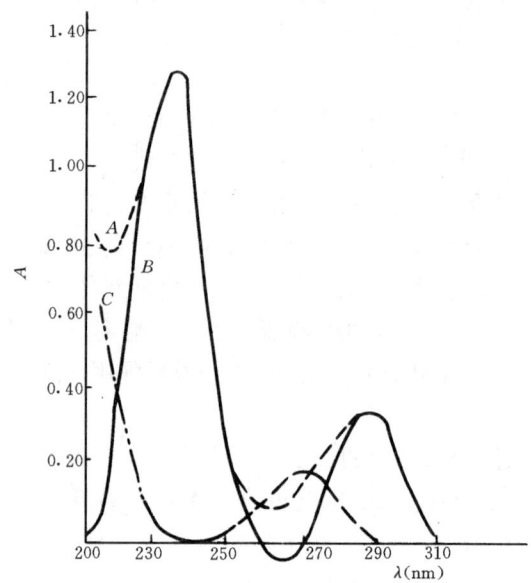

图 8.21　碱对苯酚 UV 吸收光谱的影响

A—苯酚溶于 0.1mol/LNaOH 水溶液中，对照为 0.1mol/LNaOH 水溶液；*B*—苯酚溶于

0.1mol/LNaOH 水溶液中，以同浓度苯酚水溶液用盐酸调 pH 到 2～4 间，作对照；

C—苯酚的水溶液，以蒸馏水为对照。

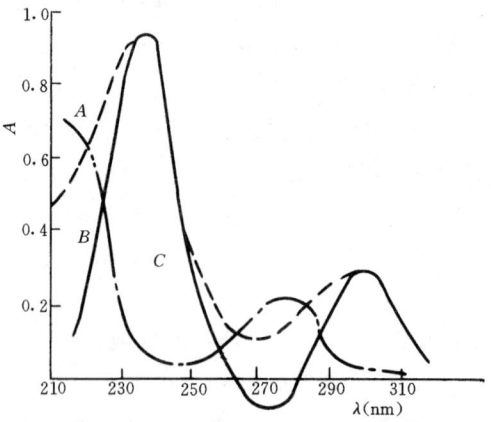

图 8.22　碱对对甲酚 UV 吸收光谱的影响

A—对甲酚溶于 0.1mol/LNaOH 水溶液中，以 0.1mL/LNaOH 水溶液为对照；*B*—对甲酚溶于

0.1mol/LNaOH 水溶液中，以同浓度对甲酚水溶液用盐酸调 pH 至 2～4 间，做对照；

C—对甲酚的水溶液，以蒸馏水为对照。

2) 本法特点和分析流程

本法的特点是以同一个水样酸化后作空白对照，碱化后作测定样，这不仅提高了吸光度值，而且也抵消了水样中的其他干扰因素。事实上，0.0043mol/L NaOH 就足以使酚全部解离。如果用一滴 10mol/L NaOH 来碱化 10mL 水样，则此时 NaOH 浓度约 0.02mol/L，已有足够碱度。另外，空白对照样品盐酸浓度在 0.0001～4mol/L 之间，对同一碱化水样来说都可得到同样的吸光度值。通常选酸化标准为 pH2～4。如果用一滴 0.5mol/L 的盐酸加入 10mL 水样中，就使 pH 在 2～4 之间。应该指出，一滴碱或一滴酸引起的待测水样的浓度变化可忽略不计。

分析流程如下：

a. 采样后，分别准确吸取 10mL 放入带磨口塞的两个硬质玻璃试管中。

b. 其中一管中加入 1 滴 10mol/L NaOH 溶液，另一管中加入 1 滴 0.5mol/L 的盐酸，摇匀。

c. 以酸化水样作空白对照，碱化水样作测定样，在 292.6nm 处测定吸光度值，然后在标准曲线上查出对应水样中的总酚含量。

d. 标准曲线，配制一系列不同浓度的苯酚标准样，每个标准水样分别准确取 10mL 放入两个硬质玻璃试管中，同样以酸化标样作空白，碱化标样作测定样，在 292.6nm 处测定对应的吸光度值。绘出苯酚的标准曲线。

3）说明几点

a. 含酚废水如果有悬浮物时，只需用滤纸过滤后即可按分析流程测定。

b. 按分析流程对水样直接测定结果为总酚，如经过蒸馏后，再行测定则为挥发酚的含量。

c. 对炼油厂含酚废水的测定结果表明，气相色谱法与溴化法的测定结果和紫外光度法的测定结果基本一致，而 4－氨基安替比林法偏低，仅为紫外光度法的 60%。由气相色谱法的分析表明，在测得的酚中有 60% 为苯酚、20% 为甲酚，10% 为二甲酚和其他挥发酚。由于 4-氨基安替比林试剂与不同酚发色的强度有很大差异（表 8.9）。其中苯酚的颜色反应强于间甲酚、邻甲酚、2，6-二氯酚、2，4-二氯苯酚、2，5-二甲基苯酚、麝香草酚、间苯二酚、邻苯二酚、3，5-甲基二酚、间苯三酚、1，4-对苯二酚、邻硝基苯酚、对甲酚等。因此，4-氨基安替比林法以苯酚作为测定标样，使结果偏低。

各种酚类发色强度（ε）　　　　　　　　　　　　　表 8.9

名　　　称	ε[①]	名　　　称	ε[①]
邻溴酚	47976	邻苯二酚	8800
邻氯酚	47104	3，5-甲基二酚	7737
苯　　酚	33088	间苯三酚	3326
间甲酚	32832	1，4-对苯二酚	2816

名　　称	ε [1]	名　　称	ε [1]
2，6-二氯苯酚	32400	邻硝基苯酚	2097
2，4-二氯苯酚	18144	对甲酚	861
2，5-二甲基苯酚	15920	五氯酚	—
麝香草酚	15600	对氯苯酚	—
间苯二酚	14960		

[1]　按 4-AAP 光度法在 490nm 测得的 ε。

d. 事实上含酚废水种类很多，水样中所含酚类化合物又各不相同，因此，对特定含酚废水，须选择特定波长和标准样，使结果尽可能接近水样中实际的含量。

8.6.5　水中氨氮、亚硝酸盐氮和硝酸盐氮及总氮的测定

水中的氨氮指以 NH_3 和 NH_4^+ 型体存在的氮，当 pH 偏高时，主要是 NH_3，反之，是 NH_4^+。水中的氨氮主要来自焦化厂、合成氨化肥厂等某些工业废水、农用排放水以及生活污水中的含氮有机物受微生物作用分解的第一步产物。

水中的亚硝酸盐氮是氮循环的中间产物，不稳定。在缺氧环境中，水中的亚硝酸盐也可受微生物作用，还原为氨；在富氧环境中，水中的氨也可转变为亚硝酸盐。亚硝酸盐可使人体正常的低铁血红蛋白氧化成高铁血红蛋白，失去血红蛋白在体内输送氧的能力，出现组织缺氧的症状。亚硝酸盐可与仲胺类反应生成具有致癌性的亚硝胺类物质，尤其在低 pH 下，有利于亚硝胺类的形成。

水中的硝酸盐主要来自制革废水、酸洗废水、某些生化处理设施的出水和农用排放水以及水中的氨氮、亚硝酸盐氮在富氧环境下氧化的最终产物。当然，硝酸盐在无氧环境中，也可受微生物的作用还原为亚硝酸盐。硝酸盐进入人体后，经肠道中微生物作用转变为亚硝酸盐而出现毒性作用，当水中硝酸盐含量达到 10mg/L 时，可使婴儿得变性血红蛋白症。因此要求水中硝酸盐氮和亚硝酸盐氮总量不得大于 10mg/L。

天然水中的氨，在有充足氧的环境中，在微生物作用下，可被氧化为 NO_2^- 和 NO_3^- 的作用称作硝化作用。

水中的含氮化合物是水中一项重要的卫生质量指标。它可以判断水体污染的程度：

（1）如水中主要含有机氮和氨氮，表明水近期受到污染，由于生活污水中常有大量病原细菌，所以此水在卫生学上是危险的。

（2）如水中主要含有亚硝酸盐，说明水中有机物的分解尚未达到最后阶段，

致病细菌尚未完全消除，应引起重视。

（3）如果水中主要含有硝酸盐，说明水污染已久。自净过程基本完成，致病细菌也已消除，对卫生学影响不大或几乎没有危险性。一般地表水中硝酸盐氮的含量在 $0.1\sim1.0$mg/L，超过这个值，该水体以前有可能受过污染。

正如测定水中溶解氧（DO），了解水中有机物被氧化的程度，评价水的"自净"作用一样，测定水中各类含氮化合物，也可了解和评价水体被污染和"自净"作用。

我国饮用水标准规定氨氮 0.5mg/L（以 N 计），硝酸盐氮 10mg/L（地下水源及农村用水为 20 mg/L，以 N 计），世界卫生组织规定硝酸盐氮 50mg/L（以 NO_3^- 计）。下面介绍它们的测定方法：

（1）氨氮（Ammonia Nitrogen）（NH_3-N 或 NH_4^+-N）

氨氮的测定采用纳氏试剂光度法。水中氨主要以 $NH_3 \cdot H_2O$ 形式存在，并有下列平衡：

$$NH_3 + H_2O \Longrightarrow NH_3 \cdot H_2O \Longrightarrow NH_4^+ + OH^-$$

水中的氨与纳氏试剂（碘化汞钾的强碱性溶液，K_2HgI_4+KOH）作用生成黄棕色胶态络合物。如水中 NH_3-N 含量较少，呈浅黄色，含量较多时，呈棕色。

$$NH_3 + 2K_2HgI_4 + 3KOH \longrightarrow \underset{\text{黄棕色}}{[Hg_2ONH_2]I} + 7KI + 2H_2O$$

1）碘化氨基合氧汞络合物 $[Hg_2ONH_2]I$ 在 $410\sim425$nm 范围有强烈吸收，故可选 420nm 波长处测定吸光度值，由标准曲线法，求得水中 NH_3-N 的含量。本法最低检出限为 0.025mg/L，测定上限为 2mg/L。水样经预处理后，可适用于地表水、地下水、工业废水和生活污水中氨氮的测定。

2）$[Hg_2ONH_2]I$ 络合物在明胶和聚乙烯醇保护下形成在紫外光区产生吸收的分散液体，最大吸收波长 $\lambda_{max}=370$nm（ε 为 6.3×10^3），同样用标准曲线法求 NH_3-N 含量，适于清洁天然水中氨氮测定。

注意事项如下：

1）如果水样中的 NH_3-N 含量大于 1mg/L 时可以直接用纳氏试剂光度法测定；如果 NH_3-N 含量小于 1mg/L 或水样的颜色或浊度较高时，则应预先用蒸馏法将 NH_3 蒸出后，再用纳氏试剂光度法测定。

2）水样中含有少量 Ca^{2+}、Mg^{2+}、Fe^{3+} 等离子时，可用酒石酸或酒石酸钾钠掩蔽，消除干扰。

3）水样中 NH_3-N 含量>5mg/L 时，可用酸碱滴定法测定。

（2）亚硝酸盐氮（NO_2^--N）（Nitrite Nitrogen）

NO_2^--N 的测定采用对氨基苯磺酸-α-萘乙二胺光度法（又称 N-(1-萘基)-乙二胺光度法）。

1) 方法原理

首先在酸性溶液中，NO_2^- 与对氨基苯磺酸发生重氮化反应：

$$HSO_3-\!\!\!\left\langle\ \right\rangle\!\!\!-NH_2+NO_2^-+2H^++Cl^- \xrightarrow[\text{(HCl)}]{pH=1.9\sim3.0}$$

（对氨基苯磺酸）

$$HSO_3-\!\!\!\left\langle\ \right\rangle\!\!\!-\overset{\overset{\displaystyle N}{\|}}{N}-Cl+2H_2O$$

（重氮盐）

然后，重氮盐与 α-萘乙二胺发生偶联反应，生成红色偶氮染料（α-萘乙二胺在 HCl 溶液中生成溶于水的 α-萘乙二胺二盐酸盐）

$$HSO_3-\!\!\!\left\langle\ \right\rangle\!\!\!-\overset{\overset{\displaystyle N}{\|}}{N}-Cl+ \quad -NH_2C_2H_4NH_2\cdot2HCl \xrightarrow[\text{(HCl)}]{pH=2}$$

（重氮盐）　　　（α-苯乙二胺二盐酸盐）

$$HSO_3-\!\!\!\left\langle\ \right\rangle\!\!\!-N=N- \quad -NH_2C_2H_4NH_2\cdot2HCl$$

（红色偶氮染料）

生成的红色偶氮染料的颜色深浅与水中 NO_2^--N 含量成正比。其 $\lambda_{max}=540nm$，用标准曲线法，求水中 NO_2^--N 的含量。该法最低检出浓度为 0.003mg/L，测定上限为 0.2mg/L。适用于饮用水、地表水、地下水、生活污水和工业废水中亚硝酸盐的测定。

2) 注意事项

a. 水样混浊或有颜色，可用 $0.45\mu m$ 滤膜过滤或加适量 $Al(OH)_3$ 悬浮液（上清液）过滤。

b. 水样中如 $Fe^{3+}>1mg/L$，$Cu^{2+}>5mg/L$ 等，干扰测定。可加 NH_4F 或 EDTA 掩蔽。

c. 水样中如有氯、氯胺（如三氯胺 NCl_3）干扰测定。一般 NO_2^- 与 NCl_3、Cl_2 不大可能共存于同一水样中。如按正常顺序加入试剂，NCl_3 会产生假红色，但可先加入 α-萘乙二胺试剂，后加对氨基苯磺酸试剂，可把影响减至最低程度。但 NCl_3 的含量高时，仍产生橘黄色。因此，水中一旦有游离性有效氯（Cl_2）和 NCl_3 时，要进行校正。

d. 此外，如果水样中有 ClO_2 存在时，也会生成红色物质干扰测定，也必须进行校正。

（3）硝酸盐氮（Nitrate Nitrogen，$NO_3^- -N$）

1）采用酚二磺酸光度法测定 $NO_3^- -N$

方法原理如下：

将水样在微碱性（pH＝8）溶液中，蒸发至干，在无水条件下，NO_3^- 与酚二磺酸反应，生成硝基酚二磺酸（2-硝基酚-4，6-二磺酸）；然后在碱性溶液中，硝基酚二磺酸发生分子重排，生成黄色化合物。该化合物的 $\lambda_{max}＝410nm$，用标准曲线法，求得水样中 $NO_3^- -N$ 的含量。其主要反应：

浓 H_2SO_4 与苯酚作用生成酚二磺酸。

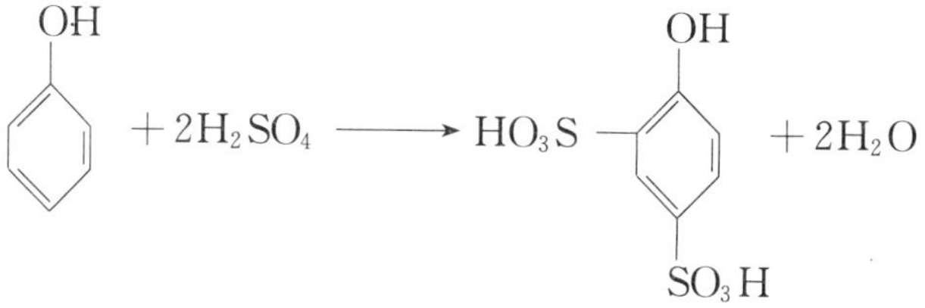

（酚二磺酸）

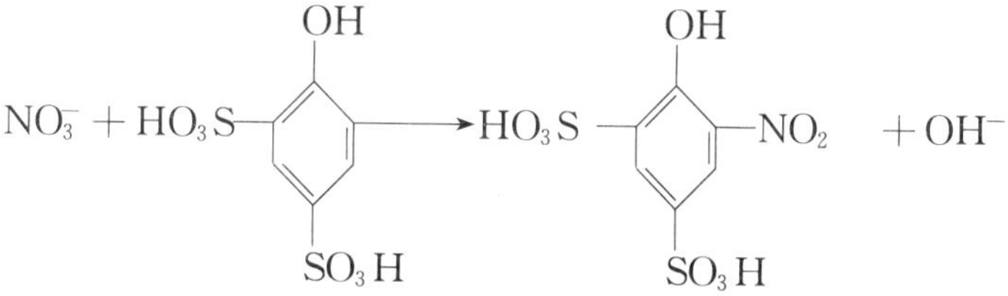

（酚二磺酸）（2-硝基酚-4，6-二磺酸）

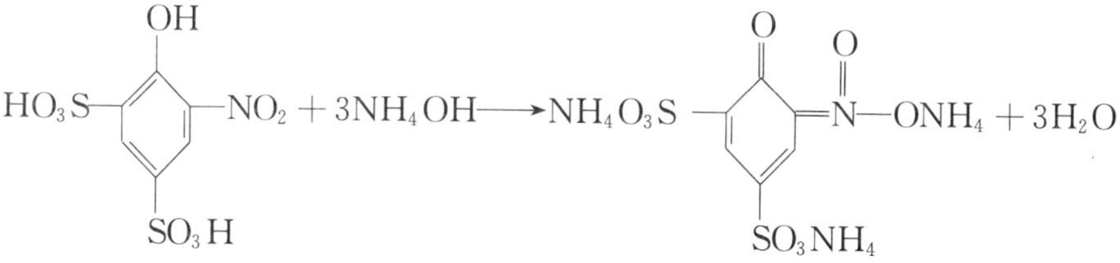

（2-硝基酚-4，6-二磺酸）　　（黄色化合物）

该方法最低检出浓度为 0.02mg/L，测定上限为 2.0mg/L。适用于饮用水、地下水和清洁地表水中的 $NO_3^- -N$ 的含量测定。

注意事项如下：

a. 水样中含 Cl^-、NO_2^-、NH_4^+ 等均有干扰，应采取适当的预处理。

b. 该方法准确度、精密度较高，但操作麻烦。可采用快速方法测定 $NO_3^- -N$。其测定原理是：水样在 NH_4Cl 的酸性溶液中加入锌粉，使 NO_3^- 还原为 NO_2^-，然后用对氨基苯磺酸—α-萘乙二胺光度法测定。

2）紫外分光光度法测定水中 $NO_3^- -N$

硝酸盐（NO_3^-）在紫外光区 220nm 处有特征吸收。

对于有机物含量低的水样，即未受污染的天然水和饮用水，可用 $\Delta A = A_{220} - 2A_{275}$ 吸光度差值求得水中 $NO_3^- - N$ 的含量，可消除水中溶解性有机物的干扰。

3）紫外吸收光谱法同时测定水样中 $NO_3^- - N$ 和 $NO_2^- - N$

水中 $NO_3^- - N$ 和 $NO_2^- - N$ 的同时测定，可通过两份等体积的水样，一份在酸性介质中加入氨基磺酸（消除 NO_2^- 干扰），另一份在酸性介质中加入过氧化氢，然后稀释至相同体积，在 210nm 处分别测定两份水样的吸光度值。前者是水样中 $NO_3^- - N$ 的吸光度，后者是水样中 $NO_3^- - N$ 和 $NO_2^- - N$ 的吸光度。由标准曲线法，求出 $NO_2^- - N$ 和 $NO_3^- - N$（两份水样 $NO_3^- - N$ 的浓度差）的含量。该方法的准确度和精密度都很高，适用于降水、一般地表水和井水中 $NO_3^- - N$ 和 $NO_2^- - N$ 的测定。

（4）过硫酸钾氧化—紫外分光光度法测定水中的总氮

用过硫酸钾 $K_2S_2O_8$ 作氧化剂在 $120\sim124℃$ 的碱性介质条件下，不仅可将水中氨和亚硝酸盐氧化为硝酸盐，同时将水样中大部分有机氮化合物氧化为硝酸盐。过量的过硫酸钾分解为硫酸钾 K_2SO_4，而后在 220nm 和 275nm 处用紫外分光光度计测定其吸光度，同样由 $\Delta A = A_{220} - 2A_{275}$ 差吸光度值，在标准曲线上查出相应水中的总氮量。该方法检测下限为 $0.05\ mg/L$，测定上限为 $4mg/L$。适用于湖泊、水库、江河水中总氮的测定。

有关这方面的内容请参看《紫外吸收光谱法及其应用》等有关书籍。

8.6.6 水中浊度的测定

水中的浊度是天然水和饮用水的一项重要水质指标，可采用分光光度法和目视比浊法测定。

（1）分光光度法

在适当温度下，用无浊度水（孔径为 $0.2\mu m$ 滤膜过滤的蒸馏水）配制一系列福尔马肼〔硫酸肼 $(NH_2)_2SO_4 \cdot H_2SO_4$ 与六次甲基四胺 $(CH_2)_6N_4$ 形成的白色高分子聚合物〕标准混悬液（$0\sim40NTU$），在 680nm 波长下测定吸光度，绘制标准曲线。水样在同样条件下测得吸光度值，由标准曲线查出对应的浊度。所测得的浊度为散射浊度单位（NTU）或福尔马肼浊度单位（FTU），规定 $1.25mg$ 硫酸肼$/L$ 和 $12.5mg$ 六次甲基四胺$/L$ 水中形成的福尔马肼混悬液所产生的浊度为 1NTU。

散射光比浊法：在相同条件下，用散射浊度计测定标准参考浊度液的散射光强度和水样的散射光强度，并进行比较，求得水样的浊度。散射浊度计是由照明水样的钨丝灯光源及一个或数个带读数装置的光电检测器组成，读数装置指示与入射光路成 90°的散射光的强度。检测器及滤光系统将在 $400\sim600nm$ 之间有光谱峰值响应。这种在散射浊度计上测得的浊度单位称作散射浊度单位（NTU，Nephelometric Turbidity Units）。标准参考浊度液同样采用福尔马肼用无浊水（孔径为 $0.2\mu m$ 薄膜滤片过滤的蒸馏水）配制而成，因此，有些文献又把散射浊度单位称为福尔马肼浊度单位（Formazan Turbidity Units，FTU）。散射光法主要适于浊度小于 25NTU 尤其小于 5NTU 以下的水样测定。

（2）目视比浊法

将水样与福尔马肼标准混悬液（0～40NTU）进行比较。选出与水样产生视觉效果相近的标准混悬液，记下其浊度值。测定时，水样必须充分振荡后才能进行比浊测定。

8.6.7　水中颗粒物粒径和聚集状态的测定

近年来，出现多种检测技术，直接用于测定水中颗粒聚集状态。这些技术多为以流动分散系的光学监测为基础的颗粒计数检测技术；如 Coulter（库尔特）计数法、光阻塞原理的 Hiac 计数法以及其他多种光散射计数技术，用来定量检测混凝过程中颗粒粒径分布的变化情况，为水处理提供有价值的数据和信息。例如：

库尔特计数法是让悬浮液流过一个小孔，在小孔两侧设置电极，当一个颗粒流过该小孔时，电极间的电阻发生变化，而产生一个短时的电压脉冲，其大小与颗粒粒径成比例，从而可以确定电导液体中悬浮颗粒的数目和粒径。该方法的影响因素很少，且对结果的影响也小，测定精度不受装置限制。应用此法时，需大幅度稀释样品，以避免重叠效应，还要防止絮体通过库尔特计数器孔口或 Hiac 计数器的检测区域时，被打碎。该方法需测定时间较长，不适于快速在线检测。

在许多水处理中，往往对絮体的形成或状态进行总体测定和评价就能满足要求，而不需要详细的粒径分布和粒径大小的数据。这样，相继发展了一些全新的简单检测方法，如用于水厂投药控制的流动电流检测（SCD）技术以及基于光电检测原理的透光率脉动检测技术等等。

近年来，国外研制出一种光度色散分析仪（Photometric Dispersion Analyser），又称絮凝检测仪。它可以灵敏地反映水处理中投药后杂质颗粒的絮凝程度。当检测水样通过絮凝检测仪光路时，检测仪连续测定透光强度，并分离出直流成分（V）和脉动成分（V_R），其中 V 和 V_R 均为电压信号，单位为伏（V）。由脉动成分 V_R 或与直流成分 V 的比值 R（$R=V_R/V$）即可反映原水浊质的絮凝程度。絮凝检测仪原理简单，操作方便，灵敏度较高，可连续在线检测。我国这方面的研究与应用已取得明显成果。

有关这方面内容可查阅有关文献或专著。

8.6.8　水中微囊藻毒素的酶联免疫法测定

富营养化水体中某些藻类可以产生一类环状七肽肝毒素——微囊藻毒素（MCs），具有致癌作用，是我国肝癌高发的重要诱因之一。微囊藻毒素按照特征基团的不同，有 70 多种异构体，其中 MC-LR 分布最为广泛、危害较大。WHO

《饮用水卫生准则》和我国《生活饮用水卫生标准》GB 5749—2006 均将其限值定为 $1\mu g/L$。

微囊藻毒素的检测方法有高效液相色谱法、酶联免疫法等。高效液相色谱法为国标推荐方法，灵敏度高、可以一次测定多种藻毒素，但对于低浓度藻毒素，需要进行固相萃取富集，操作较繁琐，检测成本较高，且有时对藻毒素异构体难以区分。

酶联免疫吸附法（Enzyme-Linked Immunosorbent Assay，ELISA），简称酶联免疫法。利用微囊藻毒素诱发免疫反应产生抗体，利用抗体对抗原的特异性识别进行检测，检出限可低至 $0.3\mu g/L$。

基本原理：

目前常见的商品化微囊藻毒素酶联免疫试剂盒多采用"双抗体夹心法"。

（1）首先将抗体结合到固相载体表面，并保持其免疫活性；

（2）将含藻毒素的水样和酶标抗体（如辣根过氧化酶）依次加到固相载体上，使之与抗原起反应，形成仍保留酶活性的"抗体-抗原-酶标抗体复合物"；

（3）洗去固相载体上除生成的抗体复合物之外的物质，此时结合在固相载体上的酶量与水样中藻毒素的量成比例；

（4）加入酶反应的底物，底物被酶催化生成的有色产物量与藻毒素的量直接相关，可采用分光光度法进行定量。

仪器与试剂：

Elx800 酶标仪美国 BIO-TEK 公司，微囊藻毒素试剂盒（内含酶标板、标样、单克隆抗体、酶标二抗、PBS 试剂、底物溶液等）中科院水生生物研究所提供，MM-III 微量振荡器江苏天力医疗器械公司。H_2SO_4 1mol/L。

测定步骤：

（1）吸取 $50\mu L$ 微囊藻毒素标样或水样（平行样 3 个）放入酶标板对应的孔中，同时做阴性对照。然后吸取 $50\mu L$ 单克隆抗体加入每孔中，轻轻混匀。37℃或室温放置 90min。

（2）洗板 3 次：用 PBS 溶液（pH 7.4～7.6 磷酸缓冲溶液）洗板 3 次，每次操作 3min。

（3）每孔加入 $100\mu L$ 酶标二抗稀释液，37℃或室温放置 30min。

（4）洗板 5 次：用 PBS 溶液洗涤 5 次，每次 3min。

（5）加底物溶液：用移液枪吸取底物溶液，分别加于板孔中，每孔 $100\mu L$，置 37℃或室温显色 5～10min（经常观察）。

（6）终止反应：有明显颜色显示后，立即加 $50\mu L$ 1mol/L H_2SO_4 溶液终止反应。

（7）判断结果：白色背景下肉眼观察，阴性对照孔应呈明显黄色，立即用酶

标仪在 $\lambda=450nm$ 下测定标样或水样和阴性对照的吸光度值。

(8) 数据处理：计算每个标样、水样及阴性对照样的平均吸光度值，同时计算出 B_0：

$$B_0 = \frac{A_{\text{标准或水样}}}{A_{\text{阴性对照}}}$$

标准曲线：

以标样藻毒素浓度的对数为横坐标，以 B_0 为纵坐标绘制标准曲线，在标线上求出水样中微囊藻毒素的浓度。

酶联免疫法方便快捷、灵敏度高、成本低，适用于水中低浓度微囊藻毒素的检测。为美国环保局优先推荐的方法。但该法特异性强，常见试剂盒多针对 MC-LR 设计，对于其他藻毒素异构体交叉反应性低，不能检测所有的藻毒素。

8.7　流动注射分析

在经典的分析化学中，进行化学分析唯一的实际方法是将被测物与试剂相混合，使其达到平衡状态。在分批量分析中，溶液是静止不动的，容器（通过传送带）移动；相反，在连续流动分析中，体系静止，溶液流动。以连续流动系统进行化学测定并不是新的方法，它是通过均一化作用达到化学平衡，从而达到所谓的稳定态条件。直到 20 世纪 70 年代中期出现了流动注射分析（Flou Injection Analysis，FIA）技术，化学分析的方法可在不需要稳定态条件下进行，FIA 技术是对流动分析思想的挑战，使化学分析方法发生了根本变化。

1975 年丹麦技术大学 J·Ruzicka 和 E. H. Hansen 提出了流动注射分析技术。近年来，得到了迅速发展。

流动注射分析（FIA）是将含有试剂的载流由蠕动泵输送进入管道，再由进样阀将一定体积的试样注入载流中，以"试样塞"形式随之恒速地移动，试样在载流中受分散过程控制，"试样塞"被分散成一个具有浓度梯度的试样带，并与载流中试剂发生化学反应生成某种可以检测的物质，再由载流带入检测器，给出检测信号（如吸光度、峰面积或峰高、电极电位等），由此求得水样中被分析组分的含量。

FIA 最具有独创性之处就是它抛弃了传统的稳定态概念，提出了可以在物理和化学不平衡的状态下进行测定，是一种湿化学（即溶液化学）法快速自动分析技术和手段。本节主要介绍 FIA－光度分析方法。

8.7.1　流动注射分析的优点

(1) 仪器简单。可用常规仪器自行组装，操作简便。我国已有 FIA－TI 流动注射通用仪（上海分析仪器厂）。

（2）分析速度快。分析频率通常为 100 次/h，最快可达 1200 次/h。重现性好，一般相对标准偏差小于 1‰。

（3）取样少。每次测定仅需微升级的溶液，且分析系统封闭，进行的化学反应不受空气成分影响，还有利于保护环境。

（4）自动化程度高。从进样，"化学处理"，测量到数据处理和程序控制可全部实现自动化。FIA 是可行在线自动分析仪的理论基础。

（5）可与多种检测器联用，应用范围广。

8.7.2 流动注射分析的装置和基本原理

流动注射分析（FIA）系统主要由载流驱动系统（试剂贮器、蠕动泵）、进样系统（采样注入阀）、混合反应系统（反应盘管）和检测系统（检测器和记录仪）等几个部分组成（图 8.23）。

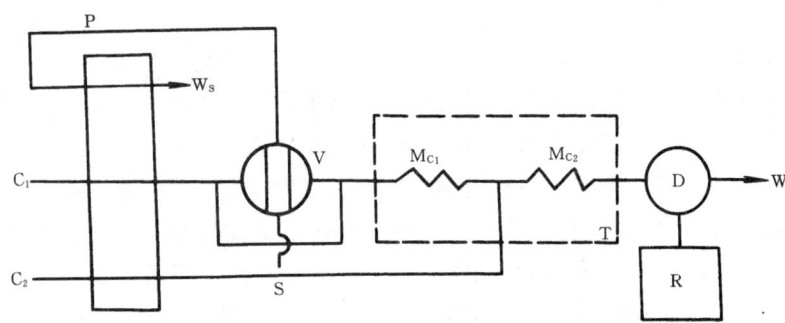

图 8.23　水中污染物连续自动分析装置 FIA 流路图

P—蠕动泵；V—自动采样阀（$V_s = 50\mu L$）；D—光度计（18 μL 流动池）；R—数据处理机；T—恒温器；M_{C_1}、M_{C_2}—反应盘管（$\phi = 0.7mm$）；C_1、C_2—试剂载体；S—样品；W_s、W—废液

（1）载流驱动系统

常用蠕动泵挤压富有弹性的塑料软管（又称泵管）来驱动含试剂的载流或试液在管道内连续流动。

（2）进样系统

一般用旋转进样阀将一定体积的试样以完整的"试样塞"形式注入管道内含试剂的载流中，这种进样方式称作正相 FIA，也是常用的流动注射分析法。

近年来又提出反相 FIA 法（Reverse Flow Injection Analysis，rFIA），此法是将试剂与试样颠倒注入，即将少量的试剂注入管道内含试样的载流中。rFIA 法适用于水样量充足又需节省试剂的情况，且提高了灵敏度。rFIA 法已有了长足的发展。

FIA 和 rFIA 的基本流路如图 8.24 所示。

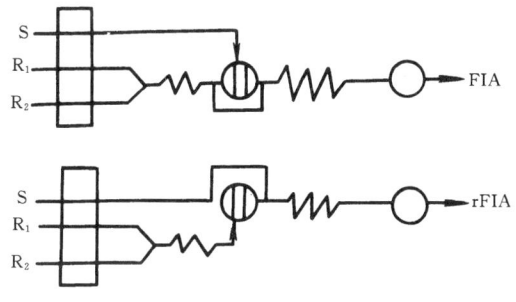

图 8.24　FIA 和 γFIA 的基本流路示意图

S—水样；R₁、R₂—试剂

（3）混合反应系统

混合反应系统主要由反应盘管和多功能连接件组成。注入的"试样塞"在反应盘管中被分散成试样带，并与载流中的试剂发生化学反应生成可检测的物质。

（4）检测系统

检测系统主要由 FIA 的检测器组成。其作用是将试样同试剂反应产物的特性或试样本身的特性转换为可测的电信号，由显示装置显示出来。例如，在 FIA—光度分析中是利用吸光物质的吸光度值变化转换成电信号；在 FIA—ISE（离子选择电极）分析中是将化学量变成电位毫伏信号。应该指出，FIA 系统可以与许多能量转换检测器联用，除上述吸收光谱检测器和离子选择电极检测器之外，FIA 还可与电感耦合等离子发射光谱检测器（FIA－ICP－AEP）、原子吸收光谱检测器（FIA－AAS）和其他电化学检测器等联用。

8.7.3　流动注射分析在水质分析中的应用举例

（1）电镀废水中微量铬（Ⅵ）、锌和镍的顺序流动注射光度分析（FIA 流路图见图 8.23）。

1）铬(Ⅵ)的 FIA—光度分析

a．基本原理

在酸性溶液中，6 价铬(CrO_4^{2-})与二苯碳酰二肼(简称 DPC)反应生成紫红色络合物，$\lambda_{max} = 540mn(\varepsilon = 4 \times 10^4)$。引入 FIA 测定体系中，$\lambda_{max} = 545nm$。

b．测试条件

FIA 体系：载液 C_1 为 $0.10mol/L$ H_2SO_4 溶液；

　　　　　　载液 C_2 为 0.05% DPC 水溶液。

采用 DPC 和 H_2SO_4 溶液分别引入 FIA 测定体系，基线稳定，重现性好。

$\lambda_{max} = 545nm$，标准曲线法求得水中 Cr(Ⅵ) 的含量。

干扰：水样中 Fe^{3+}、Zn^{2+} 和 Ni^{2+} 的含量（mg/L）为 Cr(Ⅵ) 的 5 倍、Cu^{2+}

为 2.5 倍时，不干扰测定。Cu^{2+} 的含量大于 5 倍时，产生正干扰，可采用强酸性阳离子交换树脂消除干扰。测定范围为 $0\sim5.0mg/L$，其方法回收率为 $97\%\sim105\%$。变异系数 CV 为 0.25%。

2）锌的 FIA—光度分析

a. 基本原理

在弱酸性条件下（pH＝5.9），Zn^{2+} 与二甲酚橙 XO 形成红色络合物 $Zn^{2+}XO$，引入 FIA 体系中，$\lambda_{max}＝575nm$，在此条件下，Cu^{2+}、Ni^{2+} 干扰测定。故在 570nm 处测定吸光度值，标准曲线法求得水中 Zn^{2+} 的含量，可消除干扰。

b. 测试条件

FIA 体系：载液 C_1 为 $0.5\%Na_2S_2O_3$ 和 0.1% 丁二酮肟混合液；

载液 C_2 为 0.015% 二甲酚橙的乙酸盐缓冲溶液（pH＝5.9）。

在上述 FIA 体系中，电镀废水中的其他离子存在下，不干扰测定。测定范围为 $0\sim10.0mg/L$，其方法的回收率为 $98\%\sim102\%$，变异系数 CV 为 0.43%。

3）镍的 FIA—光度分析

a. 基本原理

在有氧化剂 I_2 存在的碱性条件下，Ni^{4+} 与丁二酮肟 $C_4H_6N_2O_2$ 生成化学计量数为 1∶4 的酒红色可溶性络合物，有两个吸收峰，$\lambda_{max}＝440nm(\varepsilon＝1.5\times10^4)$ 和 $\lambda_{max}＝530nm(\varepsilon＝6.6\times10^3)$

$$Ni^{2+} \xrightarrow{\text{氧化剂}} Ni^{4+}$$

$$Ni^{4+} + 3(C_4H_6N_2O_2)^{2-} \rightleftharpoons Ni(C_4H_6N_2O_2)_3^{2-}$$

引入 FIA 体系中，$\lambda_{max}＝460nm(\varepsilon＝1.4\times10^4)$。在 460nm 处测定废水中 Ni^{2+}，标准曲线法求算 Ni^{2+} 的含量。

b. 测试条件

FIA 体系：载液 C_1 为 0.5% 柠檬酸和 $0.03mol/L$ 碘 I_2 混合溶液；

载液 C_2 为 0.075% 丁二酮肟的氨性溶液（5mL $NH_3 \cdot H_2O$/100mL）；

$\lambda_{max}＝460nm$。

在上述 FIA 体系中，电镀废水中可能存在的 Cu^{2+}、Zn^{2+}、Fe^{2+}、Fe^{3+}、Cr(Ⅵ) 等不干扰测定。测定范围为 $0\sim5.0mg/L$，方法的回收率在 $96\%\sim104\%$，变异系数 CV 为 1.0%。

（2）工业废水中微量铜和氰化物的流动注射光度分析（FIA 流路图如图 8.23 所示）。

1）铜的 FIA—光度分析

a. 基本原理

在弱碱性条件下，Cu^{2+} 与 N，N—二乙氨基二硫代甲酸钠 NaDDTC 生成化学计量数为 1 : 2 的黄棕色络合物，$\lambda_{max} = 440nm$（$\varepsilon = 1.4 \times 10^4$）。引入 FIA 体系时，在 $\lambda_{max} = 460nm$ 处测吸光度值，由标准曲线上查出对应的 Cu^{2+} 的含量。

b. 测试条件

FIA 体系：载液 C_1 为 0.2％EDTA—0.5 柠檬酸—NH_3—NH_4Cl 缓冲溶液（pH8.2）；

载液 C_2 为 0.2％NaDDTC 水溶液；

$\lambda_{max} = 460nm$。

在上述 FIA 体系中，工业废水中可能存在的 Zn^{2+}、Ni^{2+}、Fe^{3+}、Fe^{2+}、Cr(Ⅵ) 和 Cr^{3+} 不干扰测定。测定范围为 0～5.0mg/L，方法的回收率为 96％～104％，变异系数 CV 为 0.75％

2）氰化物的 FIA—光度分析

a. 基本原理

在中性条件下，水中的氰化物（CN^-）被氯胺 T 氧化生成氯化氰 CNCl，氯化氰与异烟酸作用经水解生成戊烯二醛，再与吡唑啉酮进行缩合反应，生成蓝色染料，在 638nm 处测定吸光度，用标准曲线法定量，这是水和废水分析中的常用方法。但该反应较慢，即使加热条件下也需近 50min 的显色时间。虽然在形成最终蓝色产物之前，在反应初期形成了红色中间产物，但形成后立即转化，在手工条件下无法用来定量。王鹏等通过 FIA 技术成功地应用了这一不稳定的中间产物，实现了氰化物的快速定量分析。在 548nm 处以 60 样/h 的速度完成了测定，比原方法提高效率数 10 倍。

b. 测试条件

FIA 体系：载液 C_1 为 0.04％氯胺 T 与磷酸盐缓冲溶液（pH=7.0）；

载液 C_2 为 1.25％异烟酸与 0.2％吡唑啉酮混合液。

由氰化物（CN^-）与异烟酸—吡唑啉酮显色反应的红色中间产物（反应温度 35℃）的吸收曲线得最大吸收波长 $\lambda_{max} = 548nm$，作测定波长。用标准曲线法求得废水中氰化物的含量。测定范围 0～5.0mg/L，方法的回收率为 96％～104％，变异系数 CV 为 0.53％。

（3）连续膜流动注射紫外光度法测定水中二氧化氯。

近 10 年来，流动注射分析在线预处理技术得到了令人瞩目的发展，在非物理平衡及化学平衡条件下实现高效率气—液、液—液及固—液分离浓集。在线预处理技术主要有膜分离技术，如利用透气膜的气体扩散能很快测出溶解在水样中的气体；借助半透膜的渗析作用从大分子中分离出小分子以及溶剂萃取等，还有离子交换树脂在线预富集等。

1）基本原理

二氧化氯（ClO_2）的测定方法有连续碘量法和吸收光谱等等，将连续膜流动注射紫外光度法测定水中 ClO_2，也列入本章作简要介绍。

利用 ClO_2 能透过微孔性聚四氟乙烯膜管，制作 ClO_2 的流动注射装置（图8.25），使 ClO_2 通过，而水中离子及悬浊性物质不能透过，因此在分析上具有良好的选择性。在 $\lambda_{max}=360nm$ 处测定吸光度，由标准曲线查出对应的 ClO_2 含量。本法的检出限为 $2.7\times10^{-7}mol/L$。适用于 ClO_2 作消毒剂的水厂中水质监测。

2）测试条件

FIA 体系：载液 C_1 为 pH＝6.89 磷酸盐缓冲溶液（0.1mol/L）0.49mL/min；
　　　　　载液 C_2 为 pH＝6.89 磷酸盐缓冲溶液（0.01mol/L）0.36mL/min。

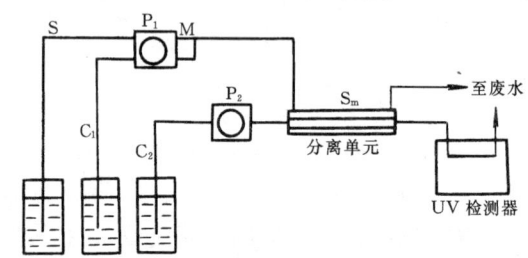

图 8.25　水中二氧化氯的 FIA-UV 光度法测量装置

S—水样 4.0mL/min；P_1、P_2—蠕动泵；S_m—膜分离器；C_1—pH6.89 磷酸盐缓冲溶液
（0.1moL/L）0.49mL/min；C_2—pH6.89 磷酸盐缓冲溶液
（0.01moL/L）0.36mL/min

将含 ClO_2 的水样（S）在混合点（M）与 pH＝6.89 磷酸盐缓冲溶液（0.1mol/L）（C_1）混合，输送到分离器（Sm）的外管中，水样中的 ClO_2 透过内管，溶解在流入内管的 pH＝6.89 磷酸盐缓冲溶液（0.01mol/L）（C_2）中，用 UV 检测器测定 ClO_2 在 360nm 处的吸光度值，由标准曲线查出对应的 ClO_2 的浓度。

3）说明几个问题

a. 图 8.25 中的膜分离器（S_m）是由内管和外管组成，长 500mm，内管是由微孔性聚四氟乙烯膜制成，内径 1.0mm，外径 1.8mm；外管是由玻璃管制成，内径 2.2mm，外径 4.0mm。

b. 为防止分离器因外部和内部液流差较大而发生膜破损，所以它们的流量分别控制在 0.49mL/min 和 0.36mL/min。

c. 该方法控制温度 25℃ 为宜。

d. 本方法除 Mn(Ⅶ) 氧化 ClO_2 而分解，碘离子及连苯三酚还原 ClO_2 而分解产生干扰外，其他化学物质几乎不干扰 ClO_2 的测定。

思　考　题

1. 什么是朗伯—比尔定律？摩尔吸收系数的物理意义是什么？它与吸收系数、比吸收系数和灵敏度指数有何关系?

2. 什么是吸收光谱中特征吸收曲线与最大吸收峰 λ_{max} ,它们在水质分析中有何意义?

3. 什么是吸收光谱(曲线)?什么是标准曲线?它们有何实际意义?

4. 分光光度法的特点有哪些?

5. 简单阐述分光光度计的结构和工作原理。

6. 吸收光谱法的基本定量方法有哪些?

7. 以丽丝胺绿 B(LGB)光度法测定水中 ClO_2 为例,说明示差分光光度法与普通分光光度法有何异同?

8. FIA 与传统的连续流动方法之间的特征区别是什么?

习　题

1. 有一溶液在 $\lambda_{max} =310nm$ 处的透光率为 87%,在该波长时的吸光度值是多少?

2. 用邻二氮菲光度法测定水中 Fe^{2+} ,其含量为 0.39mg/L,比色皿为 3cm,在 $\lambda_{max} =508nm$ 处测得吸光度 $A = 0.23$ 。假设显色反应进行很完全,计算摩尔吸收系数 ε 。

3. 某有色络合物的 0.0010% 水溶液在 510nm 处,用 3cm 比色皿测得吸光度 $A = 0.57$ 。已知其摩尔吸收系数为 2.5×10^3 L/(mol·cm)。求该有色络合物的摩尔质量。

4. 已知某水溶液 25.00mL 中含某化合物 1.90mg,在 $\lambda_{max} =270nm$ 处,用 1cm 比色皿测定吸光度 $A =1.20$,其摩尔吸收系数为 1.58×10^3 ,求该化合物的摩尔质量是多少?

5. 已知苯胺的 $\lambda_{max} =280nm$, $\varepsilon_{max} =1430$ 。有一含苯胺水样,在 1cm 比色皿中测得吸光度为 0.52,问该水样中苯胺的含量为多少(mg/L 表示)?

6. 某地表水水样中 $NH_3 \cdot H_2O$ 与纳氏试剂作用生成黄棕色胶态络合物,在明胶和聚乙烯醇保护下形成分散液体,375nm 处 $\varepsilon_{375} =6.3 \times 10^3$ L/(mol·cm),如水样中的 NH_3-N 用 1cm 比色皿测得 $A_{375} = 0.42$ 。计算水样中 NH_3-N 的含量(mg/L 表示)。

7. 取一定体积含铁废水,用邻二氮菲光度法,在 $\lambda_{max} =508nm$ 处,用 1cm 比色皿测吸光度 $A = 0.15$ 。同时另取同体积水样,加 1mL 盐酸羟胺溶液,混匀后,再按上法测得吸光度 $A = 0.21$ 。求该水样中 Fe^{2+} 、 Fe^{3+} 和总铁的含量(mg/L 表示)。

8. 用双硫腙氯仿萃取光度法,测定氰化镀镉漂洗水中 Cd^{2+} 。取 Cd^{2+} 标准储备液(1.00μg/mL)0.0、1.0、3.0、5.0、7.0 和 9.0mL 配制一系列标准溶液,定容至 50mL,在 $\lambda_{max} =518nm$ 处测定对应的吸光度值 A ,数据见表 8.10。取水样 5.00mL,稀样至 50mL,在同样条件下测得吸光度 $A = 0.55$ 。请绘制标准曲线并查出水样中 Cd^{2+} 的含量(mg/L 表示)。

镉标准溶液及其对应的吸光度值　　　　　　　　　　　　　　表 8.10

Cd^{2+} 标准溶液 (mL)	0.0	1.0	3.0	5.0	7.0	9.0
吸光度 A	0.0	0.07	0.20	0.36	0.50	0.62

9. 用 4-氨基安替比林萃取分光光度法测定水中的苯酚。分别取不同体积的苯酚标准溶液 (1.00μg/mL)于 500mL 分液漏斗中,加水至 250mL。加显色剂等试剂,用氯仿萃取后,氯仿

萃取液放入 2cm 比色皿中，在 460nm 处测得吸光度 A 列于表 8.11。取水样 50mL，用水稀释至 250mL，同样条件下测得吸光度 $A = 0.32$。请以苯酚的绝对含量（μg）为横坐标，以对应吸光度 A 为纵坐标绘制标准曲线，并求出水样中苯酚的含量（mg/L 表示）。

苯酚标准溶液及其对应的吸光度值　　　　　表 8.11

苯酚标准溶液（mL）	0.0	0.50	1.00	3.00	5.00	7.00
吸光度 A	0.0	0.048	0.096	0.298	0.500	0.660

10. 用分光光度法同时测定水样中 MnO_4^- 和 $Cr_2O_7^{2-}$ 的含量。用 1cm 比色皿在 $\lambda_1 = 440nm$ 处测得水样吸光度 $A = 0.365$，在 $\lambda_2 = 545nm$ 处测得吸光度 $A = 0.682$。又经测定得 $Cr_2O_7^{2-}$ 的 $\varepsilon_{\lambda_1, Cr_2O_7^{2-}} = 370$，$\varepsilon_{\lambda_2, Cr_2O_7^{2-}} = 11$；$MnO_4^-$ 的 $\varepsilon_{\lambda_1, MnO_4^-} = 93$，$\varepsilon_{\lambda_2, MnO_4^-} = 2350$，计算水样中 $Cr_2O_7^{2-}$ 和 MnO_4^- 的量浓度各是多少（mol/L）？

第9章 色 谱 法

前面已介绍了吸收光谱法、电化学分析法。本章重点介绍在水质分析中常用的气相色谱法，这种方法是水分析实验室的一大支柱，已成为水处理、水环境评价和水质分析中最重要分析手段，广泛用于水中有机物的测定。另外，本章还对液相色谱法及其应用以及色谱—质谱法进行了介绍，供学习参考。

9.1 气相色谱法

气相色谱法是一种极其有用的分析手段。这不仅因为它的灵敏度高，选择性较好，而且许多挥发性组分或者某些不挥发组分经转化成适当衍生物后，都能进行分析。气相色谱法已成为水分析实验室必不可少的强有力的分析工具。例如，饮用水中氯仿 $CHCl_3$ 等有机卤代物、厌氧处理水中的 CO_2、CO、NO_2、N_2 等气态物质、高浊水处理中聚丙烯酰胺单体以及水中残留的硝基苯类、有机磷、有机磷农药等都可用气相色谱法测定。本节主要介绍气相色谱法的基本原理及其应用实例，为掌握气相色谱的基本知识和初步操作奠定一定基础。

9.1.1 色谱法概述

色谱法（Chromatography）又称层析法，已成为一种常规的分离分析技术，是一种物理化学分离分析方法。最初由分离植物色素而得名，后来不仅用于分离有色物质，而且广泛地用于分离分析无色物质。"色谱"的名称仍被沿用下来，但已失去了原有的含义。

（1）色谱法分类

1）按两相状态分类

色谱法中共有两相（相就是指界面）即固定相和流动相。如流动相是气体就叫气相色谱（Gas Chromatography，GC），流动相为液体则叫液相色谱（Liquid Chromatography，LC）。同样固定相也可有两种状态，即固体吸附剂和载体涂固定液，因此，按两相状态可将色谱分为四类：

$$
气相色谱 \begin{cases} 气 — 固色谱（GSC） \\ 气 — 液色谱（GLC） \end{cases}
$$

$$液相色谱 \begin{cases} 液 — 固色谱（LSC） \\ 液 — 液色谱（LLC） \end{cases}$$

2) 按固定相的性质分类

a. 柱色谱：共分两大类。

填充柱色谱：固定相装在一根玻璃或金属管内。

毛细管柱色谱：固定相附着在一根细管内壁上（内径在 0.2～0.5mm 左右），管中心是空的，又叫开管柱色谱或称毛细管柱色谱。固定相装到玻璃管内，再拉成毛细管，则称填充毛细管柱色谱。

b. 纸色谱（又叫纸层析）：就是利用滤纸作固定相，把试样点在滤纸上，用溶剂将它展开，根据其在纸上斑点的位置和大小进行鉴定和定量分析。

c. 薄层色谱或叫薄板层析：将吸附剂涂或压成薄膜，然后与纸色谱类似方法进行操作。

3) 按分离原理分类

a. 吸附色谱：吸附剂为固定相，利用吸附剂对不同组分的吸附性能的差别而进行分离。

$$包括 \begin{cases} 气 — 固吸附色谱（GSC） \\ 液 — 固吸附色谱（LSC）（适于摩尔质量为 300～1000 试样） \end{cases}$$

b. 分配色谱：以液体为固定相，利用不同组分在两相间的分配系数的差别（即在固定液上的溶解度不同）而进行分离。

$$包括 \begin{cases} 气 — 液分配色谱（GLC） \\ 液 — 液分配色谱（LLC） \end{cases}$$

液 — 液分配色谱又分为正相色谱（即固定相为极性液体，而流动相为弱极性溶剂，如己烷等）和反相色谱（即固定相为弱极性液体，流动相为极性溶剂，如水和醇）。

c. 离子交换色谱法：以合成离子交换树脂为固定相，用来分离离子型化合物的色谱法。离子交换色谱法又分成阳离子交换色谱和阴离子交换色谱。

d. 排阻色谱法：又称凝胶色谱，以多孔凝胶为固定相，用来分离大小不同的分子的色谱法。一般迫使试样组分摩尔质量较小者，渗入胶体而不易流出，表现为保留时间长。而摩尔质量大的组分，则沿凝胶间孔隙而容易流出，其保留时间较短，从而形成了色谱分离（适用于摩尔质量＞2000 的试样）。

4) 按动力学分类

a. 冲洗法：色谱分离中最常用的一种方法。所谓冲洗法是将很小一部分样品导入柱内，然后用冲洗剂（液体或气体）冲洗柱子。这种冲洗剂对固定相的亲合力比任何组分都小，也就是说在固定相上的吸附或溶解能力比试样组分弱得多。由于各组分在固定相上的吸附或溶解能力不同，于是被冲洗剂冲洗出来的先后顺序也不同，从而使各组分彼此分离。

$b.$ 前沿法：这种方法是将试样混合物连续通过色谱柱，吸附和溶解能力弱的组分首先以纯物质的状态流出色谱柱，其次是吸附或溶解能力较强的第二个组分和第三个组分的混合物流出色谱柱，其余类推。此种方法适用于含有微量 B、C 等杂质和大量 A 的混合物中制备高纯度 A，不适用于进行完全的分离分析。

$c.$ 顶替法（又叫排代法）：将试样加到色谱柱头上，然后用一种对固定相的吸附或溶解能力比所有试样组分都强的顶替剂，将各组分依次顶替出色谱柱，吸附或溶解能力弱的组分首先流出色谱柱，强的随后流出。这种方法常用于油品中烷、烯和芳烃的分析。

（2）气相色谱法的特点

气相色谱法（Gas Chromatography，简称 GC）是色谱法中的一种。流动相（又称移动相）是气体的为气相色谱法。气相色谱法是先分离后检测，故对多组分混合物（如同系物，异构体等）可同时得到每一组分的定性定量结果。而且因为组分在气相中传质速度快，与固定液相互作用次数多，加之可供选择的固定液种类繁多，可供使用的检测器灵敏度高，选择性好。因此，气相色谱法分析的特点概括起来为高效能、高选择性、高灵敏度、速度快、应用广。

1）高效能：是指色谱能使多组分复杂混合物分离。如毛细管柱色谱，可以解决含有 150 个组分的烃类混合物的分离问题。因而是石油成分分析的主要工具。在元素有机化学、天然有机化合物、烃的燃烧系物（除含 CO_2、H_2O 外亦含微量的醇、醛、酮等）的分析也用气相色谱。

2）高选择性：是指能够分离性质极为相近的物质。例如，氢原子中有 3 个同位素氢（H）、氘（D）、氚（T），可形成 6 种氢分子；芳香烃中的邻位、间位、对位异构体等，这些原则上都可用气相色谱分离和鉴别。

3）高灵敏度：气相色谱有高灵敏度检测器，可检出 $10^{-11} \sim 10^{-13}$ g 的微量物质或 $0.2 \sim 0.002 \mu L$ 的气体，适用微量和痕量分析。可测定水中 $10 \mu g/L$ 甚至（经浓缩后）$10^{-3} \mu g/L$ 的污染物质。例如，可测出水中农药残留量及水质中 mg/L $\sim \mu g/L$ 级的含卤、硫、磷有机化合物。

4）分析速度快：一般几分钟至几十分钟即可完成一个分析周期。若采用数据自动处理装置，还将大大提高速度。

5）应用广泛：对于气、液、固体物质不需要提纯，只要在 $-190 \sim 500℃$ 温度范围内有 $26.7 \sim 13332$ Pa 的蒸气压，且热稳定的有机物、部分无机物、高分子和生物大分子物质，均可适用。据统计，目前，气相色谱所能分析的有机物，约占全部有机物的 $15\% \sim 20\%$，而这些有机物恰是应用很广的一部分。还可用来制备超纯色谱试剂；部分高分子或生物大分子可用裂解色谱法，分析其裂解产物。

6）局限性

a. 定性需要纯品。否则需与其他色谱数据、光谱、质谱数据对照，才可定性。

b. 样品要有一定挥发性。否则，对那些不易挥发易分解的物质，可用化学转化法，使其生成挥发性的稳定的衍生物后再分析。

c. 大分子强极性不稳定化合物不能直接分析。如对部分高分子或生物大分子可用裂解色谱法，分析其裂解产物。

d. 一般无机物不能分析。但对部分无机物可转化为金属卤代物、金属螯合物等再分析，对于无机酸如硫酸、磷酸等，可与硅酯化试剂反应，生成硅酯衍生物后再分析。

9.1.2 气相色谱法分离的基本原理

气相色谱法分为气固色谱法和气液色谱法。两者的主要区别是：

气固色谱法中的固定相是一种多孔性大表面积的吸附剂，将其研磨成一定大小的颗粒，装入色谱柱中；在气固色谱中，水样中被测物质中各组分的分离是基于各组分在吸附剂上吸附能力不同。

气液色谱中的固定相是在化学惰性的固体微粒（此固体是用来支持固定液的，称为担体或载体）表面，涂上一层高沸点有机化合物的液膜，这种高沸点有机化合物称为固定液。在气液色谱内，被测物质中各组分的分离是基于各组分在固定液中溶解度不同。

下面简要介绍它们的分离原理。

水样由载气携带进入色谱柱时，立即被固定相所吸附（GSC）或溶解（GLC）。载气不断流过固定相，吸附或溶解的被测组分又被脱附或挥发到流动相中，脱附或挥发的组分随着载气继续前进，又可被前面的固定相（吸附剂或固定液）所吸附或溶解。随着载气的流动，被测组分在两相间进行反复多次（$10^3 \sim 10^6$ 次）的吸附 — 脱附或溶解 — 挥发过程。由于被测物中各个组分的性质不同，它们在固定相中的吸附或溶解能力就不同，较难被吸附或溶解度小的组分，就易被脱附或挥发，逐渐走在前面，停留在柱中的时间就短些；而容易被吸附或溶解度大的组分，就走在后面，停留在柱中的时间就长些，经过一定时间，水样中的各个组分，就彼此分离而先后流出色谱柱。现用图 9.1 来加以说明。假定水样中含有 A 和 B 两组分，吸附剂或固定液对 B 的吸附或溶解能力强于 A，因此 A 组分先流出色谱柱。图 9.1 中（1）、（2）、（3）、（4）、（5）表示分离过程的几个阶段。

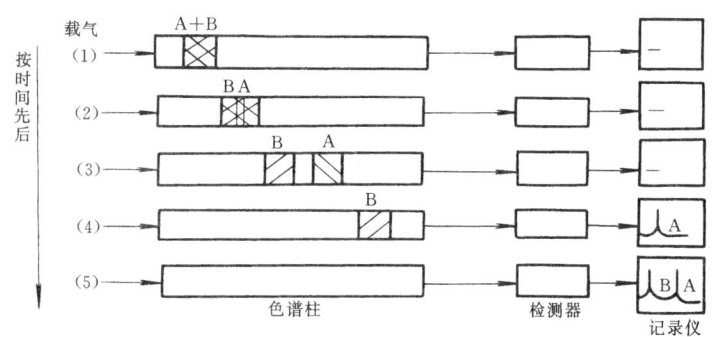

图 9.1　水样中被测组分在色谱柱中的分离过程

　　物质在固定相和流动相（气相）之间发生的吸附 — 脱附和溶解 — 挥发的过程，叫做分配过程。被测组分根据吸附与脱附或溶解与挥发能力的大小，以一定的百分比分配在固定相和气相之间。溶解度（或吸附能力）大的组分分配给固定相多一些，在气相中的量就少一些；吸附能力或溶解度小的组分分配给固定相的量就少一些，在气相中多一些。在一定温度下，组分在固定相和流动相之间分配达到平衡时的浓度比称分配系数 K。

$$K = \frac{\text{组分在固定相的浓度}}{\text{组分在流动相的浓度}} = \frac{C_L}{C_G} \tag{9.1}$$

　　一定温度下，各物质在两相之间的分配系数是不同的，显然具有小的分配系数的组分，每次分配在气相中的浓度较大，因此，就较早流出色谱柱；而分配系数大的组分，则由于在每次分配后，在气相中的浓度较小，因而流出色谱柱的时间较迟。当分配系数足够多时，就能将不同的组分分离开来。由此可见，气相色谱的分离原理：是利用不同的物质在两相间具有不同的分配系数，当两相做相对运动时，水样中的各组分，就在两相中经反复多次的分配，使得原来的分配系数只有微小差别的各组分产生很大的分离效果，从而将各组分分离开来。

9.1.3　气相色谱的流程和装置

　　常用的气相色谱所采用的基本设备如图 9.2 所示。气相色谱仪主要包括气路系统（包括载气钢瓶、净化器、流量控制和压力表等）、进样系统（包括气化室、进样两部分）、分离系统（色谱柱）、检测器和记录系统（包括放大器和记录仪）5 个部分。在分析水样之前，先把载气调节到所需的流速，把气化室、色谱柱和检测器加热到所需的操作温度。待载气流量、温度及记录仪上的基线稳定之后即可进样。将水样用微量注射器注入气化室后，立即气化并被载气带入色谱柱进行分离。分离后的单组分先后进入检测器，检测器将被测物质的浓度或质量的变化转变为一定的电信号，经放大器后在记录器上记录下来。所记录的电信号—时间曲线称为流出曲线,又称色谱图(图9.3)。利用各种物质在色谱图上的保留时间定性,用其各个组分的峰高或面积定量。

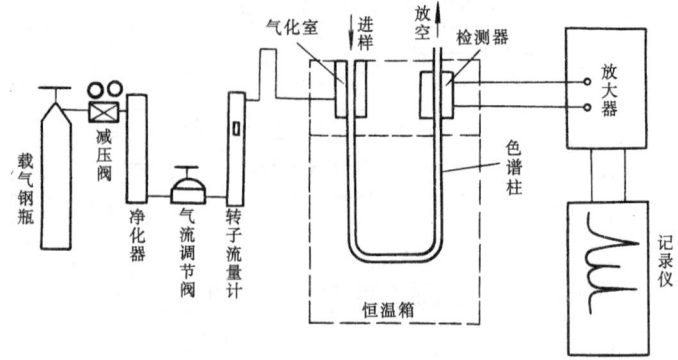

图 9.2　气相色谱仪组成示意图

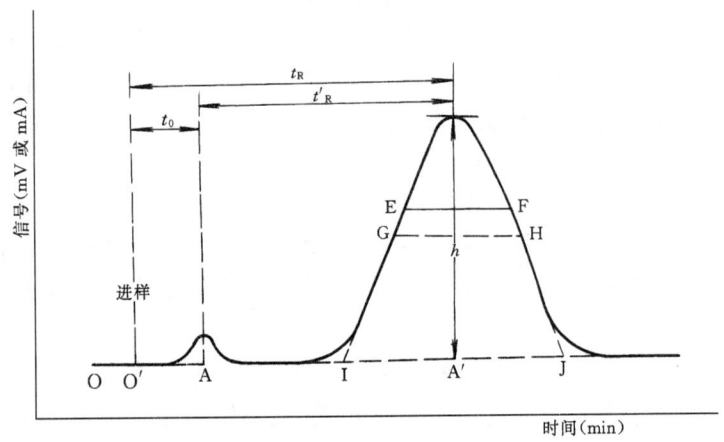

图 9.3　色谱图

9.1.4　色谱流出曲线和基本术语

(1) 色谱图

图9.3为水样中各组分从色谱柱流出进入检测器时,其物质的量变化转变为电信号变化,并被记录器记录下来,得到一系列电信号随时间变化的呈高斯分布(即正态分布)的色谱图(即色谱流出曲线)。它是色谱柱分离结果的反映,是进行定性和定量的基础,也是研究色谱过程机理的依据。

(2) 基线:实验条件下,只有当纯流动相通过检测器时所得到的信号 — 时间曲线,为基线,如图9.3所示的 OO'。通常为一水平直线,但由于操作条件(如浓度,流动相速度)、检测器及附属电子元件的工作状态的变更,使基线朝一定方向缓慢变化，这叫漂移。由于各种未知的偶然因素，如流动相的速度、温度、固定相的挥发、外界电信号干扰等，引起基线的起伏，称为噪声。漂移和噪声给准确定量带来了困难。

（3）死时间、保留时间和校正保留时间，单位以分（min）表示。

1）死时间（t_0）：不被固定相吸附或溶解的组分（如空气）通过色谱柱所需的时间。在色谱图上即为从进样开始到色谱峰顶的时间，称为死时间，用 t_0 表示，如图 9.3 中的 $O'A$ 部分所示。

当样品进入色谱柱后，由于固定相的作用使样品移动的速度比载气移动慢了，这种现象称为样品的保留。

2）保留时间（t_R）：流动相携带组分穿过柱长所需的时间称为保留时间，用 t_R 表示。在色谱图上为进样开始到组分色谱峰顶的时间，如图 9.3 中 $O'A'$ 部分所示。

3）校正保留时间 (t'_R)：指扣除死时间以后的保留时间，用 t'_R 表示。如图 9.3 中 AA' 部分所示。

$$t'_R = t_R - t_0 \tag{9.2}$$

（4）峰高，半峰宽，基线宽度和标准偏差。

1）峰高（h）：色谱峰顶到基线的垂直距离。

2）半峰宽（$W_{\frac{1}{2}}$）：色谱峰高一半处的宽度。习惯上称为区域宽度，半宽度，半峰宽度。如图 9.3 中的 GH 部分，分别用 $2\Delta t_{\frac{1}{2}}$，$2\Delta V_{\frac{1}{2}}$，$2\Delta X_{\frac{1}{2}}$ 表示，其单位分别为 min（或 s）、mL 和 mm。

3）基线宽度（W_b）：又叫峰宽，从峰两侧拐点作切线，两切线与基线相交部分的宽度。如图 9.3 中的 IJ 部分。

4）标准偏差 σ：即 0.607 倍峰高处色谱峰宽度的一半。如图 9.3 中的 EF 的一半。标准偏差 σ 与基线宽度关系。

$$W_b = 4\sigma \tag{9.3}$$

半峰宽、峰宽（即基线宽度）和标准偏差 σ 都是色谱峰区域宽度的一种度量方法，是色谱流出曲线中一个重要参数，体现了组分在色谱柱中运动的情况，与物质在流动相和固定相之间的传质阻力有关。因此，色谱峰区域宽度直接反映了色谱操作条件下的动力学因素。

一般来说，从某纯组分的色谱图上可以定义出死时间（t_0）、保留时间（t_R）、校正保留时间（t'_R）、峰高（h）、半峰宽（$W_{\frac{1}{2}}$）、峰宽（W_b）和标准偏差 σ 等七个参数，而其他有关参数可以通过它们计算出来。保留时间和峰高等参数是定性、定量的基础，同时根据色谱峰的位置及其宽度可以对色谱柱分离情况进行评价。

（5）死体积（V_R^0）、保留体积（V_R）和校正保留体积（V'_R），单位以毫升（mL）或升（L）表示。

1）死体积（V_R^0）：是指死时间间隔内所通过载气的体积。相当于图 9.3 中 $O'A$ 段（色谱图以体积为横坐标）。通常 V_R^0 由死时间和校正后的载气流速 F_C' 的乘积计算。

$$V_R^0 = t_R^0 \cdot F_C' \tag{9.4}$$

式中　F_C'——校正到柱温、柱压下的载气体积流速。

2）保留体积（V_R）：由组分的保留时间（t_R）和校正后的载气流速 F_C' 的乘积计算。

$$V_R = t_R \cdot F_C' \tag{9.5}$$

3）校正保留体积（V_R'）：扣除死体积后的保留体积。

$$V_R' = V_R - V_R^0 \tag{9.6}$$

（6）相对保留值：因为保留时间（或体积）不但由柱性质决定，且与操作条件有关（如柱长、柱温、流动相线速、相比等），这给实验室之间的保留值的重现性带来困难。如果将每一组分的校正保留时间（或体积）与标准化合物的绘在同一柱上，相同操作条件下的校正保留时间（或体积）进行比较，就可以消除许多操作条件的影响。因此引入相对保留值的概念。即其组分校正保留值与另一标准物校正保留值的比值为相对保留值（$r_{1,2}$）。

$$r_{1,2} = \frac{t_{R_1}'}{t_{R_2}'} = \frac{V_{R_1}'}{V_{R_2}'} \tag{9.7}$$

9.1.5　色谱柱效能

色谱柱的分离效能必须考虑：（1）两组分色谱峰间的距离受色谱热力学因素和（2）色谱峰宽与组分在色谱柱内的运动情况受动力学因素等两方面影响。用塔板理论——柱效能指标解释了色谱流出曲线的形状及计算塔板数和塔板高度。

$$n_{有效} = 5.54 \left(\frac{t_R - t_0}{W_{1/2}} \right)^2 = 16 \left(\frac{t_R'}{W_b} \right)^2 \tag{9.8}$$

$$H_{有效} = \frac{L}{n_{有效}} \tag{9.9}$$

式中　$n_{有效}$——色谱柱的有效理论塔板数，$H_{有效}$——塔板间距离（又称有效理论塔板高），L——色谱柱长。t_R、t_0、t_R'、$W_{1/2}$、W_b 的物理意义同前，应用时必取同一单位（如时间或长度）表示。可见，在一定长度的色谱柱内，塔板高度 H 越小，塔板数 n 越大，组分被分离的次数越多，则柱效能越高。而速率理论指出了影响柱效能的因素，$H = A + B/\mu + C\mu$ 为速率理论方程，式中 A 为涡流扩散项，B/μ 为分子扩散项，$C\mu$ 为传质阻力项。速率理论为色谱分离操作条件的选择提供了理论指导。

为了判断被分离物质在色谱柱中的分离情况，又常用分离度 R 来定量地描述混合物中相邻两组分的实际分离程度。R 的定义是相邻两峰保留值之差与两峰基线宽度平均值的比值。

$$R = \frac{(t_{R(2)} - t_{R(1)})}{(W_{b(2)} + W_{b(1)})/2} \qquad (9.10)$$

其中 $(t_{R(2)} - t_{R(1)})$ 为相邻两色谱峰保留时间之差，反映了色谱分离的热力学性质；而 $(W_{b(2)} + W_{b(1)})$ 为两色谱峰的基线宽度之和，它反映了色谱过程的动力学因素。因此，分离度 R 概括了两方面因素。如 $R=1$，分离程度达 98%；$R=1.5$，分离程度达 99.7%，一般以 $R=1.5$ 作相邻两峰完全分离的标志。分离度 R 是色谱柱的总分离效能指标。

分离度 R 与有效理论塔板数 $n_{有效}$ 的关系是

$$n_{有效} = 16R^2 \left(\frac{r_{1,2}}{r_{1,2} - 1}\right)^2 \qquad (9.11)$$

【**例 9.1**】　假设有两组分的相对保留值 $r_{1,2} = 1.12$，要使它们完全分离 $(R \geqslant 1.5)$，所用填充柱的有效理论塔板数和柱长各为多少？

【**解**】　　　　$n_{有效} \geqslant 16 \times 1.5^2 \left(\dfrac{1.12}{1.12 - 1}\right)^2 = 3136$

一般填充柱的有效理论塔板高 $H_{有效} \approx 0.1cm$，则所需柱长为：

$$L = n_{有效} \times H_{有效} = 3136 \times 0.1 \times 10^{-2} \approx 3.1m$$

根据速率理论方程（范氏方程）和色谱柱的总分离效能指标 R（分离度），就可以选择合适的实验条件。

有关这方面的内容，请参阅有关专业书籍，此处不予详述。

9.1.6　气相色谱仪的组成

气相色谱仪的组成如图 9.2 所示。主要介绍进样系统、分离系统和检测器。

（1）进样系统

进样就是把气体或液体、固体样品定量的加到色谱柱头上，进行色谱分析，这就要求气相色谱仪的气路系统载气按指定管路流动，不漏气。因此需用一种装置能把样品送入色谱系统中去，而不造成漏气，这种装置叫进样器。

进样系统的样品量，进样时间和方式，进样量的准确性，试样的气化速度，试样浓度等都会影响色谱分离效率、定量结果准确性和重复性。

气相色谱可以分析气体，也可以分析具有挥发性的液体、固体物质。

进样系统包括气化室、进样两部分。

1）气化室

气化室也叫样品注射室，它的作用是将液体试样瞬间气化为蒸气，常用金属块制成气化室，加热功率 10～100W 左右，可控温度范围 50～500℃。当金属加热到 250～300℃时可能有催化效应，会使某些试样分解，为此最近多采用玻璃管插入气化室，消除金属表面的催化效应。

2）柱上注射法

所谓柱上注射法，主要是为了避免样品的热分解和气化室的死体积对样品的稀释作用。对于气体和低沸点的液体试样，用注射器直接打到色谱柱头上的固定相上。这种方法可以使那些高沸点（＞250℃）的试样气化完全，分离的好。

3）进样

色谱分离要求在最短的时间内，以"塞子"形式打入一定量的试样，通常都用注射器打针法进样。液体样品一般用 1、5、10 和 50μL 微量注射器进样，气体样品常用医用 0.25、1、3、5 和 10mL 注射器进样。

（2）分离系统

分离系统由色谱柱组成，分离过程正是在色谱柱中进行的，因此色谱柱是气相色谱仪的最重要部件，是气相色谱的心脏部分。

1）色谱柱的材料和柱型

a. 填充色谱柱：内径 2～4mm，长 1～10m，可由不锈钢、铜、玻璃和聚四氟乙烯管制成。可根据实验条件如柱温、柱压高低，样品有无反应性、腐蚀性，决定选用何种材料的柱子。柱型有 U 形或螺旋形，分离效果一样。

b. 毛细管柱：内径 0.2～0.5mm，长度 30～300m，可由不锈钢或玻璃拉成。近年来，石英毛细管柱已被普遍采用。玻璃和石英毛细管易断折，操作时要注意。

2）固定相

色谱柱是气相色谱法的核心部分。色谱柱是由固定相填充或涂渍而成的，因而固定相在色谱分离中起着决定性作用。

固定相分为固体固定相和液体固定相两大类。

a. 固体固定相　包括：固体吸附剂，新型合成固体固定相。

（a）固体吸附剂

气相色谱常用的固体吸附剂有：活性炭、硅胶、氧化铝和分子筛等。在实际应用中，由于吸附剂表面的不均匀性，造成色谱峰拖尾和色谱性能重复性差的缺点。但固体吸附剂表面积大（100～1000m²/g），吸附性能强，因而是分离永久性气体，以及 C_1～C_4 烃类气体较为理想的常用的柱填充固定相。

（b）新型合成固体固定相

这是一类较为理想的固体固定相。大致可分为 3 类，即高分子多孔微球（如国内的 GDX、国外的 Porapak 系列等）、球形多孔硅胶和键合固定相（如国内的 HDG、国外的 Durapak等）。

b. 液体固定相　为高沸点有机液体，也称为固定液。它涂在一种惰性固体表面上。这种

固体称为载体或担体，所以载体也是固定相的重要组成部分。

目前用做色谱分离的固定液有 700 种之多。它们的组成、性质各异，用途也各不相同。目前大多数按固定液的极性和化学类型分类。

（a）按固定液的极性分类

目前国内把固定液测得的相对极性分为非极性（如角鲨烷）、弱极性（如甲基硅油 OV—101）、中极性（如硅油）和强极性（如 β，β'-氧二丙腈）固定液。

（b）按固定液的化学类型分类

把具有相同官能团的固定液排列在一起，按官能团的类型不同分类，便于按组分与固定液"结构相似"原则选用时参考。同时还可从化学结构进而了解固定液的分离特征。固定液按化学类型分为 10 类（略）。

（c）固定液的选择

现在固定液的选择尚无严格规律可循，在多数情况下，需凭操作者的实践经验和文献资料为参照。据前人经验，"相似相溶"规律必须遵循，分子间的相互作用力必须考虑，如果组分与固定液分子间化学结构相似，相对极性相似，则分子间的作用力就强，选择性就高，就可使样品中主要组分，达到必须的分离度。例如，分离非极性物质（如烃类），选用非极性固定液（如角鲨烷）；分离中等极性物质选用中等极性固定液；分离强极性样品，选择强极性固定液；分离极性和非极性混合物，一般也采用极性固定液。

（d）载体

载体是固体支持物。把固定液涂到载体表面上，形成一均匀的薄膜，就构成固定相。所以载体也是固定相的一部分，其结构和表面性质可直接影响分离效果。

对载体的基本要求是单位重量的载体的表面积要大（一般不低于 $1m^2/g$）；具有化学惰性（即无吸附和催化作用、不与样品组分起化学反应，但应有较好的浸润性）；热稳定性好；机械强度高；颗粒有规则（最好能制成球状）、孔径结构适宜、均匀等。

完全满足上述要求的载体是没有的。而且某一种优点，往往带来另一种缺点，例如表面积越大，则吸附性越强，故应根据具体分析任务，选用合适的载体。

气相色谱载体种类很多，大致可分为两大类，即硅藻土型和非硅藻土型载体。

a）硅藻土型载体，它是目前使用最广泛的一种。硅藻土型载体是由硅藻土煅烧而成的。而硅藻土则是由无定形二氧化硅及少量无机盐组成的单细胞海藻骨架构成的。硅藻土担体按其制造方法的不同，又分为红色和白色载体。

红色载体：国产 6201、201；国外 C—22、Chromosorb P 均属此类。它们有较为惰性的表面，能用于高温分析，经适当处理后，可分析强极性组分。

白色载体：国产 101、102、405；国外 Celite、Chromosorb W 均属此类。它们含碱金属氧化物的量较高，pH 较大，比表面积（$1.0m^2/g$）比红色载体小四倍。与红色载体相反，白色载体常适用于涂布极性固定液。

b）非硅藻土型载体

玻璃微球：其表面积为 $0.1\sim0.2m^2/g$，固定液含量在 $0.05\%\sim3\%$ 之间，只适于低配比固定液，且表面有吸附性，柱效亦不高。可进行表面硅烷化处理，改变表面特性，其液膜薄，传质快可提高载气流速，在保持同样的分离度的情况下，可做快速分析。故玻璃微球载体仍有良好的使用价值。

氟载体：如聚四氟乙烯是广泛使用的一种，其特点是吸附性小，耐腐蚀性强，因此多用于分析强极性物质和强腐蚀性的气体。其缺点是湿润性差、表面积小、强度低、柱效差。

此外，还有一些无机盐类、海砂、素瓷等载体，也属于非硅藻土型的。

（3）检测器

气相色谱仪的检测器又称鉴定器、检定器。它的功能是把从色谱柱内随载气洗出的各组分浓度或量的变化，以不同的方式转换成易于测量的电压或电流信号。所以亦称换能器。据统计，目前已有 30 余种检测器，本节简要介绍电子捕获、热导池、氢焰和火焰光度 4 种检测器。

1）电子捕获检测器（Electron Capture Detector，ECD）

电子捕获检测器是目前应用最多的一种放射性离子化检测器。它是在放射源作用下，使通过检测器的载气发生电离，产生自由电子，形成基流。当电负性的化合物进入检测器时，捕获自由电子，使基流下降，产生检测信号。

电子捕获检测器主要用于含有卤素、O、S、N、P 等电负性原子或基团的有机化合物的测定，有很高的灵敏度。在水质分析中，常用于饮用水氯消毒中产生的氯仿等有机氯代物、水中残留农药（如六六六、滴滴涕）、废水中的三氯乙醛、硝基苯、氯苯等含量的测定。

电子捕获器的结构和基本原理如下：

电子捕获检测器分圆筒同轴电极式和平板电极式两种。图 9.4 为典型同轴电子捕获检测器。圆筒状 β—放射源（Ni^{63} 或 H^3）作为阴极，中心轴（不锈钢棒）为阳极。两电极间施加脉冲电压或直流电压，聚四氟乙烯或陶瓷作绝缘材料。

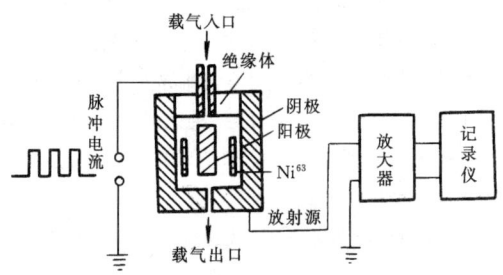

图 9.4　电子捕获检测器示意图

当载气（高纯 N_2）进入检测器时，在放射源的 β 射线照射下发生电离：

$$N_2 \longrightarrow N_2^+ + e^- \tag{9.12a}$$

生成的正离子和电子分别向阴极和阳极移动，形成的电流为基流，一般在 $10^{-8}\sim10^{-9}$ A 左右。当样品中含电负性物质 AB 进入检测器时，就捕获自由电子 e 而形成稳定的负离子 AB^-（如多环芳烃的羟基、氟、氰基化合物），并且放出能量：

$$AB + e^- = AB^- + E \qquad\qquad (9.12b)$$

或是样品 AB 的组分部分 A 或 B 捕获自由电子而形成 A⁻ 或 B⁻ 和自由基（如脂肪卤代物），放出或吸收一定能量：

$$AB + e^- = A \cdot + B^- \pm E \qquad\qquad (9.12c)$$

这一过程称为电子捕获。生成的负离子又与载气电离生成的正离子碰撞重新结合成中性分子：

$$N_2^+ + AB^- = N_2 + AB \qquad\qquad (9.12d)$$

　　由于电子被捕获时使检测器电离电流，即基流显著降低，则相应样品浓度给出一个负峰。这就是电子捕获检测器的基本工作原理。

　　2）热导池检测器（Thermal Conductivity Detector，TCD）

　　热导池检测器又称卡他计（Ketherometer），是目前应用最广泛、灵敏度适中、稳定性好、线性范围广、定量准确方便的通用型检测器。适用于常量分析以及含量在几十个 mg/L 以上的组分的分析。

　　a. 热导池检测器基本组成

　　热导池检测器主要由池体和热敏元件构成，由惠斯登电桥进行测量。

　　池体多用铜块或不锈钢块制成（分为直通型、扩散型和半扩散型），如图 9.5 所示。池体上钻有两孔道，每孔固定一根长短和阻值相等的钨丝（或铼钨丝）即热敏元件，构成两臂，其中一臂只通过载气称为参考臂（R_1），另一臂通过载气和样品的混合气体称为测量臂（R_2）。热导池的热敏元件连接成惠斯登电桥，由 24 伏直流稳压电源供电，电流为 50～500mA（图 9.6）。

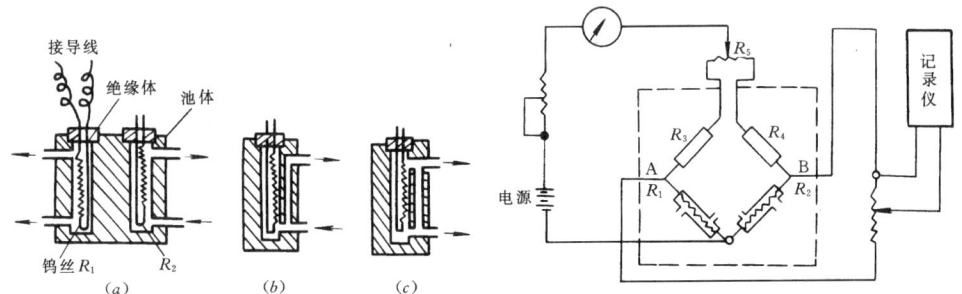

图 9.5　热导池基本结构
（*a*）直通式；（*b*）扩散式；（*c*）半扩散式

图 9.6　热导池检测器电桥线路示意图

　　b. 热导池检测器工作原理

　　当直流电通过桥路时，热丝 R_1（参考臂）、R_2（测量臂）发热。钨丝是一个热敏元件，其阻值变化与本身温度变化成比例：

$$\Delta T \propto \Delta R$$

进样前：调节 R_5 使桥路平衡，无信号输出：

$$I_0 = 0, \qquad R_1R_4 = R_2R_3$$

当载气同时通过两臂时，由于载气具有同一热导系数（λ），则载气对测量臂和参考臂热丝的温度影响一样，电阻的变化也相同：即

$$\Delta R_1 = \Delta R_2$$

所以 $(R_1 + \Delta R_1) \, R_4 = (R_2 + \Delta R_2) \, R_3$ (9.13a)

这时桥路仍处于平衡状态，无电流输出。

进样后：样品组分从色谱柱内被洗出，随载气进入测量臂，由于含有被测组分的载气和纯载气的热导系数（λ）不同，则测量臂与参考臂内的热丝（热敏元件）的温度降也不同，电阻变化 ΔR 也不一样：即

$$\Delta R_1 \neq \Delta R_2$$

所以 $(R_1 + \Delta R_1) \, \Delta R_4 \neq (R_2 + \Delta R_2) \, R_3$ (9.13b)

因而使电桥失去平衡，$I_0 \neq 0$，$V \neq 0$，有信号电压输出至记录仪。若组分的浓度（C）越大，测量臂与参考臂的温差 ΔT 越大，在记录仪上记录的色谱峰面积（A）也越大。因此：

$$A \propto V \propto \Delta R \propto \Delta T \propto C$$

所以 $A_i = f \, (C_i)$ (9.14)

色谱峰面积 A_i 是组分浓度 C_i 的函数。式（9.14）是定量的基础。峰高（h）同样可用于定量。

3）氢焰离子化检测器（Hydrogen Flame Ionization Detector，FID）

氢焰离子化检测器也是一种广泛应用的离子化检测器。它是以氢气在空气中燃烧的火焰为能源，当有机物进入火焰时发生解离，生成碳正离子。在电场的作用下，离子定向运动形成离子流，通过测定离子流强度而进行定性和定量。

氢焰离子化检测器只对含碳有机物产生信号，所以主要用于有机物的分析。它具有灵敏度高（最低检出浓度达 $\mu g/L$ 级）、线性范围广、响应快、结构简单等优点。

结构和基本原理

氢焰离子化检测器的结构如图 9.7 所示，其核心部件是离子室，它主要由氢火焰喷嘴、极化极（阴极）、收集极（阳极）、点火线圈等组成。

目前尚未完全弄清楚氢火焰离子化检测器检测机理和响应规律，一般认为是含碳有机物在氢火焰中燃烧，先形成元素态的碳，并发生化学电离，生成碳正离子：

$$有机物 \xrightarrow{裂解} C \xrightarrow{化学电离} C^+ + \beta \qquad (9.15)$$

一般只有 $0.01\% \sim 0.05\%$ 的有机物中含有的碳变成了碳正离子，然而这样少的

离子所产生的电流是可以测定的。对于同族化合物，信号的大小一般与被测物质中含碳量成比例，因而可以定量。

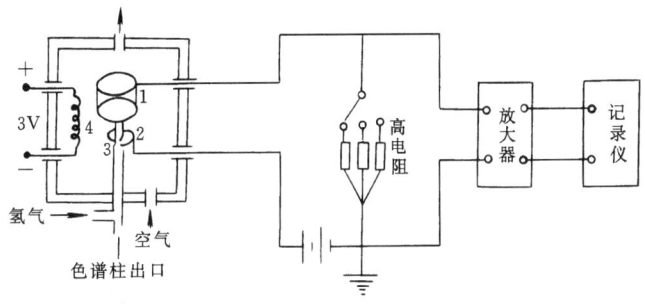

图 9.7　氢焰离子化检测器示意图

1—收集极；2—极化极；3—氢火焰；4—点火线圈

4）火焰光度检测器（Flame Photometric Detector，FPD）

火焰光度检测器又叫硫磷检测器，它是一种对硫、磷化合物有高选择性和高灵敏度的检测器，在环境保护检测中应用广泛。

火焰光度检测器实际上是一个简单的发射光谱仪。含硫磷化合物在富氢—空气焰中燃烧时（温度可达 2000～3000K），硫和磷化合物分别发出 350～430nm 和 526nm 的特征光，分别用适当波长的滤光片（硫用 394nm 滤光片，磷用 526nm 滤光片）就能很好分开，然后经光电倍增管把光强度变为电信号而进行测量。

火焰光度检测器由氢火焰喷嘴、滤光片和光电倍增管 3 部分组成。前者与氢焰离子化检测器结构相似，仅喷嘴有些差别。其结构如图 9.8 所示。

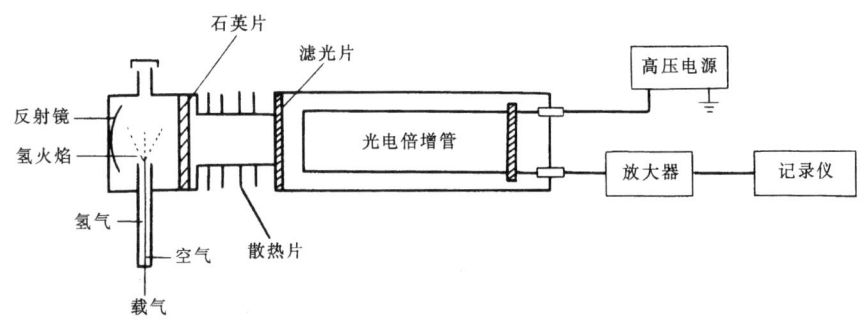

图 9.8　火焰光度检测器示意图

9.1.7　气相色谱的定性与定量方法

气相色谱法是一种出色的分离手段。对一个水样进行色谱分析，首先是分离，再做定性、定量分析。因此分离是核心环节，分离的好坏直接影响定性和定量的准确性，但分离的好坏又借助于定性分析。定性分析通常采用已知纯物质对照法判别各色谱峰代表什么组分，必要时采用色谱与鉴定未知物结构的有效工具——质谱、光谱等联用技术，以及与化学反应联用，来解决未知物的定性问题。其中最有效的是色谱—质谱联用分析。定量是色谱分析的目的。

(1) 定性分析

在一定的固定相和操作条件（如柱温、柱长、柱内径、载气流速等）不变时，任何一种物质都有确定的保留时间 t_R 或保留体积 V_R，它们不受混合物中其他共存组分的影响，这是定性分析的依据。

通常利用已知纯物质对照定性。

1) 利用保留时间或保留体积定性

这种方法简单方便，测定时只要在相同的操作条件下，分别测出色谱图中已知纯物质和被测物质的保留时间（t_R）或保留体积（V_R）。在色谱图中，如果被测物质中某一组分与已知纯物质的 t_R 或 V_R 一样，在确认无干扰的情况下，可以判断该组分就是与已知纯物质相同的物质。

2) 利用相对保留值定性

由于保留时间（或体积）不但与柱性质（固定相）有关，而且还与柱长、柱温、流动相线速、相比等操作条件有关，必须严格控制操作条件。如果采用被测物质与另一基准物质的相对保留值（$r_{1,2}$）来定性，则会消除某些操作条件的影响，使用也较方便。因为用相对保留值（$r_{1,2}$）定性时，只需控制柱温而与其他操作条件无关，但要选择一个合适的基准物质，它的保留值在各待测组分的保留值之间。常用苯、正丁烷、对二甲苯、甲乙酮、环己酮、环己烷和 2，2，4—三甲基戊烷等。

3) 利用峰高增加法定性

如果样品较复杂，组分的色谱峰很接近，或操作条件不易控制稳定，要准确定出保留值有一定困难，这时最好用峰高增加法定性。

具体作法：将已知纯物质直接加入被测样品中，一起进行色谱分析，然后比较已知纯物质加入前后同一色谱峰的高低。如果某色谱峰相对增高，且半峰宽并不相应增加，则表示被测样品中可能含有该已知纯物质的成分。

4) 与其他仪器配合定性

利用保留值和峰高增加法定性，是最常用、最方便的定性方法。但有时，几种物质在同一根色谱柱上有相同的保留值，这时就要用双柱、多柱或改变柱温等方法定性。对复杂样品，则要和化学反应或其他仪器配合定性。在联用技术中应用最广泛的是气相色谱与质谱（即 GC/MS）的联用。GC/MS 联用技术，即充分利用了色谱的高效分离能力，又利用了质谱的准确给出被测组分摩尔质量等特点，使该法成为鉴定复杂多组分混合物的非常有力的工具。

（2）定量分析

定量分析是气相色谱的主要目的。

1）定量分析的依据

在一定操作条件下，被测物质的量 m_i 与检测器上产生的响应信号——峰面积 A_i 或峰高 h_i 成正比。

即
$$m_i = f_i \cdot A_i \tag{9.16}$$

或
$$m_i = f_{h_i} \cdot h_i$$

式中　m_i——被测物质的量；

　　　A_i——被测物质的峰面积；

　　　h_i——被测物质的峰高；

　　　f_i——比例常数，称为校正因子。

$$f_i = \frac{1}{S_i}$$

　　　S_i——检测器的灵敏度（又称响应值）。

为准确定量，必须准确的测出峰面积 A_i（或峰高 h_i），选择合适的定量计算方法，作恰当的数据处理。

2）峰面积的测量方法

$a.$ 对称峰面积的测量——峰高乘半峰宽法
$$A_i = 1.065 \times h_i \times W_{1/2} \tag{9.17}$$

式中　A_i——i 组分的峰面积；

　　　h_i——i 组分的峰高；

　　　$W_{1/2}$——半峰宽。

一般在测定样品计算相对含量时，式（9.17）中的 1.065 可略去。但在绝对测量时，如灵敏度、比表面积、绝对法计算含量等，计算 A_i 时就必须乘上 1.065。

$b.$ 不对称峰面积的测量——峰高乘平均峰宽法
$$A_i = h_i \times \frac{1}{2}(W_{0.15} + W_{0.85}) \tag{9.18}$$

式中　$W_{0.15}$ 和 $W_{0.85}$ 分别为 0.15 和 0.85 h_i 处峰宽。

$c.$ 求积仪和自动积分仪法

求积仪法是手工测量峰面积方法，能准确测至 $0.1cm^2$，适用于不对称峰和重叠色谱峰的测定。

自动积分仪法测出的是色谱峰的全部面积，是一种自动测量的仪器方法，速度快，精密度好（一般在 0.2%～2%）。该方法在测小峰时，误差较大。

3) 校正因子的测定及应用

由于同一检测器对不同的物质具有不同的响应值，即使两种物质含量相同，在检测器上得到的峰面积往往不相等，因此在进行定量时，必须加以校正。

a. 校正因子的表示方法

由式（9.16）得

$$f_i = \frac{m_i}{A_i} = \frac{1}{S_i} \tag{9.19}$$

式中　f_i——绝对校正因子，即单位面积的组分的量；

　　　S_i——响应值。

在实际定量工作中常用相对校正因子 $f_{i/s}$，即物质 i 和标准物质 s 的绝对校正因子的比值。

$$f_{i/s} = \frac{f_i}{f_s} = \frac{1}{S_{i/s}} \tag{9.20a}$$

式中　$S_{i/s}$——相对响应值（又称相对灵敏度）。

（a）质量校正因子 f_w

由式（9.19）和式（9.20a）得

$$f_w = \frac{f_{i(w)}}{f_{s(w)}} = \frac{A_s\, m_i}{A_i\, m_s} \tag{9.20b}$$

式中　A_i、A_s——分别为被测组分和标准物质的峰面积；

　　　m_i、m_s——分别为被测组分和标准物质的质量。

用质量校正因子校正峰面积，然后归一化，可得质量百分数。

（b）摩尔校正因子 f_M

$$f_M = \frac{f_{i(M)}}{f_{s(M)}} = \frac{A_s m_i M_s}{A_i m_s M_i} = f_w \frac{M_s}{M_i} \tag{9.20c}$$

式中　M_i、M_s——被测组分和标准物质的摩尔质量。

用摩尔校正因子校正峰面积，归一化，得摩尔百分数。

（c）体积校正因子 f_v

体积校正因子在数值上与摩尔校正因子相等，因为 1mol 任何气体在标准状态下体积是相同的，因此：

$$f_v = f_M = f_w \cdot \frac{M_s}{M_i} \tag{9.20d}$$

b. 校正因子的测定

常用化合物的校正因子可查阅有关参考文献，有时文献上查不到，也可以自行测定。测定时先要准确称量标准物和被测物，然后混合均匀，进行气相色谱分析，根据加入的物质的量和相应的峰面积即可求出 $f_{i/s}$。应该指出，被测物质和标准物质并非为同一物质，但两者出峰的时间应该相近。

只要测得水样中某一组分的峰面积（A_i）或峰高（h_i）和校正因子 f_i 后，便可按式（9.16）计算该组分的含量。

4）定量方法

a. 标准曲线法

标准曲线法又叫外标法，是一种常用的较准确的定量方法。在一定的操作条件下，将一系列不同浓度的标准溶液，以一定体积分别进样，并从色谱图上测出峰高（h）或峰面积（A），以标准溶液的浓度或含量为横坐标，以峰高（h）或峰面积（A）为纵坐标，绘制标准曲线。然后以同样体积进被分析水样，同样测出峰高（h）或峰面积（A），在标准曲线上查出水样中被测组分的浓度或含量。

该方法使用峰高绘制标准曲线尤为简单，计算方便，但对标准溶液的操作条件必须严格控制，且标准曲线要经常标定。

b. 归一化法

归一化法也是较常用的计算方法之一。若水样中有几个组分，进样量为 w，则 i 组分的百分含量（P_i）按下式计算：

$$P_i = \frac{m_i}{w} \times 100\% = \frac{A_i f_i}{A_1 f_1 + A_2 f_2 + \cdots + A_n f_n} \times 100\% \qquad (9.21)$$

式中　P_i——i 组分的百分含量（%）；

　　　A_i——i 组分的峰面积；

　　　f_i——i 组分的校正因子，可由文献上查得，也可由实验测得。

归一化法要求水样中全部组分都必须流出色谱柱并可测其峰面积，即使不需要定量的组分也必须测出峰面积，因此应用时受到一定限制。一般对水样中所有组分都作定量分析时常用归一化法计算各组分的含量。

归一化法的优点是：简便准确，操作条件的变化对测定结果影响较小。如果样品中的主要组分的校正因子 f_i 值接近或相等（如同分异构体），则可用峰面积（或峰高）归一化，则式（9.21）变为

$$P_i = \frac{A_i}{A_1 + A_2 + \cdots + A_n} \times 100\%$$

或
$$P_i = \frac{h_i}{h_1 + h_2 + \cdots + h_n} \times 100\% \qquad (9.22)$$

【例 9.2】 用氢焰检测器测定 C_8 芳烃异构体中对—二甲苯、间—二甲苯、邻—二甲苯和乙苯的混合物，其色谱峰面积分别为 75、140、105 和 120mm²，由手册查得它们的 f_w 分别为 1.00、0.96、0.98 和 0.97，计算各组分的质量百分含量。

【解】 按式（9.21）计算

$$P_{对-二甲苯} = \frac{A_1 f_1}{A_1 f_1 + A_2 f_2 + A_3 f_3 + A_4 f_4} \times 100\%$$

$$= \frac{75}{75 + 134 + 103 + 116} \times 100\%$$

$$= \frac{75}{428} \times 100\%$$

$$= 17.5\%$$

$$P_{间-二甲苯} = \frac{134}{428} \times 100\% = 31.3\%$$

$$P_{邻-二甲苯} = \frac{103}{428} \times 100\% = 24.1\%$$

$$P_{乙苯} = \frac{116}{428} \times 100\% = 27.1\%$$

按式（9.22）计算：

$$P_{对-二甲苯} = \frac{A_1}{A_1 + A_2 + A_3 + A_4} \times 100\% = 17.1\%$$

$$P_{间-二甲苯} = 31.8\%$$

$$P_{邻-二甲苯} = 23.9\%$$

$$P_{乙苯} = 27.2\%$$

可见与式（9.21）计算结果很接近。

c. 内标标准曲线法

内标法

在被测样品溶液中，加入一定量的纯物质 m_s 作内标。内标物的选择条件是：（a）样品中不存在的组分，但其性质、含量和色谱峰位置尽量与被测组分接近；（b）不与被测组分发生反应，又能与被测样品中各组分分开。根据被测组分和内标物的峰面积及内标物质量，计算被测组分含量。由于物质的量之比等于相应的峰面积之比（峰面积须乘校正因子），故有

$$\frac{m_i}{m_s} = \frac{A_i \cdot f_i}{A_s \cdot f_s}$$

所以

$$m_i = \frac{A_i \cdot f_i \cdot m_s}{A_s \cdot f_s}$$

$$P_i = \frac{m_i}{m} \times 100\% = \frac{A_i \cdot f_i \cdot m_s}{A_s \cdot f_s \cdot m} \times 100\% \qquad (9.23)$$

式中　P_i——被测组分的含量（%）；

$\quad m_i$——被测组分的量；

$\quad m$——样品的量；

$\quad A_i$、A_s——被测组分和内标物的峰面积；

f_i、f_s——被测组分和内标物的校正因子。

在实际控制分析中，常采用内标标准曲线法。

内标标准曲线法

令式（9.23）中$\dfrac{m_s \cdot f_i}{m \cdot f_s} = K$，为一常数，则有

$$P_i = K \cdot \frac{A_i}{A_s} \times 100\% \tag{9.24}$$

即样品中 i 组分的量与 A_i/A_s 成正比。因此，选择一内标物质，以固定的浓度分别加入一系列被测组分的纯物质配成的标准溶液中，分别测定 A_i 和 A_s；以 A_i/A_s 比值为纵坐标，以标准溶液含量或浓度为横坐标绘制的标准曲线为内标标准曲线（图9.9）。然后以相同浓度的同一内标物质加入被测样品溶液中，测出 $A_{样}/A_s$ 的比值，并在内标标准曲线查出样品溶液中被测组分的含量或浓度。

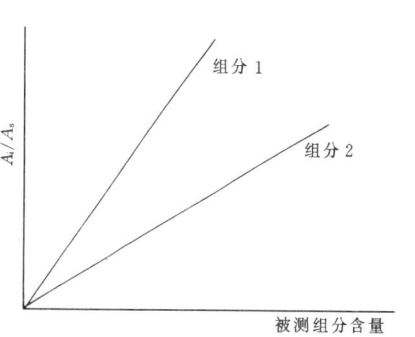

图 9.9　内标标准曲线

内标标准曲线法不必测出校正因子，消除了某些操作条件和进样量变化带来的误差，是一种常用的比较准确的定量方法。缺点是每次分析比较费时。

9.1.8　气相色谱法在水质分析中的应用举例

气相色谱法用在水质分析中的关键问题是如何去除大量水的影响。其办法是选择受水影响较小的检测器：例如，氢火焰离子化检测器适宜于具有水的样品，一般对少量的水是没有反应的，但是大量的水进入检测器时就产生灭火、灵敏度降低、基线提高、拖尾现象加重等。对电子捕获检测器而言，是不能注入水的。因此，如应用该种检测器时对水样必须预先除水或浓缩被测组分。避免水干扰的方法主要有：

（1）有机溶剂萃取　有机溶剂萃取是最常用的方法，将被测组分萃取入有机溶剂相中，以除去水分达到浓缩目的。例如：用电子捕获检测器时，常用烷烃（如正乙烷、庚烷及苯等）；用氢火焰离子化检测器时，最常用的溶剂是二硫化碳 CS_2，有时也用四氯化碳 CCl_4 和氯仿 $CHCl_3$ 等。

（2）采用适当的固定相　它能使水峰提前，往往可以避免水的干扰。例如，用 GDX－101 型固定相（吸附剂），在数 10s 内就出现水峰，而被测组分在 $1\sim2$min 后才出现。但应指出，只有水样中被测组分的浓度较高时（如大于几 mg/L），才能直接注入水样。

另外，还可使用极性很强的固定液，往往可以在色谱图中不显示水峰。

（3）选择适当的分离条件 选择适当条件，往往可以避免水峰的干扰。例如，选择适当的柱温可避免水峰干扰，如用聚乙二醇琥珀酸酯分离醛、醇、酸时效果很好，但当柱温为 200℃时，10μL 水的峰高可达 10 余厘米，而在 100℃时，只有一个 1cm 左右的线条，无碍测定。

下面介绍气相色谱法中的应用实例。

（1）溶剂萃取气相色谱法测定水中卤仿

饮用水氯消毒产生了 $CHCl_3$ 等有机卤代物，已引起人们普遍关注。水中卤仿包括氯仿 $CHCl_3$、四氯化碳 CCl_4、一溴二氯甲烷 $CHCl_2Br$、二溴一氯甲烷 $CHClBr_2$ 和溴仿 $CHBr_3$ 等。美国和日本规定饮用水中卤仿含量 $<100\mu g/L$，瑞典规定 $<25\mu g/L$，国际卫生组织规定 $<30\mu g/L$，我国规定 $CHCl_3<60\mu g/L$。采用溶剂萃取气相色谱法测定水中的卤仿，其方法简单、可靠、准确度和灵敏度都高。其最低检出限 $CHCl_3$ 为 $0.1\mu g/L$、CCl_4 为 $0.01\mu g/L$、$CHCl_2Br$ 为 $0.05\mu g/L$、$CHClBr_2$ 为 $0.1\mu g/L$，$CHBr_3$ 为 $0.02\mu g/L$。适用于饮用水、水源水和各种污水中卤仿含量的测定。

1）色谱条件

固定相与柱温：OV−101 毛细管柱 50m×0.3mm   64℃

　　　　　　　10% FFAP 填充柱 1.5m×3mm   90℃

　　　　　　　GDX−101 填充柱 1.5m×3mm   180℃

载气：99.999%氮气，流速 33.33cm/s，流量 40mL/min

电子捕获检测器 ECD（Ni[63]）；

检测室温度　　220℃　　　　气化室温度　　210℃

2）分析流程

a. 取水样 100mL，放入 100mL 容量瓶中，加入 1.0mL 正己烷和乙醚混合溶剂（$V/V=1:1$），萃取 2min；

b. 静置 2min 后，用微量注射器取有机相 0.5μL，进样；

c. 由峰高或峰面积，在标准曲线上查出对应的卤仿含量。

3）色谱图，如图 9.10 所示。

4）说明几个问题

a. 饮用水由于采用氯消毒，因此管网水中总是含有剩余氯，它对卤仿形成有重要影响，这就要求采样后立即分析。如果不能及时分析，则采样后立即向水样中投加抗坏血酸还原剂 0.5～1g/L，密封保存，要求尽快测量。

b. 分析纯正己烷一般可直接用做配制标准溶液的溶剂或萃取溶剂。但乙醚需要纯化，其办法是让乙醚通过装有活性铝的分液漏斗，以除去过氧化物，然后再经蒸馏纯化。

c. 在水样中加入一定量无机盐（如 NaCl）可使色谱峰明显增高，进一步提高了方法的准确度和灵敏度。

（2）气相色谱法测定水中的丙烯酰胺

聚丙烯酰胺是一种高效的高分子絮凝剂。目前已被应用于给水处理，尤其是高浊度水处理中，效果很好。由于其中所含丙烯酰胺单体有毒，且不易被常规给水处理工艺除去，故国内规定，水中丙烯酰胺的残余浓度不得大于 0.5 $\mu g/L$。

丙烯酰胺单体可采用气相色谱法测定。

1）测定原理

水中丙烯酰胺在一定 pH 条件下与溴加成，生成 α、β-二溴丙酰胺：

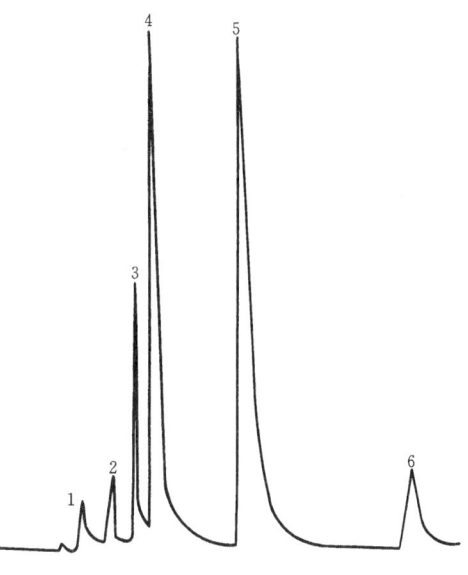

图 9.10　某水厂实际水样气相色谱图
1—溶剂；2—氯仿；3—四氯化碳；4——溴二氯甲烷；5—二溴一氯甲烷；6—溴仿

$$CH_2 = CHC \overset{O}{\big|} + Br_2 \longrightarrow CH_2Br - CHBr - C \overset{O}{\big|}$$
$$\underset{NH_2}{\big|} \qquad\qquad\qquad \underset{NH_2}{\big|}$$

然后用有机溶剂萃取，再以带 ECD（Ni[63]）检测器的气相色谱法进行定量。

2）色谱条件

固定相　　　　　10% FFAP 填充柱 1.5m×3mm

柱温　　　　　　173℃

检测器　　　　　ECD（Ni[63]）

检测室温度　　　220℃

气化室温度　　　190℃

载气（N$_2$）流量　10mL/min，尾吹　45mL/min

3）分析流程

a. 取去除杂质后水样 100mL，用 H$_2$SO$_4$ 或 NaOH 调 pH 至 2 后转移到 125mm 结晶皿中。

b. 加入 8mL 饱和溴水后置于 500W 紫外灯下（灯距水面 50cm）。边照射、边搅拌，6min 后取出水样，再加入适量 NaHSO$_3$ 至退色。

c. 将水样转移至 125mL 分液漏斗中，加入 12mL 乙酸乙酯，萃取 3min，静置 5min。弃去水相，将有机相放入 10mL 具塞磨口比色管中。

d. 用微量注射器取一定量有机相注入气相色谱中。

e. 绘制丙烯酰胺水溶液标准曲线。用峰高在标准曲线上查出对应水样中的含量或浓度。

4）该方法用乙酸乙酯一次萃取不经其他浓缩，操作简便易行。方法的回收率为 94%，变异系数为 5.6%。适用于饮用水、江水等水样中微量丙烯酰胺的测定。

（3）气相色谱法测定水中的氯苯类化合物

水中氯苯类化合物具有强烈气味，进入体内有蓄积作用，抑制神经中枢，严重中毒时，会损害肝脏和肾脏。

水中氯苯类化合物主要来自制药、农药、油漆染料和有机合成等工业排放水。我国地表水中规定最高允许浓度一氯苯、二氯苯、三氯苯、四氯苯均为 0.02mg/L，六氯苯为 0.05mg/L。氯苯类化合物可采用气相色谱法测定。

1）测定原理

用石油醚萃取水中的氯苯类化合物。萃取液经 96% H_2SO_4 洗涤净化，以消除水中含氧不饱和化合物的干扰，然后用带有 ECD 检测器的气相色谱仪进行测定。

2）色谱条件

固定相　2% 有机皂土和 2% DC－200/"上海试剂一厂" 101 白色硅烷化担体（80～100 目）的填充柱，2m×（2～3）mm

载气　　　　　高纯氮，流速 60mL/min

柱温　　　　　120℃

检测室温度　　150℃

气化室温度　　150℃

3）色谱图

色谱图如图 9.11 所示。

4）分析流程

a. 准确取水样 250mL，放入 500mL 分液漏斗中，加 5～7gNaCl，溶解后，加入 20mL 石油醚，萃取 1min；然后用电动振荡器振荡 10min，静置分层后，弃水相。

b. 在萃取液中加入 2～2.5mLH_2SO_4（96%），轻轻振摇洗涤，静置分层后，弃去 H_2SO_4 层，如此反复洗涤至 H_2SO_4 液清澈为止。

c. 加入 25mL 2% Na_2SO_4 溶液，振摇洗涤萃取液中残存的 H_2SO_4，静置分层后，弃水相。

d. 石油醚萃取液通过盛有 5g 左右无水 Na_2SO_4 层的漏斗脱水，然后用5mL

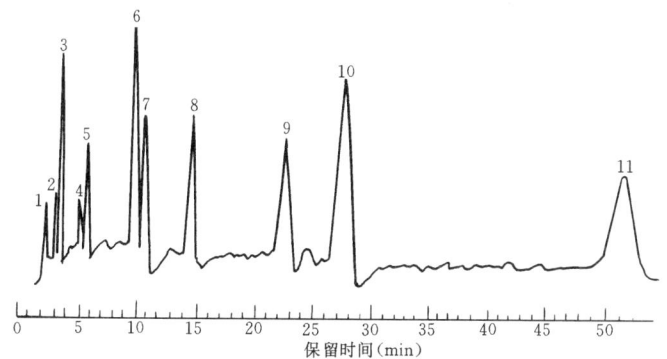

图 9.11　氯苯类化合物标准色谱图

1—对-二氯苯；2—间-二氯苯；3—1，3，5-三氯苯；4—邻-二氯苯；5—1，2，4-三氯苯；

6—1，2，3，5-四氯苯；7—1，2，4，5-四氯苯；8—1，2，3-三氯苯；

9—1，2，3，4-四氯苯；10—五氯苯；11—六氯苯

石油醚洗涤漏斗。脱水后的萃取液放入 25mL 容量瓶中，并用石油醚定容，供色谱分析。

e. 由峰高在标准曲线上查出水中对应的氯苯类化合物的浓度（或含量）。

5）适用范围

该方法适用于水和废水中的二氯苯、三氯苯、四氯苯、五氯苯和六氯苯的测定。其方法的回收率、变异系数和最低检出限分别为：二氯苯：92.9%、7.31% 和 $3\mu g/L$；三氯苯：91.1%、8.78% 和 $1\mu g/L$；四氯苯：90.5%、6.93% 和 $1\mu g/L$；五氯苯：88.7%、7.6% 和 $0.5\mu g/L$；六氯苯：91.9%、4.0% 和 $0.5\mu g/L$。

（4）废水中苯系物的测定

1）色谱条件

固定相　2.5% 有机皂土＋2.5% 邻苯二甲酸二壬酯 6201 载体 $60\sim80$ 目(1∶1)

色谱柱	3.5m×4mm
柱温	65℃
载气	H_2　流速　20cm/s
检测器	FID（氢火焰离子化检测器）
气化室温度	150℃

2）测定方法

水样经 CS_2 萃取，静置分层后取 CS_2 相进样，用标准曲线法定量。

3）色谱图

色谱图如图 9.12 所示。

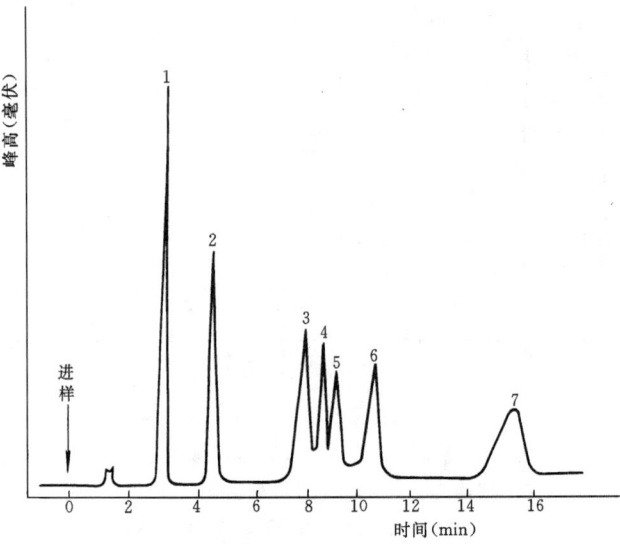

图 9.12　水中苯系物色谱图

1—苯；2—甲苯；3—乙苯；4—对二甲苯；5—间二甲苯；6—邻二甲苯；7—苯乙烯

（5）污水中酚类化合物的测定

1）色谱条件

固定相　载体 Chromosorb W（酸洗及硅烷化）60～80 目

固定液 5％聚乙二醇－20M＋1％对苯二甲酸（减尾剂）

色谱柱　　　2～3m×（3～4）mm 不锈钢柱

柱温　　　　114～118℃

载气 N_2　　　20～30mL/min

氢气　　　　25～30mL/min

空气流速　　500mL/min

检测器　　　FID

检测室温度　250℃

气化室温度　300℃

2）分析流程

取污水水样 1～3μL 进样，由标准曲线法求出对应酚类化合物的含量。如水样中含有干扰物质，可用预蒸馏法消除干扰。

3）色谱图

色谱图如图 9.13 所示。

（6）厌氧处理中产气分析

1）色谱条件　固定相　　　　13X 分子筛　　　80～100 目

色谱柱　　　　0.75m×3mm

柱温	80℃
载气	He　　流速 60mL/min
检测器	TCD（热导池检测器）（80mA）
检测室温度	100℃
气化室温度	80℃

2）色谱图

色谱图如图 9.14 所示。

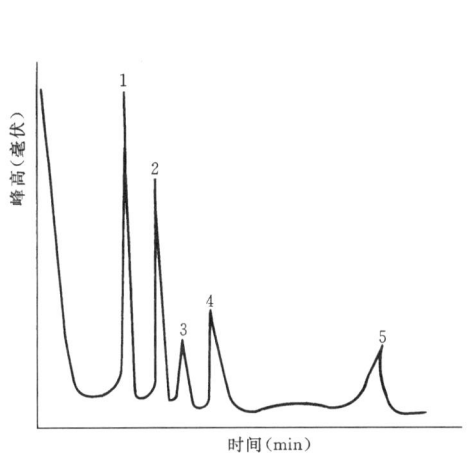

图 9.13　污水中几种酚类色谱图

1—邻氯苯酚；2—苯酚；3—间甲酚；

4—2，4-二氯苯酚；5—对氯苯酚

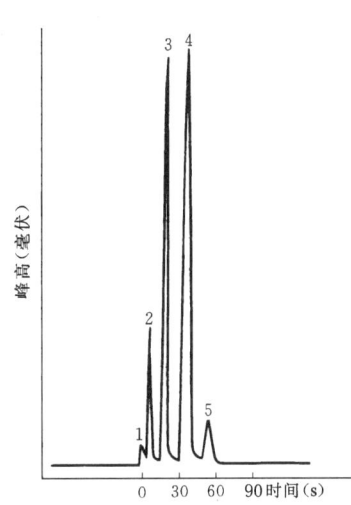

图 9.14　H_2、O_2、N_2、

CH_4 和 CO 色谱图

1—氢；2—氧；3—氮；4—甲烷；

5——氧化碳

9.2　高效液相色谱法

流动相为液体的色谱称为液相色谱（Liguid Chromatography，LC）。当固定相为液体时，则叫液—液分配色谱（LLC）。如固定相为极性液体，流动相为非极性溶剂（如己烷）时，则叫正相色谱；反之则为反相色谱。当固定相为固体吸附剂或离子交换树脂或凝胶时，则分别叫液—固吸附色谱或离子交换色谱或凝胶色谱（又称空间排阻色谱）。

经典的液相色谱常常用长 50～500cm、直径 10～50mm 的玻璃柱，里面填充固体固定相。液体流动相靠重力自柱中流下，它的流速很低，分离时间较长。因此，真正在实际分析中得到发展和应用的液相色谱法，却是 20 世纪 60 年代后期发展起来的一种新颖、快速的高效液相色谱法。

高效液相色谱法（High Efficiency Liquid Chromatograph，High Performance Liquid Chromatography，HPLC）又称高压液相色谱法（High Pressure Liquid Chromatograph，HPLC）。高效液相色谱法的优点是速度快、灵敏度高和分辨率好，此外还有：

1）水样用量少，可以少到几微升；

2）水样中被测组分未被高压破坏，仍能从馏分收集回来；

3）不受水样中被测组分挥发性的约束，应用范围甚广。例如，气相色谱法只适用于沸点 450℃ 以下，相对摩尔质量小于 450 的有机物分析，而这些有机物只占有机物总数的 15%～20%，而其余的 80%～85% 有机物，可用高效液相色谱分析。

与气相色谱比较，虽然液相色谱法适用于非挥发性的、极性的、热力学不稳定的水样组分的测定（而这些又都是气相色谱法无能为力的）；但是就一般可用气相色谱法进行分离的组分来说，高效液相色谱的分辨率、灵敏度以及分离速度方面，还逊于气相色谱。

应该指出，气相色谱的理论和有关概念也适用于液相色谱。下面仅介绍与气相色谱的主要区别。

9.2.1　高效液相色谱法的特点

高效液相色谱法除了前面所述的优点外，还有下面一些特点：

（1）高压　高效液相色谱以液体为流动相，这种液体称作载液。载液流经色谱柱时，受到的阻力较大。为此，对流动相施加高压，一般供液压力和进样压力高达 $1.52 \times 10^4 \sim 3.04 \times 10^4 \, kPa$，最高可达 $5.07 \times 10^4 \, kPa$。

（2）高速　高效液相色谱由于采用了高压，流动相流动速度快，所以分析时间一般小于 1h。

（3）高效　有时一根色谱柱可分离 100 种以上的组分。

高效液相色谱法在水质分析中已得到广泛的应用，例如水中聚丙烯酰胺高效絮凝剂中丙烯酰胺单体的测定，废水中多环芳径的测定以及水源水和饮用水中微囊藻毒素 MC-LR、MC-RR、MC-YR 的测定等。

9.2.2　高效液相色谱仪

典型的高效液相色谱仪的结构示于图 9.15。高压液相色谱仪一般都具有流动相贮槽、高压泵、梯度洗提装置、进样器、色谱柱、检测器、记录仪等主要部件。流动相贮槽内的载液（常需预先脱气，以除去溶解的气体），由高压泵送至色谱柱入口（采用梯度洗提时，一般需用双泵系统）。水样由进样器注入，并随载液进入色谱柱进行分离。分离后的各个组分进入检测器，转变成电信号，并在记录仪上获得电信号与时间流出曲线——色谱图。可由峰高或峰面积定量。

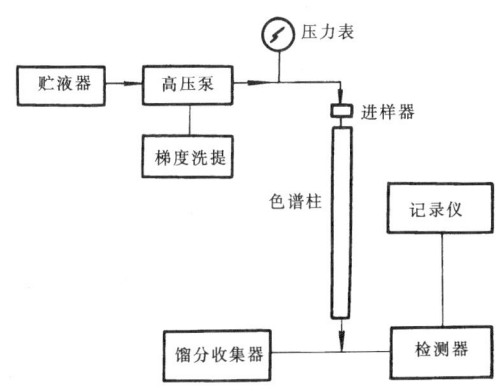

图 9.15　高效液相色谱仪结构示意图

（1）高压泵　高效液相色谱仪的主要部件之一。高压泵的作用是以很高的柱前压（如前述）将载液输送入色谱柱，以维持载液在柱内有较快的流速。要求高压泵的压力平稳无脉动，流量稳定，死体积小。

（2）梯度洗提装置

梯度洗提是指分离过程中，使载液中不同极性溶剂按一定程度连续地改变它们的比例，以改变载液的极性或改变载液的浓度，来改变水样中被分离组分的分配系数，以提高分离效果和加速分离速度。

（3）进样器

高效液相色谱中一般用注射器进样，但压力高于 9.8×10^3 kPa 时，需解除色谱柱入口压强和停止液流，才能顺利进样。也可用六通阀进样。

（4）色谱柱

1）柱型

色谱柱是液相色谱的心脏部件。通常用直形的内部抛光的不锈钢管（承受压力 2.5×10^4 kPa），（30～90）cm×2mm（或 4mm 或 5mm）。如用厚壁玻璃柱时，则最大承受压力不得超过 7×10^3 kPa。选用何种柱型，视实际需要而定，一般均用不锈钢柱。

2）固定相

高效液相色谱柱（或商品填充柱）的固定相依其性质来说，不外乎有下列 4 种类型：

a. 吸附剂型　色谱柱内填充吸附剂，如硅胶、氧化铝、聚酰胺等，对流动相所含被测组分，具有吸附作用。从固定相的结构来分有全多孔型硅胶微粒和薄壳型微球两种。前者为极小的硅胶微粒堆聚成的直径为 5～10μm 的全多孔微球，传质距离短、柱效高、柱容量较大，应用较多；后者为直径很小的玻璃球外包一层吸附剂，传质快，重现性较好，但柱容量小，需配高灵敏度的检测器，现应用较少。

b. 固定液   上述两种类型吸附剂大部分可做为载体，液相色谱中常用的固定液只有极性不同的几种，如 β，β'—氧二丙腈、正十八烷、角鲨烷、聚乙二醇—400、聚酰胺、羟乙基硅酮、三甲撑乙二胺等。将固定液涂覆在载体上组成固定相，由于机械涂覆而易流失，因此，多用化学键合固定相。例如商品 ODS 硅胶，就是经过化学处理而在其颗粒表面上，由极其稳定的 Si—O—Si 键合着 C_{18} 固定相（弱极性固定液），这种色谱柱称为 ODS C_{18} 柱，如以水和甲醇极性溶剂为流动相，则这种固定液为反相型。又如，在硅胶颗粒表面上键合一种伯烷胺，构成极性氨基硅胶固定液，若以弱极性溶剂己烷为流动相，则这种固定液为正相型。这种键合固定相，化学性质稳定又耐热，是理想的液相色谱固定相。

c. 离子交换树脂型   采用阳离子交换树脂或阴离子交换树脂填充色谱柱，叫做离子交换型色谱柱。由于这种树脂具有高度的极性，所以在固定相与流动相载带的被测组分之间，发生离子交换作用，从而完成色谱分离。

离子交换树脂型固定相分为薄壳型离子交换树脂和离子交换键合固定相两种。前者以薄壳玻珠为载体，表面涂以约 1% 的离子交换树脂；后者是用化学反应将离子交换基团结合在惰性载体（硅胶微粒）表面，因此，柱效高，柱容量大，室温下即可分离，是近年来出现的新型离子交换树脂。

d. 多孔凝胶型   色谱柱内填充多孔凝胶，可分为三类：软质凝胶（如葡萄糖凝胶、琼脂凝胶等）、半硬质凝胶（如苯乙烯—二乙烯苯交联共聚物）和硬质凝胶（如多孔硅胶、多孔玻珠等）。

应该指出，有时高压流动相进入色谱柱之前，先经过一个预饱和柱（又称前置柱），其中填充物（固定相）与色谱柱相同，只是粒径较大。主要作用是使流动相预先被固定相饱和，防止高压流动相溶解色谱柱中固定相的基质或水分。但是新型色谱填充柱中，固定相皆已牢牢地键合在载体表面，不易被高压液流溶解，所以可以免去预饱和柱。

（5）检测器

一般高效液相色谱都备有紫外吸收检测器（UV），分为固定波长检测器（254nm 和 280nm）和可变波长检测器（190～380nm）两种，其检测原理与吸收光谱法类同，被测组分的吸光度值与其浓度成正比。紫外检测器的最低检出浓度为 10^{-6}g/L。另一种是示差折光检测器（RI），根据含有被测组分的流动相和纯流动相之间的折光率之差与被测组分的浓度成正比关系，进行定量。折光检测器的最低检测浓度为 10^{-4}g/L。这种检测器的缺点是对温度变化很敏感，且不能采用梯度洗提。

除上述两种检测器外，还有电导检测器、放射性检测器、红外检测器和荧光检测器等。

9.2.3 高效液相色谱法的分类

高效液相色谱的流动相为液体，按其固定相性质不同分为四类。

（1）液—固吸附色谱（Liquid-Absorption Chromatograpy）

用吸附剂型固定相时为液—固吸附色谱，它是根据水样中被测组分吸附能力的强弱不同而进行分离。主要适用于异构体分离，也可用于烃类、维生素、硝基化合物、表面活性剂、偶氮染料等的分离。

（2）液—液分配色谱（Liquid-Liquid Chromatography）

用固定液型固定相时为液—液分配色谱，它是根据水样中各组分在固定相和流动相中的分配系数不同而进行分离的。一般分离极性较强的组分，选用极性较强的固定液和极性较弱的流动相（如己烷），这种液—液色谱称为正相分配色谱；相反，分离极性较弱的组分，则选用极性较弱的固定液和极性较强的流动相（如水和甲醇），这种液—液色谱为反相分配色谱。反相分配的优点是：能分离极性相似而结构互异的样品组分，且水、醇这些极性溶剂廉价，又易提纯，因而得到广泛应用。

液—液分配色谱广泛用于农药、烷烃、芳烃和稠环芳烃（例如：苯、甲苯、萘、蒽酮、芴、菲、蒽、苯并（α）芘、芘、䓛等）以及丙烯酸、丙酸、丙烯酰胺、丙酰胺等混合物的分离。

（3）离子交换色谱（Ion Exchange Chromatography，IEC）

用离子交换型固定相时为液—离子交换色谱，简称离子交换色谱。根据流动相中被测定的各种离子与树脂上相同电荷的离子的亲和力不同，进行可逆交换而分离。一般离子交换色谱均配有电导检测器，有的也配有其他检测器。离子交换色谱可以同时测定多个组分，尤其是用其他方法（如吸收光谱法、原子吸收光谱法、极谱法等）难以测定的 pK 小于 7 的阴离子更为适用。例如，在十几分钟内可同时分离和测定水中 ClO_2^-、ClO_3^- 以及 F^-、Cl^-、Br^-、NO_2^-、NO_3^-、PO_4^{3-}、SO_4^{2-} 等阴离子和 Na^+、K^+、NH_4^+ 等阳离子。还可以分离和测定醇、胺、氨基酸、酚、有机酸和简单糖（单糖、双糖）等。水样一般不需要复杂的预处理，可测范围为 mg/L～μg/L 数量级。目前，离子色谱法已在水处理、水质分析中得到广泛的应用。

（4）凝胶色谱法（Gel Chromatography）

用凝胶型固定相时为液—凝胶色谱，简称凝胶色谱，又称空间排阻色谱（Steric Exclusion Chromatography）或排阻色谱（Exclusion Chromatography）。分为凝胶过滤色谱（以水溶液为流动相）和凝胶渗透色谱（以有机溶剂为流动相)。实际分析中一般用凝胶渗透色谱较多。凝胶色谱分离原理是：当水样中被测组分随流动相进入色谱柱，再从凝胶外部间隙及孔穴旁流过时，体积大的分子不能渗透到孔穴内部而受到排阻，首先流出色谱柱；小分子的组分可以渗透到孔穴内部而后流出。因此，水样中被测组分按分子大小顺序而实现分离。常用于农药、杀虫剂、酚类、芳烃、稠环芳烃、硝基苯类以及水溶性维生素（如 B_1、B_2、B_6）等的分离和测定。

9.2.4 高效液相色谱法在水质分析中的应用举例

（1）高效液相色谱法（HPLC）测定水中的丙烯酰胺

聚丙烯酰胺在水处理中作絮凝剂，次生油回收中作助凝剂。丙烯酰胺作为活性单体通常存在于许多聚合体系中。丙烯酰胺是有毒物质。

丙烯酰胺单体用高效液相色谱法测定，方法简单，准确度、灵敏度都较高。方法的回收率 84.6%，最低检出限为 $5\mu g/L$，变异系数为 19.23%。

1）色谱条件

高效液相色谱仪　　LC-3A　　　　岛津（日）

色谱柱　　　ZORPAC ODS C_{18} 反相柱，内径 4.6mm×长 250mm

柱温　　　35℃

柱压　　　9316.32kPa

载液　　　K_2HPO_4：KH_2PO_4 缓冲溶液 pH=5.8

流速　　　1mL/min

检测器　　UV210nm

进样量　　100μL

2）丙烯酰胺分离色谱图（图 9.16）

3）分析流程

取 100mL 水样，用 4.5μm 的滤膜过滤于具塞试管中，用微量注射器吸取 100μL 水样，注入色谱仪中定量分析。用标准曲线法由峰面积求出水样中丙烯酰胺的浓度。

（2）凝胶色谱法测定稠环芳烃

1）色谱条件

仪器　　　　　日立 635 型高压自动液相色谱仪

色谱柱　　　　填充　　　日立凝胶　3030　　2.1mm×500mm

柱温　　　　　60℃

柱压　　　　　1471.0kPa

载液　　　　　甲醇

流速　　　　　1mL/min

检测器　　　　　　　　UV254nm

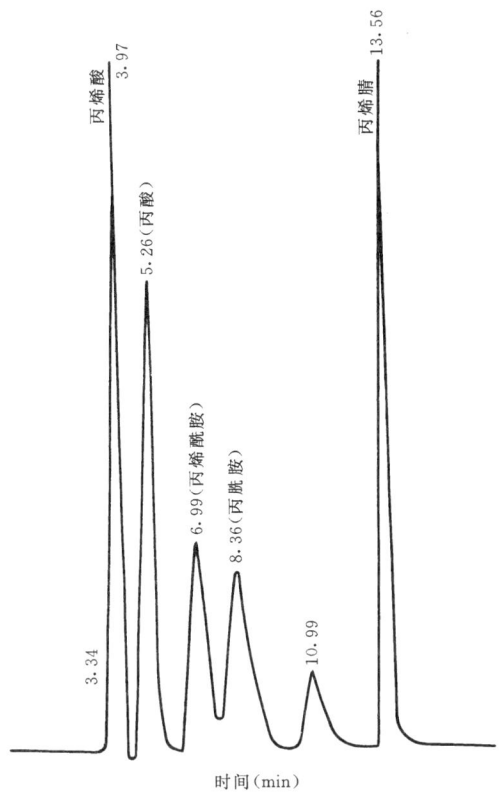

图 9.16　丙烯酰胺分离色谱图

色谱柱　ODS C_{18} 反相柱（250×4.6mm）；流动相　K_2HPO_4：KH_2PO_4 缓冲溶液
（pH5.67）；流速 1mL/min；波长 210nm

2）7 种稠环芳烃液相色谱图（图 9.17）。

（3）离子色谱法同时测定降水中 8 种阴离子

1）色谱条件

仪器　　　　　　　　ZIC-Ⅱ-A 型离子色谱仪

色谱柱　　　　　　　阴离子分离柱

电导检测器　　　　　电导值 30.2μS，电流值 55.5mA

淋洗液　　　4mmol/L Na_2CO_3＋3mmol/LNaHCO$_3$

电解液　　　0.2mol/L H_2SO_4＋0.1mol/L H_3BO_3

淋洗液流速　　1.6mL/min

进样量　　　100μL

2）分析流程

水样经 0.45μm 微孔滤膜过滤后，用 5mL 注射器进样。用标准曲线法定量。

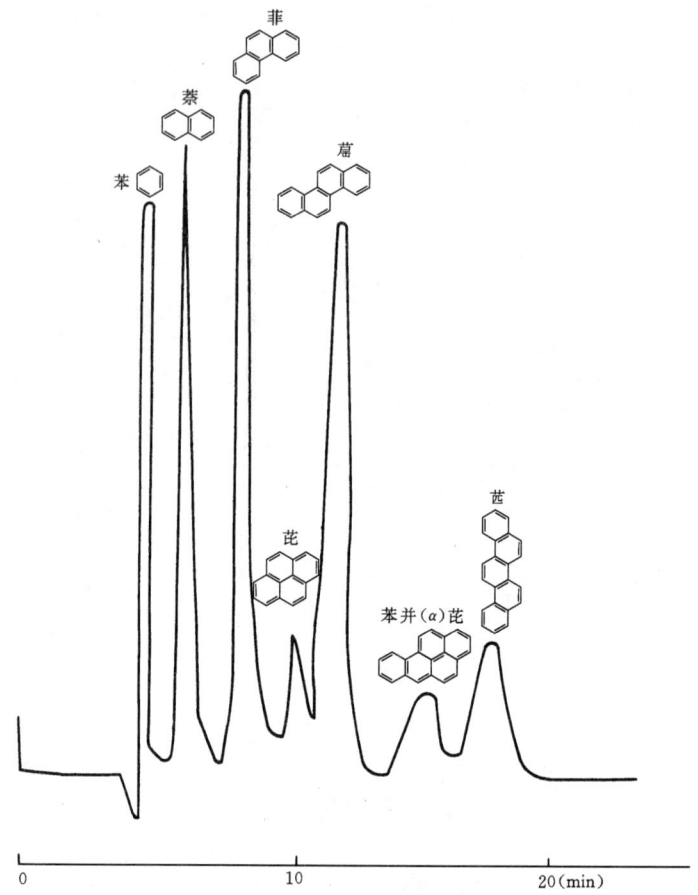

图 9.17　7 种稠环芳烃液相色谱图

3）8 种阴离子标准色谱图如图 9.18 所示。

（4）高效液相色谱法测定水中微囊藻毒素

天然水体的富营养化导致水体水质恶化，味觉和嗅觉变坏，其中微囊藻（Microcystis）是富营养化水体中的主要污染藻类，易形成"水华"，其产生的微囊藻毒素（Microcystins，MC）是一类七肽单环肝毒素，主要包括 MC-LR、MC-RR 和 MC-YR 3 种微囊藻毒素，他们在水中的稳定化学性质使其不能被传统净水工艺有效去除。因此，微囊藻的过度繁殖及产生的微囊藻毒素已对饮用水安全构成严重威胁。二氧化氯是一种优良的消毒剂和强氧化剂，研究证明：二氧化氯能较好地去除微囊藻和微囊藻毒素，下面简要介绍高效液相色谱法测定水中微囊藻毒素 MC-LR、MC-RR 和 MC-YR 含量的方法。

由于天然水中 MC 的浓度较低，故需采用固相萃取（SPE）法进行富集，然后用高效液相色谱法（HPLC）测定。

1）固相萃取

a. 水样预处理

水样经 0.45μm 乙酸纤维树脂膜过滤，滤液备用。

b. 固相萃取柱预活化

用注射器取 10mL 无水甲醇，然后滴入 C_{18} 固相萃取柱。当甲醇液面接近小柱上层筛片时，加入 10～15mL 纯水活化（活化过程不应使 C_{18} 固相萃取柱变干，萃取柱中应始终充满液体）。

c. MC 的富集和洗脱

将预处理水样的滤液流经预先活化的 C_{18} 固相萃取柱进行富集（流速 8～10mL/min）。然后依次用 10mL 去离子水和 10mL 20％的甲醇淋洗萃取柱，再用 10mL 洗脱液（0.1mL 三氟乙酸定容至 100mL 的甲醇溶液中）洗脱微囊藻毒素（萃取柱应始终充满液体）。洗脱液收集在玻璃容器中。如果需要可进行多次富集。

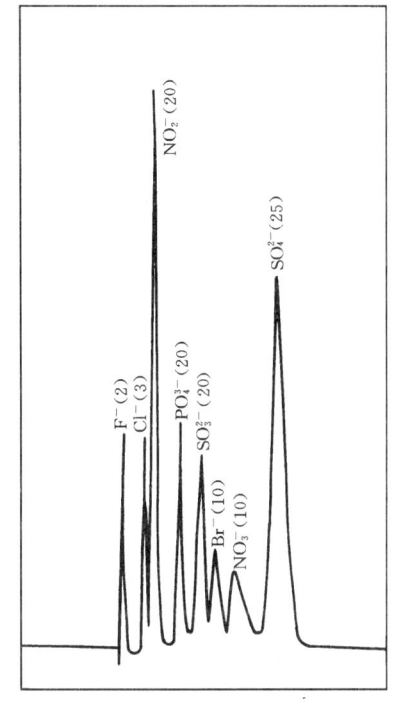

图 9.18 8 种阴离子标准色谱图
（括号中数字单位 mg/L）

d. 浓缩定容

将收集的洗脱液用氮气流吹干（吹气管与液面保持一定距离，以免甲醇溅出），然后用甲醇定容至 1mL，－20℃保存。

2）HPLC 测定

a. 色谱条件

仪器　　　　高效液相色谱仪 LC－10A 型，日本岛津公司

色谱温度　　40℃

流动相　　　0.5％磷酸水溶液∶甲醇＝40∶60

流速　　　　1mL/min

检测器　　　紫外/可见检测器，λ_{max}＝238nm

进样量　　　50μL

b. MC 的色谱图（图 9.19）

由图 9.19 可见，MC－LR、MC－RR 和 MC－YR 的保留时间分别是 3.87min、5.43min 和 9.10min。

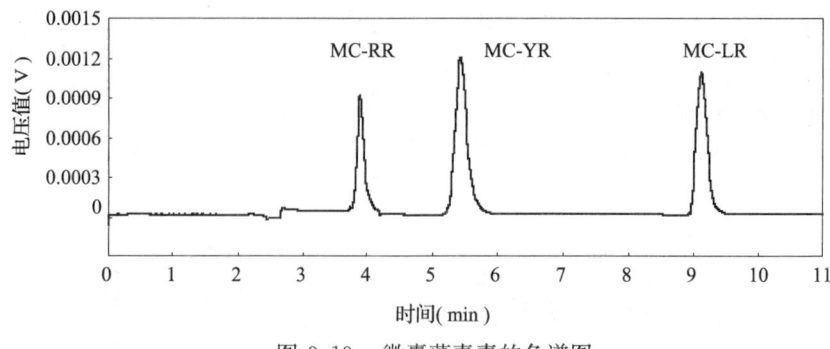

图 9.19   微囊藻毒素的色谱图

（MC 的浓度：1mg/L）

c. 标准曲线法定量

分别准确配制 MC 浓度为 0～100μg/L 的一系列标准溶液，在给定的色谱条件下测定。以峰高（或峰面积）为纵坐标，MC 的浓度为横坐标，绘制标准曲线。水样经富集后按给定色谱条件测定其峰高（或峰面积），然后在标准曲线上查出其含量。

9.3   色谱—质谱法

气相色谱—质谱法（Gas Chromatography—Mass Spectrometry，GC/MS）是把气相色谱仪与质谱仪的直接联用方法。气相色谱法是可以实现高效率的分离和定量测定的方法，但定性能力较差；而质谱法具有灵敏度高，定性能力强等特点，但进行定量分析比较复杂；两者联用，将气相色谱作为质谱的进样装置，在混合物进入离子源之前，先经气相色谱分离，将各组分先按时间顺序展开，依次进入离子源，分批分析，这就回避了复杂混合物同时进入离子源造成的各种困难，尤其是质谱中无法解决的质荷比（m/e）接近、相同的离子引起的叠加峰问题。在这种联用中，质谱作为气相色谱的"检测器"来使用，质谱能检出几乎全部化合物，气相色谱法无法完全分开的组分经电离后再按质荷比作进一步分离，质谱测量的高灵敏度也弥补了气相色谱测量的不足。

除了气相色谱—质谱联用外，随着高效液相色谱技术的进展，液相色谱—质谱法（Liquid Chromatography—Mass Spectrometry，LC/MS）发展很快。据统计，气相色谱能分析 15%～20% 的有机物，而液相色谱能分析的有机物占总数的 85%，可见，液相色谱—质谱联用是具有极大潜力的分析技术。

应该指出色谱—质谱联用的效果是两者相互补充的，但它们各自的工作条件却互不相容。色谱工作于常压，质谱要求较高的真空度；气相色谱的载气和液相色谱中的溶剂，一般进入质谱离子源之前必须除去。

值得指出的是：色谱—质谱联用的计算机系统，能控制色谱—质谱的操作，自动采集质谱数据，自动校正和计算精确质量，自动显示、打印出化合物的色谱和质谱，并与数据库中的标准图谱相对照，给出分析结果；色谱—质谱联用仪器不仅可以进行有机化合物的鉴定和结构分析，而且还可根据一系列质谱峰的强度，进行有机化合物的定量分析，其方法与光谱法中使用方法相类似，所有这些都把有机质谱分析提高到一个全新的水平。

9.3.1　气相色谱—质谱分析的原理和装置

气相色谱—质谱（GC/MS）联用系统，样品来自气相色谱，部分流出物经过接口装置进入质谱仪。而质谱分析的基本原理主要是将被分析物质离子化和离子展开成谱。其基本装置如图 9.20 所示。

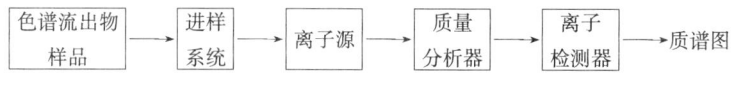

图 9.20　色谱/质谱仪的流程示意图

气相色谱流出物（样品）通过进样系统进入离子源，在离子源中，样品分子或原子被电离成离子，经过质量分析器，利用离子在电磁场中的运动性质，即可把离子按质荷比（m/e）分开，再经检测、记录即得到样品的质谱图，称离子按质荷比（m/e）大小排列的谱为质谱图。根据质谱峰出现的位置，可以进行定性分析。质谱峰的强度表征该种离子量的多少，据此可以进行定量分析。根据质谱峰的位置和谱峰相对强度，可以进行有机物的成分和结构分析。

例如，有机物质的气体分子导入质谱的离子室，在慢电流的轰出下，由于有机物分子的离子化电压比较低，所以最易失去 1mol 电子，而形成分子离子（对应的分子离子峰为母峰），如甲醇

$$CH_3OH \xrightarrow{-e} \underset{\text{分子离子}}{CH_3\overset{+}{O}H} \tag{9.25a}$$

分子离子在电子流轰击下，继续裂解，而形成大大小小的带正电荷的碎片、游离基和中性分子。即

$$CH_3\overset{+}{O}H \longrightarrow \begin{cases} CH_2\overset{+}{O}H + H\cdot \\ CH_3^+ \quad\ + \cdot OH \end{cases}$$

$$CH_2\overset{+}{O}H \longrightarrow CHO^+ \quad + H_2 \tag{9.25b}$$

这些质量大小不同的带正电荷的碎片被质谱仪中的接收器接收、检测而记录下来，得到的谱图叫质谱图。质谱图中，横坐标为质荷比（m/e），即碎片的质量与带电荷之比。纵坐标为相对强度，即以质谱中最大碎片峰为 100%，其他碎片

峰的相对高度为相对强度。图 9.21 为甲苯的质谱图。由图中可见分子离子峰的质荷比（m/e）为 92，恰恰反映了甲苯的摩尔质量。所以质谱图上只要找出分子离子峰，便可确定该物质的摩尔质量。

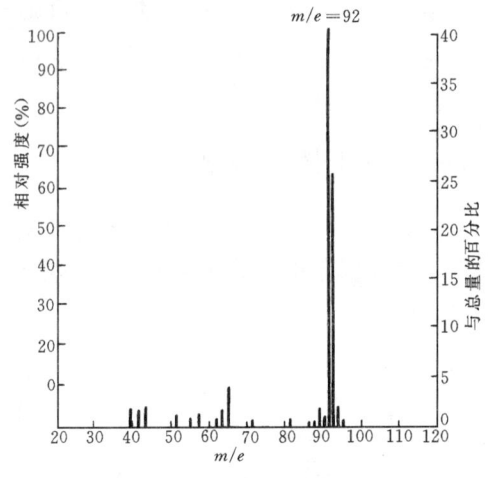

图 9.21　甲苯的质谱图

9.3.2　质谱仪的主要部件和工作原理

质谱仪的基本部件有：进样系统、离子源、质量分析器、检测器和记录器、真空系统及计算机控制与数据处理系统 6 部分组成，他们被安放在真空总管道内。质谱仪需要在高真空下工作：包括离子源（$10^{-3} \sim 10^{-5}$ Pa）和质量分析器（10^{-6} Pa）。

（1）色谱进样系统

色谱进样系统是将质谱仪与气相或液相色谱系统或毛细管电泳柱联用，进行复杂混合物成分的分离和测定，这就是通常所说的色谱－质谱联用仪。进样系统的作用是将微量的样品引入并进行气化，再将气化后的样品引进离子源进行电离。

由色谱出来的样品不能直接进入质谱仪，必须通过接口进入，接口是色质联用系统的关键。接口作用：

1）压力匹配——质谱离子源的真空度在 10^{-3} Pa，而 GC 色谱柱出口压力高达 10^5 Pa，接口的作用就是要使两者压力匹配。

2）组分浓缩——从 GC 色谱柱流出的气体中有大量载气，接口的作用是排除载气，使被测物浓缩后进入离子源。

3）接口技术

常见接口技术有：

a. 扩散型分子分离器连接（主要用于填充柱）：扩散速率与物质分子量的平方

成反比，与其分压成正比。当色谱流出物经过分离器时，小分子的载气易从微孔中扩散出去，被真泵抽除，而被测物分子量大，不易扩散则得到浓缩。

　　b. 直接连接法（主要用于毛细管柱）在色谱柱和离子源之间用长约 50cm，内径 0.5mm 的不锈钢毛细管连接，色谱流出物经过毛细管全部进入离子源，这种接口技术样品利用率高。

　　c. 开口分流连接：该接口是放空一部分色谱流出物，让另一部分进入质谱仪，通过不断流入清洗氦气，将多余流出物带走。此法样品利用率低。

　　(2) 离子源

　　离子源的作用是接受样品产生离子，常用的离子源有：

　　1) 电子轰击源（EI）

　　电子轰击源中作为质量分析的离子是被电子轰击而产生的。样品分子在 EI 中被高速电子流（电子的能量为 70eV）轰击而产生分子离子或碎片离子，所谓分子离子是指失去 1mol 电子而带正电的分子。即：

$$M + e^- \longrightarrow M^+ + 2e^- \tag{9.26}$$

　　式中，M 是样品分子；M^+ 是分子离子或母体离子。

　　应指出，目前，所有的标准谱图都是在 70eV 下完成的。不过在 70eV 电子轰击碰撞作用下，有机分子可能被打掉 1mol 电子，而形成分子离子，也有可能发生化学链的断裂形成碎片离子。这些带正电荷的分子离子和碎片离子，在电场作用下，被加速、聚焦，并进入质量分析器分析。这样，由分子离子可以确定化合物的相对分子质量，由碎片离子可以得到化合物的结构。

　　电子轰击源是一种应用广泛的离子源，其优点是结构简单，易于操作，电离效率高，谱图积累多，信息量大，再现性好。缺点是分子离子峰不强，有时不能识别，使一些被分析样品的相对分子质量确定不了。EI 源只适用于易于气化的挥发性样品。

　　2) 化学离子源（CI）

　　化学离子源与 EI 源的主要差别是 CI 源的工作过程中要引进一种反应气体（如甲烷或异丙烷或氨等），将反应气和样品按照一定比例混合进入 CI 的反应室，在反应室内，反应气首先被电离成离子，然后，反应气的离子和进样分子通过离子—分子反应，产生出样品离子，由于反应气与样品量之比为 1000∶1 或 10000∶1 这样大的浓度差，电子束几乎只与反应气分子发生作用。以甲烷反应气为例，说明化学电离过程。在高能量电子（100eV）轰击下，甲烷反应气首先发生电离和碎裂：

$$CH_4 + e^- \longrightarrow CH_4^+ + 2e^- \tag{9.27a}$$

$$CH_4^+ \longrightarrow CH_4^+ + CH_3^+ + CH_2^+ + CH^+ + C^+ + H^+$$

　　其中生成的 CH_4^+ 和 CH_3^+ 离子占全部离子的 90%。这两个离子与甲烷分子快速反应，生成加和离子：

$$CH_4^+ + CH_4 \longrightarrow CH_5^+ + CH_3 \qquad (9.27b)$$

$$CH_3^+ + CH_4 \longrightarrow C_2H_5^+ + H_2$$

CH_5^+ 和 $C_2H_5^+$ 不与中性甲烷进一步反应，加合离子与样品分子 M 反应：

质子化：　$CH_5^+ + M \longrightarrow (M+H)^+ + CH_4 \;\Big\}$ 产生 $(M+1)$ 峰　（9.28a）

$\qquad\qquad C_2H_5^+ + M \longrightarrow (M+H)^+ + C_2H_4 \;\Big\}$

去质子化：　$CH_5^+ + M \longrightarrow (M-H)^+ + CH_4 + H_2 \;\Big\}$ 产生 $(M-1)$ 峰　（9.28b）

$\qquad\qquad C_2H_5^+ + M \longrightarrow (M-H)^+ + C_2H_6 \;\Big\}$

此外，以甲烷为反应气，也可能发生下列的复合反应：

$$CH_5^+ + M \longrightarrow (M+CH_5)^+ \qquad 产生 (M+17) 峰 \qquad (9.28c)$$

$$C_2H_5^+ + M \longrightarrow (M+C_2H_5)^+ \qquad 产生 (M+29) 峰 \qquad (9.28d)$$

在生成的这些离子中，以 $(M+H)^+$ 或 $(M-H)^+$ 的程度为最大，成为主要的质谱峰，通常为基峰。生成的 $(M+H)^+$ 和 $(M-H)^+$ 比样品 M 分子多一个 H 或少一个 H，称为准分子离子。由 $(M+H)^+$ 和 $(M-H)^+$ 离子产生的质谱很容易测得其相对分子质量。

化学离子源的特点是不会发生像 EI 源那么强的能量交换，较少发生化学链断裂，谱形简单，分子离子峰弱，但准分子离子峰强，这提供了相对分子质量信息。

3）快速能量离子化技术（软离子化方法）

应该指出，电子轰击源 EI 为硬离子化方法的典型例子，在离子化过程中相当多的能量转移给分析物离子，很可能导致随后的单分子裂解反应，从而使分子离子化不明显，甚至不出现，难以测定相对分子质量。多数离子化方法是软离子化方法，软离子化方法一般产生小规模的分子断裂，因此能提供分子质量的信息。

软离子化方法主要有化学离子源（CI）及其他快速能量离子化技术，例如快原子轰击源（FAB）、解吸化学离子源（DCI）、基质辅助激光解吸电离源（MALDI）和电喷雾离子源（ESI）等。其中 ESI 源是一种新的电离方式，对分析相对分子质量 10^5 以上的生物大分子（如多肽、蛋白质等）有着非常重要的作用。目前，多用于液相色谱—质谱联用仪。ESI 既是液相色谱和质谱仪之间的接口装置，同时，又是电离装置。各种软离子化方法产生同样类型的离子，主要产生质子化和去质子化的离子，也就是（1）质子化或阳离子化分子，由于附着 H^+、Na^+ 等阳离子而形成正离子型 $[M+H]^+$，$[M+Na]^+$；（2）去质子化或阴离子化分子形成负离子型 $[M-H]^-$。

一般强极性、相对分子质量大的分析物可以用软离子化方法进行质谱分析。

（3）质量分析器

质量分析器位于离子源和检测器之间，其作用是将电离室中生成的离子按质荷比（m/z）大小分开，进行质谱检测。质量分析器分为静态法和动态法两大类，静态法采用电场和磁场，并按空间位置把不同质荷比的离子分开；动态法则采用交换的电磁场，按时间和空间区分不同质荷比离子。常用的静态检测仪器有单聚焦和双聚焦磁场分析器；动态检测器有四极杆质量分析器（又叫四极滤质器）和运行时间质谱仪等。四极杆质量分析器（Quadrupole Mass Analyzer）的原理是：由四根平行圆柱形金属极杆组成，对角极杆相连构成两组电极，分别加上直流电压和一定频率的交流电压。样品离子沿电极间轴向进入电场后，在极性相反的电极间振荡，只有质荷比在某个范围的离子才能通过四极杆，到达检测器，其余离子因振幅过大与电极碰撞，放电中和后被抽走。因此，改变电压或频率，可使不同质荷比的离子依次到达检测器，被分离检测。

四极杆质量分析器是一种无磁铁、体积小、扫描速度快、灵敏度高和分辨率较好的分析器，最适合与气相色谱和高效液相色谱联用，但准确度和精密度低于磁偏转质量分析器。

（4）检测器

检测器的作用是将离子束转变成电信号，并将信号放大，常用检测器是电子倍增器。多效电子倍增器有 12～20 个电极，通过一个电阻分压器相连接。从分析器射出的离子束打在第一极上（第一极称为转换极），这种轰击会引起一些慢电子反射（每 mol 正离子近似产生 1～2mol 电子），这些电子本身又被加速射向第二极，这种轰击又会再次产生电子发射。在电子倍增器的每一极都重复这一过程，最后一极（又叫做收集极）接到一个静电计上，供放大与记录用。电子倍增器的放大倍数一般在 10^5～10^8。电子倍增器中电子通过的时间很短，利用电子倍增器可以实现灵敏、快速测量。

（5）真空系统

质谱仪的离子源、质量分析器和检测器必须在高真空条件下工作，一般在 10^{-6}～10^{-4}Pa。

（6）计算机系统（质谱工作站）

现代质谱仪都配有完善的计算机系统，能准确地采集数据和处理数据、监控质谱仪各单元工作状况，实现质谱仪全自动操作，并能代替人工进行质谱库检索，进行定性、定量分析，最后打印出报告。

由于离子源、质量分析器的不断发展，相继出现了与软离子化方法相适应的 FAB—MS、MALDI—MS 和 ESI—MS 等质谱仪，还出现了不仅用于液相色谱，也用于气相色谱的傅里叶变换质谱仪（FT－MS）、飞行时间质谱仪（TOF—MS）和串联质谱仪（MS—MS）等，其中 MS—MS 广泛用于 HPLC 检测，选择性非常高，非常吸引人，对于复杂基质中低含量被测物（例如环境样品中的二恶英）的测定，MS—MS 是必不可少的。

9.3.3   色质联用仪在水处理中的应用

色谱一质谱联用仪在水处理中主要用于水样中有机污染物成分的鉴定以及纯有机物的相对分子质量的确定，下面仅举两例说明。

（1）松花江水中有机污染物成分分析

1）水样的富集

a. XAD—2 树脂的纯化（预处理）

吸附树脂采用 XAD—2 大网状树脂（美国 SIGMA 化学试剂公司制造）。树脂的纯化装置为索氏提取器，提取液为乙腈、乙醚和甲醇。纯化时，首先要将树脂用溶剂漂洗，去掉粉尘，然后控制适当的回流速度，在索氏提取器中用乙腈回流 24h，乙醚回流 12h，甲醇回流 24h。最后处理好的树脂用甲醇保护装入玻璃磨口瓶中待用。

b. 用 XAD—2 树脂富集水样

将 XAD—2 树脂按湿法分装入 4 个相同的玻璃柱中，柱尺寸为 $25cm \times \Phi 10mm$。每个柱内装入的湿树脂量均相同，重为 $8 \sim 9g$，高约 $15 \sim 17cm$。这 4 个柱子分别用来富集 4 个水样，富集水样的体积均为 300L。水样过柱时的流速为 20mL/min。

富集完成后，需用乙醚将吸附在树脂上的有机物洗脱下来。洗脱液经分液漏斗分层，将含有有机物的乙醚层分离出来，并用无水 Na_2SO_4 进行干燥，最后用 K—D 提取器进行浓缩，将乙醚层浓缩至 0.1mL，待用。

2）松花江源水中有机物的鉴定

a. 气相色谱一质谱 GC/MS 工作条件

仪器名称	GC HP 6890/MS HP 5893
柱箱温度控制参数	程序升温 40℃（保持 5min），然后以 4℃/min，升温至 280℃（保持 5min）
色谱柱	HP—5MS 30m×0.25μm
进样口温度	280℃
GC/MS 接口温度	280℃
进样方式	手动进样
载气流速	1mL/min
离子源类型	EI
离子源温度	230℃
四极杆温度	150℃
质量扫描范围	50～600
阈值	100，扫描 2 次/s

　　b. 有机物检索：样品经 GC/MS 分析后，将样品质谱图与标准谱库比较，确定有机化合物名称。松花江源水有机物质 GC－MS 分析的总离子流图，如图 9.22 所示。图中每一个峰代表一种有机化合物。

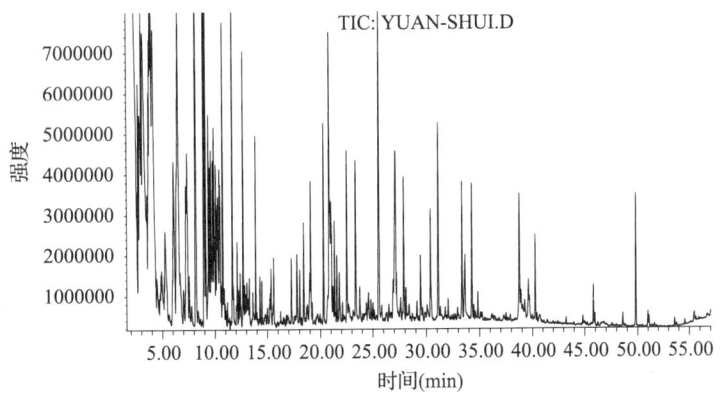

图 9.22　松花江源水有机物质 GC－MS 分析的总离子流图

　　c. 松花江源水中所含有机组分非常复杂。检测有机物 165 种。对其中部分组分作了定性分析，其中有烷烃、烯烃、炔烃、醛、酮、醇、酚、酯、酰胺、卤代物、芳烃和稠环芳烃等各类有机物，在检出的有机物中，有苯、甲苯、乙苯、间二甲苯、对二甲苯、邻二甲苯、硝基苯、萘、酞酸二丁酯、酞酸二辛酯等 10 种我国优先控制污染物及卤代烃、酚、各种环己烷、稠环芳烃等潜在危害物质。

　　(2) 液相色谱－质谱 LC/MS 联用确定水中微囊藻毒素 MC-LR 相对分子质量

仪器及工作条件：

　　Thermo Finigan 高效液相色谱－质谱联用仪（Thermo Finigan 公司出品），型号 LCQ DECA XP MAX。

　　a. 液相色谱条件

　　流动相：70％甲醇＋30％水（0.1％三氟乙酸），使用前经 0.5μm 微孔滤膜过滤，再用超声波脱气 15min。

　　流动相流速：1.0mL/min。

　　检测波长：238nm。

　　进样量：50μL。

　　b. 质谱条件

　　电喷雾负离子源（ESI），喷雾电压 5kV，喷雾电流 0.1A，扫描范围：m/z＝200～1200，毛细管电压 15V，毛细管温度 275℃，保护气流量 33mL/min，辅助气流量 0mL/min。

　　c. 水中微囊藻毒素 MC-LR 的质谱图（图 9.23）

　　由图 9.23 可见，m/z 为 993.52 是微囊藻毒素 MC-LR 的准分子离子峰

$(M-H)^-$，即可得微囊藻毒素 MC-LR 的相对分子质量是 995.2。

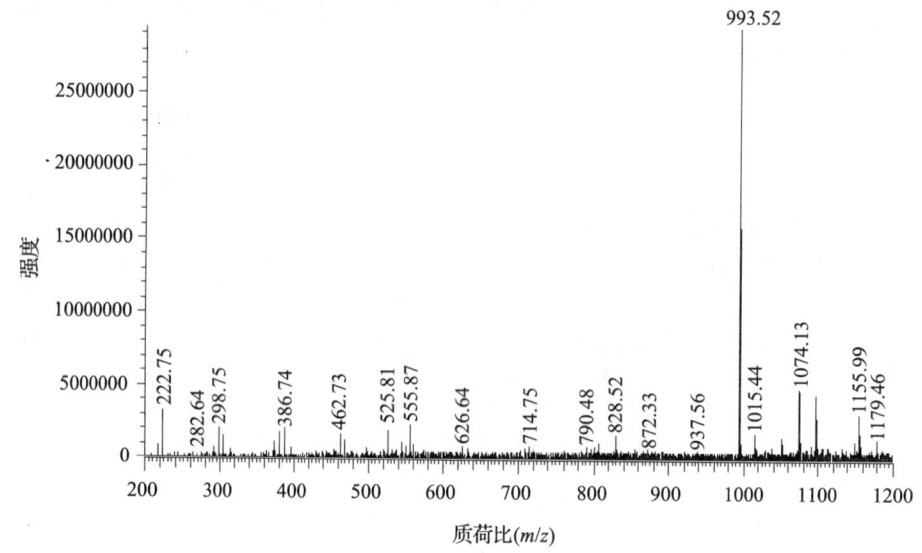

图 9.23　水中微囊藻毒素 LR 的质谱图

目前，色谱—质谱—计算机联用分析技术已广泛用于水中有机污染物的鉴定和水处理效果的评价。

一般，多数情况下，水样经过富集（如大孔树脂 GDX－2 吸附、溶剂萃取）、浓缩（通常采用 K－D 蒸发器蒸发浓缩）或固相萃取 SPE 富集浓缩后，已能方便地鉴定水中只有几 $\mu g/L$、甚至 $10^{-3} ng/L$ 的物质。由于灵敏度的提高，色谱柱性能的改善，以及采用计算机检索谱图，今天的色谱—质谱联用系统一天鉴定的水样中的化合物，比早期的 6 个月中所能鉴定的还要多，而且能够发现极痕量的具体化合物。这是其他方法不能与之匹敌的。

现在，色谱—质谱法，不仅用于天然水、工业废水和饮用水中有机物的调查，而且更重要的是用于水处理效果的评价，尤其对水中有机污染物处理效果的评价。

9.4　色谱分析中的预处理方法

本书第 2 章简要介绍了常用的传统预处理方法，主要缺点是：劳动强度大，时间周期长，手工操作居多，容易损失样品，重复性差、引进误差的机会多。水样中有机物的含量通常非常复杂、待测目标物含量极低（如《生活饮用水卫生标准》中苯并［α］芘的限值为 $0.01~\mu g/L$），色谱分析属于微量分析，检出限甚至小于 1 ng，对水样前处理的要求更高。近年来涌现了一些快速、简便、自动化的预处理新技术，并开发出了一些可在线联用的配套设备，广泛应用到色谱分析当中。本节对在水质分析应用较成熟的固相萃取技术和衍生化技术进行简要介绍。

9.4.1 固相萃取技术

固相萃取（Solid Phase Extraction，SPE）是 20 世纪 70 年代后期发展起来的样品前处理技术。它利用固体吸附剂将目标化合物吸附，使之与样品的基体及干扰化合物分离，然后再用洗脱液洗脱或加热解脱，从而达到分离和富集目标化合物的目的，是以液相色谱分离机理为基础建立起来的分离和纯化方法。固相萃取技术具有许多突出的优点：（1）安全性高，可以避免使用毒性较强或易燃的溶剂；（2）回收率高，重现性好，不会发生液－液萃取中经常出现的乳化问题；（3）操作简便、快速，可同时批量进行水样的预处理，易于实现自动化控制；（4）应用范围广，由于可选择固相萃取填料很多，可广泛用于水中多环芳烃（PAHs）和多氯联苯（PCBs）等多种有机物的分析。近年来颁布的农药检测国标方法中，普遍采用了固相萃取技术。

1. 固相萃取的基本原理

固相萃取实质上是一种液相色谱分离过程，所用的吸附剂与液相色谱常用的固定相相同，但固相萃取柱较短，粒径较大，其柱效比高效液相色谱柱效低得多。因此，固相萃取只能分开保留性质有很大差别的物质。可以认为目标化合物要么被吸附剂（固定相）牢固吸附，要么完全不被保留。固相萃取的主要分离模式也与液相色谱相同，可分为正相（吸附剂极性大于洗脱液极性），反相（吸附剂极性小于洗脱液极性），离子交换和吸附。

（1）正相固相萃取使用极性吸附剂，从非极性样品溶液中萃取极性溶质，主要为氢键、π-π 键相互作用，偶极和诱导偶极相互作用以及其他的极性-极性作用。非极性的溶剂有利于极性溶剂与吸附质作用而保留在吸附质上，然后再用水等将被保留的极性溶质洗脱。

（2）反相固相萃取所用的吸附剂通常是非极性的或极性较弱的，可以从极性样品溶液（如水样）中萃取非极性或弱极性分析物，主要是非极性－非极性相互作用，包括范德华力或色散力。在极性溶剂（如水）中，非极性溶质与吸附剂中的非极性基团发生非极性作用而被保留，然后再用甲醇等具有一定非极性的溶剂将之洗脱。溶质与吸附剂间的作用与正相和离子交换固相萃取柱较之，反相柱的选择性最低，很难区分结构相似的分子。但它可以保留大部分具有憎水特性的分子，在提取结构相差很大的目标物时，十分有用，因此反相固相萃取是目前最常用的固相萃取方法。

（3）离子交换固相萃取所用的吸附剂是带有电荷的离子交换树脂，可以用于萃取分离带有电荷的分析物，溶质与吸附剂之间的相互作用是静电吸引力。为了使得溶质有效地以离子作用被保留，必须控制溶液的 pH，使有利于溶质和萃取基团（如－SO₃H、－COOH、－NH₂等）的离子化，洗脱时，使用含有强竞争性离子的高离子强度的洗脱剂或改变 pH，抑制基团的离子化，使其失去静电作用而从柱上脱离。

2. 固相萃取装置

固相萃取最常见的装置为固相萃取柱（Solid Phase Extraction Column，Solid Phase Extraction Cartridges）。一般为类似于注射器针筒的圆柱形，体积为1～60mL，最常用的体积为 1～6mL。有些体积较大的萃取柱，上部带有溶剂槽，形成上宽下窄的圆柱形。材质一般为聚乙烯、聚丙烯、聚四氟乙烯或玻璃等，有些与 HPLC 在线联用的萃取柱柱体采用不锈钢制成，以承受较高的压力。萃取柱内一般装有 0.1～2g 的吸附剂，吸附剂上下端各有一个固定填料的筛板。结构如图 9.24 所示。

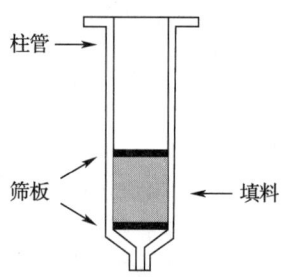

图 9.24　固相萃取柱

固相萃取柱内填充的吸附剂粒径多为 $40\mu m$，本质与高效液相色谱柱的填料没有区别。目前使用最多的是 C_{18} 键合硅胶，该填料疏水性强，在水相中对绝大部分有机物都有良好的吸附效果。其他填料还有 C_8、苯基、氰基、氨基、双醇基键合硅胶、活性炭、碳分子筛、氧化铝、硫酸镁、硅酸镁、离子交换剂、排阻色谱填料、免疫亲和色谱填料、分子印迹高聚物填料等。萃取柱内既可以填充一种填料，也可以填装 2～3 层不同种类的填料，以达到更好的提纯目的。在进行固相萃取之前，要根据样品的量、目标物与干扰物的极性选择合适的固相萃取柱。常用键合硅胶吸附剂及其应用范围见表 9.1。

常用的键合硅胶吸附剂及其应用范围　　　　　　　　　　　　表 9.1

类型	简称	极性	应用范围
十八烷基	C_{18}	非极性	反相萃取，适合于非极性到中等极性的化合物，如抗生素、巴比妥酸盐、药物、染料、芳香烃、除草剂、农药等
辛烷基	C_8	非极性	反相萃取，适合于在 C_{18} 上保留过强的非极性到中等极性的化合物
苯基	Ph	弱极性	反相萃取，适合于高芳香性化合物

续表

类型	简称	极性	应用范围
硅胶	Si	极性	正相萃取,用于萃取乙醇、醛、胺、药物、染料、除草剂、农药、酮、含氮类化合物、有机酸、苯酚等极性化合物
二醇基	Diol	极性	正相萃取,适合萃取极性物质及带有氢键的物质
氰丙基	CN	极性	既可作反相也可以作正相。反相萃取时,适合萃取中等极性的化合物;正向萃取时,适合萃取极性化合物;还可用于弱阳离子交换萃取,适合萃取弱阳离子化合物
氨丙基	NH₂	极性	正相萃取,适合用于极性化合物;阴离子交换萃取,适合于弱阴离子和有机酸化合物
三甲基铵丙基	SAX	极性	强阴离子交换萃取,适用于羧酸、核酸、表面活性剂
丙基苯基磺酸	SCX	极性	强阳离子交换萃取,适用于阳离子、抗生素、有机碱、氨基酸、儿茶酚胺、核酸、表面活性剂
硅酸镁	Fl	极性	正相萃取,适用于萃取醇、醛、胺、农药、PCBs、酮、硝基化合物、有机酸、酚类等物质
石墨碳	Carb	无极性	反相萃取,对非极性和极性基质中的极性和非极性有机化合物都有极强的亲和作用

由于固相萃取柱内需要填充 100~500mg 填料,使得萃取时加样流速不能太大,且如果样品中含有固体颗粒还容易发生柱的堵塞。因此,又开发出了固相萃取盘(Solid Phase Extraction Disk,SPE disk,又称固相萃取膜片),如 3M 公司的 Empore 系列,Sigma-Aldrich 公司的 Envi-Disk 系列等。它以聚四氟乙烯、聚氯乙烯或多孔玻璃纤维膜为骨架,将固定相紧密负载其上压制而成,为直径 4~96mm(常见的为 47mm、90mm 两种),厚 0.5~1mm 的膜状结构。固相萃取盘中填料约占总质量的 60%~90%。

固相萃取盘特别适用于大体积、含有大量颗粒或处理时需要很高流速的水样。由于填料紧密地嵌在盘片中,避免了固相萃取柱在液流通过较大颗粒填料时引起的沟流现象,从而提高了回收率。固相萃取盘最大的特点就是直径大,面积大。对于等量的填料,固相萃取盘的截面积是固相萃取柱的十几倍,反压降低,可以采用更高的流量,从而缩短了时间。对于 1L 水样而言,6mL 固相萃取柱的萃取时间约需 66min,而 47mm 固相萃取膜片仅需约 10min。增大的面积又能减少样品中颗粒物堵塞柱子的问题,更适用于污水样品的处理。此外,由于没有筛板,固相萃取盘还减少了因筛板可能引起的污染。实际中可以根据水样的量选择固相萃取柱或萃取盘(表 9.2)。

不同水样量适用的固相萃取装置 表 9.2

水样量	适合的萃取装置
<1mL	1mL 萃取柱
1~250mL，不要求萃取速度	3mL 萃取柱
1~250mL，要求快速萃取	6mL 萃取柱
10~250mL，要求大样品容量	12~60mL 萃取柱
<1L，不要求萃取速度	12~60mL 萃取柱
100mL~1L	47mm 固相萃取盘
>1L，要求大样品容量	90mm 固相萃取盘

3. 固相萃取操作

在进行固相萃取之前，需要先根据不同的萃取方法，对萃取样品进行初步的预处理。如稀释干扰物含量过高的水样、调节 pH 以增强或抑制溶质的离子化等。固相萃取的基本操作一般分 4 步：固定相活化、上样富集、淋洗杂质、分析物洗脱，如图 9.25 所示。

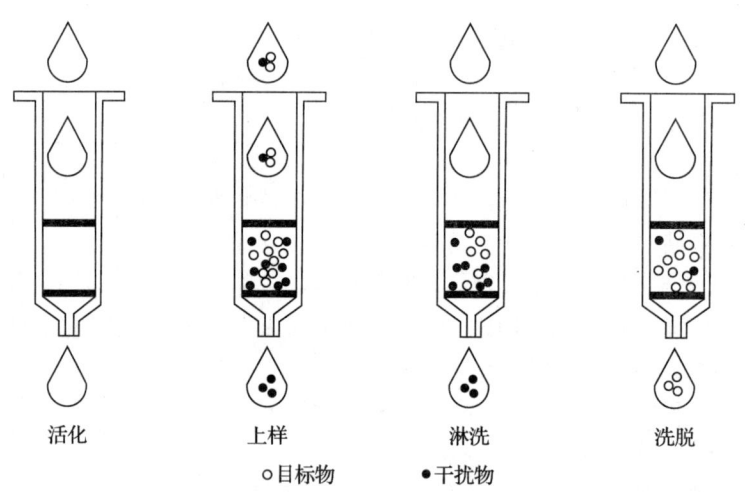

活化　　　　　上样　　　　　淋洗　　　　　洗脱

○目标物　　●干扰物

图 9.25　固相萃取操作步骤

（1）活化。以适当的溶剂润湿固相萃取柱填料。活化的目的为除去柱内的杂质并创造一定的溶剂环境。反相类型的固相萃取硅胶和非极性吸附介质（如 C_{18} 柱等），通常用 1~2 倍柱体积的甲醇等水溶性有机溶剂预处理。甲醇润湿吸附剂表面并渗透进键合烷基相中，便于样品水溶液与吸附剂表面有良好的接触，从而提高萃取效率。正相类型的固相萃取硅胶柱和极性吸附剂介质通常用水样所在的有机溶剂来预处理。离子交换柱一般用 3~5mL 去离子水或低浓度的离子缓冲溶液预处理。注意：固相萃取的填料从预处理到上样的过程都必须保持润湿。如果上样前填料干了，则需要重新预处理。

（2）上样。将水样转移入柱并使组分保留在柱上。将水样注入活化后的固相萃取柱，然后利用加压、抽真空或离心的方法使样品进入吸附剂，并使水样以适当的流速（一般 $0.5 \sim 2mL/min$）通过固相萃取柱，对于离子交换柱，过柱速度还应适当降低，以保证溶质与吸附剂的离子交换功能团充分发生作用。上样过程中，可以通过注射器或固相萃取柱配套的处理塞来提供正压，也可以用一个真空三角瓶提供负压，将溶液吸过萃取柱。还可以采用真空多歧管装置，有 12、24 和 96 孔等多种型号，通过真空表、阀门和真空泵相连，可一次处理多个水样，实现了萃取过程的自动化。

（3）淋洗。淋洗的目的是最大限度地去除吸附在固定相上的干扰物。一般选择 5%～20% 的甲醇水溶液或水样预处理时所使用的缓冲溶液等中等强度的混合溶剂，在尽可能去除干扰物的同时，不会导致溶质的流失。

（4）洗脱。用适当的洗脱剂将目标物质洗脱下来并收集。洗脱并干燥后的溶剂即可用于分析测试。洗脱剂选择主要考虑：一是洗脱剂必须有足够的强度，用最少的量将分析物洗脱下来；二是洗脱剂必须有足够的选择性，只将目标物洗脱，而将吸附力强的杂质保存在柱上。正相萃取中，可以用丙酮、甲醇、乙醇等有一定极性的溶剂洗脱；在反相萃取中，多用甲醇、乙腈洗脱，有些碱性物质的洗脱需要加入少量有机胺，如三乙胺、醋酸胺等才能完全洗脱；洗脱离子化合物时，还要注意控制洗脱液的 pH，以中和分析物的电荷。对于阴离子交换柱，洗脱溶液 pH 要小于待测物 pKa 两个单位，对于阳离子交换柱，洗脱溶液 pH 要大于其 pKa 两个单位。

目前固相萃取已成为色谱分析中应用广泛的预处理方法。在应用液相色谱法测定水环境中的微囊藻毒素时，常需要采用固相萃取对水样进行富集，可参见 9.2.4 应用举例（4）或其他资料。

9.4.2　化学衍生化技术

化学衍生化技术是通过化学反应将水样中难于分析检测的目标化合物定量地转化成为另一种易于分析检测的化合物，通过对后者的分析检测可以对目标化合物进行定性、定量分析。该技术目前在色谱分析中得到广泛应用，适用于水中农药、芳香烃、芳香酸等多种有机物的测定。不同色谱柱前衍生化的目的不同：气相色谱柱前衍生化主要是改善目标化合物的挥发性，而液相色谱和薄层色谱的目的是改善检测能力。按衍生化反应发生在色谱分离之前还是之后，可将衍生化分为柱前衍生化和柱后衍生化。

1. 衍生化方法

柱前衍生化即在色谱分离之前将样品与一定的化学试剂发生化学反应生成适

当的衍生物，然后再用色谱进行分离检测。其目的是：

（1）将不适合某种色谱分析的化合物转化为可以用该技术分析的衍生物。如将某些高沸点、不气化或热不稳定的化合物转化为可以气化或热稳定的衍生物，然后再用气相色谱分析。

（2）提高灵敏度（降低检测限）。如在液相色谱分析中，将没有紫外吸收或紫外吸收很弱的化合物通过衍生化接上一个含强紫外吸收的基团，使之可以通过灵敏度高的紫外检测器检测；又如在气相色谱分析中，通过衍生化将一些化合物接上卤素基团，使之可以通过 ECD 检测器进行分析。

（3）改变化合物的色谱特性，改善分离度。如在色谱上很难分离，可通过衍生化使一些难分离的异构体生成色谱性能有较大差异的衍生物而分离。

（4）利用衍生化反应可以帮助化合物结构的鉴定，主要应用在色谱-质谱、色谱-红外光谱和色谱-核磁共振波谱联用等方法上。

柱后衍生化的目的主要是为了提高检测的灵敏度（降低检出限），也可以辅助化合物结构鉴定，常用与 HPLC 联用的反应器进行，如美国 Pickering 公司的 PCX 系列柱后衍生化设备。目前已采用该方法测定多种农药，达到很好的效果，但目前在水质分析中应用的不如柱前衍生化广泛，本节主要介绍柱前衍生化方法。

色谱水样的衍生化反应一般在各种反应试管或密闭的安瓿瓶中进行，如配有各种材料的瓶塞和垫片的 1～20mL 密封反应瓶（图 9.26），可用微量注射器穿过垫片将水样和衍生化试剂加到反应瓶中，并同样可用微量注射器从瓶中取出最终的衍生产物。

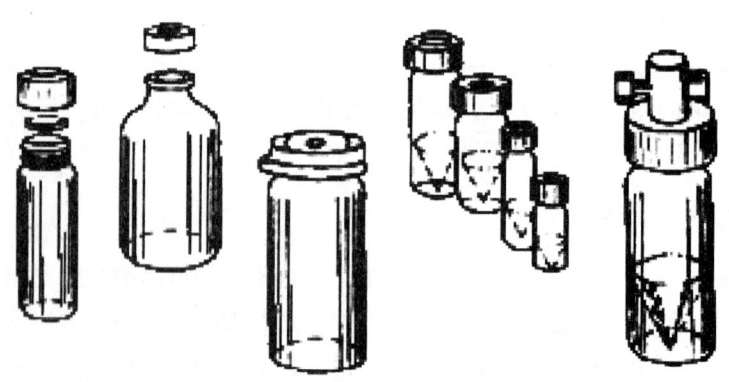

图 9.26　制备衍生物的反应瓶

2. 气相色谱柱前衍生化方法

（1）硅烷化衍生化方法

硅烷化衍生方法是气相色谱水样处理中应用最多的方法。水样中待测的醇、酚、酸、胺、硫醇等与硅烷化试剂反应，形成挥发性的硅烷衍生物。许多被认为是不挥发性的或是在 $200 \sim 300^\circ\text{C}$ 热不稳定的羟基化合物经过硅烷化后成功的进行色谱分析。凡含有活泼氢的化合物都能与硅烷化试剂反应，能进行硅烷化的化合物反应活性一般为醇＞酚＞羧酸＞胺＞酰胺，反应的活性还受到空间位阻的影响，醇的反应活性为伯醇＞仲醇＞叔醇，胺的反应活性为伯胺＞仲胺。硅烷化反应一般在数分钟内即可完成。一般反应式如下：

$$R_3Si-X+H-R' \longrightarrow R_3Si-R'+HX$$

最重要的硅烷化衍生剂是三甲基硅烷（TMS）衍生试剂，常用的有六甲基二硅胺烷（HDMS）、N-甲基-N-三甲硅基乙酰胺（MSA）、N-甲基-N-三甲硅基三氟乙酰胺（MSTFA）、N，O-双三甲硅基乙酰胺（BSA）、N，O-双三甲硅基三氟乙酰胺（BSTFA）、三甲硅基咪唑（TMSIM）等。三甲基硅衍生试剂与待测物的反应方程式为：

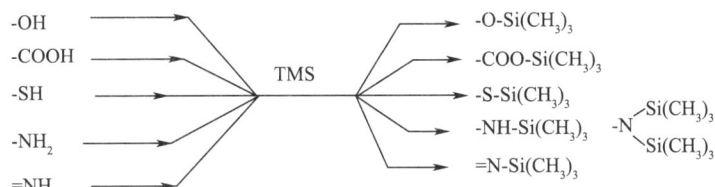

硅烷化衍生法的优点有：衍生产物热稳定性好，挥发性强；易于制备，色谱性能好，应用最广（凡含有活性氢的化合物均可硅烷化）；所有硅烷化衍生物，可直接进行 GC 分析，节省了样品制备时间。缺点为：硅烷化反应条件苛刻，衍生物对水和酸不稳定，易分解，需无水条件；由于氧化硅的沉积，易污染 FID 检测器；硅烷化试剂一般都对潮气敏感，应密封保存以防止其吸潮失效。在应用GC-MS 法测定水中的双酚 A 时，将 100mL 水样经萃取浓缩之后，加入 $10\mu\text{L}$ BSTFA 和 $40\mu\text{L}$ CH_2Cl_2 衍生，检出限可达到 0.3ng/L。

（2）酯化衍生化方法

有机酸由于极性较强，已产生严重的拖尾现象，而且大多数有机酸挥发性差、热稳定性较低，因此，许多有机酸（特别是长链的有机酸）在进行气相色谱分析之前都要衍生为相应的酯。常用的酯化方法有重氮甲烷法、甲醇法、三氟乙酸酐法等。重氮甲烷可与有机酸反应，生成有机酸甲酯的同时放出氮气。此方法简便有效，反应速度快，转化率高，很少有副反应，不引入杂质，但重氮甲烷不稳定，具有爆炸性、致癌性，因此制备和使用时要特别小心，可使用重氮乙烷、重氮丙烷、重氮甲苯等稳定性更好的试剂代替重氮甲烷。甲醇法的原理为有机酸与甲醇在催化剂存在下加热，发生酯化反应，生成有机酸甲酯。《生活饮用水标准检验方法 消毒副产物指标》GBT 5750.10—2006 中卤乙酸的检测即用硫酸与甲醇作为衍生剂，将一氯乙酸、二氯乙酸和三氯乙酸酯化为相应的甲酯，再进行GC 分析。三氟乙酸酐则特别适用于空间位阻较大的有机酸和醇或酚的酯化。

（3）酰化衍生方法

酰化能降低羟基、氨基、巯基的极性，改善这些化合物的色谱性能，减少峰的拖尾，并能提高这些化合物的挥发性，也能增加某些易氧化化合物的稳定性。衍生反应一般在吡啶、二甲胺吡啶或其他可接受酸副产物的溶剂中进行。当酰化引入含有卤离子的酰基时，还可以提高电子捕获检测器（ECD）的灵敏度。常用的酰化试剂有酰卤、酸酐和具有反应活性的酰化物（如乙酸咪唑），反应如下：

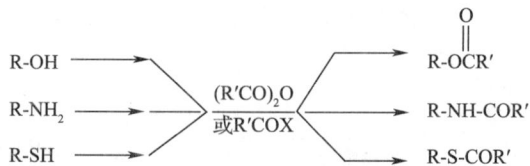

注意残余的酰卤和酸酐，必须在 GC 分析前除去，否则过量的试剂和副产物损坏色谱柱。

常用的酰化方法有乙酰化法、多氟酰化法。标准的乙酰化法是将样品溶于 5mL 氯仿中，与 0.5mL 乙酸酐和 1mL 乙酸在 50℃反应 2~6h，真空除去剩余试剂，以乙酸钠为碱性催化剂，以乙酸酐为乙酰化试剂进行乙酰化反应，可用于糖类等的分析。此外吡啶、三乙胺、甲基咪唑等也可以作为碱性催化剂。乙酰化反应通常在非水介质中进行，但胺类和酚类化合物乙酰化时可在水溶液中进行。多氟酰化法试剂是三氟乙酰（TFA）、五氟丙酰（PFP）和七氟丁酰（HFB），反应活性 TFA＞PFP＞HFB。TFA 和 PFP 的衍生物挥发性较强，而 HFB 的衍生物 ECD 灵敏度高。

（4）卤化衍生化法

在目标化合物中引入卤原子后可使用 ECD 检测器，以提高检测的灵敏度，同时也可改善挥发性和稳定性，常用的卤化衍生化方法有：卤素法、卤化氢法和 N-溴代丁二酰亚胺（NBS）等。卤素法用卤素直接作为衍生化试剂，发生加成或取代反应，如将苯在 Fe 催化下加成为对二氯苯、将乙酸取代为一氯乙酸进行测定等。卤化氢法常用 HCl 和 HBr 作为衍生化剂与不饱和链发生加成或与羟基发生置换反应。如 $RCH=CH_2 \rightarrow RCHXCH_3$、$RCH_2OH \rightarrow RCH_2X$ 等反应。NBS 是选择性很强的卤化衍生试剂，可以使烯丙位的氢原子发生取代反应，如可将甲苯上的甲基取代为 $-CH_2Br$ 后进行测定。

聚丙烯酰胺是一种应用广泛的高分子絮凝剂，但其单体丙烯酰胺有毒，我国《生活饮用水卫生标准》中的限制为 $0.5\mu g/L$。在测定水中残留丙烯酰胺时，可在 pH2~3 条件下，使丙烯酰胺单体与 Br_2 发生加成反应。生成 α, β-二溴丙酰胺，经有机溶剂萃取后用 ECD 检测器进行 GC 测定。

3. 液相色谱柱前衍生化方法

液相色谱的柱前衍生化主要提高不同检测器对测定目标的灵敏度。如液相色谱使用最多的是紫外检测器，为使没有紫外吸收或紫外吸收很弱的化合物能被检测，可通过衍生化反应在这些化合物的分子中引入有强紫外吸收的基团（如苯甲基、硝基苯甲基、苯甲酸酯等），使之可被紫外检测器检测。而液相色谱中荧光检测器的灵敏度要比紫外检测器还要高出几个数量级，但是液相色谱能分离的对象多数没有荧光，也主要依靠荧光衍生化试剂通过衍生化反应在目标化合物上接上能发出荧光的生色基团，达到荧光检测的目的。液相色谱中的电化学检测器灵敏度高、选择性强，但电化学检测器只能检测具有电化学活性的化合物，此时只能将目标物与电化学衍生试剂反应，生成具有电化学活性的衍生物。由于硝基具有电化学活性，一系列带有硝基的衍生化试剂与羟基、氨基、羧基和羰基化合物反应，可生成电化学活性的衍生物。

思 考 题

1. 解释下面概念

色谱流出曲线　　保留时间　　峰高　　色谱柱

2. 气相色谱法分离的基本原理是什么？

3. 举例说明在水质分析中如何选用 ECD、TCD、FID 和 FPD 检测器。

4. 简要阐述气相色谱法的定性和定量方法。

5. 色谱与质谱联用后有什么突出优点？简述 LC—MS 联用的意义。

6. 简述 EI 和 ESI 的区别和适用范围。

习 题

1. 测定 A、B、C、D 4 种物质的峰面积校正因子，以 B 作标准物质。称取 4 种纯物质，混合后进样，分别求出对应峰面积，数据列于表 9.3。求算其相对校正因子 $f_{i/s}$。

A、B、C、D 4 种物质的质量和峰面积　　　　表 9.3

物　　质	A	B	C	D
质量（mg）	12.150	13.580	5.301	51.185
峰面积（mm²）	59.212	70.121	27.01	296.55

2. 用气相色谱法测定水中 A、B 和 C 3 种物质（假设水中不含其他物质）。其相对校正因子 $f_{i/s}$ 和对应的峰面积数据列于表 9.4，用归一化法求算水中 A、B、C 3 种组分的含量（%）。

A、B、C 3 种物质的相对校正因子和峰面积　　　　表 9.4

组　　分	A	B	C
$f_{i/s}$	1.00	1.65	1.75
峰 面 积	1.50	1.01	2.28

第 10 章　原子光谱法

10.1　原子吸收光谱法

原子吸收光谱法（Atomic Absorption Spectrometry，AAS）又称原子吸收分光光度法（Atomic Absorption Spectrophotometry），简称原子吸收法（Atomic Absorption Method）。在可见—紫外吸收光谱法或红外吸收光谱法中研究的是物质分子对光的吸收现象和规律，而原子吸收光谱中则是原子吸收。所谓原子吸收是指：气态自由原子对于同种原子发射出的特征波长光的吸收现象。这是自然界中客观存在的一个事实。例如：高温钠蒸气发射的光，通过低温钠蒸气时，会发生对钠特征光的吸收。原子吸收光谱法就是基于水样蒸气中的基态原子，对光源发出的该种元素的特征波长的光的吸收程度大小进行定量的方法。

原子吸收光谱法具有如下特点：

（1）选择性好，准确度高　分析不同元素时选用不同元素灯作光源，因而干扰少，选择性好、准确度高，低含量分析中相对误差 $1\% \sim 3\%$。

（2）灵敏度高　用火焰原子吸收光谱法可测到 10^{-9} g/mL，用无火焰原子吸收光谱法可测到 10^{-13} g/mL。

（3）测定范围广　可测定 70 多种元素，即可作痕量组分分析，又可进行常量组分分析。

（4）操作简便、迅速。

（5）不足之处　每测定一种元素，必须更换该种元素光源灯，不利于同时进行多种元素的分析。目前，多元素光源灯的研究与应用已有很大进展。

原子吸收光谱法在水质分析中已得到广泛应用。

10.1.1　基本原理

当金属盐溶液雾化并引入原子化器中，由于高温解离，金属元素变成原子状态，并具有最稳定的电子排列，即处于基态。这些基态原子吸收火焰的热能或适当波长的辐射能，上升到高能态，即处于激发态。激发态原子又很快回到基态，并以光的形式放出能量。

$$基态原子 \underset{放出能量}{\overset{吸收能量}{\rightleftharpoons}} 第一激发态$$

各种元素的原子从基态到第一激发态所吸收的谱线称为共振吸收线；相反，由第一激发态回到基态所放出一定频率的谱线称为共振发射线。共振吸收线和共振发射线均称为共振线。应该指出，由于各种元素的原子结构和外层电子排布不同，则各种元素的共振线不同，并各有其特征性，因此这种共振线称为元素的特征谱线。其中发射光谱分析、火焰光度分析等发射法主要应用的是共振发射线；而原子吸收光谱法主要应用的是共振吸收线，因为它是从基态到第一激发态，最易发生，是元素最灵敏的吸收线，干扰也较少。

在原子吸收光谱分析中，所用的原子化器的温度一般在 2000～3000K。此时处于最低激发态的原子数与基态原子数相比，是很少的。因此可以认为基态原子数就等于总原子数。各种元素都有自己的特征谱线，因此从光源（空心阴极灯）发出的特征谱线的光就能被该元素的基态原子所吸收；而基态原子（气态原子）对入射光的吸收程度与分光光度法一样，符合朗伯—比耳定律。

$$A = KNL \tag{10.1}$$

式中　A——吸光度值；

　　　N——基态原子总数；

　　　L——原子蒸气的厚度；

　　　K——原子吸收系数。

由于蒸气中基态原子数目接近被测元素原子的总数，且与被测元素的浓度成正比，因此式（10.1）变为

$$A = kC \tag{10.2}$$

式中　C——被测元素的浓度；

　　　k——常数。

式（10.2）是原子吸收光谱法的定量依据。用原子吸收分光光度计测量，常用标准曲线法定量。

在相同分析条件下，K 和 k 只与待测元素性质有关，而且是一定值。同吸收光谱法一样，它们也可以表征方法的灵敏度：K 或 k 越大，灵敏度越高。

10.1.2　原子吸收分光光度计

原子吸收分光光度计由光源、原子化器、单色器和检测系统 4 部分组成（图10.1）。

（1）光源——空心阴极灯

光源通常采用空心阴极灯，又称元素灯，是一种辐射强度大、稳定性高的锐线光源。它的作用是发射被测元素的原子吸收所需的特征谱线，如图 10.2 所示。

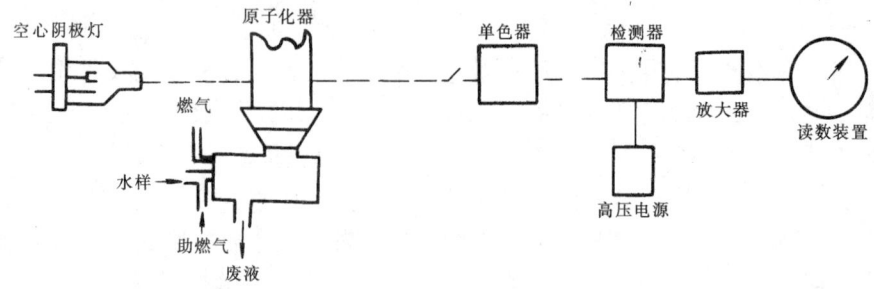

图 10.1   单光束原子吸收分光光度计示意图

它包括一个由被测元素纯金属或合金制成的圆柱形空心阴极和一个钨制阳极。两电极密封于带有石英窗（或玻璃窗）的玻璃管中，管内充有低压惰性气体。在空心阴极灯的两个电极间加上一定电压时，灯被点燃，电子从阴极高速射向阳极，在电子通路上与惰性气体原子碰撞，而使之电离成正离子。惰性气体正离子在电场的作用下，就向阴极内壁猛

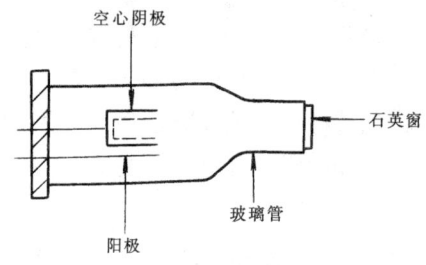

图 10.2   空心阴极灯

烈轰击，使阴极表面的金属原子溅射出来。溅射出的原子在阴极区受到高速电子及离子流的撞击，便激发出金属元素的特征谱线。为保证灯发射的稳定性，需要配上稳定电流的电源。

一般，每测定一个元素均需要更换相应的被测元素的空心阴极灯。例如，测水样中的 Fe^{2+}，需要铁空心阴极灯；测 Cu^{2+}，用铜空心阴极灯。当然，近年来，已有多元素空心阴极灯。

（2）原子化器

原子化器是原子吸收分光光度计的心脏部分。由于原子吸收光谱法是基于基态原子对共振线的吸收。因此，水样中被测元素的原子化是原子吸收分光光度法的技术关键之一。分析结果的准确度、精密度和灵敏度在很大程度上取决于样品原子化情况。原子化器的作用是使水样中被测组分的各种型体，在高温分解作用下，变成基态原子；基态原子吸收空心阴极灯发射出的特征谱线。因此，原子化器应使原子蒸气中基态原子的浓度尽可能高，不受浓度的影响，稳定、重现性好，背景和噪声小，装置简单易行。原子化器主要有火焰原子化器和无火焰原子化器。

1）火焰原子化器

火焰原子化器包括雾化器和燃烧器两部分。用于原子吸收光谱法的燃烧器分

为全消耗型和预混合型燃烧器两种类型。全消耗型燃烧器是将水样直接喷入火焰。预混合型燃烧器是用雾化器将水样雾化，在雾化室内除去较大的雾滴，使水样的雾滴均匀，然后再喷入火焰中，一般仪器多采用预混合型。

　　a. 雾化器　　其作用是将水样雾化。它是原子吸收分光光度计的重要部件，其性能对测定精密度和化学干扰等产生显著影响。因此，要求雾化器喷雾稳定、雾滴微小、均匀和雾化效率高。目前普遍采用的同心型雾化器如图 10.3 所示。

　　b. 燃烧器　　水样雾化后进入其中的预混合室（也叫雾化室），与燃气（如乙炔）在室内充分混合。其中较大的雾滴凝结在壁上，经预混合室下方废液管排出，而最细的雾滴则进入火焰中。预混合型燃烧器（图 10.4）的主要优点是产生的原子蒸气多，火焰稳定。缺点是雾化效率低（仅为 10%～30%），灵敏度不高。

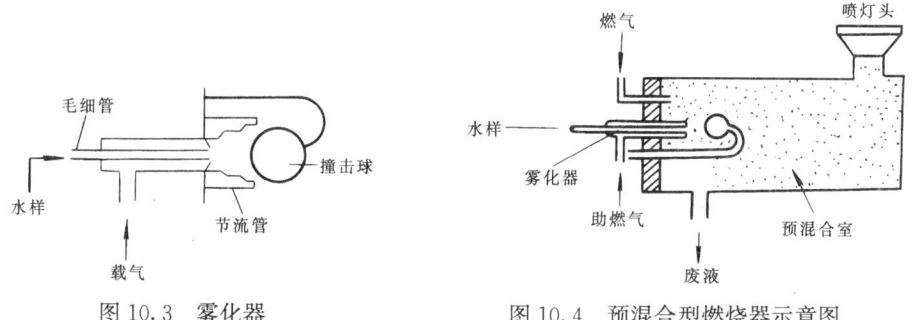

图 10.3　雾化器　　　　　图 10.4　预混合型燃烧器示意图

　　c. 火焰　　火焰的作用是在高温条件下，使水样中雾滴蒸发、干燥并经过热解离或还原作用，产生大量基态原子。但是不希望进一步电离成离子。因此，必须控制适宜火焰温度，针对不同的元素应选用不同的恰当的火焰。原子吸收光谱法常用的火焰有空气—乙炔火焰和氧化亚氮—乙炔火焰，火焰的温度分别是 2300℃ 和 2900℃。

　　2）无火焰原子化器

　　无火焰原子化器常用的有石墨（如石墨管、石墨坩埚、石墨棒等）和金属（如钽舟型）原子化器两类。在无火焰原子化技术中，"高温石墨炉"是目前发展最快、结构完善、使用最多的一种技术。高温石墨炉就是利用高温石墨管（用电加热方式使石墨炉升温），使样品完全蒸发，水样利用率几乎达到 100%，而且原子化效率高，可得到比火焰原子化器大 600 倍的原子蒸气浓度，停留时间长达 1s，灵敏度显著提高，其检出限可达 10^{-12}～10^{-14} g 比火焰法高 100～1000 倍。可直接测定极微量元素。水样量一般只需 5～100μL，还可进行黏度很大样品、悬浮液样和固体样品分析。

　　无火焰原子化器的缺点是测定精密度较差，相对标准偏差约为 4%～12%。

（3）单色器

原子吸收分光光度计中的分光系统的作用和组成元件，与其他分光光度法中分光系统基本相同，主要由色散元件（棱镜或光栅）、凹面镜和狭缝组成，可简称为单色器。不同的是原子吸收分光光度计的单色器在光源辐射被原子吸收之后。

原子吸收分光光度计中单色器的作用是将被测元素的吸收谱线与邻近谱线分开。由于该方法中光源（空心阴极灯）发射的是特征谱线，干扰较少，所以对单色器的要求不高。

（4）检测系统

检测系统主要由检测器（光电倍增管）、检波交流放大器、对数变换器、指示仪表（检流计、记录器、数字显示或数字打印等）组成。检测器的作用是把光信号转换成电信号。

目前，较先进的原子吸收分光光度计中还设有自动调零、自动校准、标尺扩展、自动取样、浓度直读和自动处理数据等装置。

10.1.3　原子吸收光谱法的灵敏度或检出限

原子吸收光谱法分析时优先考虑的是水样中被测元素的灵敏度或检出极限，灵敏度或检出限与第 8 章（8.1.5）的定义相同。为了提高分析方法的灵敏度，可选择最灵敏的吸收线，选用小的狭缝宽度，选用标尺扩展，采用较小的灯电流，选择最佳火焰类型和状态，选用无火焰原子化器等。也可采用有机溶剂萃取、共沉淀、离子交换等富集和分离方法。也可采用其他除干扰或抑制干扰等方法。

在进行分析方法试验时，还要对仪器条件等进行考察，同时还要确定分析方法的准确度和精密度。

10.1.4　定量分析方法

（1）标准曲线法

标准曲线法是常用的定量方法。在一定条件下，如果水样中被测组分浓度不高时，根据测得的吸光度值与被测元素的浓度成正比的原理，可由吸光度值在标准曲线上查出对应水样中被测元素的含量或浓度。

（2）标准加入法

如果水样中基体组成较复杂，对被测元素又有明显干扰，且被测元素在一定浓度范围内工作曲线呈线性关系时，可用标准加入法定量。

具体做法是：在若干份（至少 4 份）同样体积的水样中，分别加入不同量的标准溶液（其中一份不加标准溶液），稀释至一定体积，分别测出吸光度值。以加入标准溶液浓度为横坐标，对应的吸光度值为纵坐标，作图得一直线。该直线延长线在横坐标上的交点到原点距离，截距的绝对值就是水样中被测金属元素的浓度（图10.5）。

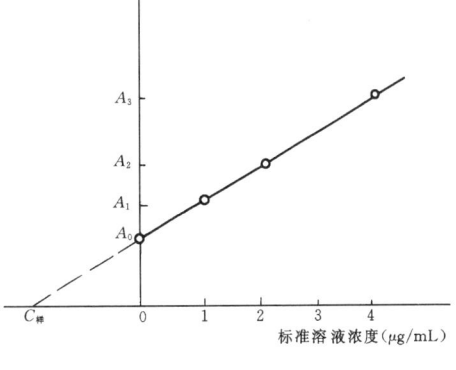

图 10.5　标准加入法

（3）浓度直读法

浓度直读法是在标准曲线的直线范围内，应用仪器的标尺扩展或数字直读装置进行测量的方法。首先将一系列标准溶液分别进样，将仪器指示值调到相应的浓度指示值；然后将水样喷入，在仪表上直读出水样中被测金属元素的浓度。

采用浓度直读法要求在完全相同的操作条件下，仪器的浓度指示值相对稳定，且整个测量范围内吸光度与浓度间有良好的直线关系。该方法由于省去了标准曲线绘制，所以分析速度较快。

10.1.5　原子吸收光谱法在水质分析中的应用举例

（1）水中镉、铜、铅和锌的测定

1）直接吸入火焰原子吸收分光光度法测定镉、铜、铅、锌。

a. 方法原理

将水样或消解处理好的水样直接吸入火焰，火焰中形成的原子蒸气对光源发出的特征光产生吸收，其吸光度值大小与被测元素含量成正比。用标准曲线法求出水样中被测元素的含量或浓度。

b. 仪器基本条件见表 10.1。

分析线波长和火焰类型		表 10.1

元　　素	分析线波长（nm）	火焰类型
镉	228.8	乙炔—空气　氧化型
铜	324.7	乙炔—空气　氧化型
铅	283.3	乙炔—空气　氧化型
锌	213.8	乙炔—空气　氧化型

c. 消解处理

准确取 100mL 水样，加 5mL HNO_3，加热（勿沸腾）消解至 10mL 左右，再加 5mL HNO$_3$ 和 2mL HClO$_4$ 继续消解至 1mL 左右。冷却后用蒸馏水溶解残渣，用酸洗过的中速滤纸过滤至 100mL 容量瓶中，用蒸馏水稀至刻度。以 0.2% HNO$_3$ 如此消解后为空白对照。按表 10.1 仪器条件操作，测定水样中镉、铜、铅和锌的吸光度值，由标准曲线查出或用浓度直读法测出对应的金属元素的含量或浓度。

d. 该方法适用于地下水、地表水和废水中的镉（0.05～1mg/L）、铜（0.05～5mg/L）、铅（0.2～10mg/L）和锌（0.05～1mg/L）的测定。

2）萃取火焰原子吸收分光光度法测定微量镉、铜和铅。

a. 方法原理

将水中被测金属离子与吡咯烷二硫代氨基甲酸铵（APDC）或 KI 络合后，用甲基异丁基甲酮（MIBK）萃取，萃取液吸入火焰进行测定。

b. 萃取处理

（*a*）APDC－MIBK 萃取法　取 100mL 水样或已消解水样，同时取 100mL 0.2% HNO$_3$ 作空白。调 pH=3.0，在 200mL 容量瓶中加 2mL 2% APDC，摇匀，加 10.0mL MIBK，剧烈萃取 1min。静置分层后，沿容量瓶壁小心加入水使有机相升至瓶颈。

（*b*）KI－MIBK 萃取法　取 50mL 水样或已消解水样，加入 10mL 1mol/L KI、5mL 5% 抗坏血酸溶液，摇匀。加 10.0mL MIBK，振摇 2min，静置分层，弃水相。将有机相转入 10mL 具塞试管中。

（*c*）测定　按表 10.1 条件，将仪器调零后，测定吸光度值，由标准曲线查出或浓度直读法测出水中的微量镉、铜和铅的含量或浓度。

（*d*）该方法适用于地下水、清洁地表水和经消解的生活污水、工业废水、受污染的地表水中微量镉、铜（1～50μg/L）和铅（10～200μg/L）的测定。

3）石墨炉原子吸收分光光度法测定痕量镉、铜和铅。

a. 方法原理

将水样注入石墨管，在高温石墨炉中，样品完全蒸发解离形成的原子蒸气，对以镉、铜和铅空心阴极灯为光源产生的特征谱线（分别为 228.9nm、324.7nm 和 283.3nm）产生吸收。根据测得的吸光度值在标准曲线上查出被测金属元素的含量或浓度。

b. 加基体改良剂除干扰

石墨炉原子吸收分光光度法的基体效应比较显著和复杂。其中一类基体效应是水样中基体参加原子化过程中的气相反应，使被测元素的原子对特征谱线的吸收增强或减弱，产生正干扰或负干扰。例如，NaCl 对镉、铜、铅的测定，Na$_2$SO$_4$ 对铅的测定均产生负干扰。如前所述，可在一定条件下，采用标准加入法消除这类干扰。另外，可加入基体改良剂，例如测镉时，20μL 水样中加入 10μL 5%

Na_3PO_4 溶液；测铜时，$20\mu L$ 水样中加入 $10\mu L$ 40% NH_4NO_3 溶液；测铅时，$20\mu L$ 水样中加入 $10\mu L$ 15% 钼酸铵溶液，可基本上抑制基体干扰。另一类基体效应是水样中基体蒸发，在短波长范围出现分子吸收或光散射，产生宽频带吸收，称为背景吸收。这类干扰只能通过连续光源背景校正法等加以校正或通过稀释水样降低基体浓度来消除或减少干扰。

$c.$ 仪器条件见表 10.2。

仪器工作参数　　　　　　　　　　　　　表 10.2

	镉	铜	铅
空心阴极灯（nm）	228.8	324.7	283.3
干燥（℃/s）	110/30	110/30	110/30
灰化（℃/s）	350/30	900/30	500/30
原子化（℃/s）	1900/8	2500/8	2200/8
清洗气体	氩	氩	氩
进样量（μL）	20	20	20

$d.$ 测定

取水样或消解后水样 $20\mu L$ 注入石墨炉，以 0.2% HNO_3 为空白对照，按表 10.2 参数测定吸光度，由标准曲线查出被测金属的浓度。

也可采用标准加入法测定，取 3 份水样，加入标准溶液（第一份不加），使其加入标准溶液后的浓度分别为：镉依次为 0.0、0.5、$1.0\mu g/L$，铜和铅依次为 0.0、5.0、$10.0\mu g/L$。以 0.2% HNO_3 为空白对照，用各溶液的吸光度（扣除空白）与对应的加入标准溶液浓度作图，将直线延长，与横坐标的交点即为水样中被测元素的浓度。

$e.$ 该方法适用于清洁地表水和地下水中微量镉（$0.1\sim2\mu g/L$）、铜和铅（$1\sim50\mu g/L$）的测定。

（2）水中铁和锰的测定

1）方法原理

铁、锰化合物在乙炔—空气火焰中易解离成基态原子，以铁、锰空心阴极灯为光源，分别于 248.3nm 和 279.5nm 处测定吸光度值，由标准曲线查出或浓度直读法测出对应水样中的铁和锰的浓度。

2）仪器条件见表 10.3。

测定铁、锰的仪器条件　　　　　　　　　表 10.3

条　件	Fe	Mn
空心阴极灯（nm）	248.3	279.5
灯电流（mA）	12.5	7.5

条　件	Fe	Mn
光谱通带（nm）	0.2	0.2
观测高度（mm）	7.5	7.5
火焰种类	空气—乙炔 氧化型	空气—乙炔 氧化型

3）消解处理

如清洁水样，可直接吸入进行测定。如测定总量或含有机物较高水样，须进行消解处理。取 100mL 水样加 5mL HNO₃（1∶1），近沸状态下蒸发至干，冷却重复操作一次。用 3mL（1∶1）HCl 溶液溶解残渣。过滤于 50mL 容量瓶中，以 1‰ HCl 定容至刻度。

4）测定

以 1‰ HCl 将仪器调零后，按表 10.3 仪器条件，测定水样的吸光度（扣除空白），在标准曲线上查出水样中对应的铁、锰浓度。

5）该方法适用于地表水、地下水以及废水中铁、锰的测定。

10.2　原子发射光谱法

原子发射光谱（Atomic Emission Spectrometry，AES）是基于元素的原子或离子在外界能量的作用下，获得能量而使其外层电子从低能级的基态跃迁到较高能级的激发态，激发态的原子很不稳定，很快又回到基态，在回到基态的过程中以光的形式释放能量。原子发射光谱法就是基于原子由激发态回到基态过程中发射出的光的性质对物质进行定性、定量分析的方法。原子发射光谱（AES）的成功在于其具有广谱性和多元素分析的能力，即能在一个很宽的浓度范围作定性和定量分析。至今，它已成为无机元素分析的最有力的手段之一。

10.2.1　原子发射光谱的基本原理

化合物的基态原子在外界能量（光、电、热等）的作用下，外层电子获得能量，由低能级 E_1 跃迁到高能级 E_2，使原子处于激发态，原子所吸收的能量 $\Delta E = E_2 - E_1$，称为激发能或激发电位。激发态的原子是不稳定的，约经过 10^{-8} s 后，由高能级自发跃迁回低能级，并以光的形式释放多余的能量。由于原子中两个能级间的能量差（ΔE）是量子化的，因此，原子由激发态回到基态时，所释放的光具有确定数值的波长或频率，其波长 λ 为

$$\lambda = \frac{ch}{\Delta E} \tag{10.3}$$

式中　c——光在真空中的速度（3×10^{-8} m/s）；

　　　h——普朗克常数（6.6262×10^{-34} J·s）。

上式表明，发射谱线的波长（λ）与激发态中的电子能级和较低能态或基态中的电子能级之间的能量差（ΔE）成反比，所以发射光谱的波长直接与激发态电子回复到的能级有关，因而每一条光谱线就代表原子中电子在一定能级跃迁时所释放的光能。

由于每一原子中的电子能级很多，原子被激发后有多种跃迁情况发生，产生几种不同波长的光，在光谱中形成几条谱线。一种元素可以产生不同波长的谱线，它们组成该元素的原子光谱，由于不同元素的电子结构不同，因而其原子光谱也不同，具有明显的特征性。

原子发射光谱定性分析的基础是各种元素具有特征谱线。定量分析的基础是光谱线的强度与元素的浓度的关系符合罗马金和赛伯所提出的经验公式，即

$$I = AC^b \tag{10.4a}$$

式中　I——谱线强度；

　　　A——发射系数；

　　　C——元素含量；

　　　b——自吸收系数。

发射系数 A 与试样的蒸发、激发和发射的整个过程有关，与光源类型、工作条件、试样组分、元素化合物的形态以及谱线的自吸收现象有关，由激发能和元素在光源中的浓度等因素决定。元素含量很低时谱线自吸收很小，$b=1$；元素含量较高时谱线自吸收较大，$b<1$；只有当 $b=1$ 时，$I=AC^b$ 是一条直线，若对 $I=AC^b$ 取对数，则线性关系如下：

$$\lg I = \lg A + b\lg C \tag{10.4b}$$

式（10.4a）是 AES 定量分析的基本关系式。

10.2.2　原子发射光谱仪的基本结构

原子发射光谱仪的种类很多，但基本的结构单元是相同的，原子发射光谱一般由 3 部分组成，即激发光源、分光系统和检测系统组成（图 10.6）。激发光源使被分析物质变成气态，并激发气态的被测物质使其发光，通过光栅或狭缝等分光系统将被测物质发射的复合光色散成单色光，然后，通过摄谱仪或光量计等检测系统将单色的线状的光谱记录下来，形成发射光谱图。

（1）激发光源

激发光源是提供试样蒸发和激发所需要能量的装置。发射光谱要求光源能提

供足够的能量，稳定性和重现性好。供原子发射光谱分析的激发光源有：火焰、电弧、火花、激光、空心阴极放电管和等离子 ICP 等。

1) 火焰　火焰是光谱分析最早使用的光源。当气体燃烧时，由于碳氢化合物与氧反应产生大量的热能，使火焰中的氧、氮、水蒸气、二氧化碳等分子高速运动，通过与被分析试样的原子相互碰撞把能量传递给被测物质的原子，被测物质的原子从而被激发发光。常用的火焰是空气—乙炔火焰，温度在 2500℃左右，常用于碱金属和碱土金属的测定。

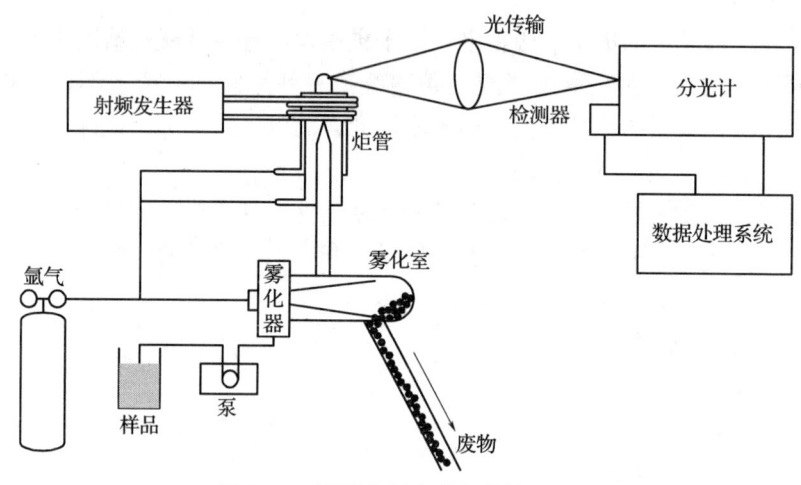

图 10.6　原子发射光谱仪结构示意图

2) 电弧　电弧有直流电弧和交流电弧，直流电弧的温度可达 4000～7000K，能激发 70 多种元素，这种激发源的特点是温度高，蒸发能力强，分析绝对灵敏度高，背景值相对小，结构简单。其不足之处是稳定性差，激发能力低，不能分析低熔点金属元素；交流电弧有高压交流电弧和低压交流电弧，高压交流电弧电压在 2000～4000V 之间，由于高压比较危险，所以很少使用。低压电弧一般工作电压为 110～220V，是较常用的电弧激发源。

3) 火花　凡是用高压交流电加在两电极上，在弧隙间击穿出火花，即为火花光源，火花光源分为低压火花光源和高压火花光源，低压火花光源是指低于 1000V 的交流电火花放电，高压火花光源一般是高于 10000V 的交流电火花放电。

4) 空心阴极灯　空心阴极灯是利用低压放电的辉光区作为光源，空心阴极灯由阴极和阳极封装在玻璃管中，阴极常用材料为石墨、铜或铝等，阳极为钨棒。玻璃管的一端是石英窗，光线由石英窗射出。其特点是灵敏度高，稳定性好，是发射光谱分析中很有发展前途的光源。

5) 电感耦合等离子体（Inductively Coupled Plasma，ICP）　光源 ICP 炬是继火花、电弧之后又一种新的激发光源，它是个火焰形状的放电体，常规工作方式为溶液样品雾化后，送入 ICP 炬中激发。ICP 光谱分析的实验过程如图 10.6 所示。按等离子体产生的机理不同分为两类，即直流等离子喷焰和高频等离子炬。直流等离子喷焰是用惰性气体压缩的大电流直流电弧放电，一般可获得 5000～12000K 的温度；高频等离子炬简称为 ICP 光源，按耦合机理不同分为电容耦合高频等离子炬和电感耦合高频等离子炬，以后者应用最多，电感耦合等离子炬由高频发生器、炬管和进样系统组成，激发温度可达 6000～7000K。等离子体光源的特点是工作温度高，可以激发难激发的元素，等离子体光源稳定性好，检测灵敏度高，最低检出限低，分析结果再现性好，共存元素的干扰小。

虽然各种元素的原子化特性不同，分析线的激发性能也各不相同，各种元素的最佳工作参数以及在炬焰中的最佳观测位置并不相同，但商品仪器总是设定在折中工作条件下做多元素测定。

ICP 光源典型的工作参数见表 10.4。

ICP－AES 多元素分析折中工作参数 表 10.4

工 作 参 数	无机物水溶液	含有机物的无机物溶液	有 机 溶 剂
功率（kW）	1.0～1.15	1.0～1.3	1.7
冷却气（L/min）	14～16	14～16	18～20
辅气（L/min）	0.2	0.7～1.0	0.9～1.2
载气（L/min）	0.6～1.0	0.5～0.9	0.5～0.8
观测高度（mm）	15	15	15
进样速率（mL/min）	1.4～1.8	1.4～1.8	0.8～1.4

ICP 光源迅速成为无机元素分析最重要、使用最广泛的分析方法，是由于它具有一系列优良的分析性能。

ICP—AES 是一个多元素分析方法，最适用于水样的分析。采用多道光谱仪或全谱光谱仪时，实现多元素同时测定。采用单道扫描光谱仪时，实现多元素顺序测定。

原则上可分析全部金属元素和部分非金属元素，包括 B、Si、P、As、S、Se、Te 等 70 多种元素。

多数元素的检出限一般在 $10^{-5}～10^{-1} \mu g/mL$ 范围。除了个别几个元素比石墨炉原子吸收光谱分析略逊色外，多数元素与原子吸收光谱分析相当或更好。而 ICP—AES 是可以在折中条件下同时测定获得的，比原子吸收光谱分析法一个元素一个元素分别测定方便得多。

（2）分光系统

常用的分光元件是棱镜和光栅，棱镜摄谱仪用棱镜作为分光元件，根据棱镜色散能力的不同分为大、中、小型摄谱仪，常用的是中型石英棱镜摄谱仪；光栅摄谱仪用衍射光栅作为色散元件，利用光的衍射现象进行分光。在发射光谱分析中，大多数采用平面光栅摄谱仪。

（3）检测系统

试样在激发光源中被激发而产生的光辐射，经单色器按波长顺序分光后，再用适当的设备接收下来，才能完成光谱的分析测定，接收光谱的装置常用摄谱仪和光电直读光谱仪。

1）摄谱仪是应用较早的接收光谱的方法，按照分光原理不同，摄谱仪分为棱镜摄谱仪和光栅摄谱仪。

棱镜摄谱仪结构较简单，制作容易，聚光性好，光强损耗少，是 20 世纪 60 年代开发的产品。光栅摄谱仪所利用的光谱范围宽，从几十埃到数百微米，包括了从真空紫外到远红外的波谱带段，而棱镜需要在不同的波段选用不同的材料，所以光栅摄谱仪适合分析结构复杂的化合物，尤其是同位素的分析和精细结构的分析，而且，光栅的色散率大，在整个波段内光栅的色散是均匀的，光栅的分辨率高，干扰少，成本低，效率高，具有良好的应用前景。

2）光电直读光谱仪　光电直读光谱仪又称为光量计，多道直读光谱仪和单道扫描光谱仪采用光电倍增管作为检测器。当样品被激发产生激发复合光后，经过分光器分光后聚焦形成光谱，在焦面上放置若干出射狭缝，将待测元素的特定波长引出，投射到光电倍增管上，进行检测。

近 10 年来，全谱直读光谱仪是发射光谱仪取得的重要进展。它采用图像检测器，又称多道型检测器（包括光电二极管阵列（PDA）、电荷耦合器件（CCD）和电荷注入器件（CID）3 种），是 20 世纪 80～90 年代逐渐实现商品化的一类新型检测器。可检测从 165～800nm 波长范围内出现的全部谱线，结构紧凑、灵活，谱线多，扫描速度快，且具有较好的波长稳定性。

光电直读光谱仪目前广泛应用于水中多种金属元素的分析。

10.2.3　原子发射光谱的定性和定量分析

（1）定性分析

用原子发射光谱做定性分析，通常是用标准铁光谱图作为参比谱图，标准铁谱图上标有每种元素几条最灵敏线的位置，将未知元素的谱图与已标明较强铁谱线的标准铁谱图相比较，若确定有某一种元素的 3 条或 4 条持久线则可以断定样品中含有该种元素。原子发射光谱可以对 70 多种元素做定性鉴定。

（2）定量分析

原子发射光谱常用的定量分析方法有内标法和标准加入法。

1）内标法

发射光谱分析受多种参数的影响，如激发过程参数、摄谱过程参数等，为抵消这些参数的影响，通常采用内标法。在原子发射光谱中，广泛地应用内标法作相对定量分析。内标法是在待测水样中加入固定量的已知浓度内标元素作为标准的相对浓度测量法。

a. 内标法原理

设待测元素和内标元素含量分别为 C 和 C_0，分析线（待测元素光谱的一条谱线）和内标线（定量加入的内标元素光谱中的一条谱线）的强度分别是 I 和 I_0，自吸收系数分别是 b 和 b_0，按式（10.4*a*）求得相对强度 R 为：

$$R = \frac{I}{I_0} = \frac{A_1 C^b}{A_0 C_0^b} = AC^b \tag{10.5a}$$

式中　$A = A_1/(A_0 \cdot C_0^b)$，在内标元素含量 C_0 和实验条件一定时，A 为定值。对式（10.5*a*）取对数得

$$\lg R = \lg \frac{I}{I_0} = b \lg C + \lg A \tag{10.5b}$$

式（10.5*a*）和式（10.5*b*）为内标法光谱定量的基本关系式。

b. 定量方法——标准曲线法

在确定的分析条件下，用 3 个以上的含有不同浓度被测元素的标准水样和待测水样在相同条件下激发光谱，以 R 对 C 或 $\lg R$ 对 $\lg C$ 绘制标准曲线，然后求得待测元素含量。

还可以用光电直读法，在 ICP 光电直读光谱仪上，可自动进行内标法测定。

2）标准加入法

当测定低含量元素时，找不到合适的基体来得到标准水样，采用标准加入法较好。标准加入法是在几份相同的水样中加入不同浓度的待测元素的标样，在同一条件下激发、测量。待测元素浓度很低时，自吸收系数 $b = 1$，此时，相对强度 $R \propto C$，R—C 图为一直线（图 10.5）。不同的是图 10.5 中的纵坐标 A 换成相对强度 R，而横坐标仍为所加入标准样品的浓度，将直线外推，与横坐标相交，截距的绝对值即为水样中待测元素的含量 $C_样$。

标准加入法可消除共存元素的干扰。

10.2.4　原子发射光谱法在水分析中的应用

原子发射光谱法可用于水中金属元素的分析，如可以测定水中钾、钠、钙、镁、铜、铁、镍、钴、锂、锶、砷、磷等元素。

（1）仪器条件

美国热电公司 TRACE－SCAN 型高频电感耦合等离子发射光谱仪（配有蠕动泵、玻璃同心雾化器、旋流雾化室）。各元素分析谱线见表 10.5。

各元素分析谱线 表 10.5

元素	分析谱线（nm）	元素	分析谱线（nm）	元素	分析谱线（nm）
Fe	238.2	Cu	324.7	Al	396.1
Zn	213.8	Pb	220.3	As	189.0
Mn	257.6	Ag	328.0	Na	589.5
K	766.4	Cd	228.8	Se	196.0

（2）水样制备

12 种元素均为 1g/L 的标准储备液，使用前以 1‰的 HNO_3 为介质，逐级稀释为各元素均为 2mg/L 的混合工作液。

（3）测定方法

选择射频功率为 950～1150W 两挡，雾化气压为 30PSi（1PSi 为 1 磅/英寸²，等于 6.895Pa），进样量 1.5mL/min，积分时间 10s，冲洗时间 20s，观测高度 15mm，直接进样。

（4）方法的检出限

取 11 次平行测定空白溶液的结果，得出各元素检出限，将元素的检出限与国家标准比较，来评价等离子发射光谱仪的检测效果，比较结果见表 10.6。除 As 和 Se 外，均可满足饮用水中金属离子的测定要求，As 和 Se 的测定可选择原子荧光法。

各元素检出限 表 10.6

元素	Fe	Zn	Mn	Cu	Pb	Ag	Cd	Al	As	Se
方法检出限（μg/L）	1	2	1	5	10	3	2	12	11	14

思 考 题

1. 解释名词。

（1）原子吸收

（2）原子发射

（3）空心阴极灯

（4）原子化器

（5）等离子体光源

（6）激发光源

2. 简述发射吸收光谱法定量水中金属元素的基本原理。

3. 原子发射光谱定性和定量分析的依据是什么？

4. 简述原子发射光谱仪的基本组成。

习　　题

1. 用原子发射光谱法测定水中铜，分析线 324.7nm，内标物为铁，分析线为 238.2nm，用标准加入法，分析结果列于表 10.7 中，计算水样中铜的质量浓度（用 mg/L 表示）。

标准加入法测定的相对强度 R（原子发射光谱法）　　　表 10.7

加入 Cu 的质量浓度（$\mu g/mL$）	R 值	加入 Cu 的质量浓度（$\mu g/mL$）	R 值
0	0.28	6.0	0.78
2.0	0.44	8.0	0.90
4.0	0.60		

2. 准确吸取含钙的质量浓度为 0.1mg/mL 的标准溶液 0～5.0mL，分别放入 50mL 容量瓶中，用蒸馏水定容至 50mL。取天然水样 5.0mL 放入 50mL 容量瓶中，同样用蒸馏水定容至 50mL，用原子吸收光谱法测定结果列于表 10.8 中，计算天然水中钙的质量浓度（mg/L 表示）。

钙标准溶液对应的吸光度值 A（原子吸收光谱法）　　　表 10.8

标准溶液（mL）	吸光度值 A	标准溶液（mL）	吸光度值 A
1.00	0.23	4.00	0.90
2.00	0.45	5.00	1.12
3.00	0.68	天然水样	0.49

习 题 答 案（部分）

第 2 章

1. (2.0, 20)

2. (0.33%, 1.0%；3.0, 1.0)

3. (0.004903, 0.0055847, 0.0071846, 0.007985)

4. (1.37%, 1.73%)

5. (0.1000)

6. (0.0005, 0.5)

第 3 章

2. (3.2×10^{-6})

3. (7.2～9.2)

4. (能；能；能；HCl 能被滴定，而 H_3BO_3 不能被滴定)

5. ($H_2C_2O_4$ 可按一元酸一次被滴定；NH_2NH_2 只有第一级碱式解离可被滴定)

6. (OH^-：350.5, 625.6, 12.5, 212.5)

7. (CO_3^{2-}：780.0, HCO_3^-：427.0)

8. (CO_3^{2-}：440.0)

9. (HCO_3^-：411.8)

10. (OH^-：428.4, CO_3^{2-}：7044)

11. (K_2CO_3：87.95%, Na_2CO_3：12.05%)

12. (10.00, 40.00, OH^-)

13. (7.92)

14. (49.5)

第 4 章

1. $(2.5 \times 10^{-5}\%, 98.04\%)$

2. (7.6, 9.65, 4.0)

3. $(5.3 \times 10^{-6} \text{mol/L}, 5.27)$

4. (0.0106mol/L, 4.248×10^{-4}g/mL, 5.944×10^{-4}g/mL, 1.061×10^{-3}g/mL)

5. (2.50, 250.25)

6. (1.66%)

7. (2.42, 52.70, 26.85)

8. (15.22%)

9. (能)

第 5 章

1. $(6.5 \times 10^{-5} \text{mol/L}, 1.33 \times 10^{-5} \text{mol/L})$

2. (能，不能)

3. (Pb^{2+} 先生成 PbCrO$_4$ 沉淀，分离不完全）

4. (7.10～1.60)

5. (I$^-$ 先生成 AgI 沉淀，2.17×10^6 倍）

6. (382.89)

7. (能，1.68mol/L)

第 6 章

1. （〔H$^+$〕＝1mol/L 时，$\varphi_{AsO_4^{3-}/AsO_3^{3-}} > \varphi_{I_2/I^-}$，反应向右进行；

   pH＝8.0 时，$\varphi_{AsO_4^{3-}/AsO_3^{3-}} < \varphi_{I_2/I^-}$，反应向左进行。）

2. (0.1061mol/L)

3. (0.051，0.1274)

4. (1.72)

5. (400.0)

6. (4.29)

7. (553.6)

8. (266.13)

9. (73.17%)

10. (8.01)

11. (21.64)

第 7 章

1. (6.9)

2. (1.9×10^{-3})

3. (1.88×10^{-3})

4. (0.1135，276.5mV)

5. (1.2×10^{-4})

第 8 章

1. (0.06)

2. [1.1×10^{4}L/（mol・cm)]

3. (131.58g/mol)

4. (100.07g/mol)

5. (33.5)

6. (1.09)

7. (0.76，0.31，1.07)

8. (1.572)

10. (9.15×10^{-4}，2.86×10^{-4})

第 9 章

2. (1.06，1.00，1.01，0.89)

2. (18.5%, 20.6%, 60.9%)

第 10 章

1. (3.59mg/L)

2. (4.33mg/L)

第11章 课堂实验

水分析化学实验的主要任务是通过课堂实践，进一步加深对水质分析方法和原理的理解，掌握水分析化学的基本操作和技能，以及分析结果的处理方法，为解决给水排水工程、环境科学和环境工程水质分析中的实际问题打下基础。通过实验室的严格训练，进一步建立准确"量"的概念，培养良好的工作态度和严谨细致、实事求是的科学作风。

实验 1 分析天平的称量练习

分析天平是定量分析中最重要而又最常用的精密仪器之一。常用的分析天平有普通的阻尼天平、电光天平、单盘分析天平、电子天平等，一般可称准至 0.1mg，最大载重为 200g。电子天平是技术上最先进的一种，具有准确、简便、快捷的特点，已在各类实验室中广泛应用。

一、实验目的

掌握电子天平的结构、使用规则和称量方法。

二、电子天平的使用方法

1. 开机：接通电源（接通插头或打开开关），预热。

2. 调零：检查天平的水平仪，如不水平，应通过调节天平左、右两个水平支脚而使其达到水平状态。按一下"开/关"键，显示屏应很快出现"0.0000g"，如果示数不是"0.0000g"，应参照天平说明书一次校准。

3. 称量：轻轻打开电子天平侧门，将置于称量纸或称量容器中的被称物，轻轻放在秤盘上，关闭侧门，待显示屏上的数字稳定并出现质量单位"g"后，即可读数，并记录称量结果。注意：称量物体不得超过天平的最大载重量，也不得在天平上称量过热、过冷或散发腐蚀性气体的物质。取放称量容器时用纸条夹取，不得徒手操作，要始终保持称量容器内外清洁，以免污染秤盘。

4. 关机：称量完毕后，检查天平内外清洁，关好天平门，按"开/关"关闭天平（不需拔掉插头，以便下次使用），盖好天平罩。

5. 维护：天平室应避免阳光照射，保持干燥，防止腐蚀性气体的侵袭。天平应放在牢固的平台上校准后，应避免振动和移动，否则需重新校准。天平箱内应保持清洁，要放置并定期烘干吸湿用的干燥剂（变色硅胶），以保持干燥。

三、实验内容

直接准确称取 Na_2CO_3 质量（准确至 0.0001g）。

（一）直接法（增重法）

不易吸水、在空气中稳定的试样，如金属等，可用直接法称量。

按电子天平使用方法进行操作。测量时先将表面皿、烧杯、称量瓶或其他容器放在称量盘上，然后按"去皮"或"TARE"键，待示数稳定后，用药匙渐次加入试样，直到达到所需质量为止。准确称量已备好的 3 个质量的试样，记录试样质量 $W_样$ 于表 11.1。

试样的称量结果   表 11.1

名称	结果（g）
试样质量	$W_{样1}$ $W_{样2}$ $W_{样3}$

（二）差减法（或减量法）

易于吸水、易于氧化或易与 CO_2 反应的试样，必须采用差减法。

1. 用分析天平称出两个洁净干燥的小烧杯，准至 0.1mg。记录 $W_{空1}$ 和 $W_{空2}$。

2. 另取一清洁干燥的称量瓶，称出粗重后，加入约 1g Na_2CO_3，再在分析天平上精确称量，记录 W_1；从其中移取约 $0.3\sim0.4g$（1/3 左右）于第一个小烧杯中后，精确称量剩余质量，记录 W_2；从中再移取约 $0.3\sim0.4g$ 于第二个小烧杯中，精确称量剩余质量，记录 W_3。

3. 再分别称量已装有 Na_2CO_3 样品的小烧杯的质量，记录 $W_{样_1}$ 和 $W_{样_2}$。

4. 结果的检验

（1）检查小烧杯的增重是否等于称量瓶之减重，即

$$W_{样_1} - W_{空_1} \overset{?}{=} W_1 - W_2$$

$$W_{样_2} - W_{空_2} \overset{?}{=} W_2 - W_3$$

若不相等，求出称量的偏差。

（2）写出实验报告（表 11.2）

Na_2CO_3 称量结果   表 11.2

名　　称	第 1 份质量（g）	第 2 份质量（g）
称量瓶＋Na_2CO_3	$W_1 =$	$W_2 =$
称出 Na_2CO_3	$\dfrac{W_2}{S_1} =$	$\dfrac{W_3}{S_2} =$

续表

名　　称	第 1 份质量（g）	第 2 份质量（g）
小烧杯＋称出 Na_2CO_3 小烧杯空重 称出 Na_2CO_3	$W_{样_1}=$ $W_{空_1}=$ $S_1'=$	$W_{样_2}=$ $W_{空_2}=$ $S_2'=$
偏差（mg）	$S_1-S_1'=$	$S_2-S_2'=$

思　考　题

1. 差减法和直接法两种称量法有何不同？在什么情况下选用何种称量方法？
2. 称量时，能否徒手拿取小烧杯或称量瓶？为什么？

实验 2　滴定分析基本操作

滴定分析基本操作是水质分析中重要的实验技术，也是培养学生具有良好分析技能的最基本训练。滴定管、移液管、吸量管与容量瓶（图 11.1～图 11.3）分别是滴定分析时准确量度溶液体积和准确吸取与配制一定体积溶液的量器，是滴定分析中最基本的容量分析仪器。

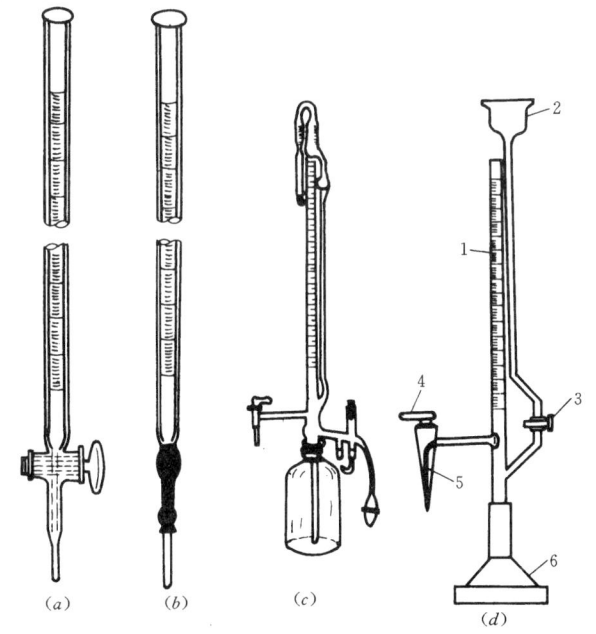

图 11.1　滴定管

（a）酸式滴定管；（b）碱式滴定管；

（c）自动滴定管；（d）微量滴定管

1—微量滴定管；2—贮液管；3—装液用活塞；

4—滴定用活塞；5—毛细管；6—底座

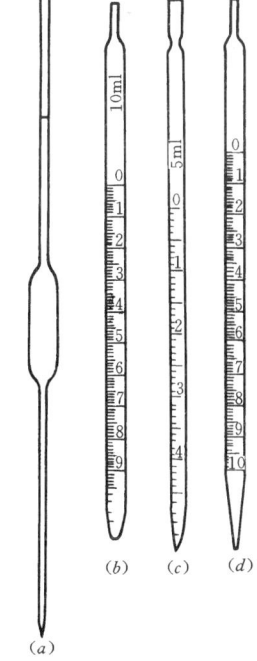

图 11.2　移液管和吸量管

（a）移液管；

（b）、（c）、（d）吸量管

一、实验目的

通过 HCl 和 NaOH 溶液的配制和标定，掌握容量分析仪器的用法和滴定操作技术，并学会滴定终点的判断。

二、主要容量分析仪器和试剂

滴定管　25mL 或 50mL　1 支

移液管　25mL　1 支

吸量管　1mL　5mL　10mL 各1支

容量瓶　250mL　2 个

浓 盐 酸 HCl（相 对 密 度 1.183，37%，分析纯 AR）

无水碳酸钠 Na_2CO_3　固体 NaOH

指 示 剂　0.1% 酚 酞 乙 醇 溶 液，0.1%甲基橙水溶液

无 CO_2 蒸馏水（实验 4）

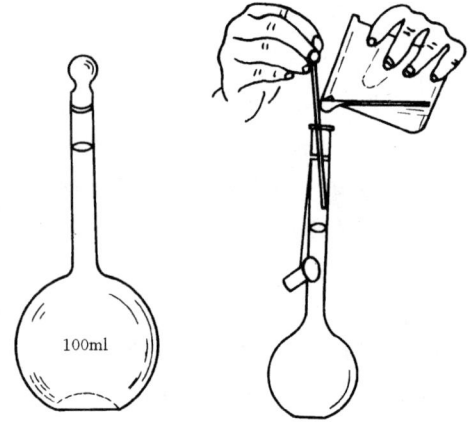

图 11.3　容量瓶及转移溶液操作

三、实验步骤

1. 无水碳酸钠 Na_2CO_3 的称量

首先将 Na_2CO_3 在干燥箱中 180℃ 下烘 2h，干燥器中冷却至室温。用差减法准确称取约 1g 三份（记录 W_1、W_2、W_3 准确质量，精确到 0.0001g），分别放入 250mL 锥形瓶中，待用。

2. HCl 操作溶液配制与标定——HCl 标准储备溶液的配制

（1）配制约 1mol/L HCl 溶液：计算配制 50mL 1mol/L HCl 溶液需要浓 HCl 的量 $V_{HCl液}$（mL），然后用吸量管吸取 $V_{HCl液}$（mL）放入 250mL 容量瓶中，用蒸馏水稀释至刻度，摇匀，贴上标签，待标定。

（2）标定：向上述 3 份盛 Na_2CO_3 的 250mL 锥形瓶中，分别加入 20mL 无 CO_2 蒸馏水溶解后，加 1~2 滴甲基橙指示剂，用 HCl 操作溶液滴定至溶液由橙黄色变为淡橙红色为终点。记录消耗 HCl 溶液的量（V_{HCl} mL），根据 Na_2CO_3 基准物质的质量，计算 HCl 溶液的量浓度（mol/L）。

$$C_{HCl} = \frac{W/53}{V_{HCl}} \times 1000$$

式中　C_{HCl}——HCl 标准储备溶液的物质的量浓度（mol/L）；

　　　V_{HCl}——滴定时消耗 HCl 操作溶液的量（mL）；

　　　W——基准物质 Na_2CO_3 的质量（g），共 3 份 W_1、W_2、W_3；

53——基准物质 Na_2CO_3 的摩尔质量（$1/2Na_2CO_3$，g/mol）。

3. 0.1000mol/L HCl 溶液的配制

根据上述所得 HCl 标准储备溶液的量浓度，计算配制 250mL 0.1000mol/L HCl 溶液所需的量 $V_{HCl储备}$（mL），用吸量管准确吸取 $V_{HCl储备}$（mL）放入 250mL 容量瓶中，用无 CO_2 蒸馏水稀释至刻度。

4. NaOH 操作溶液的配制与标定——NaOH 标准溶液配制

（1）配制约 0.1mol/L NaOH 溶液

在台式小天平上称取配制 250mL 0.1mol/L NaOH 溶液所需固体 NaOH 的质量（g），放入干净的小烧杯中，加少许蒸馏水，用玻璃棒搅拌，溶解后稀释至 250mL，摇匀，倒入试剂瓶中，贴上标签。

（2）标定

将上面 NaOH 溶液加入滴定管中，调节零点。用移液管吸取 25.00mL 0.1000mol/L HCl 溶液共 3 份，分别放入锥形瓶中，加 1～2 滴酚酞指示剂，用滴定管将 NaOH 溶液滴定至溶液由无色变为淡粉红色，指示滴定终点。记录 NaOH 溶液用量（mL）见表 11.3。根据 NaOH 溶液用量计算 NaOH 溶液的量浓度（mol/L）。

HCl 溶液和 NaOH 溶液标定结果记录　　　　　　　　表 11.3

HCl 溶液标定				NaOH 溶液标定			
Na_2CO_3 质量（g）				0.1000mol/L HCl（mL）			
HCl 溶液滴定终点读数（mL）				NaOH 溶液滴定终点读数（mL）			
初始读数（mL）				初始读数（mL）			
HCl 溶液用量（mL）				NaOH 溶液用量（mL）			
HCl 标准溶液的量浓度（mol/L）				NaOH 标准溶液的量浓度（mol/L）			
平均量浓度（mol/L）				平均量浓度（mol/L）			
绝对偏差				绝对偏差			
平均偏差				平均偏差			
相对平均偏差				相对平均偏差			

四、容量仪器的洗涤

容量仪器在使用之前必须洗净。洗净的量器，它的内壁应能被水均匀润湿而无小水珠。

实验室常用的烧杯、锥形瓶、量筒、量杯等一般的玻璃器皿，可用毛刷蘸去污粉、合成洗涤剂或肥皂液等刷洗，再用自来水冲洗干净，然后用蒸馏水或去离子水润洗 3 次。注意节约用水，采用少量多次洗涤办法。

滴定管、移液管、吸量管、容量瓶等具有精确刻度的仪器,可将 $0.1\%\sim$ 0.5%浓度的合成洗涤剂倒入容器中,摇动几分钟,弃去,用自来水冲洗干净后,再用蒸馏水或去离子水润洗 3 次。如果未洗干净,可用洗液浸泡数分钟到数十分钟,将用过的洗液倒回原瓶中可反复使用多次。然后依次用自来水、蒸馏水或去离子水洗净。

必须指出,洗液并不是万能的,对不同的污染应采用不同的洗涤方法。例如被 MnO_2 沾污的器皿,应用草酸或 $HCl-NaNO_2$ 的酸性溶液洗涤;又如被 $AgCl$ 沾污的器皿,可用 $NH_3 \cdot H_2O$ 或 $Na_2S_2O_3$ 溶液洗涤。

常用的洗液:

(1) 铬酸洗液:取 $K_2Cr_2O_7$ (CP) 20g,加热水 40mL 溶解,冷却,缓缓加入 320mL 粗浓硫酸。注意:①当铬酸洗液颜色变绿,已失效,须重新配制;②使用时注意安全。

(2) 碱性酒精溶液:$30\%\sim40\%NaOH$ 酒精溶液。

思 考 题

1. 如果移液管、吸量管上未刻有"吹"字,放出溶液后切勿把残留在管尖内的溶液吹出,为什么?

2. 配制 $NaOH$ 溶液时,为什么不用分析天平准确称量?

3. 标定 HCl 溶液时,称量碳酸钠 Na_2CO_3 是否要十分准确?用蒸馏水溶解时加蒸馏水量是否也要十分准确?为什么?

4. 移液管、吸量管和滴定管在使用之前必须用待吸溶液和滴定剂润洗几次,而锥形瓶则不用。为什么?

实验 3　水中碱度的测定 (酸碱滴定法)

水的碱度是指水中所含能够接受质子的物质总量。

一、实验目的

通过实验掌握水中碱度测定的方法,进一步掌握滴定终点的判断。

二、原理

采用连续滴定法测定水中碱度。首先以酚酞为指示剂,用 HCl 标准溶液滴定至终点时溶液由红色变为无色,用量为 P(mL);接着以甲基橙为指示剂,继续用同浓度 HCl 溶液滴定至溶液由橘黄色变为橘红色,用量为 M(mL)。如果 $P>M$,则有 OH^- 和 CO_3^{2-} 碱度;$P<M$,则有 CO_3^{2-} 和 HCO_3^- 碱度;$P=M$ 时,则只有 CO_3^{2-} 碱度;如 $P>0,M=0$,则只有 OH^- 碱度;$P=0,M>0$,则

只有 HCO_3^- 碱度。根据 HCl 标准溶液的浓度和用量（P 与 M），求出水中的碱度。

三、仪器和试剂

1. 酸式滴定管　　　　25mL
2. 锥形瓶　　　　　　250mL
3. 移液管　　　　　　100mL
4. 无 CO_2 蒸馏水

将蒸馏水或去离子水煮沸 15min，冷却至室温。pH 应大于 6.0，电导率小于 $2\mu S/cm$。无 CO_2 蒸馏水应贮存在带有碱石灰管的橡皮塞盖严的瓶中。所有试剂溶液均用无 CO_2 蒸馏水配制。

5. 0.1000mol/L HCl 溶液
6. 酚酞指示剂　　　0.1％的 90％乙醇溶液
7. 甲基橙指示剂　　0.1％的水溶液

四、实验步骤

1. 用移液管吸取两份水样和无 CO_2 蒸馏水各 100mL，分别放入 250mL 锥形瓶中，加入 4 滴酚酞指示剂，摇匀。

2. 若溶液呈红色，用 0.1000mol/L HCl 溶液滴定至刚好无色（可与无 CO_2 蒸馏水的锥形瓶比较）。记录用量（P）。若加酚酞指示剂后溶液无色，则不需用 HCl 溶液滴定。接着按下步操作。

3. 再于每瓶中加入甲基橙指示剂 3 滴，混匀。

4. 若水样变为橘黄色，继续用 0.1000mol/L HCl 溶液滴定至刚刚变为橘红色为止（与无 CO_2 的蒸馏水中颜色比较），记录用量（M）。如果加甲基橙指示剂后溶液为橘红色，则不需用 HCl 溶液滴定。

5. 实验结果记录（表 11.4）。

碱度测定结果记录　　　　　　　　　　　　　　表 11.4

	锥形瓶编号	1	2
酚酞指示剂	滴定管终读数（mL）		
	滴定管始读数（mL）		
	P（mL）		
	平均值		
甲基橙指示剂	滴定管终读数（mL）		
	滴定管始读数（mL）		
	M（mL）		
	平均值		

6. 计算：

$$总碱度(CaO 计, mg/L) = \frac{C(P+M) \times 28.04}{V} \times 1000$$

$$总碱度(CaCO_3 计, mg/L) = \frac{C(P+M) \times 50.05}{V} \times 1000$$

式中　C——HCl 标准溶液的量浓度（mol/L）；

　　　P——酚酞为指示剂滴定终点时消耗 HCl 标准溶液的量（mL）；

　　　M——甲基橙为指示剂滴定终点时消耗 HCl 标准溶液的量（mL）；

　　　V——水样体积（mL）；

28.04——氧化钙的摩尔质量（$1/2CaO$，g/mol）；

50.05——碳酸钙的摩尔质量（$1/2CaCO_3$，g/mol）。

五、写出实验报告

思　考　题

1. 请根据实验数据，判断水样中有何种碱度。

2. 为什么水样直接以甲基橙为指示剂，用酸标准溶液滴定至终点，所得碱度是总碱度？

实验 4　水中硬度的测定（络合滴定法）

水的硬度是指水中 Ca^{2+}、Mg^{2+} 浓度的总量，是水质的重要指标之一。

一、实验目的

通过实验：1. 学会 EDTA 标准溶液的配制与标定方法；

　　　　　2. 掌握水中硬度的测定原理和方法。

二、原理

在 pH=10 的 $NH_3 \cdot H_2O$—NH_4Cl 缓冲溶液中，铬黑 T 与水中 Ca^{2+}、Mg^{2+} 形成紫红色络合物，然后用 EDTA 标准溶液滴定至终点时，置换出铬黑 T 使溶液呈现亮蓝色，即为终点。根据 EDTA 标准溶液的浓度和用量便可求出水样中的总硬度。

如果在 pH>12 时，Mg^{2+} 以 $Mg(OH)_2$ 沉淀形式被掩散，加钙指示剂，用 EDTA 标准溶液滴定至溶液由红色变为蓝色，即为终点。根据 EDTA 标准溶液的浓度和用量求出水样中 Ca^{2+} 的含量。

三、仪器与试剂

1. 滴定管　　　　50mL。

2. 10mmol/L EDTA 标准溶液：称取 3.725g EDTA 钠盐（Na_2-EDTA・$2H_2O$），溶于水后倾入 1000mL 容量瓶中，用水稀至刻度。

3. 铬黑 T 指示剂：称取 0.5g 铬黑 T 与 100g 氯化钠 NaCl 充分研细混匀，盛放在棕色瓶中，塞紧。

4. 缓冲溶液（pH≈10）：称取 16.9g NH_4Cl 溶于 143mL 浓氨水中，加 Mg-EDTA 盐全部溶液，用水稀释至 250mL。

Mg-EDTA 盐全部溶液的配制：称取 0.78g 硫酸镁（$MgSO_4$・$7H_2O$）和 1.179g EDTA 二钠（Na_2-EDTA・$2H_2O$）溶于 50mL 水中，加 2mL 配好的氯化铵的氨水溶液和 0.2g 左右铬黑 T 指示剂干粉。此时溶液应显紫红色（如果出现蓝色，应再加极少量硫酸镁使变为紫红色）。用 10mmol/L EDTA 溶液滴定至溶液恰好变为蓝色为止（切勿过量）。

5. 10mmol/L 钙标准溶液：准确称取 0.500g 分析纯碳酸钙 $CaCO_3$（预先在 105～110℃下干燥 2h）放入 500mL 烧杯中，用少量水润湿。逐滴加入 4mol/L 盐酸至碳酸钙完全溶解。加 100mL 水，煮沸数分钟（除去 CO_2），冷至室温。加入数滴甲基红指示液（0.1g 溶于 100mL 60％乙醇中），逐滴加入 3mol/L 氨水直至变为橙色，转移至 500mL 容量瓶中，用蒸馏水定容至刻度。此溶液 1.00mL＝1.00mg $CaCO_3$＝0.4008mg 钙。

6. 酸性铬蓝 K 与萘酚绿 B（m/m＝1∶（2～2.5））混合的指示剂为 KB 指示剂，将 KB 与 NaCl 按 1∶50 比例混合研细混匀。

7. 三乙醇胺　　20％。

8. Na_2S 溶液　　2％。

9. 4mol/L HCl 溶液。

10. 10％盐酸羟胺溶液：现用现配。

11. 2mol/L NaOH 溶液：将 8gNaOH 溶于 100mL 新煮沸放冷的水中，盛放在聚乙烯瓶中。

四、实验内容

（一）EDTA 的标定

分别吸取 3 份 25.00mL10mmol/L 钙标准溶液于 250mL 锥形瓶中，加入 20mL pH≈10 的缓冲溶液和 0.2gKB 指示剂，用 EDTA 溶液滴定至溶液由紫红色变为蓝绿色，即为终点，记录用量。按下式计算 EDTA 溶液的量浓度（mmol/L）。

$$C_{EDTA} = \frac{C_1 V_1}{V}$$

式中 C_{EDTA} ——EDTA 标准溶液的量浓度（mmol/L）；

$\quad\quad V$ ——消耗 EDTA 溶液的体积（mL）；

$\quad\quad C_1$ ——钙标准溶液的量浓度（mmol/L）；

$\quad\quad V_1$ ——钙标准溶液的体积（mL）。

（二）水样的测定

1. 总硬度的测定

（1）吸取 50mL 自来水水样 3 份，分别放入 250mL 锥形瓶中。加 1～2 滴 HCl 溶液酸化，煮沸数分钟以除去 CO_2，冷却至室温，并再用 NaOH 或 HCl 调至中性。

（2）加 5 滴盐酸羟胺溶液。

（3）加 1mL 三乙醇胺溶液，掩蔽 Fe^{3+}、Al^{3+} 等的干扰。

（4）加 5mL 缓冲溶液和 1mL Na_2S 溶液（掩蔽 Cu^{2+}、Zn^{2+} 等重金属离子）。

（5）加 0.2g（约 1 小勺）铬黑 T 指示剂，溶液呈明显的紫红色。

（6）立即用 10mmol/L EDTA 标准溶液滴定至蓝色，即为终点（滴定时充分摇动，使反应完全），记录用量（$V_{EDTA(1)}$）。由下式计算：

$$总硬度(mmol/L) = \frac{C_{EDTA} V_{EDTA(1)}}{V_0}$$

$$总硬度(CaCO_3 计, mg/L) = \frac{C_{EDTA} V_{EDTA(1)}}{V_0} \times 100.1$$

式中 C_{EDTA} ——EDTA 标准溶液的量浓度（mmol/L）；

$\quad V_{EDTA(1)}$ ——消耗 EDTA 标准溶液的体积（mL）；

$\quad\quad V_0$ ——水样的体积（mL）；

$\quad$ 100.1——碳酸钙的摩尔质量（$CaCO_3$，g/mol）。

2. 钙硬度的测定

（1）吸取 50mL 自来水水样 3 份，分别放入锥形瓶中，以下同总硬度测定步骤（1）～（3）。

（2）加 1mL 2mol/L NaOH 溶液（此时水样的 pH 为 12～13）。加 0.2g（约 1 小勺）钙指示剂（水样呈明显的紫红色）。立即用 EDTA 标准溶液滴定至蓝色，即为终点。记录用量（$V_{EDTA(2)}$）。由下式计算：

$$钙硬度(Ca^{2+}, mg/L) = \frac{C_{EDTA} V_{EDTA(2)}}{V_0} \times 40.08$$

式中 $V_{EDTA(2)}$ ——消耗 EDTA 标准溶液的体积（mL）；

$\quad$ 40.08——钙的摩尔质量（Ca，g/mol）。

（三）实验结果记录（表 11.5）

硬度测定结果记录　　　　　　　　　　表 11.5

水　样　编　号	1	2	3
$V_{EDTA(1)}$（mL）			
平均值			
总硬度（mmol/L）			
（CaCO₃ 计，mg/L）			
$V_{EDTA(2)}$（mL）			
平均值			
钙硬度（Ca²⁺，mg/L）			

（四）写出实验报告

思　考　题

1. 根据上述数据，计算水中镁硬度是多少（mg/L 表示）？
2. 测定水的硬度时，缓冲溶液中加 Mg-EDTA 盐的作用是什么？对测定有无影响？

实验 5　水中 Cl⁻ 的测定（沉淀滴定法）

一、实验目的

通过实验：1. 掌握 AgNO₃ 溶液的标定方法；
　　　　　2. 掌握莫尔法测定水中 Cl⁻ 的原理和方法。

二、原理

在中性或弱碱性溶液中（pH6.5～10.5），以铬酸钾 K₂CrO₄ 为指示剂，用 AgNO₃ 标准溶液直接滴定水中 Cl⁻ 时，由于 AgCl 的溶解度（8.72×10^{-8} mol/L）小于 Ag₂CrO₄ 的溶解度（3.94×10^{-7} mol/L），根据分步沉淀的原理，在滴定过程中，首先析出 AgCl 沉淀，到达化学计量点后，稍过量的 Ag⁺ 与 CrO₄²⁻ 生成 Ag₂CrO₄ 砖红色沉淀，指示滴定终点到达。沉淀滴定反应为：

$$Ag^+ + Cl^- \Longleftrightarrow \underset{\text{（白色）}}{AgCl \downarrow}$$

$$2Ag^+ + CrO_4^{2-} \Longleftrightarrow \underset{\text{（砖红色）}}{Ag_2CrO_4 \downarrow}$$

由于滴定终点时，AgNO₃ 的实际用量比理论用量稍多点，因此需要以蒸馏水作空白试验扣除。根据 AgNO₃ 标准溶液的量浓度和用量计算水样中 Cl⁻

的含量。

三、仪器和试剂

1. 移液管　50mL　1 支；酸式滴定管　25mL　1 支；锥形瓶　250mL 4 个。

2. 氯化钠标准溶液（NaCl＝0.1000mol/L）：将少量 NaCl 放入坩埚中，于 500～600℃下 40～50min. 冷却后准确称取 2.9226g，用少量蒸馏水溶解，倾入 500mL 容量瓶中，并稀释至刻度。

3. 硝酸银标准溶液（AgNO₃≈0.1000mol/L）：称取 16.987gAgNO₃，溶于蒸馏水并稀释至 1000mL，转入棕色试剂瓶中暗处保存。

4. 5％K₂CrO₄ 溶液（指示剂）：称取 5g 铬酸钾 K₂CrO₄ 溶于少量水中，用上述 AgNO₃ 溶液滴至有红色沉淀生成，混匀。静置 12h，过滤，滤液滤入 100mL 容量瓶中，用蒸馏水稀释至刻度。

5. 0.05mol/L 硫酸溶液（1/2H₂SO₄，0.05mol/L）。

6. 0.005mol/L NaOH 溶液：将 0.2gNaOH 用蒸馏水溶解并稀释至 100mL。

7. 酚酞指示剂：称取 0.5g 酚酞溶于 50mL 95％乙醇中，加 50mL 蒸馏水，再滴加 0.05mol/L NaOH 溶液至呈微红色。

四、实验内容

1. 硝酸银溶液的标定：吸取 3 份 25mL 0.1000mol/L NaCl 溶液，同时吸取 25mL 蒸馏水作空白，分别放入 250mL 锥形瓶中，各加 25mL 蒸馏水和 1mL K₂CrO₄ 指示剂。在不断摇动下用 AgNO₃ 溶液滴定至淡橘红色，即为终点。记录 AgNO₃ 溶液用量（V_{1-1}、V_{1-2}、V_{1-3} 和 V_0）。根据 NaCl 标准溶液的量浓度和 AgNO₃ 溶液的体积，计算 AgNO₃ 溶液的准确浓度。

2. 水样测定：吸取 50mL 水样 3 份和 50mL 蒸馏水（作空白试验）分别放入锥形瓶中；加入 1mL K₂CrO₄ 溶液，在剧烈摇动下用 AgNO₃ 标准溶液滴定至刚刚出现淡橘红色，即为终点。记录 AgNO₃ 标准溶液用量（V_{2-1}、V_{2-2}、V_{2-3} 和 V_0）。

计算：

$$氯化物(Cl^-, mg/L) = \frac{(V_2 - V_0)C \times 35.453 \times 1000}{V_水}$$

式中　V_2——水样消耗 AgNO₃ 标准溶液的体积（mL）；

　　　C——AgNO₃ 标准溶液的量浓度（mol/L）；

　　　V_0——蒸馏水消耗 AgNO₃ 标准溶液的体积（mL）；

　　　$V_水$——水样的体积（mL）；

35.453——氯离子的摩尔质量（Cl^-，g/mol）。

3. 实验记录（表 11.6）。

Cl⁻ 测定结果记录　　　　　表 11.6

实　验　编　号		1	2	3	4
AgNO₃ 溶液标定		V_{1-1}	V_{1-2}	V_{1-3}	V_0
	滴定终读数（mL）				
	滴定始读数（mL）				
	V_{AgNO_3}（mL）				
水样测定		V_{2-1}	V_{2-2}	V_{2-3}	V_0
	滴定终读数（mL）				
	滴定始读数（mL）				
	V_{AgNO_3}（mL）				

4. 写出实验报告。

五、注意事项

1. 如果水样的 pH 在 $6.5 \sim 10.5$ 范围时，可直接滴定；超出此范围的水样应以酚酞作指示剂，用 0.05mol/L H_2SO_4 溶液或 NaOH 溶液调节至 pH≈8.0。

2. 水样中有机物含量高或色度大，可采取如下措施：

（1）取 150mL 水样，放入 250mL 锥形瓶中，加 2mL 氢氧化铝悬浮液，振荡过滤，弃去最初滤液 20mL。如仍不能消除干扰，可采取下法。

氢氧化铝悬浮液：称取 125g 硫酸铝钾 $KAl(SO_4)_2 \cdot 12H_2O$ 或硫酸铝铵 $NH_4Al(SO_4)_2 \cdot 12H_2O$ 溶于 1L 蒸馏水中。60℃下徐徐加入 55mL 浓氨水。静置 1h 后，倾去上层清液，用蒸馏水反复洗涤沉淀物，直至洗出的水无 Cl⁻ 为止。然后加蒸馏水至悬浮液体积为 1L。使用前振荡摇匀。

（2）取适量水样放入坩埚中，调 pH 至 $8 \sim 9$，水浴上蒸干，马弗炉中 600℃灼烧 1h，取出冷却。加 10mL 水溶解，移入 250mL 锥瓶中，调 pH 至 7 左右，稀释至 50mL。

3. 如果水样中含有硫化物、亚硫酸盐或硫代硫酸盐，用 NaOH 溶液调水样至中性或弱碱性，加 1mL30% H_2O_2，混匀。1min 后加热至 $70 \sim 80$℃，除去过量的 H_2O_2。

4. 如果水样的高锰酸盐指数大于 15mgO₂/L，则加入少量 KMnO₄，蒸沸，再加数滴乙醇除去过量 KMnO₄，然后过滤取样。

思　考　题

1. 莫尔法测定水中 Cl⁻ 时，为什么在中性或弱碱性溶液中进行？

2. 以 K_2CrO_4 作指示剂时，指示剂浓度过高或过低对测定有何影响？

3. 用 AgNO₃ 标准溶液滴定 Cl⁻ 时，为什么必须剧烈摇动？

实验 6　水中二氧化氯和氯的连续碘量法测定
（氧化还原滴定法）

目前，二氧化氯（ClO_2）是饮用水消毒中替代液氯（$HOCl$）的优良消毒剂。我国饮用水厂的出厂水中要求 ClO_2 的限值为 0.8mg/L。

一、实验目的

掌握连续碘量法测定饮用水 ClO_2、Cl_2 及其氯氧化物的原理和方法。

二、原理

水中 ClO_2、Cl_2（$HOCl$）及其氯氧化物在不同 pH 下，与碘化钾 KI 反应，释放出等化学计量的碘（I_2），以淀粉为指示剂，用 $Na_2S_2O_3$ 标准溶液滴定至蓝色消失，由 $Na_2S_2O_3$ 标准溶液的用量和浓度求出 ClO_2 和 Cl_2 的含量。主要反应为：

$$pH < 7.0 \sim 8.5 \qquad Cl_2 + 2I^- \rightleftharpoons I_2 + 2Cl^-$$

$$pH = 7.0 \sim 8.5 \qquad 2ClO_2 + 2I^- \rightleftharpoons I_2 + 2Cl^-$$

$$pH \leqslant 2.0 \qquad 2ClO_2 + 10I^- + 8H^+ \rightleftharpoons 5I_2 + 2Cl^- + 4H_2O$$

$$ClO_2^- + 4I^- + 4H^+ \rightleftharpoons 2I_2 + Cl^- + 2H_2O$$

$$\text{滴定反应：} \qquad I_2 + 2S_2O_3^{2-} \xrightarrow{H^+} 2I_2 + S_4O_6^{2-}$$

三、仪器与试剂

1. 碘量瓶 250mL。

2. 亚氯酸盐：将 $NaClO_2$（工业纯）用蒸馏水溶解，配成饱和溶液、过滤，滤液在 40℃ 以下，利用微弱红外光将 $NaClO_2$ 重结晶 3 次。所得晶体在干燥器中利用 P_4O_{10} 干燥，备用。

3. ClO_2 水溶液：按照 GB5750.11 标准中的方法，通过 $NaClO_2$ 与 H_2SO_4 反应自制，直接用碘量法标定其浓度。

4. Cl_2 水溶液：取自水厂或在实验室通过浓盐酸与二氧化锰反应自制。直接用碘量法标定其浓度。

5. ClO_2 和 Cl_2 混合水溶液：将 ClO_2 与 Cl_2 溶液按一定比例混合。

6. $Na_2S_2O_3$ 标准溶液：0.0500mol/L。称取 12.5g 分析纯 $Na_2S_2O_3 \cdot H_2O$，溶于已煮沸放冷的蒸馏水中，并稀释至 1000mL。加入 0.2g 无水 Na_2CO_3 和数粒碘化汞，贮于棕色瓶内，可保存数月，此溶液约为 0.050mol/L。使用前需用重铬酸钾标准溶液标定。

7.1%淀粉溶液：称取 1.0g 可溶性淀粉加少量蒸馏水调成糊状，加入沸蒸馏水至 100mL，混匀。为防腐，冷却后可加入 0.1g 水杨酸或 0.4g 氯化锌。

8. 磷酸盐缓冲溶液 pH7：将 25.4g 磷酸二氢钾和 33.1g 磷酸氢二钠溶于 100mL 纯水中，如有沉淀，应过滤后使用。

四、测定步骤

1. 步骤 1

①准确吸取 5～25mL 水样（3 个平行样），放入 250mL 碘量瓶中，加入 pH=7 的磷酸盐缓冲溶液。使其总体积约为 50mL。再加入 1g 碘化钾，以淀粉为指示剂，用 0.050mol/L $Na_2S_2O_3$ 标准溶液滴定至终点，记录 $Na_2S_2O_3$ 消耗体积 V_A(mL)。

②在上述碘量瓶中加入浓 HCl 调 pH=2。暗处反应 5min 后，继续用 $Na_2S_2O_3$ 滴定至终点。记录 $Na_2S_2O_3$ 消耗体积 V_B(mL)。

2. 步骤 2

①另取 250mL 碘量瓶，加入同样体积水样（3 个平行样），加入 pH=7 的磷酸盐缓冲溶液至总体积约为 50mL。用 N_2 净化（N_2 流速为 0.8mL/min，净化时间至少 8min）后，加入 1g 碘化钾和淀粉指示剂，用 0.050mol/L $Na_2S_2O_3$ 标准溶液滴定至终点，记录 $Na_2S_2O_3$ 消耗体积 V_C(mL)。

②接着在此碘量瓶中加入浓 HCl 调 pH=2。暗处反应 5min 后，用 0.050mol/L $Na_2S_2O_3$ 标准溶液滴定至终点，记录 $Na_2S_2O_3$ 消耗体积 V_D(mL)。

3. 计算

$$ClO_2(mg/L) = 5/4(V_B - V_D) \times C_{Na_2S_2O_3} \times 13.490 \times 1000/V_水$$

$$Cl_2(mg/L) = [V_A - (V_B - V_D)/4] \times C_{Na_2S_2O_3} \times 35.453 \times 1000/V_水$$

式中　V_A——步骤 1 中，在 pH=7.0～8.5 时，消耗 $Na_2S_2O_3$ 标准溶液的量（mL），$V_A = Cl_2 + 1/5ClO_2$；

　　　V_B——步骤 1 中，在 pH=7.0～8.5 时，滴定至终点后，接着在 pH≤2 时，用 $Na_2S_2O_3$ 标准溶液滴定至终点时所消耗的量（mL），$V_B = 4/5ClO_2 + ClO_2^-$（包括水样中原有的和转化的两部分）；

　　　V_D——步骤 2 水样在 pH7.0～8.5 时，先有 N_2 净化后，用 $Na_2S_2O_3$ 标准溶液滴定至终点时所消耗的量为 V_C；接着在 pH≤2，用 $Na_2S_2O_3$ 标准溶液滴定至终点时所消耗的量（mL），$V_D = $ 原有的 ClO_2^-；

$C_{Na_2S_2O_3}$——标准溶液的浓度（$Na_2S_2O_3$，mol/L）；

13.490——ClO_2 的摩尔质量（$1/5ClO_2$，g/mol）；

35.453——Cl_2 的摩尔质量（$1/2Cl_2$，g/mol）；

　　　$V_水$——水样的量（mL）。

4. 实验结果记录（表 11.7）

ClO₂ 和 Cl₂ 测量结果记录

表 11.7

Na₂S₂O₃ 用量	平行水样		
	1	2	3
V_A			
V_B			
V_D			

水样中 ClO_2 浓度：

水样中 Cl_2 浓度：

5. 写出实验报告。

思　考　题

1. 简述连续碘量法测定水中 ClO_2 和 Cl_2 时，控制 pH 的意义。

2. 在饮用水消毒中，为什么说 ClO_2 是取代 Cl_2 的优良消毒剂？

实验 7　水中溶解氧的测定

溶于水中的氧称为溶解氧，用 DO 表示，单位为 mgO_2/L。溶解氧 DO 是水质综合指标之一。

一、实验目的

1. 学会水中 DO 的固定方法；

2. 掌握碘量法测定水中 DO 的原理与方法。

二、原理

见第 6 章 6.8.5（3）。

三、仪器与试剂

1. 溶解氧瓶：$250 \sim 300mL$。

2. 硫酸锰溶液：溶解 $480gMnSO_4 \cdot 4H_2O$ 或 $400gMnSO_4 \cdot 2H_2O$ 于蒸馏水中，过滤并稀释至 1L。

3. 碱性碘化钾溶液：溶解 500gNaOH 于 $300 \sim 400mL$ 水中，冷却；另溶解 150gKI 于 200mL 蒸馏水中；合并两溶液，混匀，用蒸馏水稀释至 1L。如有沉淀，则放置过夜后，倾出上清液，贮于棕色瓶中，用橡皮塞塞紧，避光保存。此溶液酸化后，遇淀粉应不呈蓝色。

4. 1%（m/v）淀粉溶液：同实验 6。

5. 重铬酸钾标准溶液（$1/6K_2Cr_2O_7 = 0.0250mol/L$）：称取 1.2258g 优级纯重铬酸钾（预先在 120℃下烘 2h，干燥器中冷却后称重），用少量水溶解，转入 1000mL 容量瓶中，稀释至刻度。

6. 硫代硫酸钠溶液：称取 $6.25gNa_2S_2O_3 \cdot 5H_2O$ 溶于煮沸放冷的水中，加 $0.2gNa_2CO_3$，用蒸馏水稀释至 1000mL，贮于棕色瓶中。此溶液约为 0.025mol/L。

标定：吸取 10.00mL 0.0250mol/L $K_2Cr_2O_7$ 标准溶液放入碘量瓶中，加入 50mL 水和 1g 碘化钾，5mL（1＋5）硫酸溶液，放置 5min 后，用待标定的 $Na_2S_2O_3$ 标准储备溶液滴定至淡黄色，加入 1mL1% 淀粉，继续滴定至蓝色刚好变为亮绿色（Cr^{3+} 的颜色）为止。记录用量，取其平均值为 V_1。

计算　$C_{Na_2S_2O_3}$（mol/L）$= \dfrac{C_{K_2Cr_2O_7} \times 10.00}{V_1}$

式中　$C_{Na_2S_2O_3}$——硫代硫酸钠标准溶液的浓度（mol/L）；

　　　$C_{K_2Cr_2O_7}$——重铬酸钾标准溶液的浓度（1/6 $K_2Cr_2O_7$，mol/L）；

　　　V_1——硫代硫酸钠标准溶液用量（mL）；

　　10.00——吸取重铬酸钾标准溶液的体积（mL）。

四、实验内容

1. 溶解氧的固定

（1）水样采集：用水样冲洗溶解氧瓶后，沿瓶壁直接注入水样或用虹吸法将细玻璃管插入溶解氧瓶底部，注入水样溢流出瓶容积的 1/3～1/2 左右，迅速盖上瓶塞。取样时绝对不能使采集的水样与空气接触，且瓶口不能留有空气泡，否则另行取样。

（2）溶解氧的固定

1）取样后，立即用吸量管加入 1mL 硫酸锰溶液。加注时，应将移液管插入溶解氧瓶的液面下。切勿将吸量管中的空气注入瓶中。

2）按上法，加入 2mL 碱性碘化钾溶液。

3）盖紧瓶塞（注意：瓶中绝不可留有气泡！），颠倒混合 3 次，静置。待生成的棕色沉淀降至瓶一半深度时，再次颠倒混合均匀❶。

2. 溶解氧的测定

（1）将溶解氧瓶再次静置，使沉淀又降至瓶内一半。

---

❶　水样中溶解氧固定后，可保存数小时而不影响测定结果。如现场不能滴定，可带回实验室进行。一般生成的沉淀棕色越深，表明溶解氧越多。

（2）析出碘

轻轻打开瓶塞，立即用移液管插入液面下加入 2.0mL（1+5）硫酸，小心盖好瓶塞❶。颠倒混合摇匀，至沉淀物全部溶解为止。放置暗处 5min。

（3）滴定

吸取 25.00mL 上述水样 2 份，放入 250mL 锥形瓶中，用 $Na_2S_2O_3$ 标准溶液滴定至溶液呈淡黄色，加入 1mL 淀粉指示剂，继续滴定至蓝色刚刚变为无色，即为终点。记录用量。

（4）计算

$$溶解氧（mgO_2/L）= \frac{C_{Na_2S_2O_3} V_{Na_2S_2O_3} \times 8 \times 1000}{V_水}$$

式中　　$C_{Na_2S_2O_3}$——硫代硫酸钠标准溶液的量浓度（$Na_2S_2O_3$，mol/L）；

$\qquad$ $V_{Na_2S_2O_3}$——硫代硫酸钠标准溶液的用量（mL）；

$\qquad$ 8——氧的摩尔质量（1/2O，g/mol）；

$\qquad$ $V_水$——水样的体积（mL）。

3. 实验结果记录（表 11.8）

溶解氧测定结果记录　　　　　　　　　　　　　　　表 11.8

水　样　编　号		1	2
滴定	滴定管终读数（mL）		
	滴定管始读数（mL）		
$Na_2S_2O_3$ 标液用量（mL）			

4. 写出实验报告

要求写出溶解氧固定中的主要化学反应、测定原理和水样中溶解氧的含量。

思　考　题

1. 在水样中，有时加入 $MnSO_4$ 和碱性 KI 溶液后，只生成白色沉淀，是否还需继续滴定？为什么？

2. 如果水样中 NO_2^- 的含量大于 0.05mg/L，Fe^{2+} 的含量小于 1mg/L 时，测定水中溶解氧应采用什么方法为好？

3. 碘量法测定水中余氯、DO 时，淀粉指示剂加入先后次序对滴定有何影响？

---

❶ 加 H_2SO_4 后，盖上瓶塞时，会溢流出少量液体。但由于溶解氧已被固定，生成沉淀在瓶底部，故基本上不影响测定结果。

实验 8　水中高锰酸盐指数的测定（高锰酸钾法）

高锰酸盐指数是水中有机物污染综合指标之一。

一、实验目的

1. 学会高锰酸钾 $KMnO_4$ 标准溶液的配制与标定；
2. 掌握清洁水中高锰酸盐指数的测定原理和方法。

二、原理

水样在酸性条件下，高锰酸钾 $KMnO_4$ 将水样中的某些有机物及还原性的物质氧化，剩余的 $KMnO_4$ 用过量的草酸钠 $Na_2C_2O_4$ 还原，再以 $KMnO_4$ 标准溶液返滴剩余的 $Na_2C_2O_4$，根据加入过量 $KMnO_4$ 和 $Na_2C_2O_4$ 标准溶液的量及最后 $KMnO_4$ 标准溶液的用量，计算高锰酸盐指数，以 mgO_2/L 表示。

三、仪器与试剂

1. 酸式滴定管　　　　　50mL；
   锥形瓶　　　　　　　250mL。
2. 高锰酸钾溶液（$1/5KMnO_4 \approx 0.1mol/L$）：称取 3.2g $KMnO_4$ 溶于 1.2L 蒸馏水中，煮沸，使体积减少至 1L 左右。放置过夜，用 G-3 号玻璃砂芯漏斗过滤后，滤液贮于棕色瓶中，避光保存。
3. 高锰酸钾溶液（$1/5KMnO_4 \approx 0.01mol/L$）：吸取 100mL 0.1mol/L $KMnO_4$ 溶液于 1000mL 容量瓶中，用水稀释至刻度，混匀，贮于棕色瓶中，避光保存。此溶液约为 0.01mol/L，使用当天应标定其准确浓度。
4. 草酸钠标准溶液（$1/2Na_2C_2O_4 = 0.1000mol/L$）：称取 6.705g 在 105～110℃烘干 1h 并冷却的草酸钠溶于水，移入 1000mL 容量瓶中，用水稀释至刻度。
5. 草酸钠标准溶液（$1/2Na_2C_2O_4 = 0.0100mol/L$）：吸取 10.00mL 上述草酸钠溶液，移入 100mL 容量瓶中，用水稀释至刻度。
6. （1＋3）硫酸。

四、实验内容

1. $KMnO_4$ 溶液的标定

将 50mL 蒸馏水和 5mL（1＋3）H_2SO_4 依次加入 250mL 锥形瓶中，然后用移液管加 10.00mL 0.0100mol/L $Na_2C_2O_4$ 标准溶液，加热至 70～85℃，用

0.01mol/L KMnO₄ 溶液滴定至溶液由无色至刚刚出现浅红色为滴定终点。记录 0.01mol/L KMnO₄ 溶液用量。共做三份，并计算 KMnO₄ 标准溶液的准确浓度。

2. 水样测定

（1）取样：清洁透明水样取样 100mL；浑浊水取 10～25mL，加蒸馏水稀释至 100mL。将水样放入 250mL 锥形瓶中，共 3 份。

（2）加入 5mL （1+3） H₂SO₄，用滴定管准确加入 10mL 0.01mol/L KMnO₄ 溶液（V_1），并投入几粒玻璃珠，加热至沸腾，从此时准确煮沸 10min。若溶液红色消失，说明水中有机物含量太多，则另取较少量水样用蒸馏水稀释 2～5 倍（至总体积 100mL）。再按步骤（1）、（2）重做。

（3）煮沸 10min 后趁热用吸量管准确加入 10.00mL 0.0100mol/L 草酸钠溶液（V_2），摇动均匀，立即用 0.01mol/L KMnO₄ 溶液滴定至显微红色。记录消耗 KMnO₄ 溶液的量（V_1'）。

计算：

$$高锰酸盐指数（O_2，mg/L）= \frac{\left[C_1（V_1+V_1'）-C_2V_2\right]×8×1000}{V_水}$$

式中　C_1——KMnO₄ 标准溶液浓度（1/5KMnO₄，mol/L）；

　　　V_1——开始加入 KMnO₄ 标准溶液的量（mL）；

　　　V_1'——最后滴定 KMnO₄ 标准溶液的用量（mL）；

　　　C_2——Na₂C₂O₄ 标准溶液的浓度（1/2Na₂C₂O₄=0.0100mol/L）；

　　　V_2——加入 Na₂C₂O₄ 标准溶液的量（mL）；

　　　8——氧的摩尔质量（1/2O，g/mol）；

　　　$V_水$——水样的体积（mL）。

3. 实验记录（表 11.9）

高锰酸盐指数测定结果记录　　　　　　　　　　表 11.9

实　验　编　号	1	2	3
KMnO₄ 标定	$V_{1\text{-}1}$	$V_{1\text{-}2}$	$V_{1\text{-}3}$
滴定管终读数（mL）			
滴定管始读数（mL）			
KMnO₄ 用量（mL）			
加入 Na₂C₂O₄ 量（mL）			
KMnO₄ 准确浓度（mol/L）			
水样测定	$V_{1\text{-}1}'$	$V_{1\text{-}2}'$	$V_{1\text{-}3}'$
滴定管终读数（mL）			

续表

实 验 编 号	1	2	3
滴定管始读数（mL）			
滴定 $KMnO_4$ 的用量（mL）			
加入 $KMnO_4$ 量 V_1（mL）			
加入 $Na_2C_2O_4$ 量 V_2（mL）			
高锰酸盐指数（mgO_2/L）			

4. 写出实验报告

思 考 题

1. 在高锰酸盐指数的实际测定中，往往引入 $KMnO_4$ 标准溶液的校正系数 K，简述它的测定方法。说明 K 与 $KMnO_4$ 标准溶液的浓度 C 之间的关系。

2. 如果水样中 Cl^- 的浓度大于 300mg/L，会干扰测定，应如何测定可防止干扰？

实验 9　水中化学需氧量的测定（重铬酸钾法）

化学需氧量 COD 是水中有机物污染综合指标之一。

回流法测定水中的 COD

一、实验目的

1. 学会硫酸亚铁铵标准溶液的标定方法；
2. 掌握水中 COD 的测定原理和方法。

二、原理

见第 6 章 6.7.2。

三、仪器与试剂

仪器：

1. 回流装量：250mL 或 500mL 磨口三角瓶回流冷凝器，电炉，玻璃珠若干（图 11.4）。

2. 酸式滴定管 50mL。

试剂：

1. 重铬酸钾标准溶液（$1/6K_2Cr_2O_7＝0.2500mol/L$）：称取 12.2579g 优级

纯或分析纯 $K_2Cr_2O_7$（在 120℃烘干 2h，干燥器冷却后称重）溶于水中，移入 1000mL 容量瓶中，并用蒸馏水稀释至刻度，摇匀。

2. 硫酸亚铁铵标准溶液 $[(NH_4)_2Fe(SO_4)_2 \cdot 6H_2O \approx 0.25mol/L]$：称取 98.0g 分析纯硫酸亚铁铵溶于蒸馏水中，搅拌下缓慢加入 20mL 浓 H_2SO_4，冷却后，用蒸馏水稀释至 1L，摇匀。此溶液的浓度约为 0.25mol/L。使用前标定其准确浓度。

3. 试亚铁灵指示剂：称取 1.485g 邻二氮菲或邻菲啰啉 $(C_{12}H_8N_2 \cdot H_2O)$ 及 0.695gFeSO_4 \cdot 7H_2O 溶于蒸馏水中，稀释至 100mL，贮于棕色瓶内。

4. Ag_2SO_4-H_2SO_4 溶液：称取 13.33g Ag_2SO_4 加入 1L 浓 H_2SO_4 中（此溶液 75mL 中含有 1g Ag_2SO_4），放置1~2d，不时摇动使其溶解。

5. $HgSO_4$ 结晶或粉末。

6. 无有机物蒸馏水：将含有少量 $KMnO_4$ 的碱性溶液的蒸馏水再行蒸馏即得（蒸馏过程中水应始终保持红色，否则应随时补加 $KMnO_4$）。

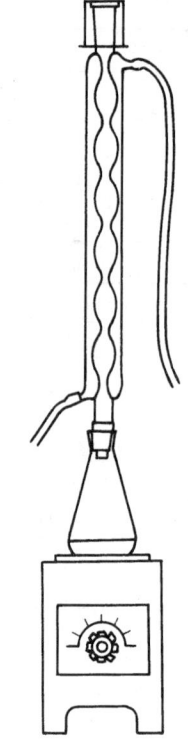

图 11.4　$K_2Cr_2O_7$ 法测定 COD 的回流装置

四、实验内容

1. 硫酸亚铁铵溶液的标定

准确吸取 25.00mL 0.2500mol/L 重铬酸钾溶液（1/6$K_2Cr_2O_7$）于 500mL 锥形瓶中，加蒸馏水至 250mL 左右，缓慢加入 20mL 浓 H_2SO_4，混匀。冷却后加 2 滴试亚铁灵指示剂（约 0.10mL），用硫酸亚铁铵溶液滴定至溶液由橙黄色经蓝绿色渐变到蓝色后，立即转为棕红色即为终点。记录硫酸亚铁铵溶液用量（$V_{标}$，mL）。共做 3 份。

计算：
$$C_{(NH_4)_2Fe(SO_4)_2} = \frac{0.2500 \times 25.00}{V_{标}}$$

式中　$C_{(NH_4)_2Fe(SO_4)_2}$——硫酸亚铁铵标准溶液的浓度（mol/L）；

　　　　$V_{标}$——标定时硫酸亚铁铵溶液用量（mL）。

2. 水样的测定——回流法

（1）吸取 50.00mL 的均匀水样（或吸取适量的水样用蒸馏水稀释至 50.00mL），其中 COD 值为 50~900mgO_2/L，放入 500mL 磨口回流锥形瓶中。

（2）加数粒玻璃珠、1g $HgSO_4$，缓慢地加入 5.0mL Ag_2SO_4-H_2SO_4 溶液，摇动混匀使 Ag_2SO_4 溶解。

（3）准确加入 25.00mL $K_2Cr_2O_7$ 标准溶液（1/6$K_2Cr_2O_7$＝0.2500mol/L），

连接磨口回流冷凝管，自冷凝管的开口端缓慢加入 70mL Ag_2SO_4-H_2SO_4 溶液，加热回流 2h。

（4）冷却后，先用 25mL 蒸馏水冲洗冷凝管壁，取下锥形瓶，再用蒸馏水稀释至 350mL（溶液总体积不得少于 350mL，否则因 pH 太低，终点不明显）。

（5）加 2 滴试亚铁灵指示剂，用硫酸亚铁铵标准溶液滴定至溶液由黄色经蓝绿色渐变为蓝色后，立即转为棕红色即为终点。记录 $(NH_4)_2Fe(SO_4)_2$ 标准溶液的用量（V_1，mL）。共做 2 个平行样。

（6）同时以 50.00mL 蒸馏水作空白，其操作步骤与水样相同，记录消耗的 $(NH_4)_2Fe(SO_4)_2$ 标准溶液的量（V_0，mL）。

（7）计算　　$COD\ (O_2,\ mg/L) = \dfrac{(V_0 - V_1)\ \times C \times 8 \times 1000}{V_水}$

式中　V_1——滴定水样时消耗 $(NH_4)_2Fe(SO_4)_2$ 标准溶液的量（mL）；

　　　V_0——空白试验消耗 $(NH_4)_2Fe(SO_4)_2$ 标准溶液的量（mL）；

　　　C——硫酸亚铁铵标准溶液的浓度（$(NH_4)_2Fe(SO_4)_2$，mol/L）；

　　　8——氧的摩尔质量（$1/2O$，g/mol）；

　　　$V_水$——水样的体积（mL）。

如果水样中 COD 值 $<50mgO_2/L$ 时，除了采用重铬酸钾标准溶液（$1/6K_2Cr_2O_7 = 0.0250mol/L$）消化和 $0.0250mol/L$ $(NH_4)_2Fe(SO_4)_2$ 溶液返滴之外，其他均按上述方法操作。

3. 实验结果记录（表 11.10）

化学需氧量测定结果记录　　　　　　　　　表 11.10

实　验　编　号	1	2	3
$(NH_4)_2Fe(SO_4)_2$ 溶液标定	$V_{标\text{-}1}$	$V_{标\text{-}2}$	$V_{标\text{-}3}$
滴定管终读数（mL）			
滴定管始读数（mL）			
$V_{(NH_4)_2Fe(SO_4)_2}$（mL）			
$C_{(NH_4)_2Fe(SO_4)_2}$（mol/L）			
水样测定	$V_{1\text{-}1}$	$V_{1\text{-}2}$	V_0
滴定管终读数（mL）			
滴定管始读数（mL）			
$V_{(NH_4)_2Fe(SO_4)_2}$（mL）			
COD（mgO_2/L）			

4. 写出实验报告

密封法测定水中的 COD

一、密封法测定 COD 的原理

同回流法。

二、仪器与试剂

（1）微量滴定管：5mL；吸量管：5mL 10mL。

（2）消化液：称取分析纯 $K_2Cr_2O_7$12.25g 溶于 500mL 水中，加 33.3g$HgSO_4$ 和 167mL 浓 H_2SO_4。待冷却至室温后，稀释至 1000mL。此溶液重铬酸钾的量浓度为（$1/6\ K_2Cr_2O_7=0.2500mol/L$）。

（3）催化剂溶液：称取 8.8g 分析纯 Ag_2SO_4 溶于 1L 浓 H_2SO_4 中。

（4）硫酸亚铁铵标准溶液 [$(NH_4)_2Fe(SO_4)_2\cdot 6H_2O=0.10mol/L$]：

称取 39.22g 硫酸亚铁铵溶于水中，加 20mL 浓 H_2SO_4，待冷却后，用蒸馏水稀释至 1L。使用之前标定（方法同前）。

（5）试亚铁灵指示剂：同前。

三、测定步骤

（1）准确吸取水样 2.50mL，放入 50mL 具塞磨口比色管中，加消化液 2.50mL 和催化剂溶液 3.50mL，盖上塞并旋紧。

（2）用聚四氟乙烯（PTFE）生料带将管口缠上两圈密封好，然后置于固定支架上。

（3）送入恒温箱中，恒温 150±1℃，消化 2h。视水中有机物种类可缩短消化时间。

（4）取出冷却至室温。可用硫酸亚铁铵标准溶液返滴法或吸收光谱法测定 COD 值。

（5）返滴法：向消化后溶液中加入无有机物蒸馏水 30mL，加 2 滴试亚铁灵指示剂，然后用微量滴定管以 0.1000mol/L $(NH_4)_2Fe(SO_4)_2$ 溶液返滴至浅蓝色立即变为棕红色，指示终点到达。记录用量 V_1。

（6）同时做空白试验，即吸取无有机物蒸馏水 2.50mL，按上述步骤消化并滴定至终点。记录用量（V_0）。

计算 COD 公式同回流法。

如果水样中 COD 值<50mgO_2/L，则取水样 5.0mL，消化液 2.50ml [消化液中重铬酸钾标准溶液浓度为 0.025mol/L（$1/6K_2Cr_2O_7$）]。用 0.0100mol/L 硫

酸亚铁铵溶液返滴至终点。

四、密封法测定 COD 的优点

（1）密封法测定 COD 的最大特点是用实验室常见的具塞磨口比色管消化，摒弃了繁琐的回流程序和装置。

（2）实用紧凑，经济可靠，占空间小，可批量分析样品（一次可分析 40 个样品）。

（3）方法简单、准确可靠。方法的准确度和精密度可与回流法相媲美，其最低检出限为 $5.0mgO_2/L$ 左右。

（4）密封法测定 COD，除可用 $(NH_4)_2Fe(SO_4)_2$ 回滴法外，还可采用吸收光谱法，即密封消化后水样可在 430nm 或 348nm 处测定，其测定办法有两种：

1）直接测定 Cr（Ⅵ）的减少值：即以密封消化后的无有机物蒸馏水为空白，测定水样中 Cr（Ⅵ）的吸光度值，其吸收强度随水样中 COD 值的增加而减少。

2）间接测定 Cr^{3+} 的增加值：即以密封消化后的实际水样为"空白"调零，以实验空白为"拟测定样"，测定剩余 Cr（Ⅵ）的吸光度差值，此差值实际上就是水样中有机物等还原性物质被氧化后产生的 Cr^{3+} 的含量。其吸光度值随着水样中 COD 值的增加而增加。

五、注意事项：

1. 水样中如有 Cl^- 产生 COD 值（见第 6 章 6.7.3）。理论上 Cl^- 的需氧量为 $0.1128\ gO_2/gCl^-$，可加入 $HgSO_4$ 与 Cl^- 生成可溶性络合物，消除干扰。一般 $HgSO_4/Cl^-=14$，可获得满意结果，即 $HgSO_4$ 的加入量，以与其共存 Cl^- 的 14 倍的量为宜。

2. 水样中如含有亚硝酸盐氮也产生 COD 值。理论上 $NO_2^- - N$ 的需氧量为 $1.14mgO_2/mgNO_2^- - N$。如果水样中含有较多的 $NO_2^- - N$，则先在 $K_2Cr_2O_7$ 溶液中加入氨基磺酸，一般每毫克 $NO_2^- - N$ 加入 10mg 氨基磺酸即可消除干扰。

3. 回流法中，水样可取 $10.00\sim50.00mL$ 之间，但试剂量及浓度应按表 11.11 进行相应调整，也可得到满意结果。

回流法水样取量与试剂用量表　　　　　　　　　　表 11.11

水样取量 (mL)	重铬酸钾标液（mL）($1/6K_2Cr_2O_7=0.2500mol/L$)	Ag_2SO_4-H_2SO_4 溶液（mL）	$HgSO_4$ (g)	$(NH_4)_2Fe(SO_4)_2$ (mol/L)	滴定前总体积 (mL)
10.0	5.0	15	0.2	0.0500	70
20.0	10.0	30	0.4	0.1000	140
30.0	15.0	45	0.6	0.1500	210
40.0	20.0	60	0.8	0.2000	280
50.0	25.0	75	1.0	0.2500	350

思 考 题

1. 水中高锰酸盐指数与化学需氧量 COD 有何异同？
2. COD 的计算公式中，为什么用空白值（V_0）减水样值（V_1）？
3. 回流法、密封法和微波消解法测定水中 COD 有何异同？

实验 10　水中生物化学需氧量的测定（碘量法）

在规定条件下，微生物分解水中的有机物所进行的生物化学过程中所消耗的溶解氧的量称为生物化学需氧量 BOD_5，是水中有机物污染的综合指标之一。

一、实验目的

1. 熟悉稀释水的配制方法；
2. 掌握水中 BOD_5 的测定原理和方法。

二、原理

如 $BOD_5 < 7mgO_2/L$ 时，可直接测定水样在 20℃培养 5d 前后的溶解氧的减少量，即为 BOD_5。

如 $BOD_5 > 7mgO_2/L$ 时，由于水中有机物含量多、溶解氧有限，则在培养之前必须用含有一定养分和饱和溶解氧的水（称为稀释水）稀释，使培养后减少的 DO 至少是 2mg/L，水中剩余的 DO 最好在 3～4mg/L 以上（不得少于 0.5～1mg/L），这样的稀释量才可得到可靠的结果。

三、仪器与试剂

仪器：
1. 恒温培养箱　　　　　（20±1℃）
2. 溶解氧瓶　　　　　　250～300mL
3. 量筒　　　　　　　　1000mL

试剂：
1. 测定溶解氧 DO 的全部试剂。
2. 稀释水：在 20L 细口玻璃瓶中装一定量蒸馏水，每升蒸馏水中加入氯化钙溶液、三氯化铁溶液、硫酸镁溶液、磷酸盐缓冲溶液各 1mL。然后用玻璃吸气泵或无油空气压缩机导入空气曝气（图 11.5），至含溶解氧在 8mg/L 以上（最好达到饱和）。盖严，静置一天使水中 DO 稳定。

（1）氯化钙溶液：称取 27.5g 无水 $CaCl_2$ 溶于水，稀释至 1000mL。

（2）氯化铁溶液：溶解 0.25g $FeCl_3 \cdot 6H_2O$ 于蒸馏水中，并稀释至 1000mL。

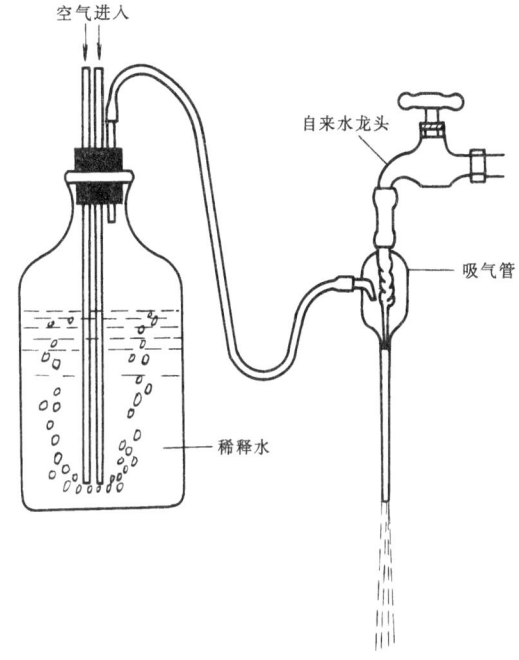

空气进入

自来水龙头

吸气管

稀释水

图 11.5　稀释水曝气装置

（3）硫酸镁溶液：称取 22.5g $MgSO_4 \cdot 7H_2O$ 溶于蒸馏水中，稀释至 1000mL。

（4）磷酸盐缓冲溶液：溶解 8.5g KH_2PO_4、21.7g K_2HPO_4、33.4g $Na_2HPO_4 \cdot 7H_2O$ 和 1.7g NH_4Cl 溶于蒸馏水中，稀释至 1000mL。此溶液 pH＝7.2，BOD_5 应小于 $0.2mgO_2/L$。

3. 接种稀释水：一般 1L 稀释水中加入 2mL 沉淀生活污水或不含大量藻类或硝化细菌的河水，或将驯化后的特种微生物引入水样中进行接种。

四、实验内容

（一）稀释水的检验

用虹吸法吸取稀释水，注满两个溶解氧瓶，加塞，用水封口。其中一瓶立即测定其中 DO，另一瓶于培养箱内 20℃下培养 5d 后测定其中 DO。要求溶解氧的减少量小于 0.2～0.5mg/L。

（二）稀释倍数的确定

根据实践经验，可由高锰酸盐指数或化学需氧量 COD 的值确定稀释倍数。

1. 地表水，测得的高锰酸盐指数与一定系数的乘积，即为稀释倍数（见第 6 章 6.8.5（4）表 6.4）。

2. 工业废水，测得的 COD 值乘以 0.075，0.15 和 0.225，即为稀释水 3 个稀释倍数。使用接种稀释水时，则分别乘以 0.075，0.15 和 0.25 三个系数。

3. 如无现成的高锰酸盐指数或 COD 值的资料，一般污染较严重的废水（如工业废水）可稀释成 0.1%～1%；对于普通和沉淀过的污水可稀释成 1%～5%；生物处理后的出水可稀释成 5%～25%；对污染的河水可稀释成 25%～100%。

（三）稀释水样的配制与 BOD_5 测定

BOD_5 测定中，一般采用叠氮化钠改良法测定溶解氧。

1. 含水样 1% 以下的稀释水样——量筒内间接稀释法测定

（1）用虹吸法沿量筒壁引入 500mL 稀释水（或接种稀释水）于 1000mL 量筒中。加入需要量的均匀水样，再引入稀释水（或接种稀释水）至 1000mL。用一根带橡皮板的玻璃棒小心搅匀（防止空气进入）。

（2）用虹吸法将此稀释水样引入已编号的溶解氧瓶中，至完全充满后，盖严，用水封口。

（3）测定当天溶解氧和 20℃ 培养 5d 前、后的溶解氧。

（4）另取两个溶解氧瓶，用虹吸法装入稀释水（或接种稀释水）做空白试验。测定 20℃ 培养 5d 前、后的 DO。

2. 含水样 1% 以上的稀释水样——溶解氧瓶内直接稀释法测定

（1）在两个已知容量的溶解氧瓶中，用虹吸法先引入半瓶稀释水（或接种稀释水），再加入按瓶容积与稀释比例计算出的水样量，再用稀释水（或接种稀释水）将瓶充满。盖紧瓶塞（瓶中不得留有气泡），用水封口。

（2）以下操作同量筒内间接稀释法测定。

3. 计算

$$BOD_5 \ (mgO_2/L) = \frac{(C_1 - C_2) - (B_1 - B_2) \ f_1}{f_2}$$

式中　C_1——水样在培养前的 DO 浓度（mgO_2/L）；

　　　C_2——水样经 5d 培养后的剩余 DO 浓度（mgO_2/L）；

　　　B_1——稀释水（或接种稀释水）培养前的 DO 浓度（mgO_2/L）；

　　　B_2——稀释水（或接种稀释水）5d 培养后的 DO 浓度（mgO_2/L）；

　　　f_1——稀释水（或接种稀释水）在培养液中所占的比例；

　　　f_2——水样在培养液中所占的比例。

（四）注意事项

1. 培养过程中经常检查封口的水，要及时加满，勿使干涸。

2. 水样的 pH 应在 6.5～7.5 之间，否则可用少量盐酸或氢氧化钠溶液调节 pH≈7。

3. 如生化处理后的水中有硝化细菌则干扰 BOD_5 的测定，可加硫脲或用酸处理消除干扰。

思　考　题

1. 生物化学需氧量与高锰酸盐指数、化学需氧量有何异同？
2. 在 BOD_5 测定中应特别注意哪些问题？

实验11　水中色度的测定（目视比色法）

水中色度是水质指标之一。规定 1mg 铂/L 和 0.5mg 钴/L 水中所具有的颜色为 1 度，作为标准色度单位。

一、实验目的

通过水中色度的测定，了解目视比色法的原理和基本操作。

二、仪器和试剂

50mL 具塞比色管，其刻线高度要一致。

铂钴标准溶液：称取 1.2456g 氯铂酸钾 K_2PtCl_6（相当于 500mg 铂）和 1.000g 氯化钴 $CoCl_2 \cdot 6H_2O$（相当于 250mg 钴）溶于 100mL 水中，加 100mL 浓盐酸 HCl，用水定容至 1000mL。此溶液色度为 500 度（0.5 度/mL）。

三、测定步骤

1. 标准色列的配制

吸取铂钴标准溶液 0，0.50，1.00，1.50，2.00，2.50，3.00，3.50，4.00，4.50，5.00，6.00，7.00，8.50，10.00mL，分别放入 50mL 具塞比色管中，用蒸馏水稀释至刻度，混匀。请把对应的色度记录在实验报告中。

2. 水样的测定

（1）将水样（注明 pH）放入同规格比色管中至 50mL 刻度。如水样色度较大，可酌情少取水样，用蒸馏水稀释至 50mL。

（2）将水样与标准色列进行目视比较。比色时选择光亮处。各比色管底均应衬托白瓷板或白纸，从管口向下垂直观察。记录与水样色度相同的铂钴标准色列的色度 A。

计算：色度（度）$= \dfrac{A \times 50}{V}$

式中　A——水样相当于铂钴标准色列的色度（度）；

V——原水样的体积（mL）；

50——水样最终稀释体积（mL）。

3. 实验报告记录（表 11.12）

色度测定结果记录
表 11.12

标准溶液（mL）	0	0.50	1.00	1.50	2.00	2.50	3.00	3.50	4.00	4.50	5.00	5.50	6.00	7.00	8.50	10.00
色度（度）																
水样色度（度）																

四、注意事项

1. 如水样色度恰在两标准色列之间，则取两者中间数值，如果水样色度 >100度时，则将水样稀释一定倍数后再进行比色。

2. 如果水样较浑浊，虽经预处理而得不到透明水样时，则用"表色"报告。

3. 如实验室无氯铂酸钾，可用重铬酸钾代替。称取 0.0437g $K_2Cr_2O_7$ 和 1.000g $CoSO_4 \cdot 7H_2O$,溶于少量水中，加 0.50mL 浓硫酸，用水稀至 500mL。此溶液色度为 500 度。不宜久存。

思 考 题

1. 测定水样的色度时，为什么要注明当时水样的 pH?

2. 测定水样的色度时，如水样较浑浊，为什么不能用滤纸过滤？应采用什么预处理措施?

实验 12　水中浊度的测定（吸收光谱法）

水中的浊度是天然水和饮用水的一项重要水质指标，规定 1.25mg 硫酸肼/L 和 12.5mg 六次甲基四胺/L 水中形成的福尔马肼混悬液所产生的浊度为 1NTU（散射浊度单位 NTU，或福尔马肼浊度单位 FTU）。

一、实验目的

1. 掌握分光度法测定水中浊度的方法和原理。

2. 学会标准曲线绘制。

二、仪器与试剂

1. 分光光度计

2.50mL 比色管

3. 无浊度水

将蒸馏水通过 0.2μm 滤膜过滤，收集于用滤过水淋洗 2～3 次的烧瓶中。

4. 浊度标准溶液

（1）硫酸肼溶液：准确称取 1.000g 硫酸肼 $NH_2NH_2 \cdot H_2SO_4$，用少量无浊度水溶解于 100mL 容量瓶中，并稀释至刻度（0.01g/mL）。

（2）六次甲基四胺溶液：准确称取 10.00g 六次甲基四胺（$(CH_2)_6N_4$），用无浊度水溶于 100mL 容量瓶中，并稀释至刻度（0.10g/mL）。

（3）甲䏱聚合物标准溶液：准确吸取 5.00mL 硫酸肼溶液和 5.00mL 六次甲基四胺溶液于 100mL 容量瓶中，混匀。在 25±3℃下反应 24h，用无浊度水稀释至刻度，混匀（其中硫酸肼为 500mg/L；六次甲基四胺为 5000mg/L）。该储备溶液的浊度为 400NTU（0.4 度/mL）。可保持 15 个月。

三、实验内容

1. 标准曲线绘制

准确吸取 0，0.50，1.25，2.50，5.00，10.00 和 12.50mL 浊度标准溶液（0.4NTU/mL），分别放入 50mL 比色管中，用无浊度水稀释至刻度，混匀。该系列标准溶液的浊度分别为 0，4，10，20，40，80，100NTU。用 3cm 比色皿，在 680nm 处测定吸光度值，并做记录。绘制标准曲线。

2. 水样的测定

吸取 50.00mL 水样，放入 50mL 比色管中（如水样中浊度＞100NTU，可少取水样，用无浊度水稀释至 50mL，混匀。）按绘制标准曲线步骤测定吸光度值，由标准曲线上查出水样对应的浊度。

计算：

$$浊度（NTU）= \frac{A}{V} \times 50$$

式中　A——已稀释水样浊度；

　　　V——原水样体积（mL）；

　　　50——水样最终稀释体积（mL）。

3. 数据处理

（1）实验记录（表 11.13）

浊度标准溶液测定的吸光度值记录　　　　　　表 11.13

标准溶液（mL）	0	0.50	1.25	2.50	5.00	10.00	12.50
浊度（NTU）	0	4	10	20	40	80	100
吸光度							
水样吸光度							

（2）以水中浊度为横坐标，对应的吸光度值为纵坐标绘制标准曲线。由测得水样吸光度值，在标准曲线上查出对应的浊度。

4. 写出实验报告

要求报告记录至浊度值的精度见表 11.14。

测定浊度的精度要求   表 11.14

浊 度 范 围	报告记录至浊度值
1～10	1
10～100	5
100～400	10
400～1000	50
＞1000	100

思 考 题

1. 水中的浊度是否可以用悬浮物的含量（mg/L）表示？为什么？

2. 水中的浊度和色度有何异同？

实验 13　吸收光谱的绘制

以不同波长的光依次射入被测溶液，并测出相应的吸光度。以波长为横坐标，对应的吸光度为纵坐标作图，所得的曲线称为吸收光谱曲线或吸收光谱。吸收光谱是研究物质的性质和含量的理论基础，也是吸收光谱法的重要试验条件。

一、实验目的

1. 初步熟悉 754 型紫外—可见分光光度计的使用方法；

2. 熟悉测绘吸收光谱的一般方法。

二、基本原理

在建立一个新的吸收光谱法时，必须进行一系列条件试验，包括显色化合物的吸收光谱曲线（简称吸收光谱）的绘制、选择合适的测定波长、显色剂浓度和溶液 pH 的选择及显色化合物影响等。此外，还要研究显色化合物符合朗伯—比尔定律的浓度范围、干扰离子的影响及其排除的方法等。

本实验利用分光光度计能连续变换波长的性能，测定邻二氮菲—Fe^{2+} 的吸收光谱，并选择合适的测定波长。

在 pH＝3～9 的溶液中，Fe^{2+} 与邻二氮菲（phen）生成稳定的橙红色络合物（$\lambda_{max}=508nm$，$\varepsilon=1.1\times10^4$L/（mol·cm），$lg\beta_3=21.3$（20℃））：

$$Fe^{2+}+3phen \longrightarrow Fe（phen）_3^{2+}$$
$$橙红色$$

Fe^{3+} 与邻二氮菲生成 1∶3 的淡蓝色络合物（$lg\beta_3=14.1$），故显色前应先用盐酸羟胺将 Fe^{3+} 还原为 Fe^{2+}，其反应为

$$2Fe^{3+}+2NH_2OH·HCl \longrightarrow 2Fe^{2+}+N_2\uparrow+2H_2O+4H^++2Cl^-$$

三、仪器与试剂

仪器：754 型紫外—可见分光光度计；具塞磨口比色管 50mL；吸量管 1，2，5mL；洗耳球

试剂：

1. 铁标准溶液（I）（$Fe^{2+}=100\mu g/mL$）：准确称取 0.7022g 分析纯硫酸亚铁铵 $(NH_4)_2Fe(SO_4)_2·6H_2O$，放入烧杯中，加入 20mL（1＋1）HCl，溶解后移入 1000mL 容量瓶中，用去离子水稀释至刻度，混匀。此溶液中铁含量为 $100\mu g/mL$，Fe^{2+} 的量浓度为 1.79×10^{-3}mol/L。

2. 0.15%（m/v）邻二氮菲水溶液（新鲜配制）。

3. 10%（m/v）盐酸羟胺 $NH_2OH·HCl$ 水溶液（新鲜配制）。

4. 缓冲溶液（pH＝4.6）：将 68g 乙酸钠溶于约 500mL 蒸馏水中，加入 29mL 冰乙酸稀释至 1L。

四、实验内容

1. 吸取 1.00mL 铁标准溶液（I）（$Fe=1.79\times10^{-3}$mol/L），同时取 1.00mL 去离子水（空白试验），分别放入 50mL 比色管中，加入 1.0mL 10%$NH_2OH·HCl$ 溶液，混匀。放置 2min 后，加入 2.0mL 0.15%邻二氮菲溶液和 5.0mL 缓冲溶液，用水稀释至刻度，混匀。

2. 在 754 型分光光度计上，将邻二氮菲-Fe（Ⅱ）溶液和空白溶液分别盛于 1cm 比色皿中，安放于仪器中比色皿架上。按仪器使用方法操作，从 420～560nm，每隔 10nm 测定一次。每次用空白溶液调零，测定邻二氮菲-Fe（Ⅱ）溶液的吸光度值。

3. 在吸收峰 510nm 附近，再每隔 2nm 测定一点。记录不同波长处的吸光度值。

五、数据处理

1. 实验记录（表 11.15）

不同波长下对应的吸光度值测定结果记录   表 11. 15

滤长 λ（nm）	420	430	440	450	460	470	480	490	500	510	520	530	540	550	560
吸光度 A															
波长 λ（nm）	502	504	506	508	510	512	514	516	518						
吸光度 A															

2. 以波长为横坐标，对应的吸光度为纵坐标，将测得值逐个描绘在坐纸上，并连成光滑曲线，即得吸收光谱。从曲线上查得溶液的最大吸收波长 λ_{max}，即为测量铁的测量波长（又称工作波长）。

六、注意事项

1. 本实验旨在学会分光光度法测定水中微量物质时的最基本操作条件、原理和方法以及 754 型分光光度计的使用。因此，要仔细阅读仪器说明书，了解仪器的构造和各个旋钮的功能；在使用时，一定要遵守操作规程和听从老师的指导。754 型紫外—可见分光光度计外形结构如图 11.6 所示。

2. 在每次测定前，应首先作比色皿配对性试验。方法是：将同样厚度的 4 个比色皿分别编号，都装空白溶液，在 508nm 处测定各比色皿的吸光度（或透光率），结果应相同。若有显著差异，应将比色皿重新洗涤后再装空白溶液测定，直到吸光度（或透光率）一致。若经多次洗涤后，仍有显著差异，则用下法校正：

（1）以吸光度最小的比色皿为 0，测定其余 3 个比色皿的吸光度值作为校正值。

（2）测定水样或溶液时，以吸光度为零的比色皿作空白，用其他各皿装溶液，测各吸光度值减去所用比色皿的校正值，溶液吸光度测量值的校正示例见表 11.16。

溶液吸光度测量值的校正示例   表 11. 16

比色皿编号	空白溶液校正值（A）	显色溶液测得值（A）	校正后测得值（A）
1	0.0	0.0	空白
2	0.0044	0.2041	0.200
3	0.0088	0.4089	0.400
4	0.0223	0.6234	0.601

3. 拿取比色皿时，只能用手指捏住毛玻璃的两面，手指不得接触其透光面。盛好溶液（至比色皿高度的 4/5 处）后，先用滤纸轻轻吸去外部的水（或溶液），再用擦镜纸轻轻擦拭透光面，直至洁净透明。另外，还应注意比色皿内不得黏附小气泡，否则影响透光率。

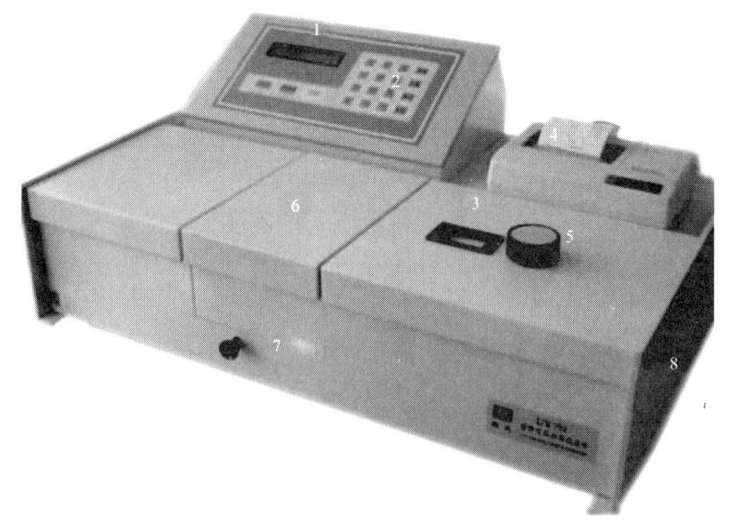

图 11.6 754 型紫外—可见分光光度计

1—显示窗口；2—仪器参数调整按钮；3—波长显示窗口；4—打印机；
5—波长调整窗口；6—比色槽暗盒箱；7—比色皿架拉杆；8—电源开关

4. 测量之前，比色皿需用被测溶液荡洗 2～3 次。然后再盛溶液。比色皿用毕后，应立即取出，用自来水及蒸馏水洗净、倒立晾干。

5. 仪器不测定时，应打开暗箱盖（对 754 型紫外—可见分光光度计），以保护光电管。

6. 绘制吸收光谱时应选择恰当的坐标比例，曲线应光滑。

思　考　题

1. 根据实验数据，计算在最大波长下，邻二氮菲-Fe（Ⅱ）的摩尔吸收系数 ε。你的计算值与文献值 $\varepsilon = 1.1 \times 10^4$ 是否一致？如不一致，请作解释。

2. 本次实验中用 754 型紫外—可见分光光度计测得的最大吸收波长与文献值 $\lambda_{max} = 508nm$ 是否有差别？如有差别，请解释原因。

3. 单色光不纯对吸收光谱的测定有何影响？

实验 14　吸收光谱法的测定条件试验
——邻二氮菲吸收光谱法测定水中铁

一、实验目的

1. 进一步熟悉分光光度计的使用方法；

2. 学会吸收光谱法中测定条件的选择方法。

二、原理

邻二氮菲-Fe（Ⅱ）吸收光谱中的 λ_{max} 确定后，还需掌握在 λ_{max} 处显色剂用量、溶液的 pH、显色时间、温度、显色化合物的稳定性以及溶液中共存离子的影响等，此外还要了解测定方法的适用范围、准确度、灵敏度等。本实验以水中微量铁（Fe^{2+}）与邻二氮菲反应的几个条件试验为例，使学生学会如何确定测定条件和如何研究一个分光光度方法。

已经知道（见实验 14 和第 8 章 8.6），Fe^{2+} 与邻二氮菲在一定条件下生成邻二氮菲-Fe（Ⅱ）橙红色络合物（$\lambda_{max}=508nm$，$\varepsilon=1.1\times10^4 L/(mol. cm)$)，该络合物在暗处可稳定半年。在 508nm 处测定吸光度值，用标准曲线法可求得水样中 Fe^{2+} 的含量。若用盐酸羟胺 $NH_2OH \cdot HCl$ 等还原剂将水中 Fe^{3+} 还原为 Fe^{2+}，则本法可测定水中总铁、Fe^{2+} 和 Fe^{3+} 的各自含量。

三、仪器及试剂

仪器：754 型紫外—可见分光光度计，pH 计，容量瓶 100mL 2 支，具塞磨口比色管 50mL 10 支，吸量管 1、2、10mL 各 1 支，坐标纸，精密 pH 试纸。

试剂：

1. 铁标准溶液（Ⅰ）（$Fe^{2+}=100\mu g/mL$）：见实验 14 配制。

2. 铁标准溶液（Ⅱ）（$Fe^{2+}=10\mu g/mL$）：用吸量管准确吸取 10.0mL 铁标准溶液（Ⅰ）至 100mL 容量瓶中，用去离子水稀释至刻度。此溶液铁含量为 $10\mu g/mL$。

3. 0.15%（m/v）邻二氮菲水溶液、10%（m/v）盐酸羟胺水溶液和缓冲溶液均同实验 13。

4. 0.1mol/L NaOH 溶液。

5. 含铁水样（总铁含量在 0.30～1.40mg/L）。

四、实验内容（根据实际情况，可穿插进行）

1. 显色络合物的稳定性试验

（1）取 1.0mL 铁标准溶液（Ⅰ）（Fe=$100\mu g/mL$），同时吸取 1.0mL 去离子水作空白。分别放入 50mL 比色管中，加入 1.0mL 10%$NH_2OH \cdot HCl$ 溶液，混匀；放置 2min 后，加入 2.0mL 0.15% 邻二氮菲溶液和 5.0mL 缓冲溶液，用去离子水稀释至刻度，混匀。

（2）在选定的波长下（$\lambda_{max}=508nm$），用 1cm 比色皿，以空白试剂调吸光度值为零，立即测定吸光度值。

（3）然后放置 30min，1.5h 和 4h，再分别测定吸光度值，记录。

2. 显色剂用量的确定

(1) 依次吸取 1.0mL 铁标准溶液 (Ⅰ) ($Fe^{2+}=100\mu g/mL$) 和 1mL 10% $NH_2OH \cdot HCl$ 溶液各 7 份，放入 7 个 50mL 比色管中，混匀。放置 2min。分别加入 0.0 (空白)，0.10，0.30，0.50，1.00，2.00 及 4.00mL 0.15% 邻二氮菲溶液和 5.0mL 缓冲溶液，以去离子水稀释至刻度，混匀。

(2) 在 745 型紫外—可见分光光度计上，用 1cm 比色皿，以不含显色剂溶液为空白，在 508nm 处测定吸光度值，记录。

3. 显色溶液 pH 的确定

(1) 吸取 1.0mL 铁标准溶液 (Ⅰ) ($Fe^{2+}=100\mu g/mL$) 和 1mL 10% $NH_2OH \cdot HCl$ 溶液各 8 份，依次放入 8 个 50mL 比色管中，混匀。置静 2min。再加 2.0mL 0.15% 邻二氮菲溶液，混匀。分别加入 0，2，5，10，20，25，30 和 40mL 0.1mol/L NaOH 溶液，用去离子水稀释至刻度，混匀。在 508nm 处，用 1cm 比色皿，以去离子水为空白，测定吸光度值，记录。

(2) 然后用 pH 计或精密 pH 试纸分别测定 pH，记录。

4. 标准曲线绘制

(1) 用吸量管准确吸取 0.00 (空白试验)，0.50，1.00，2.50，3.50，5.00 和 7.00mL 铁标准溶液 (Ⅱ) (含铁 $10\mu g/mL$)，分别放入 50mL 比色管中。各加入 1mL 10% $NH_2OH \cdot HCl$ 溶液，混匀。静置 2min 后，再各加入 2.0mL 0.15% 邻二氮菲溶液和 5.0mL 缓冲溶液，用水稀释至刻度，混匀，放置 10min。

(2) 在 745 型紫外—可见分光光度计上，在 508nm 处，用 1cm 比色皿，以"空白试验"调零，测定各溶液的吸光度值，做记录。

(3) 以铁含量为横坐标，对应的吸光度值为纵坐标，绘制标准曲线。

5. 水样中铁的测定 (总铁含量在 0.30～1.40mg/L)

(1) 总铁的测定

用移液管吸取 25mL 水样，放入 50mL 比色管中，接着按绘制标准曲线程序测定吸光度值。在标准曲线上查出水样中总铁含量 (共做 3 份平行样)。

(2) Fe^{2+} 的测定

用移液管吸取 25mL 水样，放入 50mL 比色管中，不加 $NH_2OH \cdot HCl$ 溶液，以下按绘制标准曲线步骤进行，测定吸光度值，在标准曲线上查出水样中 Fe^{2+} 的含量。

(3) 计算

$$铁（mg/L）=\frac{m}{V} \quad 或铁（mg/L）=\frac{C_{标,Fe} \times 50}{V}$$

式中　m——标准曲线上查出总铁或 Fe^{2+} 的量 (μg)；

$C_{标,Fe}$——标准曲线上查出总铁或 Fe^{2+} 的含量 (mg/L)；

V——水样的体积（mL）；

50——水样稀释最终体积（mL）。

6. 实验结果记录与处理

（1）显色络合物的稳定性

表 11.17

显色络合物稳定性的实验数据

放置时间（h）	立即	0.50	1.5	4.0
吸光度 A				

在坐标纸上，以放置时间为横坐标，对应的吸光度为纵坐标，绘制放置时间（t）—吸光度（A）关系曲线。

（2）显色剂用量的确定

表 11.18

显色剂用量实验数据

0.15%邻二氮菲溶液（mL）	0.10	0.30	0.50	1.0	2.0	4.0
吸光度 A						
适宜的显色剂用量						

在坐标纸上，以邻二氮菲的加入量（mL）为横坐标，对应的吸光度值为纵坐标，绘制显色剂用量—吸光度关系曲线。从中找出适宜的显色剂用量。

（3）显色溶液 pH 的确定

表 11.19

显色溶液 pH 实验数据

0.1mol/L NaOH 溶液用量（mL）	0	2	5	10	20	25	30	40
溶液 pH								
吸光度 A								
适宜的 pH 区间								

在坐标纸上，以 pH 为横坐标，对应的吸光度值为纵坐标，作 pH—吸光度关系曲线。从中找出适宜的 pH 区间。

（4）标准曲线绘制（终体积 50mL）

表 11.20

标准曲线数据

铁标准溶液（10μg/mL）	1	2	3	4	5	6	7
加入量（mL）	0.0	0.50	1.00	2.50	3.50	5.00	7.00
Fe 含量（μg）	0.0	5.0	10.0	25.0	35.0	50.0	70.0
Fe 浓度（mg/L）	0.0	0.10	0.20	0.50	0.70	1.00	1.40
吸光度 A	0.0						

绘制标准曲线。

（5）水样的测定

总铁	水样编号	1	2	3
	吸光度 A			
	Fe 含量（μg）			
	（mg/L）			
	平均含量（mg/L）			

水样中总 Fe 测定数据　　表 11.21

Fe^{2+}	水样编号	1	2	3
	吸光度 A			
	Fe 含量（μg）			
	（mg/L）			
	平均含量（mg/L）			

水样中 Fe^{2+} 测定数据　　表 11.22

7. 写出实验报告

五、注意事项

1. 见实验 14 中各项。

2. 为提高标准曲线的精确程度，可用线性回归法（最小二乘法）确定该曲线的回归方程：

$$C = aA + b$$

式中　C——水中被测定物质（Fe^{2+}）的浓度或含量（mol/L 或 mg/L）；

A——该物质（Fe^{2+}）对应的吸光度值；

a——回归系数（回归直线的斜率）；

b——回归直线的截距。

请参阅第 2 章 2.5.3 和第 8 章 8.4.4。

思　考　题

1. 本实验中配制铁标准溶液的硫酸亚铁铵是分析纯试剂，显色时为什么还要加盐酸羟胺？

2. 本实验吸取各溶液时，哪些应用移液管或吸量管？哪些可用量筒？为什么？

3. 试根据绘制标准曲线的实验数据，计算回归方程 $C = aA + b$ 中的 a 和 b。

实验 15　紫外吸收光谱法测定水中的总酚

一、实验目的

1. 学会使用 754 型紫外—可见分光光度计；

2. 学会并掌握紫外吸收光谱曲线的绘制和测量波长的选择以及标准曲线的绘制。

二、原理

以同一个水样酸化后作空白对照，碱化后作测定样，用 1cm 石英比色皿在 292.6nm 处测定含酚量较高的水样，用 3cm 石英比色皿在 238nm 处测定含酚量较低的水样，其苯酚、对甲酚的紫外吸收光谱曲线见第 8 章中 8.6.4（2）。

三、仪器与试剂

1. 754 型紫外—可见分光光度计（附 1cm 石英皿 1 套）；具塞磨口硬质玻璃试管（或比色管）10mL 若干支；吸量管　1mL　1 支；移液管　10mL　1 支。

2. 10mol/LNaOH 水溶液。

3. 0.5mol/LHCl 水溶液。

4. 0.250g/L 苯酚标准溶液：准确移取 25.0mg 分析纯苯酚，用少量不含酚蒸馏水溶解，移入 100mL 容量瓶中，并稀释至刻度，混匀。此溶液苯酚含量为 0.250mg/mL。

5. 不含酚蒸馏水：（1）蒸馏水中加入少量高锰酸钾的碱性溶液（pH＞11）后进行蒸馏制得（蒸馏过程中水应保持红色）。（2）于 1L 蒸馏水中加入 0.2g 经 200℃活化 0.5h 的活性炭粉末，充分振摇后，放置过夜。用双层中速滤纸过滤制得。

四、实验内容

1. 绘制吸收光谱曲线和选择测量波长

（1）用吸量管取 0.8mL 苯酚标准溶液（0.250mg/mL）两份，分别放入硬质玻璃试管中，用无酚蒸馏水稀释至 10mL，摇匀。

（2）其中一管中加一滴 10mol/LNaOH 溶液，另一管中加 1 滴 0.5mol/LHCl 溶液作空白。

（3）以酸化标样作空白对照，碱化标样作测定样，在 754 型紫外—可见分光光度计上，取狭缝宽度为 2.05mm，用 1cm 石英比色皿，在波长 220～350nm 范围内，从 220nm 起每隔 10nm 测定一次吸光度值，并做记录。以波长为横坐标，对应的吸光度值为纵坐标绘制吸收光谱曲线，并选择测量波长。

2. 绘制标准曲线

用吸量管分别吸取 0.00，0.40，0.80，1.20，1.60 和 2.00mL 苯酚标准溶液（0.250mg/mL）各两份，分别放入试管中（请编上序号），用无酚蒸馏水稀释至 10mL，混匀。此苯酚标准溶液系列对应的浓度为 0.00，10.0，20.0，30.0，40.0 和 50.0mg/L。同样以酸化标样作空白，碱性标样作测定样，在选定的工作波长处测定对应的吸光度值，做记录。以苯酚标准溶液的含量（mg/L）

为横坐标，对应的吸光度值为纵坐标绘制标准曲线。

3. 水样的测定

（1）取含酚水样 10mL 两份，放入硬质玻璃试管中。

（2）其中一管中加入 1 滴 10mol/L NaOH 溶液，另一管中加入 1 滴 0.5mol/L HCl 溶液，混匀。

（3）以酸化水样为空白对照（调零），碱化水样作测定样，在选定测量波长处测定吸光度值，然后在标准曲线上查出对应水样中的总酚含量（mg/L）。

4. 实验数据处理

（1）记录各步实验条件和测得数据；

（2）绘制苯酚吸收光谱曲线，并选择测量波长；

（3）绘制标准曲线，并由曲线上求算水样中总酚含量（mg/L）。

五、注意事项

本实验旨在学会使用 754 型紫外—可见分光光度计。该仪器较精密可靠，使用前必须认真阅读仪器说明书，认真听老师的讲解与安排。避免因使用不当而造成仪器性能下降甚至损坏仪器。754 型紫外—可见分光光度计外形结构如图 11.6 所示。

思　考　题

1. 本实验中为什么使用石英比色皿?

实验 16　水中挥发酚的测定（4-氨基安替比林萃取光度法）

一、实验目的

1. 学会水中挥发酚的预蒸馏方法；
2. 掌握水中挥发酚的 4-氨基安替比林萃取光度法的原理和测定方法。

二、原理

4-氨基安替比林（简写 4-AAP）与酚类化合物在 pH＝10.0±0.2 溶液中，在氧化剂铁氰化钾 $K_3Fe(CN)_6$ 作用下，生成橙红色的吲哚酚安替比林染料（反应式见第 8 章 8.6.4）。该染料的水溶液 λ_{max}＝510nm，在此波长下测定吸光度值，由标准曲线上查出水中酚类化合物的含量。如用 2cm 比色皿，其最低检出限为 0.1mg/L。但该染料的 $CHCl_3$ 萃取液在 λ_{max}＝460nm 处测定吸光度值，同样用标准曲线法求出水样中酚的含量，其最低检出限为 0.002mg/L，测定上限为

0.12mg/L。

三、仪器与试剂

1. 分光光度计。

2. 锥形分液漏斗 500mL，全玻璃蒸馏器 500mL。

3. 无酚水（见实验15）　全部试剂均用无酚水配制。

4. 三氯甲烷（氯仿）。

5. 2％（m/v）4-氨基安替比林溶液：称取 2g 4-氨基安替比林（$C_{11}H_{13}N_3O$），溶于水中，稀释至100mL，贮于棕色瓶中，冰箱内保存，可使用一周。

6. 8％（m/v）铁氰化钾溶液：称取 8g 铁氰化钾 $K_3Fe(CN)_6$ 溶于水中，稀释至100mL，贮于棕色瓶中，冰箱内保存，可使用一周。

7. 缓冲溶液（pH＝9.8）：称取 20g 氯化铵 NH_4Cl，溶于 100mL 氨水中，贮于橡皮塞瓶中，冰箱中保存。

8. 苯酚标准溶液

（1）苯酚标准储备液：称取 1.00g 无色苯酚 C_6H_5OH 溶于水，放入 1000mL 容量瓶中，稀释至刻度。冰箱内保存。

标定：吸取 10.00mL 苯酚标准储备液于 250mL 碘量瓶中，加水稀释到100mL，加 10.00mL 0.1mol/L 溴酸钾－溴化钾溶液。立即加入 5mL 浓盐酸，盖上塞，混匀，在暗处放置 10min。加入 1g 碘化钾 KI，盖上塞，混匀，暗处放置 5min。用 0.1000mol/L 硫代硫酸钠标准溶液滴定至淡黄色，加入 1mL 1％淀粉溶液，继续滴定至蓝色刚好退去。同时以无酚水作空白试验，分别记录硫代硫酸钠标准溶液用量（V_1，V_0）。

$$计算：苯酚（mg/L）＝\frac{(V_0-V_1)\,C_{Na_2S_2O_3}\times 15.68}{V}\times 1000$$

式中　V_0——空白试验中硫代硫酸钠标准溶液用量（mL）；

　　　V_1——滴定酚储备液时，硫代硫酸钠标准溶液用量（mL）；

　$C_{Na_2S_2O_3}$——硫代硫酸钠标准溶液浓度（$Na_2S_2O_3$，mol/L）；

　　15.68——苯酚的摩尔质量（$1/6C_6H_5OH$，g/mol）；

　　　V——取苯酚储备液的体积（mL）。

（2）苯酚标准使用液：吸取苯酚储备液 10.00mL，用水稀释至 1000mL，则得苯酚标准中间液 0.01mg/mL。再吸取此溶液 10.00mL，用水稀释至 100mL，则得苯酚标准使用液 0.001mg/mL。现用现配。

9. 溴酸钾－溴化钾标准参考溶液（$1/6KBrO_3$＝0.1mol/L）：称取 2.784g 溴酸钾 $KBrO_3$ 溶于水，加入 10g 溴化钾 KBr，溶解后，移入 1000mL 容量瓶中，稀释至刻度。

10. 0.1000mol/L 硫代硫酸钠标准溶液：配制与标定见实验 7。

11. 硫酸铜溶液：称取 10g 硫酸铜 $CuSO_4 \cdot 5H_2O$ 溶于水，稀释至 100mL。

12. 磷酸溶液：吸取 10mL 85％H_3PO_4，用水稀释至 100mL。

13. 浓 HCl，碘化钾，1％淀粉溶液，0.05％甲基橙水溶液

14. 含苯酚水样（约 0.002～0.060mg/L）

四、实验内容

1. 水样的预蒸馏

（1）如水样中含酚<0.05mg/L 时，取水样 250mL 于蒸馏瓶中，加甲基橙指示剂两滴，用磷酸溶液调节至 pH＝4（溶液呈橙红色），加 5.0mL 硫酸铜溶液，投入几粒玻璃珠。

（2）连接冷凝器（图 11.7），加热蒸馏，用碘量瓶接收蒸馏液。先蒸馏出 220mL，停止加热，放冷。向蒸馏瓶中加 30mL 蒸馏水，继续蒸馏至馏出液为 250mL 止。

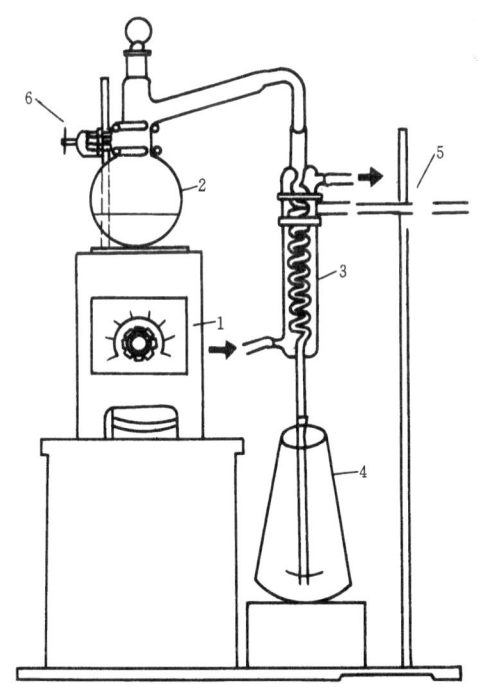

图 11.7　蒸馏装置

1—电炉；2—蒸馏瓶；3—冷凝管；4—吸收瓶；5、6—固定支架

2. 标准曲线绘制

（1）吸取苯酚标准使用液（1μg/mL）0.0（空白），0.50，1.00，3.00，

5.00，7.00，10.00 和 15.00mL 分别放入已盛有 100mL 水的 8 个 500mL 分液漏斗中，用水稀释至 250mL。加 2.0mL 缓冲溶液，混匀。加 1.50mL 4-氨基安替比林溶液，混匀。再加 1.5mL 铁氰化钾溶液，混匀。放置 10min。

（2）准确加入 10.0mL 氯仿，加塞，萃取 2min，静置分层。用干脱脂棉拭干分液漏斗颈管内壁，于颈管内塞一束干脱脂棉或滤纸。放出氯仿层，弃去最初滤出的数滴萃取液后，直接放入 2cm 比色皿中，在 460nm 处以"空白"调零，测定吸光度。以吸光度值为纵坐标，以对应的苯酚含量为横坐标绘制标准曲线。

3. 水样的测定

将预蒸馏馏出液转入 500mL 分液漏斗中（或取一定量馏出液，稀释至 250mL 后，转入分液漏斗中）。用与绘制标准曲线相同操作测量吸光度，在标准曲线上查出水样中的苯酚含量（μg 或 mg/L）。

计算：

$$挥发酚（以苯酚计，mg/L）=\frac{m}{V_{水}}　或$$

$$挥发酚（以苯酚计，mg/L）=\frac{C_{苯酚}\times 250}{V_{水}}$$

式中　m——从标准曲线上查得苯酚含量（μg）；

$C_{苯酚}$——从标准曲线上查得苯酚含量（mg/L）；

$V_{水}$——水样的体积（mL）；

250——水样稀释最终体积（mL）。

4. 实验数据处理（表 11.23）

挥发酚测定结果记录　　　　表 11.23

实　验　编　号	1	2	3	4	5	6	7	8
苯酚标准液（mL）	0.0	0.50	1.00	3.00	5.00	7.00	10.00	15.00
标准液苯酚含量（μg）	0.0	0.50	1.00	3.00	5.00	7.00	10.00	15.00
250mL 水中含量（mg/L）	0.0	0.002	0.004	0.012	0.020	0.028	0.040	0.060
吸光度								
水样吸光度								

请绘制标准曲线，并求出水样中的挥发酚含量（mg/L）。

5. 写出实验报告

注意事项

1. 如配制标准溶液的苯酚有颜色，则需精制。首先将苯酚在温水浴中熔化，倒入蒸馏瓶中，插上一支 250℃温度计，加热蒸馏，空气冷凝收集 182～184℃蒸馏液于瓶外冰水冷却的锥形瓶中，冷却后苯酚为无色结晶体，贮于暗处。

2. 水样中如有游离性余氯，可加入过量的硫酸亚铁将余氯还原为氯离子，然后蒸馏。

3. 如水样中含酚＞0.05mg/L 时，可直接采用 4-氨基安替比林光度法在 510nm 处测定。

思　考　题

1. 为什么标定苯酚标准储备液的准确含量时，必须在碘量瓶中进行？若用锥形瓶代替碘量瓶会产生什么影响？

2. 测定水样中的挥发酚（还有氰化物、氨等）时为什么要进行预蒸馏？

实验 17　水中氨氮的测定（纳氏试剂光度法）
——水中 NH_3-N 预蒸馏和显色时间选择

一、实验目的

1. 熟悉水中氨氮的预蒸馏方法；
2. 学会适宜的显色时间的确定方法；
3. 学会水中氨氮的光度法测定原理和方法。

二、原理

将水样调至中性，加入硼酸盐缓冲溶液，pH＝9.5；然后将氨以气态蒸出，用硼酸溶液吸收。

水中的氨氮与纳氏试剂作用生成黄棕色胶态络合物 $[Hg_2ONH_2]I$。

$$NH_3 + 2K_2HgI_4 + 3KOH \longrightarrow H_2N \begin{matrix} & O & \\ Hg & & Hg \end{matrix} I + 7KI + 2H_2O$$

　　　　　　纳氏试剂　　　　　　　　　黄棕色

在 410nm 波长下，测定吸光度值，用标准曲线法求出水中氨氮含量。

三、仪器与试剂

仪器：带氮球的定氮蒸馏装置（图 11.8）；分光光度计；pH 计。

试剂：

1. 无氨水：向蒸馏水中加入硫酸至 pH＜2，使水中各种型体的氨或胺最终都变成不挥发的盐类。进行重蒸馏，收集馏出液即得，密塞保存。所有试剂配制和稀释均用无氨水。

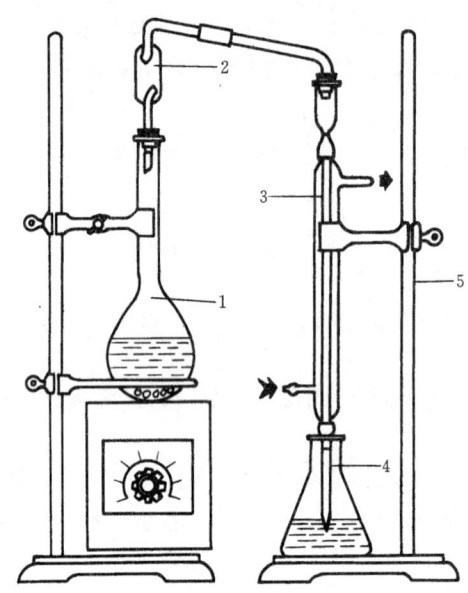

图 11.8　氨氮蒸馏装置

1—500mL 凯氏烧瓶；2—氮球；3—直形冷凝管；4—吸收瓶；5—固定支架

2. 硼酸盐缓冲溶液：取约 500mL 0.025mol/L 四硼酸钠（即硼砂）溶液（9.5g/L $Na_2B_4O_7 \cdot 10H_2O$），加入 88mL 0.1mol/L NaOH，用水稀释至 1L。

3. 硼酸溶液：称取 20g 硼酸溶于水，稀释至 1L。

4. 纳氏试剂：称取 10g 碘化汞 HgI_2 和 7g 碘化钾 KI 溶于水，将此溶液边搅拌边缓慢地加入 50mL 32％ (m/V) NaOH 的冷溶液中，并稀释至 100mL。贮于试剂瓶中，用橡皮塞盖紧。暗处保存，可稳定 1 年。注意：纳氏试剂，毒性很强，防止吸入！

5. 酒石酸钾钠溶液：称取 50g 酒石酸钾钠 $KNaC_4H_4O_6 \cdot 4H_2O$ 溶于 100mL 水中，加热煮沸以除去氨，放冷，定容至 100mL。

6. 铵标准溶液：

（1）储备液：称取 3.819g 干燥的无水氯化铵 NH_4Cl 溶于 1000mL 容量瓶中，稀释至刻度。此溶液含氨氮 1.00mg/mL。

（2）使用液：吸取储备液 5.00mL，放入 500mL 容量瓶中，稀释至刻度。此溶液含氨氮 NH_3-N 0.010mg/mL，含氨 NH_3 0.0122mg/mL。

7. 氨氮溶液约为 0.05mol/L。

8. 0.05％溴百里酚蓝指示剂（pH6.0～7.6）。

四、实验内容

1. 水样预蒸馏（本实验如时间紧，可做演示实验）

如果水样的 NH_3-N 大于 1mg/L 时，可以直接用纳氏试剂光度法测定；但若小于 1mg/L 或水样的颜色或浊度较高时，则应预先用蒸馏法将 NH_3 蒸出，再用纳氏试剂光度法测定。

（1）蒸馏装置的预处理：将 250mL 无氨水和 20mL 硼酸盐缓冲溶液放入凯氏烧瓶中，并用 6mol/L NaOH 调节 pH 至 9.5。加数粒玻璃珠，蒸馏至馏出液不含氨为止。弃去瓶内残液。

（2）取水样 250mL，移入凯氏烧瓶中，加数滴溴百里酚蓝指示剂，用 NaOH 溶液或 HCl 溶液调节 pH＝7 左右。加入 20mL 缓冲溶液和数粒玻璃珠，用 6mol/L NaOH 调节 pH 至 9.5（用 pH 计或精密 pH 试纸测定）。立即连接蒸馏装置，导管插入吸收液（50mL 硼酸溶液）液面 2cm 以下。加热蒸馏（蒸馏速度 6～10mL/min）。至馏出液达 200mL，将导管离开吸收液面，再停止加热。用无氨水稀释至 250mL。

2. 显色时间的试验

（1）吸取铵标准使用溶液（0.01mg/mL）0.0（做试剂空白试验），1.00 和 10.00，分别放入 50mL 比色管中，用无氨水稀释至刻度。50mL 溶液中，NH_3-N 含量分别为 0.0，0.20，2.00mg/L。

（2）加 1.0mL 酒石酸钾钠溶液，混匀。

（3）加 1.5mL 纳氏试剂，混匀。

（4）显色时间：0.0，5.0，10.0，20.0，30.0 和 60.0min。

（5）测定：在 420nm 处，用 2cm 比色皿，以试剂空白调零，分别测定不同显色时间后的吸光度值。要求重复测定 2 次，记录。并绘制显色时间与吸光度的关系曲线，求取适宜的显色时间。

3. 标准曲线绘制

（1）吸取 0.0，0.50，1.00，3.00，5.00，7.00，10.00mL 铵标准使用液（含 NH_3-N 0.01mg/mL），分别放入 50mL 比色管中，稀释至刻度。

（2）加入 1.5mL 酒石酸钾钠溶液，混匀。

（3）加入 1.0mL 纳氏试剂，混匀。

（4）显色 10min 以上（你确定的显色时间是多少?），按 2 中（5）步骤测定吸光度值，记录。并以水中氨氮 NH_3-N 的含量为横坐标，以对应的吸光度值为纵坐标，绘制标准曲线。

4. 水样的测定

吸取氨氮溶液 50mL，放入比色管中，以下按绘制标准曲线程序测定吸光度值。做 2 个平行样。在标准曲线上查出水样中氨氮的含量。

5. 实验数据处理

（1）显色时间数据（表 11.24）

显色时间测定结果记录   **表 11.24**

编　号		1	2	3	4	5	6
显色时间（min）		0	5	10	20	30	60
吸光度 A	NH₃-N 含量 0.20mg/L 1						
	2						
	平均						
	2.00mg/L 1						
	2						
	平均						

请绘制显色时间——吸光度关系曲线。

（2）绘制标准曲线数据（表 11.25）

标准曲线测定结果记录   **表 11.25**

实验编号	1	2	3	4	5	6	7
铵标准使用液体积（mL）	0.0	0.50	1.00	3.00	5.00	7.00	10.00
NH₃-N 的质量（mg）	0.0						
50mL 溶液中 NH₃-N 含量（mg/L）	0.0						
吸光度 A	0.0						

请绘制标准曲线。

五、写出实验报告

六、注意事项

1. 测定水样时，如果是未蒸馏水样，可按前述方法测定。但如果是蒸馏的水样，则需中和氨吸收液中的硼酸后再测定，其方法是：多加 2mL 纳氏试剂，中和硼酸；或在加入 1.5mL 纳氏试剂之前用 1mol/L NaOH 溶液中和硼酸。

2. 水样中如含有余氯时，与氨生成氯胺，不能与纳氏试剂生成显色化合物，干扰测定。遇此情况，可在含有余氯的水样中加入适量还原剂（如 0.35% $Na_2S_2O_3$ 溶液）消除干扰后测定。

3. 水样预蒸馏时需在弱碱性溶液中进行，否则 pH 过高促使有机氮的水解，使结果偏高；pH 低，氨不能完全被蒸馏出，使结果偏低。

思 考 题

1. 水样预蒸馏结束之前，为什么要将导管离开液面之后，再停止加热？

2. 水样中如有余氯时对 NH_3—N 测定有何影响，如何消除？

实验 18　水中 pH 的测定（玻璃电极法）

一、实验目的

1. 通过实验加深理解 pH 计测定溶液 pH 的原理；
2. 掌握 pH 计测定溶液 pH 的方法。

二、原理

电位法测定溶液的 pH，是以玻璃电极为指示电极（－），饱和甘汞电极为参比电极（＋）组成原电池。在一定条件下，按第 7 章式（7.12）计算 pH。实际测量中，选用 pH 与水样 pH 接近的标准缓冲溶液，校正 pH 计（又叫定位），并保持溶液温度恒定，以减少由于液接电位、不对称电位及温度等变化而引起的误差，测定水样之前，用两种不同 pH 的缓冲溶液校正，如用一种 pH 的缓冲溶液定位后，再测定相差约 3 个 pH 单位的另一种缓冲溶液的 pH 时，误差应在 ±0.1pH 之内。

校正后的 pH 计，可以直接测定水样或溶液的 pH。

本实验所用的是复合电极。复合电极将指示电极和参比电极集成，原理与上文相同。最大优点是使用方便，但不能长时间浸在蒸馏水中。使用完毕要用蒸馏水洗净，放在含外参比溶液的保护套内。

三、仪器与试剂

仪器：pHS-3C 型酸度计（或其他型号的 pH 计）；
　　　玻璃电极和甘汞电极（或复合电极）。

试剂：0.05mol/L 邻苯二甲酸氢钾标准缓冲溶液；
　　　0.025mol/L 混合磷酸盐缓冲溶液；
　　　NaH_2PO_4 溶液约 0.1mol/L。

四、实验内容

1. 按照仪器使用说明书的操作方法进行操作。
2. 将电极与塑料杯用水冲洗干净后，用标准缓冲溶液淋洗 1~2 次，用滤纸吸干。
3. 用标准缓冲溶液校正仪器。
4. 水样或溶液 pH 的测定。

（1）用水冲洗电极 3～5 次，再用被测水样或溶液冲洗 3～5 次，然后将电极放入水样或溶液中。

（2）测定 NaH_2PO_4 溶液的 pH，测定 3 次。

（3）测定完毕，清洗干净电极和塑料杯。

（4）实验数据记录（表 11.26）。

水中 pH 测定数据 表 11.26

编 号	1	2	3
被测溶液 pH			
平 均 值			

五、注意事项

1. 玻璃电极使用

（1）使用前，将玻璃电极的球泡部位浸在蒸馏水中 24h 以上。如果在 50℃ 蒸馏水中浸泡 2h，冷却至室温后可当天使用。不用时也须浸在蒸馏水中。

（2）安装：要用手指夹住电极导线插头安装，切勿使球泡与硬物接触。玻璃电极下端要比饱和甘汞电极高 2～3mm，防止触及杯底而损坏。

（3）玻璃电极测定碱性水样或溶液时，应尽快测量。测量胶体溶液、蛋白质和染料溶液时，用后须用棉花或软纸蘸乙醚小心地擦拭、酒精清洗，最后用蒸馏水洗净。

2. 饱和甘汞电极使用

（1）使用饱和甘汞电极前，应先将电极管侧面小橡皮塞及弯管下端的橡皮套取下，不用时再放回。

（2）饱和甘汞电极应经常补充管内的饱和氯化钾溶液，溶液中应有少许 KCl 晶体，不得有气泡。补充后应等几小时再用。

（3）饱和甘汞电极不能长时间浸在被测水样中。不能在 60℃ 以上的环境中使用。

3. 复合电极的使用

（1）经常检查电极内液面，如液面过低则应补充 4mol/L KCl 溶液。

（2）玻璃泡极易破碎，使用时必须极为小心。

（3）复合电极长期不用，可浸泡 3mol/L KCl 溶液中，平时可浸泡在无离子水或缓冲溶液中，使用时取出，用蒸馏水冲洗玻璃泡部分，然后用滤纸吸干。

（4）测样时，玻璃泡和半透膜小孔都要进入到溶液中。稍加搅拌，读数时电极应静止不动，以免数字跳动。

4. 仪器校正

(1) 应选择与水样 pH 接近的标准缓冲溶液校正仪器。

(2) 标准缓冲溶液。

1）pH 标准缓冲溶液的配制（表 11.27）。

pH 标准缓冲溶液的配制　　　　　　　　　表 11.27

	标准溶液浓度	pH_S（25℃）	1000mL 蒸馏水中基准物质的质量（g）
1	0.05mol/L 二草酸三氢钾	1.679	12.61
2	饱和酒石酸氢钾（25℃）	3.559	6.4[①]
3	0.05mol/L 柠檬酸二氢钾	3.776	11.41
4	0.05mol/L 邻苯二甲酸氢钾	4.008	10.12
5	0.025mol/L 磷酸二氢钾＋0.025mol/L 磷酸氢二钠	6.865	3.388[②]＋3.533[②③]
6	0.008695mol/L 磷酸二氢钾＋0.03043mol/L 磷酸氢二钠	7.413	1.179[②]＋4.302[②③]
7	0.01mol/L 四硼酸钠	9.180	3.80[③]
8	0.025mol/L 碳酸氢钠＋0.025mol/L 碳酸钠	10.012	2.029＋2.640
9	饱和氢氧化钙（25℃）	12.454	1.5[①]

① 近似溶解度。

② 110～130℃烘干 2h。

③ 用新煮沸并冷却的无 CO_2 蒸馏水。

2）试剂商店购买的 pH 基准试剂，按说明书配制。

(3) 定位：

1）将电极浸入第 1 份标准缓冲溶液中，调节"温度"钮，使与溶液温度一致。然后调"定位"钮，使 pH 读数与已知 pH 一致。注意，校正后，切勿再动"定位"钮。

2）将电极取出，洗净、吸干，再浸入第 2 份标准缓冲溶液中，测定 pH，如测定值与第 2 份标准缓冲溶液已知 pH 之差小于 0.1pH，则说明仪器正常，否则需检查仪器、电极或标准溶液是否有问题。

思　考　题

1. 从原理上解释 pH 计上的"温度"钮与"定位"钮的作用是什么？

2. 一种缓冲溶液是一个共轭酸碱的混合物，那么为什么邻苯二甲酸氢钾、四硼酸钠、二草酸三氢钾等可作为缓冲溶液？

实验 19   水中 I^- 和 Cl^- 的连续测定（电位滴定法）

一、实验目的

1. 学会电位滴定中的 PHS-3C 型酸度计或 ZD-2 型自动电位计的使用方法。
2. 掌握电位滴定法连续测定水中 I^-、Br^-、Cl^- 的原理和方法。

二、原理

当滴定剂与水中数种被测离子生成的沉淀的溶度积差别较大时，可不预先分离而进行连续滴定。以银电极为指示电极，饱和甘汞电极为参比电极，用 $AgNO_3$ 标准溶液连续滴定水中同时存在的 I^-、Br^- 和 Cl^-。由于 $K_{sp,AgI} = 8.3 \times 10^{-17}$，$K_{sp,AgBr} = 4.95 \times 10^{-13}$，$K_{sp,AgCl} = 1.77 \times 10^{-10}$，故滴定突跃的先后次序是 I^-、Br^- 和 Cl^-（见第 7 章 7.3 中   图 7.15）。

本实验以水中同时存在 I^- 和 Cl^- 为例，学习这种方法。从它们（AgX）的溶度积可知，当用 $AgNO_3$ 标准溶液滴定时，首先生成沉淀的是 AgI。

$$Ag^+ + I^- \Longrightarrow AgI \downarrow$$
$$（黄色）$$

随着 $AgNO_3$ 溶液的加入，当 $[Ag^+][Cl^-] \geqslant K_{sp,AgCl}$ 时，且水中 Cl^- 的含量不太高时，可以认为 AgI 沉淀完全后，AgCl 才开始沉淀：

$$Ag^+ + Cl^- \Longrightarrow AgCl \downarrow$$
$$（白色）$$

用银电极为指示电极时，25℃ 时溶液中 Ag^+ 活度（a_{Ag^+}）与电极电位的关系是

$$\varphi_{Ag^+/Ag} = \varphi^\theta_{Ag^+/Ag} + 0.059 \lg[Ag^+]❶$$
$$= \varphi^\theta_{Ag^+/Ag} - 0.059 pAg$$

滴定至计量点附近 pAg 发生突跃，而引起银电极电位突变。如用饱和甘汞电极作参比电极与之组成原电池，则滴定过程中，计量点附近的 pAg 两次突跃便会引起电池的电极电位两次突变而指示 I^- 和 Cl^- 的滴定终点。

应该指出，为了抑制卤化银对水中 Ag^+ 和卤素离子的吸附作用，可以在水样中加入 $Ba(NO_3)_2$ 或 KNO_3 溶液。

三、仪器与试剂

1. PHS-3C 型酸度计或 ZD-2 型自动电位滴定计，电磁搅拌器，铁芯玻璃搅

---

❶ 当离子强度一定,Cl^- 浓度较低时,可用 Ag^+ 浓度 $[Ag^+]$ 表示。

拌棒若干，银电极，双盐桥饱和甘汞电极，酸式滴定管 50mL 1 支，烧杯 100mL 2 个，量筒 50mL 1 个，移液管 25mL 1 支。

2. 0.05mol/L AgNO$_3$ 标准溶液（配制与标定见实验 5）。

3. Ba(NO$_3$)$_2$ 或 KNO$_3$（分析纯 AR）。

4. Cl$^-$ 和 I$^-$ 水溶液，浓度约为 0.1mol/L。

四、实验内容

（一）准备

1. 认真仔细阅读仪器使用说明书。接通电源，预热。

2. 用移液管吸取 25mL 含 Cl$^-$、I$^-$ 的水溶液，放入 100mL 烧杯中，加入 25mL 去离子水，加入 0.5g Ba(NO$_3$)$_2$ 固体，放入铁芯玻璃搅拌棒一根。

（二）用 PHS-3C 型酸度计测定的步骤

PHS-3C 型酸度计的外形结构如图 11.9 所示。

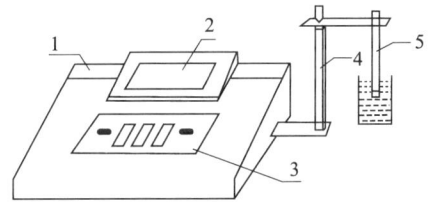

图 11.9 PHS-3C 型酸度计

1—机箱；2—显示屏；3—键盘；4—电极架；5—电极

1. 起始电极电位的测定：

（1）将 Ag 电极和饱和甘汞电极用电极夹固定，分别与仪器背面的测量电极插座和参比电极插座相连并插入水溶液中。仪器置于 mV 档。

（2）开动电磁搅拌器，搅拌数分钟。从屏幕上读出 mV 读数，即为起始电极电位。

2. 初测突跃范围：搅拌下，自滴定管缓慢滴入 0.05mol/LAgNO$_3$ 溶液，仔细观察电极电位的变化和 AgNO$_3$ 溶液的用量，当电极电位变化较大时，放慢滴定速度，求出计量点的大致范围（准确到 1mL 范围内）。

滴定完用去离子水清洗电极。

3. 另外取含 I$^-$、Cl$^-$ 的水样，根据初测计量点的大致范围，在电池的电极电位突跃范围前后，每次滴加 0.1mL 0.05mol/L AgNO$_3$，搅拌片刻，读取并记录相应的电极电位值，这样可准确地测出两个电位突跃所对应的消耗 AgNO$_3$ 溶液的体积。再重复测定一份水样。

（三）用 ZD-2 型自动电位滴定计测定的步骤

ZD-2 型自动电位滴定计的结构如图 11.10 所示。

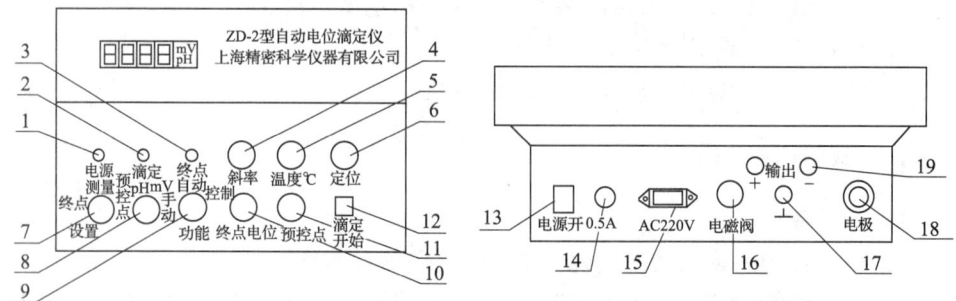

图 11.10 ZD−2 型自动电位滴定计

1—电源指示灯；2—滴定指示灯；3—终点指示灯；4—斜率补偿调节旋钮；

5—温度补偿调节旋钮；6—定位调节旋钮；7—"设置"选择开关；8—"pH/mV"选择开关；

9—"功能"选择开关；10—"终点电位"调节旋钮；11—"预控点"调节旋钮；

12—"滴定开始"按钮；13—电源开关；14—保险丝座；15—电源插座；16—磁阀接口；

17—接地接线柱，可接参比电极；18—电极插口；19—记录仪输出

1. 将银电极和饱和甘汞电极用电极夹固定，分别与仪器的电极接口及参比电极接口相联，将"设置"开关置在"测量"位置。把滴定毛细管插入水样中，管端与电极下端应在同一水平位置。用电磁搅拌器搅拌数分钟，测定起始电极电位 φ。

2. 采用手动操作方式，与使用 PHS-3C 操作步骤中 mV 测定一样进行初测。根据所得数据，用作图法或计算法，求出两个计量点的电极电位 $\varphi_{sp,1}$ 和 $\varphi_{sp,2}$。即可对一批同样的水样进行自动电位滴定。

3. 自动电位滴定法的操作步骤

（1）终点设定："设置"开关置"终点"，"pH/mV"开关置"mV"，"功能"开关置"自动"，调节"终点电位"旋钮，使显示屏显示你所要设定的终点电位值。终点电位选定后，"终点电位"旋钮不可再动。

（2）预控点设定：预控点的作用是当离开终点较远时，滴定速度很快；当到达预控点后，滴定速度很慢。设定预控点就是设定预控点到终点的距离，其步骤如下："设置"开关置"预控点"，调节"预控点"旋钮，使显示屏显示你所要设定的预控点数值。例如：设定预控点为 100mV，仪器将在离终点 100mV 处转为慢滴。预控点选定后，"预控点"调节旋钮不可再动。

（3）终点电位和预控点电位设定好后，将"设置"开关置"测量"，打开搅拌器电源，调节转速使搅拌从慢逐渐加快至适当转速。

（4）按一下"滴定开始"按钮，仪器即开始滴定，滴定灯闪亮，滴液快速滴下，在接近终点时，滴速减慢。到达终点后，滴定灯不再闪亮，过 10 秒左右，

终点灯亮，滴定结束。

（5）注意：到达终点后，不可再揿"滴定开始"按钮，否则仪器将认为另一极性相反的滴定开始，而继续进行滴定。

（6）记录滴定管内滴液的消耗读数。

（7）当滴定器终点指示灯熄灭，读取并记录消耗 $AgNO_3$ 溶液的体积 V_1，即为滴定 I^- 的 $AgNO_3$ 溶液用量。

（8）按同样方法，预设第二个计量点的电极电位 $\varphi_{sp,2}$ 值。使仪器自动滴定至终点，读取并记录 $AgNO_3$ 溶液的用量 V_2，即为滴定 Cl^- 的 $AgNO_3$ 溶液的用量。

按同样方法重复测定一次。

（四）测定结束后，切断仪器电源，清洗电极和滴定管，用滤纸擦干银电极，放回电极盒。

五、实验结果记录与计算

1. 按表 11.28 内容逐项记录与计算。

实验结果记录　　　　　　　　　　　　　表 11.28

V_{AgNO_3} （mL）	φ （mV）	$\Delta\varphi$ （mV）	ΔV （mL）	$\Delta\varphi/\Delta V$	$\Delta^2\varphi/\Delta V^2$

2. 绘制滴定曲线与水样中 I^- 和 Cl^- 的含量计算。

以滴入 $AgNO_3$ 标准溶液的用量（mL）为横坐标，相应的电极电位 φ 为纵坐标绘制滴定曲线。用二次微商法确定两个计量点对应的 $AgNO_3$ 溶液体积（mL），计算水样中 I^- 和 Cl^- 的浓度或含量（mol/L 或 mg/L）。

3. 应用自动电位滴定法测得的 $AgNO_3$ 溶液体积，直接计算水样中 I^- 和 Cl^- 的含量或浓度。

六、注意事项

1. 每次滴定结束，均需清洗电极。如银电极表面变黑时，用稀 HNO_3 溶液浸泡几秒钟，然后用去离子水冲洗，用滤纸擦去附着物。

2. 滴定过程中，接近计量点时，往往电位平衡比较慢，要注意读取平衡电位值。

思　考　题

1. 本实验中，$K_{sp,AgI} < K_{sp,AgCl}$，所以用 $AgNO_3$ 溶液滴定水中 I^- 和 Cl^- 时，AgI 首先沉淀，而 $AgCl$ 后沉淀。能否得出凡溶度积小的就先沉淀的结论？为什么？

2. 一次微商法与二次微商法求算滴定计量点时对应的滴定剂体积有何异同？

实验 20　废水中总铬的测定

铬（Cr）是生物体所需的微量元素，也是重要的化工原料。通常六价铬的毒性比三价铬高 100 倍，对环境及健康危害很大。含铬工业废水主要来源于铬矿石加工、金属表面处理、皮革鞣制、印染等行业。

一、实验目的

1. 掌握二苯碳酰二肼光度法测定水中铬的原理和方法。
2. 掌握改变价态消解预处理方法。

二、原理

采用二苯碳酰二肼光度法。

在酸性溶液中，水样中的三价铬被高锰酸钾（$KMnO_4$）氧化成六价铬。六价铬与二苯碳酰二肼（DPC）反应生成紫红色化合物，在 540nm 处测量吸光度，求得水中总铬。其中过量的 $KMnO_4$ 用亚硝酸钠（$NaNO_2$）分解，过量的 $NaNO_2$ 用尿素分解。

将总铬与直接用二苯碳酰二肼光度法测得的水样中六价铬的量相减，还可以求出水中三价铬的含量。

三、仪器及试剂

1. 分光光度计：各种型号。
2. 容量瓶：100mL、500mL。
3. 锥形瓶：150mL。
4. 比色管：50mL。
5. 重铬酸钾（$K_2Cr_2O_7$）、含水三氯化铬（$CrCl_3 \cdot 6H_2O$）、含水硫酸铬 $[Cr_2(SO_4)_3 \cdot 15H_2O]$、高锰酸钾（$KMnO_4$）、亚硝酸钠（$NaNO_2$）、丙酮、尿素等试剂：均为分析纯。
6. 1+1 硫酸溶液：将 50mL 硫酸（$\rho = 1.84g/mL$）缓慢加入 50mL 纯水中。
7. 1+1 磷酸溶液：将 50mL 磷酸（$\rho = 1.69g/mL$）缓慢加入 50mL 纯水中。
8. 氢氧化铵溶液：氨水（$NH \cdot H_2O$，$\rho = 0.90g/mL$）与等体积水混合。
9. 尿素溶液（200g/L）：称取尿素（$(NH_2)_2CO$）20g，溶于水并稀释至 100mL。
10. 亚硝酸钠溶液（20g/L）：称取亚硝酸钠（$NaNO_2$）2g，溶于水并稀释至 100mL。

11. 高锰酸钾溶液（40g/L）：称取高锰酸钾（$KMnO_4$）4g，在加热和搅拌下溶于水，最后稀释至 100mL。

12. 二苯碳酰二肼丙酮溶液（2g/L）：称取 0.2g 二苯碳酰二肼 OC$(HNNHC_6H_5)_2$（DPC，又名二苯氨基脲），溶于 100mL 丙酮中，盛于棕色瓶中置冰箱内可保存半月，颜色变深时不能使用。

13. 铬标准储备溶液（100μg/mL）：称取 0.1414g 经 105～110℃烘至恒重的重铬酸钾（$K_2Cr_2O_7$），溶于纯水中，定容至 500mL。

14. 铬标准溶液（1.00μg/mL）：制作标准曲线前，吸取 5.00mL 铬标准储备溶液于 500mL 容量瓶中，用纯水稀释至刻度，使用当天配制。

15. 含铬水样：取适量氯化汞（$CrCl_3 \cdot 6H_2O$）或硫酸铬（$Cr_2(SO_4)_3 \cdot 15H_2O$）和重铬酸钾（$K_2Cr_2O_7$）溶于纯水中，在实验进行前制备。

四、实验内容

1. 消解：即水样中三价铬用 $KMnO_4$ 氧化成六价铬。

（1）取 50mL 或适量（铬含量少于 50μg）水样置于 150mL 锥形瓶中，用氢氧化铵或 1+1 硫酸调至中性，放入几粒玻璃珠，分别加入 0.5mL 1+1 硫酸溶液、0.5mL 1+1 磷酸溶液，再加水至 50mL，摇匀，加入 2 滴 $KMnO_4$ 溶液，如紫红色消退，则继续添加 $KMnO_4$ 溶液，使保持紫红色。加热煮沸至溶液体积约剩 20mL。

（2）上述水样冷却后，加入 1mL 尿素溶液，摇匀。用滴管滴加 $NaNO_2$ 溶液，每加 1 滴充分摇匀，至 $KMnO_4$ 的紫红色刚好退去。稍停片刻，待溶液内气泡溢出后，转移至 50mL 比色管中。

2. 测定

将消解预处理后的水样加入 2mL 二苯碳酰二肼丙酮溶液，摇匀。10min 后，在 540nm 波长下，用 10mm 或 30mm 光程的比色皿，以纯水做参比测定吸光度。从标准曲线上查得铬的含量。

3. 标准曲线

向一系列 150mL 锥形瓶中分别加入 0、0.20、0.50、1.00、2.00、4.00、6.00、8.00 和 10.00mL 铬标准溶液，用水稀释至 50mL，然后按照 1 和 2 的步骤进行处理，并绘制校准曲线。

4. 完成实验总结报告。

五、注意事项

1. 铬与二苯碳酰二肼反应时，酸度、温度和 pH 对显色都有影响。H^+ 浓度在 0.2mol/L、15℃时颜色最稳定，显色后 2～3min 最深、5～15min 保持稳定。

2. 所有玻璃器皿内壁需光洁，以免吸附铬离子。不得用重铬酸钾洗液洗涤，可用硝酸、硫酸混合液或合成洗涤剂洗涤，洗涤后要冲洗干净。

思 考 题

1. 测量废水中总铬除二苯碳酰二肼分光光度法外，还有其他什么方法？

2. 将水样中三价铬转化成六价铬后，为什么要用尿素去除多余的亚硝酸钠？

3. 加入高锰酸钾后，为什么要先加入尿素，后加入亚硝酸钠？

实验 21　废水中总汞的测定

汞及其化合物属于剧毒物质，进入水体的无机汞离子可转化为毒性更大的有机汞（如甲基汞 CH_3Hg^+，乙基汞 $CH_3CH_2Hg^+$ 等）。含汞废水主要来自仪表厂、贵金属冶炼、食盐电解和军工等行业。

一、实验目的

1. 掌握废水中改变价态消解和萃取等预处理方法。

2. 掌握双硫腙光度法测定废水中总汞的原理和方法。

二、原理

采用双硫腙光度法。

消解：废水中汞在强酸（H_2SO_4）和 95℃条件下，用 $KMnO_4$ 将水样消解，使所含汞全部转化为二价汞，且能消除有机物的干扰。

显色萃取：消解后水样，用盐酸羟氨（$NH_2OH \cdot HCl$）将过量的氧化剂还原，二价汞离子与双硫腙（H_2Dz）生成橙色化合物 $[Hg(HD_z)_2]$，用三氯甲烷（$CHCl_3$）或四氯化碳（CCl_4）萃取两次，合并有机相萃取液，再用 NaOH－EDTA 混合液洗去过量的双硫腙。

测量：以 $CHCl_3$ 或 CCl_4 为参比（试剂空白），在 485nm 处测定吸光度，求出废水中总汞的含量。

三、仪器及试剂

1. 分光光度计：各种型号。

2. 水浴锅或电炉。

3. 容量瓶：100mL、250mL、1000mL。

4. 分液漏斗：125mL、500mL。

5. 具塞磨口锥形瓶：500mL。

6. 硫酸：$\rho = 1.84g/mL$。

7. 双硫腙、氯化汞（$HgCl_2$）、氯化甲基汞（CH_3HgCl）、氯化乙基汞（CH_3CH_2HgCl）等试剂均为分析纯。

8. 高锰酸钾溶液（50g/L）：称取 5g $KMnO_4$，溶于纯水中，并稀释至100mL，贮于棕色瓶中，放置过夜，过滤后使用。

9. 亚硫酸钠溶液（200g/L）：称取 20g 亚硫酸钠（$Na_2SO_3 \cdot 7H_2O$），溶于纯水中，并稀释至 100mL。

10. 碱性洗液：取 5g 氢氧化钠，溶于 250mL 纯水中，加入 5g 乙二胺四乙酸二钠（EDTA－Na_2），再加氨水至 500mL。

11. 1：19 硝酸：取 5mL 硝酸（$\rho = 1.42g/mL$），用水稀释至 100mL，混匀。

12. 汞标准固定液：将 0.5g $K_2Cr_2O_7$ 溶于 950mL 水中，并加入 50mL 1：19硝酸。

13. 汞标准储备液（100.0$\mu g/mL$）：称取 0.1354g 经硅胶干燥器放置 24h 的氯化汞（$HgCl_2$），用固定液溶解，移至 1000mL 容量瓶中，再用固定液稀释至刻度。

14. 汞标准中间溶液（0.10$\mu g/mL$）：吸取汞标准储备溶液 10.00mL，用汞标准固定液稀释定容至 1000mL。再吸取此溶液 10.00mL，定容至 100mL。

15. 汞标准使用液（0.010$\mu g/mL$）：临用前，吸取汞标准中间溶液10.00mL，用汞标准固定液定容至 100mL。

16. 含汞水样：将适量氯化汞（$HgCl_2$）、氯化甲基汞（CH_3HgCl）、氯化乙基汞（CH_3CH_2HgCl）溶于苯中。

17. 双硫腙三氯甲烷（或四氯化碳）储备溶液（1g/L）：称取 0.10g 双硫腙（$C_{13}H_{12}N_4S$，又名二苯基硫代卡巴腙），溶于三氯甲烷（或四氯化碳）中，并稀释至 100mL，储于棕色瓶中，置冰箱内保存。

18. 双硫腙三氯甲烷（或四氯化碳）使用液：实验前将双硫腙三氯甲烷（或四氯化碳）储备溶液用三氯甲烷（或四氯化碳）稀释（约 50 倍）成 500nm 下吸光度为 0.40（1cm 比色皿）溶液。

19. 盐酸羟胺溶液（100g/L）：称取 10g 盐酸羟胺（$NH_2OH \cdot HCl$），溶于纯水中并稀释至 100mL。如果试剂空白过高，以 2.5L/min 的流量通入氮气或净化过的空气 30min。

四、实验内容

1. 水样消解预处理

（1）向 500mL 具塞锥形瓶中放入 10mL 50g/L $KMnO_4$ 溶液，如水样中有机物过多，可增加 5～10mL，然后再加入 250mL 水样。

（2）取同样 8 个 500mL 锥形瓶，各先加入 10mL KMnO₄ 溶液，然后分别加入汞标准使用溶液 0、0.25、0.50、1.00、2.00、4.00、6.00 和 8.00mL，各加纯水至 250mL。

（3）向水样及标准水样中各加入 20mL 硫酸，置电炉上煮沸（或于水浴锅中 95℃加热）5min。

（4）将消解后的溶液冷却至室温，滴加盐酸羟胺溶液至 KMnO₄ 退色，剧烈振荡，开塞放置 30min。

2. 测定

（1）将溶液倾入 500mL 分液漏斗中，各加 1mL 亚硫酸钠溶液及 10.0mL 双硫腙三氯甲烷（或四氯化碳）溶液，剧烈振荡 1min，静置分层。

（2）将双硫腙三氯甲烷（或四氯化碳）溶液放入另一套已盛有 20mL 碱性洗液的 125mL 分液漏斗中，剧烈振荡 30s，静置分层，将三氯甲烷（或四氯化碳）相放入干燥的 10mL 比色管中。

（3）于 485nm 波长下，用 2cm 比色皿以三氯甲烷（或四氯化碳）为参比，测量样品和标准溶液的吸光度

（4）绘制标准曲线，从曲线上查出样品中汞的含量。

3. 完成实验总结报告。

五、注意事项

1. 汞及其化合物有毒！实验中注意安全防护，所有操作均要在通风橱中进行。

2. 试样中所有溶液，尤其双硫腙汞的三氯甲烷（或四氯化碳）溶液，切勿随意丢弃，设法妥善处置或回收。

3. 实验所需的玻璃仪器需用 1+1 硝酸溶液浸泡过夜，再用纯水冲洗洁净。

思　考　题

1. 测量废水中总汞除双硫腙光度法外，还有其他方法吗？

2. 简单举一些双硫腙光度法测定其他金属元素的实例。

3. 简述环境中汞污染的来源有哪些。

实验 22　溶剂萃取气相色谱法测定水中的氯苯

水中氯苯类化合物具有强烈刺激气味，在进入人体时有蓄积作用，会严重损害人体健康。

一、实验目的

1. 熟悉溶剂萃取富集水样的方法。
2. 了解气相色谱仪的基本结构、性能和操作方法。
3. 掌握气相色谱法的基本原理和定量方法。

二、原理

用二硫化碳（CS_2）萃取水样中氯苯，经浓缩后，用气相色谱氢火焰离子化检测器测量。

三、仪器和试剂

1. 仪器和器材

配有氢火焰离子化检测器（FID）的气相色谱仪；

（色谱柱：不锈钢或硬质玻璃填充柱，内含 1.5％有机皂土和 1.5％邻苯二甲酸二壬酯的固定液）

微量进样器 $5\mu L$，$10\mu L$；

容量瓶 50mL，100mL；

KD 浓缩器或旋转蒸发仪；

容量瓶 50mL，100mL；

分液漏斗 250mL，500mL；

2. 试剂

二硫化碳（CS_2）；氯苯 色谱纯 ；

氯苯标准溶液：

储备液（1.00mg/mL）：准确称取 50.0mg 氯苯放入 50mL 容量瓶中，用 CS_2 稀释至刻度。

使用液（$100\mu g/mL$，$0.10\mu g/\mu L$）：准确称取贮备液 10.0mL，用 CS_2 稀释至 100.0mL。

无水硫酸钠。

四、实验内容

1. 调整色谱仪

柱温：130℃；

气化室温度：160℃；

检测器温度：160℃；

气体流量：载气（高纯 N_2） 40mL/min，氢气 45mL/min；空气

450mL/min；

进样量：1μL。

2. 操作步骤

(1) 标样的测定

1) 分别用微量进样器吸取 0、2.0、5.0、20.0、40.0、60.0 和 80.0μL 氯苯标准使用液（100μg/mL，0.10μg/μL），加入到 100mL 容量瓶中，用无有机物蒸馏水稀释至刻度。

2) 按给定色谱条件，进样 1μL。

3) 记录峰高。

(2) 水样的测定

1) 水样：取 250mL 含氯苯水样（2 个平行样），放入 500mL 分液漏斗中。

2) 萃取：加入 5.0mL CS_2 萃取，振摇并时时放气，萃取 5min，待静置分层后，再加入 5.0mL CS_2 萃取一次，合并萃取液。

3) 干燥浓缩：萃取液用无水硫酸钠脱水干燥，在 KD 浓缩器或旋转蒸发仪中（50℃水浴下）浓缩至 1.0mL。

4) 按标样测定步骤 2) 和 3) 进行，记录峰高。

3. 实验数据整理

(1) 实验记录（表 11.29）

测定结果记录　　　　　　　　　表 11.29

实验编号	1	2	3	4	5	6	7
氯苯标准溶液（μg/L）	0	2.00	5.00	20.0	40.0	60.0	80.0
峰高（mV）							
水样峰高（mV）							
水样浓度（μg/L）							

(2) 标准曲线绘制：扣除空白后，以水中氯苯含量（μg/L）为横坐标，对应的峰高为纵坐标绘制标准曲线。

(3) 由水样的峰高（mV），在标准曲线上查出水样中氯苯的浓度（μg/L）。

4. 注意事项

(1) 实验前认真阅读气相色谱仪的使用说明，实验时严格遵守操作规程；

(2) 色谱条件选择可由实验室指导教师根据现有仪器条件完成。

(3) 氯苯对人体有害且易燃，操作时注意安全。

思　考　题

1. 根据实验数据和色谱图，你知道本实验中氯苯的保留时间 t_R 吗？色谱法中 t_R 有何意义？

2. 根据绘制标准曲线的数据，谈谈色谱峰高的作用是什么?

实验 23　　原子吸收光谱法测定水中镁的含量

一、实验目的

1. 掌握原子吸收光谱法的基本原理;
2. 熟悉原子吸收光谱法的基本定量方法——标准曲线法;
3. 了解原子吸收分光光度计的基本结构、性能和操作方法。

二、原理

稀溶液中的镁离子 Mg^{2+} 在火焰温度（<3000K）下变成镁原子蒸气，由光源空心阴极灯辐射出镁的特征谱线被镁原子蒸气强烈吸收，其吸光度 A 与镁原子蒸气浓度 N 的关系符合朗伯—比尔定律。在固定的实验条件下，镁原子蒸气浓度 N 与溶液中镁离子浓度 C 成正比，故

$$A = KC$$

式中　A——水样的吸光度;

　　　C——水样中镁离子 Mg^{2+} 的浓度;

　　　K——常数。

用标准曲线法，可以求出水样中 Mg^{2+} 的含量。

三、仪器与试剂

仪器:原子吸收分光光度计，镁元素空心阴极灯，乙炔钢瓶，空气压缩机;容量瓶 250mL，100mL;吸量管 2mL，10mL;洗耳球。

试剂:

1. 镁标准储备液（100.0μg/mL）:称取 0.1658g 光谱纯氧化镁 MgO 于烧杯中，用适量盐酸溶解后，蒸干除去过剩盐酸后，用去离子水溶解，转移到 1000mL 容量瓶中，并稀释至刻度。

2. 氯化镧溶液:称取 1.76g 氯化镧 $LaCl_3$ 溶于水中，稀释至 100mL，此溶液含 La10mg/mL。

3. 盐酸:分析纯 AR。

4. 去离子水。

5. 含镁水样:用氯化镁 $MgCl_2$ 配制，Mg^{2+} 浓度在 1～50mg/L 范围内。

四、实验内容

1. 仪器工作条件的选择　按改变一个因素，固定其他因素来选择最佳工作

条件的方法，确定实验的最佳工作条件是：

镁空心阴极灯工作电流	4mA
狭缝宽度	0.5mm
波长	285.2nm
燃烧器高度	6mm
乙炔流量	1.6L/min

2. 标准曲线的绘制

（1）镁标准使用溶液的配制

准确吸取 10.0mL 镁标准储备液（100.0μg/mL），放入 100mL 容量瓶中，用去离子水稀释至刻度。此溶液镁含量为 10.0μg/mL。

（2）镁标准系列溶液的配制

准确吸取镁标准使用液（10.0μg/mL）0.0（试剂空白）、1.00、3.00、5.00、7.50、10.00mL 分别放入 6 支 100mL 容量瓶中，再分别加入 5mL LaCl$_3$ 溶液，用去离子水稀释至刻度，摇匀（溶液浓度依次为 0.000、0.100、0.300、0.500、0.750、1.000mg/L）。

（3）标准系列溶液的测定

按选定的工作条件，用"空白试剂"调吸光度为零，然后由稀到浓依次测定各标准溶液的吸光度值。做记录。

3. 水样的测定

准确吸取水样 2.00mL（如水样中 Mg^{2+} 含量低时，可适当多取），放入 100mL 容量瓶中，用去离子水稀释至刻度，混匀。按同样条件测定吸光度值。做平行样 3 份，记录。

五、数据处理

1. 记录（表 11.30）。

测定结果记录   表 11.30

实 验 编 号	1	2	3	4	5	6
镁标准使用液体积（mL）	0.0	1.00	3.00	5.00	7.50	10.00
含量（μg）	0.0	10.0	30.0	50.0	75.0	100.00
浓度 C（mg/L）	0.0	0.100	0.300	0.500	0.750	1.000
吸光度 A	0.0					
水样吸光度 A						

2. 绘制标准曲线：以标准溶液浓度 C（mg/L）为横坐标，对应的吸光度为纵坐标，绘制标准曲线。

3. 在标准曲线上查出水样中镁的含量。

$$水样中镁的含量(mg/L) = C_标 \times \frac{100}{V_水}$$

式中　$C_标$——由标准曲线上查出镁的含量（mg/L）；

　　　$V_水$——取水样的体积（mL）；

　　　100——水样稀释至最后体积（mL）。

4. 写出实验报告。

六、注意事项

1. 仪器操作中注意事项：

（1）单光束仪器一般预热 10～30min。

（2）启动空气压缩机压力不允许大于 0.2MPa，乙炔压力最好不要超过 0.1MPa。

（3）点燃空气—乙炔火焰时，应先开空气，后开乙炔；熄灭火焰时，先关乙炔开关，后关空气开关。

（4）排废水管必须用水封，以防回火。

2. 在空气—乙炔火焰中，一般水中常见的阴、阳离子不影响镁、钙的测定。而 Al^{3+} 与 SiO_3^{2-}、PO_4^{3-} 和 SO_4^{2-} 共存时，能抑制钙、镁的原子化，吸光度将减少，使结果偏低。故在水样中加入过量的 La 盐或 Sr 盐，由于 La 和 Sr 能与干扰离子生成更稳定的化合物，将被测元素释放出来，可消除共存离子对 Ca^{2+}、Mg^{2+} 测定的干扰。

3. 如改用氧化亚氮—乙炔高温火焰，所有的化学干扰均会消除。但由于温度高，会出现电离干扰，水样中加入大量钾或钠盐即可消除。

4. 乙炔管道及接头禁止使用紫铜材质，否则易生成乙炔铜引起爆炸。

5. 测定水样中镁含量时，采用标准曲线法；如测定水样中钙含量时，则采用标准加入法定量。

思　考　题

1. 原子吸收光谱法测定不同元素时，对光源有什么要求？

2. 用原子吸收光谱法和 EDTA 络合滴定法测定水中金属元素或离子时有何异同？

附　表

附表1　生活饮用水卫生标准 GB 5749—2006

指　　标	限　　值
1. 微生物指标[a]	
总大肠菌群（MPN/100mL 或 CFU/100mL）	不得检出
耐热大肠菌群（MPN/100mL 或 CFU/100mL）	不得检出
大肠埃希氏菌（MPN/100mL 或 CFU/100mL）	不得检出
菌落总数（CFU/mL）	100
2. 毒理指标	
砷（mg/L）	0.01
镉（mg/L）	0.005
铬（六价，mg/L）	0.05
铅（mg/L）	0.01
汞（mg/L）	0.001
硒（mg/L）	0.01
氰化物（mg/L）	0.05
氟化物（mg/L）	1.0
硝酸盐（以 N 计，mg/L）	10 地下水源限制时为 20
三氯甲烷（mg/L）	0.06
四氯化碳（mg/L）	0.002
溴酸盐（使用臭氧时，mg/L）	0.01
甲醛（使用臭氧时，mg/L）	0.9
亚氯酸盐（使用二氧化氯消毒时，mg/L）	0.7
氯酸盐（使用复合二氧化氯消毒时，mg/L）	0.7
3. 感官性状和一般化学指标	
色度（铂钴色度单位）	15
浑浊度（NTU−散射浊度单位）	1 水源与净水技术条件限制时为 3
臭和味	无异臭、异味
肉眼可见物	无
pH（pH 单位）	不小于 6.5 且不大于 8.5
铝（mg/L）	0.2

续表

指　标	限　值
铁（mg/L）	0.3
锰（mg/L）	0.1
铜（mg/L）	1
锌（mg/L）	1
氯化物（mg/L）	250
硫酸盐（mg/L）	250
溶解性总固体（mg/L）	1000
总硬度（以 $CaCO_3$ 计，mg/L）	450
耗氧量（COD_{Mn}法，以 O_2 计，mg/L）（高锰酸盐指数[①]）	3 水源限制，原水耗氧量＞6mg/L 时为 5
挥发酚类（以苯酚计，mg/L）	0.002
阴离子合成洗涤剂（mg/L）	0.3
4. 放射性指标[b]	指导值
总 α 放射性（Bq/L）	0.5
总 β 放射性（Bq/L）	1

[a]　MPN 表示最可能数；CFU 表示菌落形成单位。当水样检出总大肠菌群时，应进一步检验大肠埃希氏菌或耐热大肠菌群；水样未检出总大肠菌群，不必检验大肠埃希氏菌或耐热大肠菌群。

[b]　放射性指标超过指导值，应进行核素分析和评价，判定能否饮用。

①　作者注：COD_{Mn}已废除，应统称为高锰酸盐指数。

饮用水中消毒剂常规指标及要求　　　　　　　　　　附表 1.2

消毒剂名称	与水接触时间	出厂水中限值	出厂水中余量	管网末梢水中余量
氯气及游离氯制剂（游离氯，mg/L）	至少 30min	4	≥0.3	≥0.05
一氯胺（总氯，mg/L）	至少 120min	3	≥0.5	≥0.05
臭氧（O_3，mg/L）	至少 12min	0.3		0.02 如加氯， 总氯≥0.05
二氧化氯（ClO_2，mg/L）	至少 30min	0.8	≥0.1	≥0.02

水质非常规指标及限值　　　　　　　　　　　　　　附表 1.3

指　标	限　值
1. 微生物指标	
贾第鞭毛虫（个/10L）	＜1
隐孢子虫（个/10L）	＜1
2. 毒理指标	
锑（mg/L）	0.005

指　　标	限　　值
钡（mg/L）	0.7
铍（mg/L）	0.002
硼（mg/L）	0.5
钼（mg/L）	0.07
镍（mg/L）	0.02
银（mg/L）	0.05
铊（mg/L）	0.0001
氯化氰（以 CN^- 计，mg/L）	0.07
一氯二溴甲烷（mg/L）	0.1
二氯一溴甲烷（mg/L）	0.06
二氯乙酸（mg/L）	0.05
1，2-二氯乙烷（mg/L）	0.03
二氯甲烷（mg/L）	0.02
三卤甲烷（三氯甲烷、一氯二溴甲烷、二氯一溴甲烷、三溴甲烷的总和）	该类化合物中各种化合物的实测浓度与其各自限值的比值之和不超过 1
1，1，1-三氯乙烷（mg/L）	2
三氯乙酸（mg/L）	0.1
三氯乙醛（mg/L）	0.01
2，4，6-三氯酚（mg/L）	0.2
三溴甲烷（mg/L）	0.1
七氯（mg/L）	0.0004
马拉硫磷（mg/L）	0.25
五氯酚（mg/L）	0.009
六六六（总量，mg/L）	0.005
六氯苯（mg/L）	0.001
乐果（mg/L）	0.08
对硫磷（mg/L）	0.003
灭草松（mg/L）	0.3
甲基对硫磷（mg/L）	0.02
百菌清（mg/L）	0.01
呋喃丹（mg/L）	0.007
林丹（mg/L）	0.002

续表

指　　标	限　　值
毒死蜱（mg/L）	0.03
草甘膦（mg/L）	0.7
敌敌畏（mg/L）	0.001
莠去津（mg/L）	0.002
溴氰菊酯（mg/L）	0.02
2，4-滴（mg/L）	0.03
滴滴涕（mg/L）	0.001
乙苯（mg/L）	0.3
二甲苯（mg/L）	0.5
1，1-二氯乙烯（mg/L）	0.03
1，2-二氯乙烯（mg/L）	0.05
1，2-二氯苯（mg/L）	1
1，4-二氯苯（mg/L）	0.3
三氯乙烯（mg/L）	0.07
三氯苯（总量，mg/L）	0.02
六氯丁二烯（mg/L）	0.0006
丙烯酰胺（mg/L）	0.0005
四氯乙烯（mg/L）	0.04
甲苯（mg/L）	0.7
邻苯二甲酸二（2-乙基己基）酯（mg/L）	0.008
环氧氯丙烷（mg/L）	0.0004
苯（mg/L）	0.01
苯乙烯（mg/L）	0.02
苯并（a）芘（mg/L）	0.00001
氯乙烯（mg/L）	0.005
氯苯（mg/L）	0.3
微囊藻毒素-LR（mg/L）	0.001
3. 感官性状和一般化学指标	
氨氮（以 N 计，mg/L）	0.5
硫化物（mg/L）	0.02
钠（mg/L）	200

农村小型集中式供水和分散式供水部分水质指标及限值   附表 1.4

指　　标	限　　值
1. 微生物指标	
菌落总数（CFU/mL）	500
2. 毒理指标	
砷（mg/L）	0.05
氟化物（mg/L）	1.2
硝酸盐（以 N 计，mg/L）	20
3. 感官性状和一般化学指标	
色度（铂钴色度单位）	20
浑浊度（NTU-散射浊度单位）	3 水源与净水技术条件限制时为 5
pH（pH 单位）	不小于 6.5 且不大于 9.5
溶解性总固体（mg/L）	1500
总硬度（以 $CaCO_3$ 计，mg/L）	550
耗氧量（COD_{Mn} 法，以 O_2 计，mg/L）（高锰酸盐指数[①]）	5
铁（mg/L）	0.5
锰（mg/L）	0.3
氯化物（mg/L）	300
硫酸盐（mg/L）	300

[①]作者注：同附表 1.1。

附表 2　欧盟饮用水水质指令（98/83/EC）

　　说明：欧共体（欧盟前身）理事会在 1980 年对各成员国提出《饮用水水质指令》（80/778/EC），指标比较完整，要求也比较高。该指令成为欧洲各国制订本国水质标准的主要框架。1991 年底，欧盟成员国供水协会对《饮用水水质指令》（80/778/EC）实施以来的情况作了总结，认为尽管该指令对 10 年来欧洲饮用水水质的改善起到重要的推动作用，但在执行过程中也暴露出一些缺点：未能提供合适的法律架构以应对原水水质的变化，以及生产、输送饮用水所遇到技术困难；此外，该指令在 1975 年开始起草，其中的指导思想和水质参数在当时的情况下是适宜的，但没有将近年来水行业的科技进步纳入其中。由此，1995 年，欧盟对 80/778/EC 进行了修正，1998 年 11 月通过了新指令 98/83/EC。指标参数由 66 项减少至 48 项（瓶装水为 50 项）。新指令更加强调指标值的科学性、与 WHO 指导标准的一致性。

A. 微生物学参数　　　　　　　　　　附表 2.1

指　标	指标值（个/mL）
埃希氏大肠杆菌	0
肠道球菌	0

以下指标用于瓶装或桶装饮用水：

指　标	指　标　值
埃希氏大肠杆菌	0/250mL
肠道球菌	0/250mL
铜绿假单胞菌	0/250mL
细菌总数（22℃）	100/mL
细菌总数（37℃）	20/mL

B. 化学物质参数　　　　　　　　　　附表 2.2

指　标	指标值	单　位	备　注
丙烯酰胺	0.10	μg/L	注1
锑	5.0	μg/L	
砷	10	μg/L	
苯	1.0	μg/L	
苯并［a］芘	0.010	μg/L	
硼	1.0	mg/L	
溴酸盐	10	μg/L	注2
镉	5.0	μg/L	
铬	50	μg/L	
铜	2.0	mg/L	注3
氰化物	50	μg/L	
1, 2-二氯乙烷	3.0	μg/L	
环氧氯丙烷	0.10	μg/L	注1
氟化物	1.5	mg/L	
铅	10	μg/L	注3和注4
汞	1.0	μg/L	
镍	20	μg/L	注3
硝酸盐	50	mg/L	注5
亚硝酸盐	0.50	mg/L	注5

续表

指　标	指标值	单　位	备　注
农药	0.10	$\mu g/L$	注6和注7
农药（总）	0.50	$\mu g/L$	注6和注8
多环芳烃	0.10	$\mu g/L$	特殊化合物的总浓度 注9
硒	10	$\mu g/L$	
四氯乙烯和三氯乙烯	10	$\mu g/L$	特殊指标的总浓度
三卤甲烷（总）	100	$\mu g/L$	特殊化合物的总浓度 注10
氯乙烯	0.50	$\mu g/L$	注1

注：1. 参数值是指水中的剩余单体浓度，并根据相应聚合体与水接触后所能释放出的最大量计算得出。
   2. 如果可能，在不影响消毒效果的前提下，成员国应尽力降低该值。
   3. 该值适用于由用户水嘴处所取水样，且水样应能代表用户一周用水的平均水质。成员国必须考虑到可能会影响人体健康的峰值出现情况。
   4. 该指令生效后5～15年，铅的参数值为$25\mu g/L$。
   5. 成员国应确保［硝酸根浓度］/50＋［亚硝酸根浓度］/3≤1，方括号中为以"mg/L"为单位计的硝酸根和亚硝酸根浓度，且出厂水亚硝酸盐含量要小于0.1mg/L。
   6. 农药是指有机杀虫剂、有机除草剂、有机杀菌剂、有机杀线虫剂、有机杀螨剂、有机除藻剂、有机杀鼠剂、有机杀黏菌和相关产品及其代谢副产物、降解和反应产物。
   7. 参数值适用于每种农药。对艾氏剂、狄氏剂、七氯和环氧七氯，参数值为$0.030\mu g/L$。
   8. 农药总量是指所有能检测出和定量的单项农药的总和。
   9. 具体的化合物包括：苯并［b］呋喃、苯并［k］呋喃、苯并［g，h，i］芘、茚并［1，2，-cd］芘。
   10. 如果可能，在不影响消毒效果的前提下，成员国应尽力降低下列化合物值：氯仿、溴仿、二溴—氯甲烷和一溴二氯甲烷。该指令生效后5～15年，总三卤甲烷的参数值为$150\mu g/L$。

C. 指示参数

附表2.3

指　标	指导值	单　位	备　注
色度	用户可以接受且无异常		
浊度	用户可以接受且无异常		注7
嗅	用户可以接受且无异常		
味	用户可以接受且无异味		
氢离子浓度	6.5～9.5	pH 单位	注1和注3
电导率	2500	$\mu S/cm$（20℃）	注1
氯化物	250	mg/L	注1
硫酸盐	250	mg/L	注1
钠	200	mg/L	
耗氧量	5.0	mgO_2/L	注4
氨	0.50	mg/L	

续表

指　标		指导值	单　位	备　注
TOC		无异常变化		注6
铁		200	μg/L	
锰		50	μg/L	
铝		200	μg/L	
细菌总数（22℃）		无异常变化		
产气荚膜梭菌		0	个/100mL	注2
大肠杆菌		0	个/100mL	注5
放射性参数	氚	100	Bq/L	
	总指示用量	0.10	mSv/年	

注：1. 不应具有腐蚀性。

　　2. 如果原水不是来自地表水或没有受地表水影响，则不需要测定该参数。

　　3. 若为瓶装或桶装的静止水，最小值可降至4.5pH单位，若为瓶装或桶装水，因其天然富含或人工充入二氧化碳，最小值可降至更低。

　　4. 如果测定TOC参数值，则不需要测定该值。作者注：耗氧量应统称为高锰酸盐指数。

　　5. 对瓶装或桶装的水，单位为个/250mL。

　　6. 对于供水量小于10000m³/d的水厂，不需要测定该值。

　　7. 对地表水处理厂，成员国应尽量保证出厂水的浊度不超过1.0NTU。

译自 Council Directive 98/83/EC on the Quality of Water Intended for Human Consumption

附表3　世界卫生组织《饮用水水质准则》（第三版）（2005）

用于饮用水的微生物质量验证准则值[①]　　　　　　**附表3.1**

微生物	准则值
各种直接饮用水	
埃希氏大肠杆菌或耐热性大肠菌群[②、③]	100mL 水样中不得检出
即将进入供水系统的已处理过的水	
埃希氏大肠杆菌或耐热性大肠菌群[②]	100mL 水样中不得检出
供水系统中已处理过的水	
埃希氏大肠杆菌或耐热大性肠菌群[②]	100mL 水样中不得检出

①　如果检出埃希氏大肠杆菌，应立即进行调查。

②　虽然埃希氏大肠杆菌是一种表示粪便污染的较准确的指示菌，但耐热性大肠菌群计数是一种比较理想的替代方法，必要时应进行适当的确证试验。大肠菌群总数不适宜作为供水卫生质量的指标，特别是在热带地区，几乎所有未经处理的供水中均存在大量无卫生学意义的细菌。

③　在大多数农村地区，特别是在发展中国家的农村，供水被粪便污染的现象非常普遍，在这种情况下，应该设定渐进性提高供水质量的中期目标。

饮用水中有健康意义的化合物准则值

附表 3.2

英文名称	中文名称	准则值（mg/L）	说　　明
Acrylamide	丙烯酰胺	0.0005[b]	
Alachlor	甲草胺，草不绿	0.02[b]	
Aldicarb	涕灭威	0.01	用于砜与亚砜化合物
Aldrin and dieldrin	艾氏剂和异艾氏剂	0.00003	两者之和
Antimony	锑	0.02	
Arsenic	砷	0.01（P）	
Atrazine	莠去津	0.002	
Barium	钡	0.7	
Benzene	苯	0.01[b]	
Benzo［a］pyrene	苯并（a）芘	0.0007[b] Boron	
	硼	0.5（T）	
Bromate	溴酸盐	0.01[b]（A，T）	
Bromodichloromethane	一溴二氯甲烷	0.06[b]	
Bromoform	溴仿	0.1	
Cadmium	镉	0.003	
Carbofuran	呋喃丹，卡巴呋喃，克百威	0.007	
Carbon tetrachloride	四氯化碳	0.004	
Chlorate	氯酸盐	0.7（D）	
Chlordane	氯丹	0.0002	
Chlorine	氯	5（C）	用于有效消毒，在 pH<8.0 时，至少接触 30min，游离氯≥0.5mg/L
Chlorite	亚氯酸盐	0.7（D）	
Chloroform	氯仿	0.3	
Chlorotoluron	绿麦隆	0.03	
Chlorpyrifos	毒死蜱	0.03	
Chromium	铬	0.05（P）	总铬
Copper	铜	2	低于此值时所洗衣物和卫生洁具有可能着色
Cyanazine	氰乙酰肼	0.0006	
Cyanide	氰化物	0.07	
Cyanogen chloride	氯化氰	0.07	总氰化物(以游离氰根计)

英文名称	中文名称	准则值（mg/L）	说　明
2，4-D（2，4-dichloro-phenoxyacetic acid）	2，4-滴（2，4-二氯酚羟基醋酸）	0.03	用于游离酸
2，4-DB	丁基-2，4-二氯酚羟基醋酸	0.09	
DDT and metabolites	滴滴涕和代谢物	0.001	
Di（2-ethylhexyl）phthalate	二（2-乙基己基）邻苯二甲酸盐（或酯）	0.008	
Dibromoacetonitrile	二溴乙腈	0.07	
Dibromochloromethane	二溴氯甲烷	0.1	
Dibromo-3-chloropropane，1，2-	1，2-二溴-3-氯丙烷	0.001^b	
Dibromoethane，1，2-	1，2-二溴乙烷	0.0004^b（P）	
Dichloroacetate	二氯乙酸	0.05^b（T，D）	
Dichloroacetonitrile	二氯乙腈	0.02（P）	
Dichlorobenzene，1，2-	1，2-二氯苯	1（C）	
Dichlorobenzene，1，4-	1，4-二氯苯	0.3（C）	
Dichloroethane，1，2-	1，2-二氯乙烷	0.03^b	
Dichloroethene，1，2-	1，2-二氯乙烯	0.05	
Dichloromethane	二氯甲烷	0.02	
Dichloropropane，1，2-（1，2-DCP）	1，2-二氯丙烷	0.04（P）	
Dichloropropene，1，3-	1，3-二氯丙烯	0.02^b	
Dichlorprop	2，4-滴丙酸	0.1	
Dimethoate	乐果	0.006	
Dioxane，1，4-	1，4-二恶烷，1，4-二氧杂环己烷	0.05^b	
Edetic acid（EDTA）	EDTA，乙二胺四乙酸	0.6	用于游离酸
Endrin	异狄氏剂	0.0006	
Epichlorohydrin	环氧氯丙烷，表氯醇	0.0004（P）	
Ethylbenzene	乙苯	0.3（C）	
Fenoprop	2，4，5-涕丙酸	0.009	
Fluoride	氟化物	1.5	设定国家标准时应考虑饮水量和其他来源的摄入量

续表

英文名称	中文名称	准则值（mg/L）	说　明
Hexachlorobutadiene	六氯丁二烯	0.0006	
Isoproturon	异丙隆	0.009	
Lead	铅	0.01	
Lindane	林旦，林丹，高丙体 666	0.002	
Manganese	锰	0.4 (C)	
MCPA	2-甲基-4-氯苯氧基乙酸	0.002	
Mecoprop	2-甲基-4-氯丙酸	0.01	
Mercury	汞	0.006	无机汞
Methoxychlor	甲氧滴滴涕	0.02	
Metolachlor	甲氧毒草安	0.01	
Microcystin－LR	微囊藻毒素-LR	0.001 (P)	总量（游离和细胞结合的）
Molinate	禾草特，环草丹，草达灭	0.006	
Molybdenum	钼	0.07	
Monochloramine	一氯胺	3	
Monochloroacetate	一氯醋酸盐	0.02	
Nickel	镍	0.07	
Nitrate (as NO_3^-)	硝酸盐（以 NO_3^- 计）	50	短期暴露
Nitrilotriacetic acid (NTA)	次氨基三乙酸（NTA）	0.2	
Nitrite (as NO_2^-)	亚硝酸盐（以 NO_2^- 计）	3	短期暴露
		0.2 (P)	长期暴露
Pendimethalin	二甲戊乐灵	0.02	
Pentachlorophenol	五氯酚	0.009[b] (P)	
Permethrin	氯菊酯	0.3	仅作为杀幼虫剂用于公共卫生目的
Pyriproxyfen	吡丙醚	0.3	
Selenium	硒	0.01	
Simazine	西玛津，西玛三嗪	0.002	
Styrene	苯乙烯	0.02 (C)	
2, 4, 5-T	2, 4, 5-涕	0.009	
Terbuthylazine	特丁津	0.007	
Tetrachloroethene	四氯乙烯	0.04	

英文名称	中文名称	准则值（mg/L）	说　明
Toluene	甲苯	0.7（C）	
Trichloroacetate	三氯乙酸盐	0.2	
Trichloroethene	三氯乙烯	0.02（P）	
Trichlorophenol,2,4,6-	2，4，6-三氯酚	0.2b（C）	
Trifluralin	氟乐灵	0.02	
Trihalomethanes	三卤甲烷		各组分浓度与各自准则值的比值之总和≤1
Uranium	铀	0.015（P，T）	只涉及铀的化学性质
Vinyl chloride	氯乙烯	0.0003b	
Xylenes	二甲苯（类）	0.5（C）	

a　P＝暂定准则值。已证明对健康有害，但资料有限。T＝暂定准则值。因为计算所得准则值低于实际处理方法或水源保护等所能达到的浓度。A＝暂定准则值。因为计算所得准则值低于所能达到的定量水平。

　　D＝暂定准则值。因为消毒结果可能超过准则值。C＝该物质浓度相当或低于基于健康意义的准则值时已能使水的外观、味道或气味改变，引起消费者抱怨。

b　考虑作为致癌物，其准则值是指在一般寿命的上限值期间发生癌症危险为 10^{-5} 时饮水中致癌物（每100000 人口饮用准则值浓度的水在 70 年间增加 1 例癌症）的浓度。危险为 10^{-4} 或 10^{-6} 时的浓度值可通过将该准则值乘以 10 或除以 10 计算获得。

水处理用的化学物和各种接触饮用水材料产生的化学物（未制定准则值）

附表　3.3

化学物	未制定准则值的理由
消毒剂	
二氧化氯	二氧化氯迅速分解，而且，亚氯酸盐的暂行准则值对预防二氧化氯的可能毒性有保护作用
二氯胺	用已有资料不足以得到基于健康的准则值
碘	用已有资料不足以得到基于健康的准则值，而且因水消毒而终身接触碘也不可能
银	用已有的资料不足以得到基于健康的准则值
三氯胺	用已有的资料不足以得到基于健康的准则值
消毒副产品	
溴氯乙酸	用已有的资料不足以得到基于健康的准则值
溴氯乙腈	用已有的资料不足以得到基于健康的准则值
水合氯醛（三氯乙醛）	饮水中存在的浓度远低于产生毒性作用的浓度
氯丙酮类	对于任何一种氯丙酮来说，已有资料都不适于得到基于健康的准则值

化学物	未制定准则值的理由
2-氯酚	用已有的资料不足以得到基于健康的准则值
氯化苦	用已有的资料不足以得到基于健康的准则值
二溴醋酸	用已有的资料不足以得到基于健康的准则值
2，4-二氯酚	用已有的资料不足以得到基于健康的准则值
甲醛	饮水中可能存在浓度远低于会产生毒性作用的浓度
溴醋酸	用已有的资料不足以得到基于健康的准则值
MX	出现在饮用水中的浓度大大低于可能出现毒性作用的浓度
三氯乙腈	用已有的资料不足以得到基于健康的准则值

水处理用化学物中所含的污染物

铝	由于缺乏作为人模型的动物资料和有关人群资料的不确定性，不能得到基于健康的准则值；但却推导出了实际应用浓度，这是在使用含铝凝聚剂的饮用水设备中以达到最佳凝聚效应为基础的：大型水处理设备 0.1mg/L 或更少；小型设备 0.2mg/L 或更少
铁	饮用水中常见的浓度对健康并无影响，但即使浓度低于基于健康的数值时仍可影响水的口感和外观

水管和零配件带来的污染物

石棉	没有始终一致的证据表明摄入石棉能危害健康
二烃基锡类	对任何一种二烃基锡来说，已有的资料都不足以得到基于健康的准则值
荧蒽	出现在饮用水中的浓度大大低于可能出现毒性反应的浓度
无机锡	出现在饮用水中的浓度大大低于可能出现毒性反应的浓度
锌	饮用水中常见的浓度对健康并无影响，但可影响饮用水质量的接受程度

附表 4　美国饮用水水质标准（2009 年）

国家一级饮用水规程（NPDWRs 或一级标准）是应用于公用给水系统的法定强制标准。一级标准对饮用水中有害公众健康的污染物做出了限值。

国家一级饮用水规程　　　　　　　　　　附表 4.1

微生物

污染物	MCLG[①] (mg/L)[②]	MCL orTT[①] (mg/L)[②]	长期摄入超出 MCL 以上浓度对健康造成的潜在影响（除非特殊说明为短期摄入）	饮用水中污染物的来源
隐孢子虫	0	TT[③]	肠胃疾病（如腹泻、呕吐、痉挛等）	人和动物粪便
贾第虫	0	TT[③]	肠胃疾病（如腹泻、呕吐、痉挛等）	人和动物粪便

续表

污染物	MCLG① (mg/L)②	MCL orTT① (mg/L)②	长期摄入超出 MCL 以上浓度对健康造成的潜在影响（除非特殊说明为短期摄入）	饮用水中污染物的来源
异养菌总数	未定	TT③	对健康无影响。用于分析水中常见细菌的多样性。饮用水中细菌浓度越低，水处理系统运行的越好	异养菌总数包含环境中自然存在的一系列细菌
军团菌	0	TT③	军团病，肺炎	水中自然存在，会在加热系统内增殖
总大肠杆菌（包括粪大肠菌及埃氏大肠菌）	0	5.0%④	本身对健康没有威胁，用于指示是否有其他有害菌的存在⑤	环境中自然存在；同粪便一样，粪大肠菌及埃氏大肠菌只来源于人类和动物的粪便
浊度	未定	TT③	表征水的浑浊程度，用于指示水质及过滤效果（例如，是否存在致病微生物）。高浊水中常含有大量的病毒、寄生虫、细菌等致病微生物，引起恶心、痉挛、腹泻及伴随的头疼等症状	土壤径流
病毒（肠内）	0	TT③	肠胃疾病（如腹泻、呕吐、痉挛等）	人和动物粪便

消毒副产物

污染物	MCLG① (mg/L)②	MCL orTT① (mg/L)②	长期摄入超出 MCL 以上浓度对健康造成的潜在影响（除非特殊说明为短期摄入）	饮用水中污染物的来源
溴酸盐	0	0.010	增加癌症风险	饮用水消毒副产物
亚氯酸盐	0.8	1.0	贫血，对婴幼儿神经系统有影响	饮用水消毒副产物
卤乙酸（HAAs）	未定⑥	0.060⑦	增加癌症风险	饮用水消毒副产物
总三卤甲烷（TTHMs）	未定⑥	0.080⑦	肝、肾、中枢神经系统问题，增加癌症风险	饮用水消毒副产物

消毒剂

污染物	MCLG[①] (mg/L)[②]	MCL orTT[①] (mg/L)[②]	长期摄入超出 MCL 以上浓度对健康造成的潜在影响（除非特殊说明为短期摄入）	饮用水中污染物的来源
氯胺 （以 Cl_2 计）	MRDLG=4[①]	MRDL=4.0[①]	刺激眼、鼻，胃部不适，腹泻	用于控制水中微生物的消毒剂
氯 （以 Cl_2 计）	MRDLG=4[①]	MRDL=4.0[①]	刺激眼、鼻，胃部不适，腹泻	用于控制水中微生物的消毒剂
二氧化氯 （以 ClO_2 计）	MRDLG=0.8[①]	MRDL=0.8[①]		用于控制水中微生物的消毒剂

无机化合物

污染物	MCLG[①] (mg/L)[②]	MCL orTT[①] (mg/L)[②]	长期摄入超出 MCL 以上浓度对健康造成的潜在影响（除非特殊说明为短期摄入）	饮用水中污染物的来源
锑	0.006	0.006	血胆固醇增加，血糖降低	炼油厂、阻燃剂、制陶厂、电子工业、焊料工业的排放
砷	0[⑦]	0.010（2006 年 1 月 23 日起）	伤害皮肤、循环系统问题，增加致癌风险	矿藏溶蚀，果园、玻璃和电子工业废物流出
石棉（纤维 $>10\mu m$）	7×10^6 纤维/L	7×10^6 纤维/L	增加良性肠息肉风险	输水管道中石棉水泥的毁坏，矿藏溶蚀
钡	2	2	血压升高	钻井排放、金属冶炼厂排放、矿藏溶蚀
铍	0.004	0.004	肠道损伤	金属冶炼厂、焦化厂、电子、航空、国防工业的排放
镉	0.005	0.005	肾脏损伤	镀锌管道腐蚀、矿藏溶蚀、金属冶炼厂排放、废电池和废油漆流出

污染物	MCLG①(mg/L)②	MCL orTT①(mg/L)②	长期摄入超出 MCL 以上浓度对健康造成的潜在影响（除非特殊说明为短期摄入）	饮用水中污染物的来源
总铬	0.1	0.1	过敏性皮炎	炼钢厂和纸浆厂排放、天然矿藏溶蚀
铜	1.3	TT⑦，干预水平 1.3	短期暴露使胃肠疼痛，长期接触造成肝或肾损伤，威尔森氏症患者饮用超过干预水平的水时，需咨询医生	家庭管道系统腐蚀，矿藏溶蚀
氰化物（以游离氰化物计）	0.2	0.2	神经系统损伤，甲状腺问题	钢厂或金属加工厂排放，塑料厂及化肥厂排放
氟化物	4.0	4.0	骨骼疾病（疼痛和软化），儿童得齿斑病	为使牙齿坚固，会向水中添加氟，矿藏溶蚀，化肥厂及铝厂排放
铅	0	TT⑦，干预水平 0.015	婴儿和儿童身体或智力发育迟缓；儿童注意力持续时间及学习能力轻微下降；成人肾脏出问题，高血压	家庭管道系统腐蚀，矿藏溶蚀
无机汞	0.002	0.002	肾损伤	矿藏溶蚀，冶炼厂和工厂排放，垃圾填埋场和农田流出
硝酸盐（以 N 计）	10	10	6 个月以下婴儿饮用含量超过 MCL 的水会导致气促及蓝婴综合征，如不治疗，可致命	化肥施用流出，化粪池，污水渗漏，矿藏溶蚀
亚硝酸盐（以 N 计）	1	1	6 个月以下婴儿饮用含量超过 MCL 的水会导致气促及蓝婴综合征，如不治疗，可致命	化肥施用流出，化粪池，污水渗漏，矿藏溶蚀
硒	0.05	0.05	头发或指甲脱落；指甲或脚趾麻木；循环系统问题	炼油厂排放，矿藏溶蚀，矿场排放
铊	0.0005	0.0002	头发脱落，血液变化，肾脏、肠、肝脏问题	选矿厂浸出，电子、玻璃、制药厂排放

有机化合物

污染物	MCLG[①] (mg/L)[②]	MCL orTT[①] (mg/L)[②]	长期摄入超出 MCL 以上浓度对健康造成的潜在影响（除非特殊说明为短期摄入）	饮用水中污染物的来源
丙烯酰胺	0	TT[⑧]	神经系统及血液问题，增加致癌风险	在污泥或废水处理过程中加入
甲草胺	0	0.002	眼、肝、肾、脾问题，贫血，增加致癌风险	行播作物除草剂流出
莠去津	0.003	0.003	心血管系统或生殖问题	行播作物除草剂流出
苯	0	0.005	贫血，血小板减少，增加致癌风险	工厂排放，气体储罐及填埋场溶出
苯并［α］芘	0	0.0002	生育困难，增加致癌风险	水贮罐及输送管衬里溶出
呋喃丹	0.04	0.04	血液、神经系统或生殖系统问题	大米或苜蓿熏蒸剂的溶出
四氯化碳	0	0.005	肝问题，增加致癌风险	化工厂和其他工业活动排放
氯丹	0	0.002	肝或神经系统问题，增加致癌风险	已禁用除白蚁药剂的残留
氯苯	0.1	0.1	肝，肾问题	化工厂及农药厂排放
2，4-D	0.07	0.07	肾、肝或肾上腺问题	行播作物除草剂流出
茅草枯	0.2	0.2	轻微肾功能变化	公路使用除草剂流出
1，2-二溴-3-氯丙烷（DBCP）	0	0.0002	生育困难，增加致癌风险	大豆、棉花、菠萝及果园熏蒸剂流出或溶出
邻二氯苯	0.6	0.6	肝、肾或循环系统问题	工业化工厂排放
对二氯苯	0.075	0.075	贫血、肝、肾或脾损伤，血液变化	工业化工厂排放
1，2-二氯乙烷	0	0.005	增加致癌风险	工业化工厂排放
1，1-二氯乙烯	0.007	0.007	肝脏问题	工业化工厂排放
顺 1，2-二氯乙烯	0.07	0.07	肝脏问题	工业化工厂排放
反 1，2-二氯乙烯	0.1	0.1	肝脏问题	工业化工厂排放
二氯甲烷	0	0.005	肝脏问题，增加致癌风险	工业化工厂排放
1，2-二氯丙烷	0	0.005	增加致癌风险	工业化工厂排放
己二酸二（2-乙基）酯	0.4	0.4	体重减轻，肝脏问题或可能的生育困难	化工厂排放

续表

污染物	MCLG[①] (mg/L)[②]	MCL orTT[①] (mg/L)[②]	长期摄入超出 MCL 以上浓度对健康造成的潜在影响（除非特殊说明为短期摄入）	饮用水中污染物的来源
邻苯二甲酸二（2-乙基己）酯	0	0.006	生育困难，肝脏问题，增加致癌风险	橡胶厂或化工厂排放
地乐酚	0.007	0.007	生育困难	大豆和蔬菜除草剂流出
二恶英（2，3，7，8-TCDD）	0	0.00000003	生育困难，增加致癌风险	垃圾焚烧或其他物质燃烧时排放，化工厂排放
敌草快	0.02	0.02	白内障	施用除草剂流出
草藻灭	0.1	0.1	胃、肠问题	施用除草剂流出
异狄氏剂	0.02	0.02	肝脏问题	已禁用的杀虫剂残留
环氧氯丙烷	0	TT[⑧]	增加致癌风险，长期饮用导致胃问题	工业化工厂排放，水处理剂中的杂质
乙苯	0.7	0.7	肝脏或肾脏问题	炼油厂排放
二溴乙烯	0	0.00005	肝、胃、生殖系统或肾问题，增加致癌风险	炼油厂排放
草甘膦	0.7	0.7	肾问题，生育困难	施用除草剂流出
七氯	0	0.0004	肝损伤，增加致癌风险	已禁用除白蚁药剂的残留
环氧七氯	0	0.0002	肝损伤，生育困难	七氯分解
六氯苯	0	0.001	肝或肾问题，生育困难，增加致癌风险	冶金厂和农药厂排放
六氯环戊二烯	0.05	0.05	肾或胃问题	化工厂排放
林丹	0.0002	0.0002	肝或肾问题	畜牧、木材、花园使用的杀虫剂流出或溶出
甲氧滴滴涕	0.04	0.04	生育困难	水果、蔬菜、苜蓿、家畜所用的杀虫剂流出或溶出
草氨酰（草肟威）	0.2	0.2	对神经系统有轻微影响	苹果、土豆、番茄所用的杀虫剂流出或溶出
多氯联苯（PCBs）	0	0.0005	皮肤变化，胸腺问题，免疫力降低，生育或神经系统困难，增加致癌风险	垃圾填埋场浸出，废弃化学品释放
五氯酚	0	0.001	肝或肾问题，增加致癌风险	木材防腐工厂流出
毒莠定	0.5	0.5	肝脏问题	除草剂流出

续表

污染物	MCLG[①] (mg/L)[②]	MCL orTT[①] (mg/L)[②]	长期摄入超出 MCL 以上浓度对健康造成的潜在影响（除非特殊说明为短期摄入）	饮用水中污染物的来源
西玛津	0.004	0.004	血液问题	除草剂流出
苯乙烯	0.1	0.1	肝、肾或循环系统问题	橡胶和塑料厂排放，垃圾填埋场浸出
四氯乙烯	0	0.005	肝脏问题，增加致癌风险	工厂或干洗店排放
甲苯	1	1	神经系统、肾或肝问题	炼油厂排放
毒杀芬	0	0.003	肾、肝或甲状腺问题，增加致癌风险	棉花、牲畜杀虫剂的流出或溶出
2，4，5-涕丙酸（三氯苯氧丙酸）	0.05	0.05	肝脏问题	已禁用的除草剂残留
1，2，4-三氯苯	0.07	0.07	肾上腺变化	纺织厂排放
1，1，1-三氯乙烷	0.20	0.2	肝、神经系统或循环系统问题	金属脱脂场或其他工厂排放
1，1，2-三氯乙烷	0.003	0.005	肝、肾或免疫系统问题	工业化工厂排放
三氯乙烯	0	0.005	肝脏问题，增加致癌风险	金属脱脂场或其他工厂排放
氯乙烯	0	0.002	增加致癌风险	PVC 管道溶出，塑料厂排放
二甲苯（总）	10	10	神经系统损伤	石油厂、化工厂排放

放射性核素

污染物	MCLG[①] (mg/L)[②]	MCL orTT[①] (mg/L)[②]	长期摄入超出 MCL 以上浓度对健康造成的潜在影响（除非特殊说明为短期摄入）	饮用水中污染物的来源
α粒子	无[⑦]——0	15 微微居里/L	增加致癌风险	特定放射性矿藏溶蚀
β粒子和光子	无[⑦]——0	4 毫雷姆/年	增加致癌风险	自然及人工放射性物质衰变
镭 226 和镭 228（总和）	无[⑦]——0	5 微微居里/L	增加致癌风险	自然矿藏溶蚀
铀	0	30μg/L（2003年 12 月 8 日起）	增加致癌风险，肾中毒	自然矿藏溶蚀

注：

①定义：最大污染水平目标值（MCLG）——饮用水中污染物的浓度低于此值对健康无已知的或可预料的影响。MCLG 包含安全余量，是非强制性公共健康目标值。

最大污染物水平（MCL）——饮用水中允许的污染物最高浓度。MCL 的确定为综合考虑到当前最好的处理工艺及所用成本下最接近 MCLG 的值，是强制性标准。

最大消毒剂残留水平目标值（MRDLG）——饮用水中消毒剂的浓度低于此值时，对健康无已知的或可预料的影响。MRDLG 并不反映消毒剂对微生物污染物的控制效果。

处理技术（TT）——需要特定的处理技术以降低饮用水中污染物浓度。

最大残留消毒剂水平（MRDL）——饮用水中所允许的最大消毒剂浓度。充分证据表明：必须添加消毒剂以控制水中的微生物污染物。

②除非特别说明，单位为 mg/L。mg/L 等同于百万分之一。

③EPA 地表水处理规程要求采用地表水或受地表水直接影响的地下水的水处理系统进行消毒，且进行过滤（或不过滤但符合相关标准），以使下列污染物控制在如下水平：

· 隐孢子虫：无过滤系统需要将隐孢子虫包含在已有的流域控制规定当中。

· 贾第虫：99.9％被去除/灭活。

· 病毒：99.99％被去除/灭活。

· 军团菌：无限制。但 EPA 认为若贾第虫和病毒已被去除/灭活，根据该水厂所用的处理工艺，军团菌也会得到控制。

· 浊度：对于使用传统或直接过滤的水厂，水中浊度不能大于 1NTU，且每个月 95％的水样浊度均 ≤0.3NTU。使用其他过滤工艺的水厂必须符合各州的限值，且浊度不能大于 5NTU。

· 异养菌总数：每毫升水中不超过 500 个菌落。

· 长期强化地表水处理 1 阶段：地表水或受地表水直接影响的地下水系统所服务的范围少于 1 万人，必须遵守《长期强化地表水处理 1 阶段规定》（如浊度达标、滤池单独监控、隐孢子虫去除要求、对非过滤系统提出的流域控制要求等）。

· 长期强化地表水处理 2 阶段：该规定适用于所有的地表水处理系统或受地表水直接影响的地下水处理系统。该规定对于高风险系统提出了附加的隐孢子虫处理要求，并包括降低无遮盖出厂水蓄水设施污染风险的规定，以保证系统在采取措施降低消毒副产物的同时，保持对微生物的控制能力。

· 滤池反冲洗水循环：《滤池反冲洗水循环规定》要求必须设有循环系统，使特定的循环水贯穿传统/直接过滤系统所有工艺流程中，或依照所在州的要求设定。

④每月总大肠杆菌呈阳性的样品不能超过 5％（对于每月例行取样数少于 40 的水厂，每月总大肠杆菌数的阳性样品不能超过 1 个）。每个总大肠杆菌阳性水样均要进行粪大肠杆菌或埃希氏大肠杆菌的检测。若出现两个总大肠杆菌阳性水样，且其中一个为埃希氏或粪大肠杆菌阳性，则该水处理系统存在严重的 MCL 超标问题。

⑤粪大肠杆菌及埃希氏大肠杆菌的存在表明水体可能受到人或动物排泄物的污染。排泄物中的致病微生物会引起腹泻、腹痛、恶心、头痛或其他症状。这些致病微生物特别对婴儿、儿童及免疫功能严重降低者有更严重的威胁。

⑥尽管对该组污染物指标没有总体的 MCLG，对于其中某些污染物的 MCLG 的值为：

· 三卤甲烷：一溴二氯甲烷（0），三溴甲烷（0），二溴一氯甲烷（0.06mg/L），三氯甲烷（0.07mg/L）。

· 卤乙酸：二氯乙酸（0），三氯乙酸（0.02mg/L），一氯乙酸（0.07mg/L），一溴乙酸和二溴乙酸包括在此组限值中，但无 MCLG 值。

⑦铅和铜的限值由"处理技术（TT）"限定，要求配备水的腐蚀性控制系统。如果超过10％的龙头水样超过干预水平，则必须采取行动。铜的干预浓度为1.3mg/L，铅的干预浓度为0.015mg/L。

⑧每个水处理系统必须向所在州书面保证（提交第三方或厂家的证明）应用丙烯酰胺和环氧氯丙烷处理水时，化合物（或产品）的剂量以及单体剂量不得超过如下值：

· 丙烯酰胺＝0.05％，剂量为1mg/L（或相当量）。

· 环氧氯丙烷＝0.01％，剂量为20mg/L（或相当量）。

国家二级饮用水规程：

二级饮用水规程（NSDWRs或二级标准），为非强制性准则，用于控制水中对美容（皮肤，牙齿变色），或对感官（如嗅，味，色度，）有影响的污染物浓度。

美国环保局（EPA）为给水系统推荐二级标准但没有规定必须遵守，然而，各州可选择性采纳，作为强制性标准。

附表4.2

污　染　物	二　级　标　准
铝	0.05～0.2mg/L
氯化物	250mg/L
色	15（色度单位）
铜	1.0mg/L
腐蚀性	无腐蚀性
氟化物	2.0mg/L
发泡剂	0.5mg/L
铁	0.3mg/L
锰	0.05mg/L
嗅	嗅阈值3
银	0.1mg/L
pH	6.5～8.5
硫酸盐	250mg/L
总溶固体	500mg/L
锌	5

附表 5　主要工业部门废水中有毒物质的主要发生源

部　门	工　业	主要污染物
冶金工业	黑色冶金（选矿、烧结、炼焦、炼钢、轧钢）	悬浮物、酸度、酚、氰化物、油类、化学需氧物质、生化需氧物质、色度、硫化物、多环芳烃
	有色冶金（选矿、烧结、冶炼、电解、精炼）	悬浮物、铜、锌、铅、汞、银、砷、镉、氰化物、化学需氧物质、酸度
化学工业	基础化学工业（酸、碱、无机和有机原料）	汞、砷、铬、酚、氰化物、硫化物、苯、醛、醇类、油类、悬浮物、氟化物、酸、碱、化学需氧物质
	肥料工业（合成氨、氮肥、磷肥）	悬浮物、化学需氧物质、砷、酸、碱、氟化物、氨、总磷
	化学纤维工业	化学需氧物质、溶解性固体、总有机碳、生化需氧物质、酸、碱、悬浮物、锌、铜、二硫化碳
	合成橡胶工业	苯胺、烯类、总有机碳、化学需氧物质、生化需氧物质、油类、铜、锌、铬、酸、碱、多环芳烃
	塑料工业	化学需氧物质、汞、有机氯、砷、酸、碱、铅、多环芳烃
	农药、制药、油漆工业	有机氯、有机磷、氯苯、氯醛、次氯酸钠、酸度、化学需氧物质、生化需氧物质、悬浮物、油类、多环芳烃
轻工业	造纸工业	悬浮物、碱、生化需氧物质、化学需氧物质、氯、酚、硫化物、汞、木质素
	纺织印染工业	酸、碱、硫化物、悬浮物、化学需氧物质、生化需氧物质、总有机碳
	食品工业	化学需氧物质、生化需氧物质、悬浮物、酸、碱、大肠杆菌、总细菌
	皮革工业	酸、碱、铬、硫化物、生化需氧物质、化学需氧物质、总有机碳、悬浮物、硝酸盐
机械工业	电子工业	酸、铬、镉、锌、铜、汞、悬浮物
	农机、通用机械、机械加工	酸、碱、氰化物、铬、镉、铜、锌、镍、油类、悬浮物
石油化工	炼油、蒸馏、裂解	生化需氧物质、化学需氧物质、油类、酚、氰化物、苯、多环芳烃、醛、醇、悬浮物
建材工业	水泥、石棉、玻璃工业	悬浮物、酸、碱、酚、氰
采矿工业	采煤、有色金属矿和黑色金属矿开采	酸、碱、悬浮物、重金属、放射性物质

注：选自中国环境监测总站《环境水质监测质量保证手册》编写组编，环境水质监测质量保证手册，北京：化学工业出版社，1994，8（第 2 版）

附表6　污水综合排放标准 GB 8978—1996

第一类污染物最高允许排放浓度　单位：mg/L　　　附表 6.1

序号	污染物	最高允许排放浓度
1	总汞	0.05
2	烷基汞	不得检出
3	总镉	0.1
4	总铬	1.5
5	六价铬	0.5
6	总砷	0.5
7	总铅	1.0
8	总镍	1.0
9	苯并（a）芘	0.00003
10	总铍	0.005
11	总银	0.5
12	总 α 放射性	1Bq/L
13	总 β 放射性	10Bq/L

第二类污染物最高允许排放浓度（1997 年 12 月 31 日之前建设的单位）　单位：mg/L

附表 6.2

序号	污染物	适用范围	一级标准	二级标准	三级标准
1	pH	一切排污单位	6～9	6～9	6～9
2	色度（稀释倍数）	染料工业	50	180	—
		其他排污单位	50	80	—
3	悬浮物（SS）	采矿、选矿、选煤工业	100	300	—
		脉金选矿	100	500	—
		边远地区砂金选矿	100	800	—
		城镇二级污水处理厂	20	30	—
		其他排污单位	70	200	400
4	五日生化需氧量（BOD$_5$）	甘蔗制糖、苎麻脱胶、湿法纤维板工业	30	100	600
		甜菜制糖、酒精、味精、皮革、化纤浆粕工业	30	150	600
		城镇二级污水处理厂	20	30	—
		其他排污单位	30	60	300

续表

序号	污染物	适用范围	一级标准	二级标准	三级标准
5	化学需氧量（COD）	甜菜制糖、焦化、合成脂肪酸、湿法纤维板、染料、洗毛、有机磷农药工业	100	200	1000
		味精、酒精、医药原料药、生物制药、苎麻脱胶、皮革、化纤浆粕工业	100	300	1000
		石油化工工业（包括石油炼制）	100	150	500
		城镇二级污水处理厂	60	120	—
		其他排污单位	100	150	500
6	石油类	一切排污单位	10	10	30
7	动植物油	一切排污单位	20	20	100
8	挥发酚	一切排污单位	0.5	0.5	2.0
9	总氰化合物	电影洗片（铁氰化合物）	0.5	5.0	5.0
		其他排污单位	0.5	0.5	1.0
10	硫化物	一切排污单位	1.0	1.0	2.0
11	氨氮	医药原料药、染料、石油化工工业	15	50	—
		其他排污单位	15	25	—
12	氟化物	黄磷工业	10	20	20
		低氟地区（水体含氟量<0.5mg/L）	10	20	30
		其他排污单位	10	10	20
13	磷酸盐（以P计）	一切排污单位	0.5	1.0	—
14	甲醛	一切排污单位	1.0	2.0	5.0
15	苯胺类	一切排污单位	1.0	2.0	5.0
16	硝基苯类	一切排污单位	2.0	3.0	5.0
17	阴离子表面活性剂（LAS）	合成洗涤剂工业	5.0	15	20
		其他排污单位	5.0	10	20
18	总铜	一切排污单位	0.5	1.0	2.0
19	总锌	一切排污单位	2.0	5.0	5.0

续表

序号	污染物	适用范围	一级标准	二级标准	三级标准
20	总锰	合成脂肪酸工业	2.0	5.0	5.0
		其他排污单位	2.0	2.0	5.0
21	彩色显影剂	电影洗片	2.0	3.0	5.0
22	显影剂及氧化物总量	电影洗片	3.0	6.0	6.0
23	元素磷	一切排污单位	0.1	0.3	0.3
24	有机磷农药（以P计）	一切排污单位	不得检出	0.5	0.5
25	粪大肠菌群数	医院①、兽医院及医疗机构含病原体污水	500 个/L	1000 个/L	5000 个/L
		传染病、结核病医院污水	100 个/L	500 个/L	1000 个/L
26	总余氯（采用氯化消毒的医院污水）	医院①、兽医院及医疗机构含病原体污水	<0.5②	>3（接触时间≥1h）	>2（接触时间≥1h）
		传染病结核病医院污水	<0.5②	>6.5（接触时间≥1.5h）	>5（接触时间≥1.5h）

① 指 50 个床位以上的医院。

② 加氯消毒后须进行脱氯处理，达到本标准。

部分行业最高允许排水量（1997 年 12 月 31 日之前建设的单位）　　**附表 6.3**

序号	行 业 类 别			最高允许排水量或最低允许水重复利用率
1	矿山工业	有色金属系统选矿		水重复利用率 75%
		其他矿山工业采矿、选矿、选煤等		水重复利用率 90%（选煤）
		脉金选矿	重选	16.0m³/t（矿石）
			浮选	9.0m³/t（矿石）
			氰化	8.0m³/t（矿石）
			碳浆	8.0m³/t（矿石）
2	焦化企业（煤气厂）			1.2m³/t（焦炭）
3	有色金属冶炼及金属加工			水重复利用率 80%

序号	行业类别			最高允许排水量或最低允许水重复利用率
4	石油炼制工业（不包括直排水炼油厂） 加工深度分类： A.　燃料型炼油； B.　燃料＋润滑油型炼油厂； C.　燃料＋润滑油型＋炼油化工型炼油厂；（包括加工高含硫原油页岩油和石油添加剂生产基地的炼油厂）			A＞500 万 t，1.0m³/t（原油） 250～500 万 t，1.2m³/t（原油） ＜250 万 t，1.5m³/t（原油）
				B＞500 万 t，1.5m³/t（原油） 250～500 万 t，2.0m³/t（原油） ＜250 万 t，2.0m³/t（原油）
				C＞500 万 t，2.0m³/t（原油） 250～500 万 t，2.5m³/t（原油） ＜250 万 t，2.5m³/t（原油）
5	合成洗涤剂工业		氯化法生产烷基苯	200.0m³/t（烷基苯）
			裂解法生产烷基苯	70.0m³/t（烷基苯）
			烷基苯生产合成洗涤剂	10.0m³/t（产品）
6	合成脂肪酸工业			200.0m³/t（产品）
7	湿法生产纤维板工业			30.0m³/t（板）
8	制糖工业		甘蔗制糖	10.0m³/t（甘蔗）
			甜菜制糖	4.0m³/t（甜菜）
9	皮革工业		猪盐湿皮	60.0m³/t（原皮）
			牛干皮	100.0m³/t（原皮）
			羊干皮	150.0m³/t（原皮）
10	发酵酿造工业	酒精工业	以玉米为原料	150.0m³/t（酒精）
			以薯类为原料	100m³/t（酒精）
			以糖蜜为原料	80.0m³/t（酒）
		味精工业		600.0m³/t（味精）
		啤酒工业（排水量不包括麦芽水部分）		16.0m³/t（啤酒）
11	铬盐工业			5.0m³/t（产品）
12	硫酸工业（水洗法）			15.0m³/t（硫酸）

续表

序号	行 业 类 别		最高允许排水量或 最低允许水重复利用率
13	苎麻脱胶工业		500m³/t（原麻）或 750m³/t（精干麻）
14	化纤浆粕		本色：150m³/t（浆） 漂白：240m³/t（浆）
15	粘胶纤维工业（单纯纤维）	短纤维（棉型中长纤维、毛型中长纤维）	300m³/t（纤维）
		长纤维	800m³/t（纤维）
16	铁路货车洗刷		5.0m³/辆
17	电影洗片		5m³/1000m（35mm 的胶片）
18	石油沥青工业		冷却池的水循环利用率 95%

第二类污染物最高允许排放浓度

（1998 年 1 月 1 日后建设的单位）　单位：mg/L　　　附表 **6.4**

序号	污染物	适用范围	一级标准	二级标准	三级标准
1	pH	一切排污单位	6～9	6～9	6～9
2	色度 （稀释倍数）	一切排污单位	50	80	—
3	悬浮物（SS）	采矿、选矿、选煤工业	70	300	—
		脉金选矿	70	400	—
		边远地区砂金选矿	70	800	—
		城镇二级污水处理厂	20	30	—
		其他排污单位	70	150	400
4	五日生化 需氧量（BOD₅）	甘蔗制糖、苎麻脱胶、湿法纤维板、染料、洗毛工业	20	60	600
		甜菜制糖、酒精、味精、皮革、化纤浆粕工业	20	100	600
		城镇二级污水处理厂	20	30	—
		其他排污单位	20	30	300

序号	污染物	适用范围	一级标准	二级标准	三级标准
5	化学需氧量（COD）	甜菜制糖、合成脂肪酸、湿法纤维板、染料、洗毛、有机磷农药工业	100	200	1000
		味精、酒精、医药原料药、生物制药、苎麻脱胶、皮革、化纤浆粕工业	.100	300	1000
		石油化工工业（包括石油炼制）	60	120	—
		城镇二级污水处理厂	60	120	500
		其他排污单位	100	150	500
6	石油类	一切排污单位	5	10	20
7	动植物油	一切排污单位	10	15	100
8	挥发酚	一切排污单位	0.5	0.5	2.0
9	总氰化合物	一切排污单位	0.5	0.5	1.0
10	硫化物	一切排污单位	1.0	1.0	1.0
11	氨氮	医药原料药、染料、石油化工工业	15	50	—
		其他排污单位	15	25	
12	氟化物	黄磷工业	10	15	20
		低氟地区（水体含氟量＜0.5mg/L）	10	20	30
		其他排污单位	10	10	20
13	磷酸盐(以P计)	一切排污单位	0.5	1.0	—
14	甲醛	一切排污单位	1.0	2.0	5.0
15	苯胺类	一切排污单位	1.0	2.0	5.0
16	硝基苯类	一切排污单位	2.0	3.0	5.0
17	阴离子表面活性剂（LAS）	一切排污单位	5.0	10	20
18	总铜	一切排污单位	0.5	1.0	2.0
19	总锌	一切排污单位	2.0	5.0	5.0
20	总锰	合成脂肪酸工业	2.0	5.0	5.0
		其他排污单位	2.0	2.0	5.0
21	彩色显影剂	电影洗片	1.0	2.0	3.0
22	显影剂及氧化物总量	电影洗片	3.0	3.0	6.0
23	元素磷	一切排污单位	0.1	0.1	0.3

续表

序号	污染物	适用范围	一级标准	二级标准	三级标准
24	有机磷农药 （以P计）	一切排污单位	不得检出	0.5	0.5
25	乐果	一切排污单位	不得检出	1.0	2.0
26	对硫磷	一切排污单位	不得检出	1.0	2.0
27	甲基对硫磷	一切排污单位	不得检出	1.0	2.0
28	马拉硫磷	一切排污单位	不得检出	5.0	10
29	五氯酚及 五氯酚钠 （以五氯酚计）	一切排污单位	5.0	8.0	10
30	可吸附有机 卤化物（AOX） （以Cl计）	一切排污单位	1.0	5.0	8.0
31	三氯甲烷	一切排污单位	0.3	0.6	1.0
32	四氯化碳	一切排污单位	0.03	0.06	0.5
33	三氯乙烯	一切排污单位	0.3	0.6	1.0
34	四氯乙烯	一切排污单位	0.1	0.2	0.5
35	苯	一切排污单位	0.1	0.2	0.5
36	甲苯	一切排污单位	0.1	0.2	0.5
37	乙苯	一切排污单位	0.4	0.6	1.0
38	邻-二甲苯	一切排污单位	0.4	0.6	1.0
39	对-二甲苯	一切排污单位	0.4	0.6	1.0
40	间-二甲苯	一切排污单位	0.4	0.6	1.0
41	氯苯	一切排污单位	0.2	0.4	1.0
42	邻-二氯苯	一切排污单位	0.4	0.6	1.0
43	对-二氯苯	一切排污单位	0.4	0.6	1.0
44	对-硝基氯苯	一切排污单位	0.5	1.0	5.0
45	2，4-二硝基氯苯	一切排污单位	0.5	1.0	5.0
46	苯酚	一切排污单位	0.3	0.4	1.0
47	间-甲酚	一切排污单位	0.1	0.2	0.5
48	2，4-二氯酚	一切排污单位	0.6	0.8	1.0
49	2，4，6-三氯酚	一切排污单位	0.6	0.8	1.0

续表

序号	污染物	适用范围	一级标准	二级标准	三级标准
50	邻苯二甲酸二丁酯	一切排污单位	0.2	0.4	2.0
51	邻苯二甲酸二辛酯	一切排污单位	0.3	0.6	2.0
52	丙烯腈	一切排污单位	2.0	5.0	5.0
53	总硒	一切排污单位	0.1	0.2	0.5
54	粪大肠菌群数	医院①、兽医院及医疗机构含病原体污水	500 个/L	1000 个/L	5000 个/L
		传染病、结核病医院污水	100 个/L	500 个/L	1000 个/L
55	总余氯（采用氯化消毒的医院污水）	医院①、兽医院及医疗机构含病原体污水	<0.5②	>3（接触时间≥1h）	>2（接触时间≥1h）
		传染病、结核病医院污水	<0.5②	>6.5（接触时间≥1.5h）	>5（接触时间≥1.5h）
56	总有机碳（TOC）	合成脂肪酸工业	20	40	—
		苎麻脱胶工业	20	60	—
		其他排污单位	20	30	—

①和②同附表 6.2。

附表 7 地表水环境质量标准 GB 3838—2002

地表水环境质量标准基本项目标准限值   （单位：mg/L）   附表 7.1

序号	分类 标准值 项目	Ⅰ类	Ⅱ类	Ⅲ类	Ⅳ类	Ⅴ类
1	水温（℃）	人为造成的环境水温变化应限制在：周平均最大温升≤1 周平均最大温降≤2				
2	pH（无量纲）	6～9				

续表

序号	分类 标准值 项目	I类	II类	III类	IV类	V类
3	溶解氧≥	饱和率90% （或7.5）	6	5	3	2
4	高锰酸盐指数≤	2	4	6	10	15
5	化学需氧量（COD）≤	15	15	20	30	40
6	五日生化需氧量 （BOD_5）≤	3	3	4	6	10
7	氨氮（NH_3-N）≤	0.15	0.5	1.0	1.5	2.0
8	总磷（以P计）≤	0.02 （湖、库0.01）	0.1 （湖、库0.025）	0.2 （湖、库0.05）	0.3 （湖、库0.1）	0.4 （湖、库0.2）
9	总氮（湖、库， 以N计）≤	0.2	0.5	1.0	105	2.0
10	铜≤	0.01	1.0	1.0	1.0	1.0
11	锌≤	0.05	1.0	1.0	2.0	2.0
12	氟化物（以F^-计）≤	1.0	1.0	1.0	1.5	1.5
13	硒≤	0.01	0.01	0.01	0.02	0.02
14	砷≤	0.05	0.05	0.05	0.1	0.1
15	汞≤	0.00005	0.00005	0.0001	0.001	0.001
16	镉≤	0.001	0.005	0.005	0.005	0.01
17	铬（六价）≤	0.01	0.05	0.05	0.05	0.1
18	铅≤	0.01	0.01	0.05	0.05	0.1
19	氰化物≤	0.005	0.05	0.2	0.2	0.2
20	挥发酚≤	0.002	0.002	0.005	0.01	0.1
21	石油类≤	0.05	0.05	0.05	0.5	1.0
22	阴离子表面活性剂≤	0.2	0.2	0.2	0.3	0.3
23	硫化物≤	0.05	0.1	0.2	0.5	1.0
24	粪大肠菌群（个/L）≤	200	2000	10000	20000	40000

集中式生活饮用水地表水源地补充项目标准限值 （单位：mg/L） **附表 7.2**

序　号	项　目	标　准　值
1	硫酸盐（以 SO_4^{2-} 计）	250
2	氯化物（以 Cl^- 计）	250
3	硝酸盐（以 N 计）	10
4	铁	0.3
5	锰	0.1

集中式生活饮用水地表水源地特定项目标准限值 （单位：mg/L） **附表 7.3**

序号	项目	标准值	序号	项目	标准值
1	三氯甲烷	0.06	23	异丙苯	0.25
2	四氯化碳	0.002	24	氯苯	0.3
3	三溴甲烷	0.1	25	1，2-二氯苯	1.0
4	二氯甲烷	0.02	26	1，4-二氯苯	0.3
5	1，2-二氯乙烷	0.03	27	三氯苯②	0.02
6	环氧氯丙烷	0.02	28	四氯苯③	0.02
7	氯乙烯	0.005	29	六氯苯	0.05
8	1，1-二氯乙烯	0.03	30	硝基苯	0.017
9	1，2-二氯乙烯	0.05	31	二硝基苯④	0.5
10	三氯乙烯	0.07	32	2，4-二硝基甲苯	0.0003
11	四氯乙烯	0.04	33	2，4，6-三硝基甲苯	0.5
12	氯丁二烯	0.002	34	硝基氯苯⑤	0.05
13	六氯丁二烯	0.0006	35	2，4-二硝基氯苯	0.5
14	苯乙烯	0.02	36	2，4-二氯苯酚	0.093
15	甲醛	0.9	37	2，4，6-三氯苯酚	0.2
16	乙醛	0.05	38	五氯酚	0.009
17	丙烯醛	0.1	39	苯胺	0.1
18	三氯乙醛	0.01	40	联苯胺	0.0002
19	苯	0.01	41	丙烯酰胺	0.0005
20	甲苯	0.7	42	丙烯腈	0.1
21	乙苯	0.3	43	邻苯二甲酸二丁酯	0.003
22	二甲苯①	0.5	44	邻苯二甲酸己(2-乙基己基)酯	0.008

序号	项目	标准值	序号	项目	标准值
45	水合肼	0.01	63	甲萘威	0.05
46	四乙基铅	0.0001	64	溴氰菊酯	0.02
47	吡啶	0.2	65	阿特拉津	0.003
48	松节油	0.2	66	苯并（a）芘	2.8×10^{-6}
49	苦味酸	0.5	67	甲基汞	1.0×10^{-6}
50	丁基黄原酸	0.005	68	多氯联苯⑥	2.0×10^{-6}
51	活性氯	0.01	69	微囊藻毒素－LR	0.001
52	滴滴涕	0.001	70	黄磷	0.003
53	林丹	0.002	71	钼	0.07
54	环氧七氯	0.0002	72	钴	1.0
55	对硫磷	0.003	73	铍	0.002
56	甲基对硫磷	0.002	74	硼	0.5
57	马拉硫磷	0.05	75	锑	0.005
58	乐果	0.08	76	镍	0.02
59	敌敌畏	0.05	77	钡	0.7
60	敌百虫	0.05	78	钒	0.05
61	内吸磷	0.03	79	钛	0.1
62	百菌清	0.01	80	铊	0.0001

① 二甲苯：指对-二甲苯、间-二甲苯、邻-二甲苯。

② 三氯苯：指1，2，3-三氯苯、1，2，4-三氯苯、1，3，5-三氯苯。

③ 四氯苯：指1，2，3，4-四氯苯、1，2，3，5-四氯苯、1，2，4，5-四氯苯。

④ 二硝基苯：指对-二硝基苯、间-二硝基苯、邻-二硝基苯。

⑤ 硝基氯苯：指对-硝基氯苯、间-硝基氯苯、邻-硝基氯苯。

⑥ 多氯联苯：指 PCB-1016、PCB-1221、PCB-1232、PCB-1242、PCB-1248、PCB-1254、PCB-1260。

附表 8　地下水质量标准 GB/T 14848—93

指标名称	指标				
	Ⅰ类	Ⅱ类	Ⅲ类	Ⅳ类	Ⅴ类
色（度）	≤5	≤5	≤15	≤25	>25
嗅和味	无	无	无	无	有

续表

指标名称	指标				
	Ⅰ类	Ⅱ类	Ⅲ类	Ⅳ类	Ⅴ类
浑浊度（度）	≤3	≤3	≤3	≤10	>10
肉眼可见物	无	无	无	无	有
pH	6.5～8.5			5.5～6.5，8.5～9	<5.5，>9
总硬度（以 CaCO₃ 计）（mg/L）	≤150	≤300	≤450	≤550	>550
溶解性总固体（mg/L）	≤300	≤500	≤1000	≤2000	>2000
硫酸盐（mg/L）	≤50	≤150	≤250	≤350	>350
氯化物（mg/L）	≤50	≤150	≤250	≤350	>350
铁（Fe）（mg/L）	≤0.1	≤0.2	≤0.3	≤1.5	>1.5
锰（Mn）（mg/L）	≤0.05	≤0.05	≤0.1	≤1.0	>1.0
铜（Cu）（mg/L）	≤0.01	≤0.05	≤0.1	≤1.5	>1.5
锌（Zn）（mg/L）	≤0.05	≤0.5	≤1.0	≤5.0	>5.0
钼（Mo）（mg/L）	≤0.001	≤0.01	≤0.1	≤0.5	>0.5
钴（Co）（mg/L）	≤0.005	≤0.05	≤0.05	≤1.0	>1.0
挥发性酚类（以苯酚计）（mg/L）	≤0.001	≤0.001	≤0.002	≤0.01	>0.01
阴离子合成洗涤剂（mg/L）	不得检出	≤0.1	≤0.3	≤0.3	>0.3
高锰酸盐指数（mg/L）	≤1.0	≤2.0	≤3.0	≤10	>10
硝酸盐（以 N 计）（mg/L）	≤2.0	≤5.0	≤20	≤30	>30
亚硝酸盐（以 N 计）（mg/L）	≤0.001	≤0.01	≤0.02	≤0.1	>0.1
氨氮（NH₃－N）（mg/L）	≤0.02	≤0.02	≤0.2	≤0.5	>0.5
氟化物（mg/L）	≤1.0	≤1.0	≤1.0	≤2.0	>2.0
碘化物（mg/L）	≤0.1	≤0.1	≤0.2	≤1.0	>1.0
氰化物（mg/L）	≤0.001	≤0.01	≤0.05	≤0.1	>0.1
汞（Hg）（mg/L）	≤0.00005	≤0.0005	≤0.001	≤0.001	>0.001
砷（As）（mg/L）	≤0.005	≤0.01	≤0.05	≤0.05	>0.05
硒（Se）（mg/L）	≤0.01	≤0.01	≤0.01	≤0.1	>0.1
镉（Cd）（mg/L）	≤0.0001	≤0.001	≤0.01	≤0.01	>0.01
铬（六价，Cr（Ⅵ））（mg/L）	≤0.005	≤0.01	≤0.05	≤0.1	>0.1

续表

指标名称	指标				
	Ⅰ类	Ⅱ类	Ⅲ类	Ⅳ类	Ⅴ类
铅（Pb）（mg/L）	≤0.005	≤0.01	≤0.05	≤0.1	>0.1
铍（Be）（mg/L）	≤0.00002	≤0.0001	≤0.0002	≤0.001	>0.001
钡（Ba）（mg/L）	≤0.01	≤0.1	≤1.0	≤4.0	>4.0
镍（Ni）（mg/L）	≤0.005	≤0.05	≤0.05	≤0.1	>0.1
滴滴涕（μg/L）	不得检出	≤0.005	≤1.0	≤1.0	>1.0
六六六（μg/L）	≤0.005	≤0.05	≤5.0	≤5.0	>5.0
总大肠菌群（个/L）	≤3.0	≤3.0	≤3.0	≤5.0	>5.0
细菌总数（个/mL）	≤100	≤100	≤100	≤1000	>1000
总α放射性（Bq/L）	≤0.1	≤0.1	≤0.1	>0.1	>0.1
总β放射性（Bq/L）	≤0.1	≤1.0	≤1.0	>1.0	>1.0

注：Ⅰ类：主要反映地下水化学组分的天然低背景含量。适用于各种用途。

　　Ⅱ类：主要反映地下水化学组分的天然背景含量。适用于各种用途。

　　Ⅲ类：以人体健康基准值为依据。适用于集中式生活饮用水水源及工、农业用水。

　　Ⅳ类：以农业和工业用水要求为依据。除适用于农业和部分工业用水外，适当处理后可作生活饮用水。

　　Ⅴ类：不宜饮用，其他用水可根据使用目的选用。

附表9　海水水质标准 GB 3097—1997

（单位：mg/L）

序号	项目	第一类	第二类	第三类	第四类
1	漂浮物质	海面不得出现油膜、浮沫和其他漂浮物质			海面无明显油膜、浮沫和其他漂浮物质
2	色、嗅、味	海水不得有异色、异臭、异味			海水不得有令人厌恶和感到不快的色、臭、味
3	悬浮物质	人为增加的量≤10		人为增加的量≤100	人为增加的量≤150
4	大肠菌群≤（个/L）	10000 供人生食的贝类养殖水质≤700			—
5	粪大肠菌群≤（个/L）	2000 供人生食的贝类养殖水质≤140			—
6	病原体	供人生食的贝类养殖水质不得含有病原体			

序号	项目	第一类	第二类	第三类	第四类
7	水温（℃）	人为造成的海水温升夏季不超过当时当地1℃，其他季节不超过2℃		人为造成的海水温升不超过当时当地4℃	
8	pH	7.8～8.5 同时不超过该海域正常变动范围的0.2pH单位		6.8～8.8 同时不超过该海域正常变动范围的0.5pH单位	
9	溶解氧＞	6	5	4	3
10	化学需氧量（COD）≤	2	3	4	5
11	生化需氧量（BOD_5）≤	1	3	4	5
12	无机氮≤（以 N 计）	0.20	0.30	0.40	0.50
13	非离子氮≤（以 N 计）	0.020			
14	活性磷酸盐≤（以 P 计）	0.015	0.030		0.045
15	汞≤	0.00005	0.0002		0.0005
16	镉≤	0.001	0.005	0.010	
17	铅≤	0.001	0.005	0.010	0.050
18	六价铬≤	0.005	0.010	0.020	0.050
19	总铬≤	0.05	0.10	0.20	0.50
20	砷≤	0.020	0.030	0.050	
21	铜≤	0.005	0.010	0.050	
22	锌≤	0.020	0.050	0.10	0.50
23	硒≤	0.010	0.020		0.050
24	镍≤	0.005	0.010	0.020	0.050
25	氰化物≤	0.005		0.10	0.20
26	硫化物≤（以 S 计）	0.02	0.05	0.10	0.25
27	挥发性酚≤	0.005		0.010	0.050
28	石油类≤	0.05		0.30	0.50
29	六六六≤	0.001	0.002	0.003	0.005
30	滴滴涕≤	0.00005	0.0001		
31	马拉硫磷≤	0.0005	0.001		

续表

序号	项目		第一类	第二类	第三类	第四类
32	甲基对硫磷≤		0.0005	0.001		
33	苯并 [a] 芘≤ (μg/L)		0.0025			
34	阴离子表面活性剂 (LAS 计)		0.03	0.10		
35	放射性核素 (Bq/L)	^{60}Co	0.03			
		^{90}Sr	4			
		^{106}Rn	0.2			
		^{134}Cs	0.6			
		^{137}Cs	0.7			

附表 10 城镇污水处理厂污染物排放标准 GB 18918—2002

基本控制项目最高允许排放浓度（日均值）　　（单位：mg/L）　　附表 10.1

序号	基本控制项目		一级标准		二级标准	三级标准
			A 标准	B 标准		
1	化学需氧量（COD）		50	60	100	120[①]
2	生化需氧量（BOD$_5$）		10	20	30	60
3	悬浮物（SS）		10	20	30	50
4	动植物油		1	3	5	20
5	石油类		1	3	5	15
6	阴离子表面活性剂		0.5	1	2	5
7	总氮		15	20	—	—
8	氨氮		5 (8)[②]	8 (15)[②]	25 (30)[②]	—
9	总磷（以 P 计）	2005 年 12 月 31 日前建设的	1	1.5	3	5
		2006 年 1 月 1 日起建设的	0.5	1	3	5
10	色度（稀释倍数法）		30	30	40	50
11	pH		6～9			
12	粪大肠杆菌数（个/L）		10^3	10^4	10^4	—

注：① 下列情况下按去除率指标执行：当进水 COD 大于 350mg/L 时，去除率应大于 60%；BOD$_5$ 大于 160mg/L 时，去除率应大于 50%。

　　② 括号外数值为水温＞12℃时的控制指标，括号内数值为水温≤12℃时的控制指标。

部分一类污染物最高允许排放浓度（日均值）　　（单位：mg/L）　**附表 10.2**

序号	项目	标准值
1	总汞	0.001
2	烷基汞	不得检出
3	总镉	0.01
4	总铬	0.1
5	六价铬	0.05
6	总砷	0.1
7	总铅	0.1

选择控制项目最高允许排放浓度（日均值）　　（单位：mg/L）　**附表 10.3**

序号	选择控制项目	标准值	序号	选择控制项目	标准值
1	总镍	0.05	23	三氯乙烯	0.3
2	总铍	0.002	24	四氯乙烯	0.1
3	总银	0.1	25	苯	0.1
4	总铜	0.5	26	甲苯	0.1
5	总锌	1.0	27	间一二甲苯	0.1
6	总锰	2.0	28	邻一二甲苯	0.1
7	总硒	0.1	29	对一二甲苯	0.1
8	苯并（a）芘	0.00003	30	乙苯	0.1
9	挥发酚	0.5	31	氯苯	0.3
10	总氰化物	0.5	32	1，4一二氯苯	0.1
11	硫化物	1.0	33	1，2一二氯苯	1.0
12	甲醛	1.0	34	对一硝基氯苯	0.5
13	苯胺类	0.5	35	2，4一二硝基氯苯	0.5
14	总硝基化合物	2.0	36	苯酚	0.3
15	有机磷农药（以 P 计）	0.5	37	间一甲酚	0.1
16	马拉硫磷	1.0	38	2，4一二氯酚	0.6
17	乐果	0.5	39	2，4，6一三氯酚	0.6
18	对硫磷	0.05	40	邻苯二甲酸二丁酯	0.1
19	甲基对硫磷	0.2	41	邻苯二甲酸二辛酯	0.1
20	五氯酚	0.5	42	丙烯腈	2.0
21	三氯甲烷	0.3	43	可吸附有机卤化物（AOX）（以 Cl 计）	1.0
22	四氯化碳	0.03			

附表 11　城市污水再生利用分类 GB/T 18919—2002

序号	分类	范围	示例
1	农、林、牧、渔业用水	农田灌溉	种子与育种、粮食与饲料作物、经济作物
		造林育苗	种子、苗木、苗圃、观赏植物
		畜牧养殖	畜牧、家畜、家禽
		水产养殖	淡水养殖
2	城市杂用水	城市绿化	公共绿地、住宅小区绿化
		冲厕	厕所便器冲洗
		道路清扫	城市道路的冲洗及喷洒
		车辆冲洗	各种车辆冲洗
		建筑施工	施工场地清扫、浇洒、灰尘抑制、混凝土制备与养护、施工中的混凝土构件和建筑物冲洗
		消防	消火栓、消防水炮
3	工业用水	冷却用水	直流式、循环式
		洗涤用水	冲渣、冲灰、消烟除尘、清洗
		锅炉用水	中压、低压锅炉
		工艺用水	溶料、水浴、蒸煮、漂洗、水力开采、水力输送、增湿、稀释、搅拌、选矿、油田回注
		产品用水	浆料、化工制剂、涂料
4	环境用水	娱乐性景观环境用水	娱乐性景观河道、景观湖泊及水景
		观赏性景观环境用水	观赏性景观河道、景观湖泊及水景
		湿地环境用水	恢复自然湿地、营造人工湿地
5	补充水源水	补充地表水	河流、湖泊
		补充地下水	水源补给、防止海水入浸、防止地面沉降

附表 12　城市污水再生利用城市杂用水水质标准 GB/T 18920—2002

序号	项目		冲厕	道路清扫、消防	城市绿化	车辆冲洗	建筑施工
1	pH		6～9				
2	色（度）	≤	30				
3	嗅		无不快感				

续表

序号	项目		冲厕	道路清、扫消防	城市绿化	车辆冲洗	建筑施工
4	浊度（NTU）	≤	5	10	10	5	20
5	溶解性总固体（mg/L）	≤	1500	1500	1000	1000	—
6	五日生化需氧量 BOD_5（mg/L）	≤	10	15	20	10	15
7	氨氮（mg/L）	≤	10	10	20	10	20
8	阴离子表面活性剂（mg/L）		1.0	1.0	1.0	0.5	1.0
9	铁（mg/L）	≤	0.3	—	—	0.3	—
10	锰（mg/L）	≤	0.1	—	—	0.1	—
11	溶解氧（mg/L）	≥	1.0				
12	总余氯（mg/L）		接触30min后≥1.0，管网末端≥0.2				
13	总大肠菌群（个/L）	≤	3				

附表 13　弱酸、弱碱在水中的解离常数（25℃，$I=0$）

弱　酸　名　称		K_a	pK_a
砷酸	H_3AsO_4	6.3×10^{-3}（K_{a_1}）	2.20
		1.0×10^{-7}（K_{a_2}）	7.00
		3.2×10^{-12}（K_{a_3}）	11.50
偏亚砷酸	$HAsO_2$	6.0×10^{-10}	9.22
硼酸	H_3BO_3	5.8×10^{-10}	9.24
四硼酸	$H_2B_4O_7$	1×10^{-4}（K_{a_1}）	4.00
		1×10^{-9}（K_{a_2}）	9.00
碳酸	H_2CO_3（$CO_2 + H_2O$）*	4.2×10^{-7}（K_{a_1}）	6.38
		5.6×10^{-11}（K_{a_2}）	10.25
次氯酸	$HClO$	3.2×10^{-8}	7.49
氢氰酸	HCN	4.9×10^{-10}	9.31
氰酸	$HCNO$	3.3×10^{-4}	3.48
铬酸	H_2CrO_4	1.8×10^{-1}（K_{a_1}）	0.74
		3.2×10^{-7}（K_{a_2}）	6.50
氢氟酸	HF	6.6×10^{-4}	3.18
亚硝酸	HNO_2	5.1×10^{-4}	3.29
过氧化氢	H_2O_2	1.8×10^{-12}	11.75
磷酸	H_3PO_4	7.5×10^{-3}（K_{a_1}）	2.12
		6.3×10^{-8}（K_{a_2}）	7.20
		4.4×10^{-13}（K_{a_3}）	12.36
焦磷酸	$H_4P_2O_7$	3.0×10^{-2}（K_{a_1}）	1.52
		4.4×10^{-3}（K_{a_2}）	2.36

弱　酸　名　称		K_a	pK_a
		2.5×10^{-7}（K_{a_3}）	6.60
		5.6×10^{-10}（K_{a_4}）	9.25
正亚磷酸	H_3PO_3	3.0×10^{-2}（K_{a_1}）	1.52
		1.6×10^{-7}（K_{a_2}）	6.79
氢硫酸	H_2S	1.3×10^{-7}（K_{a_1}）	6.89
		7.1×10^{-15}（K_{a_2}）	14.15
硫酸	HSO_4^-	1.2×10^{-2}（K_{a_2}）	1.92
亚硫酸	H_2SO_3	1.3×10^{-2}（K_{a_1}）	1.89
		6.3×10^{-8}（K_{a_2}）	7.20
硫代硫酸	$H_2S_2O_3$	2.3（K_{a_1}）	0.60
		3×10^{-2}（K_{a_2}）	1.60
偏硅酸	H_2SiO_3	1.7×10^{-10}（K_{a_1}）	9.77
		1.6×10^{-12}（K_{a_2}）	11.80
甲酸	$HCOOH$	1.8×10^{-4}	3.74
乙酸（醋酸）	CH_3COOH	1.8×10^{-5}	4.74
丙酸	CH_3CH_2COOH	1.3×10^{-5}	4.87
丁酸	$CH_3(CH_2)_2COOH$	1.5×10^{-5}	4.82
戊酸	$CH_3(CH_2)_3COOH$	1.4×10^{-5}	4.84
羟基乙酸	$CH_2(OH)COOH$	1.5×10^{-4}	3.83
一氯乙酸	$CH_2ClCOOH$	1.4×10^{-3}	2.86
二氯乙酸	$CHCl_2COOH$	5.0×10^{-2}	1.30
三氯乙酸	CCl_3COOH	0.23	0.64
氨基乙酸・H^+	$^+NH_3CH_2COOH$	4.5×10^{-3}（K_{a_1}）	2.35
		1.7×10^{-10}（K_{a_2}）	9.77
抗坏血酸	$C_6H_8O_6$	5.0×10^{-5}（K_{a_1}）	4.30
		1.5×10^{-10}（K_{a_2}）	9.82
乳酸	$CH_3CHOHCOOH$	1.4×10^{-4}	3.86
苯甲酸	C_6H_5COOH	6.2×10^{-5}	4.21
草酸	$H_2C_2O_4$	5.9×10^{-2}（K_{a_1}）	1.23
		6.4×10^{-5}（K_{a_2}）	4.19
d-酒石酸	$HOOC(CHOH)_2COOH$	9.1×10^{-4}（K_{a_1}）	3.04
		4.3×10^{-5}（K_{a_2}）	4.37
邻苯二甲酸	⬡—COOH／—COOH	1.12×10^{-3}（K_{a_1}）	2.95
		3.9×10^{-6}（K_{a_2}）	5.41
苯酚	C_6H_5OH	1.1×10^{-10}	9.95
乙二胺四乙酸	$H_6\text{-EDTA}^{2+}$	0.13（K_{a_1}）	0.90

弱　酸　名　称		K_a	pK_a
（$I=0.1$）	$H_6\text{-EDTA}^+$	2.5×10^{-2}（K_{a_2}）	1.60
	$H_4\text{-EDTA}$	8.5×10^{-3}（K_{a_3}）	2.07
	$H_2\text{-EDTA}^-$	1.77×10^{-3}（K_{a_4}）	2.75
	$H_2\text{-EDTA}^{2-}$	5.75×10^{-7}（K_{a_5}）	6.24
	$H\text{-EDTA}^{3-}$	4.57×10^{-11}（K_{a_6}）	10.34
丁二酸	$HOOC(CH_2)_2COOH$	6.2×10^{-5}	4.21
		2.3×10^{-6}	5.64
顺-丁烯二酸	$CHCO_2H$	1.2×10^{-2}	1.91
（马来酸）	$\parallel$ $CHCO_2H$	4.7×10^{-7}	6.33
反-丁烯二酸	$CHCO_2H$	8.9×10^{-4}	3.05
（富马酸）	$\parallel$ HO_2CCH	3.2×10^{-5}	4.49
邻苯二酚	—OH —OH	4.0×10^{-10} 2×10^{-13}	9.40 12.80
水杨酸	—COOH —OH	1.1×10^{-3} 1.8×10^{-14}	2.97 13.74
磺基水杨酸	^-O_3S— —COOH —OH	4.7×10^{-3} 4.8×10^{-12}	2.33 11.32
柠檬酸	CH_2CO_2H $C(OH)CO_2H$ CH_2CO_2H	7.4×10^{-4} 1.8×10^{-5} 4.0×10^{-7}	3.13 4.74 6.40

弱　碱　名　称		K_b	pK_b
氨	NH_3	1.8×10^{-5}	4.74
联氨	H_2NNH_2	3.0×10^{-8}（K_{b_1}）	5.52
		7.6×10^{-15}（K_{b_2}）	14.12
羟氨	NH_2OH	9.1×10^{-9}	8.04
甲胺	CH_3NH_2	4.2×10^{-4}	3.38
乙胺	$C_2H_5NH_2$	4.3×10^{-4}	3.37
丁胺	$CH_3(CH_2)_3NH_2$	4.4×10^{-4}	3.36
乙醇胺	$HOCH_2CH_2NH_2$	3.2×10^{-5}	4.50
三乙醇胺	$(HOCH_2CH_2)_3N$	5.8×10^{-7}	6.24
二甲胺	$(CH_3)_2NH$	5.9×10^{-4}	3.23
二乙胺	$(CH_3CH_2)_2NH$	8.5×10^{-4}	3.07

弱 碱 名 称		K_b	pK_b
三乙胺	$(CH_3CH_2)_3N$	5.2×10^{-4}	3.29
苯胺	$C_6H_5NH_2$	4.0×10^{-10}	9.40
邻甲苯胺		2.8×10^{-10}	9.55
对甲苯胺		1.2×10^{-9}	8.92
六次甲基四胺	$(CH_2)_6N_4$	1.4×10^{-9}	8.85
咪唑		9.8×10^{-8}	7.01
吡啶		1.8×10^{-9}	8.74
哌啶		1.3×10^{-3}	2.88
喹啉		7.6×10^{-10}	9.12
乙二胺	$H_2NCH_2CH_2NH_2$	8.5×10^{-5}（K_{b_1}）	4.07
		7.1×10^{-8}（K_{b_2}）	7.15
8-羟基喹啉	C_9H_6NOH	6.5×10^{-5}	4.19
		8.1×10^{-10}	9.09

附表 14   络合物的稳定常数（18～25℃）

金属离子	n	$lg\beta_n$	I
氨络合物			
Ag^+	1, 2	3.40；7.40	0.1
Cd^{2+}	1, ……, 6	2.65；4.75；6.19；7.12；6.80；5.14	2
Co^{2+}	1, ……, 6	2.11；3.74；4.79；5.55；5.73；5.11	2
Co^{3+}	1, ……, 6	6.7；14.0；20.1；25.7；30.8；35.2	2
Cu^+	1, 2	5.93；10.86	2

金属离子	n	$\lg\beta_n$	I
Cu^{2+}	1, ……, 6	4.31；7.98；11.02；13.32；12.36	2
Ni^{2+}	1, ……, 6	2.80；5.04；6.77；7.96；8.71；8.74	2
Zn^{2+}	1, ……, 4	2.27；4.61；7.01；9.06	0.1
溴络合物			
Ag^+	1, ……, 4	4.38；7.33；8.00；8.73	0
Bi^{3+}	1, ……, 6	4.30；5.55；5.89；7.82；—；9.70	2.3
Cd^{2+}	1, ……, 4	1.75；2.34；3.32；3.70	3
Cu^+	2	5.89	0
Hg^{2+}	1, ……, 4	9.05；17.32；19.74；21.00	0.5
氯络合物			
Ag^+	1, ……, 4	3.04；5.04；5.04；5.30	0
Hg^{2+}	1, ……, 4	6.74；13.22；14.07；15.07	0.5
Sn^{2+}	1, ……, 4	1.51；2.24；2.03；1.48	0
Sb^{3+}	1, ……, 6	2.26；3.49；4.18；4.72；4.72；4.11	4
氰络合物			
Ag^+	1, ……, 4	—；21.1；21.7；20.6	0
Cd^{2+}	1, ……, 4	5.48；10.60；15.23；18.78	3
Co^{2+}	6	19.09	
Cu^+	1, ……, 4	—；24.0；28.59；30.3	0
Fe^{2+}	6	35	0
Fe^{3+}	6	42	0
Hg^{2+}	4	41.4	0
Ni^{2+}	4	31.3	0.1
Zn^{2+}	4	16.7	0.1
氟络合物			
Al^{3+}	1, ……, 6	6.13；11.15；15.00；17.75；19.37；19.84	0.5
Fe^{3+}	1, ……, 6	5.2；9.2；11.9；—；15.77；— ；	0.5
Th^{4+}	1, ……, 3	7.65；13.46；17.97	0.5
TiO_2^{2+}	1, ……, 4	5.4；9.8；13.7；18.0	3
ZrO_2^{2+}	1, ……, 3	8.80；16.12；21.94	2
碘络合物			
Ag^+	1, ……, 3	6.58；11.74；13.68	0
Bi^{3+}	1, ……, 6	3.63；—；—；14.95；16.80；18.80	2
Cd^{2+}	1, ……, 4	2.10；3.43；4.49；5.41	0
Pb^{2+}	1, ……, 4	2.00；3.15；3.92；4.47	0

金属离子	n	$\lg\beta_n$	I
Hg^{2+}	1, ……, 4	12.87；23.82；27.60；29.83	0.5
磷酸络合物			
Ca^{2+}	CaHL	1.7	0.2
Mg^{2+}	MgHL	1.9	0.2
Mn^{2+}	MnHL	2.6	0.2
Fe^{3+}	FeHL	9.35	0.66
硫氰酸络合物			
Ag^+	1, ……, 4	—；7.57；9.08；10.08	2.2
Au^+	1, ……, 4	—；23；—；42	0
Co^{2+}	1	1.0	1
Cu^+	1, ……, 4	—；11.00；10.90；10.48	5
Fe^{3+}	1, ……, 5	2.3；4.2；5.6；6.4；6.4	离子强度不定
Hg^{2+}	1, ……, 4	—；16.1；19.0；20.9	1
硫代硫酸络合物			
Ag^+	1, ……, 3	8.82；13.46；14.15	0
Cu^+	1, 2, 3	10.35；12.27；13.71	0.8
Hg^{2+}	1, ……, 4	—；29.86；32.26；33.61	0
Pb^{2+}	1, 3	5.1；6.4	0
乙酰丙酮络合物			
Al^{3+}	1, 2, 3	8.60；15.5；21.30	0
Cu^{2+}	1, 2	8.27；16.84	0
Fe^{2+}	1, 2	5.07；8.67	0
Fe^{3+}	1, 2, 3	11.4；22.1；26.7	0
Ni^{2+}	1, 2, 3	6.06；10.77；13.09	0
Zn^{2+}	1, 2	4.98；8.81	0
柠檬酸络合物			
Ag^+	Ag_2HL	7.1	0
Al^{3+}	AlHL	7.0	0.5
	AlL	20.0	
	AlOHL	30.6	
Ca^{2+}	CaH_3L	10.9	0.5
	CaH_2L	8.4	
	CaHL	3.5	
Cd^{2+}	CdH_2L	7.9	0.5
	CdHL	4.0	

金属离子	n	$\lg\beta_n$	I
	CdL	11.3	
Co^{2+}	CoH$_2$L	8.9	0.5
	CoHL	4.4	
	CoL	12.5	
Cu^{2+}	CuH$_2$L	12.0	0.5
	CuHL	6.1	0
	CuL	18.0	0.5
Fe^{2+}	FeH$_2$L	7.3	0.5
	FeHL	3.1	
	FeL	15.5	
Fe^{3+}	FeH$_2$L	12.2	0.5
	FeHL	10.9	
	FeL	25.0	
Ni^{2+}	NiH$_2$L	9.0	0.5
	NiHL	4.8	
	NiL	14.3	
Pb^{2+}	PbH$_2$L	11.2	0.5
	PbHL	5.2	
	PbL	12.3	
Zn^{2+}	ZnH$_2$L	8.7	0.5
	ZnHL	4.5	
	ZnL	11.4	
草酸络合物			
Al^{2+}	1，2，3	7.26；13.0；16.3	0
Cd^{2+}	1，2	2.9；4.7	0.5
Co^{2+}	CoHL	5.5	0.5
	CoH$_2$L	10.6	
	1，2，3	4.79；6.7；9.7	0
Co^{3+}	3	～20	
Cu^{2+}	CuHL	6.25	0.5
	1，2	4.5；8.9	
Fe^{2+}	1，2，3	2.9；4.52；5.22	0.5～1
Fe^{3+}	1，2，3	9.4；16.2；20.2	0
Mg^{2+}	1，2	2.76；4.38	0.1
Mn(Ⅲ)	1，2，3	9.98；16.57；19.42	2

金属离子	n	$\lg\beta_n$	I
Ni^{2+}	1，2，3	5.3；7.64；8.5	0.1
$Th(IV)$	4	24.5	0.1
TiO^{2+}	1，2	6.6；9.9	2
Zn^{2+}	ZnH_2L	5.6	0.5
	1，2，3	4.89；7.60；8.15	
磺基水杨酸络合物			
Al^{3+}	1，2，3	13.20；22.83；28.89	0.1
Cd^{2+}	1，2	16.68；29.08	0.25
Co^{2+}	1，2	6.13；9.82	0.1
Cr^{3+}	1	9.56	0.1
Cu^{2+}	1，2	9.52；16.45	0.1
Fe^{2+}	1，2	5.90；9.90	1～0.5
Fe^{3+}	1，2，3	14.64；25.18；32.12	0.25
Mn^{2+}	1，2	5.24；8.24	0.1
Ni^{2+}	1，2	6.42；10.24	0.1
Zn^{2+}	1，2	6.05；10.65	0.1
酒石酸络合物			
Bi^{3+}	3	8.30	0
Ca^{2+}	$CaHL$	4.85	0.5
	1，2	2.98；9.01	0
Cd^{2+}	1	2.8	0.5
Cu^{2+}	1，……，4	3.2；5.11；4.78；6.51	1
Fe^{3+}	3	7.49	0
Mg^{2+}	$MgHL$	4.65	0.5
	1	1.2	
Pb^{2+}	1，2，3	3.78；—；4.7	0
Zn^{2+}	$ZnHL$	4.5	0.5
	1，2	2.4；8.32	
乙二胺络合物			
Ag^+	1，2	4.70；7.70	0.1
Cd^{2+}	1，2，3	5.47；10.09；12.09	0.5
Co^{2+}	1，2，3	5.91；10.64；13.94	1
Co^{3+}	1，2，3	18.70；34.90；48.69	1
Cu^+	2	10.8	
Cu^{2+}	1，2，3	10.67；20.00；21.00	1
Fe^{2+}	1，2，3	4.34；7.65；9.70	1.4
乙二胺络合物			
Hg^{2+}	1，2	14.30；23.3	0.1

续表

金属离子	n	$\lg\beta_n$	I
Mn^{2+}	1，2，3	2.73；4.79；5.67	1
Ni^{2+}	1，2，3	7.52；13.80；18.06	1
Zn^{2+}	1，2，3	5.77；10.83；14.11	1
硫脲络合物			
Ag^+	1，2	7.4；13.1	0.03
Bi^{3+}	6	11.9	
Cu^{2+}	3，4	13；15.4	0.1
Hg^{2+}	2，3，4	22.1；24.7；26.8	
氢氧基络合物			
Al^{3+}	4	33.3	2
	$Al_6(OH)_{15}^{3+}$	163	
Bi^{3+}	1，	12.4	3
	$Bi_6(OH)_{12}^{6+}$	168.3	
Cd^{2+}	1，……，4	4.3；7.7；10.3；12.0	3
Co^{2+}	1，3	5.1；—；10.2	0.1
Cr^{3+}	1，2	10.2；18.3	0.1
Fe^{2+}	1	4.5	1
Fe^{3+}	1，2	11.0；21.7	3
	$Fe_2(OH)_2^{4+}$	25.1	
Hg^{2+}	2	21.7	0.5
Mg^{2+}	1	2.6	0
Mn^{2+}	1	3.4	0.1
Ni^{2+}	1	4.6	0.1
Pb^{2+}	1，2，3	6.2；10.3；13.3	0.3
	$Pb_2(OH)^{3+}$	7.6	
Sn^{2+}	1	10.1	3
Th^{4+}	1	9.7	1
Ti^{3+}	1	11.8	0.5
TiO^{2+}	1	13.7	1
VO^{2+}	1	8.0	3
Zn^{2+}	1，……，4	4.4；10.1；14.2；15.5	0

注：(1) β_n 为络合物的累积稳定常数，即

$$\beta_n = K_1 \cdot K_2 \cdot K_3 \cdots K_n = K_稳$$

$$\lg\beta_n = \lg K_1 + \lg K_2 + \lg K_3 + \cdots + \lg K_n$$

例如 Ag^+ 与 NH_3 络合物：

$\lg\beta_1 = 3.40$　即 $\lg K_1 = 3.40$　$K_稳[Ag(NH_3)]^+ = 3.40$

$\lg\beta_2 = 7.40$　即 $\lg K_1 = 3.40$　$\lg K_2 = 4.00, K_稳[Ag(NH_3)_2]^+ = 7.40$

(2) 酸式、碱式络合物及多核氢氧基络合物的化学式标明于 n 栏中。

附表 15　氨羧络合剂类络合物的稳定常数
(18～25℃，$I=0.1$)

金属离子	lg K					NTA	
	EDTA	DCyTA	DTPA	EGTA	HEDTA	lg β_1	lg β_2
Ag^+	7.32			6.88	6.71	5.16	
Al^{3+}	16.13	19.5	18.6	13.9	14.3	11.4	
Ba^{2+}	7.86	8.69	8.87	8.41	6.3	4.82	
Be^{2+}	9.2	11.51				7.11	
Bi^{3+}	27.94	32.3	35.6		22.3	17.5	
Ca^{2+}	10.69	13.20	10.83	10.97	8.3	6.41	
Cd^{2+}	16.46	19.93	19.2	16.7	13.3	9.83	14.61
Co^{2+}	16.31	19.62	19.27	12.39	14.6	10.38	14.39
Co^{3+}	36				37.4	6.84	
Cr^{3+}	23.4					6.23	
Cu^{2+}	18.80	22.00	21.55	17.71	17.6	12.96	
Fe^{2+}	14.32	19.0	16.5	11.87	12.3	8.33	
Fe^{3+}	25.1	30.1	28.0	20.5	19.8	15.9	
Ga^{3+}	20.3	23.2	25.54		16.9	13.6	
Hg^{2+}	21.7	25.00	26.70	23.2	20.30	14.6	
In^{3+}	25.0	28.8	29.0		20.2	16.9	
Li^+	2.79					2.51	
Mg^{2+}	8.7	11.02	9.30	5.21	7.0	5.41	
Mn^{2+}	13.87	17.48	15.60	12.28	10.9	7.44	
$Mo(V)$	～28						
Na^+	1.66						1.22
Ni^{2+}	18.62	20.3	20.32	13.55	17.3	11.53	16.42
Pb^{2+}	18.04	20.38	18.80	14.71	15.7	11.39	
Pd^{2+}	18.5						
Sc^{2+}	23.1	26.1	24.5	18.2			24.1
Sn^{2+}	22.11						
Sr^{2+}	8.63	10.59	9.77	8.50	6.9	4.98	
Th^{4+}	23.2	25.6	28.78				
TiO^{2+}	17.3						

续表

金属离子	lg K						
	EDTA	DCyTA	DTPA	EGTA	HEDTA	NTA	
						lg β_1	lg β_2
Tl^{3+}	37.8	38.3				20.9	32.5
U(Ⅳ)	25.8	27.6	7.69				
VO^{2+}	18.8	20.1					
Y^{3+}	18.09	19.85	22.13	17.16	14.78	11.41	20.43
Zn^{2+}	16.50	19.37	18.40	12.7	14.7	10.67	14.29
ZrO^{2+}	29.5		35.8			20.8	
稀土元素	16～20	17～22	19		13～16	10～12	

注：EDTA：乙二胺四乙酸

DCyTA（或 DCTA、CyDTA）：1，2—二氨基环己烷四乙酸

DTPA：二乙基三胺五乙酸

EGTA：乙二醇二乙醚二胺四乙酸

HEDTA：N-β羟基乙基乙二胺三乙酸

NTA：氨三乙酸

附表16　微溶化合物的活度积和溶度积（25℃）

化　合　物	$I = 0.1\mathrm{mol/kg}$		$I = 0\mathrm{mol/kg}$	
	K_{sp}^0	pK_{sp}^0	K_{sp}	pK_{sp}
AgAc	2×10^{-3}	2.7	8×10^{-3}	2.1
AgCl	1.77×10^{-10}	9.75	3.2×10^{-10}	9.50
AgBr	4.95×10^{-13}	12.31	8.7×10^{-13}	12.06
AgI	8.3×10^{-17}	16.08	1.48×10^{-16}	15.83
Ag_2CrO_4	1.12×10^{-12}	11.95	5×10^{-12}	11.3
AgSCN	1.07×10^{-12}	11.97	2×10^{-12}	11.7
AgCN	1.2×10^{-16}	15.92		
Ag_2S	6×10^{-50}	49.2	6×10^{-49}	48.2
Ag_2SO_4	1.58×10^{-5}	4.80	8×10^{-5}	4.1
$Ag_2C_2O_4$	1×10^{-11}	11.0	4×10^{-11}	10.4
Ag_3AsO_4	1.12×10^{-20}	19.95	1.3×10^{-19}	18.9
Ag_3PO_4	1.45×10^{-16}	15.34	2×10^{-15}	14.7
AgOH	1.9×10^{-8}	7.71	3×10^{-8}	7.5
$Al(OH)_3$ 无定形	4.6×10^{-33}	32.34	3×10^{-32}	31.5
$BaCrO_4$	1.17×10^{-10}	9.93	8×10^{-10}	9.1
$BaCO_3$	4.9×10^{-9}	8.31	3×10^{-8}	7.5

续表

化 合 物	$I = 0.1mol/kg$		$I = 0mol/kg$	
	K_{sp}^0	pK_{sp}^0	K_{sp}	pK_{sp}
$BaSO_4$	1.07×10^{-10}	9.97	6×10^{-10}	9.2
BaC_2O_4	1.6×10^{-7}	6.79	1×10^{-6}	6.0
BaF_2	1.05×10^{-6}	5.98	5×10^{-6}	5.3
$Bi(OH)_2Cl$	1.8×10^{-31}	30.75		
$Ca(OH)_2$	5.5×10^{-6}	6.26	1.3×10^{-5}	4.9
$CaCO_3$	3.8×10^{-9}	8.42	3×10^{-8}	7.5
CaC_2O_4	2.3×10^{-9}	8.64	1.6×10^{-8}	7.8
CaF_2	3.4×10^{-11}	10.47	1.6×10^{-10}	9.8
$Ca_3(PO_4)_2$	1×10^{-26}	26.0	1×10^{-23}	23
$CaSO_4$	2.4×10^{-5}	4.62	1.6×10^{-4}	3.8
$CdCO_3$	3×10^{-14}	13.5	1.6×10^{-13}	12.8
CdC_2O_4	1.51×10^{-8}	7.82	1×10^{-7}	7.0
$Cd(OH)_2$(新析出)	3×10^{-14}	13.5	5×10^{-14}	13.2
CdS	8×10^{-27}	26.1	5×10^{-26}	25.3
$Ce(OH)_3$	6×10^{-21}	20.2	3×10^{-20}	19.5
$CePO_4$	2×10^{-20}	23.7		
$Co(OH)_2$(新析出)	1.6×10^{-15}	14.8	4×10^{-15}	14.4
CoS　α型	4×10^{-21}	20.4	3×10^{-20}	19.5
CoS　β型	2×10^{-25}	24.7	1.3×10^{-24}	23.9
$Cr(OH)_3$	1×10^{-31}	31.0	5×10^{-31}	30.3
CuI	1.10×10^{-12}	11.96	2×10^{-12}	11.7
$CuSCN$			2×10^{-13}	12.7
CuS	6×10^{-36}	35.2	4×10^{-35}	34.4
$Cu(OH)_2$	2.6×10^{-19}	18.59	6×10^{-19}	18.2
$Fe(OH)_2$	8×10^{-16}	15.1	2×10^{-15}	14.7
$FeCO_3$	3.2×10^{-11}	10.50	2×10^{-10}	9.7
FeS	6×10^{-18}	17.2	4×10^{-17}	16.4
$Fe(OH)_3$	3×10^{-39}	38.5	1.3×10^{-38}	37.9
Hg_2Cl_2	1.32×10^{-18}	17.88	6×10^{-18}	17.2
HgS(黑)	1.6×10^{-52}	51.8	1×10^{-51}	51
（红）	4×10^{-53}	52.4		
$Hg(OH)_2$	4×10^{-26}	25.4	1×10^{-25}	25.0
$KHC_4H_4O_6$	3×10^{-4}	3.5		
K_2PtCl_6	1.10×10^{-5}	4.96		
LaF_3	1×10^{-24}	24.0		
$La(OH)_3$(新析出)	1.6×10^{-19}	18.8	8×10^{-19}	18.1

化　合　物	$I = 0.1\,mol/kg$		$I = 0\,mol/kg$	
	K_{sp}^0	pK_{sp}^0	K_{sp}	pK_{sp}
$LaPO_4$			4×10^{-23}	22.4
				（$I = 0.5\,mol/kg$）
$MgCO_3$	1×10^{-5}	5.0	6×10^{-5}	4.2
MgC_2O_4	8.5×10^{-5}	4.07	5×10^{-4}	3.3
$Mg(OH)_2$	1.8×10^{-11}	10.74	4×10^{-11}	10.4
$MgNH_4PO_4$	3×10^{-13}	12.6		
$MnCO_3$	5×10^{-10}	9.30	3×10^{-9}	8.5
$Mn(OH)_2$	1.9×10^{-13}	12.72	5×10^{-13}	12.3
MnS(无定形)	3×10^{-10}	9.5	6×10^{-9}	8.8
MnS(晶形)	3×10^{-13}	12.5		
$Ni(OH)_2$(新析出)	2×10^{-15}	14.7	5×10^{-15}	14.3
NiS　α 型	3×10^{-19}	18.5		
NiS　β 型	1×10^{-24}	24.0		
NiS　γ 型	2×10^{-26}	25.7		
$PbCO_3$	8×10^{-14}	13.1	5×10^{-13}	12.3
$PbCl_2$	1.6×10^{-5}	4.79	8×10^{-5}	4.1
$PbCrO_4$	1.8×10^{-14}	13.75	1.3×10^{-13}	12.9
PbI_2	6.5×10^{-9}	8.19	3×10^{-8}	7.5
$Pb(OH)_2$	8.1×10^{-17}	16.09	2×10^{-16}	15.7
PbS	3×10^{-27}	26.6	1.6×10^{-26}	25.8
$PbSO_4$	1.7×10^{-8}	7.78	1×10^{-7}	7.0
$SrCO_3$	9.3×10^{-10}	9.03	6×10^{-9}	8.2
SrC_2O_4	5.6×10^{-8}	7.25	3×10^{-7}	6.5
$SrCrO_4$	2.2×10^{-5}	4.65		
SrF_2	2.5×10^{-9}	8.61	1×10^{-8}	8.0
$SrSO_4$	3×10^{-7}	6.5	1.6×10^{-6}	5.8
$Sn(OH)_2$	8×10^{-29}	28.1	2×10^{-28}	27.7
SnS	1×10^{-25}	25.0		
$Th(C_2O_4)_2$	1×10^{-22}	22.0		
$Th(OH)_4$	1.3×10^{-45}	44.9	1×10^{-44}	44.0
$TiO(OH)_2$	1×10^{-29}	29.0	3×10^{-29}	28.5
$ZnCO_3$	1.7×10^{-11}	10.78	1×10^{-10}	10.0
$Zn(OH)_2$(新析出)	2.1×10^{-16}	15.68	5×10^{-16}	15.3
ZnS　α 型	1.6×10^{-24}	23.8		
ZnS　β 型	5×10^{-25}	24.3		
$ZrO(OH)_2$	6×10^{-49}	48.2	1×10^{-47}	47.0

附表 17　标准电极电位(18～25℃)

元　素	半　反　应	$\varphi^{\ominus}(V)$
Ag	$Ag_2S+2e^-=2Ag+S^{2-}$	−0.71
	$Ag_2S+H_2O+2e^-=2Ag+OH^-+HS^-$	−0.67
	$Ag_2S+H^++2e^-=2Ag+HS^-$	−0.272
	$Ag_2S+2H^++2e^-=2Ag+H_2S$	−0.0362
	$AgI+e^-=Ag+I^-$	−0.152
	$[Ag(S_2O_3)_2]^{3-}+e^-=Ag+2S_2O_3^{2-}$	0.017
	$AgBr+e^-=Ag+Br^-$	0.071
	$AgCl+e^-=Ag+Cl^-$	0.222
	$Ag_2O+H_2O+2e^-=2Ag+2OH^-$	0.342
	$Ag(NH_3)_2^++e^-=Ag+2NH_3$	0.37
	$2AgO+H_2O+2e^-=Ag_2O+2OH^-$	0.06
	$Ag^++e^-=Ag$	0.799
	$Ag_2O+2H^++2e^-=2Ag+H_2O$	1.17
	$2AgO+2H^++2e^-=Ag_2O+H_2O$	1.40
	$Ag(II)+e^-=Ag^+$	1.927
Al	$Al(OH)_4^-+3e^-=Al+4OH^-$	−2.33
	$[AlF_6]^{3-}+3e^-=Al+6F^-$	−2.07
	$Al^{3+}+3e^-=Al$	−1.66
As	$As+3H_2O+3e^-=AsH_3+3OH^-$	−1.37
	$AsO_2^-+2H_2O+3e^-=As+4OH^-$	−0.68
	$AsO_4^{3-}+2H_2O+2e^-=AsO_2^-+4OH^-$	−0.67
	$As+3H^++3e^-=AsH_3$	−0.60
	$H_3AsO_3+3H^++3e^-=As+3H_2O$	0.248
	$H_3AsO_4+2H^++2e^-=H_3AsO_3+H_2O$	0.559
Au	$Au(CN)_2^-+e^-=Au+2CN^-$	−0.61
	$H_2AuO_3^-+H_2O+3e^-=Au+4OH^-$	0.7
	$AuBr_4^-+2e^-=AuBr_2^-+2Br^-$	0.82
	$AuBr_4^-+3e^-=Au+4Br^-$	0.87
	$AuCl_4^-+2e^-=AuCl_2^-+2Cl^-$	0.93
	$AuBr_2^-+e^-=Au+2Br^-$	0.96
	$AuCl_4^-+3e^-=Au+4Cl^-$	0.99
	$AuCl_2^-+e^-=Au+2Cl^-$	1.15
	$Au^{3+}+2e^-=Au^+$	1.40

元　素	半　反　应	$\varphi^{\ominus}(V)$
Au	$Au^{3+}+3e^-=Au$	1.50
	$Au^++e^-=Au$	1.69
Ba	$Ba^{2+}+2e^-=Ba$	-2.91
Be	$Be^{2+}+2e^-=Be$	-1.85
Bi	$Bi_2O_3+3H_2O+6e^-=2Bi+6OH^-$	-0.46
	$BiOCl+2H^++3e^-=Bi+H_2O+Cl^-$	0.16
	$BiO^++2H^++3e^-=Bi+H_2O$	0.32
	$Bi_2O_4+H_2O+2e^-=Bi_2O_3+2OH^-$	0.56
	$Bi_2O_4+4H^++2e^-=2BiO^++2H_2O$	1.59
	$NaBiO_3+4H^++3e^-=BiO^++Na^++2H_2O$	>1.80
Br	$BrO^-+H_2O+2e^-=Br^-+2OH^-$	0.76
	$Br_2(液)+2e^-=2Br^-$	1.06
	$HBrO+H^++2e^-=Br^-+H_2O$	1.33
	$BrO_3^-+6H^++6e^-=Br^-+3H_2O$	1.44
	$BrO_3^-+6H^++5e^-=\frac{1}{2}Br_2+3H_2O$	1.52
	$HBrO+H^++e^-=\frac{1}{2}Br_2+H_2O$	1.59
C	$CNO^-+H_2O+2e^-=CN^-+2OH^-$	-0.97
	$2CO_2+2H^++2e^-=H_2C_2O_4$	-0.49
	$CO_2+2H^++2e^-=HCOOH$	-0.20
	$CH_3COOH+2H^++2e^-=CH_3CHO+H_2O$	-0.12
	$CO_2+2H^++2e^-=CO+H_2O$	-0.12
	$HCHO+2H^++2e^-=CH_3OH$	0.23
	$2HCNO+2H^++2e^-=(CN)_2+2H_2O$	0.33
	$\frac{1}{2}(CN)_2+H^++e^-=HCN$	0.37
Ca	$Ca^{2+}+2e^-=Ca$	-2.87
Cd	$[Cd(CN)_4]^{2-}+2e^-=Cd+4CN^-$	-1.09
	$Cd^{2+}+2e^-=Cd$	-0.402
	$Cd^{2+}+2e^-=Cd(Hg)$	-0.352
Ce	$Ce^{3+}+3e^-=Ce$	-2.34
	$Ce^{4+}+2e^-=Ce^{3+}$	1.61
Cl	$ClO_3^-+H_2O+2e^-=ClO_2^-+2OH^-$	0.33
	$ClO_4^-+H_2O+2e^-=ClO_3^-+2OH^-$	0.36
	$ClO^-+H_2O+e^-=\frac{1}{2}Cl_2+2OH^-$	0.40

元　　素	半　反　应	$\varphi^{\ominus}(V)$
Cl	$ClO_4^- + 4H_2O + 8e^- = Cl^- + 8OH^-$	0.56
	$ClO_2^- + H_2O + 2e^- = ClO^- + 2OH^-$	0.66
	$ClO_2^- + 2H_2O + 4e^- = Cl^- + 4OH^-$	0.77
	$ClO^- + H_2O + 2e^- = Cl^- + 2OH^-$	0.89
	$ClO_3^- + 2H^+ + e^- = ClO_2^- + H_2O$	1.15
	$ClO_2 + e^- = ClO_2^-$	1.16
	$ClO_3^- + 3H^+ + 2e^- = HClO_2 + H_2O$	1.21
	$2ClO_4^- + 16H^+ + 14e^- = Cl_2 + 8H_2O$	1.34
	$Cl_2(气) + 2e^- = 2Cl^-$	1.36
	$ClO_4^- + 8H^+ + 8e^- = Cl^- + 4H_2O$	1.37
	$Cl_2(水) + 2e^- = 2Cl^-$	1.395
	$ClO_3^- + 6H^+ + 6e^- = Cl^- + 3H_2O$	1.45
	$2ClO_3^- + 12H^+ + 10e^- = Cl_2 + 6H_2O$	1.47
	$HClO + H^+ + 2e^- = Cl^- + H_2O$	1.49
	$2ClO^- + 4H^+ + 2e^- = Cl_2 + 2H_2O$	1.63
	$ClO_2 + 4H^+ + 5e^- = Cl^- + 2H_2O$	1.95
Co	$[Co(CN)_6]^{3-} + e^- = [Co(CN)_6]^{4-}$	−0.83
	$[Co(NH_3)_6]^{2+} + 2e^- = Co + 6NH_3$	−0.43
	$Co^{2+} + 2e^- = Co$	−0.277
	$[Co(NH_3)_6]^{3+} + e^- = [Co(NH_3)_6]^{2+}$	0.1
	$Co(OH)_3 + e^- = Co(OH)_2 + OH^-$	0.17
	$Co^{3+} + 3e^- = Co$	0.33
	$Co^{3+} + e^- = Co^{2+}$	1.95
Cr	$Cr^{2+} + 2e^- = Cr$	−0.91
	$Cr^{3+} + 3e^- = Cr$	−0.74
	$Cr^{3+} + e^- = Cr^{2+}$	−0.41
	$CrO_4^{2-} + 4H_2O + 3e^- = Cr(OH)_3 + 5OH^-$	0.13
	$HCrO_4^- + 7H^+ + 3e^- = Cr^{3+} + 4H_2O$	1.195
	$Cr_2O_7^{2-} + 14H^+ + 6e^- = 2Cr^{3+} + 7H_2O$	1.33
Cu	$[Cu(CN)_2]^- + e^- = Cu + 2CN^-$	−0.43
	$Cu_2O + H_2O + 2e^- = 2Cu + 2OH^-$	−0.361
	$[Cu(NH_3)_2]^+ + e^- = Cu + 2NH_3$	−0.12
	$[Cu(NH_3)_4]^{2+} + 2e^- = Cu + 4NH_3$	−0.04
	$[Cu(NH_3)_4]^{2+} + e^- = [Cu(NH_3)_2]^+ + 2NH_3$	−0.01
	$CuCl + e^- = Cu + Cl^-$	0.137

元　素	半　反　应	$\varphi^{\ominus}(V)$
Cu	$Cu(edta)^{2-}+2e^-=Cu+(edta)^{4-}$	0.13
	$Cu^{2+}+e^-=Cu^+$	0.159
	$Cu^{2+}+2e^-=Cu$	0.337
	$Cu^++e^-=Cu$	0.52
	$Cu^{2+}+Cl^-+e^-=CuCl$	0.57
	$Cu^{2+}+I^-+e^-=CuI$	0.87
	$Cu^{2+}+2CN^-+e^-=[Cu(CN)_2]^-$	1.12
Cs	$Cs^++e^-=Cs$	-2.923
F	$F_2+2e^-=2F^-$	2.87
	$F_2+2H^++2e^-=2HF$	3.06
Fe	$Fe(OH)_3+e^-=Fe(OH)_2+OH^-$	-0.56
	$Fe^{2+}+2e^-=Fe$	-0.44
	$Fe^{3+}+3e^-=Fe$	-0.036
	$[Fe(C_2O_4)_3]^{3-}+e^-=[Fe(C_2O_4)_2]^{2-}+C_2O_4^{2-}$	0.02
	$Fe(EDTA)^-+e^-=Fe(EDTA)^{2-}$	0.12
	$[Fe(CN)_6]^{3-}+e^-=[Fe(CN)_6]^{4-}$	0.36
	$[FeF_6]^{3-}+e^-=Fe^{2+}+6F^-$	0.4
	$FeO_4^{2-}+2H_2O+3e^-=FeO_4^-+4OH^-$	0.55
	$Fe^{3+}+e^-=Fe^{2+}$	0.77
	$FeO_4^{2-}+8H^++3e^-=Fe^{3+}+4H_2O$	1.9
Ga	$Ga(OH)_4^-+3e^-=Ga+4OH^-$	-1.26
	$Ga^{3+}+3e^-=Ga$	-0.56
Ge	$GeO_2+4H^++4e^-=Ge+2H_2O$	-0.15
	$Ge^{2+}+2e^-=Ge$	0.23
H	$H_2-2e^-=2H^+$	-2.25
	$2H_2O+2e^-=H_2+2OH^-$	-0.828
	$2H^++2e^-=H_2$	0.000
	$H_2O_2+2H^++2e^-=2H_2O$	1.77
Hg	$Hg_2Cl_2+2e^-=2Hg+2Cl^-$	0.2680
	$Hg_2SO_4+2e^-=2Hg+SO_4^{2-}$	0.614
	$2HgCl_2+2e^-=Hg_2Cl_2+2Cl^-$	0.63
	$Hg_2^{2+}+2e^-=2Hg$	0.792
	$Hg^{2+}+2e^-=Hg$	0.854
	$2Hg^++2e^-=Hg_2^{2+}$	0.908
I	$IO_3^-+2H_2O+4e^-=IO^-+4OH^-$	0.14

元　素	半　反　应	$\varphi^{-\theta}(V)$
I	$IO_3^- + 3H_2O + 6e^- = I^- + 6OH^-$	0.26
	$I_3^- + 2e^- = 3I^-$	0.536
	$I_2(液) + 2e^- = 2I^-$	0.622
	$IO_3^- + 6H^+ + 6e^- = I^- + 3H_2O$	1.085
	$IO_3^- + 5H^+ + 4e^- = HIO + 2H_2O$	1.14
	$2IO_3^- + 12H^+ + 10e^- = I_2 + 6H_2O$	1.19
	$2HIO + 2H^+ + 2e^- = I_2 + 2H_2O$	1.45
	$H_5IO_6 + H^+ + 2e^- = IO_3^- + 3H_2O$	1.6
In	$In^{3+} + 2e^- = In^+$	-0.40
	$In^{3+} + 3e^- = In$	-0.34
Ir	$IrCl_6^{3-} + 3e^- = Ir + 6Cl^-$	0.77
	$IrCl_6^{2-} + 4e^- = Ir + 6Cl^-$	0.835
	$IrCl_6^{2-} + e^- = IrCl_6^{3-}$	1.026
	$Ir^{3+} + 3e^- = Ir$	1.15
K	$K^+ + e^- = K$	-2.92
La	$La^{3+} + 3e^- = La$	-2.52
Li	$Li + e^- = Li$	-3.045
Mg	$Mg^{2+} + 2e^- = Mg$	-2.375
Mn	$Mn^{2+} + 2e^- = Mn$	-1.18
	$Mn(CN)_6^{3-} + e^- = Mn(CN)_6^{4-}$	-0.244
	$MnO_4^- + e^- = MnO_4^{2-}$	0.564
	$MnO_4^{2-} + 2H_2O + 2e^- = MnO_2 + 4OH^-$	0.6
	$MnO_4^- + 2H_2O + 3e^- = MnO_2 + 4OH^-$	0.588
	$MnO_2 + 4H^+ + 2e^- = Mn^{2+} + 2H_2O$	1.23
	$Mn^{3+} + e^- = Mn^{2+}$	1.54
	$MnO_4^- + 8H^+ + 5e^- = Mn^{2+} + 4H_2O$	1.51
	$MnO_4^- + 4H^+ + 3e^- = MnO_2 + 2H_2O$	1.695
Mo	$Mo^{3+} + 3e^- = Mo$	-0.20
	$MoO_2^+ + 4H^+ + 2e^- = Mo^{3+} + 2H_2O$	-0.01
	$H_2MoO_4 + 2H^+ + e^- = MoO_2^+ + 2H_2O$	0.48
	$MoO_3^{2+} + 2H^+ + e^- = MoO^{3+} + H_2O$	0.48
	$Mo(CN)_8^{3+} + e^- = Mo(CN)_8^{4-}$	0.73
N	$N_2 + 5H^+ + 4e^- = N_2H_5^+$	-0.23
	$N_2O + 4H^+ + H_2O + 4e^- = 2NH_2OH$	-0.05
	$NO_3^- + H_2O + 2e^- = NO_2^- + 2OH^-$	0.01

元　素	半　反　应	$\varphi^{\ominus}(V)$
N	$N_2+8H^++6e^-=2NH_4^+$	0.26
	$NO_3^-+2H^++e^-=NO_2+H_2O$	0.80
	$NO_3^-+3H^++2e^-=HNO_2+H_2O$	0.94
	$NO_3^-+4H^++3e^-=NO+2H_2O$	0.96
	$HNO_2+H^++e^-=NH+H_2O$	1.00
	$2HNO_2+4H^++4e^-=N_2O+3H_2O$	1.27
Na	$Na^++e^-=Na$	-2.713
Nb	$Nb^{3+}+3e^-=Nb$	-1.1
	$NbO^{3+}+2H^++2e^-=Nb^{3+}+H_2O$	-0.34
	$NbO(SO_4)_2^-+2H^++2e^-=Nb^{3+}+H_2O+2SO_4^{2-}$	-0.1
Ni	$Ni(CN)_4^{2-}+e^-=Ni(CN)_3^{2-}+CN^-$	-0.82
	$Ni(OH)_2+2e^-=Ni+2OH^-$	-0.72
	$Ni(NH_3)_6^{2+}+2e^-=Ni+6NH_3$	-0.52
	$Ni^{2+}+2e^-=Ni$	-0.23
	$NiO_2+2H_2O+2e^-=Ni(OH)_2+2OH^-$	0.49
	$NiO_2+4H^++2e^-=Ni^{2+}+2H_2O$	1.68
O	$O_2+H_2O+2e^-=HO_2^-+OH^-$	-0.076
	$O_2+2H_2O+4e^-=4OH^-$	0.401
	$O_2+2H^++2e^-=H_2O_2$	0.68
	$HO_2^-+H_2O+2e^-=3OH^-$	0.88
	$O_2+4H^++4e^-=2H_2O$	1.229
	$H_2O_2^++2H^++2e^-=2H_2O$	1.776
	$O_3+2H^++2e^-=O_2+H_2O$	2.07
Os	$OsCl_6^{3-}+e^-=Os^{2+}+6Cl^-$	0.4
	$OsCl_6^{3-}+3e^-=Os+6Cl^-$	0.71
	$Os^{2+}+2e^-=Os$	0.85
	$OsCl_6^{2-}+e^-=OsCl_6^{3-}$	0.85
	$OsO_4+8H^++8e^-=Os+4H_2O$	0.85
P	$HPO_3^{2-}+2H_2O+2e^-=H_2PO_2^-+3OH^-$	-1.57
	$PO_4^{3-}+2H_2O+2e^-=HPO_3^{2-}+3OH^-$	-1.12
	$H_3PO_2+H^++e^-=P+2H_2O$	-0.51
	$H_3PO_3+2H^++2e^-=H_3PO_2+H_2O$	-0.50
	$H_3PO_4+2H^++2e^-=H_3PO_3+H_2O$	-0.276
Pb	$.HPbO_2^-+H_2O+2e^-=Pb+3OH^-$	-0.54
	$Pb^{2+}+2e^-=Pb$	-0.126

元　素	半　反　应	$\varphi^{\ominus}$(V)
Pb	$PbO_2 + H_2O + 2e^- = PbO + 2OH^-$	0.288
	$PbO_2 + 4H^+ + 2e^- = Pb^{2+} + 2H_2O$	1.455
	$PbO_2 + SO_4^{2-} + 4H^+ + 2e^- = PbSO_4 + 2H_2O$	1.685
Pd	$PdCl_4^{2-} + 2e^- = Pd + 4Cl^-$	0.623
	$PdCl_6^{2-} + 4e^- = Pd + 6Cl^-$	0.96
	$Pd^{2+} + 2e^- = Pd$	0.987
	$PdCl_6^{2-} + 2e^- = PbCl_4^{2-} + 2Cl^-$	1.29
Pt	$Pt(OH)_2 + 2e^- = Pt + 2OH^-$	0.15
	$Pt(OH)_6^{2-} + 2e^- = Pt(OH)_2 + 4OH^-$	0.2
	$PtCl_6^{2-} + 2e^- = PtCl_4^{2-} + 2Cl^-$	0.68
	$PtCl_4^{2-} + 2e^- = Pt + 4Cl^-$	0.755
	$Pt(OH)_2 + 2H^+ + 2e^- = Pt + 2H_2O$	0.98
	$Pt^{2+} + 2e^- = Pt$	1.2
Ra	$Ra^{2+} + 2e^- = Ra$	−2.92
Rb	$Rb^+ + e^- = Rb$	−2.924
Re	$Re + e^- = Re^-$	−0.4
	$ReO_4^- + 8H^+ + 6Cl^- + 3e^- = ReCl_6^{2-} + 4H_2O$	0.19
	$ReO_2 + 4H^+ + 4e^- = Re + 2H_2O$	0.260
	$ReCl_6^{2-} + 4e^- = Re + 6Cl^-$	0.50
	$ReO_4^- + 4H^+ + 3e^- = ReO_2 + 2H_2O$	0.51
Rh	$RhCl_6^{3-} + 3e^- = Rh + 6Cl^-$	0.44
	$Rh^{2+} + e^- = Rh^+$	0.60
	$Rh^+ + e^- = Rh$	0.60
S	$SO_4^{2-} + H_2O + 2e^- = SO_3^{2-} + 2OH^-$	−0.93
	$2SO_3^{2-} + 3H_2O + 4e^- = S_2O_3^{2-} + 6OH^-$	−0.58
	$S + 2e^- = S^{2-}$	0.48
	$S_2^{2-} + 2e^- = 2S^{2-}$	−0.48
	$2H_2SO_3 + H^+ + 2e^- = HS_2O_4^- + 2H_2O$	−0.08
	$S_4O_6^{2-} + 2e^- = 2S_2O_3^{2-}$	0.08
	$S + 2H^+ + 2e^- = H_2S$	0.14
	$SO_4^{2-} + 4H^+ + 2e^- = H_2SO_3 + H_2O$	0.17
	$S_2O_3^{2-} + 6H^+ + 4e^- = 2S + 3H_2O$	0.5
	$S_2O_8^{2-} + 2e^- = 2SO_4^{2-}$	2.01
Sb	$Sb + 3H^+ + 3e^- = SbH_3$	−0.51
	$SbO_3^- + H_2O + 2e^- = SbO_2^- + 2OH^-$	−0.43

元　素	半　反　应	$\varphi^{\ominus}(V)$
Sb	$Sb_2O_3 + 6H^+ + 6e^- = 2Sb + 3H_2O$	-0.152
	$SbO^+ + 2H^+ + 3e^- = Sb + H_2O$	0.212
	$Sb_2O_5 + 6H^+ + 4e^- = 2SbO^+ + 3H_2O$	0.581
	$Sb_2O_5 + 4H^+ + 4e^- = Sb_2O_3 + 2H_2O$	0.692
Sc	$Sc^{3+} + 3e^- = Sc$	-2.08
Se	$Se + 2e^- = Se^{2-}$	-0.78
	$Se + 2H^+ + 2e^- = H_2Se$	-0.40
	$SeO_3^{2-} + 3H_2O + 4e^- = Se + 6OH^-$	-0.366
	$SeO_4^{2-} + H_2O + 2e^- = SeO_3^{2-} + 2OH^-$	0.05
	$H_2SeO_3 + 4H^+ + 4e^- = Se + 3H_2O$	0.74
	$SeO_4^{2-} + 4H^+ + 2e^- = H_2SeO_3 + H_2O$	1.15
Si	$SiF_6^{2-} + 4e^- = Si + 6F^-$	-1.24
	$SiO_3^{2-} + 3H_2O + 4e^- = Si + 6OH^-$	-1.7
Sn	$Sn(OH)_6^{2-} + 2e^- = HSnO_2^- + 3OH^- + H_2O$	-0.93
	$HSnO_2^- + H_2O + 2e^- = Sn + 3OH^-$	-0.91
	$Sn^{2+} + 2e^- = Sn$	-0.14
	$SnCl_6^{2-} + 2e^- = SnCl_4^{2-} + 2Cl^-$	0.14
	$Sn^{4+} + 2e^- = Sn^{2+}$	0.154
	$SnCl_4^{2-} + 2e^- = Sn + 4Cl^-$	0.19
Sr	$Sr^{2+} + 2e^- = Sr$	-2.89
Ta	$Ta_2O_5 + 10H^+ + 10e^- = 2Ta + 5H_2O$	-0.81
Te	$Te + 2e^- = Te^{2-}$	-1.14
	$Te + 2H^+ + 2e^- = H_2Te$	-0.72
	$TeO_4^- + 8H^+ + 7e^- = Te + 4H_2O$	0.472
	$TeO_2 + 4H^+ + 4e^- = Te + 2H_2O$	0.53
	$TeCl_6^{2-} + 4e^- = Te + 6Cl^-$	0.646
	$H_6TeO_6 + 2H^+ + 2e^- = TeO_2 + 4H_2O$	1.02
Th	$Th(OH)_4 + 4e^- = Th + 4OH^-$	-2.48
	$Th^{4+} + 4e^- = Th$	-1.90
Ti	$TiF_6^{2-} + 4e^- = Ti + 6F^-$	-1.19
	$TiO_2 + 4H^+ + 4e^- = Ti + 2H_2O$	-0.86
	$Ti^{3+} + e^- = Ti^{2+}$	-0.37
	$Ti^{4+} + e^- = Ti^{3+}$	0.092
	$TiO^{2+} + 2H^+ + e^- = Ti^{3+} + H_2O$	0.099

续表

元　素	半　反　应	$\varphi^{\ominus}(V)$
Tl	$Tl^+ + e^- = Tl$	-0.336
	$Tl^{3+} + 2e^- = Tl^+$	1.25
	$Tl^{3+} + Cl^- + 2e^- = TlCl$	1.36
U	$UO_2 + 2H_2O + 4e^- = U + 4OH^-$	-2.39
	$U^{3+} + 3e^- = U$	-1.80
	$U^{4+} + e^- = U^{3+}$	-0.61
	$UO_2^{2+} + 4H^+ + 2e^- = U^{4+} + 2H_2O$	0.33
	$UO_2^+ + 4H^+ + e^- = U^{4+} + 2H_2O$	0.55
V	$V^{2+} + 2e^- = V$	-1.18
	$V^{3+} + e^- = V^{2+}$	-0.256
	$VO_2^+ + 4H^+ + 5e^- = V + 2H_2O$	-0.25
	$VO^{2+} + 2H^+ + e^- = V^{3+} + H_2O$	0.337
	$VO_2^+ + 4H^+ + 3e^- = V^{2+} + 2H_2O$	0.36
	$VO_2^+ + 2H^+ + e^- = VO^{2+} + H_2O$	1.00
W	$WO_3 + 6H^+ + 6e^- = W + 3H_2O$	-0.09
	$W_2O_5 + 2H^+ + 2e^- = 2WO_2 + H_2O$	-0.04
	$2WO_3 + 2H^+ + 2e^- = W_2O_5 + H_2O$	-0.03
Y	$Y^{3+} + 3e^- = Y$	-2.37
Zn	$[Zn(CN)_4]^{2-} + 2e^- = Zn + 4CN^-$	-1.26
	$Zn(OH)_4^{2-} + 2e^- = Zn + 4OH^-$	-1.216
	$Zn^{2+} + 2e^- = Zn$	-0.763
Zr	$Zr^{4+} + 4e^- = Zr$	-1.53
	$ZrO_2 + 4H^+ + 4e^- = Zr + 2H_2O$	-1.43

附表 18　一些氧化还原电对的条件电极电位

元素	半　反　应	$\varphi^{\ominus\prime}(V)$	介　质
Ag	$Ag(II) + e^- = Ag^+$	1.927	$4mol/L\ HNO_3$
		2.00	$4mol/L\ HClO_4$
	$Ag^+ + e^- = Ag$	0.792	$1mol/L\ HClO_4$
		0.228	$1mol/L\ HCl$
		0.59	$1mol/L\ NaOH$
	$AgCl + e^- = Ag + Cl^-$	0.2880	$0.1mol/L\ KCl$
		0.2223	$1mol/L\ KCl$
		0.2000	饱和 KCl

元素	半 反 应	$\varphi^{\ominus'}(V)$	介 质
As	$H_3AsO_4+2H^++2e^-=H_3AsO_3+H_2O$	0.577	1mol/L HCl,HClO$_4$
		0.07	1mol/L NaOH
		-0.16	5mol/L NaOH
Au	$Au^{3+}+2e^-=Au^+$	1.27	0.5mol/L H$_2$SO$_4$(氧化金饱和)
		1.26	1mol/L HNO$_3$(氧化金饱和)
		0.93	1mol/L HCl
	$Au^{3+}+3e^-=Au$	0.30	7~8mol/L NaOH
Bi	$Bi^{3+}+3e^-=Bi$	-0.05	5mol/L HCl
		0.0	1mol/L HCl
Cd	$Cd^{2+}+2e^-=Cd$	-0.8	8mol/L KOH
Ce	$Ce^{4+}+e^-=Ce^{3+}$	1.70	1mol/L HClO$_4$
		1.71	2mol/L HClO$_4$
		1.75	4mol/L HClO$_4$
		1.82	6mol/L HClO$_4$
		1.87	8mol/L HClO$_4$
		1.61	2mol/L HNO$_3$
		1.62	2mol/L HNO$_3$
		1.61	4mol/L HNO$_3$
		1.56	8mol/L HNO$_3$
		1.44	0.5mol/L H$_2$SO$_4$
		1.44	1mol/L H$_2$SO$_4$
		1.43	2mol/L H$_2$SO$_4$
		1.28	1mol/ HCl
Co	$Co^{3+}+e^-=Co^{2+}$	1.84	3mol/L HNO$_3$
	$Co(乙二胺)_3^{3+}+e^-=Co(乙二胺)_3^{2+}$	-0.2	0.1mol/L KNO$_3$++0.1mol/L 乙二胺
Cr	$Cr^{3+}+e^-=Cr^{2+}$	-0.40	5mol/L HCl
	$Cr_2O_7^{2-}+14H^++6e^-=2Cr^{3+}+7H_2O$	0.93	0.1mol/L HCl
		0.97	0.5mol/L HCl
		1.00	1mol/L HCl
		1.05	2mol/L HCl

元素	半反应	$\varphi^{\ominus'}(V)$	介 质
Cr		1.08	3mol/L HCl
		1.15	4mol/L HCl
		0.92	0.1mol/L H_2SO_4
		1.08	0.5mol/L H_2SO_4
		1.10	2mol/L H_2SO_4
		1.15	4mol/L H_2SO_4
		0.84	0.1mol/L $HClO_4$
		1.10	0.2mol/L $HClO_4$
		1.025	1mol/L $HClO_4$
		1.27	1mol/L HNO_3
	$CrO_4^{2-}+2H_4O+3e^-=CrO_2^-+4OH^-$	−0.12	1mol/L NaOH
Cu	$Cu^{2+}+e^-=Cu^+$	−0.09	pH=14
Fe	$Fe^{3+}+e^-=Fe^{2+}$	0.73	0.1mol/L HCl
		0.72	0.5mol/L HCl
		0.70	1mol/L HCl
		0.69	2mol/L HCl
		0.68	3mol/L HCl
		0.68	0.1mol/L H_2SO_4
		0.68	0.5mol/L H_2SO_4
		0.68	1mol/L H_4SO_4
		0.68	4mol/L H_2SO_4
		0.735	0.1mol/L $HClO_4$
		0.732	1mol/L $HClO_4$
		0.46	2mol/L H_3PO_4
		0.70	1mol/L HNO_3
		−0.7	pH=14
		0.51	1mol/L HCl+0.5mol/L H_3PO_4
	$Fe(EDTA)^-+e^-=Fe(EDTA)^{2-}$	0.12	0.1mol/L EDTA,pH=4~6
	$Fe(CN)_6^{3-}+e^-=Fe(CN)_6^{4-}$	0.56	0.1mol/L HCl
		0.41	pH=4~13
		0.70	1mol/L HCl

续表

元素	半 反 应	$\varphi^{\ominus\prime}(V)$	介 质
Fe		0.72	1mol/L $HClO_4$
		0.72	1mol/L H_2SO_4
		0.46	0.01mol/L NaOH
		0.52	5mol/L NaOH
I	$I_3^- + 2e^- = 3I^-$	0.5446	0.5mol/L H_2SO_4
	$I_2(水) + 2e^- = 2I^-$	0.6276	0.5mol/L H_2SO_4
Hg	$Hg_2^{2+} + 2e^- = 2Hg$	0.33	0.1mol/L KCl
		0.28	1mol/L KCl
		0.24	饱和 KCl
		0.66	4mol/L $HClO_4$
		0.274	1mol/L HCl
	$2Hg^{2+} + 2e^- = Hg_2^{2+}$	0.28	1mol/L HCl
In	$In^{3+} + 3e^- = In$	−0.3	1mol/L HCl
		−0.47	1mol/L Na_2CO_3
Mn	$MnO_4^- + 8H^+ + 5e^- = Mn^{2+} + 4H_2O$	1.45	1mol/L $HClO_4$
		1.27	8mol/L H_3PO_4
Sn	$SnCl_6^{2-} + 2e^- = SnCl_4^{2-} + 2Cl^-$	0.14	1mol/L HCl
		0.10	5mol/L HCl
		0.07	0.1mol/L HCl
		0.40	4.5mol/L H_2SO_4
	$Sn^{2+} + 2e^- = Sn$	−0.16	1mol/L $HClO_4$
Sb	$Sb(V) + 2e^- = Sb(III)$	0.75	3.5mol/L HCl
Mo	$Mo^{4+} + e^- = Mo^{3+}$	0.1	4mol/L H_2SO_4
	$Mo^{6+} + e^- = Mo^{5+}$	0.53	2mol/L HCl
Tl	$Tl^+ + e^- = Tl$	−0.551	1mol/L HCl
	$Tl(III) + 2e^- = Tl(I)$	1.23~0.78	1mol/L HNO_3 0.6mol/L HCl
U	$U(IV) + e^- = U(III)$	~−0.63	1mol/L HCl 或 $HClO_4$
		−0.85	1mol/L H_2SO_4
V	$VO_2^+ + 2H^+ + e^- = VO^{2+} + H_2O$	−0.74	pH=14
Zn	$Zn^{2+} + 2e^- = Zn$	−1.36	CN^-络合物

附表 19　化合物的摩尔质量(g/mol)

化　合　物	摩尔质量	化　合　物	摩尔质量	化　合　物	摩尔质量
Ag_3AsO_4	462.52	CO_2	44.01	$Cu(NO_3)_2 \cdot 3H_2O$	241.60
$AgBr$	187.77	CaO	56.08	CuO	79.545
$AgCl$	143.32	$CaCO_3$	100.09	Cu_2O	143.09
$AgCN$	133.89	CaC_2O_4	128.10	CuS	95.61
$AgSCN$	165.95	$CaCl_2$	110.98	$CuSO_4$	159.61
Ag_2CrO_4	331.73	$CaCl_2 \cdot 6H_2O$	219.08	$CuSO_4 \cdot 5H_2O$	249.69
AgI	234.77	$Ca(NO_3)_2 \cdot 4H_2O$	236.15		
$AgNO_3$	169.87	$Ca(OH)_2$	74.09	$FeCl_2$	126.75
$AlCl_3$	133.34	$Ca_3(PO_4)_2$	310.18	$FeCl_2 \cdot 4H_2O$	198.81
$AlCl_3 \cdot 6H_2O$	241.43	$CaSO_4$	136.14	$FeCl_3$	162.21
$Al(NO_3)_3$	213.00	$CdCO_3$	172.42	$FeCl_3 \cdot 6H_2O$	270.30
$Al(NO_3)_3 \cdot 9H_2O$	375.13	$CdCl_2$	183.32	$FeNH_4(SO_4)_2 \cdot 12H_2O$	482.20
Al_2O_3	101.96	CdS	144.48	$Fe(NO_3)_3$	241.86
$Al(OH)_3$	78.00	$Ce(SO_4)_2$	332.24	$Fe(NO_3)_3 \cdot 9H_2O$	404.00
$Al_2(SO_4)_3$	342.15	$Ce(SO_4)_2 \cdot 4H_2O$	404.30	FeO	71.846
$Al_2(SO_4)_3 \cdot 18H_2O$	666.43	$CoCl_2$	129.84	Fe_2O_3	159.69
As_2O_3	197.84	$CoCl_2 \cdot 6H_2O$	237.93	Fe_3O_4	231.54
As_2O_5	229.84	$Co(CN_3)_2$	182.94	$Fe(OH)_3$	106.87
As_2S_3	246.04	$Co(NO_3)_2 \cdot 6H_2O$	291.03	FeS	87.91
		CoS	90.999	Fe_2S_3	207.89
$BaCO_3$	197.34	$CoSO_4$	154.997	$FeSO_4$	151.91
BaC_2O_4	225.35	$CrCl_3$	158.35	$FeSO_4 \cdot 7H_2O$	278.02
$BaCl_2$	208.24	$CrCl_3 \cdot 6H_2O$	266.45	$FeSO_4(NH_4)_2SO_4 \cdot 6HO$	392.14
$BaCl_2 \cdot 2H_2O$	244.27	$Cr(NO_3)_3$	238.01		
$BaCrO_4$	253.32	Cr_2O_3	151.99	H_3AsO_3	125.94
BaO	153.33	$CuCl$	98.999	H_3AsO_3	141.94
$Ba(OH)_2$	171.34	$CuCl_2$	134.45	H_3BO_3	61.83
$BaSO_4$	233.39	$CuCl_2 \cdot 2H_2O$	170.48	HBr	80.912
$BiCl_3$	315.34	$CuSCN$	121.63	HCN	27.026
$BiOCl$	260.43	CuI	190.45	$HCOOH$	46.026
$CO(NH_2)_2$	60.06	$Cu(NO_3)_2$	187.56	CH_3COOH	60.053

化　合　物	摩尔质量	化　合　物	摩尔质量	化　合　物	摩尔质量
H_2CO_3	62.025	$KHC_2O_4 \cdot H_2C_2O_4 \cdot 2H_2O$	254.19	$(NH_4)_2C_2O_4 \cdot H_2O$	142.11
$H_2C_2O_4$	90.035	$KHC_4H_4O_6$	188.18	NH_4SCN	76.12
$H_2C_2O_4 \cdot 2H_2O$	126.07	$KHSO_4$	136.16	NH_4HCO_3	79.056
HCl	36.461	KI	166.00	$(NH_4)_2MoO_4$	196.01
HF	20.006	KIO_3	214.00	NH_4NO_3	80.043
HI	127.91	$KIO_3 \cdot HIO_3$	389.91	$(NH_4)_2HPO_4$	132.06
HIO_3	175.91	$KMnO_4$	158.03	$(NH_4)_2SO_4$	116.98
HNO_3	63.013	$KNaC_4H_4O_6 \cdot 4H_4O$	282.22	Na_3AsO_3	191.89
HNO_2	47.013	KNO_3	101.10	$Na_2B_4O_7$	201.22
H_2O	18.015	KNO_2	85.104	$Na_2B_4O_7 \cdot 10H_2O$	381.37
H_2O_2	34.015	K_2O	94.196	$NaBiO_3$	279.97
H_3PO_4	97.995	KOH	56.106	$NaCN$	49.007
H_2S	34.08	K_2SO_4	174.26	$NaSCN$	81.07
H_2SO_4	82.07	KCN	65.116	Na_2CO_3	105.99
H_2SO_4	98.07	$KSCN$	97.18	$Na_2CO_3 \cdot 10H_2O$	286.14
$Hg(CN)_2$	252.63			$Na_2C_2O_4$	134.00
$HgCl_2$	271.50	$MgCO_3$	84.314	CH_3COONa	82.034
Hg_2Cl	472.09	$MgCl_2$	95.210	$CH_3COONa \cdot 3H_2O$	136.08
HgI_2	454.40	$MgCl_2 \cdot 6H_2O$	203.30	$NaCl$	58.443
$Hg(NO_3)_2$	525.19	MgC_2O_4	112.32	$NaClO$	74.442
$Hg_2(NO_3)_2 \cdot 2H_2O$	561.22	$Mg(NO_3)_2 \cdot 6H_2O$	256.41	$NaHCO_3$	84.007
$Hg(NO_3)_2$	324.60	$MgNH_4PO_4$	137.31	$Na_2HPO_4 \cdot 12H_2O$	358.14
HgO	216.59	MgO	40.304	$Na_2H_2Y \cdot 2H_2O$	372.24
HgS	232.65	$Mg(OH)_2$	58.32	$NaNO_2$	68.995
$HgSO_4$	296.65	$Mg_2P_2O_7$	222.55	$NaNO_3$	84.995
Hg_2SO_4	497.24	$MgSO_4 \cdot 7H_2O$	246.48	Na_2O	61.979
		$MnCO_3$	114.95	Na_2O_2	77.978
$KAl(SO_4)_2 \cdot 12H_2O$	474.24	$MnCl_2 \cdot 4H_2O$	197.90	$NaOH$	39.997
KBr	119.00	$Mn(NO_3)_2 \cdot 6H_2O$	287.04	Na_3PO_4	163.94
$KBrO_3$	167.00	MnO	70.937	Na_2S	78.05
KCl	74.551	MnO_2	86.937	$Na_2S \cdot 9H_2O$	240.18
$KClO_3$	122.55	MnS	87.00	$NaSO_3$	126.04
$KClO_4$	138.55	$MnSO_4$	151.00	Na_2SO_4	142.04
KCN	65.116	$MnSO_4 \cdot 4H_2O$	223.06	$Na_2S_2O_3$	158.11
$KSCN$	97.18			$Na_2S_2O_3 \cdot 5H_2O$	248.19
K_2CO_3	138.21	NO	30.006	$NiCl_2 \cdot 6H_2O$	237.69
K_2CrO_4	194.19	NO_2	46.006	NiO	74.69
$K_2Cr_2O_7$	294.18	NH_3	17.03	$Ni(NO_3)_2 \cdot 6H_2O$	290.79
$K_3Fe(CN)_6$	329.25	CH_3COONH_4	77.083	NiS	90.76
$K_4Fe(CN)_6$	368.35	NH_4Cl	53.491	$NiSO_4 \cdot 7H_2O$	280.86
$KFe(SO_4)_2 \cdot 12H_2O$	503.26	$(NH_4)_2CO_3$	96.086		
$KHC_2O_4 \cdot H_2O$	146.14	$(NH_4)_2C_2O_4$	124.10	P_2O_5	141.94

化　合　物	摩尔质量	化　合　物	摩尔质量	化　合　物	摩尔质量
$PbCO_3$	267.21	$SbCl_3$	228.11	$Sr(NO_3)_2$	211.63
PbC_2O_4	295.22	$SbCl_5$	299.02	$Sr(NO_3)_2 \cdot 4H_2O$	283.69
$PbCl_2$	278.11	Sb_2O_3	291.51	$SrSO_4$	183.68
$PbCrO_4$	323.19	Sb_2S_3	339.70	$UO_2(CH_3COO)_2 \cdot 2H_2O$	424.15
$Pb(CH_3COO)_2$	325.30	SiF_4	104.08	$ZnCO_3$	125.40
$Pb(CH_3COO)_2 \cdot 3H_2O$	379.30	SiO_2	60.084	ZnC_2O_4	153.41
PbI_2	461.00	$SnCl_2$	189.62	$ZnCl_2$	136.30
$Pb(NO_2)_4$	331.21	$SnCl_2 \cdot 2H_2O$	225.65	$Zn(CH_3COO)_2$	183.48
PbO	223.21	$SnCl_4$	260.52	$Zn(CH_3COO)_2 \cdot 2H_2O$	219.51
PbO_2	239.20	$SnCl_4 \cdot 5H_2O$	350.760	$Zn(NO_3)_2$	189.40
$Pb_3(PO_4)_2$	811.54	SnO_2	150.71	$Zn(NO_3)_2 \cdot 6H_2O$	297.49
PbS	239.27	SnS	150.78	ZnO	81.39
$PbSO_4$	303.26	$SrCO_3$	147.63	ZnS	97.46
SO_3	80.06	SrC_2O_4	175.64	$ZnSO_4$	161.45
SO_2	64.06	$SrCrO_4$	203.61	$ZnSO_4 \cdot 7H_2O$	287.56

附表20　元素的相对原子质量表（2012 年）

　　本表数据源自 2012 年 IUPAC 元素周期表（IUPAC 2012 standard atomic weights），以 $^{12}C=12$ 为标准。

　　标有 * 的为放射性元素，其中本表方括号内的原子质量为放射性元素的半衰期最长的同位素质量数。相对原子质量末位数的不确定度加注在其后的括号内。113、115、117、118 号元素尚未被 IUPAC 认定。

序号	中文名称	元素符号	相对原子质量	英文名称
1	氢	H	1.00794（7）	Hydrogen
2	氦	He	4.002602（2）	Helium
3	锂	Li	6.941（2）	Lithium
4	铍	Be	9.012182（3）	Beryllium
5	硼	B	10.811（7）	Boron

续表

序号	中文名称	元素符号	相对原子质量	英文名称
6	碳	C	12.017 (8)	Carbon
7	氮	N	14.0067 (2)	Nitrogen
8	氧	O	15.9994 (3)	Oxygen
9	氟	F	18.9984032 (5)	Fluorine
10	氖	Ne	20.1797 (6)	Neon
11	钠	Na	22.98976928 (2)	Sodium
12	镁	Mg	24.3050 (6)	Magnesium
13	铝	Al	26.9815386 (8)	Aluminum
14	硅	Si	28.0855 (3)	Silicon
15	磷	P	30.973762 (2)	Phosphorus
16	硫	S	32.065 (5)	Sulfur
17	氯	Cl	35.453 (2)	Chlorine
18	氩	Ar	39.948 (1)	Argon
19	钾	K	39.0983 (1)	Potassium
20	钙	Ca	40.078 (4)	Calcium
21	钪	Sc	44.955912 (6)	Scandium
22	钛	Ti	47.867 (1)	Titanium
23	钒	V	50.9415 (1)	Vanadium
24	铬	Cr	51.9961 (6)	Chromium
25	锰	Mn	54.938045 (5)	Manganese
26	铁	Fe	55.845 (2)	Iron
27	钴	Co	58.933195 (5)	Cobalt
28	镍	Ni	58.6934 (2)	Nickel
29	铜	Cu	63.546 (3)	Copper
30	锌	Zn	65.409 (4)	Zinc
31	镓	Ga	69.723 (1)	Gallium
32	锗	Ge	72.64 (1)	Germanium
33	砷	As	74.92160 (2)	Arsenic
34	硒	Se	78.96 (3)	Selenium
35	溴	Br	79.904 (1)	Bromine
36	氪	Kr	83.798 (2)	Krypton
37	铷	Rb	85.4678 (3)	Rubidium
38	锶	Sr	87.62 (1)	Strontium

序号	中文名称	元素符号	相对原子质量	英文名称
39	钇	Y	88.90585 (2)	Yttrium
40	锆	Zr	91.224 (2)	Zirconium
41	铌	Nb	92.90638 (2)	Niobium
42	钼	Mo	95.94 (2)	Molybdenum
43	锝	Tc	[97.9072]	Technetium
44	钌	Ru	101.07 (2)	Ruthenium
45	铑	Rh	102.90550 (2)	Rhodium
46	钯	Pd	106.42 (1)	Palladium
47	银	Ag	107.8682 (2)	Silver
48	镉	Cd	112.411 (8)	Cadmium
49	铟	In	114.818 (3)	Indium
50	锡	Sn	118.710 (7)	Tin
51	锑	Sb	121.760 (1)	Antimony
52	碲	Te	127.60 (3)	Tellurium
53	碘	I	126.90447 (3)	Iodine
54	氙	Xe	131.293 (6)	Xenon
55	铯	Cs	132.905451 (2)	Cesium
56	钡	Ba	137.327 (7)	Barium
57	镧	La	138.90547 (7)	Lanthanum
58	铈	Ce	140.116 (1)	Cerium
59	镨	Pr	140.90765 (2)	Praseodymium
60	钕	Nd	144.242 (3)	Neodymium
61	钷	Pm	[145]	Promethium *
62	钐	Sm	150.36 (2)	Samarium
63	铕	Eu	151.964 (1)	Europium
64	钆	Gd	157.25 (3)	Gadolinium
65	铽	Tb	158.92535 (2)	Terbium
66	镝	Dy	162.500 (1)	Dysprosium
67	钬	Ho	164.93032 (2)	Holmium
68	铒	Er	167.259 (3)	Erbium
69	铥	Tm	168.93421 (2)	Thulium
70	镱	Yb	173.04 (3)	Ytterbium

序号	中文名称	元素符号	相对原子质量	英文名称
71	镥	Lu	174.967 (1)	Lutetium
72	铪	Hf	178.49 (2)	Hafnium
73	钽	Ta	180.94788 (2)	Tantalum
74	钨	W	183.84 (1)	Wolfram
75	铼	Re	186.207 (1)	Rhenium
76	锇	Os	190.23 (3)	Osmium
77	铱	Ir	192.217 (3)	Iridium
78	铂	Pt	195.084 (9)	Platinum
79	金	Au	196.966569 (4)	Gold
80	汞	Hg	200.59 (2)	Mercury
81	铊	Tl	204.3833 (2)	Thallium
82	铅	Pb	207.2 (1)	Lead
83	铋	Bi	208.98040 (1)	Bismuth
84	钋	Po	[208.9824]	Polonium *
85	砹	At	[209.9871]	Astatine *
86	氡	Rn	[222.0176]	Radon *
87	钫	Fr	[223]	Francium *
88	镭	Ra	[226]	Radium *
89	锕	Ac	[227]	Actinium *
90	钍	Th	232.03806 (2)	Thorium *
91	镤	Pa	231.03588 (2)	Protactinium *
92	铀	U	238.02891 (3)	Uranium *
93	镎	Np	[237]	Neptunium *
94	钚	Pu	[244]	Plutonium *
95	镅	Am	[243]	Americium *
96	锔	Cm	[247]	Curium *
97	锫	Bk	[247]	Berkelium *
98	锎	Cf	[251]	Californium *
99	锿	Es	[252]	Einsteinium *
100	镄	Fm	[257]	Fermium *
101	钔	Md	[258]	Mendelevium *
102	锘	No	[259]	Nobelium *

序号	中文名称	元素符号	相对原子质量	英文名称
103	铹	Lr	[262]	Lawrencium *
104	𬬻	Rf	[261]	Rutherfordium *
105	𬭊	Db	[262]	Dubnium *
106	𬭳	Sg	[266]	Seaborgium *
107	𬭛	Bh	[264]	Bohrium *
108	𬭶	Hs	[277]	Hassium *
109	鿏	Mt	[268]	Mietnerium *
110	𫓧	Ds	[271]	Darmstadtium *
111	铹	Rg	[272]	Roentgenium *
112	鿔	Cn	[285]	Copernicium *
113		Uut	[284]	Ununtrium *
114	铁	Fl	[289]	Flerovium *
115		Uup	[288]	Ununpentium *
116	𫟼	Lv	[292]	Livermorium *
117		Uus	[291]	Ununseptium *
118		Uuo	[293]	Ununoctium *

主要参考文献

［1］黄君礼 编著．水分析化学（第三版）．北京：中国建筑工业出版社．2008.

［2］黄君礼 编著．紫外吸收光谱法及其应用．北京：中国科学技术出版社．1992.

［3］黄君礼 编著．二氧化氯分析技术．北京：中国环境科学出版社．2000.

［4］黄君礼 编著．水消毒剂和处理剂——二氧化氯．北京：化学工业出版社．2010.

［5］武汉大学主编．分析化学（第五版）．北京：高等教育出版社．2006.

［6］何锡文．近代分析化学教程．北京：高等教育出版社．2005.

［7］R. Kellner，J. Merment，M. Otto，H. M. Widmer 等编著．李克安，金钦汉等译．分析化学．北京：北京大学出版社．2001.

［8］曾泳淮 主编．分析化学（仪器分析部分）（第三版）．北京：高等教育出版社．2010.

［9］国家环保局《水和废水检测分析方法》编委会．水和废水监测分析方法（第四版）．北京：中国环境科学出版社．2000.

［10］APHA，AWWA，WEF. Standard Methods for the examination of Water and Wastewater，22th ed. Washington，DC：American Public Health Association. 2012.

［11］李攻科，胡玉玲，阮贵华．样品前处理仪器与装置．北京：化学工业出版社．2007.

高等学校给排水科学与工程学科专业指导委员会规划推荐教材

征订号	书名	作者	定价(元)	备注
40573	高等学校给排水科学与工程本科专业指南	教育部高等学校给排水科学与工程专业教学指导分委员会	25.00	
39521	有机化学(第五版)(送课件)	蔡素德等	59.00	住建部"十四五"规划教材
41921	物理化学(第四版)(送课件)	孙少瑞、何洪	39.00	住建部"十四五"规划教材
42213	供水水文地质(第六版)(送课件)	李广贺等	56.00	住建部"十四五"规划教材
42807	水资源利用与保护(第五版)(送课件)	李广贺等	63.00	住建部"十四五"规划教材
42947	水处理实验设计与技术(第六版)(送课件)	冯萃敏等	58.00	住建部"十四五"规划教材
43524	给水排水管网系统(第五版)(送课件)	刘遂庆等	58.00	住建部"十四五"规划教材
27559	城市垃圾处理(送课件)	何品晶等	42.00	土建学科"十三五"规划教材
31821	水工程法规(第二版)(送课件)	张智等	46.00	土建学科"十三五"规划教材
31223	给排水科学与工程概论(第三版)(送课件)	李圭白等	26.00	土建学科"十三五"规划教材
32242	水处理生物学(第六版)(送课件)	顾夏声、胡洪营等	49.00	土建学科"十三五"规划教材
35780	水力学(第三版)(送课件)	吴玮、张维佳	38.00	土建学科"十三五"规划教材
36037	水文学(第六版)(送课件)	黄廷林	40.00	土建学科"十三五"规划教材
36535	水质工程学 (第三版)(上册)(送课件)	李圭白、张杰	58.00	土建学科"十三五"规划教材
36536	水质工程学 (第三版)(下册)(送课件)	李圭白、张杰	52.00	土建学科"十三五"规划教材
37017	城镇防洪与雨水利用(第三版)(送课件)	张智等	60.00	土建学科"十三五"规划教材
37679	土建工程基础(第四版)(送课件)	唐兴荣等	69.00	土建学科"十三五"规划教材
37789	泵与泵站(第七版)(送课件)	许仕荣等	49.00	土建学科"十三五"规划教材
37766	建筑给水排水工程(第八版)(送课件)	王增长、岳秀萍	72.00	土建学科"十三五"规划教材
38567	水工艺设备基础(第四版)(送课件)	黄廷林等	58.00	土建学科"十三五"规划教材
32208	水工程施工(第二版)(送课件)	张勤等	59.00	土建学科"十二五"规划教材
39200	水分析化学(第四版)(送课件)	黄君礼	68.00	土建学科"十二五"规划教材
33014	水工程经济(第二版)(送课件)	张勤等	56.00	土建学科"十二五"规划教材
29784	给排水工程仪表与控制(第三版)(含光盘)	崔福义等	47.00	国家级"十二五"规划教材
16933	水健康循环导论(送课件)	李冬、张杰	20.00	
37420	城市河湖水生态与水环境(送课件)	王超、陈卫	40.00	国家级"十一五"规划教材
37419	城市水系统运营与管理(第二版)(送课件)	陈卫、张金松	65.00	土建学科"十五"规划教材
33609	给水排水工程建设监理(第二版)(送课件)	王季震等	38.00	土建学科"十五"规划教材
20098	水工艺与工程的计算与模拟	李志华等	28.00	
32934	建筑概论(第四版)(送课件)	杨永祥等	20.00	
24964	给排水安装工程概预算(送课件)	张国珍等	37.00	
24128	给排水科学与工程专业本科生优秀毕业设计(论文)汇编(含光盘)	本书编委会	54.00	
31241	给排水科学与工程专业优秀教改论文汇编	本书编委会	18.00	

以上为已出版的指导委员会规划推荐教材。欲了解更多信息,请登录中国建筑工业出版社网站:www.cabp.com.cn查询。在使用本套教材的过程中,若有任何意见或建议,可发 Email 至:wangmeilingbj@126.com。